33,90
4/1214

Joachim Merz, Joachim Wagner (Hg.)

Perspektiven der MittelstandsForschung

Entrepreneurship, Professions, Small Business Economics

herausgegeben von

Prof. Dr. Joachim Merz,
Prof. Dr. Reinhard Schulte,
Prof. Dr. Joachim Wagner

(Universität Lüneburg)

Band 1

LIT

Joachim Merz, Joachim Wagner (Hg.)

Perspektiven der MittelstandsForschung

Ökonomische Analysen zu Selbständigkeit, Freien Berufen und KMU

LIT

Bibliografische Information Der Deutschen Bibliothek
Die Deutsche Bibliothek verzeichnet diese Publikation in der Deutschen Nationalbibliografie; detaillierte bibliografische Daten sind im Internet über http://dnb.ddb.de abrufbar.

ISBN 3-8258-8179-2

Grevener Str./Fresnostr. 2 48159 Münster
Tel. 0251–62 03 20 Fax 0251–23 19 72
e-Mail: lit@lit-verlag.de http://www.lit-verlag.de

CREPS – SCHRIFTENREIHE

CREPS Entrepreneurship Professions Small Business Economics

Center for Research in Entrepreneurship, Professions and Small Business Economics (CREPS)
Forschungszentrum für
Unternehmertum, Freie Berufe und Ökonomie kleiner und mittlerer Unternehmen
Fachbereich Wirtschafts- und Sozialwissenschaften, Universität Lüneburg

Joachim Merz, Reinhard Schulte und Joachim Wagner (Hrsg.)
Entrepreneurship, Professions, Small Business Economics
Schriften des Center for Research in Entrepreneurship, Professions and Small Business Economics (CREPS), Forschungszentrum für Unternehmertum, Freie Berufe und Ökonomie kleiner und mittlerer Unternehmen, CREPS-Schriftenreihe Band 1, Münster, 2004.

Allgemeine Bedeutung: Kleine und mittlere Unternehmen (KMU), Unternehmertum (Entrepreneurship) und die mit ihnen verbundenen Freien Berufe bestimmen in besonderer Weise das wirtschaftliche Geschehen. Sie sind nicht nur der Teil der Wirtschaft mit dem höchsten Beschäftigtenanteil, sondern tragen mit ihrer wirtschaftlichen Bedeutung allgemein. Wirtschaft und Gesellschaft und sind ihr besonderer Motor.

Ziele des Forschungszentrums des Fachbereichs Wirtschafts- und Sozialwissenschaften der Universität Lüneburg sind inhaltliche Analysen über die Struktur und die Dynamik von Unternehmertum, Freien Berufe und KMU mit den in ihnen agierenden Individuen im Umfeld von Selbständigkeit und wachsender Bedeutung von Dienstleistungen. Mit der Betonung auf der Individualebene werden einerseits die wirtschaftlichen Einheiten (Betriebe/Praxen, Kanzleien etc.) als auch ihre Eigentümer und Beschäftigten thematisiert. Die Mikroanalyse ist somit neben der regionalen und gesamtgesellschaftlichen Analyse das besondere Instrument.

Als **theoretische Grundlage** werden sowohl im engeren Sinne ökonomische als auch sozial- und verhaltenswissenschaftliche Theorien herangezogen. Die Analysen alternativer Politiken, Strategien und Nachhaltigkeitsorientierung, z. B. mit (Mikro-) Simulationsrechnungen, führen dann darauf aufbauend zu Empfehlungen für Gründer und andere Unternehmensformen und -entwicklungen. Wert legen wir auf die ***empirische Fundierung*** – auch mit eigenen Erhebungen – der theoretisch begründeten Analysen. Das ***gemeinsame Dach*** ist einerseits der explizite Bezug auf Entrepreneurship, Freie Berufe und kleine und mittlere Unternehmen als Zielgruppe mit andererseits inhaltlichen Schwerpunkten sowohl auf der Unternehmensseite wie auch auf der personellen Seite des Unternehmers selbst.

Thematische, inhaltliche Forschungsschwerpunkte und CREPS-Projektbereiche:
- Neue Unternehmensansätze und Kooperationen
- Existenzgründung und Existenzsicherung
- Wirtschaftlicher Erfolg und Wachstum von Unternehmen
- Die Person des Unternehmers und wirtschaftlicher Erfolg
- Arbeitsmarkt, Beschäftigung und Neue Selbständigkeit
- Politikanalysen mit Wirkungsanalysen wirtschafts- und sozialpolitischer Maßnahmen.

CREPS legt explizit Wert auf die Einbindung in die internationale und nationale Forschung.

Das besondere Merkmal des Lüneburger Forschungsschwerpunkts ist die gemeinsame – sowohl die angebots- als auch nachfrageseitige – Analyse der mittelständigen Wirtschaft auf der Ebene des Einzelnen mit ihren übergreifenden neuen unternehmensspezifischen wie auch unternehmer- bzw. freiberuflichspezifischen Entwicklungen. Paneldatensätze wie das Sozio-ökonomische Panel, das Gründungspanel NRW oder auch das Hannoveraner Firmenpanel erlauben insbesondere dynamische Analysen.

Interdisziplinär ist die unterschiedliche sich ergänzende Perspektive der einzelnen inhaltlichen Schwerpunkte, die natürlich eng mit der jeweiligen Ausrichtung der Forscher aus der BWL, VWL, Ökonometrie/Statistik, Wirtschaftsinformatik und den Rechts- und Umweltwissenschaften getragen wird.

Mehr unter: www.uni-lueneburg.de/creps
Kontakt und Koordination: Prof. Dr. Joachim Merz (merz@uni-lueneburg.de; http://ffb.uni-lueneburg.de)

VORWORT

Mit dem vorliegenden Band ‚Perspektiven der MittelstandsForschung – Ökonomische Analysen zu Selbständigkeit, Freien Berufen und KMU' eröffnen wir die neue Schriftenreihe von

CREPS Entrepreneurship Professions Small Business Economics

Center for Research in Entrepreneurship, Professions and Small Business Economics (CREPS)
Forschungszentrum für
Unternehmertum, Freie Berufe und Ökonomie kleiner und mittlerer Unternehmen,

ein Forschungszentrum des Fachbereichs Wirtschafts- und Sozialwissenschaften der Universität Lüneburg. Zentrales Anliegen dieser Schriftenreihe ist es, unsere Forschungsergebnisse für die betriebliche Praxis, öffentliche Institutionen, Organisationen, Verbände und insbesondere für die Unternehmen selbst kompakt und zeitnah zur Verfügung zu stellen.

CREPS ist 2002 aus den Mitgliedern des Fachbereichs mit dem Ziel gegründet worden, ökonomische Aspekte von Unternehmertum, Freien Berufen und Kleinen und Mittleren Unternehmen (KMU) zu untersuchen. Als theoretische Grundlage werden sowohl ökonomische als auch sozial- und verhaltenswissenschaftliche Theorien herangezogen. Dabei legen wir besonderen Wert auf die empirische Fundierung der theoretisch begründeten Analysen.

Implikationen von Unternehmensstrategien und aktuelle Wirtschaftspolitik für den Mittelstand stehen im Zentrum der Analysen. Methodisch kommen ökonometrische und andere Verfahren wie die Mikrosimulation, auch auf Basis eigener Erhebungen, zur Anwendung. Die Ergebnisse richten sich an die Praxis, insbesondere an Gründer, an die Wissenschaft und an die Wirtschaftspolitik.

Das gemeinsame Dach bilden sowohl der explizite Bezug zu Unternehmertum, Freien Berufen und KMU, als auch die Betrachtung des einzelnen Unternehmens sowie der Unternehmerpersönlichkeit.

Dieser erste CREPS-Band enthält die überarbeiteten Vorträge des 1. CREPS-Workshops, der vom 27.-28. November 2003 in der Universität Lüneburg veranstaltet wurde. Die thematische Gliederung des Workshops und des vorliegenden Bandes entspricht den CREPS-Projektbereichen

- Neue Unternehmensansätze und Kooperationen
- Existenzgründung und Existenzsicherung

- Wirtschaftlicher Erfolg und Wachstum von Unternehmen
- Die Person des Unternehmers und wirtschaftlicher Erfolg
- Arbeitsmarkt, Beschäftigung und Neue Selbständigkeit
- Politikanalysen mit Wirkungsanalysen wirtschafts- und sozialpolitischer Maßnahmen

und stellt mit seinen 23 Beiträgen von 28 Autorinnen und Autoren neben Untersuchungsperspektiven schon erste Ergebnisse unserer Forschung vor.

Die Beiträge im Einzelnen:

Neue Unternehmensansätze und Kooperationen

Tensegrität – Lebendige Balance in den Führungsstrukturen von Unternehmen und ihre Bedeutung für den unternehmerischen Entscheidungsprozess
Albert Martin

Der Beitrag untersucht den Zusammenhang zwischen der Führungsstruktur von Organisationen und der kollektiven Entscheidungsfindung. Vorgestellt werden ein erweitertes Führungsmodell und die Auswirkungen von Führungsstrukturen auf die kollektive Entscheidungsfindung in Organisationen.

Die Kooperationsbeziehung zwischen Freien Journalisten und ihren Auftraggebern
Albert Martin, Magdalena Hertkorn

Untersucht werden die Kooperationsbeziehungen zwischen Freien Journalisten und ihren Auftragebern anhand des speziellen Berufs- und Selbstverständnisses der Journalisten sowie die Qualität des Arbeitsverhältnisses zwischen den beiden Parteien.

Kooperativer Tausch – Weiterbildung als Gut
Albert Martin, Marion Howe

Der Beitrag befasst sich mit dem Verhalten von Anbietern und Nachfragern beim „Tausch“ von Weiterbildungsleistungen. Es werden untersucht, worin sich die Ansätze unterscheiden sowie die Grenzen, die der theoretischen Analyse gesetzt sind.

Virtuelle Biotechnologieunternehmen – Rechtliche Rahmenbedingungen ihrer Wettbewerbsfähigkeit
Susanne Braun, Jürgen Simon

Die modernen Informations- und Kommunikationstechnologien führen zu einer „Virtualisierung der Wirtschaft“. Von dieser Entwicklung wird auch die Biotechnologiebranche erfasst. Der Beitrag fasst die ersten Forschungsergebnisse des Projekts „Rechtliche Aspekte der Virtualisierung und Vernetzung von KMU“ im Rahmen des CREPS-Forschungsschwerpunkts zusammen.

Co-operation in the biotechnology sector – incentives and implementation
Dirk Nissen, Ingrid Ott

This paper discusses some results of an online-survey that was launched within the biotechnology sector in March/April 2003. The focus within this paper is twofold: First, it will generally be analyzed which co-operation incentives for enterprises in the biotechnology sector may exist. The second issue of this paper is to analyze which forms of co-operations biotechnology firms prefer.

Existenzgründung und Existenzsicherung

Existenzgründungen von Freiberuflern und Unternehmern – Eine Mikroanalyse mit dem Sozio-ökonomischen Panel
Joachim Merz, Peter Paic

Diese Mikroanalyse untersucht die Charakteristika und Bestimmungsfaktoren für eine Existenzgründung von Freiberuflern und Unternehmern in der Bundesrepublik Deutschland mittels einer multivariaten logistischen Regression auf der Grundlage des Sozio-ökonomischen Panels (SOEP) für die Jahre 1991 bis 2001.

Die Finanzierung derivativer Unternehmensgründungen – Zum Stand und zu den Perspektiven der Forschung
Jens Lüders

Der Beitrag arbeitet den gegenwärtigen Stand der nationalen und internationalen Forschung zur Finanzierung derivativer Existenzgründungen auf. Dabei werden vorhandene theoretische und empirische Erkenntnisse systematisiert und bestehende Defizite identifiziert, um letztlich Anregungen für künftige Forschungsaktivitäten zu formulieren.

Erfolg und Erfolgsfaktoren freiberuflich tätiger Ärzte – Ergebnisse der FFB-Ärztebefragung
Dagmar Ackermann, Joachim Merz, Henning Stolze

Ziel der hier vorliegenden Untersuchung ist die Analyse des Erfolgsverständnisses niedergelassener Ärzte und die Identifikation kritischer Erfolgsfaktoren mittels eines theoriegeleiteten Modells auf der Basis der breit angelegten Ärzteumfrage des Forschungsinstituts Freie Berufe (FFB) für Niedersachsen.

Exit-Entscheidung neuer Selbständiger auf Basis humankapitaltheoretischer Überlegungen – Eine Anwendung des Lazear-Konzeptes auf Unternehmensgründer aus der Arbeitslosigkeit
Dirk Oberschachtsiek

Dieser Beitrag untersucht das theoretische Konzept von Lazear eines „balanced and weighted skill set“. Zudem wird ein explizites Exit-Modell nach Gimeno et al. entwickelt. Die empirische Grundlage der Studie ist eine Umfrage von Arbeitnehmern, die zuvor arbeitslos waren und sich um das aktive Arbeitsprogramm zum Überbrückungsgeld beworben haben.

Was ist „Gründungserfolg“? – Überlegungen zur Operationalisierung eines folkloristischen Begriffs
Reinhard Schulte

Der Beitrag widmet sich einer grundlegenden theoretischen Klärung der Begriffe Unternehmensgröße, -wachstum, -entwicklung und -erfolg im Gründungskontext. Unter Rückgriff auf die einschlägigen in der Literatur verwendeten Maße erfolgt eine systematische Analyse und Beurteilung ihrer Eignung in diesem Kontext unter Abwägung aller damit verbundenen Vor- und Nachteile.

Wirtschaftlicher Erfolg und Wachstum von Unternehmen

Innovationsprozesse in Supply Chains
Joachim Reese

In diesem Beitrag wird untersucht, welche Transaktionskosten in den Innovationsprozessen des Supply Chain Management grundsätzlich entstehen und wie diese Kosten unter dem Gesichtspunkt der effizienten und flexiblen Gestaltung von Wertschöpfungsprozessen optimiert werden können.

Exporttätigkeit und Firmengröße – Was können wir aus Firmenpaneldaten lernen?
Joachim Wagner

Die Untersuchung zeigt, dass Firmenpaneldaten – zu verschiedenen Zeitpunkten erhobene Daten für eine Gruppe von Firmen – eine unverzichtbare Basis für eine empirisch solide fundierte und tiefer gehende sowie in einem wesentlichen Aspekt konträre Interpretation darstellen.

Die Person des Unternehmers und wirtschaftlicher Erfolg

Was erklärt hohe Arbeitseinkommen der Selbständigen – Eine Mikroanalyse mit Daten des Sozio-ökonomischen Panels
Dierk Hirschel, Joachim Merz

Diese Studie analysiert die Determinanten hoher Arbeitseinkommen der Selbständigen in der Bundesrepublik Deutschland mit panelökonometrischen Methoden (Probit-Panel-Modell, Tobit-Panel-Modell) auf der Datengrundlage des Sozio-ökonomischen Panels (SOEP).

Arbeitsmarkt, Beschäftigung und neue Selbständigkeit

Das deutsche Handwerk als Anbieter von Ausbildungsplätzen
Ulrich Döring, Ralf-Michael Rokoß

In der vergangenen Dekade haben die der IHK angeschlossenen Betriebe ihr Ausbildungsplatzangebot kontinuierlich gesteigert, während die Handwerksbetriebe ihr Ausbildungsplatzangebot kontinuierlich reduzierten. Der Beitrag sucht nach Erklärungsmustern für diesen gegenläufigen Trend.

Wer arbeitet wann? – Arbeitszeitarrangements von Selbständigen und abhängig Beschäftigten: Eine mikroökonometrische Analyse deutscher Zeitbudgetdaten
Joachim Merz, Derik Burgert

Mit der zeitlichen Flexibilisierung der Arbeitsmärkte und dem damit verbundenen Rückzug des Normalarbeitstages treten neue Muster von Arbeitszeit auf. Auf Basis der deutschen Zeitbudgeterhebung 1991/92 werden Arbeitszeiten von Selbständigen und abhängig Beschäftigten untersucht.

Ökonomische Folgen des reformierten Betriebsverfassungsgesetzes für mittelständische Firmen – Erste Ergebnisse einer Firmenbefragung
Corinna Bunk, Joachim Wagner

Im Juli 2001 ist das reformierte Betriebsverfassungsgesetz in Kraft getreten. Dieser Beitrag liefert erste Ergebnisse aus einer Befragung der Mitgliedsfirmen des Arbeitgeberverbandes für den Regierungsbezirk Lüneburg über die Wirkungen der Reform in mittelständischen Betrieben.

Nachhaltiges Unternehmertum im Handwerk – Wie kann nachhaltiges Wirtschaften in kleinen und mittleren Handwerksbetrieben gefördert werden?
Christian Herzig, Stefan Schaltegger

Im Mittelpunkt des Beitrags steht ein auf dem Entrepreneurship-Ansatz aufbauendes Modell zur Förderung eines nachhaltigen Unternehmertums im Handwerk.

Politikanalyse

Die Transmission monetärer Schocks – Liquiditätseffekt, Kreditkanal und der „Small Borrower Effect"
Maik Heinemann

Die Studie gibt einen Überblick über makroökonomische Erklärungsansätze der monetären Transmission. Auf Kreditmarktimperfektionen beruhende Ansätze ermöglichen es, testbare Hypothesen über die Reaktion der Investitionsnachfrage kleiner bzw. junger Unternehmen auf geldpolitische Schocks bzw. Zinsänderungen abzuleiten. Empirische Studien zu diesem Themenkomplex werden ebenfalls vorgestellt.

Analyse der Ursachen des veränderten Kreditvergabeverhaltens gegenüber KMU im Vorfeld von Basel II
Stephan Schöning

Kreditbeziehungen zwischen KMU und Banken sind aktuell erheblichen Wandlungen unterworfen. Die Analyse zeigt erhebliche Defizite bei den bisherigen Veröffentlichungen zur Konkretisierung des veränderten Kreditvergabeverhaltens auf, vor allem in Bezug auf die für KMU relevanten lokalen und regionalen Marktbedingungen.

Grundsätzliche Implikationen aus Basel II für die Finanzierung und Investor Relations-Politik von kleinen und mittleren Unternehmen (KMU)
Ulf G. Baxmann

Ausgangspunkt des Beitrags ist ein Forschungsprojekt zum Thema Investor Relations-Politik von KMU. Im Beitrag werden die bankaufsichtsrechtlich induzierten Veränderungen der Rahmenbedingungen sowie möglicherweise resultierende Auswirkungen auf die Finanzierung und die IR-Politik skizziert.

Creditor Relations – Bilaterale Transparenz im Firmenkunden-Kreditgeschäft am Beispiel handwerklicher Betriebe
Ulf G. Baxmann

Vor dem Hintergrund der sich abzeichnenden bankaufsichtsrechtlichen Änderungen wird mittels Befragungen von handwerklichen Betrieben und

Kreditinstituten untersucht, ob und ggf. wie sich deren gegenseitiges Kommunikationsverhalten – die Creditor Relations – durch die Einführung bzw. die Neugestaltung von Ratingverfahren ändert.

Eine informationsökonomische Analyse des Handwerks – Ergebnisse und Schlussfolgerungen aus der Pilotbefragung Lüneburger Bauherren
Wiebke Röber, Thomas Wein

Vor dem Hintergrund asymmetrischer Informationsverteilung auf dem Handwerksmarkt diskutiert dieser Beitrag die von der Bundesregierung geplante Reform der Handwerksordnung. Neben der ökonomischen Analyse liefern die Ergebnisse einer Pilotbefragung Lüneburger Bauherren erste Erkenntnisse über die Notwendigkeit des Verbraucherschutzes aus Nachfragersicht.

Die Reregulierung der Versicherungsvermittler
Lucinda Trigo Gamarra, Thomas Wein

Durch die Umsetzung der europäischen Richtlinie 2002/92/EG über Versicherungsvermittler wird es zu einer Reregulierung des deutschen Versicherungs(vermittler)marktes kommen. Dieser Aufsatz zeigt die ökonomischen Funktionen, die Versicherungsvermittler erfüllen können und beschreibt die zu erwartenden Auswirkungen der Richtlinie.

Besonderer Dank gebührt – neben den Autorinnen und Autoren – den zahlreichen Mitarbeiterinnen und Mitarbeitern die an den einzelnen Beiträgen darüber hinaus mitgewirkt haben: Frau Carola Pilzecker und Herrn Dipl. Bw., Dipl. Soz. Ök. Peter Paic (Forschungsinstitut Freie Berufe, FFB) für die Workshop- und generelle Betreuung sowie insbesondere Frau Dipl. Ök. Corinna Bunk und Frau cand. oek. Sandra Riccius (Institut für Volkswirtschaftslehre) für die mühseligen Layoutarbeiten der Beiträge von 28 Autoren.

Als Herausgeber sind wir der festen Überzeugung, dass wir mit den Beiträgen des ersten Bandes der neuen CREPS-Reihe interessante sowohl aktuelle als auch über den Tag hinausgehende Ergebnisse vorlegen können.

Lüneburg, im August 2004

Prof. Dr. Joachim Merz
Forschungsinstitut Freie Berufe (FFB)

Prof. Dr. Joachim Wagner
Institut für Volkswirtschaftslehre

Universität Lüneburg

INHALT

Kapitel Eins: Neue Unternehmensansätze und Kooperationen

Virtuelle Biotechnologieunternehmen – Rechtliche Rahmenbedingungen ihrer Wettbewerbsfähigkeit

Susanne Braun, Jürgen Simon

Co-operation in the biotechnology sector – incentives and implementation

Dirk Nissen, Ingrid Ott

Kapitel Zwei: Existenzgründung und Existenzsicherung

Existenzgründungen von Freiberufler und Unternehmern – Eine Mikroanalyse mit dem Sozio-ökonomischen Panel

Joachim Merz, Peter Paic

Die Finanzierung derivativer Unternehmensgründungen – Zum Stand und zu den Perspektiven der Forschung

Jens Lüders

Erfolg und Erfolgsfaktoren freiberuflich tätiger Ärzte – Ergebnisse der FFB-Ärzteumfrage für Niedersachsen

Dagmar Ackermann, Joachim Merz, Henning Stolze

Exit-Entscheidung neuer Selbständiger auf Basis humankapitaltheoretischer Überlegungen – Eine Anwendung des Lazear-Konzeptes auf Unternehmensgründer aus der Arbeitslosigkeit

Dirk Oberschachtsiek

Was ist "Gründungserfolg"? – Überlegungen zur Operationalisierung eines folkloristischen Begriffs

Reinhard Schulte

Kapitel Drei: Wirtschaftlicher Erfolg und Wachstum von Unternehmen

Innovationsprozesse in Supply Chains

Joachim Reese

Exporttätigkeit und Firmengröße – Was können wir aus Firmenpaneldaten lernen?

Joachim Wagner

Kapitel Vier: Die Person des Unternehmers und wirtschaftlicher Erfolg

Was erklärt hohe Arbeitseinkommen Selbständiger – Eine Mikroanalyse mit Daten des Sozio-ökonomischen Panels

Dierk Hierschel, Joachim Merz

Kapitel Fünf: Arbeitsmarkt, Beschäftigung und Neue Selbständigkeit

Das deutsche Handwerk als Anbieter von Ausbildungsplätzen

Ulrich Döring, Ralf-Michael Rokoß

Wer arbeitet wann? – Arbeitszeitarrangements von Selbständigen und abhängig Beschäftigten: Eine mikroökonometrische Analyse deutscher Zeitbudgetdaten

Joachim Merz, Derik Burgert

Ökonomische Folgen des reformierten Betriebsverfassungsgesetzes für mittelständische Firmen – Erste Ergebnisse einer Firmenbefragung

Corinna Bunk, Joachim Wagner

Grundsätzliche Implikationen aus Basel II für die Finanzierung von Investor-Relations-Politik von kleinen und mittleren Unternehmen (KMU)

Ulf G. Baxmann

Creditor Relations – Bilaterale Transparenz im Firmenkunden-Kreditgeschäft am Beispiel handwerklicher Betriebe

Ulf G. Baxmann

Eine informationsökonomische Analyse des Handwerks – Ergebnisse und Schlussfolgerungen aus der Pilotbefragung Lüneburger Bauherren

Wiebke Röber, Thomas Wein

Die Reregulierung der Versicherungsvermittler

Lucinda Trigo Gamarra, Thomas Wein

KAPITEL EINS

Neue Unternehmensansätze und Kooperationen

Albert Martin

Universität Lüneburg, Institut für Mittelstandsforschung

Tensegrität – Lebendige Balance in den Führungsstrukturen von Unternehmen und ihre Bedeutung für den unternehmerischen Entscheidungsprozess

Zusammenfassung

Der vorliegende Beitrag untersucht den Zusammenhang zwischen der Führungsstruktur von Organisationen und der kollektiven Entscheidungsfindung. Die empirische Grundlage bilden Fallstudien. Die theoretischen Überlegungen stützen sich auf das Konzept der „lebendigen Balance". Eine Führungsstruktur besitzt diese Eigenschaft, wenn sie produktive Widersprüche erzeugt und diese gleichzeitig immer wieder ins Gleichgewicht bringt. Wesentliche Merkmale einer derartigen Führungsstruktur sind Autonomie und Verantwortlichkeit, Differenzierung und Integration, Regulierung und Informalität. Der Beitrag stellt ein erweitertes Führungsmodell vor, diskutiert zentrale Verhaltensmechanismen und erörtert die Auswirkungen von Führungsstrukturen auf die kollektive Entscheidungsfindung in Organisationen.

1 Problemstellung

Der vorliegende Beitrag beschäftigt sich mit der Frage, welche Bedeutung Führungsstrukturen insbesondere in kleinen und mittleren Unternehmen für die unternehmerische Entscheidungsfindung besitzen. Diese Frage ist von hoher Relevanz, weil das gängige Bild des allein und autonom entscheidenden Unternehmers in aller Regel falsch ist. Unterschätzt wird vor allem der kollektive Charakter unternehmerischer Entscheidungsprozesse. Selbst wenn in kleineren Unternehmen die Person des Unternehmers das Geschehen prägt, die letztlich resultierenden Entscheidungen lassen sich nur unter Berücksichtigung des sozialen Handlungskontexts angemessen erklären. Besondere Bedeutung hat das Zusammenwirken des formalen und informalen „Führungsteams", seine Zusammensetzung, Aufgabenverteilung und seine Beziehungsstruktur. Um diese Frage geht es im Folgenden. Es wird untersucht, welche Charakteristika von Führungsstrukturen geeignet sind, die Führungskräfte bei der Erfüllung ihrer Führungsaufgaben zu unterstützen. Als theoretische Basis dienen die Deskriptive Entscheidungstheorie und das Konzept der lebendigen Balance, das in verschiedenen Ansätzen der Organisationsforschung auftaucht. Danach erschöpft sich die Rolle von Strukturen nicht in ihrem „regulierenden" Charakter. Strukturen können vielmehr auch Stimulanz gegen das quasi-natürliche Beharrungsvermögen von Organisationen sein. Möglich wird dies durch eingebaute Widersprüche und durch Mechanismen der produktiven Konfrontation. Strukturen, die die Fähigkeit zur proaktiven Veränderung besitzen, sollen als „lebendige" Strukturen bezeichnet werden. Lebendig und produktiv sind Strukturen, die die Eigenschaft einer sich selbst tragenden Spannung oder „Tensegrität" besitzen (s. u.). Es geht im vorliegenden Beitrag also um die Voraussetzungen und die Wirkungsweise derartiger Strukturen. Bevor hierauf genauer eingegangen wird, soll zunächst über den Stand der Forschung über Führungsstrukturen in mittelständischen Unternehmen berichtet werden. Anschließend werden in der gebotenen Kürze verschiedene Forschungsgebiete betrachtet, die Erklärungsleistungen für unsere Forschungsfrage bereithalten. Daran schließt sich eine Beschreibung des eigenen theoretischen Ansatzes an. Abschließend werden erste empirische Ergebnisse vorgestellt.

2 Führungsstrukturen in der Mittelstandsforschung

Es gibt einige wenige empirische Studien zu Führungsstrukturen in mittelständischen Unternehmen. Die Studie von Steiner aus dem Jahr 1980 gründet auf eine schriftliche Befragung und befasst sich mit den Aufgaben der Unternehmensführung (u. a. Breite des Aufgabenspektrums, Verteilung auf Funktionsbereiche) und verschiedener personeller Merkmale der Führungskräfte (insbesondere Bildungshintergrund und Erfahrung). Letzteres steht auch im Zentrum der Studie von Brinkmann, Knoth und Krämer aus dem Jahr 1982. Beide Studien liefern nützliche Bestandsaufnahmen, Bezüge zur unternehmerischen Entscheidungsfindung werden leider nur kursorisch hergestellt (vgl. z. B. auch Kamp u. a. 1977). In der Studie von Reckhaus (1995) wird – exemplarisch für die übliche Vorgehensweise – auf die Fähigkeit der einzelnen Führungspersonen abgestellt (vgl. z. B. auch die eher normative Darstellung bei Degelmann 1981).

Mittlerweile gibt es eine relativ umfangreiche Literatur über „Erfolgsfaktoren" mittelständischer Unternehmen. In den entsprechenden Abhandlungen wird der Führung zwar durchgängig eine große Bedeutung zugemessen (vgl. Cragg and King 1988, Daschmann 1994, Simon 1996), eine tiefer gehende theoretische Fundierung unterbleibt allerdings. Auch empirische Studien stellen die Bedeutsamkeit der Unternehmensführung für den Unternehmenserfolg heraus. Die in diesen Studien erfassten Variablen (Qualifikation, Erfahrung, Werthaltungen) besitzen zwar auch strukturelle Relevanz (vgl. u. a. Krämer und Biehl 1977, Bamberger und Pleitner 1988, Gabele 1989), der strukturelle Aspekt wird letztlich jedoch nicht zur Geltung gebracht. Eine interessante Darstellung wichtiger Aspekte von Führungsstrukturen findet man bei Krüger, Buchholz und Altrock (1993). Leider bezieht sich diese Studie auf Großunternehmen, außerdem werden Fragen der Entscheidungsfindung explizit ausgeblendet. Trenkle (1983) untersucht den Einfluss von Variablen wie Eigenkapitalanteil, Unternehmensgröße und Unternehmensalter auf die Vorstandsgröße, die Zahl der Vorstandssitzungen und die Geltung der Einstimmigkeitsregel im Vorstand. In einer Befragung von 198 mittelständischen Unternehmen durch Martin (1996a) wurden ebenfalls Daten zur Führungsstruktur erhoben, außerdem wurden Fragen zum Einsatz von Instrumenten des Strategischen Managements gestellt. Dabei zeigte sich, dass in Untenehmen mit einer Größe von mehr als 40 Mitarbeitern in fast zwei Dritteln der Fälle mehr als nur ein einzelner Geschäftsführer mit der Leitung des Unternehmens betraut ist. Ähnliche Zahlen ergeben sich auch für die Familienunternehmen und selbst für die Unternehmen, die noch vom Gründer geführt werden. Die im Rahmen der angeführten Studie durchgeführten Korrelations- und Regressionsanalysen zeigen, dass es für Unternehmen mit zunehmender Größe immer schwieriger wird, mit einem einzelnen Geschäftsführer überdurchschnittliche Erfolge zu erzielen. Ansatzweise behandelt werden entscheidungsbezogene Fragen in den Monographien von Seidel und Redel (1987) und Bleicher, Leberl und Paul (1989). In diesen Übersichtsdarstellungen finden sich zahlreiche (mehr oder weniger gut empirisch gestützte) Hypothesen über die Auswirkungen z. B. der Dezentralisierung und der Delegation auf den Koordinationsbedarf, Überlastungsgefahren, Konfliktpotentiale usw.

Insgesamt ist festzustellen, dass die in der Literatur zu findenden Strukturvorstellungen über mittelständische Unternehmen meist sehr pauschalierend und vereinfachend auf die alles beherrschende Position des Unternehmensleiters und dessen Dominanz bei der Entscheidungsfindung abstellen (vgl. z. B. Müller 1995 und die dort zitierte Literatur).

3 Die empirische Erforschung von Strukturmerkmalen sozialer Systeme

Wie beschrieben, liefern die bisherigen Studien zur Führungsstruktur mittelständischer Unternehmen nur bedingt Erklärungsbeiträge zu unserer Forschungsfrage. Im Folgenden seien daher kurz weitere (empirisch orientierte) Forschungsbereiche betrachtet, die sich mit Strukturaspekten und mit deren Bezug zum Entscheidungshandeln beschäftigen. Beachtenswert ist zum einen natürlich die empirische Entscheidungsforschung selbst, zum anderen beschäftigt sich aber auch eine Reihe weiterer Forschungsbereiche mit verwandten Fragen.

3.1 Der Strukturaspekt in der empirischen Entscheidungsforschung

In der deutschen empirischen Forschung wurde die Entscheidungsforschung maßgeblich durch die Gruppe um Witte gefördert (vgl. Witte, Hauschildt und Grün 1988). Davon angeregt und darüber hinaus wurde eine ganze Reihe von empirischen Studien zum organisationalen Entscheidungsverhalten erstellt (vgl. zu Überblicken Martin 1989, Hauschildt u. a. 1993). In den letzten Jahren ist allerdings ein rückläufiger Trend zu beobachten (vgl. aber Weber u. a. 1994, Scholl 1998). Der strukturelle Aspekt der Entscheidungsfindung wird zwar in vielen Untersuchungen thematisiert, allerdings kaum vertiefend analysiert (vgl. aber Joost 1975, Köhler und Uebele 1977, Gemünden 1987). In der angelsächsischen Literatur gibt es eine Tradition der Entscheidungsforschung, die bis in die frühen fünfziger Jahre zurückreicht (Thompson 1950, Cyert, Simon and Trow 1956). Interessanterweise wird in der theoretischen Forschung der Strukturaspekt oft ins Zentrum der Analyse gestellt. Das bekannte „Garbage Can Model“ von Cohen, March and Olsen 1972 ist beispielsweise ganz explizit ein Prozessmodell und dennoch spielen in diesem Modell strukturelle Parameter die letztlich entscheidende Rolle bei der Bestimmung des Entscheidungsverlaufs. In der empirischen Forschung wird dem Strukturaspekt aber leider nur wenig Beachtung geschenkt. In einer Untersuchung über das Entscheidungsverhalten in mittelständischen Unternehmen analysiert Miller (1987) den Zusammenhang zwischen den Strukturvariablen Formalisierung, Zentralisierung und Komplexität und deren Einfluss auf die Rationalität von Entscheidungsprozessen, auf Interaktionsverhalten und Proaktivität. In einer anderen Studie stellt Miller den maßgeblichen Einfluss der Unternehmerpersönlichkeit auf die Gestaltung von Organisationsstrukturen heraus (vgl. Miller and Dröge 1986). In einer sehr umfangreich angelegten Studie der Forschergruppe in Bradford (betrachtet werden 150 Entscheidungsprozesse) geht es explizit um eine Charakterisierung des Gesamtprozesses von Entscheidungen. Unterschieden werden drei Typen von Entscheidungen (flüssige, sporadische und beschränkte Prozesse). Untersucht wird u. a. auch, welche Merkmale von Organisationen (Zweck, Eigentumsverhältnisse, Produkt) mit diesen Typen verknüpft sind. Für unsere Fragestellung relevant ist das – wenig überraschende – Ergebnis, wonach in

Organisationen mit einem stark dominierenden Geschäftsführer der Typus des „beschränkten" Prozesses besonders häufig anzutreffen ist: der Prozess folgt vertrauten Bahnen, die Problemkomplexität ist gering, politische Auseinandersetzungen sind selten (vgl. Hickson u. a. 1986, 197ff.). Die Länder übergreifende Studie von Heller u. a. (1988) konzentriert sich auf eine ausgewählte Strukturvariable: auf mögliche Partizipationsmuster und deren Einfluss auf den Entscheidungsprozess. Erwähnenswert ist schließlich noch, dass in den Studien zur organisationalen Entscheidungsfindung relativ häufig auf die Wirksamkeit von Machtstrukturen abgestellt wird (vgl. die Beiträge in Hickson 1995).

In einer kontroversen Diskussion zwischen Hauptvertretern der angelsächsischen Entscheidungsforschung (vgl. Mintzberg u. a. 1990) wird der strukturelle Aspekt in bemerkenswerter Weise einmütig herausgestellt. Er sei eng mit den konkret ablaufenden Entscheidungsprozessen verwoben. Die analytische Trennung von Variablen des Entscheidungsprozesses und Variablen der Entscheidungsumgebung sei nicht sinnvoll, denn auch die „Umwelt" sei nichts Anderes als „... a nested arrangement of structures and processes" (Pettigrew, in Mintzberg u. a. 1990, 10). In der empirischen Forschung hat diese Einsicht bislang aber, wie bereits erwähnt, nur wenige Folgen gezeitigt. Insgesamt lässt sich außerdem festhalten, dass die empirische Entscheidungsforschung zwar den Strukturaspekt durchaus thematisiert, ihn aber in der Regel sehr technisch behandelt. Strukturen werden als „unabhängige" Variable konzipiert, die in einen statischen Zusammenhang mit der Entscheidung gestellt werden, deren inhaltlicher Bezug – insbesondere zum Prozesscharakter des Entscheidungsgeschehens – leider oft dunkel bleibt. Hauptsächlich werden Strukturelemente betrachtet, die auf der Ebene der Gesamtorganisation angesiedelt sind. Aspekte der Führungsstruktur werden nur am Rande behandelt (siehe aber weiter unten die Top Team Forschung). Außerdem werden kaum Mikroanalysen durchgeführt, d. h. die untersuchten Aspekte bleiben auf einer sehr hohen Aggregationsebene.[1]

---

1 Angemerkt sei schließlich, dass sich mit der Beziehung zwischen Struktur und Entscheidung nicht nur verhaltenswissenschaftlich orientierte Ansätze der organisationalen Entscheidungsforschung, sondern auch Untersuchungen der statistisch-ökonomischen Entscheidungstheorie befassen. Die dort angestellten Modellbetrachtungen verknüpfen Struktur- und Entscheidungsaspekte ganz unmittelbar. So verstehen z. B. Ben-Yaschar and Nitzan (1998) unter einer Organisationsstruktur nichts anderes als eine Entscheidungsregel. Eine derartige Eingrenzung ist dort unumgänglich, wo es um formale Strenge geht, sie wird aber dem vieldimensionalen Phänomen, das wir untersuchen wollen, nur bedingt gerecht.

3.2 Strategisches Management

Besondere Beachtung haben entscheidungstheoretische Konzepte in empirischen Studien zur Strategieentwicklung von Unternehmen gefunden. Auf Strukturaspekte geht schon früh die Studie von Mintzberg (1973) ein. Ähnlich konzipiert ist die Studie von Shrivastava and Grant (1985). Beiden Studien geht es um den Zusammenhang zwischen alternativen Formen der Strategieentwicklung und bestimmten „Umwelt"-Variablen. Eine Integration verschiedener Modelle versucht Hart (1992). Er unterscheidet u. a. einen imperialen, analytischen und einen prozeduralen Entscheidungsstil. Der imperiale Stil beispielsweise ist durch ein Kommandanten-Soldaten-Verhältnis zwischen Unternehmensführer und Mitarbeitern gekennzeichnet; die Strategiefindung und -umsetzung bezieht alle wesentlichen Elemente eines ausgebauten Managements mit ein (Mission, Planung, strukturelle und organisationale Unterstützung). Je nach Umweltdynamik, Unternehmensgröße und Entwicklungsstadium findet man einen anderen Strategiestil. Im Wesentlichen folgen die einschlägigen Studien einer kontingenztheoretischen Logik: (Organisations-) Strukturen setzen die Rahmenbedingungen, innerhalb derer sich das Entscheidungshandeln entfalten kann (zu der zugrunde liegenden Logik und Möglichkeiten einer Übertragung auf mittelständische Unternehmen vgl. Martin und Behrends 1998). Der Strukturbegriff bleibt allerdings häufig sehr unbestimmt. Manche Studien beschränken sich auf formale Abläufe und Positionen, andere beziehen sich auf institutionelle Regelungen, wieder andere beziehen auch personelle Merkmale mit ein. Auch das Abstraktionsniveau und die Reichweite der betrachteten Strukturmerkmale sind sehr unterschiedlich: die durchschnittliche Verweildauer in den Führungspositionen wird ebenso betrachtet wie die „Übereinstimmung" der Führungskräfte in Bezug auf die Ziele und den Ablauf des Entscheidungsprozesses (vgl. Iaquinto and Fredrickson 1997).

3.3 Organisationsstrukturforschung

Aus der verhaltenswissenschaftlichen Forschung über die Wirkungsweise von Organisationsstrukturen sind insbesondere zwei Ansatzpunkte für unsere Untersuchung von besonderem Belang. Angeregt vor allem von Jeffrey Pfeffer (1982) liegen mittlerweile etliche Studien zu den Auswirkungen der organisationalen Demographie vor. Interessanterweise werden in diesen Studien häufig nicht im engeren Sinne organisationale, sondern primär gruppenbezogene Merkmale (z. B. in Führungsgruppen) erfasst. Untersucht werden Auswirkungen der personellen Zusammensetzung nach soziographischen Variablen (z. B. Alter, Geschlecht, Bildungshintergrund). Seltener werden auch psychographische Größen (z. B. die kognitive Ähnlichkeit bei Dalton, Daily and Ellstrand 1998) betrachtet. Zwar dominieren als abhängige Variablen in der Regel Effizienzmaße, verschiedentlich geht es jedoch auch um Auswirkungen auf den Entscheidungsprozess (vgl. z. B. Miller, Burke and Glick 1998). Die theoretische Argumentation der Organisationsdemographie-Forschung bedient sich primär der Konzepte Ähnlichkeit, Kohäsion, Komplementarität und Konflikt, eine weiter gehende theoretische Einbettung ist selten (vgl. zu einer Würdigung Nienhüser 1998, Jans 2003). Ähnliches gilt für die Top Team Forschung, die insbesondere von Hambrick (1987) angestoßen und vorangetrieben wurde. Hambrick geht es darum, wie sich bestimmte Persönlichkeitsmerkmale und Fähigkeiten des „Führungsteams" auf die Zusammenarbeit auswirken und so den Erfolg des Unternehmens beeinflussen. Daraus werden praktische Ratschläge zum Beispiel über die optimale Zusammensetzung der Führungsgruppe abgeleitet. Der strukturelle Aspekt wird in diesen Studien zwar aufgegriffen, doch gleichzeitig auch unterschätzt, denn untersucht werden eigentlich nur „Personalstrukturen", viele Strukturvariablen, die wesentlich bedeutsamer sein dürften als „personelle" Eigenheiten der Teammitglieder, werden dagegen übersehen. Die Erkenntnisse aus den Studien, die sich mit der Zusammensetzung von Teams befassen (vgl. u. a. Hambrick 1987, Iaquinto and Fredrickson 1997, Kozlowski u. a. 1996, Dalton, Daily and Ellstrand 1998) wurden bislang noch nicht genutzt, um differenzierende Aussagen über die Führung mittelständischer Unternehmen abzuleiten. Die theoretische Argumentation der Top Team Forschung entspricht im Wesentlichen derjenigen, die auch die Organisationsdemographie-Forschung kennzeichnet und die sich auch in den allgemeineren Studien zur Gruppenzusammensetzung (vgl. Jackson 1992) findet.

3.4 Gruppenforschung

Führungsteams sind trotz der gebräuchlichen Rede von Top-„Teams" selten „echte" Arbeitsgruppen im engeren sozialpsychologischen Sinne (vgl. z. B. Levine and Moreland 1991): sie arbeiten nicht ständig zusammen, sie koordinieren sich nur fallweise, sie sind oft wenig kohäsiv usw. Dies zeigt sich bereits in äußerlichen Merkmalen. So zeigt die Studie von Krüger, Buchholz und Altrock (1993), dass – jedenfalls in Großunternehmen – der Typus der „unressortierten Unternehmensführung" (Krüger, Buchholz und Altrock 1993, 6), in der alle wichtigen Probleme gemeinsam beraten werden, praktisch nicht vorkommt. Dennoch lassen sich Ergebnisse der Gruppenforschung sinnvoll auf unsere Fragestellung hin anwenden, weil die einschlägigen Studien zunehmend von einem relativ weiten Gruppenverständnis ausgehen. Nach Alderfer (1977) sind Gruppen nicht notwendigerweise durch ständige „face to face"-Kontakte gekennzeichnet, sie stehen aber in einem wechselseitigen Verhältnis, sie erfüllen bestimmte (auch informale) Mitgliedschaftsbedingungen, und sie kooperieren arbeitsteilig – Bedingungen, die für Führungsgruppen zweifellos zutreffen. Es gibt mittlerweile eine ganze Reihe von Modellen einer „effizienten" Gruppenarbeit, die in der Regel auch „Strukturvariablen" enthalten (vgl. zu einem Überblick Goodman, Ravlin and Argote 1986). Näher betrachtet werden vor allem die Gruppengröße, Rollen, Kommunikationsbeziehungen, aber auch Arbeitsnormen und die gegebenen Kontrollmöglichkeiten. Trotz vieler interessanter Einzelergebnisse bleibt der diesbezügliche Forschungsstand unbefriedigend. Zu beklagen sind neben methodischen Problemen eine einseitige Fixierung auf (mehrdeutige) Effizienzkriterien und vor allem eine wenig integrative Sicht. Die gefundenen Zusammenhänge werden additiv nebeneinander gestellt, die theoretische Klammer fehlt, und die „Black Box", in der sich Struktur- und Ergebnisgrößen zusammenfügen, bleibt dunkel. Von besonderem Interesse ist daneben die Kritik, dass sich entscheidungsorientierte Gruppenstudien vor allem auf die Aufgabenseite („task work track") konzentriert haben, die Interaktionsseite („team work track") dagegen vernachlässigt wird (vgl. McIntyre and Salas 1995, 15).

3.5 Führungsforschung

Die Führungsforschung ist traditionell sehr personenzentriert. Im Wesentlichen wird dem Führer, seinen Fähigkeiten und seinem Verhalten die Hauptverantwortung für das Funktionieren und den Erfolg von Unternehmen zugeschrieben. Erst in neuerer Zeit wird die Bedeutung der unmittelbaren Interaktion zwischen Vorgesetzten und Mitarbeitern stärker herausgestellt (vgl. Sparrow and Liden 1997) und auf die Beziehung zwischen dem Führer und der Arbeitsgruppe eingegangen (vgl. Kozlowski u. a. 1996). Als theoretisch besonders fruchtbar kann die Rollentheorie der Führung gelten, weil sie einerseits die Bedeutung stabiler Strukturen herausstellt, andererseits aber auch der aktiven Konstruktion von Erwartungen, Regulierungen und Verhaltensmustern durch die jeweils beteiligten Personen Beachtung schenkt (vgl. z. B. Graen 1976): derartige Prozesse des „Role-Making" sind nicht zuletzt in Führungssituationen relevant, in Situationen mit hoher Unbestimmtheit, für die nur bedingt gesellschaftliche Normierungen bereitstehen.

3.6 Ökonomische Theorie

Die neuerlich wieder intensiver diskutierten Ansätze zur Institutionenökonomie (vgl. z. B. Ebers und Gotsch 1993) wurden bislang auf die mit unserer Fragestellung verbundenen Themen nur unzureichend angewendet. Die Prinzipal-Agenten-Theorie befasst sich in ihrem Grundmodell pauschal mit nur zwei Akteuren (vgl. Mitnick 1986, 11f.). Zwar lassen sich auch Mehr-Personen-Situationen modellieren, die Abbildung differenzierter Führungsstrukturen erweist sich aber als schwierig (vgl. die Diskussion bei Waterman and Meier 1998). Dennoch verspricht die Anwendung ökonomischer Theorien fruchtbare Einsichten. So ließen sich beispielsweise informationsökonomische Überlegungen (vgl. Kräkel und Schauenberg 1998) ohne weiteres auch auf die Führungssituation in mittelständischen Unternehmen anwenden. Ein Beispiel: In kleineren Unternehmen (insbesondere in vielen Familienunternehmen) gestalten sich „Turniere" um Führungspositionen (vgl. z. B. Main, O'Reilly and Wade 1993) sicher anders als in Großunternehmen. So gibt es beispielsweise in Familienunternehmen kein Turnier um die Leitungsposition. Außerdem existiert meistens eine große Distanz zwischen den beiden obersten Führungsebenen. Diese Merkmale haben erhebliche Bedeutung für die Bereitstellung von Anreizen und die Selektion von Führungskräften, die eine nähere Untersuchung verdienen. Obwohl die ökonomische Argumentation also interessante Perspektiven eröffnet, wird sie nicht als primäre Grundlage unserer Studie verwendet. Unsere Fragestellung richtet sich auf die Vermittlung von sozial-strukturellen Merkmalen der Führung mit der Prozessdynamik der Entscheidungsfindung. Hierzu eignet sich nur ein integrativer theoretischer Ansatz, der in der Lage ist, die vielfältigen (auch ökonomischen) Aspekte des Entscheidungsgeschehens aufzunehmen (s. u.). Die ökonomische Argumentation wird hierbei in doppelter Weise berücksichtigt. Zum einen fließt sie in die Konstruktion unseres Grundmodells mit ein (sie ist ein Baustein neben anderen Theorieelementen). Zum anderen ist sie ein unverzichtbarer Bestandteil bei der Beschreibung der Entscheidungssituation und der sie kennzeichnenden Wirkkräfte.

3.7 Zusammenfassung

Jeder der skizzierten Forschungsbereiche liefert Ansatzpunkte zur Beantwortung unserer Forschungsfrage. Sie sind gleichermaßen Lieferant von Grundkonzeptionen und Wissensbausteinen. Allerdings weisen sie auch etliche Defizite auf.

- Die empirische Literatur zur Unternehmensführung behandelt eine Reihe von Hypothesen über die Spezifika der Führungsproblematik in mittelständischen Unternehmen. Defizite bestehen in der theoretischen Fundierung der empirischen Ergebnisse und der konzeptionellen Überlegungen. Auch wird der Strukturaspekt allenfalls am Rande und meist sehr „technisch" im Sinne einer richtigen Arbeitsteilung behandelt.
- In der Gruppenforschung (und in ausgewählten Bereichen der Führungsforschung) findet man zahlreiche empirische Einzelbefunde, die sich mit der kooperativen Entscheidungsfindung befassen.

Außerdem existieren einige Ansatzpunkte zur Beschreibung der sozialen Dynamik in Entscheidungsprozessen. Nicht behandelt wird die Frage, in welcher Form sich die beschriebenen Prozesse im Bereich der Unternehmensführung manifestieren. Außerdem wird der Strukturaspekt meist sehr statisch behandelt.

- Auch die Literatur zur strategischen Entscheidungsfindung vernachlässigt die strukturelle Seite der Willensbildung und -durchsetzung. Dort wo in empirischen Studien der Zusammenhang zwischen Struktur und Prozess untersucht wird, wird er sehr pauschal behandelt. Die theoretischen Ausführungen über die Vermittlung von strukturellen und prozeduralen Größen verbleiben auf einer nur rudimentären Ebene.
- Ähnliches gilt für die institutionenökonomische Organisationstheorie, in der der Zusammenhang zwischen Struktur- und Verhaltensgrößen nur sehr pauschal beschrieben wird, nicht zuletzt auch deswegen, weil die Argumentation mit Größen operiert, die auf einer sehr hohen Aggregationsebene liegen.
- In der empirischen Forschung zur organisationalen Entscheidungsfindung wird die Bedeutung von strukturellen Gegebenheiten zwar oft herausgestellt, letztlich können die angebotenen konzeptionellen und operationalen Ansätze aber nicht überzeugen. Strukturgrößen erhalten in konkreten Untersuchungen die Rolle von „Kontingenzvariablen“, deren Einbindung in organisationale Abläufe nur schematisch beschrieben wird. Mechanismen, die für das Zusammenwirken verantwortlich sind, werden nur ansatzweise beschrieben.

4 Der Entscheidungsprozess als Analyseeinheit

Im Zentrum des Unternehmenshandelns stehen Entscheidungen – oder unterlassene Entscheidungen. Entscheidungen bestimmen über Erfolg und Misserfolg eines Unternehmens und sie bestimmen die Richtung, in die sich ein Unternehmen entwickelt. Es ist daher auch sinnvoll, die unternehmerische Entscheidung als zentrale Analyseeinheit einer Theorie des organisationalen Verhaltens zu wählen. Für diese Wahl spricht, neben den genannten Argumenten, eine ganze Reihe weiterer inhaltlicher und methodologischer Gründe. So ist das Unternehmensverhalten nur in Ausnahmefällen Ausdruck eines einheitlichen Willens, im Wesentlichen ist es das Ergebnis der Abstimmungsprozesse unterschiedlicher Akteure. Diese Abstimmungsprozesse finden im Zuge der Entscheidungsfindung statt. Entscheidungen sind gewissermaßen Kristallisierungen der Auseinandersetzung der Organisationsteilnehmer. Die

Betrachtung des Entscheidungsprozesses integriert also die kollektive Seite organisationalen Verhaltens, die wechselseitige Abstimmung, die für Organisationen typisch ist. Sie berücksichtigt außerdem, dass die individuellen Teilnehmer zwar vornehmlich ihre eigenen Ziele verfolgen, insgesamt sich aber dann doch so etwas wie ein kollektiver Wille herausbildet. Organisationales Geschehen kann als Ausdruck und Folge der Handlungsstrategien der Organisationsteilnehmer verstanden werden. Die Betrachtung von organisationalen Entscheidungen hebt diesen bewussten Aspekt, also den Gestaltungswillen heraus. Gleichzeitig wird aber nicht ausgeschlossen, dass auch unbewusste und nicht explizit formulierte Motive der Akteure die Herausbildung des Organisationsverhaltens prägen. Schließlich sei ein weiterer Vorzug der entscheidungsorientierten Perspektive herausgestellt. Die deskriptive Entscheidungsforschung setzt einerseits an den Kerndimensionen der normativen Entscheidungstheorie an, sie nutzt damit ein begriffliches Gerüst, das z. B. auch in der ökonomischen Theorie der Unternehmung zentrale Bedeutung besitzt. Andererseits ist die deskriptive Entscheidungsforschung offen gegenüber den Erkenntnissen der empirischen Verhaltensforschung, weil sich die Konzepte der Entscheidungsforschung leicht mit den Konstrukten verbinden lassen, die in den Untersuchungen des individuellen Verhaltens in Organisationen verwendet werden.

Es kann festgehalten werden: es gibt einen engen Bezug zwischen Organisations- und Entscheidungsverhalten allein schon deswegen, weil sie in grundlegenden Merkmalen „korrespondieren“:

- Organisationen sind kollektive Akteure – Entscheidungen sind Kristallisierungen von Abstimmungsprozessen.
- Organisationen sind zielorientiert – Entscheidungen sind absichtsgeleitet.
- Organisationen sind soziale Systeme (und nicht etwa nur Instrumente oder „Maschinen“) und damit geprägt von den Verhaltensweisen der Organisationsteilnehmer – die Entscheidungsperspektive erlaubt es, die Ergebnisse der empirischen Forschung über individuelle und soziale Prozesse zu integrieren.

4.1 Konzeptionelle Schwierigkeiten

Sinnvollerweise begreift man Entscheidungsverhalten nicht *als einen einmaligen oder singulären Akt*, sondern als einen *Prozess* der Willensbildung und der Problemlösung. Die Aufgabe, derartige Prozesse valide abzubilden, steht allerdings vor nicht unerheblichen Schwierigkeiten, denn kollektive Entscheidungsprozesse sind oft komplex und dynamisch und entziehen sich meistens einer unmittelbaren Beobachtung (vgl. Mintzberg u. a. 1990). Die Forschung begegnet der Komplexität ihres Gegenstandes u. a. durch die Bildung von Typen (so werden, wie oben bereits angegeben, beispielsweise „flüssige" von „sporadischen" Prozessen unterschieden). Sehr häufig erfolgt außerdem eine Betrachtung von Teilphasen (z. B. der Informationsphase oder der Entschlussphase). Im Zuge der Untersuchung dieser Teilphasen (oder besser: Teilaktivitäten, vgl. Martin 1996b) wurden umfangreiche Variablenkataloge entwickelt, die mögliche „Determinanten" der Entscheidungsaktivitäten wiedergeben sollen. Vereinzelt findet man auch Versuche, die verschiedenen Einflussbeziehungen in (Partial-) Modelle zu integrieren. Beispiele hierfür liefern die Ansätze von Lyles (1981) oder Nutt (1998) zur kollektiven Problemdefinition, zur Informationsverwendung von O'Reilly (1983) und zum Commitment von Staw (1996). Kritisch ist gegen diese Studien einzuwenden, dass sie die eigentliche Prozessdynamik und den kollektiven Charakter des Entscheidungsgeschehens nur unzureichend thematisieren. Dies gilt selbst für Studien, die sich explizit mit dieser Thematik befassen. Exemplarisch deutlich wird dies an der Gegenüberstellung von zwei Studien der Forschergruppe um Mintzberg, deren Publikationen fast zwanzig Jahre auseinander liegen. In ihrem viel zitierten Aufsatz aus dem Jahr 1976 versuchen die Autoren, die Komplexität und Dynamik von Entscheidungsprozessen durch die Einführung von zahlreichen Subroutinen und dynamisierenden Faktoren abzubilden (Mintzberg, Raisinghani and Théorêt 1976). In der neueren Abhandlung stellen sie diesen Versuch dagegen als unzureichend hin. Um der Komplexität des Unternehmenshandelns gerecht werden zu können, müssten – so die Autoren – u. a. das ganze Prozessumfeld, Makroprozesse ebenso wie Mikroprozesse einbezogen werden (vgl. Langley u. a. 1995). In diesen Vorschlägen offenbart sich letztlich eine Kapitulation vor dem Untersuchungsgegenstand. Aus methodologischer Sicht ist das kaum nachvollziehbar. Der Wunsch nach größerer Realitätsnähe der wissenschaftlichen Betrachtung ist zweifellos verständlich. Allerdings lässt er sich nicht dadurch einlösen, dass man einen Gegenstand empirisch in allen Facetten nachzeichnet, also versucht, ihn auf der Beschreibungsebene möglichst 1:1 zu duplizieren. Dies ist weder möglich noch sinnvoll. „Reiche Informationen" erhält man nicht durch eine Verdoppelung der Realität, sondern nur durch eine theoretisch gestützte Analyse, die sich mit den grundlegenden Kräften beschäftigt, die Entscheidungsprozesse bewegen. Notwendig ist also die Besinnung auf eine theoretische Argumentation, die sich auf das Kernproblem der organisationalen Entscheidungsfindung, nämlich die Dynamik und Komplexität von Entscheidungsprozessen und ihre Verwobenheit mit den strukturellen Gegebenheiten, die eine Organisation auszeichnet, konzentriert.

4.2 Stabilität und Dynamik von Strukturen

Aus der organisationstheoretischen Diskussion scheinen uns für unsere Fragestellung insbesondere zwei Argumentationslinien relevant. Die erste stammt aus dem Versuch, den Wirkungsmechanismen auf die Spur zu kommen, die für den (scheinbar) unvorhersehbaren und vertrackten Ablauf von Entscheidungsprozessen verantwortlich sind. Besonders zu nennen sind hierbei das Garbage Can Modell (vgl. Cohen, March and Olson 1972) und die sich daran anschließenden Überlegungen (vgl. March and Olsen 1976, March 1989) und das Modell der Handlungsgeneratoren von Starbuck (1976). Das Starbucksche Modell ist zwar als „Konkurrenzmodell" gedacht, bei näherer Betrachtung erweist es sich jedoch eher als komplementäres Modell. Es thematisiert einerseits – ebenso wie das Garbage Can Modell – die Bedeutung von Strukturen für den Ablauf von Entscheidungsprozessen. Andererseits geht es ihm aber auch um den umgekehrten Prozess: darum, wie organisationale Abläufe zu Strukturen gerinnen, die das künftige Geschehen in vorgefertigte Bahnen zwingen. Strukturen „kristallisieren" sich gewissermaßen aus Prozessen heraus. Besondere Beachtung schenkt Starbuck der kollektiven Bewusstseinsbildung: Rechtfertigungszwänge der Akteure tragen zu einer Institutionalisierung organisationaler Regulierungen und zur Verfestigung handlungsleitender Alltagstheorien bei. Diese wirken im Sinne von Handlungsgeneratoren, sie treiben spezifische organisationale Vorgänge also voran – oder unterbinden sie. Als Versuch einer Erweiterung und Integration entscheidungstheoretischer Ansätze kann die Theorie der Problemhandhabung gelten. Sie richtet ihr Augenmerk vor allem auf die Aufmerksamkeitslenkung und die Regulation einzelner Problembearbeitungsschritte (vgl. Martin 1989). Das „Modell der Handlungsentlastung" (Martin 1998) schließlich stellt die verhaltenslenkende Kraft von Institutionen und den in ihnen geronnenen Sinnstrukturen heraus. Gemeinsam ist den genannten Ansätzen der Versuch, strukturelle Aspekte des organisationalen Geschehens mit konkreten Handlungsabläufen zu verknüpfen.

Eine weitere organisationstheoretische Linie, die für unsere Fragestellung von besonderem Interesse ist, bezieht sich auf die Dynamik, die in den Strukturen selbst steckt und sich damit auch auf die organisationale Entscheidungsfindung bezieht. Zu nennen ist diesbezüglich insbesondere das Konzept der Strukturspannung. Es wurde in einem mittlerweile „klassischen" Aufsatz von Hedberg, Nystrom and Starbuck (1976) entwickelt. Die Autoren plädieren für eine Art „Wippenpolitik", d. h. sie empfehlen, in Organisationen Ungleichgewichte einzubauen. Es ist nach ihrer Auffassung wenig sinnvoll, eine an sich positive Eigenschaft zu maximieren, dies könne nur dazu führen, dass das „Positive" an dieser Eigenschaft „umkippt" und dann sehr negative Wirkungen zeitigt. In jüngster Zeit wurde diese Idee in anderer Form von Weick aufgegriffen. Er plädiert für „lebendige" Strukturen, die die Beteiligten dazu veranlasst, sich in ihren Handlungen eng aufeinander zu beziehen (vgl. z. B.

Weick, Roberts 1993). Die Strukturüberlegungen von Hedberg u. a. und von Weick lassen es wenig sinnvoll erscheinen, nach „idealen“ Strukturen Ausschau zu halten, es gibt solche Strukturen jedenfalls nicht in dem Sinne, wie es ideale Produkte gibt, nämlich als Summe von positiv zu bewertenden Teilmerkmalen. Die Bewältigung der Probleme, die vom Führungssystem einer Organisation verlangt wird, erfordert im Gegenteil die ständige Erzeugung von Spannungen, Widersprüchlichkeiten und Unvereinbarkeiten. Die Qualität der Akteure zeigt sich darin, ob es ihnen gelingt, die Widersprüchlichkeiten gegeneinander auszubalancieren und produktiv umzusetzen.

Unser theoretischer Ansatz kann an dieser Stelle nur in den Grundzügen skizziert werden (vgl. ausführlich Martin 1995). Das Problem, um das es ihm geht, ist die Frage, welche strukturellen Gegebenheiten des Führungssystems die Handlungs- und Entwicklungsfähigkeit von Organisationen fördern bzw. beeinträchtigen. Ausgangspunkt der Überlegungen ist die Einsicht, dass es nicht so sehr auf die Fähigkeiten einzelner Personen als vielmehr auf die gegebenen Führungsstrukturen ankommt. In ihnen steckt das Potential, das die *Führungsfähigkeiten einer Organisation* hervorbringt. Führungsstrukturen lenken das Verhalten der Akteure, und sie regulieren den Verlauf von Entscheidungsprozessen. Entscheidungsprozesse sind gewissermaßen die manifest werdenden Bestrebungen der organisationalen Akteure, und das Verhalten der Organisation ist das Kondensat der getroffenen und nicht getroffenen, der umgesetzten und nicht umgesetzten Entscheidungen. Die Herausforderung an eine Theorie organisationaler Entscheidungsprozesse besteht darin, die Vermittlung zwischen dem Verhalten der Mikroakteure „Organisationsteilnehmer“ und dem Makroakteur „Organisation“ aufzuzeigen, sie besteht also – anders formuliert – darin, die Wechselwirkung zwischen Strukturen und Prozessen in bündiger Weise zu erklären. Die Aufgabe einer Theorie organisationaler Entscheidungsprozesse besteht im Nachweis, dass Strukturen und Prozesse gar nicht voneinander getrennt werden können, sie gewissermaßen nur zwei Seiten derselben Medaille sind.

4.3 Analyseebenen

Unser Führungsmodell besteht aus vier Variablengruppen, die nicht unabhängig, sondern eng miteinander verflochten sind (vgl. Abbildung 1). Auf der obersten Analysestufe stehen die Systemwirkungen, die aus dem Entscheidungsverhalten resultieren. Als grundlegende Systemwirkungen können – in Fortführung der Parsonschen Systemtheorie – die Erfüllung der Grundfunktionen Leistung, Kooperation und Lernen gelten (Martin 2001).

Abbildung 1: Ebenen zur Analyse von Entscheidungsprozessen in Organisationen

Systemwirkungen	*Leistung, Lernen, Koordination*
↑	
Entscheidungsprozesse	*Wahrnehmung, Definition, Lösung, Umsetzung, Meta-Aktivitäten*
↑	
Führungspotentiale	*Aktivität, Intelligenz, Slack*
↑	
Führungsstrukturen	*Kern-Strukturen, Sozialintegrative Strukturen, Institutionelle Strukturen*

Quelle: Eigene Darstellung.

Die Erfüllung der Systemanforderungen hängt nicht zuletzt von den vorhandenen Führungspotentialen oder Führungsfähigkeiten ab, diese werden durch die jeweiligen Führungsstrukturen erzeugt, und sie werden umgesetzt in den Entscheidungsprozessen, die sich auf die Bewältigung der Systemprobleme richten. In Hypothesenform:

- Das Führungspotential einer Organisation ist die Resultante der Kräfte, die durch die Führungsstrukturen erzeugt werden.
- Die Qualität von Entscheidungsprozessen wird von dem verfügbaren Führungspotential der Organisation determiniert.
- Die Qualität des Entscheidungsprozesses determiniert einerseits die Qualität der Einzelentscheidungen und – hieraus resultierend – auch die grundsätzliche Art und Weise, wie die grundlegenden Systemprobleme von Organisationen bewältigt werden.

Es ist die Aufgabe der Führung, dafür zu sorgen, dass die Systemleistungen erbracht werden. Organisationen brauchen also Führungspotentiale oder Führungsfähigkeiten. Aber welche? Es ist ein Leichtes, einen umfangreichen Katalog mit wichtigen Managementfähigkeiten zu erstellen. Damit gerät man schnell ins Beliebige. Man kann diese Gefahr vermeiden, wenn man auf grundlegende Fähigkeiten von Handlungssystemen rekurriert, die ein solides theoretisches Fundament besitzen. In Theorien zur Erklärung von menschlichem Verhalten werden nun durchgängig drei Klassen von Variablen verwendet: Motivationen, Fähigkeiten und die Möglichkeiten des Handelnden. Diese Variablenklassen können ganz generell zur Erklärung des Verhaltens von Handlungssystemen verwendet werden, sie beziehen sich also nicht nur auf individuelles Verhalten. Das Führungssystem einer Organisation hat Potential, wenn es in ausreichendem Maße „Aktivität" (Motivation) entwickelt, wenn es „Intelligenz“ (Fähigkeiten) besitzt und wenn es hinlänglich über „Ressourcen“ (Möglichkeiten) verfügen kann (vgl. ausführlich Martin 1995). Auch bezüglich der Analyse von Entscheidungsprozessen konzentrieren wir uns auf wenige Kernmerkmale. Betrachtet werden die Kernaktivitäten, die notwendigerweise in jedem Entscheidungsprozess erbracht werden. Es sind dies

- Aufmerksamkeitsprozesse: Probleme, die nicht wahrgenommen werden, lösen keine Problembearbeitungsprozesse aus.
- Bestimmungsleistungen: die kollektive Definition des Problems bestimmt über den Entscheidungsverlauf.
- Lösungsbemühungen: das Ausmaß, in dem man sich dem Problem widmen kann, bestimmt ganz maßgeblich über die Qualität der schließlich gefundenen Lösung.
- Umsetzungsaktivitäten: die Ernsthaftigkeit einer Entscheidung „entscheidet“ sich eigentlich erst im Umgang mit den Problemen, die sich der Realisierung der Entscheidung entgegenstellen.
- Meta-Aktivitäten: der Entscheidungsprozess selbst kann (und sollte normalerweise) Gegenstand der Reflexion sein.

Die isolierte Betrachtung dieser Teilaspekte ist aus theoretischer Sicht allerdings noch nicht befriedigend. Sie ist durch eine integrative Betrachtung zu ergänzen. Außerdem ist zu berücksichtigen, dass die Führung von Organisationen normalerweise zur jeweils gleichen Zeit mit einer Fülle von komplexen Problemen beschäftigt ist, d. h. die zu lösenden Probleme kommen nicht in einzelnen „Arbeitskontingenten“, sondern oft gleichzeitig an, sie sind oft vielschichtig und vielfältig miteinander verknüpft, sie lassen sich nicht wie Akten „abarbeiten“ und erlauben daher nur eine fragmentierte Behandlung. Möglich sind daher immer nur vorläufige Teillösungen, die sich nicht selten als Ursache neuer Probleme entpuppen. Probleme der Unternehmensführung sind außerdem mit Unsicherheit behaftet, sie sind mehrdeutig und interessenbeladen (vgl. z. B. Schreyögg und Hübl 1992). Auf welche Weise geht die Unternehmensführung damit um? Hierauf kann an dieser Stelle leider nicht ausführlich eingegangen werden, einige allgemeine Hinweise auf die von uns verwendeten theoretischen Ansätze müssen daher genügen. Das Garbage Can Modell und das Modell der Handlungsgeneratoren liefern brauchbare theoretische Konzepte, um die organisationale Einbettung von Entscheidungsprozessen zu beschreiben, sie vernachlässigen aber die Problematik, in welcher Weise die organisationalen Akteure mit Einzelproblemen und mit der Bewältigung des „Handlungsstroms“ umgehen. Diese Fragen sind Gegenstand der Theorie der Problemhandhabung (Martin 1989). Sie macht Aussagen über die Stimulierung der einzelnen Entscheidungstätigkeiten, über Vorrangregeln bei der Problembearbeitung und darüber, aufgrund welcher Bedingungen sich welche Handhabungsformen herausbilden. Mit ihrer Hilfe ist es möglich, typische Handlungstendenzen zu beschreiben und die ihnen zugrunde liegenden Verhaltensmechanismen zu analysieren. Ein Beispiel: Die Überlastung des Entscheidungssystems hat sowohl „kognitive“ als auch „motivationale“ Auswirkungen. Sie verringert das „Auflösungsvermögen“, mit dem Probleme erkannt werden und damit auch die Wahrnehmungsschwelle. Außerdem wird durch eine Überlastung die Tendenz verstärkt, sich primär mit wohldefinierten Problemen zu beschäftigen und schlecht-definierte (aber gleichwohl strategisch wichtige) Probleme zurückzudrängen. Die genannten Wirkungen der Überlastung tragen ihrerseits wieder zu einer Verschärfung der Problematik, d. h. zu einer weiteren Steigerung der Überlastung, bei. Bestimmte Eigenschaften des Führungssystems verstärken diese Mechanismen, andere lösen andere Mechanismen aus.

5 Die Elemente des Führungsmodells

Welche Strukturmerkmale eignen sich als Generatoren produktiver Spannungen? Zur Beantwortung dieser Frage werden zwei Zugänge gewählt. Zum einen orientieren wir uns an der allgemeinen sozialtheoretischen Forschung. Zum anderen knüpfen wir an die bereits beschriebenen Konzepte unseres Führungsmodells an. Beide Perspektiven ergänzen sich sehr gut (vgl. Martin 1995). Führungssysteme entwickeln nur unter bestimmten strukturellen Bedingungen die Kernfähigkeiten oder grundlegenden Potentiale, die sie brauchen, um die Organisation zu steuern. Jeder Kernfähigkeit (bzw. jedem grundlegenden Führungspotential) lässt sich jeweils eine wichtige Strukturdimension zuordnen. Diese seien daher auch Kernstrukturen genannt. Das Führungspotential Aktivität wird beispielsweise besonders dann gefordert und entsprechend ausgebildet, wenn sich eine hohe Strukturspannung aus den Polen Autonomie versus Verantwortlichkeit aufbaut. Das Führungspotential Intelligenz resultiert dagegen vor allem aus dem Gegensatz von Differenzierung und Integration, während sich (produktiver) Slack vor allem dann herausbildet, wenn Regulierungsbestrebungen sich an einem hohen (strukturbedingten) Ausmaß an Informalität abarbeiten muss. Zu diesen Kerndimensionen gibt es im Übrigen eine umfangreiche Forschung, sodass die abgeleiteten Handlungsempfehlungen auf einer recht sicheren Grundlage beruhen. Neben den Kerndimensionen der Führungsstruktur enthält das Modell eine Reihe von weiteren Strukturvariablen (vgl. Abbildung 2). Diese lassen sich sehr gut den beiden fundamentalen und in der Sozialtheorie intensiv diskutierten Dimensionen der Sozial- und Systemintegration zuordnen (vgl. Lockwood 1964, Mouzelis 1997). Sie unterstützen die Bewältigung der von den Kerndimensionen erzeugten widersprüchlichen Kräfte. In gewissem Umfang entwickeln sie aber auch ihre eigene Widersprüchlichkeit, worauf an dieser Stelle aber leider nicht näher eingegangen werden kann. An einem Beispiel sei der unterstellte Wirkungsmechanismus verdeutlicht.

Abbildung 2: Kernmerkmale der Führung

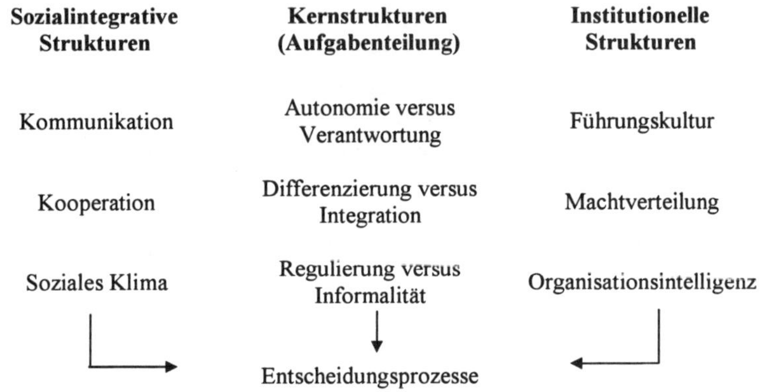

Quelle: Eigene Darstellung.

5.1 Beispiel: Autonomie versus Verantwortlichkeit

Die organisationspsychologische Forschung belegt eindrucksvoll, dass Handlungsautonomie erhebliche motivationale Wirkungen besitzt. Dies gilt in ganz besonderem Maße für Manager, weil diese nicht nur den natürlichen psychologischen Impuls verspüren, frei von fremden Einflüssen zu handeln, sondern darüber hinaus deswegen, weil dieser Wunsch durch soziale Kräfte druckvoll verstärkt wird: Manager leben vom Image des freien Gestaltens, d. h. sie präsentieren sich im Lichte dieses Images, und sie sehen sich auch selbst so. Einschränkungen in der Handlungsfreiheit bereiten ihnen psychische und physische „Schmerzen". Führungskräfte brauchen also Autarkie, einen Bereich, den sie ohne fremde Einmischung selbstständig gestalten können. Autonomie hat jedoch nicht nur einen psychologischen, sondern vor allem auch einen beträchtlichen sozialpsychologischen Effekt. Personen, die ihre eigenen Felder bestellen, sind stark: Selbstständigkeit macht selbstbewusst und unabhängig im Denken – zwei Tugenden, die sich für die kollektive Entscheidungsfindung nur positiv auswirken können. Aber auch Verantwortlichkeit wirkt in diesem Sinne positiv. Wichtiger als die Zufriedenheitswirkungen der Verantwortlichkeit sind jedoch ihre Wirkungen auf die Qualität der Arbeit. Verantwortlichkeit fordert vorausschauendes, umsichtiges Denken, das sich seiner Wirkungen bewusst ist, sie fördert damit nachhaltig eine rationale Entscheidungsfindung.

Autonomie und Verantwortlichkeit erzeugen jedoch nicht nur ein positives Potential, sie bergen auch erhebliche Gefahren. Ein Übermaß an Autonomie begünstigt Selbstüberschätzung, Abgrenzung gegenüber anderen, Ressortegoismus oder ganz allgemein: die Missachtung von Interessen anderer Organisationsteilnehmer. Verantwortung (bzw. genauer: Verantwortlichkeit) bremst diese Verhaltenstendenzen. Es gibt aber auch eine Systemüberladung durch Verantwortlichkeit. Die Hauptgefahr besteht in einer zu engen Bindung der Akteure an etablierte Normen, Regeln und Verfahren. Das Resultat ist Absicherung, Innovationsfeindlichkeit und Unbeweglichkeit. So wie Verantwortlichkeit die Versuchungen der Autonomie begrenzt, so wirkt Autonomie als insistierende Kraft gegen die Tristesse der Verantwortlichkeit. Daraus resultiert Spannung. Das ist durchaus positiv. Autonomie muss immer wieder „erstritten", Verantwortlichkeit immer wieder neu definiert werden. Dies fördert Beweglichkeit und Anpassungsfähigkeit. Es besteht also eine besondere Affinität zwischen den Dimensionen Autonomie und Verantwortlichkeit und der Systemanforderung des organisationalen Lernens.

Vermittelt wird die Erfüllung dieser – ebenso wie jeder anderen – Systemanforderung über die Entwicklung der angeführten Führungspotentiale im Umgang mit den Strukturspannungen. Autonomie und Verantwortlichkeit weisen, wie beschrieben, empirisch gegenläufige Tendenzen auf, was aber auf keiner Zwangsläufigkeit beruht, denn beide Eigenschaften lassen sich gleichzeitig strukturell verankern. Die scheinbare Unvereinbarkeit zwischen Autonomie und Verantwortlichkeit entsteht deswegen, weil ohne Autonomie keine Verantwortlichkeit eingefordert werden kann. Die Aufbürdung von Verantwortung führt aber nicht zu mehr Autonomie. Die beiden Dimensionen sind durchaus unabhängig. Andererseits: Verantwortliches Verhalten sichert man nicht durch Einschränkung der Autonomie, sondern durch ihre Einforderung. Wer selbstständig handelt, dem müssen die Konsequenzen seines Handelns klar sein, er muss sie spüren, er hat sie zu rechtfertigen. In Organisationen erfolgt eine solche Rückbindung über zusätzliche Mechanismen, die in Abbildung 2 aufgeführt sind. Die Gegenüberstellung der Wirkkräfte von Autonomie und Verantwortlichkeit muss durch die Berücksichtigung von weiteren Einflussgrößen ergänzt werden. Aus diesem Grund besteht das Führungsmodell auch nicht nur aus einem einzelnen Variablenpaar. Die wechselseitigen Begrenzungen der negativen Effekte und die produktiven Strukturspannungen entstehen nur dann, wenn gleichzeitig auch noch andere strukturelle Kräfte in Balance gehalten werden. In unserem Beispiel: Auch die strukturelle Verankerung von Verantwortlichkeit kann die möglichen negativen Wirkungen übergroßer Autonomie nur begrenzt im Zaume halten. Autonomie kann sich verselbständigen und Rechtfertigungszwänge unterlaufen oder auch instrumentalisieren. Hier helfen nur „harte“ machtpolitische Arrangements: für die Führungsstruktur in einem Unternehmen empfiehlt sich insbesondere die Sicherung des Machtgleichgewichts – ein weiteres Element in unserem Führungsmodell.

Die einzelnen Elemente des Führungsmodells verstärken oder begrenzen sich also gegenseitig in ihrer Wirkung. Sie haben daneben auch katalytische Wirkung. Entscheidend ist in jedem Fall die „Gesamtkonstellation“, also das Zusammenwirken der verschiedenen Strukturdimensionen. Ideal ist eine Konfiguration, die Kräfte entfaltet, die gleichermaßen auf Veränderung und auf Stabilisierung gerichtet sind, also eine Struktur, die von den eigenen Kräften getragen wird. In der Biologie und in den Architekturwissenschaften wird zur Kennzeichnung derartiger sich selbst tragender dynamischer Strukturen der Begriff der „Tensegrität“ verwendet, ein Konzept, das in nicht geringerem Maße als in den Naturwissenschaften auch in den Sozialwissenschaften Interesse verdient.

5.2 Empirie

Die angeführten theoretischen Überlegungen finden ihren Niederschlag in mehreren Studien. In einem ersten Schritt wurden und werden Fallstudien durchgeführt. Neben der beschriebenen Fragestellung geht es in diesen Fallstudien auch um die Entwicklung von Messkonzepten, die in weiteren – umfassenderen – Erhebungen Einsatz finden können. Inhaltlich geht es in diesen Folgestudien um die Erklärung mittelstandsspezifischer Unternehmensstrategien. Unternehmensstrategien werden hierbei als Handlungsmuster verstanden, die sich aus dem Zusammenspiel von Handlungssituation und Handlungsorientierungen entwickeln. Führungsstrukturen bilden auch hier parametrische Vorgaben, die Impulse setzen, zu mehr oder weniger planvollem Handeln anregen und Handlungserfordernisse abpuffern. Verwendung finden die Konzepte des Führungsmodells schließlich in einem weiteren Forschungsprogramm, dem Lüneburger Firmenpanel, der sich gegenwärtig noch in der Aufbauphase befindet (vgl. http://uni-lueneburg.de/fb2/success). In diesem Panel geht es um die Abbildung strategischer Potentiale mittelständischer Unternehmen, zu denen, wie beschrieben, auch ganz zentral lebendige Führungsstrukturen zu rechnen sind.

Bislang wurden 7 ausführliche Fallstudien erstellt, die durch weitere 23 Fallstudien ergänzt werden sollen. In diesen Fallstudien wird jeweils ein konkreter Entscheidungsprozess rekonstruiert. Das methodische Vorgehen ist durch eine Kombination von strukturiertem Interview und freiem Gespräch gekennzeichnet. In die Rekonstruktion der Entscheidung werden immer mindestens zwei der beteiligten Führungskräfte einbezogen. Die Erhebung findet in getrennten Sitzungen statt. Die Fallschilderungen werden den Führungskräften nach Fertigstellung nochmals vorgelegt und ggf. berichtigt. Die Gesprächsinhalte richten sich auf die Veranlassung der betrachteten Entscheidung, die Charakterisierung der beteiligten Akteure und deren Handlungsintentionen, auf besondere Ereignisse im Zuge des Entscheidungsgeschehens, die verwendeten Informationen, Störungen, unerwartete Wendungen, die Umsetzung oder Revision der Entscheidung usw.

Häufig wird Fallstudien ein lediglich heuristischer Wert innerhalb der „explo-ratorischen" Forschung zugewiesen. Tatsächlich kann man mit Fallstudien keine Theorien „verifizieren", dies ist aber auch mit numerisch breit angelegten Untersuchungen nicht möglich. Deren Stärke liegt in der Absicherung der Repräsentanz. Diese streben wir bewusst nicht an, es geht uns vielmehr um den Nachvollzug von Funktionsmechanismen. Hierzu taugen aber nur Mikroanalysen, für die sich Fallstudien wiederum hervorragend eignen (vgl. zur Fallstudienmethodik u. a. Yin 1984, Boos 1993). Anders ausgedrückt: die Fallstudien haben nicht nur eine „vorbereitende" Funktion, sie dienen also nicht nur der Vorbereitung der oben angeführten weiteren Erhebungen, sondern haben auch ihren eigenständigen Wert.

Die bisher durchgeführten Fallstudien zeigen die Fruchtbarkeit des beschriebenen Führungsmodells. Seine Dimensionen lassen sich weitgehend problemlos abbilden. Die Erfassung der Führungsdimensionen erfolgt mit Hilfe von drei Zugängen. Der erste Zugang ergibt sich aus der freien Situationsschilderung, der im Bedarfsfall mit Hilfe von Leitfragen eine gewisse Struktur gegeben wird. Der zweite Zugang ergibt sich aus subjektiven Beurteilungen der Führungskräfte, die sie anhand vorgegebener Skalen vornehmen. Der dritte Zugang stützt sich auf objektive Größen, die eine Zuordnung zu den Dimensionen des Führungsmodells erlauben (die Aufgabenteilung z. B. kann als Aspekt der Spezialisierung gelten).

Auch die Analyse der Zusammenhänge erbringt bislang im Wesentlichen die erwarteten Ergebnisse. Selten erfüllen die realen Führungsstrukturen die von unserem Modell formulierten idealen Voraussetzungen. Hieraus resultieren dann charakteristische Defizite im Entscheidungshandeln. In einem der betrachteten Fälle beispielsweise war eine weitgehende Verlagerung von Führungsaufgaben auf die zweite Führungsebene zu beobachten. Die Aufgabeninhalte der einzelnen Führungspositionen waren dabei klar voneinander abgegrenzt. Als zentrales Mittel, um die Aktivitäten der Führungskräfte zu koordinieren und um wichtige Informationen zusammenzuführen, diente ein ausgebautes Berichtswesen. Außerdem traf sich ein um die Führungskräfte der zweiten Ebene erweiterter Führungskreis zu regelmäßigen Sitzungen. Zur Vorbereitung komplexer und außergewöhnlicher Entscheidungen wurden Projektgruppen eingerichtet, in die Experten (auch von außerhalb) eingebunden wurden. Bei dem in diesem Unternehmen betrachteten Fall ging es um eine folgenreiche Investitionsentscheidung. Die von dieser Entscheidung zentral betroffene Führungskraft war in der Projektgruppe, die beauftragt wurde, einen Lösungsvorschlag zu erarbeiten, durch einen Mitarbeiter vertreten. Allerdings stellte sich heraus, dass in dieser Projektgruppe wesentliche Informationen systematisch ignoriert wurden, obwohl sie von dem Mitarbeiter immer wieder eingebracht wurden. Versuche der Führungskraft, sich unmittelbar bei der Geschäftsführung Gehör zu verschaffen waren nicht von Erfolg gekrönt. Auch in den Führungskreissitzungen konnte die Problematik nicht ausführlich erörtert werden, weil hierzu wenig Zeit blieb und von interessierter Seite auch auf die Arbeit der Projektgruppe verwiesen werden konnte. Zusammengefasst und etwas abgekürzt: während eigentlich die besten Voraussetzungen für ein geordnetes und sachkundiges Entscheidungsverfahren vorlagen, drangen ganz wesentliche Informationen „nicht durch". In den Begriffen des Führungsmodells ausgedrückt: die Regelungsstruktur für die Entscheidungsfindung war im vorliegenden Fall nicht zu beanstanden, sie war in gewissem Sinne sogar vorbildlich, ein erhebliches Defizit ergab sich jedoch aus der fehlenden Informalität, also aus der fehlenden Möglichkeit, jenseits der vorhandenen Strukturen, wichtige Informationen in den Entscheidungsprozess einzubringen. In einer anderen Fallstudie konnte genau das Gegenteil beobachtet werden. Hier wurden alle wichtigen Entscheidungen auf „Zuruf" und je nach Lagerung des Falls sich ergebender „Notwendigkeiten" getroffen. Das führte zumindest in einem der betrachteten Fälle zu erheblichen Verzögerungen bei der Entschlussfassung und der Verschleppung eines unbefriedigenden Zustands. In einem weiteren Fall führte interessanterweise das Fehlen einer klaren Machtstruktur zu einer wenig durchdachten Lösung. Sie wurde von einer mehr oder weniger zufällig zustande gekommenen Koalition forciert, erwies sich aber weder für die Koalition selbst noch für die Gesamtorganisation als ertragreich.

Natürlich besitzen diese und weitere Beispiele keine Beweiskraft. Sie können lediglich zur Veranschaulichung der in dem Führungsmodell zusammengefassten Aussagen dienen. Dessen ungeachtet kommt ihnen im Forschungsprozess eine hohe Bedeutung zu, schon allein deswegen, weil sie den Forscher dazu zwingen, seine begrifflichen Unterscheidungen ständig neu zu präzisieren und diese an die theoretischen Überlegungen zurückzukoppeln. Daneben liefert die in den Gesprächen stattfindende Konfrontation der theoretischen Überlegungen mit der Denkwelt von Unternehmern ein Erfahrungswissen, das durch den Einsatz standardisierter Verfahren nicht zu gewinnen ist. Und schließlich wird durch das „qualitative" Vorgehen die Möglichkeit einer „quantitativen" Auswertung auch nicht verbaut. Wie beschrieben, werden die Führungsdimensionen und Entscheidungsprozesse in den Fallstudien nicht nur verbal beschrieben, es erfolgt vielmehr auch eine Einstufung der Variablenausprägungen durch die Beteiligten. Wenn hinreichend viele Fälle dokumentiert sind (angestrebt sind, wie erwähnt, 30 Fallstudien), lassen sich die Hypothesen des Führungsmodells daher auch in einem strengeren Sinne prüfen.

6 Schlussbemerkung

Der vorliegende Beitrag beschreibt die Grundzüge eines Führungsmodells sowie dessen organisationstheoretische Grundlegung. Letzteres, die theoretische Fundierung, sei abschließend nochmals besonders herausgestellt. Der Vorteil der Theorieorientierung besteht darin, dass sie ein tiefer gehendes Verständnis der Empirie eröffnet. Bei näherer Betrachtung erweisen sich viele empirische Zusammenhänge als bloße „Oberflächenphänomene", die nur wenig stabil sind. Anschauungsmaterial liefern geradezu exemplarisch die vielfältigen Versuche, die Besonderheiten mittelständischer Unternehmen durch definitorische Abgrenzungen dingfest zu machen. Tatsächlich wurde die Frage, welche Besonderheiten mittelständische Unternehmen aufweisen, bislang von niemandem überzeugend beantwortet. Dies wird sich auch künftig nicht ändern. Der schlichte Grund hierfür liegt in der großen Heterogenität mittelständischer Unternehmen, die eigentlich nicht erstaunt, wenn man ihre rein quantitative Bedeutung und die damit fast zwangsläufig verbundene Vielfalt in den konkreten Erscheinungsformen bedenkt. Die Forschung behilft sich angesichts der Schwierigkeit, die Wesensmerkmale mittelständischer Unternehmen zu bestimmen, mit der Konzentration auf ausgewählte Merkmale, die man in kleineren und mittleren Unternehmen *relativ häufig* antrifft. Ein Beispiel für ein derartiges Abgrenzungsmerkmal ist die Eigentümerstruktur sowie die damit verbundene Geschäftsführung. Als typisch mittelständisch gelten in diesem Sinne dann primär eigentümer- oder familiengeführte Unternehmen. Daraus wird dann häufig sehr unmittelbar ein mittelstandstypisches Entscheidungsverhalten abgeleitet. Weil mittelständische Unternehmer mit ihrem „eigenen Geld" wirtschafteten, seien sie besonders risikoavers, weil die Leiter familiengeführter Unternehmen angeblich besondere Kontrollbedürfnisse entwickeln, würden sie auf die Delegation von Aufgaben verzichten, seien deswegen überlastet und träfen Entscheidungen, ohne über hinreichende Informationen zu verfügen usw. Im Gegensatz zu dieser Argumentationsweise geht der im vorliegenden Beitrag skizzierte theoretische Ansatz davon aus, dass die angeführten und weitere ähnliche Defekte der Entscheidungsfindung nicht in äußeren Merkmalen wie den Eigentumsverhältnissen zu verorten sind, sondern in den jeweiligen Führungsstrukturen begründet liegen. Entscheidend ist also nicht, ob ein Unternehmen vom Eigentümer geführt wird oder ob es sich um ein Zweigunternehmen eines managergeführten Konzerns handelt, letztlich ausschlaggebend ist vielmehr, inwieweit die Führungsstrukturen geeignet sind, die im vorliegenden Beitrag herausgestellten produktiven

Spannungen zu erzeugen. Es ist zu erwarten, dass eine „günstige“ Führungsstruktur die Entscheidungsfindung ganz allgemein positiv beeinflusst, und zwar unabhängig davon, ob sich diese Führungsstruktur in einem eigentümer- oder in einem managergeführten Unternehmen findet. Daraus zu folgern, es gäbe nur eine einzige richtige Führungsstruktur wäre nun allerdings ebenso wenig richtig. In der konkreten Ausgestaltung gibt es sehr unterschiedliche Führungsstrukturen, die erfolgreich sein können, sie müssen aber – so unsere Theorie – alle gleichermaßen die Merkmale besitzen, die unser Führungsmodell herausstellt, die Führungsstruktur muss also z. B. eine Balance zwischen Autonomie und Verantwortlichkeit hervorbringen. Dass sich diese Balance in unterschiedlicher Art und Weise verwirklichen lässt, bleibt davon unberührt, und auf das angeführte Beispiel angewandt heißt dies dann auch, dass in eigentümergeführten Unternehmen durchaus andere Arrangements sinnvoll sein können als in managergeführten Unternehmen.

Literatur

Alderfer, C. P. (1977), Groups and Intergroup Relations, in: Hackman, J. R. and J. L. Suttle (Hrsg.), *Improving Life at Work*, Santa Monica, 227-296.

Bamberger, I. und H. J. Pleitner (1988), *Strategische Ausrichtung kleiner und mittlerer Unternehmen*, Sonderheft 2 des Internationalen Gewerbearchivs, Berlin u. a.

Ben-Yashar, R. and S. Nitzan. (1998), Quality and Structure of Organizational Decision-Making, in: *Journal of Economic Behavior and Organization*, 36, 521-534.

Bleicher, K., Leberl, D. und H. Paul (1989), *Unternehmensverfassung und Spitzenorganisation*, Wiesbaden.

Boos, M. (1993), Fallstudienmethodik, in: Becker, F. und A. Martin (Hrsg.), *Empirische Personalforschung*, München/Mering, 33-46.

Brinkmann, G., Knoth, B. und W. Krämer (1982), *Führungskräfte kleinerer Unternehmen*, Berlin.

Carter, E. E. (1971), The Behavioral Theory of the Firm and Top-Level Corporate Decisions, in: *Administrative Science Quarterly*, 16, 413-428.

Cohen, M. D., March, J. G. and J. P. Olsen (1972), A Garbage Can Model of Organizational Choice, in: *Administrative Science Quarterly*, 17, 1-25.

Cragg, P. B. and M. King (1988), Organizational Characteristics and Small Firms‘ Performance Revisited, in: *Entrepreuneurship Theory and Practice*, 13, 49-64.

Cyert, R. M., Simon, H. A. and D. B. Trow (1956), Observation of a Business Decision, in: *Journal of Business*, 29, 237-248.

Dalton, D. R., Daily, C. M. and A. E. Ellstrand (1998), Meta-Analytic Reviews of Board Composition, Leadership Structure, and Financial Performance, in: *Strategic Management Journal*, 19, 269-290.

Daschmann, H. A. (1994), *Erfolgsfaktoren mittelständischer Unternehmen*, Stuttgart.

Degelmann, A. (1981), *Die Führungsgruppe im Mittelbetrieb*, Eschborn.

Ebers, M. und W. Gotsch (1993), Institutionsökonomische Theorien der Organisation, in: Kieser, A. (Hrsg.), *Organisationstheorien*, Stuttgart u. a., 193-242.

Gabele, E. (1989), Die Rolle von Werthaltungen von Führungskräften mittelständischer Unternehmen bei der Erringung strategischer Wettbewerbsvorteile, in: *Die Betriebswirtschaft*, 49, 623-637.

Gemünden, H. G. (1987), Der Einfluß der Ablauforganisation auf die Effizienz von Entscheidungen, in: *Schmalenbachs Zeitschrift für betriebswirtschaftliche Forschung*, 39, 1063-1078.

Goodman, P. S., Ravlin, E. E. and L. Argote (1986), Current Thinking about Groups, in: Goodman, P. S. (Hrsg.), *Designing Effective Work Groups*, San Francisco, 1-33.

Graen, G. (1976), Role-Making Processes Within Complex Organizations, in: Dunnette, M. D. (Hrsg.), *Handbook of Industrial and Organizational Psychology*, New York u. a., 1201-1245.

Hambrick, D. C. (1987), Top Management Team: Key to Strategic Success, in: *California Management Review*, 30, 88-108.

Hart, S. L. (1992), An Integrative Framework for Strategy-Making Processes, in: *Academy of Management Review*, 17, 327-351.

Hauschildt, J. u. a. (Hrsg.) (1993), *Ergebnisse empirischer betriebswirtschaftlicher Forschung*, Stuttgart.

Hedberg, B. L. T., Nystrom, P. C. and W. H. Starbuck (1976), Camping on Seesaws, in: *Administrative Science Quarterly*, 21, 41-65.

Heller, F., Drenth, P., Koopman, P. and V. Rus (1988), *Decisions in Organizations*, London u. a.

Hickson, D. J. (Hrsg.) (1995), *Managerial Decision Making*, Aldershot u. a.

Hickson, D. J. u. a. (1986), *Top Decisions*, Oxford.

Iaquinto, A. L. and J. W. Fredrickson (1997), Top Management Team Agreement about the Strategic Decision Process, in: *Strategic Management Journal*, 18, 63-76.

Jackson, S. (1992), Consequences of Group Composition for the Interpersonal Dynamics of Strategic Issue Processing, in: *Advances in Strategic Management*, 8, 345-382.

Jans, M. (2003), Diversität als Ressource, in: Martin, A. (Hrsg.), *Personal als Ressource*, München/Mering, 53-78.

Joost, N. (1975), *Organisation in Entscheidungsprozessen*, Tübingen.

Kamp, E. u. a. (1977), *Managementlücken im Mittelstand*, Hamburg.

Köhler, R. und H. Uebele (1977), *Planung und Entscheidung im Absatzbereich industrieller Großunternehmen. Ergebnisse einer empirischen Untersuchung*, Aachen.

Kozlowski, W. J. u. a. (1996), A Dynamic Theory of Leadership and Team Effectivenesse, in: *Research in Personnel and Human Resources Management*, 14, 253-305.

Kräkel, M. und B. Schauenberg (1998), Personalpolitik, Informationsökonomie und Karrieren, in: Martin, A. und W. Nienhüser (Hrsg.), *Personalpolitik*, München/Mering, 83-107.

Krämer, W. und W. Biehl (1983), Die Bedeutung innovativer Investitionen und des Führungspersonals für den Unternehmenserfog mittelständischer Unternehmen, in: *Schmalenbachs Zeitschrift für betriebswirtschaftliche Forschung*, 35, 666-681.

Krüger, W., Buchholz, W. und F. Altrock (1993), *Führungsorganisation deutscher Großunternehmungen*, Arbeitspapiere der Professur für Allgemeine Betriebswirtschaftslehre II, Universität Gießen, 1/93.

Langley, A. (1995), Opening up Decision Making, in: *Organization Science*, 6, 260-279.

Levine, J. M. and R. L. Moreland (1991), Culture and Socialization in Work Groups, in: Resnick, L. B., Levine, J. M. and S. D. Teasley (Hrsg.), *Perspectives on Socially Shard Cognition*, Pittsburgh, 257-279.

Lyles, M. A. (1981), Formulating Strategic Problems, in: *Strategic Management Journal*, 2, 61-75.

Lockwood, D. (1964), Social Integration and System Integration, in: Zollschan, G. K. and W. Hirsch (Hrsg.), *Explorations in Social Change*, Boston, 244-257.

Main, B. M., O'Reilley, C. O. and J. Wade (1993), Top Executive Pay: Tournament or Teamwork, in: *Journal of Labor Economics*, 11, 606-628.

March, J. G. (1989), *Entscheidung und Organisation*, Wiesbaden.

March, J. G. and J. P. Olsen (1976), *Ambiguity and Choice in Organizations*, Bergen.

Martin, A. (1989), *Die empirische Forschung in der Betriebswirtschaftslehre*, Stuttgart.

Martin, A. (1995), *Führungsstrukturen und Entscheidungsprozesse*, Schriften des Instituts für Mittelstandsforschung der Universität Lüneburg, Heft 1, Lüneburg.

Martin, A. (1996a), *Die Beschäftigungschancen von Diplomkaufleuten in der mittelständischen Industrie*, Schriften des Instituts für Mittelstandsforschung der Universität Lüneburg, Heft 3, Lüneburg.

Martin, A. (1996b), *Die empirische Erforschung kollektiver Entscheidungsprozesse – Beiträge zum Verständnis und zur Verbesserung des Verhaltens von Organisationen*, Schriften des Instituts für Mittelstandsforschung der Universität Lüneburg, Heft 4, Lüneburg.

Martin, A. (1998), Das Modell der Handlungsentlastung zur Erklärung der Personalpolitik in Unternehmen, in: Martin, A. und W. Nienhüser (Hrsg.), *Personalpolitik*, München/Mering, 155-191.

Martin, A. (2001), *Personal*, Stuttgart.

Martin, A. und T. Behrends (1998), *Organisationsstrukturen als Determinanten des Entscheidungsprozesses in mittelständischen Unternehmen*, Schriften aus dem Institut für Mittelstandsforschung der Universität Lüneburg, Heft 9, Lüneburg.

McIntyre, R. M. and E. Salas (1995), Measuring and Managing for Team Performance, in: Guzzo, R. A., Salas, E. u. a. (Hrsg.), *Team Effectiveness and Decision Making in Organizations*, San Francisco, 9-45.

Miller, C. C., Burke, L. M. and W. H. Glick (1998), Cognitive Diversity among Upper-Echelon Executives: Implications for Strategic Decision Processes, in: *Strategic Management Journal*, 19, 39-58.

Miller, D. and C. Dröge (1986), Psychological and Traditional Determinants of Structure, in: *Administrative Science Quarterly*, 31, 539-560.

Miller, D. (1987), Strategy Making and Structure: Analysis and Implications for Performance, in: *Academy of Management Journal*, 1, 7-33.

Mintzberg, H. (1973), Strategy Making in Three Modes, in: *California Management Review*, 16, 44-53.

Mintzberg, H., Raisingani, D. and A. Théorêt (1976), The Structure of "Unstructured" Decision Processes, in: *Administrative Science Quarterly*, 21, 246-275.

Mintzberg, H., Waters, J., Pettigrew, A. M. and R. Butler (1990), Studying Deciding, in: *Organization Studies*, 11, 1-16.

Mitnick, B. M. (1986), *The Political Economy of Regulation*, New York.

Mouzelis, N. (1997), Social and System Integration: Lockwood, Habermas, Giddens, in: *Sociology*, 31, 111-120.

Müller, C. A. (1995), *Strategische Führung europäischer mittelständischer Unternehmen*, Bern u. a.

Nienhüser, W. (1998), *Ursachen und Wirkungen betrieblicher Personalstrukturen*, Stuttgart.

Nutt, P. C. (1998), Framing Strategic Decisions, in: *Organization Science*, 9, 195-216.

O'Reilly, C. O. (1983), The Use of Information in Organizational Decision Making, in: *Research in Organizational Behavior*, 5, 103-119.

Pfeffer, J. (1982), *Organizations and Organizational Theory*, Marshfield.

Reckhaus, H. D. (1995), *Erfolgreiche Führung in Klein- und Mittelunternehmen*, Dissertation St. Gallen.

Scholl, W. (1998), Personalpolitik als Ergebnis politischer Entscheidungsprozesse, in: Martin, A. und W. Nienhüser (Hrsg.), *Personalpolitik*, München/Mering, 195-236.

Schreyögg, G. und G. Hübl (1992), Manager in Aktion: Ergebnisse einer Beobachtungsstudie in mittelständischen Unternehmen, in: *Zeitschrift für Führung und Organisation*, 61, 82-89.

Seidel, E. und W. Redel (1987), *Führungsorganisation*, München/Wien.

Shrivastava, P. and J. Grant (1985), Empirically Derived Models of Strategic Decision-Making Processes, in: *Strategic Management Journal*, 6, 97-113.

Simon, H. (1996), *Die heimlichen Gewinner*, Frankfurt a. M./New York.

Sparrow, R. T. and R. C. Liden (1997), Process and Structure in Leader-Member Exchange, in: *Academy of Management Review*, 22, 522-552.

Starbuck, W. H. (1976), Organizations as Action Generators, in: *American Sociological Review*, 48, 91-102.

Staw, B. M. (1996), The Escalation of Commitment, in: Shapira, Z. (Hrsg.), *Organizational Decision Making*, Cambridge, 191-215.

Steiner, J. (1980), *Die personelle Führungsstruktur in mittelständischen Betrieben*, Göttingen.

Thompson, V. A. (1950), *The Regulatory Process in OPA Rationing*, New York.

Trenkle, T. (1983), *Organisation der Vorstandsentscheidung*, Frankfurt a. M. u. a.

Waterman, R. W. and K. J. Meier (1998), Principal-Agent Models: An Expansion, in: *Journal of Public Administration Research and Theory*, 8, 173-202.

Weber, W. u. a. (1994), *Betriebliche Bildungsentscheidungen*, München/Mering.

Weick, K. E. and K. H. Roberts (1993), Collective Mind in Organizations: Heedful Interrelating on Flight Decks, in: *Administrative Science Quarterly*, 38, 357-381.

Witte, E., J. Hauschildt, und O. Grün (Hrsg.) (1988), *Innovative Entscheidungsprozesse*, Tübingen.

Yin, R. K. (1984), *Case Study Research*, Beverly Hills u. a.

Albert Martin, Magdalena Hertkorn

Universität Lüneburg, Institut für Mittelstandsforschung

Die Kooperationsbeziehung zwischen Freien Journalisten und ihren Auftraggebern

Zusammenfassung

Die Tätigkeit von (Freien) Journalisten ist durch einen hohen Einsatz an Arbeit und Risiko gekennzeichnet. Dazu kommt häufig noch ein geringes Einkommen. Dennoch zeigen empirische Untersuchungen, dass die meisten Journalisten mit ihrem Beruf zufrieden sind und ihn gerne ausüben. Als wesentlicher Bestimmungsgrund hierfür gilt das spezielle Berufs- und Selbstverständnis von Journalisten. Diese Hypothese ist Gegenstand der vorliegenden Studie. Außerdem wird untersucht, welche Qualität das Arbeitsverhältnis zwischen Journalisten und ihren Auftraggebern annimmt. Zur Kennzeichnung des jeweiligen Arbeitsverhältnisses werden mehrere „Fundamentalkategorien" sozialer Beziehungen verwendet. Es ist davon auszugehen, dass in „geschäftsmäßigen" Beziehungen vor allem die Fairness zählt. Diese Vermutung wird von der vorliegenden Studie nachdrücklich bestätigt. Bemerkenswert ist dabei, dass sich der Zusammenhang zwischen Fairness und Zufriedenheit im Wesentlichen auf den Einfluss der Zufriedenheit mit dem Honorar zurückführen lässt. Damit kontrastiert, dass auch im Verhältnis der Selbständigen Journalisten zu ihren Auftraggebern die emotionale Verbundenheit eine große Bedeutung besitzt. Das Selbstverständnis der Journalisten erweist sich ebenfalls als bedeutsamer Faktor für die Beurteilung der Arbeitsbeziehung. Das Selbstverständnis ist eng mit der intrinsischen Motivation, d. h. der Identifikation mit den Inhalten der eigenen Arbeit, verbunden, die der Arbeitsbeziehung eine zusätzliche Stabilität verleiht.

1 Problem

Was immer ein Arbeitsverhältnis sonst sein mag, es ist auf jeden Fall und nicht zuletzt eine soziale „Beziehung". Dies gilt für alle Arbeitsverhältnisse, also für das so genannte Normalarbeitsverhältnis, aber auch für alternative Formen wie beispielsweise die Leiharbeit und das Verhältnis zwischen einem selbstständig tätigen Arbeitsanbieter und seinem Auftraggeber. Der vorliegende Beitrag untersucht am Beispiel der Freien Journalisten, in welcher Weise die Qualität der Arbeitsbeziehungen von den grundlegenden Merkmalen einer Sozialbeziehung bestimmt wird. Besonders abgehoben wird dabei auf das Selbstverständnis der Journalistinnen und Journalisten. Mit Hilfe einer empirischen Studie wird geprüft, inwieweit das spezifische journalistische Selbstverständnis in der Lage ist, dem Arbeitsverhältnis Freier Journalisten eine positive Grundnote zu geben. Dabei stellt sich heraus, dass die Bedeutung dieses „intrinsischen" Faktors für die Qualität der Arbeitsbeziehung durchaus beschränkt ist. Als wesentlich bedeutsamer erweist sich die monetäre, also die „extrinsische" Seite der Arbeitsbeziehung.

2 Berufs- und Arbeitssituation Freier Journalisten

Allgemein ist als Journalistin/Journalist zu bezeichnen, wer regelmäßig für einen oder mehrere Medienbetriebe, also Zeitungs- oder Zeitschriftenverlage, Rundfunkbetriebe (öffentliche oder private Fernseh- oder Hörfunksender, Online-Medien, Nachrichtenagenturen o. ä.) arbeitet und Einfluss auf den redaktionellen Inhalt hat. Für die Berufsbezeichnung Journalistin/Journalist gibt es keine formalen Voraussetzungen. Auf Grund inoffizieller Regeln und Selektionsmechanismen haben sich aber typische Berufsmerkmale, wie eine hohe Akademisierung oder ein spezifisches Selbstverständnis, herausgebildet (Wiesand 1977). Journalistische Produkte gehören „akademisch exakt definiert, zu den periodisch erscheinenden Publikationen" (Höfer 1982, 14). Alles andere zählt zur Literatur. Der Hauptunterschied besteht darin, dass journalistische Arbeit ihre Aktualität sehr schnell verliert. Daher sind mit der Herstellung journalistischer Produkte hoher Stress und die ständige Suche nach Neuigkeiten und Aktualität verbunden. Weiterhin bleiben die Autorinnen/Autoren der Texte oder Filme in der Regel unbekannt und auch die/der Journalist/in richtet sich mit ihren/seinen Aussagen an eine meist sehr große Zahl von Menschen, die anonym bleiben und ihr/ihm nicht unmittelbar antworten können (Wiedebusch 1989, 13). Die selbstständig tätigen Journalistinnen/Journalisten, auf die sich diese Untersuchung beschränkt, werden als „Freie Journalisten" bezeichnet. Wir betrachten im Folgenden nur Personen, die ihre Tätigkeit hauptberuflich ausüben.

2.1 Theorien des Journalismus

Vertreter von Systemtheorien (wie Manfred Rühl oder Niklas Luhmann) sehen im Journalismus spezifische (Entscheidungs-)Strukturen, die ihn von anderen Systemen unterscheiden und damit die Bezeichnung als ein Subsystem der Gesellschaft rechtfertigen (Löffelholz 2000, 52f.). So existieren innerhalb des Journalismus Verhaltensregeln, die sich von denen anderer gesellschaftlicher Systeme unterscheiden: Die Aktualität hat einen sehr hohen Stellenwert. Journalistinnen/Journalisten können ihre Meinung sehr schnell ändern, ohne dass dieses Verhalten als inkonsistent gilt; eigentlich muss eine bestimmte Haltung nur innerhalb eines Beitrags konsequent vertreten werden. Ferner existieren für Journalistinnen/Journalisten keine klar definierten beruflichen Ziele. Da die Folgen journalistischen Handelns nur schwer oder nicht abschätzbar sind und journalistische Qualität ein sehr relativer Begriff ist, entscheidet jede/r Journalist/in für sich selbst, wie ihre/seine beruflichen Handlungen zu bewerten sind. In der Regel orientieren sich Journalistinnen/Journalisten dabei allerdings an der auf einer demokratischen Gesinnung beruhenden Berufsethik (Kepplinger 2000).

Schließlich ist im System des Journalismus die Autonomie erheblich höher als in anderen Subsystemen. Dies ergibt sich vor allem durch den im Grundgesetz Artikel 5 definierten Sonderstatus des Journalismus in unserer demokratischen Gesellschaftsordnung. Eine freie und kreative Presse bildet die Grundlage für das Funktionieren des demokratischen Mechanismus (Iselin 1982, 80). Die Presse hat den Auftrag, verantwortungsvoll auf wesentliche gesellschaftliche Probleme hinzuweisen und die Balance zwischen Konsens und Konflikt in der Demokratie aufrecht zu erhalten, indem sie die Meinungen aller gesellschaftlichen Gruppen zu Wort kommen lässt (Wiedebusch 1989, 43f.), wiewohl in der Realität diese Aufgabe oft durch wirtschaftliche Interessen überlagert wird.

Aus den Eigenheiten des Subsystems Journalismus ergibt sich seine so genannte Primärfunktion, die als Beitrag für die Aufrechterhaltung und das Funktionieren der Gesellschaft verstanden werden kann. Über die genaue Beschreibung dieser Primärfunktion sind sich die Theoretiker/innen zwar nicht einig, Konsens besteht aber dahingehend, dass es Aufgabe des Journalismus ist, Themen zur öffentlichen Kommunikation her- und bereitzustellen (Requate 1995, 22). Luhmann betont die Kontroll- bzw. Disziplinierungsfunktion innerhalb demokratischer Systeme (Requate 1995, 23). Laut Wiedebusch besteht die Primärleistung darin, Wirklichkeit für die Wahrnehmung des Publikums bereitzustellen (Wiedebusch 1989). Angesichts dieser wichtigen gesellschaftlichen Funktionen ist es nicht verwunderlich, dass Journalistinnen und Journalisten über ein spezifisches Selbstverständnis verfügen.

2.2 Journalistisches Selbstverständnis

In der vorliegenden Befragung und anderen Erhebungen zeigte sich,[1] dass die überwältigende Mehrheit der Journalistinnen/Journalisten mit ihrem Beruf zufrieden ist und ihn gerne ausübt, obwohl die Tätigkeit geprägt ist durch einen hohen Einsatz an Arbeit und Risiko, häufig verbunden mit einem geringen Verdienst.

Zur Begründung dieser Tatsache dürfte einmal das für Journalistinnen/Journalisten typische Selbstverständnis bzgl. der besonderen Verantwortung in der demokratischen Gesellschaftsordnung eine Rolle spielen. Selbst wenn der Einfluss der/des einzelnen Journalistin/Journalisten gering ist – die Mehrheit ist mit lokalen Berichten beschäftigt oder hat in Spezialgebieten mit geringem Leseranteil eine Nische gefunden (Reck 1982, 138) – hat sie/er doch das Gefühl, das Denken und Wissen ihrer/seiner Mitmenschen beeinflussen zu können. Dabei ist darauf hinzuweisen, dass im Vergleich zu anderen Berufen die Verantwortung von Journalistinnen/Journalisten tatsächlich überdurchschnittlich hoch ist, da die Arbeit täglich von einer sehr hohen Zahl von Menschen wahrgenommen wird (Widmer 1982, 111). Untersuchungen haben gezeigt, dass im Selbstbild der Journalistinnen/Journalisten in Deutschland der neutrale Vermittler eine große Rolle spielt, der schnell und präzise informiert und damit die Grundlage der Demokratie schafft (Weischenberg, Löffelholz und Scholl 1998, 242ff.).

Ein weiterer Grund, der für die Zufriedenheit von Journalistinnen/Journalisten von Bedeutung sein dürfte, ist die bereits beschriebene hohe Autonomie in diesem Beruf. Der Wunsch nach Selbstentfaltung und beruflicher Freiheit nimmt in der jetzigen Journalistengeneration einen hohen Stellenwert ein (Ehmig 2000, 26, 307). Die journalistische Tätigkeit wird im Vergleich zu anderen Berufen weiterhin als sehr attraktiv angesehen, da sich ein/e Journalist/in (wenn auch nur als Beobachter/in) oft im Zentrum des Geschehens befindet. Der Reiz der Spannung und Abwechslung sowie der Selbstverwirklichung hat sich im Vergleich zur Generation davor noch einmal stark gesteigert (Ehmig 2000, 49). Eine vom IfP[2] durchgeführte Journalisten-Enquete erbrachte, dass besonders für Freie Journalisten das Motiv der Verwirklichung

---

[1] So gaben 80,5 Prozent der Befragten an, die Erwartungen an den Beruf seien im Wesentlichen bestätigt oder sogar übertroffen worden. 75,8 Prozent können sich vorstellen, für immer als Freier Journalist zu arbeiten, weitere 7,1 Prozent sind unentschlossen und nur 16,8 Prozent hoffen, später noch einen anderen Beruf auszuüben. Laut einer Untersuchung unter Waadtländer und Zürcher Journalistinnen/Journalisten würden von diesen lediglich zwei Prozent ihren Beruf nicht noch einmal ergreifen, an die drei Viertel dagegen sicher (Widmer 1982, 161).

[2] IfP = Institut für Projektstudien (Arbeitsgemeinschaft Kulturforschung).

von beruflichen Freiräumen sowie der Selbstverwirklichung durch den Beruf eine sehr große Rolle spielt (Wiesand 1977, 167).

2.3 Selbstständigkeit als bewusst gewählter Status

Grundsätzlich sind bei den Freien zwei Gruppen zu unterscheiden. Einmal diejenigen, die ihre Selbstständigkeit nicht frei gewählt haben, sondern für die diese Arbeit die Alternative zur Arbeitslosigkeit darstellt. Die Arbeit als Freier Journalist ist dann der Ausweg, um keinen anderen Beruf ausüben zu müssen oder nicht arbeitslos zu werden. Die Mehrzahl der Freien ist aber gerne und aus freier Entscheidung selbstständig tätig.[3] Sie haben sich in der Regel mit einem speziellen Thema in einer Nische des Medienmarkts etabliert und verdienen oft mehr als ihre fest angestellten Kolleginnen/Kollegen (Kiesel 1999, 36). Die mit der Selbstständigkeit einhergehende Unabhängigkeit dürfte hier ein wichtiges Ziel sein. Gerade in bestimmten Lebensumständen, z. B. für allein Erziehende, ist es deutlich einfacher als Selbständige/r überwiegend von zu Hause aus zu arbeiten, als täglich in den Büroalltag eingebunden zu sein (Hammer 1997, V). Dabei ist aber einschränkend zu erwähnen, dass die Freiheit und Autonomie, die mit der Selbstständigkeit einhergehen, in der Realität oft durch eine erneute Unterordnung und Abhängigkeit, nämlich von den Kunden oder Auftraggebern, begrenzt werden (Kirschbaum und Naujoks 1998, 9f.).

2.4 Arbeitsumfeld und Anzahl Freier Journalisten

Genaue Zahlen über die in Deutschland tätigen Journalistinnen/Journalisten sind auf Grund des diffusen Berufsbildes und des dynamischen Umfelds nur schwer zu bestimmen. Die verfügbaren Zahlen über Journalistinnen/Journalisten schwanken für das Jahr 1999 zwischen 52.000 bzw. 75.000 (o. A. 19.04.1999). Im Jahr 1995 waren in Deutschland laut Journalistenverband mindestens 11.000 (Bausch 1998) als Freie tätig, der Vorsitzende des DJV[4] Siegfried Weischenberg schätzt ihre Zahl 2001 auf 20.000 (Weischenberg 2001, 3). Zusätzlich zu diesen hauptberuflich Tätigen gibt es eine hohe, nicht zu beziffernde Anzahl an nebenamtlichen Freien Mitarbeiterinnen/ Mitarbeitern.

Die Mehrheit der Freien verdient nach Untersuchungen, die an Tageszeitungen durchgeführt wurden, deutlich schlechter als ihre fest angestellten Kolleginnen/Kollegen. Das durchschnittliche Jahreseinkommen der Freien, von denen zwei Drittel hauptberuflich als Journalistin/Journalist oder Fotogra-

---

[3] Immerhin 70 Prozent der in unserer Studie hierzu befragten Journalistinnen/Journalisten gaben an, nicht in ein festes Arbeitnehmerverhältnis wechseln zu wollen.

[4] DJV = Deutscher Journalisten-Verband.

fin/Fotograf tätig waren, betrug 1998/99 bei Männern 29.151 DM (ca. 14.905 EUR) und bei Frauen 24.263 DM (ca. 12.405 EUR) (o. A. 1999).

3 Das Arbeitsverhältnis als soziale Beziehung

Wie beurteilen die Freien Journalisten ihr Verhältnis zu ihren Auftraggeber/innen? Um diese Frage zu beantworten ist es sinnvoll, sich zunächst über die Merkmale einer Arbeitsbeziehung Gedanken zu machen. Gibt es Grunddimensionen, die geeignet sind die Qualität einer sozialen Beziehung zu charakterisieren? Die vorliegenden Antworten sind äußerst vielfältig und nur begrenzt miteinander vergleichbar. Versuche, eine systematische Ordnung von sozialen Kräften und Beziehungsmerkmalen zu erstellen (vgl. für viele Aberle u. a. 1950, Thompson, Ellis and Wildavsky 1990, Wiggins and Trapnell 1996), müssen daher immer vorläufig bleiben. Dessen ungeachtet lassen sich zentrale Themen identifizieren, die um die Frage kreisen, was ein soziales System zusammenhält und erfolgreich macht (Martin 2002b). Vier dieser Themen verdienen besondere Beachtung. Das erste Thema kreist um Fragen von Macht und Abhängigkeit. So unterschiedlich die Sozialwissenschaften die zahllosen Facetten dieses Themas auch angehen (u. a. Thibaut and Kelley 1959, Emerson 1962, Crozier und Friedberg 1979), so einig sind sie sich darin, dass Macht und Abhängigkeit ganz fundamentale Größen sind. Sie definieren gewissermaßen den sozialen Raum, innerhalb dessen sich das soziale Geschehen und damit auch das Verhältnis auf dem Arbeitsmarkt und innerhalb einer Arbeitsbeziehung vollziehen und weiterentwickeln kann. Ein wichtiger Aspekt ist dabei die wirtschaftliche Abhängigkeit, die für eine/n Arbeitnehmer/in beispielsweise durch Kinder oder eine schwierige Arbeitsmarktsituation entstehen kann und sie/ihn daher „zwingt", die Arbeitsbeziehung aufrecht zu erhalten. Das zweite Thema in der Diskussion um die Stabilität und Dynamik von sozialen Beziehungen befasst sich mit dem relativen Nutzen, den die Beteiligten aus einer sozialen Beziehung ziehen. Eine Organisation beispielsweise wird nur dann Mitglieder und Partner gewinnen, wenn deren (relative) Nutzen-Kosten-Kalkulationen im Hinblick auf die Mitgliedschaft oder die Partnerbeziehung positiv ausfallen. Dabei können bei den Nutzenüberlegungen materielle (bspw. Gehalt, hier Honorar), aber auch immaterielle (bspw. Verbesserung der Karrierechancen, hier als Zusatznutzen bezeichnet) Faktoren eine Rolle spielen. Diese Überlegung wird insbesondere von der so genannten Anreiz-Beitrags-Theorie herausgestellt (March and Simon 1958), ist aber letztlich Bestandteil jeder ökonomisch orientierten Organisationstheorie (Coleman 1979). Das Anreiz-Beitrags-Gleichgewicht ist aber nicht nur eine Funktion des Nutzenumfangs, sondern wird auch ganz zentral von der Nutzenverteilung, also von Gerechtigkeitsfragen oder der Fairness der sozialen Beziehung, bestimmt. Die diesbezügliche Forschung kann sich auf eine umfängliche sozialtheoretische Tradition stützen (Rawls 1971, 2003, Kolm 1996) und wird auch in zahlreichen empirischen Studien behandelt (z. B. die Studie von Tsui u. a. 1997). Ein ebenso großes Gewicht wie Macht und Ökonomie besitzen sozialpsychologische Aspekte für die Charakterisierung einer Beziehung. Besondere Bedeutung besitzt vor allem die Frage nach der Grenzziehung zwischen Innen und Außen. Soziale Systeme stiften Identitäten und definieren Markierungslinien, die Mitglieder und Nicht-Mitglieder voneinander trennen, ein Tatbestand mit erheblichen Folgen für das Sozialverhalten (vgl. die Überlegungen so verschiedener Autoren wie Simmel 1968; March and Simon 1958, Sherif u. a. 1961) und entsprechend auch für das Arbeitsverhalten. Personen, die außerhalb einer Betriebsgemeinschaft stehen, müssen einige Hürden überwinden, um Anschluss und Unterstützung zu finden und um sich die Möglichkeiten zu verschaffen, auf ihre Arbeitsbedingungen Einfluss nehmen zu können. Dies gilt verschärft, wenn sie sich als Objekt von Benachteiligungen und Diskriminierungen sehen. Und umgekehrt werden Außenstehende nicht selten als unliebsame Konkurrenten empfunden, vor allem dann, wenn die Personalpolitik des Unternehmens solche Wahrnehmungen noch unterstützt. Ein viertes wichtiges Thema in der Analyse sozialer Beziehungen ist der Zeithorizont, in dem sich das soziale Geschehen abspielt. Langfristig ausgelegte Beziehungen tendieren zur Institutionalisierung und damit zu einer Verstetigung von Ansprüchen und Handlungsmustern. Die mit der Zeitperspektive verbundenen Fragen werden nicht zuletzt in ökonomischen und spieltheoretischen Ansätzen behandelt (u. a. Williamson 1996, Axelrod 1997). In Tabelle 1 sind die angesprochenen Themen bzw. die damit verknüpften zentralen Merkmale von sozialen Beziehungen nochmals aufgeführt. Gleichzeitig enthält die Tabelle 1 eine allgemeine sozialtheoretische Hypothese. Diese Hypothese behauptet, dass bestimmte Merkmalsausprägungen eher zu einer Stabilisierung, andere dagegen zu einer Destabilisierung sozialer Systeme beitragen.

Tabelle 1: Kernmerkmale sozialer Beziehungen

Dimension von	Gleichgewichtssituation	
Arbeitsverhältnissen	Gleichgewicht	Ungleichgewicht
Abhängigkeit	wechselseitig abhängig	stark abhängig
Innen – Außen	zugehörig	fremd
Anreiz-Beitrags-Verhältnis	ausgeglichen	unausgeglichen
Zeithorizont	langfristig	kurzfristig

Quelle: Eigene Darstellung.

So wird beispielsweise ein hohes Anreiz-Beitrags-Ungleichgewicht Kräfte innerhalb der Beziehung freisetzen, die darauf drängen, ein ausgeglichenes Verhältnis herzustellen. Daraus resultiert zwar nicht automatisch oder notwendigerweise ein neues Gleichgewicht, denn tatsächlich findet man auch relativ dauerhafte soziale Beziehungen mit deutlichen Anreiz-Beitrags-Ungleichgewichten. Derartige Beziehungen haben aber nur Bestand – und dies ist ja das konstituierende Merkmal einer Grunddimension von sozialen Beziehungen – wenn es stabilisierende Kräfte gibt, die dem aus der Ungleichgewichtssituation resultierenden Veränderungsdruck entgegenwirken. Die Auflistung der vier ausgewählten Beziehungsmerkmale in Tabelle 1 kann natürlich keinerlei Vollständigkeit beanspruchen. Schon aus prinzipiellen Gründen werden Merkmalskataloge zur Charakterisierung von sozialen Systemen und Arbeitsbeziehungen (Burns 1990, Hendry 1995, Marsden 2000) immer unvollständig bleiben. Dessen ungeachtet kommt den vier beschriebenen Merkmalen grundlegende Bedeutung für die Ausgestaltung von sozialen Beziehungen zu und es ist daher auch sinnvoll, sie zu verwenden, um die Besonderheiten von Beschäftigungsverhältnissen zu beschreiben.

So befindet sich ein/e Selbständige/r typischerweise in einer Außenstellung und hat eine eher kurzfristige Perspektive. Sie/Er verfügt jedoch über ein ausgeglichenes Anreiz-Beitrags-Verhältnis, und sie/er ist von ihrem/seinem Vertragspartner außerdem nicht abhängig. Dies gilt zumindest im marktwirtschaftlichen Idealmodell, weil – so die dort vorausgesetzte Soziallogik – Ungleichgewichte im Anreiz-Beitrags-Verhältnis dazu führen, dass die/der Selbständige ihre/seine Arbeitskraft anderen Arbeitsnachfragern anbieten wird, die ihre/seine Leistungen besser zu schätzen wissen. Auch Machtungleichgewichte haben in dieser Vorstellung keinen Raum. Tatsächlich existieren aber erhebliche wirtschaftliche Abhängigkeiten von Selbständigen, deren Auswirkungen näher zu untersuchen wären (zur Situation von Selbständigen vgl. u. a. Martin 2002a, Pongratz und Voß 2003).

4 Empirische Hypothesen

Im Folgenden werden die Hypothesen vorgestellt, die unserer empirischen Studie zugrunde liegen. Die Journalistinnen/en wurden im Zuge einer schriftlichen Befragung gebeten, die Beziehung zu ihrem jeweiligen Hauptauftraggeber zu beschreiben und – falls sie mehrere Hauptauftraggeber hätten – zu konzentrieren. Immerhin geben 35 Prozent der Befragten an, nur einen einzigen Haupt-Auftraggeber zu haben, weitere 9 Prozent haben zwei gleichgewichtige Hauptauftraggeber oder aber einen Haupt-Auftraggeber neben mehreren anderen (nicht so bedeutsamen) Auftraggebern. Der Rest gibt an, regelmäßig für mehrere Auftraggeber (47 Prozent) bzw. für „sehr viele" (9 Prozent) Auftraggeber tätig zu sein. Über die Hälfte (57 Prozent) aller Befragten arbeitet bereits seit mehr als vier Jahren für den derzeitigen Haupt-Auftraggeber. Insbesondere diese letzte Zahl zeigt, dass es sinnvoll ist, das Verhältnis zwischen Auftraggeber und Auftragnehmer als soziale Beziehung zu begreifen, da sich in einer so langen Zeit eine enge und auf Kontinuität bedachte Arbeitsbeziehung entwickeln dürfte.

In unserer Darstellung der Hypothesen gehen wir zunächst auf die „Arbeitszufriedenheit" ein. Dies mag überraschen, weil dieses Konstrukt normalerweise nur in Studien zum Einsatz kommt, die sich mit dem Arbeitsverhalten von Mitgliedern einer Organisation, d. h. mit Arbeitnehmern i. e. S. befassen. Tatsächlich spricht aber nichts dagegen, auch die Arbeitssituation von Selbständigen unter dem Blickwinkel der Zufriedenheit zu betrachten. Hierzu ist allerdings eine Präzisierung notwendig. Es geht uns nicht um die Zufriedenheit mit der Arbeitssituation (den äußeren Arbeitsbedingungen, den Kolleginnen/en usw.), sondern vielmehr um eine Bewertung der Arbeitsbeziehung. Statt von Arbeitszufriedenheit sprechen wir daher im Folgenden von der „Zufriedenheit mit der Arbeitsbeziehung".

4.1 Zufriedenheit mit der Arbeitsbeziehung

Zufriedenheit ist der Wortbedeutung nach ein Gefühl, eine angenehme Empfindung. Man wendet sich dem Objekt der Zufriedenheit (also z. B. der Arbeit) gern zu. Unzufriedenheit ist eine unangenehme Empfindung, man wird versuchen, das Objekt der Unzufriedenheit zu vermeiden. Das scheint einsichtig, ist aber nicht der gängige Ansatzpunkt der Arbeitszufriedenheitsforschung (Martin 1992). Diese fragt nämlich selten nach den Gefühlen, die jemand bei seiner Arbeitstätigkeit empfindet. Stattdessen untersucht sie Urteile, die die Arbeitnehmer/innen über ihre Arbeitssituation abgeben. In den Fragebögen, die normalerweise benutzt werden, wird zwar durchaus im Wortsinne nach der „Zufriedenheit" mit den Arbeitsbedingungen, mit dem Lohn, den Arbeitsinhalten usw. gefragt, bei den vorgegebenen Antwortmöglichkeiten geht es aber eigentlich nicht um die Wiedergabe emotionaler Erfahrungen, sondern um Bewertungen, in der die Gefühlskomponente deutlich in den Hintergrund rückt. In der vorliegenden Studie wird ebenfalls der Urteilsaspekt betrachtet. Zufriedenheit ist demnach das Ergebnis der Bilanzierung von Vor- und Nachteilen der Arbeitssituation. Das Zufriedenheitsurteil eignet sich daher in besonderer Weise als Indikator für die Belastbarkeit und Stabilität eines Beschäftigungsverhältnisses. Kommt ein/e Arbeitspartner/in zu einer negativen Einschätzung ihres/seines Arbeitsverhältnisses, dann ist dies zwar normalerweise noch kein hinreichender Grund dafür, dass sie/er die Arbeitsbeziehung aufkündigt (das ist schließlich auch eine Frage der Alternativen), die daraus resultierende Unzufriedenheit wird sie/ihn aber nicht gleichgültig lassen. Vielmehr wird sie/er versuchen, möglichst andere Geschäftspartner/innen zu gewinnen und ihr/sein Arbeitsengagement auf das Notwendigste zu reduzieren, um das Anreiz-Beitragsverhältnis innerhalb der Arbeitsbeziehung wieder auszugleichen.

4.2 Nutzen und Fairness

Die Anreiz-Beitrags-Situation ist ganz maßgeblich durch das Ausmaß der Leistungen und Gegenleistungen in einer Arbeitsbeziehung, d. h. durch den Nutzen gekennzeichnet, den die Arbeitspartner aus dem Arbeitsverhältnis ziehen. Der Nutzen einer Handlung ist eine Elementarkategorie in praktisch allen Handlungstheorien. In behavioristischen Theorien kommt der Nutzen in Konstrukten wie „Belohnung" und „Verstärkung" zum Ausdruck (Hilgard und Bower 1973). In kognitiven Theorien, zu denen auch die ökonomischen Ansätze zählen, wird der Nutzengewinn durch Begriffe wie Erwartungserfüllung und Zielerreichung näher gekennzeichnet (Vroom 1964, Langenheder 1975). Und auch gemäß komplexerer Theorien über das menschliche Seelenleben sind es die Bedürfnisbefriedigung und der hieraus entstehende psychische Gewinn (also der Nutzen), die das menschliche Verhalten steuern (Dörner 1999). Unmittelbar greifbar wird der Nutzen einer Arbeitsbeziehung für die/den Arbeitsanbieter/in in ihrer/seiner *monetären Entlohnung*. Sie ist normalerweise der Hauptgrund für das Eingehen einer Arbeitsbeziehung, weshalb ihre Bedeutung schwerlich zu überschätzen ist. Die Zufriedenheit mit der Entlohnung ist gewissermaßen die Grundvoraussetzung für die Zufriedenheit mit der Arbeitsbeziehung insgesamt. Daraus ergibt sich die folgende Hypothese:

H_1: Je größer die Zufriedenheit mit dem Honorar, desto größer ist die Zufriedenheit mit der Arbeitsbeziehung.

Die genaue Begründung dafür, dass eine positive Bewertung der Gegenleistung für die erbrachte Arbeit zu Zufriedenheit, eine negative Bewertung dagegen zu Unzufriedenheit führt, variiert im Übrigen je nachdem, welcher der oben aufgeführten theoretischen Ansätze betrachtet wird. Folgt man der Argumentation von Wert-Erwartungs-Theorien, dann resultieren aus der Erreichung der jeweiligen (Arbeits-) Ziele Belohnungen, die wiederum dazu beitragen, dass sich eine generalisierte Erwartung auch über künftige Belohnungen herausbildet (Katzell and Thompson 1990).

Neben der unmittelbar entgeltlichen Leistung erhält die/der Arbeitsanbieter/in normalerweise eine ganze Reihe weiterer Anreize. Dies gilt insbesondere für Normalbeschäftigte, aber – in etwas eingeschränktem Umfang – auch für Selbständige. Journalistinnen/Journalisten werden beispielsweise in mehr oder weniger intensivem Maße in Veranstaltungen und Weiterbildungsmaßnahmen ihres Auftraggebers einbezogen, sie arbeiten verschiedentlich in Teams mit den fest angestellten Kolleginnen und Kollegen, sie erhalten Zugang zu sonst schwer zugänglichen Personen und Themen usw. Aus all diesen

Kooperationsmerkmalen kann ein erheblicher *Zusatznutzen* erwachsen. Wie oben beschrieben, ist die Beziehung zwischen Nutzen und Zufriedenheit gemäß den diversen Verhaltenstheorien ganz strikt. Fraglich ist allenfalls, wie stark die Wertschätzung der verschiedenen Nutzenkomponenten ist. Insgesamt jedenfalls spricht sehr viel für die Gültigkeit der folgenden Hypothese:

H_2: Je größer der (Zusatz-) Nutzen aus einer Arbeitsbeziehung, desto größer ist die Zufriedenheit mit der Arbeitsbeziehung.

Letztlich beruht jede soziale Beziehung auf Reziprozität (Gouldner 1960, Sahlins 1972). Triandis (1978) rechnet die Reziprozität daher auch zu den universellen Konstanten in den Sozialbeziehungen. Entsprechend beziehungsschädigend ist es, wenn eine der beteiligten Parteien die Zusammenarbeit einseitig zu ihrem Vorteil ausnutzt. Im Falle einer Benachteiligung reagiert man üblicherweise mit Ärger und auch eine ungerechte Bevorzugung erfüllt nur wenige mit Freude, sondern erzeugt eher Schuldgefühle. Empirische Studien erbringen daher auch normalerweise hohe negative Korrelationen zwischen empfundenen *Ungerechtigkeiten* und Arbeitszufriedenheit (Greenberg 1990, Schappe 1998). Fairnessurteile haben neben dieser affektiven aber auch eine kognitive Komponente, d. h. sie sind auch Urteile im wörtlichen Sinn, denn sie enthalten eine Bewertung über die Qualität der Beziehung. Darin gleichen sie Zufriedenheitsurteilen. Während Fairnessurteile sich auf das engere Verhältnis von Leistung und Gegenleistung beziehen, richten sich Zufriedenheitsurteile umfassender auf eine Bewertung der gesamten Arbeitsbeziehung. Es ist davon auszugehen, dass der Fairnessbewertung hierbei ein erhebliches Gewicht zukommt und zwar umso mehr, je stärker die jeweilige Arbeitsbeziehung als reine Zweckbeziehung betrachtet wird, weil in derartigen Beziehungen der Gesichtspunkt von Leistung und Gegenleistung in den Vordergrund rückt. Beide Aspekte des Fairnessurteils, der emotionale ebenso wie der kognitive, lassen erwarten, dass empirisch eine enge Beziehung zwischen empfundener (bzw. „wahrgenommener") Ungerechtigkeit und Arbeitsunzufriedenheit zu beobachten ist.

H_3: Je größer die wahrgenommene Ungerechtigkeit ist, desto größer ist auch die Unzufriedenheit mit der Arbeitsbeziehung.

4.3 Bindung und Diskriminierung

Wie weiter oben bereits aufgeführt, stehen die Chancen dafür, dass sich nicht nur zwischen Arbeitgeber/n/innen und Arbeitnehmer/n/innen i. e. S., sondern auch im Verhältnis zwischen einer/m Selbständigen und ihrer/m/seiner/m Auftraggeber/in eine engere Beziehung entwickelt, nicht schlecht. Entsprechend interessant ist die Frage, ob das sich hieraus ergebende *Zugehörigkeitsgefühl* eine belastungsfähige Gesamteinschätzung der Arbeitsbeziehung bewirkt und damit eine Bindungskraft entfaltet, die der in einem normalen Arbeitgeber-Arbeitnehmer-Verhältnis entspricht. Der Zusammenhang zwischen dem Zugehörigkeitsgefühl zu einer Organisation und der Arbeitszufriedenheit wurde vielfach empirisch untersucht und auch aus theoretischer Sicht ist es nahe liegend, einen engen Bezug zwischen beiden Größen anzunehmen (vgl. hierzu Studien zur Gruppenkohäsion, zum Identifikationsphänomen und zum organisationalen Commitment: Harrison, Price and Bell 1998, Weber 1971, Meyer and Allen 1999). Den unmittelbarsten theoretischen Zugang zu dieser Frage liefern bereits ganz fundamentale bedürfnistheoretische Überlegungen. Wenn man unterstellt, dass jeder Mensch ganz allgemein und auch während seiner Arbeit das Bedürfnis nach sozialen Kontakten und sozialer Zuwendung verspürt, dann wird man davon ausgehen können, dass Personen, die dieses Bedürfnis befriedigen können, zufriedener sein werden als Personen, die diesbezüglich Mangel leiden müssen. Und im Verhältnis zu einer/einem Vertragspartner/in, der/dem man sich zugehörig fühlt, lassen sich die sozialen Bedürfnisse leichter befriedigen, als bei einer/einem Partner/in, die/der einem keinen entsprechenden sozialen Lebensraum bietet.

H_4: Mit steigendem Zugehörigkeitsgefühl wächst die Zufriedenheit mit der Arbeitsbeziehung.

Als Gegenpart der Einbindung in ein soziales System fungiert die soziale Ausgrenzung, die sich in beobachtbaren *Diskriminierungen* niederschlägt. In unserer Studie kann es nicht um objektive Diskriminierungen gehen, wir betrachten lediglich die subjektive Wahrnehmung von Benachteiligungen. Als Vergleichsgruppe für entsprechende Urteile der Journalistinnen/en dient normalerweise die Gruppe der fest angestellten Kolleginnen/en. Es ist zu erwarten, dass wahrgenommene Diskriminierungen das Arbeitsverhältnis belasten.

H_5: Die Wahrnehmung von Diskriminierungen gegenüber fest angestellten Kolleginnen/en reduziert die Zufriedenheit mit der Arbeitsbeziehung.

4.4 Motivationale Voraussetzungen

Das Thema des vorliegenden Beitrags ist der Einfluss der Beziehungsqualität im Arbeitgeber-Arbeitnehmer-Verhältnis (bzw. im Auftraggeber-Auftragnehmer-Verhältnis) auf die Zufriedenheit mit der Arbeitsbeziehung. Diese Frage wird in der bisherigen Arbeitszufriedenheitsforschung weitgehend ausgeblendet. Im Vordergrund stehen Variablen, die die unmittelbare Arbeitssituation, also z. B. Merkmale der Arbeit (Handlungsspielraum, Rollenklarheit usw.), Arbeitsbedingungen (Arbeitsbelastungen, Führungsverhalten usw.) und Persönlichkeitseigenschaften (Leistungsmotivation, Zuverlässigkeit usw.) betreffen. Das sind zweifellos alles wichtige Einflussfaktoren, auf die hier aber nicht näher eingegangen werden kann (u. a. Spector 1997, Brief 1998). Ein weiterer Variablenbereich sei allerdings noch besonders herausgestellt, weil ihm eine „unmittelbarere" Relevanz für das Arbeitshandeln zukommt als die angeführten Variablengruppen. Gemeint sind die motivationalen Voraussetzungen, mit der Menschen an ihre Arbeit herantreten. Während die Merkmale eines Beschäftigungsverhältnisses die Beziehung zwischen dem Arbeitgeber und dem Arbeitnehmer bestimmen, determinieren die motivationalen Voraussetzungen die Beziehung der Person zu ihrer Arbeit. Wegen der sozusagen elementar spürbaren Bedeutung dieser „inhaltlichen" Arbeitsbeziehung, soll sie in der empirischen Analyse den Merkmalen der „sozialen" Arbeitsbeziehungen an die Seite gestellt werden. Eine zentrale Größe der Arbeitsmotivation ist die so genannte intrinsische Motivation. In ihr kommt gewissermaßen der Wert zum Ausdruck, den man seiner Arbeit gibt. Wichtig ist außerdem das Selbstverständnis, mit denen Menschen ihrer Arbeit entgegentreten. Mit *intrinsischer Arbeitsmotivation* ist die Bereitschaft gemeint, sich in seiner Arbeit zu engagieren, auch wenn hierfür keine unmittelbaren Belohnungen zu erwarten sind (Deci and Ryan 1985; Frey und Osterloh 2002). Die intrinsische Motivation ist eng verbunden mit der Möglichkeit, bei der Arbeit die jeweils eigenen Fähigkeiten zum Zuge kommen zu lassen, die in der eigenen Person steckenden Kompetenzen und Qualifikationen zu entfalten. Wer intrinsisch motiviert ist, verrichtet seine Arbeit gewissermaßen um der Sache willen, weil er seine Aufgabe als sinnvoll empfindet und weil sie seinen Möglichkeiten und inneren Bestrebungen entspricht. Er bezieht seine Belohnungen aus der Aufgabe, mit der er sich identifiziert und die selbst dann für Befriedigung sorgt, wenn die sonstigen Arbeitsbedingungen nicht besonders attraktiv sind. Daraus ergibt sich die folgende Hypothese:

H_6: Je stärker die intrinsische Motivation ist, desto größer ist auch die Zufriedenheit mit der Arbeitsbeziehung.

Menschen richten ihr Verhalten also nicht nur danach aus, ob es ihnen einen Gewinn bringt. Ihr Verhalten wird in mindestens gleichem Maß vom Selbstwert des Tuns bestimmt bzw. davon, ob die Tätigkeit dem eigenen *Selbstverständnis* entspricht. Weitere wichtige Bestimmungsgrößen sind ethische Prinzipien, moralische Verpflichtungen und die Übereinstimmung der Handlung mit dem eigenen Selbstbild (Shamir 1996). Anders ausgedrückt, zwar haben Menschen durchaus ihr eigenes Interesse im Auge, sie suchen gleichzeitig aber auch Sinn in dem, was sie tun. Wie bereits beschrieben, ist bei Journalistinnen/Journalisten der Anteil derer, die sich durch den Beruf als (Freie/r) Journalist/in verwirklichen und ihn als ihren Traumberuf ansehen, besonders hoch. Ein wichtiges Sinnelement ergibt sich hierbei aus dem Berufsethos, der den Beitrag des Journalismus zur Willensbildung der Bevölkerung herausstellt. Eng mit dieser Funktion ist die Unabhängigkeit verknüpft, die Journalistinnen/en (auch rechtlich) in einer demokratischen Gesellschaft zuzugestehen ist. All dies spricht dafür, dass Journalistinnen/en in besonderem Maße nach Selbstbestimmung und einer gesellschaftlich sinnvollen Tätigkeit streben, woraus sich die folgende Hypothese ergibt:

H_7: Je eher die Tätigkeit Gelegenheit eröffnet, dem beruflichen Selbstverständnis nachzukommen, desto größer die Zufriedenheit mit der Arbeitsbeziehung.

4.5 Abhängigkeit und Zeithorizont der Beschäftigung

Sind Personen, die in einer hohen (wirtschaftlichen) Abhängigkeitsbeziehung zu ihrem Arbeitgeber stehen, unzufriedener als Personen, die in stärkerem Maße „eigener Herr“ über ihre Arbeitsverhältnisse sind? Sofern „Freiheit“ oder „Unabhängigkeit“ eigenständige Grundbedürfnisse sind, besitzt die These einer durch *Abhängigkeit* induzierten Unzufriedenheit einige Plausibilität. Die angeführte Bedingung ist aber durchaus fragwürdig und zwar schon allein deswegen, weil sich fast alle Menschen ständig in irgendwelchen Abhängigkeitsverhältnissen (innerhalb und außerhalb der Arbeitswelt) bewegen, ohne deswegen erkennbar an Unzufriedenheit zu leiden. Es ist sicher angenehmer, in größerer Unabhängigkeit als in größeren Abhängigkeiten zu leben, aber für einen hohen Zufriedenheitseffekt ist dies nicht ausreichend. Hierfür ist es vielmehr notwendig, dass die Abhängigkeit als deutlich spürbare Verhaltensbeschränkung erlebt wird, dass sie also im Alltagshandeln zu spürbaren Bedürfnisversagungen führt. Dies ist in den üblichen Arbeitsverhältnissen nur selten der Fall. Vielmehr wird es von vornherein als „normal“ empfunden (d. h. es ist gesellschaftlich akzeptiert und wird nicht weitergehend reflektiert), dass Arbeitnehmer/innen innerhalb einer Arbeitsbeziehung in einer schwächeren Position als die Arbeitgeber/innen sind. Daher entsteht aus wirtschaftlicher Abhängigkeit normalerweise auch keine Beunruhigung. Diese Überlegung führt zu der folgenden Hypothese:

H_8: Der Grad der Abhängigkeit von einem Arbeitsverhältnis hat keine Auswirkungen auf die Zufriedenheit mit dieser Arbeitsbeziehung.

Abschließend sei noch kurz auf den *Zeithorizont* hingewiesen, in dem sich eine Arbeitsbeziehung bewegt. Eine längere Zeitperspektive ist eine grundlegende Voraussetzung dafür, dass so etwas wie eine engere Bindung überhaupt entstehen kann. Insoweit kann die Bedeutung des Zeithorizonts einer Beziehung kaum überschätzt werden. Leider erwies sich die empirische Erfassung dieser Größe aber als einigermaßen problembehaftet, weshalb wir hierauf in unserer Studie nicht näher eingehen wollen.

5 Methodik

Zur Erhebung der Daten wurde ein strukturierter Fragebogen eingesetzt. Als Grundgesamtheit dienten alle in frei zugänglichen Datenbanken erfassten Freien Journalisten, die in Hamburg leben. Hamburg ist ein Zentrum der deutschen Medienwirtschaft und bot sich damit als Befragungsort an. Nach einer Untersuchung der Handelskammer sind in Hamburg dem Medienbereich annähernd 9.000 Firmen mit einem Umsatz von zusammen 50 Milliarden DM (ca. 25,56 Milliarden EUR; Stand: 1999) zuzuordnen. Exakte Zahlen über die Anzahl der Freien Journalisten in Hamburg sind nicht vorhanden. Es sind aber über 2.400 freie Journalisten bei den Hamburger Landesverbänden des DJV und der dju organisiert (Bell 2002, 9). Die tatsächliche Anzahl der Freien dürfte daher deutlich über dieser Zahl liegen.

Erfasst wurden die Adressen aus den Datenbanken Medienhandbuch Hamburg, elektronisches Branchenbuch, Datenbank des DJV für Freie Journalisten, Gelbe Seiten, Branchenbuch Hamburg, Telefonbuch und Networker Hamburg. Den Datenbanken wurden zunächst 1.142 Adressen entnommen. Davon waren 243 doppelt eingetragen, so dass durch die Vergleiche der Adressen schließlich 899 Einzeladressen übrig blieben. Die Mehrzahl (405 Einzeladressen, weitere 136, die auch in anderen Datenbanken eingetragen waren) stammte dabei aus dem Medienhandbuch, gefolgt von den Adressen aus dem elektronischen Branchenbuch (123 Einzeladressen, weitere 20 doppelt). Auf Grund oft fehlender Überarbeitung der Adressen durch den Datenbankbetreiber betrug die Quote der als verzogen oder nicht zutreffend zurückgekommenen Fragebögen 23,7 Prozent, was als sehr hoch zu werten ist. Die tatsächliche Stichprobe betrug demnach n = 686. Die Fragebögen wurden am 28. Juni 2002 versandt. Bis Anfang August waren 154 verwertbare Fragebögen zurückgekommen. Der Rücklauf betrug damit 22,2 Prozent. Dies ist für eine schriftliche Befragung an unbekannte Adressaten eine sehr gute Quote.

Zum Einsatz kamen, soweit sie vorlagen, methodisch geprüfte und empirisch bewährte Indizes und Skalen (zu einer ausführlichen Dokumentation vgl. Martin 2004). Die Zufriedenheit mit der Arbeitsbeziehung wurde in Anlehnung an den Arbeitsbeschreibungsbogen (Neuberger und Allerbeck 1975) erfragt. Die Formulierungen wurden auf die Situation der Selbständigen abgestimmt. Erbeten wurden Zufriedenheitsurteile über die Arbeitsorganisation, die Vertragsabwicklung und die Arbeitsbedingungen sowie eine Gesamteinschätzung der Zufriedenheit. Etwas schwieriger als die Erfassung der Zufriedenheit gestaltet sich die Ermittlung der intrinsischen Motivation, weil sie als Urteil über die eigenen Antriebskräfte die Fähigkeit zu einer kritischen Selbstdistanz der Befragten voraussetzt. In der Messkonzeption von Reeve und Sickenius (1994) wird dieses Problem dadurch umgangen, dass nicht nach der tatsächlichen Motivation, sondern nach dem Vorliegen der motivationalen Voraussetzungen gefragt wird. Die vorliegende Auswertung stützte sich auf die in der Skala von Reeve und Sickenius enthaltenen beiden Items zur Kompetenzwahrnehmung. Die Abhängigkeit wurde mit einer Skala von Breet, Cron und Slocum (1995) erfasst. Dabei ging es explizit um die wirtschaftliche Abhängigkeit. Gefragt wurde nach dem Anteil des Haushaltseinkommens, das durch die Beschäftigung erzielt wird, nach der Leichtigkeit, anderswo eine vergleichbare bzw. bessere Arbeit zu finden und nach der Notwendigkeit, Angehörige finanziell zu unterstützen. Die Fairness (im Sinne der Leistungsgerechtigkeit) wurde mit Hilfe einer Skala von Janssen (2001) ermittelt. Das Zugehörigkeitsgefühl wurde mit Hilfe von drei Items erfragt, die in der sozialwirtschaftlichen Forschung häufig zum Einsatz kommen: einer direkten Frage nach dem Zugehörigkeitsgefühl, einer Frage nach der Bewertung einer dauerhaften bzw. lebenslangen Beschäftigung in der Organisation und einer Frage nach der Wechselbereitschaft. Die Bewertung des Honorars erfolgte mit Hilfe von zwei Items: der Frage nach der Zufriedenheit mit dem Honorar und einer Frage danach, inwieweit die/der Befragte in der Lage ist, die eigenen Honorarvorstellungen jeweils durchzusetzen. Die Fragen zum Zusatznutzen richteten sich darauf, ob das Arbeitsverhältnis die Möglichkeit eröffnet, sich beruflich weiter zu qualifizieren und inwieweit es dazu beiträgt, die eigenen Arbeitsmarktchancen zu verbessern. Mit Hilfe von Diskriminierungsfragen sollte geklärt werden, inwieweit insbesondere gegenüber den fest angestellten Kollegen Benachteiligungen bestehen. Die benutzten Items richten sich auf die Übertragung wenig beliebter Aufgaben und die Beschäftigung zu ungünstigen Arbeitszeiten.

Das Selbstverständnis ist – wie beschrieben – eine der Schlüsselvariablen, die der Gruppe der Journalistinnen/en eine ganz eigene Charakteristik verleihen. In unserer Studie wurde als zentrales Element dieses Selbstverständnisses die Selbstbestimmung herausgestellt. Zwei Items (die aus der Skala von Reeve und Sickenius (s. o.) übernommen wurden) fragten nach den Möglichkeiten, selbstbestimmt zu arbeiten und sich im Zuge seiner jeweiligen Berufsausübung selbst verwirklichen zu können.

Das Format für alle Fragen wurde einheitlich gestaltet. Alle Items gaben jeweils sieben Antwortabstufungen vor. Die interne Konsistenz aller Skalen und Indizes ist sehr hoch und erreichte durchweg Werte von $\alpha > 0{,}70$.

6 Empirische Ergebnisse

Tabelle 2 zeigt die Korrelationskoeffizienten der vorgestellten Variablen. Danach werden die Hypothesen H_1 bis H_8 überzeugend bestätigt. Die Korrelationen der Beziehungsmerkmale mit der Arbeitszufriedenheit schwanken zwischen r = -0,37 (Diskriminierung) und r = 0,65 (Honorar), die Korrelation zwischen der Zufriedenheit mit dem Arbeitsverhältnis und der Abhängigkeit beträgt r = -0,02.

Tabelle 2: Korrelationen zwischen Merkmalen einer Arbeitsbeziehung und der Arbeitszufriedenheit

	1	2	3	4	5	6	7	8	9
1 Honorar	1,00								
2 Diskriminierung	-0,26	1,00							
3 Selbstverständnis	0,16	-0,27	1,00						
4 Intrinsische Motivation	0,17	-0,29	0,61	1,00					
5 Zusatznutzen	0,37	-0,34	0,14	0,28	1,00				
6 Fairness	0,63	-0,35	0,24	0,17	0,34	1,00			
7 Zufriedenheit	0,65	-0,37	0,33	0,38	0,41	0,55	1,00		
8 Bindung	0,38	-0,22	0,25	0,35	0,29	0,36	0,65	1,00	
9 Abhängigkeit	-0,03	0,00	-0,08	-0,11	0,08	0,04	-0,02	0,10	1,00

Quelle: Eigene Berechnungen.

Da zwischen den unabhängigen Variablen ebenfalls deutliche Zusammenhänge bestehen, ist es allerdings möglich, dass sich die eine oder andere Korrelation aus der gemeinsamen Varianz der unabhängigen Variablen erklärt. Aus diesem Grund wurde ein Kausalmodell entworfen. Für die darin postulierten Beziehungen wurden die entsprechenden Pfadkoeffizienten berechnet. Das Ergebnis ist in Abbildung 1 wiedergegeben. Wie daraus zu erkennen ist, werden die Hypothesen über die kausalen Wirkungen der Merkmale von Arbeitsbeziehungen auf die Arbeitszufriedenheit in der multivariaten Analyse nicht vollständig bestätigt. Weder der Zusatznutzen, noch die Diskriminierung und auch nicht die Fairness besitzen eine deutliche kausale Wirkung auf die Zufriedenheit.[5]

Abbildung 1: Pfadmodell: Extrinsische, intrinsische und soziale Bestimmungsgrößen der Arbeitsbeziehung Freier Journalisten[6]

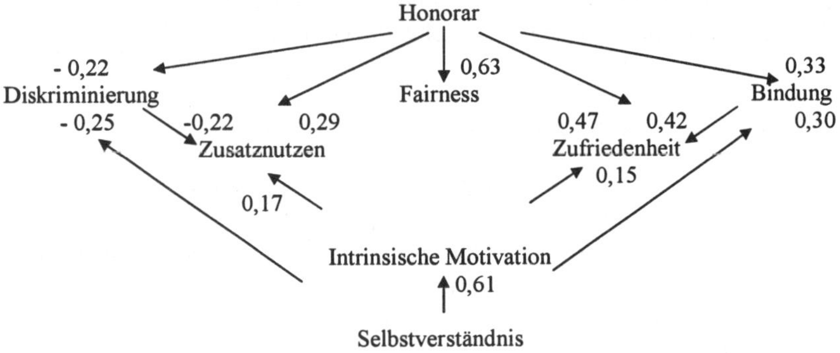

Quelle: Eigene Darstellung.

Die Modellvariablen können dazu benutzt werden, die Unterschiede in der Motivationslage verschiedener Gruppen von Erwerbstätigen zu beschreiben. In Tabelle 3 findet sich eine Gegenüberstellung mit Personen, die innerhalb eines Normalarbeitsverhältnisses beschäftigt sind (die Daten stammen aus einer Erhebung über die Arbeitssituation in unterschiedlichen Beschäftigungsverhältnissen; befragt wurden Arbeitnehmer im privaten und öffentlichen Dienstleistungssektor und im verarbeitenden Gewerbe, vgl. Martin 2004). Die Gesamtbewertung des Arbeitsverhältnisses fällt demnach bei den

5 Tatsächlich lässt sich die Anpassung des Modells in Abbildung 1 an die Daten noch verbessern, wenn man weitere Kausalpfade zwischen Zufriedenheit, Fairness und Nutzen sowie zwischen Bindung, Fairness und zwischen Diskriminierung, Fairness und Zufriedenheit spezifiziert. Allerdings sind diese Effekte recht bescheiden und bewegen sich an der Relevanzgrenze von p = 0,10. In einem Alternativmodell wurden die Kausalkoeffizienten simultan mit den Messhypothesen im Sinne des LISREL-Strukturgleichungsmodells geprüft (Jöreskog and Sörbom 1996), worauf hier aber aus Platzgründen nicht näher eingegangen werden soll (Martin 2004). Die Itemwerte sind innerhalb dieser Modellbetrachtung die „manifesten“ Variablen, die sich als Ausdruck der „latenten“ Modellvariablen begreifen lassen. Die geschätzten Koeffizienten dieses Alternativmodells sind – wegen des darin unterstellten probabilistischen Messmodells – naturgemäß höher. Die Prüfung dieses Alternativmodells ergab eine deutliche Bestätigung des in Abbildung 1 angeführten Modells.

6 Goodness of Fit Index GFI=0,95, Root Mean Square Resiudal RMR=0,069.

Journalisten etwas schlechter aus.[7] Zurückzuführen ist dies offenbar auf die ebenfalls (deutlich) geringere Zufriedenheit mit dem Honorar. Nur etwa die Hälfte der Freien[8] Journalisten ist mit der monetären Gegenleistung für ihre Arbeit zufrieden. Auch das Zugehörigkeitsgefühl der Journalistinnen/en zu ihrem Arbeit- bzw. Auftraggeber ist deutlich geringer als das der Normalarbeitnehmer. Dieses letztgenannte Ergebnis ist sicher nicht allzu überraschend, allenfalls erstaunlich ist der angesichts des loseren Beschäftigungsverhältnisses doch recht hohe Anteil von Personen, die sich ihrem Auftraggeber verbunden fühlen. Deutlich besser schneiden die Journalistinnen/en in den Aspekten ab, die ihr Verhältnis zur eigenen Arbeit betreffen. Immerhin neun von zehn Personen gewinnen – so die Ergebnisse unserer Befragung – durch ihre Tätigkeit die Möglichkeit, ihre Fähigkeiten umfassend einzusetzen. Auch die Möglichkeit, weitgehend selbstbestimmt arbeiten zu können ist in großem Umfang gegeben. Der Arbeitsalltag bietet den Journalistinnen/en offensichtlich die von ihnen gewünschten Möglichkeiten, ihrem Selbstverständnis entsprechend handeln zu können.

Keine großen Unterschiede zu den Normalarbeitsverhältnissen finden sich bezüglich der Bewegungsfreiheit auf dem Arbeitsmarkt. Ähnlich wie die abhängig Beschäftigten schätzen die Freien Journalisten ihre Chancen, ohne weiteres einen vergleichbaren Arbeit- bzw. Hauptauftraggeber zu finden, pessimistisch ein. Hierbei ist zu bedenken, dass die schriftliche Befragung zu einer Zeit stattfand, in der die Medienbranche mit den wirtschaftlichen Auswirkungen (starker Einbruch der Werbeeinnahmen; Rückgang der Verkaufszahlen) einer starken Rezession zu kämpfen hatte. Die Krise zwang Verlage und Rundfunksender zu hohen Kosteneinsparungen, von denen vor allem auch die Freien Journalisten betroffen sind: Bevor Feste entlassen werden, werden die vorhandenen Aufträge an diese weitergegeben. Außerdem wird der Markt durch die steigende Anzahl an Kündigungen zunehmend übersättigt, da die früher fest angestellten Journalistinnen/en nun zusätzlich auf den Markt der Freien drängen. Vielleicht auch hiervon mit verursacht ist das hohe Ausmaß an unfairer Behandlung durch die Auftraggeber, von dem die Journalistinnen/en berichten. Immerhin ein Drittel der befragten Personen sieht diesbezüglich Defizite. Gegenüber den abhängig Beschäftigten zeigt sich hier kein deutlicher Unterschied.

Bei der Differenzierung nach den verschiedenen Beschäftigungsverhältnissen der Journalistinnen/en fällt auf, dass die Antworten der Festen Freien am ehesten denen der Normalarbeitnehmer/innen entsprechen. Eine Ausnahme

7 Die in der Stichprobe genannten Zufriedenheitswerte für die Normalarbeitnehmer bewegen sich im Übrigen in der Größenordnung, die auch Repräsentativstudien wie das Sozioökonomische Panel liefern.

8 Zur Unterscheidung Freie Freie, Feste Freie, arbeitnehmerähnliche Freie siehe Anhang 1.

machen die Fragen zur intrinsischen Motivation und zur Selbstbestimmung. Hier zeigen sich wiederum die für das journalistische Selbstverständnis typischen Antworten.

Tabelle 4: Antworten auf ausgewählte Items der Modellvariablen[9]

Beschäftigungsverhältnis	Zufriedenheit mit dem Entgelt	Fairness Gesamtbewertung	Zugehörigkeitsgefühl	Möglichkeit, Fähigkeiten umfassend einzusetzen	Möglichkeit, selbstbestimmt zu arbeiten	Chance, vergleichbaren Arbeitgeber zu finden	Zufriedenheit Gesamtbewertung
Normalarbeit, n=415	70%	64%	87%	68%	59%	16%	86%
Freie Freie, n=107	51%	62%	66%	90%	80%	18%	76%
Feste Freie, n=17	65%	71%	82%	82%	71%	0%	88%
AN-ähnliche, n=22	59%	59%	70%	73%	68%	18%	64%

Quelle: Eigene Berechungen.

7 Diskussion

Wie beschrieben kann der vermutete Einfluss von Fairness, Diskriminierung und Selbstverständnis auf die Bewertung der Arbeitsbeziehung nicht nachgewiesen werden. Die in Tabelle 2 angeführten Korrelationen erweisen sich als nicht stabil, die Kausalbetrachtung macht deutlich, dass für die Korrelationen übergeordnete Kausalbeziehungen verantwortlich sind. Der Zusammenhang zwischen Fairness und Zufriedenheit lässt sich im Wesentlichen auf den Einfluss der Zufriedenheit mit dem Honorar zurückführen. Das Honorar gibt – so kann man dieses Ergebnis interpretieren – über die Angemessenheit von Leistung und Gegenleistung schon hinreichend Auskunft, so dass zusätzliche Fairnessüberlegungen nicht notwendig sind. Gleiches gilt für den Zusatznutzen. Es scheint plausibel, dies auf die „natürliche“ Distanz zwischen Selb-

[9] Die Antworten beziehen sich auf Journalistinnen/en und Arbeitnehmer/innen im Normalarbeitsverhältnis (angegeben sind die Prozentsätze der Antworten, die im „positiven“Bereich liegen, d. h. die Werte 5, 6 oder 7 in den siebenstufigen Ratingskalen aufweisen). Da die Skalen für die Arbeitnehmer/innen und Selbständigen nicht identisch sind (die Fähigkeit, seine Honorarvorstellungen durchzusetzen wurde beispielsweise nur bei den Selbständigen erfragt) sind in der Abbildung nur ausgewählte Items aufgeführt, die bei der Skalenbildung jeweils verwendet wurden.

ständigen und ihren Auftraggebern zurückzuführen. Während Normalarbeitnehmer in den Zusatzleistungen ihres Arbeitgebers einen persönlichen Nutzen erkennen können, scheint dies für die Selbständigen Journalisten nur sehr bedingt zuzutreffen. Auch wirkt sich die „Diskriminierung" nicht kausal auf die Arbeitszufriedenheit aus.[10] Dies mag damit zusammenhängen, dass nur wenige Journalisten die wahrgenommene Diskriminierung als gegen sich gerichtet empfinden, sondern sie als quasi natürliche Folge einer unterschiedlichen Behandlung von Arbeitnehmern und Selbständigen akzeptieren.

Das Selbstverständnis schließlich hat ebenfalls keine direkte Auswirkung auf die Zufriedenheit. Es wirkt allerdings in einer (abgeschwächten) indirekten Weise über die intrinsische Motivation. Die geringe Einflusswirkung der intrinsischen Motivation auf die Zufriedenheit kann als Beleg dafür gelten, dass mit unseren Fragen tatsächlich nicht die Arbeitszufriedenheit im konventionellen Sinne, sondern so wie vorgesehen die Zufriedenheit mit der Arbeitsbeziehung erfasst wurde. Während die Bewertung der Arbeitsbeziehung nur bedingt und in einem speziellen Sinne auch vom Arbeitsinhalt abhängt, ergibt sich zwischen dem intrinsischen Gehalt der Arbeit und der Zufriedenheit mit der Arbeitstätigkeit ein fast logischer Zusammenhang (Hackman and Oldham 1980). Man kann in der intrinsischen Motivation – oder anders ausgedrückt: in der Beziehung zur eigenen Arbeit – einen Goodwill-Faktor sehen, der auf die Zufriedenheit abfärbt. Hierfür sprechen die moderaten Korrelationen der intrinsischen Motivation mit dem Zugehörigkeitsgefühl und der Einschätzung des Zusatznutzens sowie die negative Korrelation mit der wahrgenommenen Diskriminierung. Wer großen Gewinn aus den Inhalten der Tätigkeit zieht, steckt mögliche Benachteiligungen leichter weg als jemand, der neben unerfreulichen Arbeitsbedingungen auch noch mit einer Arbeit zu tun hat, die ihm wenig innere Befriedigung verschafft.

8 Zusammenfassung

Der Status des Selbständigen ist gekennzeichnet durch Eigenverantwortlichkeit und durch ein im Verhältnis zum „Normalarbeitnehmer" geringeres Maß an arbeitsrechtlichen und sozialen Absicherungen. Dieser Status wird von der überwiegenden Mehrzahl der befragten Freien Journalisten durchaus gewünscht. Die damit verbundene Vorstellung, dass die/der Selbständige Journalist/in gleichzeitig für mehrere Auftraggeber arbeitet, wird durch die vorliegende Studie allerdings relativiert. Journalistinnen/en in Deutschland haben ein für diese Berufsgruppe typisches Selbstverständnis: Die große Mehrheit von ihnen arbeitet gerne als Journalist/in. Dazu gehört das Selbstbewusstsein, eine wichtige Rolle innerhalb der Gesellschaft zu spielen und die

---

[10] Oder nur schwach, siehe die Anmerkung in Fußnote 3.

Möglichkeit, sich durch den Beruf selbst zu verwirklichen. Die Freien Journalisten sind nicht nur gerne in ihrem Beruf tätig, sondern haben überwiegend die Selbstständigkeit selbst gewählt, d. h. sie wurden nicht – beispielsweise durch die angespannte Arbeitsmarktsituation – in die Selbstständigkeit gedrängt.[11] Unsere Studie befasste sich mit der Frage, welche Merkmale als charakteristisch für die Arbeitsbeziehungen von Freien Journalisten gelten können. Untersucht wurden hierzu die Beurteilung des Honorars und des Zusatznutzens und der Fairness, die empfundene Diskriminierung, die wirtschaftliche Abhängigkeit, die intrinsische Motivation und die Frage, inwieweit die vorhandenen Arbeitsbedingungen dem eigenen Selbstverständnis entsprechen. Es wurde geprüft, wie sich diese Größen auf die Beurteilung der Qualität der Beziehung zwischen den Auftraggebern und Auftragnehmern auswirken. Ein Einfluss des rechtlichen Status konnte bei der empirischen Überprüfung nicht nachgewiesen werden und auch die wirtschaftliche Abhängigkeit hat keinen nennenswerten Einfluss auf die Beurteilung der Arbeitsbeziehung. Ein überdurchschnittliches Honorar und das Ausmaß der emotionalen Verbundenheit mit dem Auftraggeber wirken sich hingegen in hohem Maße positiv aus, die intrinsische Motivation der Journalistinnen/en gibt der Arbeitsbeziehung eine zusätzliche Stabilität.

Eine Beschränkung unserer Analyse ergibt sich daraus, dass sie die Verhaltensdispositionen von nur einer der beiden Arbeitsparteien betrachtet. Von großem Interesse wäre ergänzend eine genauere Aufschlüsselung der Verhaltensstrategien auch der Auftraggeber und eine Klärung der Frage, wie sich aus dem wechselseitigen Bezug der Verhaltensstrategien der Arbeitspartner eine bestimmte Qualität der Arbeitsbeziehung herauskristallisiert.

Anhang

Anhang 1

Freier Mitarbeiter oder Freie Freie:

Diese traditionell als Freie Journalisten bezeichnete Gruppe verkauft ihre Beiträge wie ein Unternehmer an unterschiedliche Auftraggeber. Gegenüber den Auftraggebern existieren keine über den jeweiligen Einzelauftrag hinausgehenden Eigenverpflichtungen, aber auch keine Ansprüche in jeglicher Hinsicht.

---

11 So jedenfalls nach den in unserer Studie ermittelten Daten. Freie Journalisten, die in die Selbstständigkeit gedrängt wurden, existieren natürlich auch, der Anteil ist aber mit 5,2 Prozent erstaunlich gering.

Arbeitnehmerähnliche/r Mitarbeiterinnen:

Freien Journalisten, die über längere Zeit regelmäßig für einen Auftraggeber tätig sind und damit dem Status einer Festanstellung näher kommen als die tatsächlich Freien Freien, haben durch den Gesetzgeber die Möglichkeit erhalten, durch einen Tarifvertrag gesondert geschützt zu werden (§12a TVG). Auf dieser Grundlage wurde beispielsweise ein Tarifvertrag „für arbeitnehmerähnliche freie Journalistinnen und Journalisten an Tageszeitungen" geschlossen, der Ansprüche wie Urlaub, Urlaubsgeld, Zahlungen im Krankheitsfall o. Ä. fixiert. Sind die Voraussetzungen bei einem Freien Mitarbeiter erfüllt, so ist die Einordnung als arbeitnehmerähnlicher Freier gesetzlich gesichert.

Feste Freie:

Den Festangestellten am ähnlichsten sind die sogenannten „Festen Freien". Diese werden nicht wie die arbeitnehmerähnlichen Freien durch einen Tarifvertrag geschützt, sondern ein Auftraggeber bietet den Freien freiwillig einen langfristig orientierten Dienstvertrag an. Die Festen Freien müssen damit nicht auf Auftragsbasis arbeiten, sondern haben eine monatliche Pauschale garantiert, häufig verbunden mit Kündigungsfristen.

Anhang 2

Tabelle T 1: Soziographische Merkmale der befragten Personen

Personengruppe	**Anteil in %**	**Personengruppe**	**Anteil in %**
Alter 16-25 Jahre	3,2%	Alter 46-55 Jahre	24,0%
Alter 26-35 Jahre	18,8%	Alter 56-65 Jahre	13,6%
Alter 36-45 Jahre	33,8%	Alter über 65 Jahre	5,8%
Freie Freie	69,5%	Arbeitnehmerähnliche	11,0%
Feste Freie	8,4%	Keine Angaben	11,1%
Frauen	40,9%	Männer	51,9%
Tätigkeit Hauptauftraggeber: Zeitung	16,9%	Tätigkeit Hauptauftraggeber: Zeitschriften	31,2%
Tätigkeit Hauptauftraggeber: Rundfunk und Fernsehen	20,0%	Tätigkeit Hauptauftraggeber: Sonstiges	31,3%
Durchschnittl. Wochenarbeitszeit: bis 19 Std.	11,7%	Durchschnittl. Wochenarbeitszeit: 41 bis 50 Std.	27,9%
Durchschnittl. Wochenarbeitszeit: 20 bis 40 Std.	40,3%	Durchschnittl. Wochenarbeitszeit: 51 Std. und mehr	18,2%
Berufsausbildung: kein Abschluss	5,8%	Berufsausbildung: FH/ Universität	61,1%
Berufsausbildung: Lehre/Fachschule	11,0%	Berufsausbildung: Sonstiges	10,4%

Befragt wurden n = 154 Personen.

Quelle: Eigene Berechnungen.

Literatur

Aberle, D. E. u. a. (1950), The Functional Prerequisites of a Society, in: *Ethics*, 60, 100-111.

Axelrod, R. (1997), *The Complexity of Cooperation*, Princeton.

Bausch, M. (1998), Arbeitsmarkt-Information Journalistinnen und Journalisten (Stand: 1995), in: DJV Deutscher Journalisten-Verband e. V. (Hrsg.), *DJV-Info '98. Journalismus in Daten und Fakten,*. CD-Rom, Produktion DigiCon, Link → Journalismus → Arbeitsmarkt-Informationen.

Bell, M. (2002), Klinkenputzen, in: *INSIGHT - Das Magazin der Medienbranche*, Remagen-Rolandseck, Vol. 10, 9.

Breet, J. F., Cron, W. L. and J. W. Slocum (1995), Economic Dependency on Work, in: *Academy of Management Journal*, 38, 261-271.

Brief, A. P. (1998), *Attitudes In and Around Organizations*, Thousand Oaks/London/New Dehli.

Burns, T. R. (1990), Models of Social and Market Exchange, in: Calhoun, C., Meyer, M. W. and W. R. Scott (Hrsg.), *Structures of Power and Constraint*, Cambridge, 129-165.

Coleman, J. S. (1979), *Macht und Gesellschaftsstruktur*, Tübingen.

Crozier, M. und G. Friedberg (1979), *Macht und Organisation*, Königstein i. Ts.

Deci, E. L. and R. M. Ryan (1985), *Intrinsic Motivation and Self-Determination in Human Behavior*, New York.

Dörner, D. (1999), *Bauplan für eine Seele*, Reinbek.

Ehmig, S. C. (2000), *Generationswechsel im deutschen Journalismus. Zum Einfluß historischer Ereignisse auf das journalistische Selbstverständnis*, Freiburg.

Emerson, R. M. (1962), Power-Dependence Relations, in: *American Sociological Review*, 27, 31-41.

Frey, B. S. und M. Osterloh (2002), *Managing Motivation*, Wiesbaden, 2. Auflage.

Gouldner, A. W. (1960), The Norm of Reciprocity, in: *American Sociological Review*, 25, 161-176.

Greenberg, J. (1990), Organizational Justice, in: *Journal of Management*, 16, 399-432.

Hammer, A. (1997), *Soll ich mich selbstständig machen?*, München.

Harrison, D. A., Price, K. H. and M. P. Bell (1998), Beyond Relational Demography: Time and the Effects of Surface- and Deep-Level Diversity on Work Group Cohesion, in: *Academy of Management Journal*, 41, 96-107.

Hendry, C. (1995), *Human Resource Management*, Oxford.

Hilgard, E. R. und G. H. Bower (1973), *Theorien des Lernens*, 2 Bände, Stuttgart.

Höfer, W. (1982), Was ist schöner als Schreiben?, in: Widmer, F. C., *Beruf: Journalist. 12 Autoren zur Rolle des Journalisten,* Zürich, 13-21.

Homans, G. C. (1961), *Social Behavior: Its Elementary Forms*, New York.

Iselin, J. A. (1982), Verwaltung, Presse und Politik, in: Widmer, F. C., *Beruf: Journalist. 12 Autoren zur Rolle des Journalisten*, Zürich, 79-91.

Janssen, O. (2001), Fairness Persceptions as a Moderator in the Curvilinear Relationships Between Job Demands, and Job Performance and Job Satisfaction, in: *Academy of Management Journal*, 44, 1039-1050.

Jöreskog, K. G. and D. Sörbom (1996), *LISREL 8*, Chicago.

Katzell, R. A. and D. E. Thompson (1990), An Integrative Model of Work Attitudes, Motivation, and Performance, in: *Human Performance*, 3, 63-85.

Kepplinger, H. M. (2000), Problemdimensionen des Journalismus. Theoretischer Anspruch und empirischer Ertrag, in: Löffelholz, M. (Hrsg.), *Theorien des Journalismus*, Wiesbaden, 81-99.

Kiesel, W. (1999), Der Trend zum Freien, in: *Journalist*, 13, 50 Jahre DJV: Sonderausgabe, 36-37.

Kirschbaum, G. und W. Naujoks (1998), *Erfolgreich in die berufliche Selbständigkeit: von der Gründungsidee bis zur Betriebseröffnung*, Freiburg.

Kolm, S. C. (1996), *Modern Theories of Justice*, Cambridge u. a.

Langenheder, W. (1975), *Theorie menschlicher Entscheidungshandlungen*, Stuttgart.

Lazarus, R. S. (1991), *Emotion and Adaptation*, New York.

Löffelholz, M. (2000), Theorien des Journalismus: Entwicklungen, Erkenntnisse, Erfindungen – eine metatheoretische und historische Orientierung, in: Löffelholz, M. (Hrsg.): *Theorien des Journalismus*, Wiesbaden, 15-60.

March, J. G. and H. A. Simon (1958), *Organizations*, New York.

Marsden, D. (2000), A Theory of Job Regulation, the Employment Relationship, and the Organisation of Labour Institutions, in: *Industrielle Beziehungen*, 7, 320-347.

Martin, A. (1992), Arbeitszufriedenheit, in: Gaugler, E. und W. Weber (Hrsg.), *Handwörterbuch des Personalwesens*, Stuttgart, 482-493.

Martin, A. (1998), *Affekt, Kommunikation und Rationalität*, München.

Martin, A. (2001), *Personal. Theorie, Politik, Gestaltung*, Stuttgart.

Martin, A. (2002a), Selbständige Arbeitnehmer oder abhängige Selbständige?, in: Martin, A. und W. Nienhüser (Hrsg.), *Neue Beschäftigungsformen – Neue Personalpolitik?*, Sonderheft der Zeitschrift für Personalforschung, München, 17-60.

Martin, A. (2002b), Funktionsbedingungen der Neuen Beschäftigungsverhältnisse. Eine verhaltenswissenschaftliche Analyse, in: *Zeitschrift für Personalforschung*, 16, 490-509.

Martin, A. (2004), *Formen der Beschäftigung. Empirische Besonderheiten der sozialen Beziehung zum Arbeitgeber*, Schriften aus dem Institut für Mittelstandsforschung der Universität Lüneburg, Heft 23, Lüneburg (Download möglich unter http://mil.uni-lueneburg.de).

Martin, A. und W. Nienhüser (Hrsg.) (2002), *Neue Beschäftigungsformen – Neue Personalpolitik?* Sonderband der Zeitschrift für Personalforschung, München/Mering.

Meyer, J. P. and N. J. Allen (1999), *Commitment in the Workplace*, Thousand Oaks.

Neuberger, O. und M. Allerbeck (1975), *Messung und Analyse von Arbeitszufriedenheit*, Bern.

Nienhüser, W. (1998), Macht bestimmt die Personalpolitik, in: Martin, A. und W. Nienhüser (Hrsg.), *Personalpolitik*, München, 239-261.

Nienhüser, W. (2003), Macht, in: Martin, A. (Hrsg.), *Organizational Behaviour – Verhalten in Organisationen*, Stuttgart, 139-172.

Nienhüser, W. und W. Baumhus (2002), Fremd im Betrieb: Der Einsatz von Fremdfirmenpersonal als Arbeitskräftestrategie, in: Martin, A. und W. Nienhüser (Hrsg.), *Neue Formen der Beschäftigung – neue Personalpolitik?*, München, 61-120.

o.A. (19.04.1999), Journalisten-Arbeitsmarkt: Stochern im Nebel, in: *Medienspiegel* (Mediendienst des Instituts der deutschen Wirtschaft Köln), 23, Nr. 16.

o.A. (1999), Honorarspiegel 1999, in: *Menschen Machen Medien*, Beihefter Vol. 12.

Pongratz, H. J. und G. G. Voß (2003), *Arbeitskraftunternehmer*, Berlin.

Rawls, J. (1971), *A Theory of Justice*, Cambridge.

Rawls, J. (2003), *Gerechtigkeit als Fairness*, Frankfurt a. M.

Reck, O. (1982), Abgesang auf den freien Publizisten?, in: Widmer, F. C. (1982), *Beruf: Journalist. 12 Autoren zur Rolle des Journalisten*, Zürich, 137-145.

Reeve, J. and B. Sickenius (1994), Development and Validation of a Brief Measure of the Three Psychological Needs Underlying Intrinsic Motivation: The AFS Scales, in: *Educational and Psychological Measurement*, 54, 506-515.

Requate, J. (1995), *Journalismus als Beruf*, Göttingen.

Sahlins, M. (1972), *Stone Age Economics*, New York.

Schappe, S. P. (1998), Understanding Employee Job Satisfaction: The Importance of Procedural and Distributive Justice, in: *Journal of Business and Psychology*, 12, 493-504.

Shamir, B. (1996), Meaning, Self and Motivation in Organizations, in: Steers, R. M., Porter, L. W. and G. A. Bigley (Hrsg.), *Motivation and Leadership at Work*, 6. Auflage, New York, 149-165.

Sherif, M. u. a. (1961), *Intergroup Conflict and Cooperation*, Norman, University Book Exchange.

Simmel, G. (1968), *Soziologie*, 5. Auflage, Berlin.

Spector, P. E. (1997), *Job Satisfaction*, Thousand Oaks.

Tett, R. P. and J. P. Meyer (1993), Satisfaction, Organizational Commitment, Turnover Intention, and Turnover, in: *Personnel Psychology*, 46, 259-294.

Thibaut, J. W. and H. H. Kelley (1959), *The Social Psychology of Groups*, New York.

Thompson, M., Ellis, R. and A. Wildavsky (1990), *Cultural Theory*, Boulder.

Triandis, H. C. (1978), Some Universals of Social Behavior, in: *Personality and Social Psychology Bulletin*, 4, 1-16.

Tsui, A. S. (1997), Alternative Approaches to the Employee-Organization Relationship: Does Investment in Employees Pay Off?, in: *Academy of Management Journal*, 40, 1089-1121.

Vroom, V. H. (1964), *Work and Motivation*, New York.

Weber, W. (1971), *Das Identifikationsphänomen und seine Bedeutung als Determinante menschlichen Verhaltens in Organisationen*, Dissertation, Mannheim.

Weischenberg, S. (2001), *Journalistische Qualität: Die Debatte, der Begriff, die Aktualität*, Impulsreferat auf dem Forum der Initiative Qualität im Journalismus am 8. Oktober 2001 in Bonn, veröffentlicht im Internet: URL www.djv.de/downloads/wieschenberg.pdf (Stand: 07.07.2002).

Weischenberg, S., Löffelholz, M. und A. Scholl (1998), Journalism in Germany, in: Heaver, D. H. (Hrsg.), *The Global Journalist. News people around the World*, Hampton.

Widmer, S. (1982), Information aus der Sicht einer städtischen Behörde, in: Widmer, F. C., *Beruf: Journalist. 12 Autoren zur Rolle des Journalisten*, Zürich, 105-113.

Wiedebusch, J. (1989), *Selbstverständnis und Rezipientenbilder von Hörfunkjournalisten*, Frankfurt a. M.

Wiesand, A. J. (1977), Journalisten-*Bericht: Berufssituation, Mobilität, publizistische Vielfalt*, Berlin.

Wiggins, J. S. and P. D. Trapnell (1996), A Dyadic-Interactional Perspective on the Five-Factor Model, in: Wiggins, J. S. (Hrsg.), *The Five-Factor Model of Personality*, New York, 88-162.

Williamson, O. (1996), *The Mechanisms of Governance*, Oxford.

Albert Martin, Marion Howe

Universität Lüneburg, Institut für Mittelstandsforschung

Kooperativer Tausch – Weiterbildung als Gut

Zusammenfassung

Der vorliegende Beitrag befasst sich mit dem Verhalten von Anbietern und Nachfragern beim „Tausch“ von Weiterbildungsleistungen. Die betrachteten Marktpartner sind auf der einen Seite (meist große) Unternehmen, die Weiterbildungsleistungen nachfragen und auf der anderen Seite (meist kleine) Unternehmen (Berater, Trainer), die Weiterbildungsleistungen anbieten. Zur Analyse werden ökonomische und sozialwissenschaftliche Theorien herangezogen. Diese kommen häufig zu ähnlichen, in wichtigen Fällen aber auch zu einander widersprechenden Ergebnissen. Der Beitrag untersucht, worin sich die Ansätze unterscheiden sowie die Grenzen, die der theoretischen Analyse gesetzt sind. Insgesamt kommt der Aufsatz zu einer positiven Einschätzung der Erklärungsleistung der vorgestellten Ansätze.

1 Problemstellung

Bildung ist kein gewöhnliches Gut. Die wohl wichtigste Eigentümlichkeit des Bildungsgutes, die es von anderen Gütern unterscheidet, besteht darin, dass man dieses Gut nur erwerben kann, indem man sich selbst ganz maßgeblich an seiner Herstellung beteiligt (vgl. Arnold und Krämer-Stürzl 1995, Bardeleben 1995). Der vorliegende Beitrag widmet sich der Frage, welche Konsequenzen sich hieraus für den „Tauschakt“ zwischen dem Anbieter an Weiterbildungsmaßnahmen und dem Nachfrager nach Weiterbildung ergeben. Wir beschränken uns auf das Nachfrageverhalten von Unternehmen auf der einen und dem Angebotsverhalten von Unternehmensberatern auf der anderen Seite. Um die mit dem Tauschverhalten verbundenen Fragen zu beantworten, wollen wir zwei Forschungsbereiche näher betrachten, die ökonomische Institutionentheorie einerseits und die verhaltenswissenschaftliche Kooperationsforschung andererseits. Aus dem Blickwinkel beider Ansatzpunkte ist es sinnvoll, deutliche Unterschiede zwischen der Art der Weiterbildungsleistungen zu machen. Wir stellen eine Klassifikation von Weiterbildungsmaßnahmen vor, die auf diese theoretischen Überlegungen aufbaut. In einem weiteren Schritt prüfen wir, wie weit die Erklärungsleistung der vorgestellten Ansätze geht. Dabei stellt sich heraus, dass sie zwar für eine Typisierung hinreichen, jenseits dieser „groben" Erklärungsleistung aber viele Unbestimmtheiten offen lassen.

2 Charakterisierung des Weiterbildungsgutes

Die Schwierigkeiten bei der Erklärung des Verhaltens von Anbietern und Nachfragern auf dem Markt für Weiterbildungsleistungen resultieren, wie schon erwähnt, vor allem aus dem besonderen Charakter dieser Leistungen, der ihre Eignung als Tauschgüter erheblich beeinträchtigt. Allerdings sind diesbezüglich zwei Einschränkungen angebracht. Die eine Einschränkung betrifft die „Tiefe" dessen, was man unter Bildung bzw. Weiterbildung versteht. So lässt sich beispielsweise geltend machen, dass es bei Bildungsmaßnahmen häufig schlicht um die Weitergabe von Informationen geht. Zwar ist auch das Gut „Information" kein unproblematisches Gut, weil man den Wert vieler Informationen nicht im Voraus, sondern erst bei ihrer Kenntnisnahme einschätzen kann. Aber von dem hohen Anspruch, den der Begriff „Bildung" mit sich führt, ist das übliche Weiterbildungsgeschäft doch häufig weit entfernt. Betriebliche Weiterbildung richtet sich nicht selten auf die Vermittlung von einfachen Kenntnissen und mehr oder weniger voraussetzungsreichen Fertigkeiten, und die Dienstleistungen, die hierzu notwendig sind, lassen sich in ihrem Marktwert relativ leicht abschätzen (vgl. Arnold 1996). Die zweite Einschränkung ergibt sich eben aus diesem Gedanken: es geht nämlich beim Abgleich von Angebot und Nachfrage nach Bildung bzw. Weiterbildung ja eigentlich gar nicht um das angestrebte Ergebnis, also um eine inhaltlich erweiterte Bildung, sondern lediglich um *Maßnahmen* der Weiterbildung, von denen man sich erhofft, dass sie dieses Ergebnis hervorbringen. Die Vertragsverhandlungen richten sich nicht auf die Sicherstellung von Lernergebnissen, sondern auf Lernmaterialien und zu behandelnde Bildungsinhalte, auf die verwendeten Methoden und vor allem auf die verwendete Zeit und den organisatorischen Ablauf der Bildungsmaßnahmen (vgl. Thombansen u. a. 1994). Durch die Konzentration auf greifbare Vertragsgrößen wird der Tauschvorgang natürlich erheblich vereinfacht. Andererseits bleiben zumindest implizit bestimmte, nicht so leicht greifbare Erwartungen und Ansprüche der Vertragspartner durchaus erhalten und – zumindest für Folgeaufträge – auch verhaltensbestimmend. So erwartet ein Auftraggeber von einem Beratungsunternehmen normalerweise nicht nur die ordnungs-gemäße Abwicklung des Weiterbildungsgeschäfts, sondern z. B. auch, dass die Weiterbildung in einer angenehmen Atmosphäre abläuft, dass das Beratungsunternehmen „im Geist" des Auftraggebers handelt, also auch dessen Denkwelt repräsentiert, dass es dem Beratungsunternehmen gelingt, die zu schulenden Mitarbeiter zu „motivieren“ und dass sich das Gelernte dann auch im Arbeitsalltag positiv niederschlägt. Wenngleich es also bei der Vereinbarung der zu erbringenden Vertragsleistungen im Wesentlichen nur um operationalisierbare, vertraglich auch einklagbare Aspekte geht, stehen hinter den Vertragsvereinbarungen mehr oder weniger deutlich ausgesprochene Erwartungen. Und es sind diese Erwartungen, nicht etwa die buchstabengetreue Erfüllung der Vereinbarung, die darüber entscheiden, ob die erbrachte Leistung als akzeptabel gilt. Und auch bezüglich des ersten Punktes, bezüglich der Tiefe der Weiterbildung, gilt die angeführte Einschränkung nur bedingt, denn es gibt durchaus betriebliche Bildungsmaßnahmen, die sich nicht schlicht auf die Informationsweitergabe beschränken, sondern auf die Entwicklung von Fähigkeiten abzielen und damit auch eine starke persönliche Beteiligung und Veränderungsbereitschaft erfordern. Eine besondere Rolle spielen in dieser Hinsicht Reorganisationsmaßnahmen, die häufig nur dann mit Erfolg durchgeführt werden können, wenn sie durch Bildungsmaßnahmen begleitet werden. Hier geht es dann nicht um individuelles, sondern um kollektives Lernen, das ganz eigene Herausforderungen stellt. Zusammenfassend ist festzuhalten, dass Bildung und damit Weiterbildung ein facettenreiches Gut ist (vgl. Arnold und Krämer-Stürzl 1993). Will man die Handlungslogik erklären, die Vereinbarungen über das Erbringen von Weiterbildungsleistungen hervorbringt, muss man entsprechend eine differenzierende Betrachtung vornehmen.

3 Charakterisierung des Anbieter- und Nachfragerverhaltens

Der zu erklärende Sachverhalt ist das Anbieter- und Nachfragerverhalten. Wie lässt sich dieses charakterisieren? Wenn sich Anbieter und Nachfrager darum bemühen, möglichst rational zu handeln, dann werden sie versuchen, ihre Leistung in einem möglichst positiven Licht erscheinen zu lassen (vgl. Meffert 1998, Bayón 1997, Franke 1992, Schade 1997). Außerdem werden sie sich darum bemühen, die Leistungsfähigkeit des Vertragspartners möglichst gut abzuschätzen. Und sie werden auch danach Ausschau halten, welche Schwächen und Risiken die angebotenen Leistungen bergen. Einerseits geht es hierbei um eine realistische Einschätzung des zu erwartenden Nutzens und andererseits um die Gewinnung von Argumenten, die geeignet sind, die eigene Verhandlungsposition zu stärken. Die angeführten Punkte betreffen primär die Phase der Vertragsanbahnung, sie sind allerdings auch in der Phase der Vertragserbringung relevant. Auch hier geht es um Bewertungsprozesse, also darum, wie die tatsächlich erbrachte Leistung zu beurteilen ist, ob durch die Leistungserbringung Folgeprobleme erzeugt wurden und ob sie einen Zusatznutzen hervorbringt, an die bei der Vertragsvereinbarung nicht gedacht wurde. Besondere Beachtung verdient bei der Vertragserfüllung aber vor allem die Sicherstellung einer befriedigenden Zusammenarbeit. Beide Parteien müssen die vereinbarten Beiträge leisten, sie müssen ihre Handlungen aufeinander abstimmen, sich vielfach auch gegenseitig unterstützen und auch „Extra-Rollen-Verhalten" zeigen, das sich schwer in Vertragsformulierungen festhalten lässt und daher schwer einklagbar ist (vgl. Carqueville 1991). Ein Beispiel auf Seiten des Anbieters ist die Bereitschaft, jenseits des Weiterbildungsthemas auch auf aktuelle Unternehmensentwicklungen einzugehen, die bei der Vertragsschließung nicht vorherzusehen waren. Ein Beispiel auf Seiten des Weiterbildungsnachfragers ist die Sicherstellung eines geordneten Veranstaltungsablaufs, auch wenn betriebliche Notwendigkeiten geltend gemacht werden, kurzzeitig Veranstaltungsteilnehmer aus der Veranstaltung abzuziehen.

Wir können im vorliegenden Beitrag nicht auf alle der angesprochenen Fragen eingehen und wollen uns daher jeweils auf zwei Verhaltensweisen im Zuge der Vertragsanbahnung und während der Vertragserfüllung konzentrieren. Bezüglich der Vertragsanbahnung ist von besonderem Interesse, welche Informa-tionsaktivitäten die Vertragsparteien ergreifen, um die Leistungsfähigkeit und Leistungsbereitschaft des Vertragspartners abzuschätzen. Der Weiterbildungsmarkt ist in aller Regel ein Käufermarkt, d. h. eine sehr große Zahl von kleinen Unternehmensberatungen (Trainern) versucht, ihre Weiterbildungsdienste relativ wenigen (meist großen) Unternehmen anzubieten. Für die Nachfrager stellt sich das Problem der Vertragsanbahnung damit ganz ähnlich dar wie gegenwärtig auch das Problem der Personalauswahl. Die Trainer bewerben sich gewissermaßen um Aufträge (und zwar nicht selten in Form von Blindbewerbungen, also in Unkenntnis dessen, ob das angesprochene Unternehmen überhaupt Bedarf hat). Die potentiellen Auftraggeber sondieren die Bewerbungen, fordern aber auch gezielt Bewerbungen an und stehen vor dem Problem, das bestmögliche Angebot auszuwählen. Das Auswahlverfahren kann – ebenso wie die Personalauswahl – sehr aufwändig oder aber auch sehr nachlässig betrieben werden. Auf Seiten der Anbieter der Weiterbildungsmaßnahmen stellt sich das Problem der bestmöglichen Verkaufsstrategie – oder etwas enger formuliert, die Frage, mit welchen kommunikativen Mitteln sie ihr Angebot zur Geltung bringen wollen (vgl. Eckel 1997). Unsere Hypothese lautet, dass sich je nach Art des Weiterbildungsgutes, das in Frage steht, sowohl das Selektionsverhalten der Nachfrager als auch das Kommunikationsverhalten der Anbieter unterscheiden wird.

Gleiches gilt für das Verhalten während der Vertragserfüllung. Besondere Beachtung verdient wegen der herausragenden Rolle, die der Koordination der Aktivitäten zukommt, die Frage, welche Arbeitsteilung die Vertragspartner vorsehen und in welcher Weise die Durchführung der Maßnahme methodisch unterstützt wird. Die Arbeitsteilung kann einerseits sehr stark ausgeprägt sein. In diesem Fall werden die einzelnen Aktivitäten also sehr genau spezifiziert und die Vertragspartner legen eindeutig fest, welche Partei für welche Leistung verantwortlich ist. Was die Steuerung des Prozesses angeht, so kann im einfachsten Fall auf jede methodische Unterstützung verzichtet werden. In diesem Fall orientieren sich die Vertragspartner an den Vertragsvorgaben und regeln fallweise auftretende Probleme nach Gutdünken. Im anderen Extremfall kann aber auch das gesamte Instrumentarium des Projektmanagements zum Einsatz kommen. In diesem Fall werden die Vorgänge, die die Vertragserfüllung sicherstellen sollen, ganz bewusst ins Zentrum der Aufmerksamkeit gestellt und gewissermaßen einer Qualitätssicherung unterzogen.

4 Theoretische Bausteine

Die ökonomische Theorie konzentriert ihre Überlegungen traditionell auf „einfache" Tauschhandlungen. Idealtypisch wird davon ausgegangen, dass Güter und Dienstleistungen eindeutig bestimmbar sind und dass eine entstehende Nachfrage im Prinzip immer ein hinreichend großes und gegeneinander austauschbares Angebot hervorbringt. Die Neue Institutionenökonomie bringt demgegenüber ein realistischeres Bild zur Geltung und unternimmt den Versuch, auch komplexere Tauschbeziehungen mit Hilfe ökonomischer Kategorien zu beschreiben.

4.1 Ökonomische Vertragstheorie

Die Ökonomische Vertragstheorie ist eine Forschungsrichtung innerhalb der so genannten Neuen Institutionen Ökonomie (zur Neuen Institutionen Ökonomie vgl. Coase 1937, Richter und Furubotn 1996). Den verschiedenen Ansätzen innerhalb der Ökonomischen Vertragstheorie gemeinsam ist die Annahme, dass Informationen den Vertragspartnern nicht kostenlos zur Verfügung stehen. Vor Vertragsabschluss entstehen den potentiellen Vertragspartnern vielmehr vielfältige Kosten z. B. durch das Sammeln von Informationen über die Produktqualität oder das Leistungsversprechen des möglichen Vertragspartners. Diese so genannten Transaktionskosten können ein beträchtliches Ausmaß erreichen, weshalb Marktakteure häufig auf vollständige Informationen verzichten und ihre Entscheidungen daher auf einer eigentlich unzureichenden Informationsbasis beruhen (vgl. Williamson 1985). Der Abschluss von Verträgen dient nicht zuletzt dazu, sicherzustellen, dass sich aus den Informationsdefiziten keine Nachteile ergeben. Im Folgenden wollen wir in der gebotenen Kürze auf die Grundüberlegungen von zwei Theorien eingehen, auf die Prinzipal-Agent-Theorie und auf die Theorie unvollständiger Verträge.

Die Prinzipal-Agent-Theorie beschäftigt sich mit der Gestaltung der Vorvertragsphase. In ihrem Zentrum steht ein Motivationsproblem, die Frage, wie der Agent veranlasst werden kann, die ihm übertragenen Aufgaben auch und vor allem im Interesse eines Prinzipals zu erfüllen (vgl. Hart and Holmström 1987). Im Falle der Übertragung von Weiterbildungsmaßnahmen geht es also darum, welches Aussehen ein Vertrag zwischen dem auftraggebenden Unternehmen (dem Prinzipal) und dem Unternehmensberater oder Trainer (dem Agenten) haben muss, damit der Vertrag im beiderseitigen Sinne erfüllt wird. Die Situation stellt sich im Lichte der Prinzipal-Agenten-Theorie wie folgt dar:

- Der Zeitpunkt des Vertragsabschlusses und der Leistungserbringung fallen auseinander.
- Die Vertragspartner handeln rational.
- Beide Vertragsparteien sind Nutzenmaximierer.
- Die Vertragspartner verfolgen vorrangig ihre eigenen Interessen, so dass es zu opportunistischem Verhalten kommen kann.
- Die Informationen zwischen Prinzipal und Agent sind asymmetrisch verteilt.
- In dem Vertrag kann die zu erbringende Leistung nicht exakt in Art, Weise und Ausgestaltung festgehalten werden, da hierfür Informationen fehlen.
- Verträge sind vollständig.
- Vertragliche Regeln sind wirksam und kostenlos gerichtlich durchsetzbar.

Das Risiko der Zusammenarbeit – oder auch: der mögliche Umfang der Transaktionskosten – wird für den Prinzipal umso größer, je weniger Informationen er über die Motive, Handlungsmöglichkeiten und das faktische Leistungsverhalten des Agenten hat. Ist die Thematik der Zusammenarbeit wenig komplex, dann kann der Prinzipal den Agenten bei der Erstellung der vertraglich vereinbarten Leistung im Rahmen einer einfachen Überwachung („Monitoring") gut kontrollieren und dadurch sein Risiko minimieren. Handelt es sich aber um eine komplexe Thematik, dann steigt das Risiko des Prinzipals stark an und er wird Maßnahmen über das Monitoring hinaus ergreifen, um das Risiko zu begrenzen. Lösungsansätze werden überwiegend in dem Einsatz monetärer Anreizmechanismen gesehen (Holmström 1979, Arrow 1985). Dies geschieht in der Regel über die Vereinbarung von quantitativ messbaren Zielen. Im Rahmen der Weiterbildung wäre dieses z. B. ein Vergleich der

Fehlerquoten der Teilnehmer vor und nach Abschluss der Weiterbildungsmaßnahme. Zusätzlich zu einem festen Grundhonorar erhält der Agent ein an die Zielerreichung geknüpftes, meist gestuft gestaltetes, erfolgsabhängiges Honorar. Darüber hinaus kann durch „Market Signalling" und „Market Screening" vorab der Markt so bearbeitet werden, dass das Risiko, einen nicht geeigneten Agenten auszuwählen, begrenzt werden kann. Beim „Market Signalling" wird die besser informierte Seite – also der Agent – aktiv und sendet Signale, die die Informationskosten des Prinzipals senken sollen. Denkbar wären z. B. Qualifikationsnachweise der Trainer oder Referenzlisten von Kunden. Der Prinzipal könnte dadurch seine Auswahl begrenzen (vgl. Akerlof 1970). Beim „Market Screening" wird die schlechter informierte Seite – also der Prinzipal – aktiv und versucht durch eine Filterung des Marktes seine Informationskosten zu senken. Beispielhaft wären hier spezielle Test- oder Auswahlverfahren oder das Einholen von Auskünften bei Dritten zu nennen (vgl. Salop and Salop 1976). Schließlich kann auch die Reputation des Agenten dazu genutzt werden, Risiken der Zusammenarbeit einzuschätzen. Je nachdem worauf der Prinzipal seine Auswahl stützen möchte, kann sich die Reputation des Trainers auf unterschiedliche Merkmale beziehen. Geht es dem Prinzipal beispielsweise darum, die Qualitätsunsicherheit bei der Trainerauswahl zu begrenzen, dann wird er vor allem auf die Ehrlichkeit und Offenheit achten, mit der der Agent gewöhnlich seine eigenen Fähigkeiten, Stärken und Schwächen darstellt. Ebenso kann der Prinzipal je nach Situation Wert auf Fairness und Entgegenkommen des Trainers oder auf dessen Fleiß und Sorgfalt legen (vgl. Spremann 1990).

Die Grundlage der Theorie unvollständiger Verträge ist die Transaktionskostenökonomik. Die Hauptannahmen der Theorie unvollständiger Verträge sind:

- Begrenzte Rationalität der Marktakteure.
- Die Marktakteure sind Nutzenmaximierer. Sie verfolgen ihre Eigeninteressen, sodass es zu opportunistischem Verhalten kommen kann.
- Asymmetrische Informationsverteilung zwischen den Vertragspartnern und außenstehenden Dritten, sodass Vertragsbestandteile z. B. bei Gericht oft nicht durchsetzbar sind.

Wegen der begrenzten Rationalität der Marktakteure wäre es, wenn es überhaupt möglich wäre, zu kostspielig, vollständige Verträge zu schließen. Es werden deshalb bewusst unvollständige Verträge geschlossen. Die dadurch entstehenden Risiken werden durch die Möglichkeit des opportunistischen Verhaltens der Marktakteure noch verstärkt. Diese Risiken werden durch die Höhe der Transaktionskosten ausgedrückt. Die Transaktionskosten werden nach dieser Theorie durch die Wahl einer speziellen Organisationsform der Zusammenarbeit und durch die damit in Verbindung stehenden Beherrschungs- und Überwachungsmechanismen begrenzt (vgl. Williamson 1997). Die Wahl der Organisationsform der Zusammenarbeit ergibt sich aus den Charakteristika der Transaktion. Die betrachteten Organisationsformen sind der Markt, die Hierarchie oder hybriden Formen, die Elemente dieser beiden Grundformen vereinigen. Die Art der Transaktion wird von Williamson (1985) anhand von vier Faktoren beschrieben:

- das Ausmaß der Unsicherheit der Wirtschaftsakteure über den Ablauf und die Gewährleistung der Transaktion,
- die Häufigkeit der geplanten Transaktionen,
- die Breite und Tiefe der Tauschbeziehung,
- das Ausmaß der partnerspezifischen Investitionen, das notwendig ist, damit die Transaktion erfolgreich ist.

Partnerspezifische Investitionen entstehen, wenn die Vertragspartner Investitionen nur aufgrund des geschlossenen Vertrages tätigen (vgl. Williamson 1991). Ein oft genanntes Beispiel ist die Standortverlagerung in die Nähe des Vertragspartners. Ein Beispiel für unsere Thematik ist der Aufwand, der durch das Erlernen unternehmensspezifischer Details entsteht, um das Weiterbildungsangebot auf die ganz spezifischen Anforderungen des Auftraggebers auszurichten. Allgemein gilt: Je komplexer die Thematik der Zusammenarbeit, desto mehr partnerspezifische Investitionen werden getätigt. Weil aber ein Wohlverhalten der Vertragspartner nicht vorausgesetzt werden kann, entstehen dadurch Abhängigkeiten vom Vertragspartner. Ein Unternehmen, das einen Trainer für ein auf die spezielle Unternehmenssituation zugeschnittenes Training engagieren möchte, tätigt gezwungenermaßen partnerspezifische Investitionen, da es dem Trainer Einblicke in die für das Training notwendigen Unternehmenshintergründe liefern muss. Der Trainer erhält Informationen z. B. über Produktionsverfahren, Geschäftsabläufe, neue Produkt- oder Marketingideen sowie ganz generell über die Problemlage des Unternehmens. Die Bereitstellung dieser Informationen kostet nicht nur Zeit und Geld, die Informationen können vom Trainer unter Umständen auch zweckentfremdet genutzt und evtl. sogar an Wettbewerber weitergegeben werden. Damit kann der Trainer seinem Auftraggeber großen Schaden zufügen. Steigende partnerspezifische Investitionen bewirken letztendlich steigende Transaktionskosten, die durch eine geeignete Wahl der Organisationsform verringert werden soll. Deshalb schließt Williamson in diesem Fall die Zusammenarbeit über den Markt aus. Werden partnerspezifische Investitionen getätigt, so kommen als Transaktionskosten begrenzende Organisationsformen nur die Hierarchie oder hybride Formen in Frage. In unserem Beitrag geht es nun nicht um die Eingliederung der Weiterbildungsaktivitäten (also um Hierarchie), sondern um die Zusammenarbeit mit einem selbständigen

Trainer, also um eine hybride Organisationsform. Als Prototyp dieser Organisationsform gilt der langfristige Vertrag. Eine Sonderform des langfristigen Vertrages ist die relationale Vertragsbeziehung. Die Argumentationslinie ist also die folgende: der Austausch von komplexen Gütern verlangt nach komplexen Formen der Zusammenarbeit und damit verbunden partnerspezifischen Investitionen; um die Risiken aus diesen Investitionen einzudämmen, werden langfristige Verträge geschlossen. Wie bereits beschrieben wurde, werden die Verträge bewusst unvollständig gehalten. Deshalb benötigen die Vertragspartner Institutionen, die eine Flexibilität in der Phase Vertragserfüllung ermöglichen. Dabei geht es vor allem um außergerichtliche Regelungen, die eine effiziente Vertragserfüllung ermöglichen. Eine wichtige Form der außergerichtlichen Regelungen ist die glaubhafte Zusicherung (vgl. Williamson 1985). Hierunter versteht man z. B. Schiedsverfahren, bei denen vorab ein Schiedsrichter bestimmt wird, der bei Unstimmigkeiten schlichtet. Aber auch die getätigten partnerspezifischen Investitionen stellen eine glaubhafte Zusicherung dar. Tätigen nämlich beide Seiten partnerspezifische Investitionen, so haben auch beide ein Interesse daran, den Vertrag zu erfüllen. Auf die Weiterbildung bezogen heißt das, dass auch der Trainer partnerspezifische Investitionen tätigt, indem er sich z. B. in die Unternehmensmaterie einarbeitet. Darüber hinaus kann sich der Auftraggeber vor Erteilung des Auftrages kostenlos ein Trainingskonzept erstellen lassen oder der Trainer stellt z. B. zusätzliches Personal für diesen Auftrag ein. In diesen Fällen kann auch der Trainer die partnerspezifischen Investitionen nur dann amortisieren, wenn der Vertrag durchgeführt wird. Neben den außergerichtlichen Institutionen können Vertragsklauseln aufgenommen werden, die gerichtlich einklagbar wären, wie z. B. Schadenersatz bei Vertragsbruch, Schutz des Urheberrechtes, Konkurrenzklauseln u. ä.. Der Übergang vom Langzeitvertrag zu den relationalen Verträgen ist fließend. Man geht bei dem relationalen Vertrag von einem sozialen Netz aus, in das die Vertragspartner schon vor Vertragsabschluss eingebunden sind (vgl. Macneil 1974, Macauly 1963). Auch mit der Erfüllung des geschlossenen Vertrages endet die Beziehung nicht. Das soziale Netz führt dazu, dass die Vertragspartner ihre Verträge erfüllen, da sie sonst auch das soziale Netz verlieren würden. Durch das soziale Netz wird eine ständige Kommunikation der Vertragspartner sichergestellt, sodass Probleme konstruktiv behoben werden können. Denkbar wäre z. B. ein Trainer, der mit einem Konzern langfristig zusammenarbeitet und Weiterbildung durchführt. Schließt dieser Trainer auch mit den Tochter-gesellschaften des Konzerns Verträge, so könnte er bei Minderleistung auch die Zusammenarbeit mit der Muttergesellschaft aufs Spiel setzen.

Zusammengefasst: aus der ökonomischen Vertragstheorie folgt, dass ein Unternehmen, das wenig komplexe Weiterbildungsthemen nachfragt, sich damit begnügen kann, die Leistungserbringung des Weiterbildungstrainers durch wenig aufwändige Maßnahmen zu beobachten und zu kontrollieren. In diesem Fall genügt der Marktmechanismus, um opportunistische Verhaltenstendenzen des Vertragspartners im Zaum zu halten. Ist die Thematik der Zusammenarbeit hingegen komplex, wird der Einsatz verschiedener Steuerungsinstrumente notwendig, um die Transaktionskosten zu begrenzen. Die Prinzipal-Agent-Theorie betrachtet vor allem monetäre Steuerungsmechanismen, während die Theorie unvollständiger Verträge den Abschluss langfristiger Verträge nahe legt.

4.2 Kooperationsforschung

Wie weiter oben bereits beschrieben wurde, ist Weiterbildung häufig auf eine Kooperation der Vertragsparteien angewiesen, die sich über den unmittelbaren Tauschakt hinaus erstreckt. Die ökonomische Vertragstheorie behandelt auch diesen Fall. Als typisch schildert Williamson die Beziehung zwischen einem Automobilhersteller und einem Zuliefererbetrieb (Williamson 1985). Der Automobilhersteller ist an einer bedarfsgerechten und zeitgenauen Belieferung interessiert. Aus diesem Grunde drängt er den Zulieferer, sich eine Produktionstechnologie anzuschaffen, die seinen ganz speziellen Bedürfnissen entspricht und sich außerdem in unmittelbarer Nähe seines Produktionsstandorts anzusiedeln. Mit beiden Entscheidungen geht der Zulieferer aber ein großes Risiko ein, denn er erbringt damit Investitionen, die lediglich in dieser speziellen Geschäftsbeziehung verwertet werden können (es entstehen „partnerspezifische" Investitionen). Hat die Geschäftsbeziehung keinen Bestand, dann steht diesen Investitionen kein Ertrag gegenüber. Aus diesem Grund hat der Zulieferer großes Interesse an einer langfristigen Bindung, worauf sich auch der Automobilhersteller einlassen wird, weil der Vertrag sonst nicht zustande kommen würde. Die ökonomische Vertragstheorie ist also durchaus im Stande, Kooperationsverhalten zu erklären. Sie stößt aber dort an ihre Grenzen, wo es um Situationen geht, in denen zwei Wirtschaftsakteure im strikten Wortsinne „gemeinsam" ein Produkt erstellen. Was ist damit gemeint? Kooperation gibt es in vielen Formen. Die einfachste und anspruchsloseste Form der Kooperation liegt beispielsweise dann vor, wenn sich zwei Partner, die jeweils Komplementärgüter besitzen, zusammentun, um ein gemeinsames Ziel zu erreichen. Wer im kalten Winter zwar einen Ofen, aber kein Holz besitzt, wird diesen gern zur Verfügung stellen, wenn ihn ein anderer, der zwar Holz aber keinen Ofen besitzt, gerne nutzen würde, um sich an dem dann gemeinsamen Feuer zu wärmen. Diese Form der Kooperation ist zwar nicht selten, sie ist aber eher trivial und ein Arrangement zur Sicherstellung des Kooperationserfolgs ist normalerweise nicht sonderlich aufwändig. Am anderen Ende des Kooperationskontinuums liegen die Fälle, in denen die gewünschte Leistung nur durch eine gut aufeinander abgestimmte Zusammenarbeit erreicht werden kann und in denen es ohne die Bereitschaft, die eigenen Interessen hinten anzustellen, nur Misserfolge geben kann. Die Arrangements, die notwendig sind, um in dieser Situation Kooperation sicherzustellen, sind naturgemäß wesentlich aufwändiger als im zuerst geschilderten Fall der „einfachen" Zusammenlegung von Komplementärgütern. Im Bereich der betrieblichen Weiterbildung findet man die anspruchsvolle Situation vor allem dort vor, wo es um Veränderungsprozesse geht, die in die Persönlichkeit eingreifen oder in denen sich die Lebens- oder Berufssituation grundlegend verändert. Zu nennen sind etwa Coachingmaßnahmen, die Regulierung verhärteter Konflikte und Prozesse des tief greifenden organisatorischen Wandels. Nun gibt es in der verhaltens- und sozialwissenschaftlichen Forschung eine ganze Fülle von Ansätzen in den verschiedensten Bereichen[1], die sich mit der Kooperation beschäftigen. Leider versammeln diese Ansätze aber sehr disparate Überlegungen, deren methodologischer Status und deren empirische Fundierung außerdem oft sehr zu wünschen übrig lassen (Martin 1995). Dessen ungeachtet lässt sich im Hinblick auf unser Thema ein gemeinsamer Grundzug in den verschiedenen Ansätzen erkennen, wonach sich mit einer zunehmenden Intensivierung der Kooperation notwendigerweise auch die Formen der „Vergemeinschaftung" verändern. Dies spiegelt sich z. B. schon in der klassischen Unterscheidung in Gemeinschaft und Gesellschaft (Tönnies 1887) aber auch in der Entgegensetzung von Konzepten wie Systemintegration und Sozialintegration (Lockwood 1964), Grid und Group (Douglas 2003), instrumentalistischer oder gemeinschaftsorientierter Sozialintegration (Kotthoff und Reindl 1990) oder auch in Phasenmodellen der Gruppenbildung (Tuckman 1965) wider. Zwar stammen die angeführten Ansätze aus unterschiedlichen theoretischen Diskussionszusammenhängen und richten sich auf unterschiedliche Systemebenen, sie verbindet aber alle das gleiche Grundproblem, nämlich die Frage, in welcher Weise das zwischenmenschliche oder auch das gesellschaftliche Miteinander koordiniert und in geordnete Bahnen gelenkt wird. Bei der Beantwortung dieser Frage sind zwar Akzentsetzungen zu erkennen, letztlich sind die Antworten aber nicht allzu verschieden. Sie stellen im Wesentlichen heraus, das mit zunehmender Vergemeinschaftung eine Veränderung kultureller Regeln einhergeht, dass sich die Kontroll- und Anreizmechanismen verändern und sich spezifische Integrationsmechanismen und Mechanismen der Konflikthandhabung herausbilden. Eine gewisse Ordnung liefert das Modell der gelingenden Interaktion (Martin und Drees 1999). Es formuliert auf einer sehr allgemeinen Ebene vier Grundvoraussetzungen, die erfüllt sein müssen, damit die Zusammenarbeit von Akteuren von Dauer

---

[1] Zu nennen sind insbesondere die Kleingruppenforschung, die Interaktionsforschung (hierzu zählen auch experimentelle Studien zu spieltheoretischen Konstellationen (vgl. Axelrod 1995), die Erforschung des Funktionierens sozialer Systeme, sowohl auf der Mikro- als auch auf der Makroebene und die Konfliktforschung (vgl. Deutsch 1976 und 1981).

und hinreichend stabil ist, um die oben beschriebene Kooperationsleistung erbringen zu können.

Diese Voraussetzungen sind

- die Attraktivität der Beziehung für beide Partner (also der Nutzen, den die Partner aus der Beziehung ziehen),
- das wechselseitige Verstehen (Kommunikation und Empathie),
- die Abstimmung der jeweils individuellen Verhaltensschritte,
- gemeinsame Ziele, die über die unmittelbar nächste Interaktionssequenz hinausweisen.

Grundsätzlich müssen selbst in der einfachsten Interaktion *alle* genannten Voraussetzungen vorliegen. Das Ausmaß, in dem sie vorliegen müssen, verändert sich aber mit zunehmender Intensität der Kooperation. Außerdem gewinnen die zuletzt genannten Aspekte mit intensiverer Zusammenarbeit an zunehmender Bedeutung. Wie oben bereits beschrieben wurde, kann man auch bereits dann von Kooperation sprechen, wenn die Partner lediglich ihre komplementären Güter gemeinsam nutzen. Sehr entwickelt und stabil ist diese Beziehung aber nicht, insbesondere hat sie einen sehr engen Horizont. Zwar ist die „Zusammenarbeit" hinreichend attraktiv, sie beschränkt sich aber auf die unmittelbare Befriedigung der jeweils gerade vorliegenden individuellen Bedürfnisse. Entsprechend wird diese Form der Zusammenarbeit innerhalb des „Stufenmodells von Kooperationsformen" (Martin 2000) auch lediglich als Proto-Gesellschaft bezeichnet. Je intensiver die Zusammenarbeit ist und je offener das Aufgabenfeld ist, desto stärker machen sich die im Modell der gelingenden Interaktion genannten Anforderungen bemerkbar. In der Proto-Gesellschaft stehen Nutzenüberlegungen im Vordergrund und das Problem der individuellen Nutzensicherung prägt ihr Geschehen. Es kann nur dann zu einer Weiterentwicklung der Beziehung kommen, wenn dieses Problem gelöst wird, woraus sich dann die „Tauschgesellschaft" entwickelt. In dieser Vergemeinschaftungsform geht es primär um die Sicherung der eigenen Attraktivität, darum, den Partner von der Überlegenheit der eigenen Leistungen zu überzeugen und darum, die Bedürfnisse des Partners auf die Spezifika der eigenen Leistung hinzulenken, um die bestehende Gefahr der Abwanderung abzuwenden. Ist auch dieses Problem hinreichend gelöst, kann sich die „Parteiengesellschaft" entwickeln. Hierin geht es vordringlich um die Problematik der Verhaltenskoordination und die Regulierung von Konflikten. In der sich anschließenden Entwicklungsstufe, der „Gemeinschaft", entstehen gemeinsame Werte und Normen und in der höchsten Stufe schließlich (in der „offenen Gesellschaft") geht es um die Herausbildung eines gemeinsamen Sinnhintergrunds, der den Handlungen der Kooperationspartner Orientierung und Sicherheit verleiht und zwar selbst dann, wenn es im Zuge der Zusammen-arbeit zu Interessendivergenzen kommt. Welche Bedeutung haben diese Überlegungen für unser Problem der Zusammenarbeit? Analog zur institutionenökonomischen Argumentation – in der insbesondere auf die Komplexität der Beziehung abgestellt wird, die die Entwicklung bestimmter „Organisationsformen" veranlasst – stellen die kooperationstheoretischen Überlegungen auf „Vergemeinschaftungsformen" ab, die sich im Zuge einer zunehmenden Intensivierung der Zusammenarbeit verändern.[2] Auf die Weiterbildungsthematik übertragen heißt das, dass Maßnahmen, die eine hohe Eigenbeteilung des Auftraggebers verlangen, eine Gemeinschaftsorientierung voraussetzen, während Maßnahmen, die sich z. B. auf die Weitergabe von Informationen beschränken, lediglich den Charakter von Proto-Gesellschaften erreichen.

5 Charakteristika des Weiterbildungsproduktes

Die im vorangegangenen Abschnitt behandelten theoretischen Ansätze heben im Wesentlichen zwei Merkmale hervor, die die Ausgestaltung der Zusammenarbeit zwischen Auftraggeber und Trainer prägen: die Komplexität der Leistung und das Ausmaß der Eigenbeteiligung des Auftraggebers. Im hier behandelten Fall, bei der Durchführung von Weiterbildungsmaßnahmen, ist also vor allem zu fragen, wie komplex die Weiterbildungsthematik ist und in welchem Ausmaß es auch vom Ausmaß des Engagements der Betroffenen abhängt, ob die Weiterbildung zum Erfolg führt. Aus der Kombination der beiden Merkmale ergeben sich idealtypisch die vier in Abbildung 1 angeführten Weiterbildungstypen.

---

[2] Genauer formuliert: verändern „müssen". Diese Formulierung besitzt allerdings eine funktionalistische Konnotation, die missverständlich sein mag. Es ist natürlich nicht auszuschließen, dass sich mit zunehmender Intensität die Vergemeinschaftsform nicht ändert. Dann werden allerdings auch die Interaktionen nicht mehr gelingen und die Zusammenarbeit wird sich auflösen. Dies ist zumindest die theoretische Aussage des Stufenmodells der Kooperationsformen. Diese Prämisse ist also in der Formulierung im Text mitgedacht (vgl. auch die „zweideutige" Formulierung im nächsten Satz).

Abbildung 1: Weiterbildungstypen

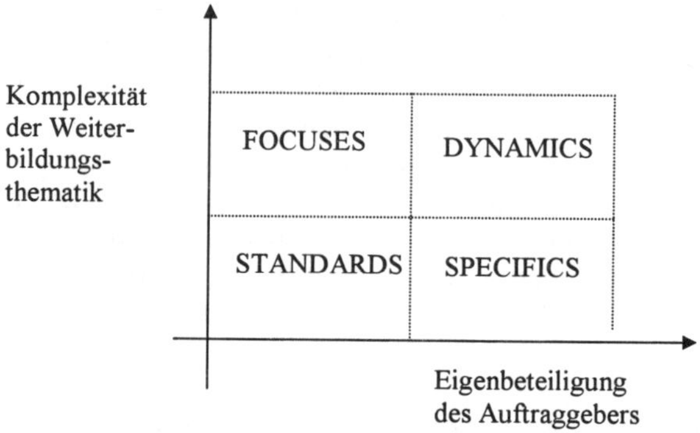

Quelle: Eigene Darstellung.

STANDARDS charakterisiert eine Weiterbildungsmaßnahme, deren Thematik wenig komplex ist. Gleichzeitig ist die Eigenbeteiligung des Auftraggebers gering. Beispielhaft sei ein Anwendungstraining für das PC-Programm „Word für Windows" genannt. Die Teilnehmer benötigen keine besonderen Vorkenntnisse. Das Weiterbildungsprodukt ist weitgehend standardisiert. Die Weiterbildungsinhalte sind in vielen Unternehmen nutzbar. Es gibt viele Weiterbildungsanbieter auf dem Markt.

FOCUSES steht für eine Weiterbildungsmaßnahme mit einer komplexen Thematik und einer geringen Eigenbeteiligung des Auftraggebers. Ein Seminar zum Thema Bilanzanalyse würde in dieser Kategorie fallen. Die Teilnehmer benötigen Vorkenntnisse, um sinnvoll an dem Seminar teilnehmen zu können. Das Weiterbildungsprodukt ist überwiegend standardisiert. Die Weiterbildungsinhalte sind von vielen Unternehmen nutzbar.

SPECIFICS bezeichnet eine Weiterbildungsmaßnahme mit geringer Komplexität der Thematik aber hoher Eigenbeteiligung des Auftraggebers. Als Beispiel für diesen Weiterbildungstyp könnte man ein Verkaufstraining nennen. Besondere Vorkenntnisse der Teilnehmer sind nicht notwendig. Es handelt sich bei SPECIFICS um eine unternehmensspezifisch entwickelte Weiterbildungsmaßnahme. Die dabei zu vermittelnden Instrumente und Techniken sind von mehreren Unternehmen nutzbar. Bei SPECIFICS wird aber das Weiterbildungsprodukt so entwickelt, dass die Instrumente oder Techniken auf die Unternehmensspezifika übertragen werden. Dadurch wird die Maßnahme weitgehend individuell auf den Auftraggeber bezogen. Es gibt mehrere Anbieter bei diesem Weiterbildungstyp.

DYNAMICS charakterisiert eine Weiterbildungsmaßnahme mit hoher Komplexität der Thematik und hoher Eigenbeteiligung des Auftraggebers. Organisationsentwicklungsseminare sind beispielhaft für diesen Weiterbildungstyp. Die Teilnehmer benötigen Vorkenntnisse, um sinnvoll an dieser Weiterbildungsmaßnahme teilnehmen zu können. Das Weiterbildungsprodukt wird individuell mit dem Auftraggeber gemeinsam entwickelt. Die Weiterbildungsinhalte sind nur von dem Auftraggeber, eventuell von dessen Wettbewerber nutzbar. Es gibt wenige Weiterbildungsanbieter auf dem Markt.

6 Hypothesen

In welcher Beziehung stehen nun die verschiedenen Formen der Weiterbildung mit dem Verhalten der Vertragspartner? Die Zusammenhänge scheinen zwingend zu sein. Aus der Institutionentheorie folgt, dass mit steigender Komplexität der zu erbringenden Leistung langfristige Vertragsformen gewählt werden[3], einfache Güter dagegen so getauscht werden, wie es das klassische Marktmodell vorsieht. Die Weiterbildungsformen Standards und Specifics werden demnach wie andere homogene Güter getauscht.[4] Die Erbringung der Weiterbildungsformen FOCUSES und Dynamics wird dagegen mit Hilfe langfristiger Verträge abgesichert. Aus den kooperationstheoretischen Überlegungen folgt dagegen, dass die Weiterbildungsformen FOCUSES und Standards in Strukturen abgewickelt werden, die einen vorgemeinschaftlichen Charakter haben, während die Erbringung von Dynamics und SPECIFICS gemeinschaftsorientierte Arrangements erfordern. Mit diesen Erklärungsskizzen ist allerdings erst ein Zwischenschritt erreicht. Um das Weiterbildungsverhalten erklären zu können, ist es erstens notwendig, das Verhältnis zwischen Vergemeinschaftungsformen im Sinne der Kooperationstheorie und Organisationsformen im Sinne der Institutionentheorie zu klären. Zweitens ist zu klären, in welchem Zusammenhang die oben beschriebenen Verhaltensweisen bei der Vertragsanbahnung und bei der Vertragserfüllung mit den Vergemeinschaftungs- und den Organisationsformen stehen. Um diese Analysen übersichtlich zu halten, wollen wir zunächst auf die zweite der Fragen eingehen und uns hierzu zunächst auf eine Gegenüberstellung der

---

[3] Diese Aussage ergibt sich aus der Theorie unvollständiger Verträge. Die Prinzipal-Agent-Theorie stellt – wie oben beschrieben – monetäre Anreize als Steuerungsmechanismen heraus. Beim Weiterbildungstypus DYNAMICS wäre entsprechend mit Festhonoraren zu rechnen, die geeignet sind, eine Risikoteilung herbeizuführen, bei FOCUSES mit Zielvereinbarungen, bei SPECIFICS mit „akzeptierter Kontrolle“ (eine ausführliche Darstellung findet sich bei Howe 2003). Um die Darstellung nicht zu verkomplizieren, soll hierauf nicht näher eingegangen werden. Auch würde sich die folgende Argumentation bei Berücksichtigung der Prinzipal-Agent-Theorie nicht substantiell verändern, zwar kämen inhaltlich andere Gesichtspunkte zum Zuge, die Grundaussage bliebe aber die gleiche.

[4] Zur Spezifikation dieser Aussage siehe weiter unten.

Weiterbildungsformen Standards und Dynamics beschränken. In Abbildung 2 findet sich eine Übersicht über unsere diesbezüglichen Hypothesen.

Abbildung 2: Vertragsanbahnung und -erfüllung im Lichte von Vertrags- und Kooperationstheorie

Weiter-bildungs-typus	Organi-sations-form	Vergemein-schaftung	Vertragsanbahnung		Vertragserfüllung	
			Selektion Auftrag-geber	Kommu-nikation Trainer	Aufgaben-teilung	Steue-rung
STAN-DARDS	Spot Markt	Proto-Gesellschaft	gering	Produkt-werbung	stark	Moni-toring
DYNA-MICS	Relationaler Vertrag	Gemein-schaft	intensiv	Öffent-lichkeits-arbeit	gering oder stark	Projekt-manage-ment

Quelle: Eigene Darstellung.

Bezüglich des Weiterbildungstypus STANDARDS werden nur verhältnismäßig geringe, bezüglich des Weiterbildungstypus DYNAMICS dagegen verhältnismäßig hohe Aufwendungen für die Auswahl der Weiterbildungsanbieter vorausgesagt. Die Begründung für die geringen Aufwendungen bei der Auswahl von Leistungen des Typs STANDARDS ergibt sich unmittelbar aus dem Charakter von Spot-Märkten. Auf ihnen werden Güter und Dienste gehandelt, deren Eigenschaften sich bereits beim Kauf identifizieren lassen (so genannte Suchgüter, vgl. Stigler 1961, Nelson 1970). Unterschiede in der Qualität des Angebotes werden auf dem Spotmarkt sofort bemerkt, unterschiedliche Qualitäten werden daher streng genommen auch auf unterschiedlichen Märkten gehandelt. Die wichtigste und letztlich entscheidende Information einer Standardleistung ist der Preis, der sich auf dem Spotmarkt auch schnell auf ein einheitliches Niveau einpendeln sollte. Auch aus Sicht der Kooperationstheorie ist nichts anderes zu erwarten: die rudimentäre Form der Vergemeinschaftung, die die Nutzung der Standardleistung mit sich bringt, erfordert keine sehr ausführliche Vergewisserung darüber, nicht an den Falschen zu geraten, während sich das bezüglich des DYNAMICS Typs genau umgekehrt verhält.

Was die Aktivitäten des Anbieters angeht, den Typus STANDARDS zu vermarkten, so ist zu erwarten, dass sie sich vor allem darauf richten werden, auf das Produkt aufmerksam zu machen, d. h. ihm gegenüber den Konkurrenzprodukten eine größere Sichtbarkeit zu verschaffen und es in der Erinnerung potentieller Nachfrager zu verankern. Bezüglich des Weiterbildungstypus DYNAMICS ist ein anderes Verhalten zu erwarten, weil er kein Such-, sondern ein Erfahrungsgut ist, d. h. sein Wert lässt sich nicht an äußeren

Merkmalen erkennen, sondern offenbart sich erst bei seiner Nutzung. Oft gilt nicht einmal das, vielmehr ist Bildung sehr häufig ein „Vertrauensgut" (Darbey and Karny 1973), d. h. ein Gut, über dessen Nutzen der Nachfrager zu keinem schlüssigen Urteil kommen kann und zwar auch dann nicht, wenn er bereits über umfangreiche Erfahrungen mit diesem Gut verfügt. Die Anbieter solcher Güter können also allenfalls ein Leistungs*versprechen* abgeben. Überzeugend ist ein derartiges Leistungsversprechen nur dann, wenn sich der Anbieter selbst („persönlich") als Garant für die Erfüllung des Leistungsversprechens ins Spiel bringt. Weiterbildungsanbieter des Typus DYNAMICS werden also in stärkerem Maße Öffentlichkeitsarbeit betreiben als Anbieter von STANDARDS, sie werden ihre Reputation herausstellen und um persönliches, generalisiertes Vertrauen werben. Eine spezielle Produktwerbung kommt hier nicht in Frage, weil das Produkt ja erst im Prozess der Zusammenarbeit entsteht. Eine ähnliche Argumentation ergibt sich aus dem Blickwinkel der Kooperationstheorie. Die Glaubwürdigkeit eines Leistungsversprechens in der Gemeinschaft gründet vor allem in der Person, die dieses Leistungsversprechen abgibt, in der Protogesellschaft zählt dagegen der sichtbare Hinweis auf die Vorzüge konkret vorzeigbarer Produkte. Zusammenfassend kann daher festgehalten werden, dass sich sowohl aus der Institutionentheorie, als auch aus der Kooperationstheorie eindeutige – und übereinstimmende – Hypothesen über das Verhalten von Weiterbildungsnachfragern und Weiterbildungsanbietern in der Phase der Vertragsanbahnung ableiten lassen. Die Vorhersageleistung der Institutionentheorie ergibt sich aus den Charakteristika der Organisationsformen, die Vorhersageleistung der Kooperationstheorie aus den Charakteristika der Vergemeinschaftungsformen, die die jeweiligen Theorien postulieren.

Gilt das Gleiche auch für das Verhalten in der Phase der Vertragserfüllung? Nicht ganz. Was die Arbeitsteilung angeht, liefern Institutionen- und Kooperationstheorie bezüglich STANDARDS die gleiche Voraussage. Das liegt schon in der Natur dieses Produkttyps begründet. Produkte vom Typus STANDARDS sind darauf zugeschnitten, geringe Transaktionskosten entstehen zu lassen. Die Arbeitsteilung ist damit auch klar vorgegeben: Der Lieferant erbringt die eindeutig definierte Leistung, der Abnehmer die ebenso eindeutig definierte Gegenleistung. Selbst Nebenleistungen wie im Beispielfall der Weiterbildung die Bereitstellung von Räumlichkeiten und Materialien lassen sich eindeutig spezifizieren. Und aus Sicht der Kooperationstheorie legen die Partner bei STANDARDS auch gar keinen Wert auf andere als eben die im Vertrag definierten Bildungsgüter. Das Bild wandelt sich beim Leistungstypus DYNAMICS. Hier lässt sich der Ablauf der Weiterbildung nicht voraussagen, der DYNAMICS Typus ist ja als offener Prozess konzipiert und der Leistungserfolg ist ganz wesentlich von der Eigenbeteiligung des Auftraggebers abhängig. Das führt dazu, dass die Rollen der Beteiligten an Kontur verlieren und die Aufgabenteilung aufbricht. Zu einem Teil liegt dies auch daran, dass die Rollen, die ein Weiterbildungsanbieter in einem intensiven Beratungsprozess zu spielen hat (Moderator, Impulsgeber, Berater, Konfliktregulierer usw.), nicht besonders prägnant und oft während des Prozesses erst zu verhandeln sind. Rollenambiguitäten und Rollenkonflikte sind damit gewissermaßen vorprogrammiert. Exemplarisch deutlich wird dies an einer paradoxen Situation, die in Organisations-Entwicklungs-Prozessen nicht eben selten auftritt, sondern geradezu als deren Charakteristikum gelten kann: Dass nämlich nicht der Auftraggeber (das um Beratung und Hilfe nachsuchende Unternehmen) die Leistungserbringung des Auftragnehmers (des Beraters) beurteilt, sondern umgekehrt der Berater – übrigens: in Erfüllung seiner Aufgabe – die Leistungen des Auftraggebers kritisiert, und zwar insbesondere auch die Aktivitäten, die der Auftraggeber unternimmt, um sich selbst (selbstverantwortlich!) zu verändern. Soweit die Kooperationstheorie. Im Lichte der Institutionentheorie erscheinen derartige Phänomene bizarr und unwirklich. Dies liegt wohl in einer gewissen Voreingenommenheit, die der ökonomischen Theorie zu Eigen ist. Rationale Akteure leben in einem selbstverständlichen Gegensatz zu ihrer Um- und Mitwelt, und werden immer versuchen, die Herrschaft über einen Prozess nicht aus der Hand zu geben, schon einfach deswegen nicht, weil sie vermeiden wollen, für ihre Leistung nicht angemessen entschädigt zu werden (es ist kein Zufall, dass in der Transaktionskostentheorie ständig über Risiken, Sicherheiten, Pfänder und dergleichen gesprochen wird).[5] Ein Verschwimmen von Geber- und Nehmerrolle wird bei einem im ökonomischen Sinne rationalen Akteur einen eher gegenläufigen Impuls auslösen: den Wunsch nach einer eindeutigen Definition von Aufgaben und Verantwortlichkeiten. Aus dem Blickwinkel der Institutionentheorie wird es bei der Erbringung der DYNAMICS-Leistung daher nicht zu einer Einschränkung der Arbeitsteilung kommen. Gleichwohl wird sich die Aufgabenteilung im Vergleich zum STANDARDS-Typus verändern (dies liegt schlicht an der größeren Komplexität der Leistung und damit an der größeren Aufgabenvielfalt), aber nicht im Sinne einer geringeren als vielmehr einer in stärkerem Maße differenzierten Arbeitsteilung. Und dies dürfte sich dann auch im Projektmanagement – dem letzten von uns betrachteten Verhaltensbereich – niederschlagen. Projektmanagement ist der Versuch, komplexe Prozesse instrumentalistisch zu steuern und folgt der eben beschriebenen ökonomischen Logik. Es ist daher auch nach der Institutionentheorie davon auszugehen, dass sich im DYNAMICS-Fall (jedenfalls verglichen mit dem STANDARDS-Fall) ein recht umfangreiches Projektmanagement etablieren

[5] Das gleiche gilt im selben Umfang für die „beschränkt rationalen“ Akteure, die die Institutionentheorie unterstellt. Die Absicht, sich möglichst rational zu verhalten, bleibt von der Beschränkung, die sich aus den Fähigkeiten zur Informationsgewinnung und -verarbeitung ergibt unberührt.

wird. Gleiches sagt auch die Kooperationstheorie aus, wenngleich aus einem etwas anderen Grund und im konkreten Instrumenteneinsatz in einer anderen Akzentsetzung. Während aus Sicht der ökonomischen Theorie der Controlling-Aspekt im Vordergrund stehen dürfte (verbunden mit Projektplänen, Meilensteinen, Budgets, Kennziffern und Kostenkontrolle), stellt die sozialtheoretische Sicht eher auf systemische Steuerung ab, die sich auf wechselseitige Abstimmung, den Einsatz von Koordinierungsgruppen und die Verwendung von Moderationstechniken abstützt. Auch diese Überlegungen seien nochmals zusammengefasst: Bezüglich der Auftragsabwicklung kommen die Institutionentheorie und die Kooperationstheorie in drei der vier in Abbildung 2 genannten Fälle zu denselben Ergebnissen, wobei allerdings die Begründungen deutlich andere sind. In einem Fall (bei der Arbeitsteilung im DYNAMICS-Fall) unterscheiden sich allerdings die Voraussagen der beiden Theorien.

Wir kommen damit auf die erste der beiden oben formulierten Fragen zurück: auf das Verhältnis zwischen den Vergemeinschaftungsformen im Sinne der Kooperationstheorie und den Organisationsformen im Sinne der Institutionentheorie. Beide Formen von „Arrangements“ entstehen ja aufgrund der Kräfte, die die beiden Theorien behandeln. Die Frage lässt sich daher auch wie folgt formulieren: was geschieht, wenn die Kräfte, die die Institutionentheorie postuliert, das Verhalten in eine andere Richtung drängen als die Kräfte, die die Kooperationstheorie postuliert? Angenommen, beide Theorien seien wahr, welche Kräfte werden sich dann durchsetzen? Diese Frage stellt sich spätestens dann, wenn wir die beiden übrigen Weiterbildungstypen nach Abbildung 1 betrachten. Bezüglich STANDARDS und DYNAMICS „korrespondieren“ die Ausprägungen von Komplexität und Eigenbeteiligung. Es war daher zu erwarten, dass sich für STANDARDS und DYNAMICS die ökonomischen und sozialen Kräfte ergänzen, was sich auch – bis auf die beschriebene Ausnahme – bestätigt hat. Bei den beiden anderen Typen deuten sich allerdings gegenläufige Tendenzen an.

Unproblematisch dürfte der Fall FOCUSES sein (geringe Eigenbeteiligung, hohe Komplexität). Aus der sozialwissenschaftlichen Perspektive gibt es hier keine besondere Notwendigkeit für aufwändige Arrangements. Aus ökonomischer Sicht entsteht jedoch aus der hohen Komplexität der Transaktion die Gefahr der Übervorteilung, weshalb zu erwarten ist, dass die Vertragspartner Sicherungsmaßnahmen ergreifen. Es spricht wenig dagegen, dass sich dieser ökonomische Impuls auch „durchsetzt“, zumal dem die sozialen Kräfte ja nicht entgegenstehen. Interessanter ist der Fall SPECIFICS. Bei SPECIFICS handelt es sich um eine typische Standardleistung, deren Erbringung eigentlich keine besonderen Sicherungsmaßnahmen erfordert. Zwar ergibt sich eine gewisse Komplikation dadurch, dass das Produkt während der Vertragsschließung noch gar nicht konkret existiert, sondern erst im Zuge der Erbringung spezifiziert wird, dies ist aber – aus Sicht der ökonomischen Theorie –

kein grundsätzliches Problem, weil der Nachfrager (wegen der geringen Komplexität des Produkts) jederzeit den Überblick darüber behält, ob die erwünschte Leistung auch erbracht wird. Aus Sicht der Kooperationstheorie stellt sich dieses Problem aber anders dar. Aus der hohen Eigenbeteiligung ergibt sich nicht lediglich ein Kontrollproblem, vielmehr verändert sich damit die gesamte Beziehung zwischen den Tauschpartnern, was sich in allen Verhaltensbereichen niederschlagen wird. Bei der Erstellung der gemeinsamen Leistung wird man sich nicht mit jedem einlassen, also eine intensive Auswahl vornehmen und man wird auch bei der Vertragserfüllung nicht auf eine strikte Rollentrennung achten können und wollen. Steht diesem, sich aus der Soziallogik ergebendem, Streben aber nicht das gleichfalls wirksame Streben nach Ökonomisierung entgegen? Das mag der Fall sein, die Wirkkraft der Ökonomisierung stößt hier aber wohl an ihre Grenzen, weil die Vernachlässigung der sozialen Kräfte zu einem Scheitern der Vertragserfüllung führen dürfte oder anders ausgedrückt, weil sich aus der alleinigen Befolgung ökonomischer Maximen keine stabilen Lösungen ergeben.

Hierbei ist zu beachten, dass der beschriebene Fall in der ökonomischen Theorie eigentlich gar nicht vorgesehen ist. Wie oben erläutert wurde, ist Gemeinschaftshandeln aus dem Blickwinkel der ökonomischen Theorie immer Tauschhandeln. Dieses impliziert eine strikte Entgegensetzung der jeweils ihrer Eigenlogik folgenden Akteure – weshalb die ökonomische Theorie mit dem Gemeinschaftshandeln notorisch ihre Probleme hat. Für unsere Untersuchungsfrage folgt daraus einfach, dass für die Erklärung des Weiterbildungsverhaltens die ökonomische Theorie und auch die Neue Ökonomische Institutionentheorie nicht ausreichen. Zumindest für die Erklärung der Weiterbildungstypen DYNAMICS und SPECIFICS liefert die Kooperationstheorie hierzu eine gute und notwendige Ergänzung.

7 Empirie: Unvollständige Erklärungen

Damit sind aber noch nicht alle Fragen beantwortet. Zwar belegen Experteninterviews,[6] die zur empirischen Abstützung der skizzierten theoretischen Überlegungen durchgeführt wurden, die Fruchtbarkeit unserer Typisierung der Weiterbildungsleistungen und auch die Tragfähigkeit der von uns hieraus abgeleiteten Hypothesen. Allerdings gibt es auch Abweichungen.[7] So wird beispielsweise nicht jeder STANDARDS-Fall wie ein „Spot Market-Fall“ be-

---

[6] Im Zentrum dieser Studien stehen jeweils konkrete Auftragsvergaben großer Unternehmen an Trainer bzw. Unternehmensberater. Insgesamt wurden 8 derartige Entscheidungen in drei Unternehmen betrachtet (vgl. Näheres zur Methodik Howe 2003).

[7] Jeder, der sich auf dem Weiterbildungsmarkt bewegt, wird hierzu aus seiner Erfahrung Beispiele beisteuern können.

handelt, d. h. selbst bei weitgehend homogenen Weiterbildungsgütern wird nicht immer wieder neu recherchiert, und es erfolgt nicht immer ein kühl kalkulierter Preis-Leistungs-Vergleich. Statt dessen wird „einfach" derjenige Anbieter mit der Weiterbildungsaufgabe betraut, der schon lange für das auftraggebende Unternehmen tätig ist oder derjenige, der seinen letzten Auftrag gut ausgeführt hat, oder auch derjenige, der „einfach wieder mal mit einem Auftrag dran ist". Ähnliche Abweichungen der Empirie von den theoretischen Voraussagen gibt es auch bezüglich der anderen Weiterbildungstypen und hinsichtlich der damit verbundenen Verhaltensweisen. Zu fragen ist daher, ob dies nur „atypische Fälle", d. h. bloße „Anomalien" und damit nur Ausnahmen sind, die die Regel bestätigen oder ob nicht wesentliche Defekte der Erklärungsansätze vorliegen.

Wir vertreten bezüglich dieser Frage die Position eines gemäßigten Pragmatismus. Die von uns verwendeten Theorien scheinen uns durchaus wertvoll. Sie beschreiben Kräfte, die das Verhalten der Akteure maßgeblich beeinflussen. Gleichzeitig glauben wir aber auch, dass es „bessere" Theorien gibt, also Theorien, die den wissenschaftlichen Standards nach Gehalt, Wahrheit und Tiefe besser entsprechen. Eine in diesem Sinne bessere Vertragstheorie als die Transaktionstheorie ist beispielsweise die Anreiz-Beitrags-Theorie (vgl. Martin 2004). Aber auch die Anreiz-Beitrags-Theorie hat ihre Schwächen und bleibt in ihrer (wissenschaftlichen) Leistungsfähigkeit hinter Ansätzen zurück, die sich mit der Dynamik des kollektiven Entscheidungsgeschehens beschäftigen (vgl. Martin 1989). Das legt die Frage nahe, ob es nicht besser wäre, diese und nicht die von uns gewählten Theorien für die Behandlung unserer Fragestellung heranzuziehen. So wäre es beispielsweise mit Hilfe der Theorien zur kollektiven Entscheidungsdynamik leicht möglich, das beschriebene atypische Verhalten gegenüber STANDARDS-Anbietern zu erklären: als habitualisiertes Verhalten oder als Ergebnis eines Wahrnehmungsstereotyps oder als sozialen Kompromiss usw. – je nach den jeweils gegebenen Umständen. Und eben darin liegt dann auch wieder der Nachteil bei der Verwendung komplexerer Ansätze als derjenigen, die wir in diesem Beitrag verwendet haben. Die komplexeren – und in einem gewissen Sinne fundamentaleren – Ansätze erlauben zwar eine reichhaltigere Spezifikation der Einflussgrößen, die bei einer (vollständigen) Erklärung zu berücksichtigen wären als einfache Ansätze, sie sind damit aber wesentlich „unhandlicher", weil die Spezifikation der Situation schnell sehr komplex werden kann. Aus diesem Grund kommt man bei einer konkreten Erklärungsaufgabe auch und gerade bei Anwendung komplexer Theorien um Vereinfachungen nicht herum – und kann damit auch nur wieder den typischen Fall und nicht jeden einzelnen Fall erklären. Es empfiehlt sich daher oft, gleich mit einfacheren Theorien zu arbeiten – jedenfalls so lange diese nicht zu Voraussagen gelangen, die den entsprechenden Voraussagen aus den „besseren", aber komplexeren Theorien widersprechen. Bei der von uns behandelten Frage dürfte diese Voraussetzung erfüllt sein. Die von uns vorgelegten Erklärungsskizzen zeichnen daher – so unsere Einschätzung – ein gleichermaßen realistisches wie informatives Bild über das Verhalten der beteiligten Akteure beim „Tausch" von Weiterbildungsleistungen.

Literatur

Akerlof, G. A. (1970), The Market for „Lemons": Quality Uncertainty and the Market Mechanism, in: *Quarterly Journal of Economics*, 84, 488–500.

Arrow, K. J. (1985), The Economics of Agency, in: Pratt, J. W. and R. J. Zeckhauser (Hrsg.), *Principals and Agents*, Boston, 37-51.

Axelrod, R. (1995), *Die Evolution der Kooperation*, 3. Auflage, München.

Arnold, R. (1996), *Weiterbildung: Ermöglichungsdidaktische Grundlagen*, München.

Arnold, R. und A. Krämer-Stürzl (1993), Erfolgskontrolle – Thema professioneller betrieblicher Weiterbildung, in: *Zeitschrift für Berufs- und Wirtschaftspädagogik*, 89, 406-420.

Arnold, R. und A. Krämer-Stürzl (1995), Qualität durch Professionalität: Neuere Tendenzen in der Weiterbildung, illustriert am Beispiel der betrieblichen Weiterbildung, in: *Grundlagen der Weiterbildung*, 6, 134-139.

Bardeleben, R. v. (1995), Betriebe als Weiterbildungsnachfrager – Sicherung eines optimalen Angebotes, in: Bardeleben, R. v. u. a. (Hrsg.), *Weiterbildungsqualität: Konzepte, Instrumente, Kriterien*, Bielefeld, 99-115.

Bayón, T. (1997), *Neuere Mikroökonomie und Marketing*, Wiesbaden.

Carqueville, P. (1991), Rollentheoretische Analyse der Berater-Klienten-Beziehung, in: Hofmann, M. (Hrsg.), *Theorie und Praxis der Unternehmensberatung: Bestandsaufnahme und Entwicklungsperspektiven*, Heidelberg, 247-280.

Coase, R. H. (1937), The Nature of the Firm, in: *Economica*, 4, 386-405.

Darbey, M. R. and E. Karny (1973), Free Competition and the Optimal Amount of Fraud, in: *The Journal of Law and Economics*, 16, 67-88.

Deutsch, M. (1976), *Konfliktregelung: Konstruktive und destruktive Prozesse*, München.

Deutsch, M. (1981), Fünfzig Jahre Konfliktforschung, in: Grunwald, W. und H.-G. Lilge (Hrsg.), *Kooperation und Konkurrenz in Organisationen*, Bern, 15-49.

Douglas, M. (2003), *Collected Works*, London.

Eckel, H. (1997), *Beziehungsmarketing in Dienstleistungsunternehmen*, Göttingen.

Franke, I. (1992), Selbstdarstellung von Beratern und Beratungsunternehmen, in: Maas, P., A. Schüller und J. Strasmann (Hrsg.), *Beratung von Organisationen: Zukunftsperspektiven praktischer und theoretischer Konzepte*, Stuttgart.

Hart, O. and B. Holmström (1987), The Theory of Contracts, in: Bewley, T. F. (Hrsg.), *Advances in Economic Theory*, Cambridge, 71-155.

Holmström, B. (1979), Moral Hazard and Observability, in: *The Bell Journal of Economics*, 10, 74-91.

Howe, M. (2003), *Auswahl und Steuerung externer Trainer in der betrieblichen Weiterbildung*, unveröffentlichtes Manuskript, Lüneburg.

Kotthoff, H. und J. Reindl (1990), *Die soziale Welt kleiner Betriebe*, Opladen.

Lockwood, D. (1964), Social Integration and System Integration, in: Zollschan, G. K. und W. Hirsch (Hrsg.), *Explorations in Social Change*, London, 244-257.

Macaulay, S. (1963), Non-Contractual Relations in Business, in: *American Sociological Review*, 28, 55-67.

Macneil, I. R. (1974), The Many Futures of Contracts, in: *Southern California Law Review*, 47, 691-816.

Martin, A. (1989), *Die empirische Forschung in der Betriebswirtschaftslehre*, Stuttgart.

Martin, A. (1995), *Kooperation*, unveröffentliches Konzept, Lüneburg.

Martin, A. (2000), Teams und ihre Entwicklung, in: *Universitas*, 55, 895-910.

Martin, A. (2004), Die Leistungsfähigkeit der Anreiz-Beitrags-Theorie, in: Festing, M. u. a. (Hrsg.), *Theoretische Grundlagen der Personalwirtschaftslehre*, München, 12-40 (im Druck).

Martin, A. und V. Drees (1999), *Vertrackte Beziehungen*, Darmstadt.

Meffert, H. (1998), *Marketing*, 8. Auflage, Wiesbaden.

Nelson, P. (1970), Information and Consumer Behavior, in: *Journal of Political Economy*, 78, 311-329.

Richter, R. und E. Furubotn (1996), *Neue Institutionenökonomik*, Tübingen.

Salop, J. and S. Salop (1976), Self-Selection and Turnover in the Labor Market, in: *Quarterly Journal of Economics*, 90, 619-627.

Schade, C. (1997), *Marketing für Unternehmensberatung*, 2. Auflage, Wiesbaden.

Spremann, K. (1990), Asymmetrische Informationen, in: *Zeitschrift für Betriebswirtschaft*, 60, 561-586.

Stigler, G. J. (1961), The economics of information, in: *The Journal of Political Economy*, 69, 213-225.

Tönnies, F. (1887), *Gemeinschaft und Gesellschaft*, Leipzig.

Thombansen, U. u. a. (1994), *Vertrauen durch Qualität*, München.

Tuckman, B. W. (1965), Developmental Sequence in Small Groups, in: *Psychological Bulletin*, 63, 384-399.

Williamson, O. E. (1985), *The Economic Institutions of Capitalism*, New York.

Williamson, O. E. (1991), Comparative Economic Organization, in: *Administrative Science Quarterly*, 36, 269-296.

Williamson, O. E. (1997), Hierarchies, Markets and Power in the Economy, in: Menard, C. (Hrsg.), *Transaction Cost Economic*, Cheltenham, 1-29.

Susanne Braun, Jürgen Simon

Universität Lüneburg, Institut für Wirtschaftsrecht und Umweltprivatrecht

Virtuelle Biotechnologieunternehmen – Rechtliche Rahmenbedingungen ihrer Wettbewerbsfähigkeit

Zusammenfassung

Die Nutzungs- und Anwendungsmöglichkeiten der modernen Informations- und Kommunikationstechnologien zur Abwicklung von geschäftlichen Transaktionen führen zu einer „Virtualisierung der Wirtschaft“. Dadurch verlieren regionale und nationale Grenzen an Bedeutung für wirtschaftliche Aktivitäten und neue Unternehmensansätze und Kooperationsmöglichkeiten werden geschaffen. So bietet sich besonders für kleinere und mittlere Unternehmen die Chance, von der Virtualisierung zu profitieren, indem sie in virtuellen Unternehmen kooperieren und damit ihre Wettbewerbsfähigkeit steigern. Von dieser Entwicklung wird auch die Biotechnologiebranche erfasst. Der Beitrag fasst die ersten Forschungsergebnisse des Projekts „Rechtliche Aspekte der Virtualisierung und Vernetzung von KMU“ im Rahmen des CREPS-Forschungsschwerpunkts zusammen.

1 Einleitung

Virtuelle Unternehmen ermöglichen grundsätzlich in allen Wirtschaftsbereichen eine unternehmerische Kooperation, bei der einzelne rechtlich Selbständige und wirtschaftlich unabhängige Unternehmen mit ihren Kernkompetenzen[1] mittels moderner Informations- und Telekommunikationstechnik nutzbringend vernetzt werden (vgl. zur Ausbreitung virtueller Unternehmen nach Branchen oder Wirtschaftszweigen Eggers und Kirner 2002, 123ff.,

[1] Als Kernkompetenzen werden Fähigkeiten bezeichnet, die Unternehmen nachhaltigen Erfolg sichern und es dem jeweiligen Unternehmen ermöglichen, sich von den Wettbewerbern abzusetzen und Wettbewerbsvorteile zu erringen. Außerdem tragen sie dazu bei, das Eindringen von Wettbewerbern in die eigene Domäne abzuwehren, vgl. Prahalad and Hamel 1990, 79.

Hofmann 2000 und Zink 2001, 207ff.). Ziel der Zusammenarbeit ist es, Produkte und Dienstleistungen anzubieten sowie Märkte und Kundengruppen zu bedienen, die das einzelne Unternehmen alleine nicht hätte erstellen oder erreichen können. Meist bilden die unabhängigen Partner zunächst ein Netzwerk[2], sog. VU-Netzwerk[3], aus dem zur konkreten Angebotserstellung und Durchführung eines Projekts die Partner mit den passenden Kompetenzen ausgewählt werden. Obwohl mehrere Unternehmen zusammen-arbeiten, treten sie am Markt auf, als ob sie eine Einheit, ein eigenständiges Unternehmen, wären. Die interne Struktur tritt nach außen hin nicht in Erscheinung. Das virtuelle Unternehmen kann ohne Anlagenfinanzierung und standortunabhängig geschaffen, vergrößert oder verkleinert werden. Koordination und Abstimmung erfordern meist keine aufwendige Einrichtung einer Verwaltung oder zentraler Stellen, da sie über ein Informations- und Kommunikationsnetzwerk erfolgen. Es entsteht ein Gebilde ohne eigentums- und vertragsrechtlich genau definierte Grenzen (vgl. Lange 1998, 1165). Durch die Gründung virtueller Unternehmen können insbesondere kleine und mittlere Unternehmen (KMU) für eigene Forschung und Entwicklung sensibilisiert und Anreize für Eigeninitiative bei der Gestaltung gegenwärtiger und zukünftiger Herausforderungen geschaffen werden.[4] Die Kooperation in virtuellen Unternehmen stärkt oder fördert die Wettbewerbsfähigkeit von KMU. Darüber hinaus leistet sie auch einen wesentlichen Beitrag zur wirtschaftlichen Entwicklung Europas auf dem Weg zum wettbewerbsfähigsten und dynamischsten wissensbasierten Wirtschaftsraum der Welt.[5] Da die KMU das Rückrat der europäischen Wirtschaft sowie Hauptträger der Beschäftigung und Nährboden für Geschäftsideen sind, sollen für sie bestmögliche Rahmenbedingungen geschaffen werden. In diesem Sinne legt die Europäische Charta für Kleinunternehmen[6] fest, dass die Europäische Kommission und die EU-Mitgliedstaaten die Zu-

---

[2] „In der Konsequenz dieser Überlegungen bilden zwar nicht alle Unternehmensnetzwerke virtuelle Unternehmungen, wohl aber sind virtuelle Unternehmungen immer und überall (dynamische) Netzwerke von Unternehmungen.", Sydow und Winand 1998, 20.

[3] Es finden sich unterschiedliche Bezeichnungen in der Literatur, z. B. strategisches Netzwerk oder virtuelle Unternehmung bei Brütsch 1999, 52, Unternehmensnetzwerk bei Merkle 1999, 18ff. oder Unternehmenspool oder Plattform bei Lange 2001, Rz. 56.

[4] So auch die Intention der 1995 gestarteten BMBF-Initiative „Dienstleistungen für das 21. Jahrhundert" mit einem Förderbereich virtuelle Kooperationen und virtuelle Organisationen.

[5] So lautet das Ziel, das der Rat „Allgemeine Angelegenheiten" am 13.06.2000 in Lissabon formuliert hat.

[6] Die Charta wurde im Juni 2000 vom Europäischen Rat gebilligt und die Grundsätze sollen in den Mitgliedstaaten umgesetzt werden, vgl. Bericht der Kommission an den Rat und das Europäische Parlament über die Umsetzung der Europäischen Charta für Kleinunternehmen, 06.02.2002, KOM (2002/68) endgültig, 9. Der in der Charta verwendete Begriff Kleinunternehmen umfasst sowohl kleinere als auch mittlere Unternehmen.

sammenarbeit kleiner Unternehmen unterstützen sollen. Daher müssen Maßnahmen auf nationaler und regionaler Ebene ergriffen werden, um die Entwicklung zwischenbetrieblicher Gruppen und Netze zu unterstützen, die gesamteuropäische Zusammenarbeit zwischen kleinen Unternehmen unter Einsatz der Informationstechnologien zu fördern, und bewährte Praktiken bei Kooperationsvereinbarungen zu verbreiten. Von den Förder- und Unterstützungsmaßnahmen sollen ganz konkret auch der Technologietransfer von Forschungsinstituten auf KMU, die zwischenbetrieblichen Beziehungen und die Bildung von Cluster durch den Staat[7] – und damit auch die Gründung virtueller Unternehmen – erfasst werden.

Im Folgenden werden zunächst die Besonderheiten des Biotechnologie-Sektors und die Herausforderungen an KMU dargestellt. Danach werden die rechtlichen Gestaltungsmöglichkeiten von VU-Netzwerk und konkreter Projektkooperation kurz skizziert und mit Beispielen aus der Praxis belegt. In einem Ausblick wird der unmittelbar aus den bisherigen Untersuchungen resultierende Handlungsbedarf erörtert.

2 Strukturelle Merkmale und Probleme von Biotechnologieunternehmen

In Europa konnte in den letzten Jahren ein anhaltendes Wachstum des kommerziellen Biotechnologie-Sektors verzeichnet werden, der hinsichtlich seines Beitrags zur wirtschaftlichen Entwicklung und zur Schaffung von Arbeitsplätzen besonders vielversprechend ist.[8] Die Fähigkeit der Unternehmen, die Biotechnologie zu nutzen, wird von Faktoren abhängen wie Forschung, Unternehmergeist, einem Regelungsrahmen, der die Innovation und Risikobereitschaft fördert, einschließlich eines gemeinschaftsweiten Schutzes des gewerblichen Eigentums zu weltweit wettbewerbsfähigen Kosten sowie der Investitionsbereitschaft der Unternehmen.[9]

In der deutschen Biotechnologiebranche kam es in den letzten Jahren aufgrund von Änderungen des Gentechnikgesetzes[10] und insbesondere des Bio-

[7] Bericht über die Umsetzung der Europäischen Charta für Kleinunternehmen in Beitrittsländern zur Europäischen Union, 21.01.2003, SEK (2003) 57; Bericht der Kommission an den Rat und das Europäische Parlament über die Umsetzung der Europäischen Charta für Kleinunternehmen, 13.02.2003, KOM (2003) 21 endgültig/2.

[8] Bericht der Kommission an das Europäische Parlament und den Rat vom 07.10.2002 über Entwicklung und Auswirkungen des Patentrechts im Bereich der Biotechnologie und der Gentechnik, KOM (2002) 545 endgültig, 5.

[9] Schlussfolgerungen des Vorsitzes des Europäischen Rats von Stockholm, 23./24.03.2001 – SN 100/01, Rz. 43.

[10] Gentechnikgesetz in der Fassung vom 16.12.1993, BGBl. I, 2066, zuletzt geändert durch 2. GenTG-ÄndG vom 16.08.2002, BGBl. I, 3220; Vgl. Übersicht über eu-

Regio-Wettbewerbs[11] zu zahlreichen Unternehmensgründungen, wobei es sich meist um KMU und nur bei einer relativ geringen Anzahl um börsennotierte Biotechnologie-Unternehmen handelt. Die moderne Biotechnologie befasst sich mit allen innovativen Methoden, Verfahren oder Produkten, die die wesentliche Nutzung von lebenden Organismen oder ihrer zellulären und subzellulären Bestandteile beinhalten und in der Medizin, im Agrarsektor oder im Bereich des Umweltschutzes und der Bioverfahrenstechnik angewendet oder eingesetzt werden. Sie ist damit als Schlüsseltechnologie zu einem relevanten Wirtschaftsfaktor herangewachsen. Dies lässt unter anderem auf eine gesteigerte Akzeptanz der Biotechnologie, aufkeimendes Unternehmertum in der wissenschaftlichen Biotechnologie-Szene, Technologietransfer aus den universitären und außeruniversitären Forschungseinrichtungen in kleine Start-up-Unternehmen sowie die Bereitstellung von Wagniskapital durch Venture Capital und klassische Kapitalbeteiligungsgesellschaften mit der Exit-Möglichkeit des Neuen Marktes zurückführen (Ernst & Young 2000): Neben den Großunternehmen der Life Sciences Industrie wie zum Beispiel Pharma-, Chemie-, Saatgut-, Pflanzenschutzmittel- und Nahrungsmittelhersteller oder -verarbeiter, gibt es eine Vielzahl von KMU, die Verfahren, Produkte oder Dienstleistungen entwickeln und vermarkten, die die Nutzung von lebenden Organismen oder ihrer zellulären und subzellulären Bestandteile beinhalten.[12] Bislang wird der Biotechnologiesektor durch die Bereitstellung von Leistungen wie Plattformtechnologien, Auftragsforschung und –produktion sowie die Zulieferung von Laborbedarf dominiert. Allerdings bemühen sich die Unternehmen zunehmend um die weitreichende Entwicklung eigener Produkte, um möglichst lange an der Wertschöpfungskette teilzuhaben und die Umsätze aus eigener Geschäftstätigkeit zu steigern (so zunehmend im Segment der roten Biotechnologie, vgl. Heidenreich u. a. 2002, 31). Dabei sind Biotechnologieunternehmen im Rahmen ihrer Innovationstätigkeit besonderen Herausforderungen ausgesetzt, die den existierenden KMU Probleme bereiten: die enge Kopplung von Grundlagen- und Anwendungswissen, der hohe Grad an Multidisziplinarität biotechnologischer F & E, die außerordentliche Dynamik der weltweiten Wissensgenerierung in Verbindung mit der kurzen Halbwertzeit des Wissens, die hohe Kapitalintensität gepaart mit einem hohen Risiko des Scheiterns biotechnologischer Innovationsvorhaben und Defizite im Bereich der betrieblichen Unternehmensführung (vgl. Buse 2002, 148). Im Vergleich zu den USA haben deutsche KMU häufig Schwierigkeiten mit Qualität und

---

ropäische und nationale Regelungen für gentechnisch veränderte Organismen unter: www.bba/Gentechnik.

11 Dieser Wettbewerb wurde initiiert durch das Bundesministerium für Bildung und Forschung und hatte die Förderung von Unternehmensgründungen in den drei Regionen mit den überzeugendsten F & E-Konzepten im Bereich Biotechnologie zum Ziel.

12 „Mittelstand als Innovationsmotor für den Biotechnologie-Sektor“, vgl. hierzu Nissen und Ott 2003, 90.

Ausmaß der Forschung sowie Qualität und Intensität des Technologietransfers. Außerdem entstehen die biotechnologischen Entwicklungen nicht flächendeckend. In Schwerpunktregionen haben sich inzwischen Biotechnologiecluster entwickelt, die diese KMU durch die Errichtung und gezielte Förderung von Wissenszentren, den erfolgreichen Know-how-Transfer zwischen den Wissenszentren und der Wirtschaft, die Bereitstellung ausreichenden Wagniskapitals und geeigneter Infrastruktur sowie die Verfügbarkeit hochqualifizierter Akademiker und Fachkräfte ermöglichen. Um sich dauerhaft im internationalen Wettbewerb etablieren und gegenüber Wettbewerbern durchsetzen zu können, müssen Biotechnologie-KMU zusammenarbeiten (vgl. Payome 2002, 9). Im Gegensatz zu großen Unternehmen, die, um neuen Anforderungen zu entsprechen und Wettbewerbsnachteile zu verhindern, Unternehmen/Unternehmensteile kaufen oder mit Wettbewerbern fusionieren, ist dies der Mehrzahl der KMU nicht möglich. Es bietet sich daher für die Stärkung der KMU des Biotechnologie-Sektors – wie bereits in der IT- oder Automobilbranche[13] – an, virtuelle Unternehmen zu gründen (vgl. zu virutellen Unternehmen in der IT-Branche Mertens u a. 1998, 17ff.).[14] So stellt das virtuelle Unternehmen die strategische Alternative für internes Wachstum und Fusion dar. Der Vorstoß in neue Marktsegmente ist für das interne Wachstum zunächst mit hohen Investitionen verbunden, wenn der Handelsbereich noch nicht intensiv bearbeitet wird und eigene Vertriebskanäle auf- und/oder ausgebaut werden müssen. Die Fusion von Unternehmen hat den Nachteil, dass nicht nur Stärken zusammengeführt werden, sondern auch Problembereiche, was zu zeitlichen Verzögerungen bei der Umsetzung der Ziele führen kann. Netzwerke, die durch Outsourcing entstehen, sind in der Regel nicht von sich aus flexibel, um sich ständig an neue Wettbewerbsbedingungen anzupassen.

Trotz der theoretischen Vorteile dieser Kooperationen ist der Erfolg solcher virtueller Unternehmen von der konkreten rechtlichen Gestaltung abhängig. Da es an konkreten Handlungsanleitungen zur vertraglichen und organisatorischen Gestaltung fehlt, ergeben sich bei der praktischen Realisierung mitunter erhebliche Schwierigkeiten (vgl. Zink 2002, 209).

3 Die rechtliche Gestaltung virtueller Unternehmen

Die Herausforderungen, die an die rechtliche Gestaltung virtueller Unternehmen im Biotechnologie-Sektor gestellt werden, sind erheblich. Sie muss zum einen den Besonderheiten einer Querschnittstechnologie gerecht werden, zum

---

[13] Bsp. Verbundinitiative Automobil (VIA) der Landesregierung Nordrhein-Westfalen.

[14] Davidow and Malone 1992 propagieren mit dem Virtuellen Unternehmen ein neuartiges Organisations- und Managementkonzept insbesondere für kleinere und mittlere Unternehmen.

anderen wird immer wieder gefordert, dass die Kooperation auf Vertrauen statt auf umfangreichen Verträgen basieren soll.

Seit längerem wird diskutiert, ob und gegebenenfalls wie der innovative Ansatz „virtuelles Unternehmen" von den bestehenden Regelungen der deutschen Rechtsordnung erfasst wird (vgl. Lange 2001). Bei der rechtlichen Ausgestaltung von virtuellen Unternehmen sind die tatsächlichen Anforderungen des Marktes (innovative Methoden, Verfahren und Produkte, kurze Produktionszyklen, Flexibilität bezüglich der Kundenwünsche, hohe Qualität der Produkte) sowie die rechtlichen Gegebenheiten zu berücksichtigen und mit den bestehenden rechtlichen Regelungen in Einklang zu bringen. Dabei können sich Probleme ergeben, da es keine eindeutige Definition des Begriffs „virtuelle Unternehmen" gibt. Die diversen betriebswirtschaftlichen Definitionsansätze stellen meist auf ein bestimmtes Bild oder Vorverständnis virtueller Unternehmen ab (vgl. Lange 2001, Rz. 37, 47). Aufgrund der in der Praxis auftretenden sehr unterschiedlichen Erscheinungsformen virtueller Unternehmen und mangels einheitlichen Sprachgebrauchs[15] sind diese Begriffserklärungen für eine rechtliche Qualifizierung wenig hilfreich. Eine Definition aus rechtlicher Sicht gibt es bislang nicht. Sie erscheint auch schwierig, da bereits ein einheitlicher Unternehmensbegriff im deutschen Gesellschaftsrecht fehlt. Er wird je nach Willen und Zweck des Gesetzes und der Norm bestimmt, worin er verwendet wird.[16] In der Literatur wird daher versucht, die Grundformen virtueller Unternehmen anhand charakteristischer Merkmale zu erfassen, um entsprechende rechtliche Regelungen zu finden (vgl. Lange 2001, Rz. 47ff.). Zu diesen typischen Merkmalen gehören: ein Netzwerk rechtlich und wirtschaftlich unabhängiger Unternehmen, eine Konzentration auf Kernkompetenzen, Vertrauen statt umfangreicher Verträge, intensive und regelmäßige Kommunikation zwischen den Partnern, Auftreten der Partner nach außen als geschlossene Einheit, zielgerichtete Zusammenarbeit zur Nutzung kurzfristiger und innovativer Marktchancen (vgl. Lange 2001, Rz. 48). Da auch diese Merkmale wiederum eine Vielzahl von Erscheinungsformen virtueller Unternehmen ermöglichen, lässt sich derzeit nur feststellen, dass „das virtuelle Unternehmen" als solches nicht existiert.

Vor diesem Hintergrund stellt sich die Frage, welche Bedeutung der rechtlichen Gestaltung eines virtuellen Unternehmens zukommt. Kooperationsbereitschaft und wechselseitiges Vertrauen sind die Grundbedingungen für das

---

15 Begriffe wie virtuelles Unternehmen/virtuelle Organisation und virtuelle Unternehmung sind grundsätzlich nicht gleichbedeutend. Während erstere die Strukturmerkmale virtueller Beziehungen zwischen verschiedenen Leistungseinheiten beschreiben, bezeichnet der Begriff virtuelle Unternehmung die projektbezogene Zusammenarbeit.

16 Vgl. Baumbach und Hopt 1995, Einleitung vor § 1 Rz. 31. So ist es ein Grundbegriff des Konzern- und Wettbewerbsrechts, wird jedoch in anderen Gesetzen (Bsp. Mitbestimmungsgesetz, HGB) mit anderem Inhalt verwendet.

Entstehen und Funktionieren von virtuellen Unternehmen. Das virtuelle Unternehmen soll „kein juristisches Dach“ haben (Scholz 1994, 2928; so auch Kemmner und Gillessen 2000, 13). Allerdings fördert jede Art von Struktur die Stabilität einer Zusammenarbeit, da es zu einer „Formalisierung“ der Rechtsbeziehungen der Partner und gegebenenfalls zu einer grundsätzlichen Regelung der gemeinsamen Geschäftstätigkeit kommt, was sich erfolgsfördernd auswirken kann. Dabei können rechtsverbindliche Vereinbarungen grundsätzlich formfrei, d. h. mündlich getroffen werden, es sei denn, das Gesetz sieht besondere Schriftformerfordernisse vor. Um sie von Absprachen ohne rechtlich bindenden Charakter zu unterscheiden, müssen übereinstimmende Willenserklärungen der Partner mit Rechtsbindungswillen vorliegen. Zu Beweiszwecken empfiehlt sich jedoch eine schriftliche Fixierung zumindest der Grundlagen der Kooperation. Im Einzelnen kann die rechtliche Gestaltung von VU-Netzwerk und konkreter Projektkoordination unterschiedlich sein.

3.1 VU-Netzwerk

Da es bereits keine eindeutige Definition des Begriffs „virtuelle Unternehmen“ gibt, fehlt es auch an einer Definition für „VU-Netzwerk“. Dieses lässt sich auch nur anhand bestimmter Merkmale beschreiben. Vor einer konkreten Projektkooperation werden, außer in Fällen kurzfristiger Zweckgemeinschaften, sogenannte spontane und flüchtige virtuelle Unternehmen, Netzwerke geschaffen, in denen Kernkompetenzen gebündelt und eine Vertrauenskultur aufgebaut und gepflegt wird, um im Falle eines konkreten Projekts schnell und flexibel reagieren zu können (vgl. Gesmann-Nuissl 2001, 45 und Brütsch 1999, 51). Eine Leistung wird nicht generiert. Auf dieser Netzwerkebene erfolgt die Partnerauswahl für eine konkrete Projektkooperation, sowie Verhandlungen über die Konditionen der Zusammenarbeit und den Abschluss eines Kooperationsvertrags. Durch ihren Eintritt in das VU-Netzwerk bringen die beteiligten Unternehmen ein längerfristiges Interesse an einer „wie auch immer gearteten Zusammenarbeit“ zum Ausdruck (Lange 2001, Rz. 56). Im Vordergrund stehen die persönlichen gegenseitigen Beziehungen der Partner. Das Netzwerk ist seiner Funktion nach auf das Innenverhältnis der Partner bezogen. Eine konkrete Projektbearbeitung wird Dritten gegenüber nur unverbindlich angeboten und die Beteiligten des Netzwerks werden im Rechtsverkehr nur insoweit tätig, als langfristig die Informations- und Kommunikationstechnik im Netz aufgebaut und Werbemaßnahmen für die Ausführung konkreter Projekte übernommen werden. Durch das Netzwerk können Marktpotentiale und -chancen leichter identifiziert und die Voraussetzungen durch Ressourcenkoppelung für einen Marktzutritt schneller aufgebaut werden. Zur Erfüllung dieser Aufgaben muss das VU-Netzwerk im

Ganzen nach außen keine vertraglichen Bindungen übernehmen, das Haftungsrisiko und damit das Interesse einer Haftungsbegrenzung ist relativ gering (Berwanger 2000, 30).

VU-Netzwerke können unterschiedlich strukturiert sein (vgl. hierzu Sydow und Winand 1998, 15ff.). Sie sind entweder hierarchisch,[17] d. h. pyramidenförmig, oder heterarchisch,[18] statisch oder dynamisch organisiert. Die beiden letztgenannten Strukturen betreffen die Frage der Koordinierung der einzelnen Netzwerkteilnehmer. Während bei dem statischen Modell ein Unternehmen als Zentrale oder Führungsunternehmen fungiert, sieht die dynamische Lösung das Entstehen einer Koordinierungsstelle vor, der einzelne Aufgabenträger zugeordnet werden (vgl. Lange 2001, Rz. 60).

Das Spektrum der rechtlichen Gestaltung ist sehr groß (vgl. hierzu Simon 2003, 191 und Braun 2004). Grundsätzlich kann das VU-Netzwerk gesellschaftsrechtlich strukturiert sein oder auf kooperationsvertraglicher Basis betrieben werden. Das deutsche Gesellschaftsrecht stellt verschiedene Grundtypen und Mischformen von Personen- und Kapitalgesellschaften zur Verfügung. Bei den schuldrechtlichen Verträgen erscheint der Rahmenvertrag am flexibelsten.[19] Er gibt die groben Zielsetzungen und Aufgabendefinitionen vor und die operative Tätigkeit wird der Selbstorganisation und -steuerung der kooperierenden Partner überlassen (vgl. Gesmann-Nuissl 2001, 51).

Bei der Auswahl sind bereits die mittel- und langfristigen Ziele der Kooperation sowie der Zweck des Netzwerks, die beteiligten Partner, ihre Haftung und die Vertragsdauer zu berücksichtigen. Außerdem spielt auch der Aufwand für die Unternehmensgründung (Zeit und Kosten für Eintragung ins Handelsregister) eine Rolle bei der Entscheidungsfindung. Sowohl die Zielsetzung des Netzwerks wie auch die daraus resultierenden Pflichten der Netzwerkmitglieder sprechen in der Regel für die Gründung einer Gesellschaft.

In Deutschland wurden vor allem in den bestehenden BioRegionen vermehrt Netzwerke geschaffen. Dazu gehören unter anderem:

- BioCon GbR[20], ein Unternehmen für biotechnologische Dienstleistungen;

---

[17] Gesmann-Nuissl 2001, 45 unterscheidet zwischen hierarchisch-pyramidalem und polyzentrischem (heterarchischem) Netzwerk. Im Falle hierarchischer Netzwerke bildet ein strategisch führendes Unternehmen das Kernelement der „virtuellen Organisation", von dem die anderen Unternehmen in hohem Maße abhängig sind und daher nur eine geringe Autonomie aufweisen. Bsp. Automobilzulieferindustrie.

[18] Mit gleichberechtigten Partnern, auch polyzentrisches Netzwerk genannt.

[19] In der Literatur werden daneben noch Austauschvertrag, Franchise-Vertrag und Strategische Allianz diskutiert.

[20] www.biocon.de.

- BioRegioN GmbH, ein Netzwerk von über 400 Partnern aus Wirtschaft, Wissenschaft, Verwaltung, Banken, Verbänden und sonstigen Institutionen zur Förderung der Biotechnologieentwicklung in Niedersachsen;
- Biovalley Deutschland e. V., ein gemeinnütziger Verein mit dem übergeordneten Ziel, die grenzüberschreitende trinationale Bündelung der Potentiale im Bereich Life Sciences und Biotechnologie am Oberrhein zu fördern;
- Bio-gen-tec nrw e. V. fungiert als zentrale Anlauf- und Koordinierungsstelle für die Förderung der Bio- und Gentechnologie in Nordrhein-Westfalen und ist Motor der Zusammenarbeit zwischen Grundlagenforschung und industrieller Verwertung;
- BioconValley e. V., Verbund in Mecklenburg-Vorpommern zur verstärkten Förderung der Bio- und Gentechnologieentwicklung mit höherer Effizienz;
- BAY TO BIO - Förderkreis Life Science e. V. ist ein Netzwerk für Akteure im Bereich der Biotechnologie, Medizintechnik, Biomedizin, e-health und Bioinformatik, gegründet in Kooperation mit den Bundesländern Schleswig-Holstein und Hamburg.

Aus den Beispielen geht hervor, dass die Rechtsform des Vereins offensichtlich bevorzugt wird, sofern es nicht um die Verfolgung wirtschaftlicher Ziele geht.[21] Es handelt sich bei dieser Rechtsformwahl meist nur um eine vorläufige, um im Falle einer Bewährung und Weiterentwicklung den eingetragenen Verein in eine wettbewerbsfähigere Rechtsform zu überführen. So wurde zum Beispiel das Bio-gen-tec nrw Netzwerk als eingetragener Verein gegründet. Nach Ablauf der öffentlichen Förderung im Jahr 2001 sollte eine GmbH gegründet werden, um die Bio-gen-tec nrw in die Selbstständigkeit zu führen (vgl. Eichener u. a. 2001, 207). Die Rechtsform wurde gewählt, da diese Gründung mit den wenigsten Komplikationen behaftet war und man sich den Weg in die Aktiengesellschaft offen halten wollte (vgl. Landtag intern NRW, 26.10.1999, Abschlussberichte 7). Bislang ist ein Rechtsformwechsel allerdings immer noch nicht erfolgt. Auch die BioRegioN wurde zunächst als e. V. gegründet und hat erst seit 01.01.2003 die Rechtsform einer GmbH.

Eine allgemeinverbindliche Aussage zur Rechtsformwahl der VU-Netzwerke in der Biotechnologiebranche lässt sich vor diesem Hintergrund gegenwärtig nicht treffen und bedarf weiterer Untersuchungen.

---

[21] Möglich ist sogar die Gründung einer Europäisch Wirtschaftlichen Interessenvereinigung, vor allem, wenn Partner aus verschiedenen EU-Ländern beteiligt sind.

3.2 Konkrete Projektkooperation

Für einen konkreten Auftrag werden die Partner mit den geeigneten Kernkompetenzen aus dem VU-Netzwerk ausgewählt. Diese Leistungspartner bestellen aus ihrer Mitte einen Auftragsmanager, der als Ansprechpartner für die Kunden fungiert. Sobald der Auftrag erledigt ist, kehren die Partner in das Netzwerk zurück. Für die rechtliche Gestaltung dieser Projektkoordination ist zwischen dem Rechtsverhältnis der Leistungspartner untereinander (Innenverhältnis) und dem Rechtsverhältnis zwischen den Leistungspartnern und den Kunden (Außenverhältnis) zu unterscheiden. Da sich die Leistungspartner im Innenverhältnis zur Verfolgung des gemeinsamen Zwecks – Durchführung des Auftrags – zusammenschließen, kann eine Gesellschaft vorliegen. Dabei bietet sich hier die GbR (auch als Arge oder Konsortium) an. Das Außenverhältnis eines virtuellen Unternehmens ist in der Regel durch ein einheitliches Auftreten der Partner gegenüber dem Kunden gekennzeichnet,[22] sog. „black box“ (Lange 2001, Rz. 343). Damit werden die Leistungspartner gemeinsam Vertragspartner des Kunden.[23]

4 Fazit

Um ihre Wettbewerbsfähigkeit zu erhalten oder zu steigern, gewinnen Kooperationen von KMU im Bereich der Biotechnologie zunehmend an Bedeutung. Die für die Neu- und Weiterentwicklung ihrer Produkte und Verfahren sowie deren Vertrieb erforderlichen Forschungs- und Entwicklungsressourcen werden nicht mehr im eigenen Hause generiert. Für die Zusammenarbeit bieten sich virtuelle Unternehmen an, in denen Know-how und Innovationspotential gebündelt werden. Einen wesentlichen Beitrag zum Erfolg eines virtuellen Unternehmens leistet seine rechtliche Gestaltung. Dabei bieten die existierenden Regelungen des deutschen Rechts genügend Gestaltungsmöglichkeiten für virtuelle Unternehmen, VU-Netzwerk und konkrete Projektkooperation, der Biotechnologiebranche. Allerdings ist es zum jetzigen Zeitpunkt nicht möglich, eine allgemeingültige Aussage über die geeignetste Struktur des VU zu treffen.

---

[22] Einen Sonderfall stellt „The Virtual Laboratory INTERACTIVA“ dar. Es handelt sich dabei um ein virtuelles Unternehmen, das biotechnologische Grundstoffe produziert, bei dem der Käufer direkt in den Produktions- und Entwicklungsprozess eingreifen kann und der Kunde damit zum Co-Produzenten wird.

[23] Davon abweichend ist eine Nebenunternehmerschaft der Partner, wenn der Kunde mit jedem einzelnen einen Vertrag über die Teilleistung abschließt, oder ein Generalunternehmervertrag eines Partners mit dem Kunden in Verbindung mit Subunternehmerverträgen mit den übrigen Partnern möglich, vgl. Berwanger 2000, 45.

5 Ausblick

Im weiteren Verlauf der Forschungsarbeit zu den rechtlichen Rahmenbedingungen für die Wettbewerbsfähigkeit virtueller Biotechnologieunternehmen sind zunächst die im Folgenden aufgeführten Probleme zu erörtern.

Um konkretere Aussagen hinsichtlich der Struktur machen zu können, ist zu klären, für welche VU-Netzwerke nur eine vorläufige Rechtswahl getroffen wurde und die endgültige somit noch aussteht.

Des Weiteren ergeben sich Bedenken hinsichtlich der rechtlichen Qualifizierung als Netzwerk. Die Bio-gen-tec nrw hat zum Beispiel verschiedene Netzwerke als Instrument für einen effizienten Technologietransfer und die landesweite Förderung der Bio- und Gentechnologie geschaffen. Dazu gehören das Biotech-Kompetenz-Netzwerk, das Biotech-Beratungs- und Coaching-Netzwerk Rheinland, das Biotech-Kapital-Netzwerk sowie das Patentberatungsnetzwerk mit siebzehn Patentanwälten. Die Bio-gen-tec nrw agiert als Schnittstelle der einzelnen Netzwerkkomponenten. Es ist zu untersuchen, ob die in der Biotechnologiebranche gegründeten Netzwerke als VU-Netzwerke im rechtlichen Sinne anhand oben aufgeführter Merkmale zu qualifizieren sind, wobei die Begrifflichkeit letztendlich nur Indizwirkung haben kann.

Außerdem ist zu untersuchen, wie durch die rechtliche Gestaltung ausreichend Kontroll- und Informationsmöglichkeiten gewährt werden, die Komplexität im Ganzen beherrschbar bleibt und eine übergreifende Planung besteht, die einen geordneten Ablauf ermöglicht. Gerade der Mangel dieser Faktoren ist neben überhöhten Kosten ausschlaggebend für einen Rezentralisierungstrend bei Unternehmen,[24] bei dem früher ausgelagerte, „outgesourcte" Betriebsteile wieder zurück geholt werden. Eine ähnliche Entwicklung zu Lasten der Gründung von virtuellen Unternehmen könnte bei vorausschauenden Regelungen vermieden werden.

Anschließend ist zu erörtern, in wie weit spezifische Problemlagen der Biotechnologiebranche bei der rechtlichen Gestaltung von VU-Netzwerken und konkreten Projektkooperationen berücksichtigt werden müssen, denn virtuelle Unternehmen sind „Gebilde", mit denen die Rechtspraxis bisher nur wenig Erfahrung im Umgang hat. So ist der Biotechnologie-Sektor durch einen hohen Wissenschaftsbezug geprägt. Es besteht eine große Abhängigkeit von ständigem Wissensnachschub aus der Forschung, „was sich zum Beispiel am Wissenschaftsbezug von Patenten zeigt, der in der Biotechnologie dreimal höher liegt als im Durchschnitt aller Technikbereiche" (Kulicke u. a. 2002, 6). Vor dem Hintergrund, dass sich die Biotechnologiebranche wegen der umstrittenen Frage nach der grundsätzlichen Patentierbarkeit von Lebewesen

---

[24] So zum Beispiel bei DaimlerChrysler, Opel, GlaxoSmith-Kline oder VW.

(Patente auf Leben?) in einem patentrechtlich unsicheren Umfeld befindet (vgl. hierzu Ahrens 2003, 89, Albers 2003, 275 sowie Braun und Simon 2002), die Patenterteilung nur innerhalb eines Hoheitsgebiets möglich ist und für die Geltung eines Patents in mehreren Staaten eine gesonderte Anmeldung beim jeweiligen nationalen Patentamt erforderlich ist,[25] einem umständlichen und sehr teuren Verfahren, ist das Bedürfnis nach Berücksichtigung patentrechtlicher Belange besonders groß. Die gemeinsame Erfindung mit spezifischen Partnern könnte zu neuartigen Formen der Zusammenarbeit im Sinne eines virtuellen Unternehmens führen. Es stellt sich daher die Frage, ob und wenn ja, welche Auswirkungen dies auf die rechtliche Gestaltung der VU-Netzwerke hat.

Literatur

Albers, M. (2003), „Patente auf Leben", in: Juristenzeitung, 6, 275-285.

Ahrens, C. (2003), Genpatente – Rechte am Leben? – Dogmatische Aspekte der Patentierbarkeit von Erbgut, in: Gewerblicher Rechtsschutz und Urheberrecht, 2, 89-97.

Baumbach, A. und K. Hopt (1995), *HGB-Kommentar*, 29. Auflage, C.H. Beck, München.

Berwanger, E. (2000), *Der Gesellschaftsvertrag eines virtuellen Unternehmens*, Homburg.

Braun, S. (2004), Gesellschaftsrechtliche Gestaltung der Netzwerke virtueller Unternehmen, in: Schöning, S., Ott, I., Richter, J. und D. Nissen (Hrsg.), *Mittelstandsfragen*, Peter Lang, Frankfurt.

Braun, S. und J. Simon (2002), *Patentrecht und Biotechnologie: Patente auf Leben*, Arbeitsbericht des Fachbereichs Wirtschafts- und Sozialwissenschaften der Universität Lüneburg Nr. 261.

Brütsch, D. (1999), *Virtuelle Unternehmen*, Zürich.

Buse, S. (2002), Der strategische Wert von Kooperationen im Rahmen der Innovationstätigkeit junger Biotechnologieunternehmen, in: Herstatt, C. und C. Müller (Hrsg.), *Management-Handbuch Biotechnologie*, Schäffer-Pöschel, Stuttgart, 145-157.

Davidow, W. H. and M. S. Malone (1992), *The Virtual Corporation: Structuring and Revitalising the Corporation for the 21st century*, New York.

Eggers, T. und E. Kirner (2002), Arbeit in einer vernetzten und virtualisierten Wirtschaft, in: Brödner, P. und M. Knutz (Hrsg.), *Nachhaltige Arbeitsgestaltung, Trendre-*

[25] Ein europäisches Patent, das nicht nur ein Bündel nationaler Patente ist, sondern als ein Patent einen einheitlichen Schutz auf dem Gebiet der Europäischen Gemeinschaft bietet, gibt es derzeit noch nicht. Am 15.12.1975 wurde das Gemeinschaftspatentübereinkommen unterzeichnet, das am 15.12.1989 überarbeitet wurde, ABl. Nr. 1.401 vom 30.12.1989. Am 01.08.2000 hat die Europäische Kommission einen Entwurf für eine Gemeinschaftspatentverordnung vorgelegt, der unter anderem einen Beitritt der EU zum EPÜ und die Schaffung eines zentralen Gemeinschaftsgerichts für Streitigkeiten über geistiges Eigentum vorsieht, vgl. KOM (2000) 412 endg. – dazu Stellungnahme des Europäischen Parlaments vom 10.04.2002 lt. KOM(2002) 545 endgültig, 7.

ports zur Entwicklung und Nutzung von Humanresources, Hampp, München, 123-187.

Eichener, V., Schaaf, S., Schulte, F. und J. Weingarten (2001), *Erfolgsfaktoren für Biotechnologie-Regionen*, edition der Hans-Böckler-Stiftung 46.

Ernst & Young (2000), *Gründerzeit – Zweiter Deutscher Biotechnologiereport*, Mannheim.

Gesmann-Nuissl, D. (2001), Virtuelle Unternehmensorganisationen – eine gesellschafts- und kartellrechtliche Betrachtung, in: Gora, W. und H. Bauer (Hrsg.), *Virtuelle Organisationen im Zeitalter von E-Business und E-Government*, Berlin, 45-58.

Heidenreich, B. u. a. (2002), Status Quo der Biotech-Szene in Deutschland, in: Herstatt, C. und C. Müller (Hrsg.), *Management-Handbuch Biotechnologie*, Schäffer-Pöschel, Stuttgart, 3-31.

Hofmann J. (2000), *Virtuelle Unternehmen in Baden-Württemberg*, Strategiestudie des Fraunhofer-IAO im Auftrag des Wirtschaftsministeriums Baden-Württemberg und der Mit freundlichen Grüßen Medienentwicklung, Kurzfassung, Stuttgart.

Kemmner, G.-A. und A. Gillessen (2000), *Virtuelle Unternehmen*, Physica, Heidelberg.

Kulicke, M., Menrad, L. und S. Wörner (2002), *Innovationsmanagement in mittelständischen Biotechnologieunternehmen*, Fraunhofer Institut Systemtechnik und Innovationsforschung, Karlsruhe.

Lange, K. W. (2001), *Virtuelle Unternehmen*, Verlag Recht und Wirtschaft, Heidelberg.

Lange, K. W. (1998), *Die virtuelle Fabrik*, in: Betriebsberater, 23, 1165-1171.

Merkle, M. (1999), *Bewertung von Unternehmensnetzwerken*, Bamberg.

Mertens, P., Griese, J. und D. Ehrenberg (1998), *Virtuelle Unternehmen und Informationsverarbeitung*, Springer, Berlin.

Nissen, D. und I. Ott (2003), KMUs als Innovationsmotor in der Biotechnologie: Diffusion von Innovationen, in: Fischer, C., Nissen, D., Ott, I. und S. Schöning (Hrsg.), *Fokus Mittelstand*, Peter Lang, Frankfurt, Berlin, S. 73-92.

Payome, T. (2002), Biotech-Cluster München/Martinsried, in: *VentureCapital Magazin*, 11, 8-13.

Prahalad, C. und G. Hamel (1990), The Core Competence and the Coporation, in: *Harvard Business Review* 68 (5/6), 79-91.

Scholz, C. (1994), Virtuelle Unternehmen – Faszination mit (rechtlichen) Folgen, in: JurPC, 2927-2936.

Simon, J. (2003), Virtuelle Unternehmen im greifbaren Unternehmensrecht, in: Bouncken, R. (Hrsg.), *Management von KMU und Gründungsunternehmen*, Festschrift für Egbert Kahle zum 60. Geburtstag, Dt. Universitätsverlag, Wiesbaden, 191-205.

Sydow, J. und U. Winand (1998), Unternehmensvernetzung und –virtualisierung: Die Zukunft unternehmerischer Partnerschaften, in: Sydow, J. (Hrsg.), *Unternehmensnetzwerke und virtuelle Organisationen*, Schäffer-Pöschel, Stuttgart, 11-31.

Zink, K. (2001), Gründung virtueller Unternehmen für KMU. Erfahrungen und Gestaltungsempfehlungen, in: Wirth, S. (Hrsg.), *Vernetzt planen und produzieren*, Schäffer-Pöschel, Stuttgart, 207-232.

Dirk Nissen, Ingrid Ott

Leibniz-Akademie Hannover, Universität Lüneburg, Institute of Economics

Co-operation in the biotechnology sector – incentives and implementation

Abstract

This paper discusses some results of an online-survey that was launched within the biotechnology sector in March/April 2003. The focus within this paper is twofold: First, it will generally be analyzed which co-operation incentives for enterprises in the biotechnology sector may exist. We confront the results with the arguments mainly discussed in the theoretical literature. The second issue of this paper is to analyze which forms of co-operations biotechnology firms prefer. These forms can be distinguished e. g. with respect to the commitment between the partners. The main results of the analysis may be summarized as follows: Within the biotechnology sector both, the production process as well as R&D activities are science based. Thus, aside from the typical inputs of capital or labour also knowledge becomes a crucial input to production. This seems to influence the co-operation motives of the firms. Thus, aside from pooling identical or complementary competences, a third co-operation motive gains importance. This motive consists of joint creation of know-how as well as of ensuring the access to persistently changing knowledge. Above, it turns out that with respect to alternative types of co-operation the firms prefer co-operation forms with different degrees of commitment. This goes along with the different motives of co-operation derived before. The commitment between the firms is a crucial determinant for the chosen type of co-operation. Commitment increases if pure knowledge transfer is replaced by joint knowledge creation.

1 Introduction

The biotechnology sector is characterized by several features: The production technology is science-based, the production structure is organized in modules and with respect to total turnover most companies spend high amounts on R&D-expenditures. The majority of the firms are small and medium sized enterprises (SME), among them lots that are recently founded. Their fields of activity cover the areas medicine/pharmaceutics, environmental technology, agriculture, food production and chemical engineering. Lots of them do not only offer products but also services. Because of these characteristics it is nearly impossible, even for bigger firms, to hold out internally all know-how that is necessary to successfully act within that sector (see e. g. Fraunhofer Institut 2002). In a dynamic environment the firms have to ensure continuous access to material and immaterial resources. One possibility to realize that goal consists in co-operations with other firms.

Usually the main motives mentioned within the strategic management literature are internal and external driving forces that finally may end up in the decision to co-operate (see e. g. Child and Faulkner 1998 for an overview). The goal is to bring together either similar competences to realize economies of scale or complementary competences. The latter motive serves to expand own capabilities and thus to ameliorate the firm's situation in an existing market or to penetrate in a new market. If finally a firm comes to the decision to co-operate, the implementation of the co-operation becomes crucial. There exists a multitude of co-operation forms. Which form will be preferred by an individual firm depends on various factors. Some of them are discussed within the present contribution.

Within this paper the focus is twofold: First, it will generally be analyzed which co-operation incentives for enterprises in the biotechnology sector may exist. Whether co-operation should take place in a national or international context depends on various influencing factors, among them the possibility to gain access to markets, clusters, networks or (biological) resources outside the home country. We confront the results with the arguments mainly discussed within the theoretical literature. The second issue of this paper is to analyze which forms of co-operations biotechnology firms prefer. These forms can be distinguished e. g. with respect to the commitment between the partners, the degree of formalization or time limitations.

The assertions are then evaluated by an empirical analysis. As data base serves an online survey that was launched in March/April 2003 by the German consultancy Bio*Launch* Deutschland. The focus of the questionnaire was to learn about the co-operation tendencies between European and Asian enterprises or institutions that mainly work in the biotechnology sector. Within this paper only answers of respondents that unequivocally could be identified as SME have been evaluated as these firms form the major part of the biotechnology sector. It is analyzed whether regional differences between German and other European SME predominate. This also allows for an evaluation of the importance of motives and preferred types of co-operation to the firms. Then, the answers are pooled by a factor analysis. It is thus possible to pack several components to superior factors and confront them with the key arguments discussed within the strategic management theory.

The main results of the analysis may be summarized as follows: Within the biotechnology sector both, production process as well as R&D activities are science based. Thus, aside from the typical inputs of capital or labour also knowledge becomes a crucial input to production. This seems to influence the co-operation motives of the firms. Thus, aside from pooling identical or complementary competences, a third co-operation motive gains importance. This motive consists of joint creation of know-how as well as to ensure the access to persistently changing knowledge. Above, with respect to preferred types of co-operation the commitment between the firms increases if pure knowledge transfer is replaced by joint knowledge creation.

The course of the paper is as follows: After a brief overview of the co-operation motives stressed within the strategic management literature in the following section, part 3 briefly describes alternative types of co-operation. Section 4 covers the empirical analysis: After a description of the data set, the theory discussed before is applied to the data via a factor analysis and profile analysis of the means. The paper closes with a short summary of the main results and some comments on the questionnaire that founded the base of the empirical analysis.

2 Motives for co-operation

There exists no universally accepted theory of co-operation at the level of economists, sociologists or anthropologists (see e. g. Child and Faulkner 1998, chapter 2). The different points of views cover economics (market power theory, transaction cost analysis, game theory, agency theory or increasing returns theory), strategic management theory (strategic choice, importance of strategic and cultural fit of the partners) or organizational theory (resource-depending perspective: partners seek out in each other the resources that they themselves most lack). But the different disciplines agree that co-operation is one possibility to realize economic transactions that lie in between the two polar coordination mechanisms of 'market' vs. 'hierarchy' as identified by Williamson (1975). Which form of coordination finally is realized usually depends on the extent and importance of the following aspects for the firm: opportunism, bounded individual rationality, number of actors, insecure and complex market conditions as well as access to new information. Williamson summarizes that market oriented transactions should be preferred if the transaction is straightforward, of short duration and if the products are unspecific. On the contrary, the transactions are more efficiently realized within a firm if the transactions recur frequently, require substantial transaction specific investments and if the result is insecure. The key advantages of the coordination mechanism 'market' consists of realizing an efficient provision, to be flexible with respect to dynamic environments and to realize creativity of the employees as well as individual engagement. But frequently this goes along with higher transaction costs that usually are minimized within an enterprise. With respect to most economic transactions a third coordination mechanism, called 'co-operation', gains importance.

As there is no unique definition of co-operation, within this paper we refer on the definition given by Rotering (1990) who defines co-operation as a collaboration that is based on implicit or explicit agreements between legal and economic independent firms via coordination, outsourcing or assignment of functions to a co-operation partner within the economic field. Co-operative arrangements are characterized neither by full market orientation nor by entire organizational hierarchy characteristics. This coordination mechanism expands Williamson's dichotomy, allows to combine the advantages of 'market' and 'hierarchy' and thus to realize simultaneously autonomy and control by the firms themselves (see also Büchs 1991).

While one has to consider that there exists a huge variety of aspects that are relevant in the context of co-operation motives and that each co-operation is specific with respect to time and place the common topic of all co-operations is that there exist external and internal drivers that crucially influence the need for building alliances (see e. g. Child and Faulkner 1998, chapter 4). Most cited external drivers are increasing globalization of markets and technologies together with a dynamic economic environment and ever shorter product life cycles. With respect to the biotechnology sector the two arguments mentioned first apply while little can be said about the duration of a product cycle. Only very view products have reached the final product market already while most products still pass through the phase of clinical trials that affords a long time period to be completed (see o. V. 2003). The external forces should be extended by the legal situations that considerably differ between countries. From an internal point of view the resource-dependency perspective gains importance. This covers the aspects of transaction-cost minimization, spreading risk, achieving speed to the market and the possibilities for realizing economies of scale and scope. With respect to the biotechnology sector this aspect should be extended by the necessity of having access to know how that quickly becomes obsolete.

One possibility to describe co-operation motives is based on Porter (1980) who developed the concept of the value chain. Within this context he analyzes the motives for firms that cover two main dimensions:

Partners adding to the same value chain via pooling similar or even identical resources. The goal is to realize economies of scale or scope, rationalization or spreading risks.

Generation of new value chains via pooling complementary competences. Co-operation partners then add to different stages of the value chain, e. g. if one company uses the distribution network of another firm in order to launch the own product

With respect to technology and science intensive research and production processes, as given within the biotechnology sector, these dimensions should be expanded by the following aspect: In these sectors, not only access to the classical production inputs such as capital or labour but also creating and using knowledge may play a major co-operation motive for the individual firm (see e. g. Freiling 1998 or Oelsnitz and Hahmann 2003). It is thus possible that companies work together at the level of knowledge creation and act as competitors within the final product market.[1]

Introducing this last aspect to Porters' classification and applying it to the biotechnology sector as a science based industry, the following core motives for co-operations may be derived:

- economies of scale-co-operations to bring together identical competences. Partners work together at the same level of the value chain. The goal is to realize efficiency gains. Usually firms then do not act as competitors in the same market but receive the benefit of lower production costs.
- closing gap-co-operations that are realized in order to compensate for own deficits. This may take place at various levels of the value chain. It is possible that the co-operation partners act as competitors in the same market.
- critical mass co-operations with the objective to generate or utilize knowledge and competences that are incorporated in the products, production technologies or human capital of the partners. Usually, competitive behaviour then does not take place at the level of R&D while at the final product market competition between the partners may arise.

These assertions will be evaluated by an empirical analysis in section 4 within this paper.

---

[1] This situation may lead to a prisoner's dilemma at the level of knowledge creation. If this arises joint R&D will not be realized although it would improve the profit of either firm.

3 Alternative forms of co-operation

While many writers have addressed on the general classifications of co-operation with respect to the coordination mechanisms or internal vs. external driving forces, some theoretical but little empirical work exists on the co-operative strategy chosen by the firms and the factors that determine that strategy. There exists a wide variety of inter-organizational forms that range from 'international coalitions' (see Porter and Fuller 1986) over 'strategic networks' (see Jarillo 1988) up to 'strategic alliances' (see Child and Faulkner 1998, chapter 5 for an overview). Identical for all forms of co-operation is the fact that there exists at least a partial overlap between some of the partners' corporate domains.

Alternative forms of co-operation may be characterized by ascending levels of integration or interdependence respectively and cover the ranges of (i) an arm's length relationship over (ii) networks and licensing agreements up to (iii) virtual corporation and (iv) strategic alliances. Usually these levels of integration and interdependence go along with an increase in commitment between the partners. Increasing commitment reduces the possibility of opportunistic behaviour and thus increases the success of a co-operation. Strategic alliances differ from all other forms of co-operation in which the partners are regarded to be competent in a specific skill. These skills remain in the initial domains. With respect to strategic alliances the opposite applies: co-operations are realized as learning relationships with the objective of an increase in the competences of all partners. They learn from each other and skill-substitution is a minor motive (see e. g. Child and Faulkner 1998, chapter 5). Due to the joint objective of knowledge generation one could expect a high level of commitment between the co-operation partners.

Thus if knowledge creation played a major role in the biotechnology sector, one would expect that firms which co-operate with the motive of joint know-ledge creation would prefer the co-operation form of strategic alliances. On the contrary, other forms of co-operation would be preferred if the major co-operation motives consisted of pooling identical or complementary competences.

4 Data analysis

4.1 The data set

The empirical part of the paper is based on data collected by an online survey that was launched in March and April 2003 by the management consultancy Bio*Launch* Deutschland. One objective of the survey was to learn about the co-operation motives and the preferred implementation of a co-operation by European and Asian firms and institutions that are mainly engaged in biotechnology sector. 156 individuals replied to the questionnaire and thus generated a return of 7.04%.

For the questions analyzed within this paper, only respondents that unequivocally may be assigned to SME are of interest. It is possible to identify 17 German enterprises, 12 European firms that are situated outside from Germany and four Asian enterprises. While interpreting the results one has to bear in mind that sparse data base. As within the theoretical part of the paper, the focus of the data analysis is twofold: First, we analyze the main reasons for co-operations that apply for SME in the biotechnology sector (see subsection 4.2). Second, we study which forms of co-operation the respondents prefer (see subsection 4.3). Subsequently we confront the results with the main arguments found in the literature and presented in the previous sections.

Within the online survey, among others, the respondents were asked the following questions: 'What are your reasons for an international cooperation?' and 'Which form of a business relationship do you prefer?'. The answers contained a scale with five options that range from 1 = no point of decision (respectively not at all preferred) up to 5 = very essential (respectively strongly preferred). Above, the respondents could indicate whether they did not have any opinion on the topic.

4.2 Reasons for an international co-operation

To learn about co-operation motives the companies were asked to answer question 4.11. Possible co-operation motives in that questionnaire cover 18 different variables as illustrated within figure 1.

To analyze whether there exist differences that arise from the location of the firms, a comparison of the mean of each variable was determined for German and other European firms. Because of the little data available about Asian firms the analysis is omitted for these firms. The values range between 1 and 5 thus implying that higher values identify a higher relative importance for the firms. Missing answers have been assigned the value zero. A comparison of the profiles between German and other European firms is depicted within figure 2.

Figure 1: Question 4.11 of the online survey

What are your reasons for an international cooperation?

	very essential	essential	less essential	not essential	no point of decision	no opinion
Expansion of production	O	O	O	O	O	O
Lower production costs	O	O	O	O	O	O
Political Situation	O	O	O	O	O	O
Legal situation	O	O	O	O	O	O
Access to new markets	O	O	O	O	O	O
Access to new technologies	O	O	O	O	O	O
Access to biological resources	O	O	O	O	O	O
Access to new competences	O	O	O	O	O	O
Access to new products	O	O	O	O	O	O
Access to services	O	O	O	O	O	O
Finding partners	O	O	O	O	O	O
Finding sites or buldings	O	O	O	O	O	O
Finding skilled staff	O	O	O	O	O	O
Intellectual property rights	O	O	O	O	O	O
Quality management	O	O	O	O	O	O
Financial resources	O	O	O	O	O	O
General information	O	O	O	O	O	O
Taxes	O	O	O	O	O	O
Others _______	O	O	O	O	O	O

Source: Online questionnaire.

Figure 2: Relative importance of co-operation motives

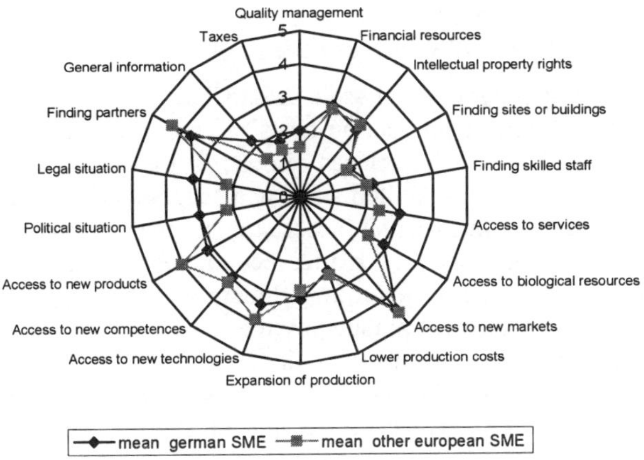

Source: Own design.

It becomes obvious that the two profiles do not feature extreme differences. Independent from the firm's location, the main reason for an international co-operation consists of the possibility to have 'access to new markets' followed by the motive of 'finding partners'. While the 'legal situation' and the 'political situation' are more important for German firms, European companies emphasize 'access to new products' and 'access to new technologies'. All firms attach less importance to the variables 'taxes', 'general information', 'quality management' and 'finding sites or buildings'. Hence, one carefully could conclude that for the firms in both regions the external forces predominate as co-operation motive while internal drivers only play a minor role.

In order to evaluate the theories discussed above and maybe to identify typical characteristics of the biotechnology sector, a factor analysis is carried out. As extraction method the main component analysis and as rotation method varimax is used. As not all companies gave an answer for each variable we used the possibility to exclude some variables and did this for each list separately. Above, the variables 'taxes', 'general information', 'finding partners', 'political situation' and 'legal situation' have been excluded because these were the variables with the lowest amounts of respondents. To determine the number of factors we chose the Kaiser-criterion. Details of the analysis are summarized in table 1. The analysis resulted in the extraction of three factors that together explain 74,481% of total variance. These factors may be interpreted as follows:

- pooling complementary capabilities (26.535%): among them one may subsume 'access to foreign intellectual property rights', 'quality management' and 'financial resources'. Above, the factor also covers the variables of 'finding sites or buildings' and 'finding skilled staff'. All variables have positive factor loadings.
- realizing economies of scale (25.353%): this factor covers the variables of 'lower production costs' as well as 'expansion of production' and 'access to services'. Lower factor loadings are given by the variables 'finding skilled staff' and 'access to biological resources'. One has to consider that 'access to new markets' has a negative factor loading. Hence, to realize economies of scale, 'access to new markets' seems to be an impediment and thus might be interpreted as further objective pursued by the firms. Above, the variable 'finding skilled staff' is also included in factor 1. The intuition therefore is that is skilled staff might be necessary either to realize economies of scale or to get access to human capital that cannot be found within the firm.
- knowledge aspect (22.593%): this factor covers several facets that refer to codified and not codified knowledge. It includes 'access to new technologies', 'access to new competences' and 'access to new products', all of them with relatively high factor loadings.

If one confronts these results with the theory it becomes obvious that Porters' concept of the value chains has to be expanded. Additionally to the co-operation motives of realizing complementarities or scale economies a third key motive should be integrated to make allowances for some characteristics of the biotechnology sector as e. g. the technology intensity or the dynamic environment. All together it is possible to explain nearly 75% of total variance. The remaining 25% might include aspects like cultural differences that might influence the co-operation motives between companies in Europe and Asia and that have not explicitly been introduced in the questionnaire.

Table 1: Factor analysis: What are your reasons for an international co-operation?

	Factor 1 comple-mentaries	Factor 2 econo-mies of scale	Factor 3 knowledge	mean (sd)
Finding sites or buildings	.589			1.71 (.772)
Financial resources	.715			3.00 (1.563)
Intellectual property rights	.894			2.82 (1.468)
Quality management	.842			2.13 (1.187)
Finding skilled staff	.693	.575		2.29 (1.105)
Lower production costs		.729		2.53 (1.541)
Access to biological resources		.522		2.95 (1.327)
Access to services		.806		2.83 (1.098)
Access to new markets		-.840		4.48 (.714)
Expansion of production		.699		3.05 (1.538)
Access to new technologies			.880	3.75 (1.152)
Access to new competences			.812	3.29 (1.231)
Access to new products			.865	3.52 (1.238)

Factor	Rotated sum of squared factor loadings		
	Total	% Variance	% cumulated
Factor 1: complementarities	3.450	26.535	26.535
Factor 2: economies of scale	3.296	25.353	51.888
Factor 3: knowledge	2.937	22.593	74.481

Source: Own calculation.

4.3 Realization of co-operations

Aside from the motives also the implementation of a co-operation may be analyzed. To learn about the preferred business relationship the respondents were asked to answer question 4.13 of the online survey as illustrated within figure 3.

Figure 3: Question 4.13 of the online survey

Which form of a business relationship do you prefer?

	strongly pre-ferred	pre-ferred	not possi-ble	not pre-ferred	not at all	no opinion
Licensing in foreign products	O	O	O	O	O	O
Licensing in foreign technologies	O	O	O	O	O	O
Licensing out own products	O	O	O	O	O	O
Licensing out own technolgies	O	O	O	O	O	O
Buying a Patent	O	O	O	O	O	O
Selling a Patent	O	O	O	O	O	O
Sales and marketing	O	O	O	O	O	O
Local distributor	O	O	O	O	O	O
Research contract	O	O	O	O	O	O
Using a provided service	O	O	O	O	O	O
Local production site	O	O	O	O	O	O
Acquisition	O	O	O	O	O	O
Merging	O	O	O	O	O	O
Founding a new subsidiary	O	O	O	O	O	O
Others _______	O	O	O	O	O	O

Source: Online questionnaire.

To assess the relative importance of the different variables, again the respective means for German and other European companies are compared. Higher means represent higher relative importance of the variable. Because of the small number of respondents the Asian firms again are excluded from the illustration of the regional profiles. There are no big differences in the relevance of each variable between German and other European companies.

Figure 4: Importance of how to implement a co-operation

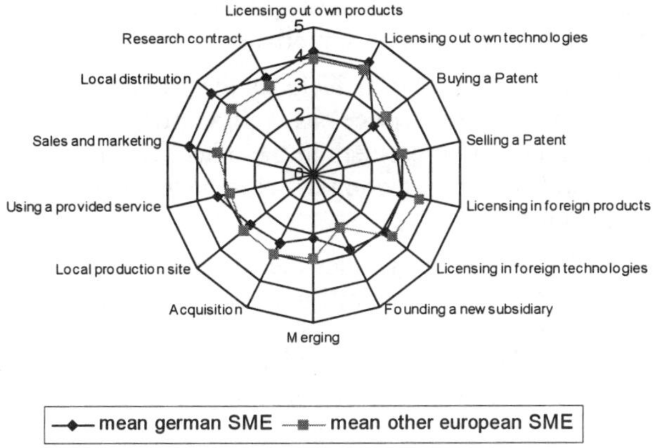

Source: Own design.

The main difference can be found in the fact that for German SME 'local distribution' as well as 'sales and marketing' gains more relevance whereas European companies focus more on 'buying patents' and 'licensing in foreign products'. Thus, the German SME assign higher importance to market development whereas the remaining European firms focus more on international knowledge transfer. A factor analysis is carried out in order to block the variables to key components. Extraction and rotation methods are the same as in the last section but the analysis differs insofar as no variables have to be excluded to run the analysis. All together five factors are extracted that explain 85.760% of total variance. The factors might be named as follows:

Knowledge transfer (23.03%): it covers the variables 'licensing out own products', 'licensing out own technologies' as well as 'selling a patent' that describe knowledge transfer to the outside of the company. The fourth variable is 'buying a patent' and thus refers to a knowledge transfer inside the firm. This variable is characterized by the lowest level of factor loadings. Hence the majority of the variables cover the aspect of selling knowledge. As there is not much interdependence between them these forms of co-operations are characterized by very low commitment between the partners.

Knowledge acquisition (18.197%): it includes the variables of 'licensing in foreign products' and 'licensing in foreign technologies' with high positive loadings and 'founding a new subsidiary' as well as 'local distributor' with negative factor loadings. Thus, if the co-operation motive is knowledge acquisition, physical presence in the international market does not play a central role for the firms. Again, there is not much interdependence between the partners. This goes along with little commitment between them.

Merging and acquisition (16.136%): these forms of co-operation are characterized by high commitment between the partners as the interaction and interdependence between them are very important.

Market development (14.901%): it includes the variables 'sales and marketing', the 'use of a provided service' as well as of a 'local production site'. Presence of the co-operation partners in the other region unequivocally gains importance for the firms. The relation between the partners is characterized by a high level of commitment.

Active research (13.496%): it includes the variable 'research contract' with a very high positive and the variable 'buying a patent' with a negative factor loading. Above, the availability of a 'local distributor' is also included in the factor. Hence, buying a patent does not form part of any active research. As the interdependence between research partners is high factor 5 covers variables that go along with high commitment.

Table 2: Factor analysis: Which form of business relationship do you prefer?

	Factor 1	Factor 2	Factor 3	Factor 4	Factor 5	mean (sd)
Licensing out own Products	.777					4.13 (1.058)
Licensing out own Technologies	.887					4.1 (1.165)
Buying a patent	.719				-.542	2.74 (1.368)
Selling a patent	.923					3.06 (1.391)
Licensing in foreign Products		.899				3.21 (1.134)
Licensing in foreign Technologies		.729				3.21 (1.032)
Founding a new Subsidiary		-.739				2.41 (.795)
Acquisition			.846			2.74 (1.098)
Merging			.861			2.5 (1.095)
Sales and marketing				.668		4 (1.14)

Table 2 continued

	Factor 1	Factor 2	Factor 3	Factor 4	Factor 5	mean (sd)
Using a provided service				.831		3.07 (1.223)
Local production site				.892		2.88 (1.495)
Local distributor		-.511			.538	4.16 (.958)
Research contract					.914	3.59 (.87)

Factor	Rotated sum of square factor loadings		
	Total	% variance	% cumulated
Factor 1: knowledge transfer	3.117	23.030	23.030
Factor 2: knowledge acquisition	2.449	18.197	41.227
Factor 3: merging and acquisition	2.142	16.136	57.363
Factor 4: market development	1.797	14.901	72.264
Factor 5: active research	1.793	13.496	85.760

Source: Own calculation.

One may summarize that the first two factors are characterized by a relatively low level of commitment whereas the commitment between the partners is high for the remaining factors.

5 Conclusions

Within this paper it could be shown that the main co-operation motives discussed in the literature, that is pooling either identical or complementary competences, generally also hold within the biotechnology sector. Due to the knowledge intensity and the dynamic environment a third co-operation motive also gains importance: knowledge creation. The three factors extracted explain some 75% of total variance. With respect to the preferred business relationships it is possible to extract factors that are characterized by different degrees of commitment. The degree of commitment increases with the interdependence of the partners. Altogether, the five extracted factors explain some 85% of total variance. With respect to the parts of variance that could not be explained only presumptions can be made. There seems to be a need for more detailed research and future data collection should take into consideration the following aspects:

While the technical specialities of the biotechnology sector seem to be replicated by the questionnaire, the aspect of internationality should be stressed more straightforwardly. This gains special importance with respect to the cultural differences between Europe and Asia.

The aspect of bilaterally spreading risk as motive should be explicitly introduced in the analysis as this is a traditional key motive for co-operations if firms act in a dynamic environment.

The analysis should focus more on the relevance of co-operation networks as well as on virtual enterprises that increasingly arise in industries that intensively use the possibilities of the information and communication technology (ICT). One can expect that in the biotechnology sector every firm has access to these technologies.

It could also be analyzed how co-operation evolves over time and if the co-operation changes anything in the competitive relationship between the companies at the level of joint R&D or in the final product market.

References

Büchs, M. J. (1991), Zwischen Markt und Hierarchie. Kooperationen als alternative Koordinationsform, in: *Zeitschrift für Betriebswirtschaft*, 61 (Ergänzungsheft 1), 1-38.

Child, J. and D. Faulkner (1998), *Strategies of Co-operation*, Oxford.

Fraunhofer-Institut für Systemtechnik und Innovationsforschung (2002), *Innovationsmanagement in mittelständischen Biotechnologieunternehmen*, Bericht im Auftrag der Stiftung Industrieforschung, Karlsruhe.

Freiling, J. (1998), Kompetenzorientierte Strategische Allianzen, in: *io Management*, 676, 23-29.

Jarillo, J. C. (1988), On Strategic Networks, in: *Strategic Management Journal*, 9, 31-41.

Oelsnitz, D. von der und M. Hahmann (2003), *Wissensmanagement. Strategie und Lernen in wissensbasierten Unternehmen*, Stuttgart.

o. V. (2003), Deutschland wird zum Nachzügler, in: *iwd*, Nr. 49, 4. Dezember 2003, 2.

Porter, M. E. (1980), *Competitive Strategy: Techniques for Analyzing Industries and Competitors*, New York.

Porter, M. E. and M. B. Fuller (1986), Coalitions and Global Strategy, in: Porter, M. E. (ed.): *Competition in Global Industries*, Boston, 315-344.

Rotering, Ch. (1990), *Forschungs- und Entwicklungskooperationen zwischen Unternehmen - Eine empirische Analyse*, Stuttgart.

Williamson, O. (1975), *Markets and Hierarchies*, New York.

KAPITEL ZWEI

Existenzgründung und Existenzsicherung

Joachim Merz, Peter Paic

Universität Lüneburg, Forschungsinstitut Freie Berufe (FFB)

Existenzgründungen von Freiberuflern und Unternehmern – Eine Mikroanalyse mit dem Sozio-ökonomischen Panel

Zusammenfassung

Zielsetzung der Untersuchung ist es, die Charakteristika und Bestimmungsfaktoren für eine Existenzgründung von Freiberuflern und Unternehmern in der Bundesrepublik Deutschland anhand des Sozio-ökonomischen Panels (SOEP) für die Jahre 1991 bis 2001 aufzuzeigen. In einem über den Beobachtungszeitraum gepoolten Datenmodell wurden über 1.500 Gründungen, davon 459 freiberufliche Gründungen, untersucht. Als empirische Methode wird die multivariate logistische Regression verwendet. Dabei konnten sehr deutliche Unterschiede zwischen der Gruppe der Freien Berufe und den Unternehmern festgestellt werden.

Die Ergebnisse zeigen, dass sich die freiberuflichen Existenzgründer von den Unternehmensgründern hinsichtlich der persönlichen Charakteristika, des mikrosozialem Umfeldes und des Humankapitals stark unterscheiden.

1 Einleitung

Vor dem Hintergrund einer angespannten Arbeitsmarktsituation mit hoher Arbeitslosigkeit und einer nur moderaten wirtschaftlichen Entwicklung in der Bundesrepublik Deutschland gewinnt das Thema „Existenzgründung“ seit Ende der 90er Jahre erheblich an Bedeutung. Die Zahl der Selbständigen stieg in Deutschland von 1991 bis 1998 um 18,3% auf 3,6 Mio. an, während die Zahl aller Erwerbstätigen im gleichen Zeitraum um 4,2% auf 35,9 Mio. abnahm. Mit dem Übergang von der Industrie- zur Dienstleistungs- und Informationsgesellschaft entsteht dabei ein breites Spektrum neuer Tätigkeiten wie z. B. Privatpfleger, Internet-Makler, Info-Broker bis hin zu hochtechnologischen Berufen in der Softwarebranche und in der Telekommunikation (vgl. Oberlander und Kräuter 2000, Merz 2002b, Bayerische Staatskanzlei 2002).

Aus der Gruppe der Gründer fällt insbesondere die Gruppe der Freien Berufe durch ihr dynamisches Wachstum auf. So stieg die Gesamtzahl der freiberuflich Tätigen seit 1992 um 67% auf insgesamt 761.000 Freiberufler in 2001 (IFB 2002). Mit offensichtlich unterschiedlichem Anwachsen der Existenzgründungen innerhalb der Selbständigen – als Freier Beruf oder Unternehmer (sonstige Selbständige ohne Landwirte und ohne mithelfende Familienangehörige) – stellt sich die Frage, ob mit dem jeweiligen Berufsverständnis als Freiberufler oder Unternehmer auch unterschiedliche Bestimmungsfaktoren für eine Existenzgründung zu konstatieren sind.[1] Eine Differenzierung in dieser Frage mit quantifizierten Erfolgsmustern und entsprechenden Signifikanzaussagen erlaubt neben einer Erklärung des Phänomens dann insbesondere auch eine zielgerichtete Wirtschaftspolitik.

Gegenstand unseres Beitrags ist also ein Vergleich der Gründer als Freiberufler und als Unternehmer in der Bundesrepublik Deutschland von 1991 bis 2001. Konzentrieren wollen wir uns auf die beiden Fragestellungen: Welche besonderen Merkmale und Charakteristika kennzeichnen und unterscheiden die beiden Gründergruppen? Worin bestehen und unterscheiden sich die Aktivitätsfaktoren der beiden Gründergruppen? In der Literatur finden sich bereits zahlreiche Studien zur Existenzgründung im Allgemeinen (siehe Kapitel 2). Zum freiberuflichen Gründungsgeschehen allerdings liegen bisher nur sehr rudimentäre Ansätze (vgl. Paic 2003 und Simon 2001) vor, aber unseres Wissens nach bisher keine theoretisch und methodisch fundierten Arbeiten. Im weiteren Sinn einzubetten ist unser Thema in die allerdings nur spärlich vorhandenen Arbeiten zur Diskussion von Selbständigkeit und Entrepreneurship (vgl. Hübler 1991, Blanchflower und Oswald 1998 sowie Merz 2003).

Der vorliegende Beitrag gliedert sich in fünf Kapitel. Zunächst werden im theoretischen Teil die Forschungsperspektive und das Forschungsobjekt eingegrenzt und mit geeigneten Theoriemodellen verbunden. Im Anschluss daran wird das Sozio-oekonomische Panel (SOEP) als verwendete Datenbasis kurz vorgestellt und die Entwicklung der Freiberufler und Unternehmer auf der SOEP-Basis von 1991 bis 2001 beschrieben. Dem schließt sich in Kapitel vier die deskriptive Untersuchung der Charakteristika der freiberuflichen Gründungen und Unternehmensgründer an. In Kapitel fünf wird dann mit konkurrierenden sozio-ökonomischen Determinanten die Wahrscheinlichkeit einer

[1] Die Freien Berufe sind generell zentraler Forschungsschwerpunkt der Arbeiten unseres Forschungsinstituts Freie Berufe (FFB) der Universität Lüneburg (http://ffb.uni-lueneburg.de, Merz 2002a,b, 2001a,b, Forschungsinstitut Freie Berufe 1999, Merz, Rauberger und Rönnau 1994, Merz und Kirsten 1999) sowie der Arbeiten des Instituts für Freie Berufe Nürnberg (www.uni-erlangen.de/ifb) sowie allgemeiner Deneke 1956, 1986 oder Büschges 1989.

Gründung anhand einer Regressionsrechnung mit dem Logit-Modell untersucht. Ein Fazit mit der Zusammenfassung und Bewertung der Ergebnisse schließen den Beitrag.

2 Existenzgründungen – Theoretische Grundlagen

Einen geschlossenen Theorieansatz für Unternehmensgründungen auf der mikroökonomischen Ebene gibt es weder in der deutschen noch in der internationalen Gründungsforschung (Schulte 2002, Merz 2001a, b, Brüderl, Preisendörfer und Ziegler 1996). Zur systematischen Erschließung des Forschungsobjektes wird der Bezugsrahmen für die Gründungsforschung nach Müller-Bölling und Klandt (1990) angewendet. Der Bezugsrahmen unterscheidet in seiner Struktur einerseits verschiedene Forschungsobjekte der Gründungsforschung und andererseits differenziert er unterschiedliche Forschungsperspektiven (Tabelle 1).

Tabelle 1: Übersicht und Vergleich ausgewählter Theorielinien

	personen-bez. Ansätze	**Institutionen-ökonomie**	**Industrie-ökonomie**	**Organisations-ökologie**
Typische Varianten	Humankapital-theorie	Transaktions-kostentheorie	emp. Industrie-ökonomie	Gründungs-evolutorik
Ursprung	Psychologie	Ökonomie	Ökonomie	Biologie
Gegenstand	Gründerper-son, mikroso-ziales Umfeld	Effizienzver-gleich von Koordinations-mechanismen	Marktein- und aus-tritte innerhalb von Märkten (Branchen)	Marktein- und austritte inner-halb von Popula-tionen
Stellung im Bezugsrahmen	Person, Erfolg	Unternehmung, Umfeld	Unternehmung, Umfeld	Umfeld
Vermutete Entwicklungs-faktoren	individuell (z. B.: Bran-chenerfahrung)	unternehmens-extern und -intern	unternehmensintern (z. B: Einzig-artigkeit einer Marktleistung)	unternehmens-extern (z. B.: Alter einer Po-pulation)
Forschungs-perspektive	individuell	einzelwirt-schaftlich	gesamtwirt-schaftlich	gesamtwirt-schaftlich
Aussagen vor der Gründung	Ja	Nein	Nein	Nein

Quelle: Paic 2003 in Anlehnung an Wippler 1998 und Schulte 2002.

Im Rahmen unseres Beitrags stehen die Gründerpersonen unmittelbar vor dem Zeitpunkt ihrer Existenzgründung im Mittelpunkt der Betrachtung und fungieren daher als Forschungsobjekt. Als Forschungsperspektive wird die individuelle Ebene eingenommen, da wir vermuten, aus dieser Perspektive die aussagekräftigsten Ergebnisse zu gewinnen. Für die Auswahl einer geeigneten Theorielinie ist ferner die Berücksichtigung von Aussagen vor dem Gründungszeitpunkt ein wichtiges Auswahlkriterium. Nach diesen Kriterien soll aus den in der Gründungsforschung überwiegend angewendeten Theorielinien ein geeigneter Ansatz ausgewählt werden.

Als meist verbreitete Theorieansätze sind zu nennen: die personenbezogenen Ansätze, die Institutionenökonomie, die Industrieökonomie und die Organisationsökologie (vgl. Schulte 2002). Die Tabelle 1 stellt die ausgewählten Theorielinien vergleichend gegenüber. Dargestellt sind deren typische Varianten, der Ursprung sowie die Kriterien der Forschungsperspektive und des Forschungsobjektes, die vermuteten Entwicklungsfaktoren und die Berücksichtigung von Aussagen vor der Gründung.

Wie aus der Tabelle 1 deutlich wird, eignet sich für unsere Untersuchung die personenbezogene Theorielinie, da sie die individuelle Forschungsperspektive einnimmt, als Forschungsobjekt die Person und sein mikro-soziales Umfeld berücksichtigt und Aussagen vor der eigentlichen Gründung zulässt. Als spezifischere Theorie der personenbezogenen Ansätze wird die allgemeine Humankapitaltheorie angewendet (Becker 1964, Mincer 1970), die sich als erfolgreicher Prediktor erwiesen hat (vgl. z. B. Dworschak 1986).

3 Das Sozio-ökonomische Panel als Datenbasis

Das Sozio-ökonomische Panel (SOEP) ist eine seit 1984 in der Bundesrepublik Deutschland (und seit 1990 im Zuge der Wiedervereinigung auch in der ehemaligen DDR) regelmäßig laufende Stichprobenerhebung, die in den Rahmen der Bevölkerungs- und Erwerbsstatistik einzuordnen ist. Die Daten des SOEP ergänzen die amtlichen Statistiken sowohl im Hinblick auf zusätzliche Variablen als auch in Bezug auf den Längsschnittcharakter der Daten, d. h. durch die wiederholte Befragung derselben Stichprobenmitglieder. Durch Wiederholungsbefragungen erhobene Paneldaten ermöglichen die zeitliche Verfolgung von Mikroeinheiten, die notwendig ist, um Hypothesen über Wandlungsprozesse in einer Gesellschaft empirisch testen zu können (SOEP Gruppe 2003a, Hujer, Rendtel und Wagner 1997, Fleck 1996).

Befragt werden im SOEP alle Personen in den Haushalten der Stichprobe die 16 Jahre und älter sind. Das SOEP ist nicht nur für die ursprünglichen Befragungskohorten hochrechenbar, sondern im Prinzip für die gesamte Wohnbevölkerung in Deutschland in jedem Erhebungsjahr. Einer der Gründe dafür ist, dass sowohl nachwachsende Kinder als auch Personen, die einen Befragungshaushalt verlassen, in die Befragung einbezogen und weiterverfolgt werden (SOEP Gruppe 2003a).

Insgesamt besteht das SOEP aus aktuell sechs Teilstichproben von denen drei Erweiterungsstichproben in den Untersuchungszeitraum fallen. Zuletzt wurde das SOEP im Jahr 2000 um die Teilstichprobe F erweitert. Diese soll mit einer größeren Fallzahl in der Stichprobe ermöglichen, auch kleinere Teilgruppen der Bevölkerung zu analysieren, wie beispielsweise die Gruppe der Selbständigen oder speziell die relativ kleine Gruppe der Freien Berufe.

Ein Kennzeichen des SOEP-Panel ist seine hohe Kontinuität. Von den 12.290 Personen die zu Beginn der Umfrage 1984 teilnahmen, sind 2001 – also nach 18 jährlichen Befragungswellen - noch über 7.000 Personen aus der ersten Umfrage dabei. Im Jahr 2001 stehen im SOEP (mit den Erweiterungsstichproben) Informationen von insgesamt über 21.000 Personen aus fast 12.000 Haushalten zur Verfügung (SOEP Gruppe 2003a, 2003b, 2002).

Trotz der hohen Aussagekraft unterliegen Panels Problemen, die den Nutzen beeinträchtigen können. Dazu gehören z. B. die Panelmortalität, das generelle Problem theorieangemessen zu operationalisieren (Adäquationsproblem), aber auch allgemeinere Erhebungsprobleme. Für eine angemessene Interpretation der nachfolgenden Ergebnisse ist es daher notwendig, diese Probleme schon im Vorfeld aufzuzeigen.

Grundsätzlich ist das SOEP nicht auf die spezielle Fragestellung der Untersuchung - der Existenzgründung allgemein und der freiberuflichen Existenzgründung im Besonderen - ausgerichtet. So kann beispielsweise aufgrund der Sekundäranalyse nicht zwischen den originären (Neugründungen) und derivativen (Nachfolgegründungen) freiberuflichen Gründungen und Unternehmensgründungen unterschieden werden.

Etwas einschränkender ist allerdings die relativ kleine Fallzahl speziell der Freien Berufe in der Stichprobe, wie auch in der Grundgesamtheit. Insgesamt liegt die Anzahl der im SOEP erfassten Selbständigen über den Beobachtungszeitraum bei durchschnittlich 678 Fällen, davon 160 Fälle bei den Freiberuflern. Dies entspricht einem durchschnittlichen Anteil der Selbständigen über alle untersuchten Wellen von 5% mit einem Anteil der Freien Berufe von 1,2% an den Stichproben. (Eigene Berechnungen SOEP 1991-2001).[2] Aus dem Jahr 2001 stehen im SOEP Angaben über 21.233 Personen zur Verfügung. Der Anteil der selbständigen Personen beläuft sich mit 1089 Personen auf 5,1% der Stichprobe, davon wiederum 267 freiberuflich Tätige deren Anteil bei aufgerundeten 1,3% liegt (eigene Berechnung, SOEP 2001).

---

[2] Die Angaben beruhen auf einem aus dem SOEP generierten „unbalanced" Datensatz. Nicht berücksichtigt wurden in diesen und auch folgenden Berechnungen die Gruppe der Landwirte sowie die Gruppe der mithelfenden Familienangehörigen.

Die Zahlen belegen, dass die Gruppe der Selbständigen quantitativ bedeutsam im SOEP vertreten ist. Ebenso sind, unter Berücksichtigung der Selbständigenstruktur, die Freien Berufe angemessen in der Stichprobe berücksichtigt. In der Tabelle 2 finden sich dazu die jeweiligen ungewichteten (n) und gewichteten (N) Fallzahlen der Freiberufler und Unternehmer im SOEP von 1991 bis 2001. Wie aus der Tabelle 2 zu entnehmen ist, stieg speziell die Anzahl der Freien Berufe im Beobachtungszeitraum kontinuierlich an und verdoppelte sich mit der Erweiterungsstichprobe G im Jahr 2000.[3]

Tabelle 2: Freie Berufe, Unternehmer und Selbständige im SOEP

	Freie Berufe		Unternehmer		Selbständige	
	n	N	n	N	n	N
1991	108	709	389	1.954	497	2.663
1992	118	743	390	1.982	508	2.725
1993	127	931	410	2.027	537	2.958
1994	144	967	416	2.012	560	2.979
1995	125	778	433	2.160	558	2.938
1996	147	961	440	2.200	587	3.161
1997	116	749	444	2.548	560	3.297
1998	142	929	533	2.301	675	3.230
1999	146	898	520	2.613	666	3.511
2000	316	973	908	2.569	1.224	3.542
2001	267	992	822	2.599	1.089	3.591
Summe:	1.756	9.630	5.705	24.965	7.461	34.595

Quelle: SOEP 1991-2001, eigene Berechnungen, n = ungewichtete Werte, N = gewichtete Werte in Tausend.

Um zu repräsentativen Ergebnissen und Aussagen zu gelangen, ist eine Hochrechnung mit der entsprechenden individuellen Gewichtung der Mikrodaten im SOEP erforderlich. Diese im SOEP bereits vorhandene Hochrechnung für die Freien Berufe führt im Aggregat zu Ergebnissen, die beispielsweise vom Mikrozensus abweichen, da die Freien Berufe bisher nicht explizit bei der Hochrechnung berücksichtigt werden.[4] Generell ist es methodisch möglich,

[3] Mit der über das Jahr 2003 erhobenen Stichprobe F „hohe Einkommen", welche zum Zeitpunkt dieser Arbeit noch nicht vollständig für den Anwender vorlag, stieg die Fallzahl der Freien Berufe nochmals auf 452 Personen an.

[4] Merz und Lang 1995 haben neue Hochrechnungen für die Freien Berufe und Selbständigen für die Panelwellen 1984 und 1985 im Rahmen des von der DFG geförderten Projekts „Zeitverwendung in Erwerbstätigkeit und Haushaltsproduktion – Dynamische Mikroanalysen mit Paneldaten" erarbeitet. Aus Gründen der Vergleichbarkeit wird in der vorliegenden Arbeit auf die Hochrechnungsfaktoren der SOEP-Panelgruppe zurückgegriffen, die für alle Wellen zur Verfügung stehen.

auch bei geringeren Fallzahlen Gewichte so zu bestimmen, dass repräsentative Aussagen möglich sind, wobei es natürlich wünschenswerter ist, mit höheren Fallzahlen als Grundlage zu arbeiten.

Wenn auch damit Einschränkungen in der Interpretation gegeben sind, so sind doch die Informationen des SOEP gerade zum sozio-ökonomischen Hintergrund im Umfeld von Existenzgründungen von besonderer Vielfalt und Bedeutung und bieten sich im Vergleich zu anderen Datenquellen für unsere Fragen zur Existenzgründung – eben auch für die Unterscheidung der Selbständigen nach Freiberuflern und Unternehmen als sonstige Selbständige – herausragende Auswertungsmöglichkeiten.

Die Abbildung 1 zeigt nun die Entwicklung der Freien Berufe, der Unternehmer und der Vollerwerbstätigen in der Bundesrepublik Deutschland von 1991 bis 2001.

Abbildung 1: Entwicklung der Anzahl der Freien Berufe, Unternehmer und Vollerwerbstätigen im SOEP von 1991 bis 2001 – Index

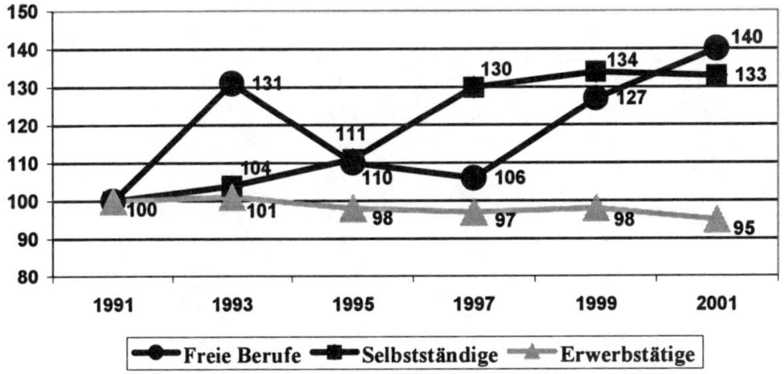

Quelle: SOEP 1991-2001, eigene gewichtete Berechnungen, Basisjahr 1991 = 100.

Deutlich erkennbar ist in der Abbildung 1 der Anstieg der Freien Berufe zwischen 1991 und 1993, dem im weiteren Verlauf abflachenden Rückgang der Freien Berufe zwischen 1993 und 1997, sowie dem kontinuierlichen Anstieg seit 1997 auf 140 Indexpunkte. Dem besonderen Anstieg der Freien Berufe in der zweiten Hälfte der 90er Jahre steht ein nur noch mäßiges Anwachsen der Zahl der Unternehmer entgegen.

Insgesamt ist aus der Entwicklung über den Zeitraum von 11 Jahren festzuhalten, dass gegenüber dem Ausgangspunkt in den 90er Jahren die Anzahl der

Vollerwerbstätigen um 5% abgenommen, die der Freiberufler dagegen um 40% und die der Unternehmer um 33% angewachsen ist.

4 Charakteristika: Freiberufliche- und Unternehmensgründer im Vergleich

Paneldaten erlauben es insbesondere, die individuellen Veränderungen zu untersuchen. Somit ist es möglich, nicht nur als Saldo eine neue Situation zu beschreiben, sondern die für uns interessante Frage explizit nach den Gründungen einer Selbständigkeit zu beantworten. Die Tabelle 3 gibt einen Überblick zur Anzahl der Gründungen von Freiberuflern, Unternehmer und Selbständigen. So liegen über die Wellen von 1991 bis 2001 im SOEP insgesamt 1.687 Beobachtungen über Gründungen von Selbständigen vor, davon 1.174 Unternehmensgründungen und 513 freiberufliche Gründungen.

Tabelle 3: Anzahl der Gründungen im SOEP

	Freiberufliche Gründungen		Unternehmens–gründungen		Selbständige Gründungen	
	n	N	n	N	n	N
1992	48	263	101	492	149	755
1993	48	340	111	485	159	825
1994	56	372	91	483	147	855
1995	36	264	119	731	155	995
1996	58	369	104	498	162	867
1997	27	122	111	741	138	863
1998	37	255	102	330	139	585
1999	57	302	147	656	204	958
2000	50	140	96	300	146	440
2001	96	368	192	593	288	961
Summe:	513	2.797	1.174	5.309	1.687	8.104

Da für die Konstruktion der Variablen Gründer das Jahr 1991 als Referenz dient, liegen zu diesem Jahr keine Angaben vor.

Quelle: SOEP 1991-2001, eigene Berechnungen.

Die relativ geringen Fallzahlen gerade bei den freiberuflichen Gründungen werden in den einzelnen Wellen deutlich. So schwanken die Zahlen der freiberuflichen Gründer zwischen 27 und 96 Fällen im Untersuchungszeitraum. Deutlich zu erkennen ist der Anstieg der Fallzahlen durch die Erweiterungsstichprobe F im Jahr 2000. Um zu aussagekräftigen Ergebnissen zu gelangen, wollen wir daher für den weiteren Vergleich der Gründer die Daten aus den einzelnen Wellen zusammen betrachten (pooled data).

Die zentrale Frage unserer Studie lautet: Gibt es Unterschiede in den Charakteristika der beiden Gruppen von Existenzgründern? Dazu betrachten wir zunächst mit der Tabelle 4, auch die in anderen Studien zur Existenzgründung (vgl. Simon 2002, Pannenberg 1999) herausgearbeiteten Charakteristika. Allerdings werden damit nur erste eindimensionale und deskriptive Vergleiche ermöglicht. Die mehrdimensionale, multivariate Analyse mit konkurrierenden Erklärungsfaktoren werden wir in Kapitel fünf vornehmen.

Tabelle 4: Vergleich der Charakteristika von freiberuflichen- (FB) und Unternehmens- (U) Gründern

Charakteristika zum unmittelbaren Zeitpunkt vor der Gründung	**Kategorien**	**FB**	**U**	**FB**	**U**
		in % an der jeweiligen Gruppe		**in % an allen Gründern**	
n		459	1092	1551	1551
Person					
Geschlecht:	männlich	58,0	59,8	17,2	42,1
	weiblich	42,0	40,2	12,4	28,3
Alter:	bis 29 J.	13,1	20,6	3,9	14,5
	30 – 39 J.	37,7	34,4	11,2	24,2
	40 - 49 J.	29,8	25,2	8,8	17,7
	über 50 J.	20,3	19,8	6,0	13,9
Persönliches Monatsbruttoeinkommen in DM:	bis 500	32,2	34,5	9,5	24,3
	über 500 - 1500	11,1	9,6	3,3	6,8
	über 1500 - 3000	15,5	16,9	4,6	11,9
	über 3000 - 10000	17,0	18,3	5,0	12,9
	über 10000	25,5	20,7	7,5	14,6
Zufriedenheit mit der Arbeit:	zufrieden	60,3	62,3	17,9	43,8
	eher unzufrieden	29,2	28,1	8,6	19,8
Zufriedenheit mit der Gesundheit:	Zufrieden	72,5	67,5	21,5	47,5
	eher unzufrieden	28,8	32,5	8,5	22,9
Mikro-soziales Umfeld					
Familienstand*:	Ledig	27,2	19,7	8,1	13,9
	Verheiratet	65,4	71,0	19,3	50,0
	Geschieden	6,8	7,8	2,0	5,5
Anzahl der Kinder im Haushalt:	keine Kinder	53,8	49,1	15,9	34,6
	ein Kind	20,7	24,9	6,1	17,5
	mehr als ein Kind	26,4	26,0	7,8	18,3

Fortsetzung Tabelle 4

Charakteristika zum unmittelbaren Zeitpunkt vor der Gründung	Kategorien	FB	U	FB	U
		in % an der jeweiligen Gruppe		in % an allen Gründern	
Mikro-soziales Umfeld					
Anzahl der Personen im Haushalt:	allein lebend	15,5	10,7	4,6	7,5
	zwei Personen	22,7	22,8	6,7	16,1
	drei Personen	27,2	27,9	8,1	19,7
	vier Personen	25,3	26,9	7,5	19,0
	mehr als vier Pers.	10,2	11,5	3,0	8,1
Haushaltseinkommen in Tausend DM:	bis 50	35,5	36,5	10,5	25,7
	über 50 bis 100	30,3	37,8	9,0	26,6
	über 100 bis 150	21,1	16,8	6,3	11,9
	über150 bis 200	9,2	5,5	2,7	3,9
	über 200	4,8	3,3	1,4	2,3
Region:	West	78,4	74,5	23,2	52,5
	Ost	22,4	25,5	6,6	17,9
Humankapitaltheorie					
Schulabschluss*:	Hauptschule	13,1	31,9	3,9	22,4
	Realschule	27,0	33,9	8,0	23,9
	Fachoberschule	8,5	6,1	2,5	4,3
	Abitur	48,8	19,2	14,4	13,5
Berufsabschluss*:	Lehre	26,6	43,0	7,9	30,3
	Berufsfachschule	5,4	8,2	1,6	5,8
	Gesundheitswesen	3,9	2,0	1,2	1,4
	Fachschule	13,1	14,7	3,9	10,4
	Beamtenausbildung	1,5	0,7	0,5	0,5
Hochschulabschluss:	Hochschulabschluss	48,4	15,9	14,3	11,2

* nicht alle vorhandenen Ausprägungen hier dargestellt.
FB = Freiberufliche Gründer, U = Unternehmensgründer.
Quelle: SOEP 1991-2000, eigene Berechnungen.

Die Tabelle 4 gibt eine Übersicht zu den Charakteristika der Existenzgründer von Freiberuflern und Unternehmern jeweils im SOEP- Erhebungsjahr unmittelbar vor ihrer Existenzgründung. Die untersuchten Variablen sind den jeweiligen theoretischen Hypothesenblöcken zugeordnet. Dies sind zur Person: Alter, Geschlecht, persönliches Bruttoeinkommen, Arbeits- und Gesundheitszufriedenheit der Person. Zum mikro-sozialen Umfeld: Familienstand, Anzahl der Kinder, Anzahl der Personen im Haushalt und das Haushaltsbruttoeinkommen. Zur allgemeinen Humankapitaltheorie: Schul-, Bildungs- und Hochschulabschluss.

Betrachtet man die Existenzgründungen insgesamt, so liegen im bereinigten Datensatz 1551 Gründungen im Untersuchungszeitraum vor (ohne Landwirte und mithelfende Familienangehörige). Auffallend ist der relativ hohe Anteil der freiberuflichen Existenzgründung in diesem Zeitraum (1991-2001) von knapp 30% aller Gründungen. Wie wir oben gesehen haben, steht dahinter ein überproportionaler und kontinuierlicher Zuwachs der Freiberufler seit Beginn der 90er Jahre.

Bei Betrachtung der auf die Person des zukünftigen Gründers bezogenen Merkmale ist festzustellen, dass sowohl freiberufliche als auch Unternehmensgründer überwiegend männlich sind. Knapp 40% der Gründer sind Frauen, wobei der Anteil bei den Freien Berufen mit 42% etwas höher als bei den Unternehmern mit 40% liegt.

Bei der Altersverteilung wird deutlich, dass die freiberuflichen Gründer etwas älter als die Unternehmensgründer sind, was u. a. auch ausbildungsbedingt ist. So liegt die Hochschulabschlussquote von freiberuflichen Gründern mit 48% deutlich über der Quote der Unternehmensgründer mit 16%. Nur 13% in den Freien Berufen gründen vor dem dreißigstem Lebensjahr, während es bei den Unternehmern 19% sind. Der Großteil der Gründungen wird mit über 50% in beiden Gruppen während des dreißigsten und fünfzigsten Lebensjahres unternommen. In beiden Gruppen beträgt der Anteil der über 50jährigen Gründer rund 1/5.

Das persönliche Bruttoeinkommen vor der Gründung liegt bei den freiberuflichen Gründungen wie bei den Unternehmensgründern zu über 30% in der Klasse bis zu 500 DM. Insgesamt gibt es über die fünf Klassen hinweg eine deutliche Tendenz zu einem höheren persönlichen Bruttoeinkommen unmittelbar vor der freiberuflichen Gründung. So stellen die Freiberufler über 25% in der höchsten Einkommensklasse, während es bei den Unternehmern 20% sind.

Bei dem Vergleich der Arbeits- und Gesundheitszufriedenheit gibt es keinen gravierenden Unterschied zwischen den beiden Gruppen. Die freiberuflichen Gründer sind etwas zufriedener mit ihrem Gesundheitszustand, während die Unternehmensgründer etwas zufriedener mit ihrer Arbeit sind.

Bei der Betrachtung des mikro-sozialen Umfelds hinsichtlich des Familienstandes ist festzustellen, dass die freiberuflichen Gründer mit 27% vermehrt ledig sind gegenüber den Unternehmensgründern mit einem Anteil der Ledigen von 19%. Auf der anderen Seite sind die Unternehmer vor der Gründung mit 71% in der Mehrzahl verheiratet, während dies bei den freiberuflichen Gründern zum gleichen Zeitpunkt 65% sind.

Über die Hälfte der freiberuflichen Gründer (53%) und fast die Hälfte der Unternehmensgründer (48%) haben keine Kinder. Ein Kind haben 20% der Freiberufler und 25% der Unternehmer unmittelbar vor dem Start in die Selbständigkeit. Mehr als ein Kind haben beide Seiten mit etwas über einem Viertel.

Wie beim persönlichen Bruttoeinkommen sind die freiberuflichen Gründer stärker als die Unternehmensgründer in den höheren Klassen des Haushaltseinkommens vertreten. Im direktem Vergleich sind die Unternehmer stark in der Klasse über 50.000 bis 100.000 DM mit 38% vertreten und die Freiberufler mit 21% in der Klasse von 100.000 bis 150.000 DM. Gut drei Viertel aller Gründungen insgesamt finden in Westdeutschland, gegenüber einem Viertel in Ostdeutschland statt.

Hinsichtlich der allgemeinen Humankapitalvariablen gibt es deutliche Unterschiede bei den höchsten Schul- und Berufsabschlüssen. Verfügen 32% der Gründer bei den Unternehmern über einen Hauptschulabschluss, so sind es bei den freiberuflichen Gründern gerade einmal 13%. Ebenfalls deutlich überwiegt der Anteil der Realschulabsolventen mit 34% bei den Unternehmensgründern gegenüber 27% bei den Freiberuflern. Dagegen verfügen fast 49% der Freiberufler über das Abitur, während es 20% bei den Unternehmern kurz vor dem Gründungszeitpunkt sind. Als Berufsabschluss verfügen mit über 43% der Unternehmensgründer fast doppelt so viele wie bei den freiberuflichen Gründer über eine Lehre. Dominant sind die freiberuflichen Gründer bei den Hochschulabschlüssen. Mit über 48% ist die Quote der freiberuflichen Gründer, die über einen Hochschulabschluss verfügen, fast dreimal so hoch als bei den Unternehmensgründern.

Insgesamt zeigt sich über den Untersuchungszeitraum folgendes Bild: Sowohl die Gründer der Freiberufler als auch der Unternehmer sind überwiegend männlich und zwischen 30 und 49 Jahre alt. Der Anteil der Gründungen aus der niedrigsten Einkommensklasse liegt in beiden Gruppen bei gut einem Drittel, während die freiberuflichen Gründer aus der höchsten Einkommensklasse weitaus stärker vertreten sind als die Unternehmensgründer. Rund ein Viertel aller Gründungen finden in Ostdeutschland statt, wobei der Anteil der freiberuflichen Gründer etwas geringer ist.

Die markantesten Unterschiede zwischen den freiberuflichen Gründungen und Unternehmensgründern zeigen sich im Familienstand, dem Einkommen und im allgemeinen Humankapital. Hinsichtlich des Familienstandes ist die Zahl der verheirateten Freiberufler deutlich geringer als bei den Unternehmensgründern. Ebenso ist die Anzahl der kinderlosen und allein lebenden Freiberufler höher als auf Seiten der Unternehmensgründer. Die freiberuflichen Gründer sind gekennzeichnet durch ein tendenziell höheres Haushaltseinkommen sowie einem hohen Grad an Abiturienten und Hochschulabsolventen. Die Unternehmensgründer sind geprägt durch einen hohen Anteil von Hauptschulabschlüssen und Lehrausbildungen.

5 Multivariate Analyse zu den Erfolgsdeterminanten der freiberuflichen Gründungen und Unternehmensgründungen

Mit den Hinweisen aus der vorherigen deskriptiven Analyse auf markante Größen werden aus den personenbezogenen Ansätzen die folgenden zugeordneten Determinanten/Hypothesen untersucht: Alter, Geschlecht, berufliche Stellung, persönliches Bruttoeinkommen für die Person. Aus dem mikrosozialem Umfeld: der Familienstand, die Anzahl der Kinder und Personen im Haushalt sowie das Haushaltseinkommen und die Region. Für den Ansatz der Humankapitaltheorie sind es die Determinanten des Schulabschlusses, des Hochschulabschlusses und der Berufsausbildung (vgl. Tabelle 5).

Wird die folgende Logit-Schätzung als reduzierte Form eines nutzenmaximierenden Ansatzes interpretiert, dann sind Variablen der Zufriedenheit eher der dahinterliegenden Nutzenfunktion als Ergebnis nutzenmaximalen Handelns anzusehen. Wir belassen deshalb die betrachteten Variablen zur Zufriedenheit in der deskriptiven Analyse.

Tabelle 5: Determinanten/Hypothesen zukünftiger Gründer

Ansätze	Determinanten	Ausprägung
Person:	Alter:	in Jahren
	Geschlecht:	männlich/ weiblich
	Berufliche Stellung:	selbständig, Arbeiter, Angestellter, Beamter, Auszubildender, arbeitslos, erwerbslos
	Persönliches Bruttoeinkommen:	monatlich in DM
Mikrosoziales Umfeld:	Familienstand:	ledig, verheiratet, geschieden, verwitwet, verheiratet- getrennt lebend
	Anzahl der Kinder:	Anzahl
	Haushaltseinkommen:	jährliches Bruttohaushaltseinkommen in DM
	Haushaltsgröße:	Anzahl der Personen im Haushalt
Humankapitaltheorie:	Schulabschluss:	Hauptschulabschluss., Realschulabschluss Fachhochschulreife, Abitur, sonstiger Abschluss
	Beruflicher Bildungsabschluss:	Lehre, Berufsfachschule, Schule des Gesundheitswesen, Fachschule, Beamtenausbildung, sonstige Ausbildung
	Hochschulabschluss:	ja/nein

Quelle: SOEP 1991-2001, eigene Zuordnung.

Mit der logistischen Regression wollen wir die Signifikanz der konkurrierenden Determinanten der Wahrscheinlichkeit einer Existenzgründung quantifizieren. Untersucht werden neben den freiberuflichen Gründungen und Unternehmensgründern auch die Existenzgründungen insgesamt unter der Bezeichnung „Selbständige Gründer“ im SOEP zwischen 1991 und 2001. Die Tabelle 6 stellt die Ergebnisse der untersuchten Hypothesen dar. Für die Interpretation ist festzuhalten, dass die erklärenden Variablen in der Periode direkt vor einer Gründung berücksichtigt werden.

Ergebnisse der Logit-Schätzung: Ein höheres Alter hat einen hoch signifikanten positiven und zugleich nichtlinearen Effekt auf die Wahrscheinlichkeit einer Gründung. Die größeren Koeffizienten einer freiberuflichen vs. Unternehmensgründung weisen zum einen auf einen höheren Erklärungsbeitrag aber auch auf eine im Lebensverlauf spätere Gründung hin.

Frauen haben eine geringere Wahrscheinlichkeit ein Unternehmen zu gründen. Dagegen spielt das Geschlecht bei einer freiberuflichen Gründung keine signifikante Rolle.

Tabelle 6: Determinanten der Wahrscheinlichkeit einer Existenzgründung (Logit-Modell)

Situation im Jahr vor der Gründung	Selbständige Gründer	Freiberufliche Gründer	Unternehmens-Gründer
Konstante	-8,232***	-13,156***	-7,789***
Person			
Alter	0,297***	0,428***	0,272***
Alter² / 100	-0,390***	-0,513***	-0,369***
Geschlecht (Referenz: Mann)	-0,475***	-0,002	-0,692***
Berufliche Stellung (Referenz: Selbständig)			
- Nichterwerbstätiger	-1,967***	-1,664***	-2,079***
- Auszubildender	-2,965***	-	-2,706***
- Arbeiter	-3,573***	-4,986***	-3,414***
- Angestellter	-3,738***	-3,761***	-3,487***
- Beamter	-5,337***	-	-4,816***
Persönl. mtl. Bruttoeinkom. (DM,10^{-3})	1,22***	0,069***	0,0902***
Mikro-soziales Umfeld			
Familienstand (Referenz: ledig)			
- Verheiratet- zusammen	-0,094	-0,544**	0,094
- Verheiratet- getrennt	0,177	0,722*	-0,150
- Geschieden	-0,032	-0,433	0,198
- Verwitwet	-0,098	0,108	-0,178
- Partner im Ausland	2,096**	-	2,421***
Anzahl Personen im Haushalt	-0,043	-0,039	-0,055
Anzahl Kinder im Haushalt	-0,137**	-0,216	-0,097
Haushaltsjahreseinkom. (br. DM,10-6)	1,54*	2,32**	1,92**
Ostdeutschland (Referenz: West)	-0,044	-0,439**	0,082

Fortsetzung Tabelle 6

Situation im Jahr vor der Gründung	Selbständige Gründer	Freiberufliche Gründer	Unternehmens-Gründer
Humankapitaltheorie			
Schulabschluss (Referenz: Hauptschule)			
- Realschulabschluss	0,255***	0,606***	0,111
- Fachhochschulreife	0,300	0,555	0,197
- Abitur	0,455***	1,169***	0,200***
- anderer Schulabschluss	-0,510*	-2,365*	-0,316*
- ohne Schulabschluss	-0,430	-0,266	-0,468
Hochschulabschluss (Referenz: kein Abschluss)			
- Fachhochschule	0,450***	0,855**	0,225
- Universität / TU / ausl. Universität	1,054***	2,155***	0,179
Berufsausbildung (Referenz: Lehre)			
- Berufsschule	0,060	0,126	0,060
- Schule Gesundheitswesen	0,068	0,569*	-0,120
- Fachschule	0,589***	0,850***	0,514***
- Beamtenausbildung	-0,572*	-2,299***	-0,687*
- sonstige Ausbildung	0,223	0,447	0,091
Chi-Quadrat	2225	681	1523
Signifikanzniveau (p-value)	0,00001	0,00001	0,00001
n	758	188	570

Signifikanzen: *=10%, **=5%, ***=1%

Quelle: SOEP 1991-2001, eigene Berechnungen.

Gegenüber der Referenz „Selbständigkeit“ hat eine Gründung aus jeder beruflichen Stellung einen hoch signifikanten negativen Einfluss. Mit der Selbständigkeit als Referenzwert wird deutlich, dass ein Großteil der Neugründungen bei den Unternehmern und insbesondere bei den Freiberuflern aus der Selbständigkeit (als vorheriger Unternehmer bzw. Freiberufler) heraus erfolgt.[5] Die Koeffizienten hier deuten zudem darauf hin, dass gegenüber der Referenz ein vorheriger Beamtenstatus plausiblerweise die geringste Gründungswahrscheinlichkeit aufweist; dagegen eine Gründung aus der Nichterwerbstätigkeit nach der Referenzkategorie die relativ höchste Gründungswahrscheinlichkeit – sowohl für Freiberufler als auch Unternehmer – anzeigt. Insgesamt ist damit eine Gründung aus abhängiger Beschäftigung unwahrscheinlicher.

Das mikro-soziale Umfeld ist von unterschiedlicher Bedeutung für das Gründungsgeschehen. So hat bei den freiberuflichen Gründern die Determinante „Verheiratet- zusammen lebend“ einen hoch signifikanten negativen Einfluss auf eine Gründung gegenüber den Ledigen. Keine Signifikanz des Familien-

[5] Diesem ‚Gründungsverhalten’ wird in einer Folgestudie noch nachzugehen sein.

standes findet sich dagegen bei den Unternehmensgründern; hochsignifikant ist allerdings die Determinante „Partner lebt im Ausland“. Aus dieser Gruppe ist eine positive Wahrscheinlichkeit für eine Unternehmensgründung festzuhalten, was auf die besondere Erwerbsmotivation dieser Gruppe in Deutschland hinweist.

Was den Haushaltshintergrund betrifft, hat die Größe des Haushalts sowie die Anzahl der Kinder keinen signifikanten Einfluss auf die Gründungswahrscheinlichkeit. Allerdings ist der materielle Hintergrund durchaus von Bedeutung: so erhöht ein höheres Haushaltseinkommen auch die Wahrscheinlichkeit einer (vor allem freiberuflichen) Gründung.

Regionale Einflüsse werden nur bei freiberuflichen Gründungen sichtbar: so ist die Wahrscheinlichkeit einer freiberuflichen Gründung in Ostdeutschland signifikant kleiner als in Westdeutschland, obwohl gerade in den 90er Jahren in den neuen Bundesländern ein Freiberufswesen erst im Entstehen war.

Bei den Determinanten zur allgemeinen Humankapitaltheorie stechen Abitur und Hochschulabschluss hervor: Ist noch das Abitur sowohl für Unternehmens- als auch freiberuflichen Gründungen positiv signifikant, so erhöht ein Real- bzw. Hochschulabschluss als höchster Abschluss nur die freiberuflichen Gründungen. Dass ein Hochschulabschluss gerade bei Freiberuflern ausschlaggebend ist, ist natürlich mit dem hohen Grad einer notwendigen akademischen Ausbildung für viele Freiberufler zu erklären. Allerdings wird mit der Signifikanz des Realschulabschlusses deutlich, dass andererseits das Spektrum der Freiberufler sehr heterogen ist.

Hinsichtlich der Berufsausbildung zeigt sich (gegenüber der Referenz einer Lehrausbildung) über alle Gruppen hinweg eine erhöhte Wahrscheinlichkeit zur Gründung, wenn eine Fachschulausbildung vorliegt.

6 Fazit

In diesem Beitrag haben wir die Existenzgründung von Freien Berufen und Unternehmern anhand des Sozio-ökonomischen Panels für die Jahre 1991 bis 2001 untersucht. Neuland betretend, standen dabei vor allem die freiberuflichen Existenzgründungen im Mittelpunkt der Betrachtung. Neben interessanten deskriptiven Ergebnissen haben wir mit einem Logit-Ansatz die Determinanten der Wahrscheinlichkeit, in der nächsten Periode eine Existenz zu gründen, quantifiziert und ihre Signifikanz in der konkurrierenden Erklärung herausgearbeitet. Dabei hat es sich gezeigt, dass der vermutete Unterschied zwischen der Gruppe der Freien Berufe und den Unternehmern in der Tat sehr deutlich ist.

Ergebnisse der deskriptiven, univariaten Analyse

Etwas mehr als ein Drittel der Gründungen sind freiberufliche Gründungen. Vor dem Hintergrund dessen, dass etwa 20% der Selbständigen Freiberufler sind, wird damit die Dynamik gerade der freiberuflich Erwerbstätigen deutlich. So unterscheiden sich im Jahr vor der Gründung die freiberuflichen Gründer von den Unternehmensgründern hinsichtlich der persönlichen Charakteristika insbesondere durch einen leicht höheren Frauenanteil, einen höheren Altersdurchschnitt und höhere Einkommen, sowohl des persönlichen Bruttoverdienstes als auch des Haushaltseinkommens, Beide Gründergruppen sind mit ihrer evtl. Arbeit und ihrer Gesundheit unmittelbar vor der Gründung eher zufrieden. Deutliche Unterschiede gibt es im mikro-sozialen Umfeld. Hier zeichnen sich die freiberuflichen Gründer vorwiegend als Ledige und durch eine eher geringere Anzahl von Kindern im Haushalt vor der Gründung aus. Am auffälligsten sind die Differenzen bei den Bildungs- und Hochschulabschlüssen. Ein Großteil der Freiberufler verfügt gegenüber den Unternehmern vornehmlich über das Abitur und einer Hochschulausbildung. Während bei den Unternehmern ein Haupt- und Realabschluss und eine im Vordergrund stehen. Die Tabelle 7 fasst die typischen Charakteristika freiberuflicher- und Unternehmensgründer aus der deskriptiven Analyse zusammen.

Tabelle 7: Gründercharaktere der Freiberufler und Unternehmer aus der deskriptiven Analyse

Freiberufliche Gründer	Unternehmensgründer
Gründungsanteil: 35%	Gründungsanteil: 65%
Persönliches	
höheres Alter	tendenziell jünger
leicht höherer Frauenanteil	eher männlich
eher zufrieden mit der Arbeit und der Gesundheit	eher zufrieden mit der Arbeit und der Gesundheit
Mikro-soziales Umfeld	
verheiratet	verheiratet
öfter keine Kinder	haben eher Kinder
höheres Haushaltseinkommen	geringeres Haushaltseinkommen
eher in Westdeutschland	eher in Westdeutschland
Humankapitaltheorie	
Abitur	Haupt- oder Realschulabschluss
Hochschulabschluss	Lehrausbildung

Quelle: SOEP 1991-2001; Eigene Typisierung nach deskriptiver Analyse.

Ergebnisse der multivariaten Logit-Analyse

Die multivariate Analyse mit dem Logit-Ansatz berücksichtigt die konkurrierende Erklärung bei der Bestimmung signifikanter Einflüsse auf die Wahrscheinlichkeit, in der nächsten Periode eine Existenz zu gründen.

Persönliches: Eine Gründung in einer späteren Lebensphase ist vor allem für Freiberufler wahrscheinlicher. Dieser nichtlineare Alterseffekt ist trotz einer Kontrollierung hinsichtlich der teilweise notwendigen längeren/höheren Ausbildung der Freiberufler eigenständig signifikant. Unternehmensgründer sind vor allem männlich, für eine freiberufliche Gründung ist das Geschlecht nicht ausschlaggebend. Eine Gründung ist wahrscheinlicher aus einer Selbständigkeit (als vorheriger Freiberufler bzw. Selbständiger) und Nichterwerbstätigkeit heraus als aus einer abhängigen Beschäftigung. Ein weiterer Klärungsbedarf hinsichtlich der Gründung aus einer Selbständigkeit heraus, ist festzuhalten.

Tabelle 8: Gründercharakteristika von Freiberuflern und Unternehmern aus der multivariaten Logit-Analyse

Freiberufliche Gründer	Unternehmensgründer
Gründungsanteil: 35%	Gründungsanteil: 65%
Persönliches	
höheres Alter	tendenziell jünger
weiblich/männlich	männlich
aus Selbständigkeit, Nichterwerbstätigkeit	aus Selbständigkeit, Nichterwerbstätigkeit
Mikro-soziales Umfeld	
ledig	Familienstand spielt keine Rolle
Partner im Ausland unbedeutend	Partner im Ausland signifikant
Haushaltsgröße/Anzahl der Kinder unbedeutend	Haushaltsgröße/Anzahl der Kinder unbedeutend
Materieller Hintergrund signifikant: eher höheres Haushaltseinkommen	Materieller Hintergrund signifikant: nicht ganz so hohes Haushaltseinkommen
vor allem in Westdeutschland	Ost- und Westdeutschland
Humankapitaltheorie	
Abitur, Realschule, Fachschule	Abitur, Fachschule
Hochschulabschluss	Lehrausbildung

Quelle: SOEP 1991-2001; Typisierung nach multivariater logistischer Analyse.

Mikro-soziales Umfeld: Freiberufliche Gründer sind vor allem ledig, der Familienstand spielt bei den Unternehmensgründern keine signifikante Rolle, wohl aber die besondere Erwerbsmotivation, wenn der Partner im Ausland wohnt. Die Haushaltsgröße und die Zahl der Kinder ist unbedeutend, wohl aber der materielle Hintergrund: ein höheres Haushaltseinkommen direkt vor der Gründung ist vor allem bei den freiberuflichen Gründungen quantitativ bedeutender. Freiberufliche Gründungen liegen – trotz „Aufbau Ost" – vor allem in Westdeutschland.

Humankapitaltheorie: Bestätigt wurden die Annahmen aus der allgemeinen Humankapitaltheorie: Ein höheres persönliches Bruttoeinkommen vor der Existenzgründung als Indikator höherer Humankapitalentlohnung erhöht die Gründungswahrscheinlichkeit in beiden Gruppen. Ein höheres Bildungsniveau mit Abschluss Abitur erhöht die Wahrscheinlichkeit einer Gründung signifikant bei beiden Gründergruppen. Bei den freiberuflichen Gründungen ist der Abschluss einer Hochschulausbildung besonders einflussreich; allerdings deutet auch die Signifikanz des Realabschlusses als höchster Schulabschluss auf die Heterogenität der Freiberuflergruppe. Die Tabelle 8 gibt einen Überblick zu den zentralen Ergebnissen der multivariaten Untersuchung.

Insgesamt zeichnet sich ein deutlicher, seit den 90er Jahren anhaltender, Trend zu verstärkten freiberuflichen Gründungen ab. Über 35% aller Gründungen werden von Freiberuflern vorgenommen. Die multivariate Logit-Analyse hat die Signifikanz vielfältiger Erklärungsfaktoren herausarbeiten können. Zusammengefasst wird damit deutlich, dass es nicht *die* Existenzgründer gibt, sondern dass sich gerade die Gruppe der freiberuflichen Gründungen von den sonstigen Unternehmensgründungen nicht nur im bekannten Bezug ihres Berufsbildes, den persönlichen Charakteristika, sondern auch hinsichtlich des mikro-sozialen Umfeldes und den humankapitalspezifischen Komponenten einer Existenzgründung unterscheidet.

Literatur

Becker, G. S. (1986), *Human Capital. A theoretical and empirical Analysis*, New York.

Blanchflower, D. G. und A. J. Oswald (1998), What makes an entrepreneur?, in: *Journal of Labor Economics*, Vol. 16, 1, 26-60.

Brüderl, J., Preisendörfer, P. und R. Ziegler (1996), *Der Erfolg neugegründeter Betriebe. Eine empirische Studie zu den Chancen und Risiken von Unternehmensgründungen*, Betriebswirtschaftliche Schriften Heft 140, Berlin.

Bundesministerium für Wirtschaft und Technologie BMWi (2002), *Bericht der Bundesregierung über die Lage der Freien Berufe*, Dokumentation Nr. 509, Berlin.

Büschges, G. (1989), „Freie Berufe", in: Endruweit, G. und G. Trommsdorf (Hrsg.), *Wörterbuch der Soziologie*, Stuttgart, 61-65.

Chandler, H. B. and D. Lyon (2001), Methodological issues in entrepreneurship research: The past decade, in: *Entrepreneurship Theory and Practice*, Vol. 25, 101-113.

Davidsson, P. und J. Wiklund (2001), Levels of analysis in entrepreneurship research, in: *Entrepreneurship Theory and Practice*, Vol. 25, 81-99.

Davidsson, P., Low, M. B. and M. Wright (2001), Editor`s Introduction: Low and McMillan Ten Years On: Achievements and Future Directions for Entrepreneurship Research, in: *Entrepreneurship Theory and Practice*, Vol. 25., 5-15.

Deneke, J. F. V. (1956), *Die Freien Berufe*, Stuttgart.

Deneke, J. F. V. (1986), Freie Berufe, in: *Staatslexikon*, Bd. 2, Freiburg, 675-678.

Dworschak, F. (1986), *Struktur von Arbeitseinkommen. Methodische und inhaltliche Probleme von Regressionsanalysen mit Querschnittsdaten für Mikrosimulationsmodelle*, Hallstadt.

Fleck, C. (1996), *Konzeption eines Mikrosimulationsmodells für die Bereiche „Demographie" und „Erwerbsbeteiligung" auf Grundlage des Sozio-ökonomischen Panels*, Darmstadt.

Forschungsinstitut Freie Berufe (FFB) (1999), *10 Jahre FFB – Forschung und Lehre 1989 – 1999*, Forschungsinstitut Freie Berufe (FFB) der Universität Lüneburg, Lüneburg.

Hanefeld, U. (1987), *Das Sozio-ökonomische Panel- Grundlagen und Konzeption*, Frankfurt am Main.

Hübler, O. (1991), Was unterscheidet Freiberufler, Gewerbetreibende und abhängig Beschäftigte? Eine ökonometrische Untersuchung über Gruppenheterogenität, Einkommensdeterminanten und Statuswechseler, in: *Mitteilungen aus der Arbeitsmarkt- und Berufsforschung*, 24, 1, 101-114.

Hujer, R., Rendtel, U. und G. Wagner (Hrsg.) (1997), *Wirtschafts- und Sozialwissenschaftliche Panel-Studien- Datenstrukturen und Analyseverfahren*, Göttingen.

Institut für Freie Berufe (IFB) (2002), *Freie Berufe: Wachstum im Zentrum der Dienstleistungsgesellschaft*, Information Nr. 7/2002, Nürnberg.

Klandt, H. (1984), *Aktivität und Erfolg des Unternehmungsgründers. Eine empirische Analyse unter Einbeziehung des mikrosozialen Umfeldes*, Bergisch Gladbach.

Klandt, H. (1984), Überlegungen und Vorschläge zur Abgrenzung und Strukturierung des Objektbereichs der Gründungsforschung, in: Nathusius, K., Klandt, H. und G. Krischbaum (Hrsg.), *Unternehmensgründung: Konfrontation von Forschung und Praxis*, Bergisch Gladbach, 37-64.

Low, M. B. (2001), The Adolescence of Entrepreneurship Research: Specification of Purpose, in: *Entrepreneurship Theory and Practice*, Vol. 25, 17-25.

Merz, J., (Hrsg.) (2001a), *Existenzgründung 1 – Tipps, Training und Erfahrungen*, FFB-Schriftenreihe Band 11, Baden-Baden.

Merz, J., (Hrsg.) (2001b), *Existenzgründung 2 – Erfolgsfaktoren und Rahmenbedingungen*, FFB-Schriftenreihe Band 12, Baden-Baden.

Merz, J. (2002a), Das Forschungsinstitut Freie Berufe (FFB) der Universität Lüneburg – 10 Jahre: Forschungsschwerpunkte und Perspektiven, in: Merz, J. (Hrsg.), *Freie Berufe im Wandel der Märkte*, FFB-Schriftenreihe Band 13, Baden-Baden, 21-39.

Merz, J. (Hrsg.) (2002b), *Freie Berufe im Wandel der Märkte*, FFB-Schriftenreihe Band 13, Baden-Baden.

Merz, J. (2003), Was fehlt in der EVS ? – Eine Verteilungsanalyse hoher Einkommen mit der verknüpften Einkommensteuerstatistik für Selbständige und abhängig Beschäftigte, in: *Jahrbücher für Nationalökonomie und Statistik*, Vol. 223/1, 58-90.

Merz, J. und D. Kirsten (1996), Freie Berufe im Mikrozensus - Struktur, Einkommen und Einkommensverteilung in den neuen und alten Bundesländern, in: BFB Bundesverband der Freien Berufe (Hrsg.), *Jahrbuch 1996*, Bonn, 40-79.

Merz, J. and D. Kirsten (1999), Extended Income Dynamics: Valueing Household Production and its Distributional Impacts – A Ten Years Panelanalysis for Professions, Entrepreneurs and Employees, in: Merz, J. and M. Ehling (Hrsg.), *Time Use – Research, Data and Policy*, FFB-Schriftenreihe Band 10, Baden-Baden, 351-382.

Merz, J. und R. Lang (1997), *Neue Hochrechnung der Freien Berufe und Selbständigen im Sozio-ökonomischen Panel*, Forschungsinstitut Freie Berufe, FFB-Dokumentationen Nr. 5, Fachbereich Wirtschafts- und Sozialwissenschaften, Universität Lüneburg, Lüneburg.

Merz, J., Rauberger, T. K. und A. Rönnau (1994), *Freie Berufe in Rheinland-Pfalz und in der Bundesrepublik Deutschland - Struktur, Entwicklung und wirtschaftliche Bedeutung*, FFB-Schriftenreihe Band 7, Lüneburg.

Mincer, J. (1970), The Distribution of Labour Incomes. A Survey with special Reference to the Human Capital Approach, in: *Journal of Economic Literature*, Vol. 8, 8, 1-25.

Müller-Bölling, D. und H. Klandt (1990), Bezugsrahmen für die Gründungsforschung mit einigen empirischen Ergebnissen, in: Szyperski, N. und P. Roth (Hrsg.), *Entrepreneurship – Innovative Unternehmensgründung als Aufgabe*, Stuttgart, 143-170.

Müller-Bölling, D. und H. Klandt (1993), Unternehmensgründung, in: J. Hausschildt und O. Grün (Hrsg.), *Ergebnisse empirischer betriebswirtschaftlicher Forschung*, Stuttgart, 135-178.

Oberlander, W. (2002), Freie Berufe: Wachstum im Zentrum der Dienstleistungsgesellschaft, in: Institut für Freie Berufe (IFB), *Information Nr. 7/2002*, Nürnberg.

Oberlander, W. und M. Kräuter (2000), *Neue freiberufliche Dienstleistungen in Bayern*, Schriftenreiche des Instituts für Freie Berufe, Band 23, Friedrich-Alexander-Universität, Erlangen- Nürnberg.

Paic, P. (2003), *Manuskript zum Vortag: Existenzgründungen in den Freien Berufen – Gründungsforschungsansätze und neuere Entwicklungen*, Forschungsinstitut Freie Berufe der Universität Lüneburg, Lüneburg.

Pannenberg, M (1997), „Neue Selbständige“ in Deutschland in den Jahren 1990 bis 1995, in: Deutsches Institut für Wirtschaft (DIW), *Wochenbericht 41/97*, Berlin, 1-6.

Pannenberg, M (1998), Zunehmende Selbständigkeit in Deutschland von 1990 bis 1996 – Starke Veränderungen im Bestand, in: Deutsches Institut für Wirtschaft (DIW), *Wochenbericht 38/98*, Berlin, 1-7.

Pannenberg, M (1999), Zur Einkommenslage in den Freien Berufen, in: Deutsches Institut für Wirtschaft (DIW), *Wochenbericht 2/99*, Berlin, 1-13.

Pfeiffer, F. (1994), *Selbständige und abhängige Erwerbstätigkeit. Arbeitsmarkt und industrieökonomische Perspektiven*, Frankfurt am Main, New York.

Schulte, R. (2002), *Finanzierungs- und Wachstumstheoretische Aspekte der Frühentwicklung von Unternehmen und deren empirische Analyse. Eine dyadische Panelanalyse von Existenzgründungen*. Habilitationsschrift an der Universität Dortmund.

Simon, A. (2001), *Existenzgründungen von Unternehmen und Freiberuflern. Abläufe und Determinanten mit Daten des Sozio-ökonomischen Panels*, Diplomarbeit, Universität Lüneburg.

SOEP Gruppe (2002), *SOEP 2001 – Methodenbericht zum Befragungsjahr 2001 (18 Welle) des Sozio-ökonomischen Panels*, Infratest Sozialforschung, München.

SOEP Gruppe (2003a), *Das Sozio-ökonomische Panel. Leben in Deutschland*, http://www.diw.de/deutsch/sop/uebersicht/index.html.

SOEP Gruppe (2003b), *DTC Desktop Companion to the German Socio-Economic Panel Study*, Version 7.0, Deutsches Institut für Wirtschaft (DIW), Berlin.

Wippler, A. (1998), *Innovative Unternehmensgründungen in Deutschland und den USA*, Wiesbaden.

Jens Lüders

Universität Lüneburg, Institut für Betriebswirtschaftslehre

Die Finanzierung derivativer Unternehmensgründungen – Zum Stand und zu den Perspektiven der Forschung

Zusammenfassung

In der deutschsprachigen Literatur zur Gründungsfinanzierung ist eine klare Fokussierung auf originäre Unternehmensgründungen mit vorwiegend innovativem und technologie-intensivem Charakter festzustellen. Bislang wenig Beachtung fanden hingegen Finanzierungsfragen, die sich potentiellen Gründern stellen, die im Wege der Unternehmensübernahme, bzw. -nachfolge eine Existenz gründen und unternehmerisch tätig werden wollen.
Der Beitrag arbeitet den gegenwärtigen Stand der nationalen und internationalen Forschung zur Frage der Finanzierung dieser sog. derivativen Existenzgründungen als bedeutendem Teilgebiet der Gründungsfinanzierung auf. Dabei werden vorhandene theoretische und empirische Erkenntnisse systematisiert und bestehende Defizite identifiziert, um letztlich Anregungen für künftige Forschungsaktivitäten zu formulieren.

1 Einleitung und Problemstellung

In der deutschsprachigen Literatur zur Gründungsfinanzierung ist eine klare Fokussierung auf originäre Unternehmensgründungen mit vorwiegend innovativem und technologie-intensivem Charakter festzustellen. Bislang wenig Beachtung fanden hingegen Finanzierungsfragen, die sich potentiellen Gründern stellen, die im Wege der Unternehmensübernahme, bzw. -nachfolge eine Existenz gründen und unternehmerisch tätig werden wollen.

Die Frage der Finanzierung dieser sog. derivativen Unternehmensgründungen erfährt insbesondere dann eine besondere Bedeutung, wenn man sich die volkswirtschaftliche Dimension des Phänomens „Unternehmensnachfolge“ verdeutlicht – tausende Unternehmen und mit ihnen mehrere hunderttausend

Arbeitsplätze stehen in Deutschland in den nächsten Jahren vor dem Problem der Nachfolge.

Ein Weg zur Bewältigung dieser Nachfolgeproblematik ist die Übernahme des Unternehmens durch einen Existenzgründer. Dies kann beispielsweise durch eine Gruppe bereits im Unternehmen beschäftigter Führungskräfte (Management Buy-Out – MBO) oder durch ein Team unternehmensfremder Manager (Management Buy-In – MBI) geschehen. Darüber hinaus kommen MBOs/MBIs – kurz Buyouts – auch bei Konzernentflechtungen (Spin-Offs) verstärkt zum Einsatz – immer dann, wenn anstelle eines Verkaufs an einen industriellen Investor ein Konzernunternehmen, oder ein Unternehmensteil durch sein Management übernommen wird.

Bei der Finanzierung des Kaufpreises sind ambitionierte Führungskräfte oder andere vormals abhängig Beschäftigte, die durch den Kauf eines Unternehmens den Schritt zur Existenzgründung wagen möchten, in einer besonderen Situation, die nur bedingt mit den üblichen Finanzierungsproblemen bei der Neuerrichtung von Unternehmen vergleichbar sind. Dabei treten neben dem Bewertungsproblem eine Reihe von Fragen auf, die eine finanzierungstheoretische Analyse erfordern. Moderne finanzierungstheoretische Ansätze wie die Principal-Agent-Theorie werden hier oftmals zur Analyse der spezifischen, i. d. R. sehr fremdkapitalintensiven, Finanzierungsstruktur herangezogen. Die Buyout-typische Kapitalstruktur ist oftmals durch die kombinierten Anreizwirkung gekennzeichnet, die von einer hohen Verschuldung des Unternehmens in Verbindung mit der Übernahme der Unternehmerfunktion sowie einer risikoreichen finanziellen Eigenbeteiligung durch das Management ausgeht.

Dieser Beitrag arbeitet den gegenwärtigen Stand der nationalen und internationalen Forschung zur Finanzierung von Existenzgründungen durch Unternehmensübernahme als bedeutendem Teilgebiet der Gründungsfinanzierung auf. Dabei sollen vorhandene theoretische und empirische Erkenntnisse systematisiert und bestehende Defizite identifiziert werden, um letztlich Anregungen für künftige Forschungsaktivitäten zu formulieren.

2 Typologie derivativer Gründungskonzepte

Zurzeit mangelt es noch an einer umfassenden und systematischen Darstellung für gründungsspezifische Finanzierungsmodelle, die Gründungsform und Entwicklungstand des Gründungsunternehmens explizit berücksichtigt (vgl. Nathusius 2001a, 6). Ein erster Ansatz zur Entwicklung dieser gründungsspezifischen Modelle geht auf die von Szyperski und Nathusius erstmals vorgestellte (vgl. Szyperski und Nathusius 1999, 30) und von Nathusius wieder aufgegriffene Typologisierung verschiedener Gründungsformen zurück (vgl. Szyperski und Nathusius 1999, 30 und Nathusius 2001b, 2000). Demnach wird zunächst nach den Merkmalen Strukturexistenz (originär vs. derivativ), Innovationsgrad (innovativ vs. imitierend) und Selbständigkeitsgrad der Gründerperson (selbständig vs. unselbständig) unterschieden.

Diese Arbeit konzentriert sich auf die besonderen Finanzierungsprobleme von (selbstständig-derivativen) Unternehmensnachfolgen als Teilmenge der derivativen Unternehmensgründungen. Andere Formen dieser Kategorie von Unternehmensgründungen, wie die (unselbstständig-derivative) Gründung von Holdinggesellschaften und Joint-Ventures sowie Unternehmensgründungen als Ergebnis von Verschmelzungen und Abspaltungen (z. B. Spin-Offs, Equity Carve-Outs) sind nicht Gegenstand der Gründungsfinanzierung. Diese Gründungsformen werden in der allgemeinen Literatur zur Finanzierungstheorie behandelt und sollen hier somit nicht weiter betrachtet werden.[1]

Den Anspruch im Blick, sogenannte „Standardsituationen des Gründungsgeschehens in der Praxis abzubilden" (Nathusius 2001b, 61) identifiziert Nathusius zwei Standardformen der derivativen Unternehmensgründung,[2] die im Wege eines Management-Buy-Outs[3] (MBO), bzw. eines Management-Buy-Ins[4] (MBI) vollzogen werden. Nathusius folgend haben sich in der Praxis zum einen der MBO eines stabilen Unternehmens und zum anderen der MBI eines Unternehmens in einer Krisensituation (Turn-Around) etabliert (vgl. Nathusius 2001b, 61).[5] Diese beiden Gründungsmodelle können allerdings die in der Realität existierenden Formen der derivativen Unternehmensgründung nur sehr unvollständig abbilden.[6] Eine Reihe von anderen Situationen mit Modellcharakter sind denkbar. Abbildung 1 bietet dazu einen Überblick.

---

[1] In der Regel finden bei diesen Aktivitäten verschiedene gut dokumentierte Verfahren zur Unternehmensbewertung und Investitionsrechnung ihre Anwendung. Vergleiche dazu beispielsweise Perridon und Steiner 2002 sowie Betsch, Groh und Lohmann 2000.

[2] Aus Vereinfachungsgründen soll im Folgenden der Begriff „derivative Unternehmensgründung" die oben genannten Formen der unselbstständig-derivativen Gründung explizit ausschließen.

[3] Lück 1989, 2, liefert eine schlichte, aber anschauliche Definition des Management-Buy-Out als „Form des Unternehmenskaufs, bei dem das existierende Management die Mehrheit der Anteile oder zumindest wesentliche Anteile des Unternehmens übernimmt und somit zum Miteigentümer, bzw. Unternehmer wird". Für eine Abgrenzung gegenüber angrenzenden Begriffen wie dem „Leveraged-Buy-Out" und dem „Leveraged-Management Buy-Out" vgl. Hoffmann und Ramke 1992, 22-30, Forst 1992, 5f., Luippold 1991, 9-17 oder sehr ausführlich Jakoby 2000, 18ff.

[4] Der MBI unterscheidet sich vom MBO nur dadurch, dass das übernehmende Management unternehmensfremd ist, vgl. Hoffmann und Ramke 1992, 25.

[5] Als Standardsituationen des originären Gründungsgeschehens werden die „imitierende Existenzgründung", die „innovative Existenzgründung" sowie die „technologieorientierte Unternehmensgründung" identifiziert.

[6] Darauf weist Nathusius auch am Ende seines Beitrages ausdrücklich hin. Er fordert explizit dazu auf, die von ihm angeregte Typologisierung und Modellbildung noch zu verfeinern, vgl. Nathusius 2001b, 141 und Nathusius 2000, 332. Dieser Forschungsauftrag

Abbildung 1: Typen derivativer Gründungsmodelle

Gründungstyp	Beschreibung	Beispiel
Nachfolge-MBO	Übernahme eines Unternehmens durch einen oder mehrere von bisher im Unternehmen tätigen Managern (MBO).	Der Eigentümer eines mittelständischen Unternehmens scheidet aus Altersgründen aus und veräußert sein Unternehmen aus Mangel an familieninternen Nachfolgern an das bisherige leitende Management.
Nachfolge-MBI	Übernahme eines Unternehmens durch einen oder mehreren externe Manager (MBI) mit einschlägiger Branchen- und Management-Erfahrung.	Der Eigentümer eines mittelständischen Unternehmens verstirbt plötzlich und die Erben verkaufen das Unternehmen an ein erfahrenes Team von externen Managern.
Going-Private-MBO	In den USA sehr populäre Form des Delistings einer börsennotierten Gesellschaft mittels Rückkaufangebot an die Aktionäre durch das derzeitige Management.	Der Aktien eines börsennotierten mittelständischen Unternehmens sind nach Meinung des Managements extrem unterbewertet. Sie entschließen sich deswegen mit Hilfe eines Finanzinvestors zu einem Übernahmeangebot.
Privatisierungs-MBO	Privatisierung eines Staatsunternehmens durch Verkauf an sein Management.	Die umfangreichen Privatisierungsaktivitäten der Treuhandanstalt in Ostdeutschland Anfang der 90er Jahre.
Restart	Aufkauf eines Unternehmens oder eines Unternehmensteils aus einer Insolvenzmasse heraus.	Ein Existenzgründer kauft die Fertigungsanlagen eines insolventen Unternehmens und nimmt die Produktion und Vertrieb unter einer neuen Firma wieder auf.
Sanierungs-MBI	Übernahme eines Unternehmens in einer Krisensituation durch ein auf Sanierungsfälle spezialisiertes externes Management-Team.	Ein von der Insolvenz bedrohtes Unternehmen wird von externen Managern aufgekauft, mit dem Ziel, durch eine strategische Neuausrichtung einen Turn-Around zu realisieren.

wurde auch schon in einem früheren Beitrag von Klandt beschrieben, vgl. Klandt 1984 59-60.

Fortsetzung Abbildung 1

Gründungstyp	Beschreibung	Beispiel
Spin-Off-MBO	Herauslösung eines Unternehmens(teils) aus einem Konglomerat und Verkauf an das bisherige Management.	Durch Desinvestitionen von Konzernen im Rahmen von Restrukturierungsmaßnahmen wird ein Konzernunternehmen an die bislang weisungsgebundene Unternehmensleitung verkauft.
Nachfolger-Existenzgründer	Übernahme eines Kleinst-Unternehmens durch einen Existenzgründer, der vorwiegend operativ im Unternehmen tätig ist und keine reine Management-Tätigkeit ausübt.	Ein Handwerksbetrieb wird zur Lösung des Nachfolgeproblems an einen einen unternehmensfremden Handwerksmeister verkauft.

Quelle: Eigene Darstellung, bezugnehmend auf Nathusius 2003, 367-374, Jakoby 2000, 35-49 und Graml 1996, 13-21.

Diese Abbildung soll keinesfalls den Anspruch erheben, das gesamte derivative Gründungsgeschehen in Gänze und trennscharf mit diesen Gründungsmodellen darzustellen. Es gibt Anhaltspunkte, die nahe legen, dass es in praxi durchaus zu Abweichungen von den formulierten Modellsituationen kommen kann, bzw. dass die Abgrenzungskriterien zwischen einzelnen Modellen nicht immer aufrecht zu halten sind:[7]

Bei einzelnen Varianten von Buyout-Gründungen treten zuweilen auch Mischformen auf, z. B. MBO unter Beteiligung von externen Managern oder unter Einbeziehung der Belegschaft als Miterwerber.[8]

Ebenso sind in Einzelfällen auch „exotische Varianten" denkbar. So kann der Going-Private-MBO durchaus auch als MBI konstruiert oder eine Sanierungs-MBI auch unter Beteiligung von internen Managern als Miterwerber durchgeführt werden.[9]

Die Trennlinie zwischen dem bei kleinen und Kleinst-Unternehmen überwiegenden Modell der Nachfolger-Existenzgründung zum Modell Nachfolge-

---

7 Einen guten Ansatz zur Systematisierung der für einzelne MBO/MBI-Varianten in der Literatur verwendeten Begrifflichkeiten bieten Graml 1996, 14-21 und Jakoby 2000, 23-49.

8 In der Literatur wird in diesen fällen auch von einem Belegschafts-Buy-Out (BBO) oder Employee-Buy-Out (EBO) gesprochen (vgl. bspw. Berger 1993, 14-16).

9 Dies wäre insofern ungewöhnlich, da zu vermuten ist, dass das bisherige Management die Krise des sanierungsbedürftigen Unternehmens wohl zumindest mitverschuldet haben dürfte. Auf jeden Fall müssen die Alteigentümer des Unternehmens überzeugt gewesen sein, dass das alte Management allein keinen geeigneten Ausweg aus der Krise finden würde, weswegen sie sich zu einem Verkauf des Unternehmens entschlossen haben.

MBO bzw. Nachfolge-MBI verläuft unscharf. Gegenüber dem Modell des MBO/MBI werden die Existenzgründer hier nicht als Manager im übernommenen Unternehmen tätig, sondern sind vielmehr selbst operativ, z. B. handwerklich in der Produktion, bzw. Leistungserstellung tätig. Hierbei ist als kritisch anzusehen, wo die Grenze zwischen vorwiegend operativer Arbeit und überwiegenden Management-Tätigkeiten durch den Existenzgründer zu verorten ist.

Trotz dieser Beschränkungen ist jedoch davon auszugehen, dass die von Nathusius als „Standardsituationen" bezeichneten Formen derivativer Gründungen in dieser Darstellung erfasst sind. Dies lässt sich allein schon durch die nach Anzahl mit großem Abstand überwiegende Form von Nachfolge-Existenzgründungen in Tausenden von kleinen Einzelhandels- und Dienstleistungsunternehmen sowie in Handwerksbetrieben belegen. Auch die nach einschlägigen Quellen häufigsten Buyout-Varianten wurden mit dem Nachfolge-MBO/MBI und dem Spin-Off-MBO beschrieben (vgl. Initiative Europe, 2002, D3 sowie CMBOR 2002, 99). Insofern können die formulierten Gründungsmodelle als Grundlage für die weitere Analyse von typengerechten Finanzierungslösungen für Varianten derivativer Gründungen herangezogen werden.

3 Eingrenzung und Auswertung der Literatur

Wie Eingangs erläutert, können Buyouts, bzw. deren Varianten als Form der selbstständig-derivativen Unternehmensgründung aufgefasst werden. Die folgende Literaturanalyse zu Finanzierungsfragen basiert deswegen vor allem aus der Synthese der bisherigen Buyout-Forschung sowie der Forschung zur Gründungsfinanzierung.

Wie in Abschnitt 2 erläutert, hat das Modell des Nachfolger-Existenzgründers den mit Abstand größten Anteil an der Gesamtzahl der selbstständig-derivativen Existenzgründungen. Dieses Gründungsmodell weist durch seinen i. d. R. imitierenden Charakter und durch die zumeist sehr kleine Start- und Zieldimension des Gründungsvorhabens im Vergleich zu den auf einem Buyout basierenden Modellen grundverschiedene Ansprüche im Hinblick auf die zu erarbeitende Finanzierungslösung auf.[10] Aus diesem Grund muss die Eingrenzung der Literatur noch über die Buyout-Forschung hinausgehen und die Ergebnisse der Forschung zu Unternehmensübernahmen, bzw. Unternehmensnachfolgen bei kleinen und Kleinstunternehmen mit einbeziehen.

---

[10] Es ist regelmäßig davon auszugehen, dass das Finanzierungsvolumen für den Erwerb dieser Unternehmen vergleichsweise gering ist und andere Finanzierungsformen als der klassische Bankkredit ergänzt um öffentliche Förderprogramme meist nicht in Frage kommen. Dies bestätigt u. a. Lux 2000 mit seiner Untersuchung zur Rolle des Beteiligungskapitals bei der Gründungsfinanzierung im Handwerk.

Zunächst werden in diesem Abschnitt die relevanten Ergebnisse der Buyout-Forschung vorgestellt, bevor in einem zweiten Teil Erkenntnisse aus anderen Forschungszweigen ausgewertet werden.

3.1 Buyout-Forschung

Seit Ende der 80er Jahre des vorigen Jahrhunderts ist im deutschsprachigen Raum eine Reihe von Veröffentlichungen erschienen, die sich u. a. auch mit einzelnen untersuchungswürdigen finanzwirtschaftlichen Aspekten in Zusammenhang mit Buyouts beschäftigen. Neben einigen rein konzeptionellen Betrachtungen (vgl. Boxberg 1991, Luippold 1991 und Krebs 1990) und wenigen theoretischen Arbeiten (siehe 3.1.1) gibt es auch einige Arbeiten mit empirischem Schwerpunkt (siehe 3.1.2). Ein Schwerpunkt liegt u. a. auf der betriebswirtschaftlich höchst interessanten Frage der MBO-Erfolgsfaktoren (zu nennen ist hier vor allem Jakoby 2000).

Ein zentrales Ziel der Forschung zur Gründungsfinanzierung ist die Gewinnung von Erkenntnissen über die Zusammensetzung des Finanzierungsmix, in diesem Fall bei der Finanzierung derivativer Unternehmensgründungen. Hierbei ist von besonderem Interesse, welche Finanzierungsmittel und -institutionen bei den jeweiligen Formen herangezogen werden, welche typenbedingten Besonderheiten dabei auftreten und wie sich die identifizierten Finanzierungsstrukturen und –muster erklären lassen. Aufgrund dieser Erkenntnisse lassen sich auf theoretische Kenntnisse aufbauend konkrete Hinweise für die Finanzierungspraxis ableiten.

Neben einigen empirischen Erkenntnissen aus der Buyout-Forschung lässt sich in diesem Zusammenhang auch auf modelltheoretische Arbeiten zurückgreifen, die theoretische Aussagen zur Finanzierung von Unternehmensübernahmen durch MBOs/MBIs formuliert haben. Die Ergebnisse der empirischen und theoretischen Forschung werden im Folgenden zusammengefasst.

Abbildung 2 gibt jedoch zunächst einen Überblick über die verschiedenen Finanzierungsformen und ihre Charakteristika. Auf eine umfassende definitorische Abgrenzung einzelner Finanzierungsarten soll hier aus Platzgründen verzichtet werden.[11]

---

[11] Insbesondere die exakte Eingrenzung des Begriffs „Mezzanine-Kapital“ ist im Schrifttum umstritten, vgl. dazu die ausführliche Diskussion bei Müller 2002, 13-28. Diese Arbeit schließt sich Müllers Definition an: „Mezzanine Finance steht für intermediäre Formen der Finanzierung, die alle rechtlichen Ausgestaltungsmöglichkeiten zwischen Eigenkapital und Fremdkapital, vom besicherten nachrangigen Darlehen bis zu Vorzugsaktien, aufweisen können und die eine mittlere Risiko-Ertrags-Relation aufweisen können“ (Müller 2002, 19).

Abbildung 2: Finanzierungsmittel

	Fremdkapital	Mezzanine-Kapital	Eigenkapital
Kapitalgeber	Kreditinstitute, institutionelle Kapitalgeber	Kreditinstitute, KBG, VCG, Buy-Out-Fonds, Verkäufer, Institutionelle Investoren, Privatanleger	Kreditinstitute, KBG, VCG, Buy-Out-Fonds, Verkäufer, Institutionelle Investoren, Privatanleger
Typische Rechtliche Ausgestaltung	besicherte Darlehen und unbesicherte, aber vorrangige Darlehen	nachrangige besicherte/ unbesicherte Darlehen, Stille Beteiligung, Verkäufer-/Gesellschafter-/ Patriarchische Darlehen, Genussrechte, Junk Bonds, Optionsanleihen	Stamm-, bzw. Grundkapital

Quelle: Eigene Darstellung, erstellt in Anlehnung an Vest 1995, 245.

3.1.1 Theoretische Modelle

Will ein Einzelner oder ein Team von Existenzgründern ein bestehendes Unternehmen übernehmen, so stellt sich regelmäßig die Frage, wie aus Sicht des Käufers eine möglichst optimale Struktur der Kaufpreisfinanzierung zu erreichen ist.[12] Für Existenzgründer stehen dabei drei wesentliche Faktoren im Vordergrund (vgl. dazu und zu dem Folgenden Schmid 1994, 193):

Zunächst sollen nach Möglichkeit die bei Aufnahme von externem Eigenkapital zwangsläufig einzuräumenden Mitwirkungsrechte auf ein notwendiges Minimum reduziert werden, um die mit der Existenzgründung angestrebte *unternehmerische Selbstbestimmung* nicht zu gefährden. Des Weiteren muss auch die durch die Übernahme wesentlich veränderte Vermögenssituation des/der Existenzgründer betrachtet werden. Dies umfasst eine portfoliotheoretische Betrachtung sowohl des investierten *pekuniären Kapitals* als auch die Berücksichtigung des an das übernommene Unternehmen gebundenen *Humankapitals* als Teil des *individuellen Gesamtportfolios*. Als letzter Faktor sind die durch die Finanzierungslast der Existenzgründung beschränkten gegenwärtigen *Konsumbefriedigungsmöglichkeiten* zu berücksichtigen.

[12] Hierbei wird implizit davon ausgegangen, dass der/die übernehmende(n) Existenzgründer die Frage der Kapitalstruktur (mit-)entscheiden kann. Gerade bei den in den 1980er Jahren in den USA sehr populären großvolumigen Leveraged-Buy-Outs war dies regelmäßig nicht der Fall. Dort wurden die wesentlichen Entscheidungen durch die Finanzinvestoren getroffen. Der Existenzgründungscharakter der Übernahme gerät dabei jedoch völlig in den Hintergrund. Deswegen soll diese Übernahmevariante im Folgenden nicht weiter betrachtet werden.

Aus Sicht der externen Eigen- und Fremdkapitalgeber bestehen weitere, z. T. auch abweichende Ansprüche an eine Finanzierungslösung für die Unternehmensübernahme. Auch diesem Aspekt wird in diesem Abschnitt Rechnung getragen.

Der größte Teil der theoretischen Literatur zur Kapitalstrukturentscheidung beschäftigt sich mit den Problemen von großen und meist kapitalmarktorientierten Kapitalgesellschaften. Theoretische Arbeiten für die Analyse der Kapitalstruktur bei kleinen und mittleren Unternehmen sind nur selten vorzufinden.[13] Die für die Analyse von derivativen Gründungen geeigneten theoretischen Ansätze werden im Folgenden vorgestellt.

3.1.1.1 Das Modell von Grammatikos, Makhija und Thompson

Mit Hinblick auf die Finanzierungsentscheidung bei Buyouts eignet sich das von Grammatikos, Makhija und Thompson formulierte theoretische Modell der Kapitalstrukturentscheidung bei Unternehmensübernahmen (vgl. dazu und zu dem Folgenden Grammatikos, Makhija and Thompson 1988, 227-235). Dieses Modell bietet unter teilweiser Berücksichtigung der oben genannten Faktoren einen geeigneten Analyserahmen, der es erlaubt, auf analytischem Wege eine aus Sicht des übernehmenden internen oder externen Managements optimale Struktur der Kaufpreisfinanzierung abzuleiten.

Anstelle einer ausführlichen Darstellung der formalen Herleitung soll im Folgenden kurz auf die dem Modell zugrundeliegenden Prämissen eingegangen werde, um letztlich die relevanten Erkenntnisse zu diskutieren.

Dem Modell liegen die folgenden Prämissen zugrunde (vgl. Grammatikos, Makhija and Thompson 1988, 228). Der übernehmende Manager trifft eine Investitionsentscheidung zwischen zwei Alternativen: Dem Erwerb des Unternehmens, in dem er zurzeit beschäftigt ist und der Investition in das Marktportfolio.[14] Betrachtet wird ein Zwei-Perioden-Modell. In der ersten Periode wird die Finanzierungsentscheidung getroffen und in der zweiten realisiert sich das unsichere Endvermögen. Dem Erwerber wird Risikoscheu bei einer exponentiellen Risikonutzenfunktion und somit eine konstante absolute Risikoaversion unterstellt. Als externe Finanzierungsmittel stehen ihm externes Beteiligungskapital sowie Fremdkapital in Form von junk bonds[15] zur Verfügung.

---

[13] Als rühmliche Ausnahme im deutschsprachigen Schrifttum wäre Niederöcker 2002 zu nennen.

[14] Die Beschaffenheit dieses Portfolios wird zwar nicht näher erläutert. Es ist jedoch davon auszugehen, dass ein breit diversifiziertes Portfolio von kapitalmarktfähigen Beteiligungstiteln damit gemeint ist.

[15] Bei junk bonds handelt es sich um hoch verzinsliche und sehr risikoreiche Anleihen, die oftmals mit einem schlechten oder gar keinem Rating versehen sind.

Theoretische Grundlage ist des Weiteren das Konzept der Signalfunktion von Eigen- und Fremdkapital.[16] Der Eigenkapitalanteil der Manager wird als das zentrale Steuerungselement angesehen. Bei unterstellter Informationsasymmetrie bezüglich der Qualität der Unternehmung kann der besser informierte Manager durch seine Bereitschaft zur Eigenkapitalbeteiligung ein positives Signal hinsichtlich des „wahren Wertes" der Investition in sein Unternehmen aussenden und somit den Kapitalgebern einen verlässlichen Anhaltspunkt für ihre Investitionsentscheidung liefern (vgl. Leland and Pyle, 1977, 371f.). Sie legen somit ihren Informationsvorsprung offen und reduzieren die aus der Informationsasymmetrie entstehenden Agency-Kosten (vgl. Schmid 1994, 212).

Die formale Vorgehensweise bei Grammatikos, Makhija und Thompson erfordert die Lösung einer mathematischen Optimierungsaufgabe. Unter Beachtung einiger Nebenbedingungen soll dabei das optimale Mischungsverhältnis zwischen dem Kapital des Managers, dem externen Eigenkapital sowie dem Fremdkapital bestimmt werden, so dass das sicherheitsäquivalente Endvermögen des Managers maximiert wird. Da eine analytische Lösung der formulierten Gleichung aufgrund ihrer Komplexität nicht möglich ist, präsentieren die Autoren einige mit numerischen Verfahren abgeleitete Ergebnisse (vgl. Grammatikos, Makhija and Thompson 1988, 228, 229, 234f.):

Je höher die erwartete Rendite aus der Investition in die Übernahme (z. B. hohes Wertsteigerungspotential oder geringe Korrelation der Rendite mit dem Marktportfolio) desto weniger externes Eigenkapital und desto mehr Fremdkapital wird verwendet.

Bei weniger attraktiven erwarteten Renditen (z. B. hoher Kaufpreis/geringes Wertsteigerungspotential, schlechte wirtschaftlichen Aussichten, hohe Korrelation der Rendite mit dem Marktportfolio) wird verstärkt auf externes Eigenkapital zurückgegriffen, um das Risiko mit anderen Eigenkapitalgebern zu teilen.

Mit zunehmender Risikoaversion des übernehmenden Managements steigt der Fremdfinanzierungsanteil.

Ein hoher Fremdkapitalanteil an der Finanzierung kann auch durch knappe Eigenmittel des Managements sowie durch die von ihm angestrebte kapitalmäßig abgesicherte Unternehmenskontrolle induziert werden.

Insgesamt lässt sich mit Hilfe des Modells von Grammatikos, Makhija und Thompson eine theoretisch fundierte Bestätigung für die Hypothese liefern, die besagt, dass ein hoher Fremdkapitalanteil zu einer Risikoüberwälzung der Eigenkapitalgeber auf die Gläubiger führen kann (vgl. Then Bergh 1998, 208).

---

[16] Der Ansatz dieser Signalfunktion (signalling equilibrium concept) geht auf Ross 1977 sowie auf Leland and Pyle 1977 zurück.

Auf eine umfassende kritische Würdigung des Modells mitsamt seiner z. T. sehr restriktiven Annahmen soll hier verzichtet werden (vgl. hierzu u. a. Schmid 1994, 210-212 und Then Bergh 1998, 193f.). Jedoch soll im Folgenden auf die von Schmid vorgebrachten Ergänzungen in Bezug auf die oben beschriebenen, für das Management bei der Finanzmittelwahl entscheidenden Faktoren eingegangen werden (vgl. zu dem Folgenden Schmid 1994, 214-217).

Bei *Einbeziehung des Humankapitals* als Teil des insgesamt investierten Kapitals im Portfolio des Managers ist davon auszugehen, dass sich in den meisten Fällen das Risiko für den Übernehmer noch zusätzlich erhöht. Für den Fall eines MBO, war er schon vorher als leitender Angestellter im Unternehmen tätig und hat dadurch in signifikantem Umfang unternehmensspezifisches Humankapital (Wissen, Erfahrungen) an das Unternehmen gebunden. Tritt zu dieser nicht-pekuniären Investition nun auch noch die finanzielle Beteiligung hinzu, dann erhöht sich sein Portfoliorisiko erheblich. Dies ist zum einen auf die starke Korrelation von einzelnen Komponenten seines Gesamtportfolios (Geldvermögen und Humankapital) und zum anderen darauf zurückzuführen, dass das unternehmensspezifische Humankapital im Falle einer Insolvenz als sunk costs verloren wäre. Der Manager wird folglich bestrebt sein, dieser Gefahr durch Verminderung seiner Beteiligung und durch Aufnahme zusätzlicher externer Eigenkapitalgeber Rechnung zu tragen (vgl. Schmid 1994, 214f.).

Zur Finanzierung des Eigenkapitalanteils müssen sich weniger vermögende Manager häufig privat verschulden. Dies hat gerade in den ersten Jahren nach der Übernahme einen Einfluss auf die *privaten Konsumbefriedigungsmöglichkeiten*. Existenzgründer, die sich diesen Einschränkungen gegenüber sehen, werden im Extremfall möglicherweise ganz von der Übernahme Abstand nehmen (vgl. Schmid 1994, 216).

Berücksichtigt man zusätzlich noch das dem Existenzgründer innewohnende *Streben nach unternehmerischer Selbstständigkeit*, so ist zu beachten, dass die Stimmrechtsverhältnisse aufgrund der Eigenkapitalverteilung dergestalt sein müssen, dass die vom Gründer verlangte Entscheidungsfreiheit nicht über das von ihm akzeptierte Maß hinaus beschnitten wird. Zwar ist es durch verschiedene Regelungen und Vereinbarungen möglich, auch ohne eine kapitalmäßige Mehrheit die faktische Entscheidungsgewalt zu sichern,[17] jedoch ist nicht auszuschließen, dass es aufgrund von mangelnden Eigenmitteln zu suboptimalen Finanzierungslösungen und im Extremfall sogar zum gänzlichen Verzicht auf die Unternehmensübernahme kommen kann (vgl. Schmid 1994, 217).

---

[17] In der Praxis üblich sind beispielsweise der Einsatz von stimmrechtlosen Vorzugsaktien oder eine vertragliche Vereinbarung zwischen Manager und externem Beteiligungsfinanzier, mit der die alleinige strategische Führung und Entscheidungsgewalt des Managers gesichert wird.

3.1.1.2 Die Finanzierungsentscheidung aus Sicht externer Kapitalgeber

Then Bergh untersucht in seiner Arbeit u. a. die Finanzstrukturentscheidung aus Sicht von externen Fremd- oder Eigenkapitalgebern, jeweils in einer isolierten Betrachtungsweise (vgl., auch zu Folgendem Then Bergh 1998, 149-184). Er unterstellt dabei asymmetrisch verteilte Informationen bezüglich des Verhaltens des Managers (hidden action), ausgedrückt durch dessen Aktivitätsniveau. Das Problem der asymmetrisch verteilten Informationen bezüglich der Ertragsaussichten der Investition in die Übernahme (hidden information) hingegen wird ausgeklammert.[18] Die Kontrolle des Managers ist nur unter Inkaufnahme von Kosten (monitoring / screening costs) möglich.

Im Hinblick auf die externe Beteiligungsfinanzierung kommt Then Bergh zu dem Schluss, dass aus Sicht des Beteiligungsfinanziers der Finanzierungsvertrag „eine Anreizfunktion für den Manager hinsichtlich des von ihm zu wählenden Aktivitätsniveau gewährleisten [muss]“ (Then Bergh 1998, 157), da andernfalls der Manager einen Anreiz hätte, durch „Konsum am Arbeitsplatz“ (consumption on the job) den externen Eigenkapitalgeber zu schädigen (Then Bergh 1998, 158).

Auf Seiten der Fremdkapitalgeber resultieren aus dem Problem asymmetrisch verteilter Informationen die im Vergleich zu den Eigenkapitalgebern größeren Risiken. Fremdkapitalgeber tragen zwar das volle Insolvenzrisiko – zumindest falls sie sich nicht an dinglichen Kreditsicherheiten schadlos halten können – sie profitieren im Erfolgsfall jedoch nur maximal bis zur Höhe des vereinbarten Kapitaldienstes. Zudem bieten asymmetrisch verteilte Informationen dem Management einen Anreiz zur Wahl extrem risikoreicher Investitionsprojekte, da es überproportional an den Gewinnen, aber – zu Lasten der Fremdkapitalgeber – nur unterproportional an den Verlusten beteiligt ist (vgl. Smith and Warner 1979, 118f.). Die Folge kann somit eine Überwälzung des Risikos von Eigen- zu Fremdkapitalgebern sein.

Den Fremdkapitalgebern stehen eine Reihe von Instrumentarien zur Verfügung mit deren Hilfe sie sich zumindest teilweise gegen diese als „moral hazard“ bezeichnete Praktik schützen, bzw. zumindest deren Auswirkungen begrenzen können:

- Die Fremdkapitalgeber können sich Vermögensgegenstände als Sicherheit für die Darlehen vertraglich sichern.

[18] Dies erscheint insbesondere deswegen als fragwürdig, da gerade im Falle eines MBOs, das übernehmende Management durch die Tätigkeit im Unternehmen gegenüber externen Kapitalgeber einen klaren Informationsvorsprung bzgl. des „wahren Wertes“ der Unternehmung haben dürfte und somit ein klassischer Fall von „hidden information“ vorliegt.

- Eine weitere Möglichkeit ist die Erhebung eines Risikozuschlags auf den Kreditzins oder die Rationierung des Kreditvolumens.[19]
- Durch vertraglich garantierte Entscheidungs- und Kontrollrechte können Fremdkapitalgeber das Verhalten des Managements kontrollieren und deren opportunistisches Handeln eindämmen.

Neben dieser moral hazard Problematik wird in der Literatur aber auch auf die Motivations- und Anreizwirkung für das Management durch eine hohe Verschuldung hingewiesen. Durch den mit einer hohen Verschuldung verbundenen Kapitaldienst wird der Cash-Flow des Unternehmens stark in Anspruch genommen, wodurch die oben beschrieben Gefahr der Investition des Free Cash-Flows in unvorteilhafte, bzw. sehr risikoreiche Projekte gemindert wird (vgl. Adams 1989, 333). Dies wird im Schrifttum häufig als die auf Jensen zurückgehende Free Cash Flow-Hypothese bezeichnet (vgl. Jensen 1988).

In den USA ist im Rahmen der LBO-Welle der 80er Jahre eine besondere Variante der Fremdfinanzierung von großer Bedeutung gewesen, die Finanzierung mithilfe von Junk Bonds. Diese Unternehmensanleihen sind regelmäßig mit einem schlechten Rating versehen, sind unbesichert und verbriefen letztlich einen Auszahlungsanspruch gegenüber dem durch das zu finanzierende Unternehmen zu erwirtschaftenden Cash Flow. Durch diese Finanzierungstechnik können große Volumina an Fremdkapital akkumuliert und somit größere Übernahme-Transaktionen erst ermöglicht werden. In Deutschland haben Junk Bonds jedoch zu keinem Zeitpunkt eine wesentliche Rolle gespielt.

Streifenfinanzierung (strip financing) beschreibt eine Finanzierungstechnik, bei der externe Kapitalgeber einen prozentualen Anteil (Streifen) aus jeder Finanzierungsschicht, vom Fremdkapital bis hin zu Eigenkapitalpositionen in ihr Portfolio aufnehmen (vgl. Arzac 1992, 17 und Then Bergh 1998, 195f. sowie ursprünglich Galais and Masulis 1976). Die daraus für die Kapitalgeber resultierende Rechtsposition hat weitgehende Ähnlichkeiten mit der Mezzanine-Finanzierung. Durch die Beteiligung von Fremdkapitalgebern am Eigenkapital können die Kapitalgeber ohne zusätzliche Kosten durch Miteigentumsrechte ihre Informationsposition verbessern und die bei der Finanzierung auftretenden Agency-Kosten verringern.

In einer modelltheoretischen Arbeit untersucht Arzac die optimale Kapitalstruktur für MBOs unter Berücksichtigung von strip financing und equity kickers[20] für die Fremdkapitalgeber (vgl. dazu und zu dem Folgenden Arzac 1992). Dem strip financing liegt wie in dem oben beschriebenen Modell eben-

---

[19] Für eine kritische Diskussion dieser Maßnahmen vgl. Kürsten 1994, 84f.

[20] Als equity kickers werden die den Fremdkapitalgebern zusätzlich eingeräumten Partizipationsrechte bezeichnet, die die Kapitalgeber für eine Verzinsung ihres Kapitals unter Marktniveau entschädigen soll.

falls das Konzept der Signalfunktion von Eigen- und Fremdkapital zugrunde (vgl. 3.1.1.1). Das Modell geht wie in Abschnitt 3.1.1.2 beschrieben davon aus, dass ein hoher Fremdkapitalanteil bei der Übernahmefinanzierung auf die Manager einen disziplinierenden Effekt bzgl. einer möglichen missbräuchlichen Verwendung des Free Cash Flows aufweist. Arzac kann in seinem Modell zeigen, dass es für die Manager Anreize gibt, ihre wahren Erwartungen bzgl. der Qualität der Investition zu signalisieren und gleichzeitig ein strip financing anzustreben.

Das strip financing erweist sich insofern für die (Mehrheits-)Eigentümer als vorteilhaft, da für den Fall einer wirtschaftlichen Krise des Unternehmens, bspw. einer drohenden Zahlungsunfähigkeit, die Fremdkapitalgeber durch den drohenden Verlusts ihres Eigenkapitalanteil einen Anreiz haben, auf eine (frühzeitige) Liquidation des Unternehmens zu Lasten der Eigentümer zu verzichten. Sie werden vielmehr den Fokus auf eine Sanierung und Fortführung des Unternehmens legen. Das strip financing erweist sich zudem auch als über die Zeit stabiles Finanzierungsarrangement. Arzac zeigt in seinem Modell, dass es keinen Grund für die Kapitalgeber gibt, sich vorzeitig von Teilen ihres strips, bspw. dem Eigenkapitalteil wieder zu trennen. Der Grund dafür ist darin zu sehen, „that a strip is worth more than the sum of its detached components to all investors“ (Arzac 1992, 23).

Die Schwäche des Modells von Arzac ist indes darin zu sehen, dass es zwischen internen Eigenkapitalgebern, sprich den gründungswilligen Managern, und den externen Eigenkapitalinvestoren nicht explizit unterscheidet. Die aus Sicht des Managements relevanten Faktoren der Kapitalstrukturentscheidung (vgl. 3.1.1) werden nicht berücksichtigt. Betrachtet man die Wahl der Finanzierungsstruktur für die Unternehmensübernahme primär aus dem Blickwinkel des übernehmenden Managements, so haben die von Arzac getroffenen Aussagen nur untergeordnete Bedeutung (vgl. Schmid 1994, 200, Fußnote 36).

3.1.2 Empirische Befunde

Als Teilaspekt der empirischen Buyout-Forschung wurden auch die Strukturen der MBO/MBI-Finanzierung mituntersucht. Die wesentlichen empirischen Befunde sind in Abbildung 4 dargestellt.

Die Verteilung der durchschnittlichen Anteile einzelner Finanzierungsformen am Gesamtvolumen zeigt in etwa eine Finanzstruktur von Fremd-, Mezzanine- und Eigenkapital im Verhältnis 0,5 : 0,25 : 0,25 auf (vgl. Abbildung 4). Einzige Ausnahme davon ist die Untersuchung von Jakoby. Eine plausible Erklärung für diese wesentliche Abweichung lässt sich allerdings nicht finden.

Abbildung 4: Empirische Ergebnisse zur Finanzierungsstruktur von Buyouts (durchschnittliche Anteile an der Kaufpreisfinanzierung)

Autor	Fremdkapital	Mezzanine-Kapital	Eigenkapital
Forst (1992)[21] (n=38)	46,6%	28,9%	24,5%
Gräper (1993)[22] (n=36)	45,4%	24,4%	30,2%
Jakoby (2000)[23] (n=62)	44,6%		55,4%
Luippold (1991) (n=13)	54,6%	23,9%	21,5%
Vest (1995)[24] (n=16)	59,4%	20,3%	20,3%

Quelle: Forst 1992, 87-101, Gräper 1993, 110, Jakoby 2000, 260-272, Luippold 1991, 341, Vest 1995, 245, erstellt auf Anregung von Vest 1995, 245.[25]

Zu den einzelnen Finanzierungsmitteln können aus den empirischen Untersuchungen folgende Erkenntnisse festgehalten werden:

Eigenkapital

Die Verteilung der durchschnittlichen Eigenkapitalanteile in den jeweiligen Untersuchungen ist aus der Abbildung 5 ersichtlich:

---

21 Bei Forst lassen sich die Zahlen zur Finanzstruktur nur induktiv aus den empirischen Befunden zu einzelnen Finanzierungsmitteln bestimmen, vgl. Forst 1992, 87-101.

22 Nach Bereinigung der Stichprobe um neun MBOs/MBIs, die zu 100% durch das Eigenkapital des Managements finanziert worden sind, ergibt sich eine durchschnittliche Eigenkapitalquote von 19,9%, vgl. Gräper 1993, 111f.

23 Eine Differenzierung nach Fremd- und Mezzanine-Kapital lassen die Angaben von Jakoby zu seiner Untersuchung nicht zu. Es wird lediglich ein "nur seltener Einsatz von Mezzanine-Kapital" konstatiert. In nur 14 von 62 MBOs seiner Stichprobe wurde Mezzanine-Kapital eingesetzt, vgl. Jakoby 2000, 262-269.

24 Vest schließt weitere 10 Fälle aus, bei denen kein "externer Finanzierungsbedarf" vorlag, da dieser intern durch das Management gedeckt werden konnte (vgl. Vest 1995, 243). Zudem ordnet Vest unbesicherte Darlehen den vorrangigen Darlehen und nicht dem Mezzanine-Kapital zu. Dem soll in dieser Arbeit nicht gefolgt werden. Der Anteil der vorrangigen Darlehen müsste dadurch entsprechend bereinigt werden, was aber mangels diesbezüglicher Angaben nicht möglich ist (vgl. Vest 1995, 245).

25 Zu berücksichtigen ist, dass Forst, Gräper, Jakoby und Luippold sowohl Spin-Off-MBOs als auch Nachfolge-MBOs untersuchen, wohingegen Vest sich auf Spin-Off-MBOs beschränkt.

Abbildung 5: Durchschnittliche Verteilung der Eigenkapitalanteile

Autor	Management	VCG/KBG[26]	Sonstige
Forst (1992) (n=38)	in 48,6% der Fälle Kapitalmehrheit, bei 83,7% mind. 25% des Kapitals	n.bek.	
Gräper (1993) (n=36)	25,40%	74,60%	
Jakoby (2000) (n=62)	"über 70%"	n.bek.	
Luippold (1992) (n=13)	39,31%	39,31%	21,38%
Vest (1995) (n=16)	51,70%	48,30%	

Quelle: Eigene Darstellung, vgl. Forst 1992, 87-101, Gräper 1993, 110, Jakoby 2000, 260-272, Luippold 1991, 341, Vest 1995, 245. Nicht immer ließ sich die exakte Verteilung der Eigenkapitalanteile aus den Angaben zu den Stichproben ermitteln.

Die Verteilung der Eigenkapitalanteile gibt ein uneinheitliches Bild ab. Zum Teil wird darüber keine oder nur unzureichend Auskunft gegeben (z. B. bei Jabkoby 2000 und Frost 1992), teilweise sind die Ergebnisse aber auch durch eine vorherige Bereinigung der Stichprobe verfälscht worden.[27]

Weitere empirische Befunde

Forst stellt für seine Stichprobe fest, dass „Ein-Mann-Übernahmen“ im Vergleich zu Übernahmen durch mehrere Manager um etwa 7% geringere Eigenkapitalquoten aufweisen. Auch eine Kapitalmehrheit konnte bei „Ein-Mann-Übernahmen“ im Vergleich zu Übernahmen durch mehrere Manager seltener realisiert werden (37,6% ggü. 52,6%) (vgl. Forst 1992, 88f.).

Unter dem Aspekt des mittel- bis langfristigen Unternehmenserfolgs resümiert Jakoby, dass die Eigenkapitalquoten von erfolgreichen und weniger erfolgreichen MBOs sich nicht wesentlich unterscheiden (vgl. Jakoby 2000, 260).

---

[26] VCG = Venture Capital Gesellschaft; KBG = Kapitalbeteiligungsgesellschaft.

[27] Gräper schließt bspw. in seiner Untersuchung 19 zu 100 Prozent durch das Management finanzierte Übernahmefälle aus, was letztlich zu einer deutlich niedrigen Beteiligungsquote für das Management führt, vgl. Gräper 1993, 111f.

Die Studie zu Spin-Off-MBOs von Vest kommt zu dem Ergebnis, dass die Beteiligungshöhe des Managements negativ mit dem Kapitalbedarf der Übernahme korreliert.[28]

Ebenso konstatiert Vest, dass in 50% der Fälle die Stimmrechtsmehrheit beim Management liegt. Darüber hinaus wurden dem Management z. T. auch Mehrstimmrechte eingeräumt oder es wurde ein Verzicht auf Eingriffe in die operative Geschäftsführung durch externe Eigenkapitalgeber vereinbart (vgl. Vest 1995, 250).

Die Beteiligung von Mitarbeitern am Eigenkapital findet in den Spin-Off-MBOs bei Vest, wenn überhaupt, nur in einer zu vernachlässigenden Größenordnung statt (vgl. Vest 1995, 255).

Mezzanine-Kapital

Jakoby kann keinen eindeutigen Zusammenhang zwischen Unternehmenserfolg und Mezzanine-Anteil bei der MBO-Finanzierung identifizieren. Wenn jedoch Mezzanine-Kapital eingesetzt wurde, dann wirkt ein hoher Mezzanine-Anteil positiv auf den MBO-Erfolg (vgl. Jakoby 2000, 267).

Fremdkapital

Die von Forst befragten Buyout-Manager sehen die größte Schwierigkeit bei der Buyout-Durchführung darin, ausreichend Fremdkapital von den Banken zu bekommen. Dies sei vor allem auf den Mangel an dinglichen Kreditsicherheiten zurückzuführen (vgl. Forst 1992, 18).

Eine eindeutige empirische Validierung der Kreditrationierungshypothese lässt sich bei Forst nicht bestätigen. Die Kreditverhandlungen wurden in seiner Befragung aber durchweg als sehr aufwendig und langwierig bezeichnet, wobei die Kreditangebotsseite als äußerst intransparent beschrieben wurde (vgl. Forst 1992, 95ff.).

Gräper stellt für seine Stichprobe fest, dass typischerweise nur ein Kreditinstitut das Fremdkapital zur Verfügung stellt (vgl. Gräper 1993, 114).

Die Höhe des Fremdkapitalanteils an der Kaufpreisfinanzierung hat Jakoby zufolge keine Auswirkung auf den MBO-Erfolg (vgl. Jakoby 2000, 280).

Bei Vest gelten klassische, dinglich besicherte Darlehen von Kreditinstituten als wichtigste Finanzierungsquelle. Als Sicherheiten werden i. d. R. die Aktiva des übernommenen Unternehmens herangezogen. Es verbleibt jedoch auch regelmäßig ein unbesicherter Blanko-Anteil (vgl. Vest 1995, 265ff.).

---

[28] Der Korrelationskoeffizient wurde mit signifikanten -0,47 gemessen, vgl. Vest 1995, 249.

3.2 Sonstige Forschungsergebnisse zur Finanzierung derivativer Unternehmensgründungen

Neben den im vorigen Abschnitt vorgestellten Ergebnissen, die vornehmlich aus der Buyout-Forschung resultieren, lassen sich im Schrifttum auch andere Erkenntnisse zu Existenzgründungen finden, die ebenfalls dem Bereich derivativer Gründungen zuzuordnen sind.

Die bislang einzige groß angelegte empirische Studie zu derivativen Gründungen, die auch Finanzierungsfragen explizit berücksichtigt, ist eine durch das IfM Mannheim durchgeführte und durch die L-Bank in Auftrag gegebene Untersuchung zum Thema „Generationenwechsel in Baden-Württemberg“ (vgl. IfM Mannheim 2002). Die wenigen bislang veröffentlichten Ergebnisse der Befragung von etwa 10.000 anstehenden oder abgewickelten Unternehmensnachfolgen[29] geben jedoch kaum Auskunft über typenbedingte Finanzierungsstrukturen oder –probleme.[30] Aufgrund der Stichprobencharakteristika[31] ist davon auszugehen, dass der weit überwiegende Anteil der identifizierten Gründungen dem in Abschnitt 2 als „Nachfolger-Existenzgründer“ beschriebenen Gründungstyp zuzuordnen sein wird. Die wichtigsten vorab veröffentlichten und finanzierungsrelevanten Ergebnisse der Kurzstudie bieten zunächst nur wenig an Informationen über Finanzierungsstrukturen, typenbedingte Finanzierungsprobleme oder die empirische Bewährung einzelner Finanzierungsformen. Allenfalls die eindeutige Kreditlastigkeit der Finanzierung, der damit zusammenhängende Mangel an Eigenmitteln sowie die durch Unkenntnis und Skepsis ggü. externer Beteiligung am Unternehmen geringe Bedeutung der Beteiligungsfinanzierung lassen sich aus den Angaben ableiten. Es bleibt zu hoffen, dass mit Veröffentlichung der vollständigen Ergebnisse dieser Studie mehr Licht ins Dunkel im Kontext von Unternehmensnachfolgen und deren Finanzierungsfragen gebracht werden kann.

---

29 Befragt wurden etwa 10.000 zufällig ausgewählte Unternehmen, die durch die Datenbestände des Verbands der Vereine Creditreform e. V. identifiziert wurden. Geantwortet haben etwa 13,5% der befragten Unternehmen, vgl. IfM Mannheim 2002, 6.

30 Die Veröffentlichung einer umfassenden Studie ist lt. Aussage des IfM Mannheim für November 2003 geplant.

31 Zwei Drittel der Unternehmen sind kleine und kleinste Unternehmen mit bis zu zehn Beschäftigten. Nur drei Prozent haben mehr als 100 Beschäftigte, vgl. IfM Mannheim 2002, 7.

4 Kritische Würdigung der Forschungsergebnisse

4.1 Theoretische Fundierung

Bislang wurden in der Literatur vornehmlich Theoriekonzepte verwendet, die überwiegend auf die Analyse von Principal-Agent-Beziehungen, Informationsasymmetrien und Transaktionskosten abzielen. Andere Ansätze aus der Modernen Finanzierungstheorie wurden hingegen noch gar nicht beachtet. Beispielsweise bietet aber auch die Spieltheorie, z. B. das Gefangenen-Dilemma, einen geeigneten Rahmen zur Betrachtung und Analyse von Finanzierungsbeziehungen (vgl. Jost 2001).

Die Anwendung der (finanziellen) Principal-Agent-Theorie zur Analyse von Finanzierungsproblemen zur Analyse von Finanzierungsproblemen und -beziehungen hat sich, wenn auch nicht ohne grundsätzliche Kritik (vgl. z. B. Kürsten 1994), in den vergangenen Jahrzehnten durchweg etabliert. Die Verwendung der Principal-Agent-Theorie im Kontext der Finanzierung derivativer Gründungen überbetont jedoch möglicherweise das Problem der Interessendivergenz zwischen Gründern und Kapitalgebern. Das aufgrund dieser Divergenz zumindest latent vorhandene opportunistische Verhalten der Gründer kann aber u. U. von eher geringer Bedeutung sein, wenn man andere Faktoren, wie etwa möglicherweise fehlende Management-Qualifikationen der übernehmenden Gründer damit ins Verhältnis setzt.

Alle vorgenommenen theoretischen Untersuchungen zielten bislang lediglich auf den finanziellen Teil der Finanzierungsbeziehungen ab. Nicht-Finanzielle Leistungen, wie die Betreuung und Beratung der Gründer durch darauf spezialisierte Kapitalgeber (z. B. Buy-Out-Fonds, Beteiligungsgesellschaften, Venture Capital Geber) blieben unberücksichtigt. Die Venture Capital-Forschung hat jedoch gezeigt, dass gerade diesen Leistungen der Kapitalgeber aus Sicht der Gründer eine große Bedeutung zugemessen wird (vgl. bspw. Heitzer 2000, Schefczyk 2000, Weimerskirch 1999). Insofern ist es als Defizit anzusehen, dass diesem Aspekt bei der theoretischen Analyse derivativer Gründungen bislang keine Aufmerksamkeit gewidmet wurde.

Die zur theoretischen Analyse verwendeten Modelle weisen durchweg einen stark formalisierten Charakter sowie einen hohen Grad an Abstraktion und Vereinfachung auf (vgl. 3.1.1). Um die formulierten Modelle noch analytisch, oder wenigstens mit numerischen Verfahren lösen und ökonomisch interpretieren zu können, wird regelmäßig mit zum Teil sehr rigiden Prämissen gearbeitet, deren Realitätsgehalt nicht immer überzeugend und zum Teil auch schlecht überprüfbar ist.[32] Diese Tendenz zu Formalisierung und Abstraktion

[32] Bspw. wird regelmäßig mit Annahmen wie konstanter absoluter Risikoaversion gearbeitet, ohne dass sich diese Eigenschaft eines Individuums objektiv messen, geschweige denn empirisch nachweisen ließe.

ist jedoch notwendigerweise mit der Verwendung moderner Ansätze der Finanzierungstheorie verknüpft und insoweit wohl alternativlos.

Ungeachtet der genannten Probleme bieten die Konzepte aus der Modernen Finanzierungstheorie einen geeigneten Analyserahmen. Die hier berücksichtigten theoretischen Untersuchungen greifen diese auch ausnahmslos auf. Als kritisch anzusehen ist jedoch, dass bislang stets die Betrachtung einzelner Finanzierungsformen, bzw. die Interaktion und Beziehungen von Finanzierungspartnern im Zentrum standen. Eine ganzheitliche Untersuchung, die typenspezifische Besonderheiten einzelner Gründungstypen berücksichtigt, wurde noch nicht unternommen.

4.2 Methodik und Untersuchungsdesign der empirischen Forschung

Als zentrales Problem jeglicher empirischer Untersuchung ist naturgemäß die Verfügbarkeit und die Qualität der empirischen Daten anzusehen. Auch bei der empirischen Forschung in der Gründungsfinanzierung stellt sich dieses Problem als besonders kritisch dar.

Ende der 80er, Anfang der 90er Jahre des vergangenen Jahrhunderts wurden im deutschsprachigen Raum die ersten empirischen Untersuchungen zu Unternehmensübernahmen durch Buyouts durchgeführt. Mit Ausnahme der Arbeit von Jakoby, die allerdings in erster Linie auf MBO-Erfolgsfaktoren abzielt, wurde seitdem kein wesentlicher Fortschritt bei der Erfassung und der Analyse von Buyouts als Form der derivativen Gründung erzielt.

Als Quelle für die Erhebung wurde i. d. R. auf öffentlich zugängliche Quellen, wie Tageszeitungen und die Fachpresse, zum Teil aber auch auf kommerzielle M&A- sowie spezielle Buyout-Datenbanken[33] zurückgegriffen. Einige Verfasser konnten einzelne Übernahmetransaktionen auch durch persönliche Kontakte zu Brancheninsidern identifizieren und in ihre Erhebung mit einbeziehen.

Die Aufarbeitung und Erhebung von Realdaten ist noch immer als recht dürftig und unbefriedigend zu bezeichnen. Wenn man berücksichtigt, dass bspw. das Center for Management Buy-Out Research an der University of Nottingham für die Jahre bis 2001 allein schon 954 (bis zum Jahr 1990 83) MBOs/MBIs in Deutschland ermittelt hat, sind die realisierten Stichprobenumfänge als verhältnismäßig klein anzusehen (vgl. die Übersicht in Abbil-

---

[33] Zu nennen sind da bspw. die M&A-Datenbank der Universität St.Gallen (in Kooperation mit der Zeitschrift M&A-Review) sowie die umfangreiche MBO/MBI-Datenbank des Center for Management Buy-Out Research an der University of Nottingham und die kommerzielle Datenbank von Initiative Europe.

dung 4 und 5). Zudem ist der überwiegende Teil der Untersuchungen mittlerweile veraltet.

Ein besonders großes Defizit eröffnet sich jedoch bei der Forschung zu der Vielzahl von Übernahmen kleiner und Kleinst-Unternehmen. Hierzu existieren so gut wie keine empirischen Befunde bezüglich der Finanzierung einer Unternehmensübernahme in dieser Größenkategorie.[34] Im Gegensatz zu den Übernahmen, die gemäß der dieser Arbeit zugrunde liegenden Typologie als Varianten eines MBO/MBI von statten gehen, sind die Übernahmen in der Kategorie „Nachfolger-Existenzgründer" schon allein zahlenmäßig schlecht abschätzbar, geschweige denn statistisch präzise zu erfassen. Dies ist vor allem durch die fehlende Publizitätspflicht von Unternehmen dieser Größenkategorie sowie auf die häufig wenig ausgeprägte Neigung der Beteiligten zurückzuführen, über Höhe, Struktur und Art der Übernahmefinanzierung Externen gegenüber Auskunft zu geben. Aus dem Blickwinkel der Empirie ist die Frage der Übernahmefinanzierung von kleinen und Kleinst-Unternehmen somit als großer weißer Fleck auf der Forschungslandkarte anzusehen. Wenn man jedoch das zahlenmäßig völlig ungleiche Verhältnis von derivativen Gründungen als MBO/MBI-Variante, bzw. als kleine Nachfolge-Existenzgründung betrachtet,[35] so ist dieses Forschungsdefizit als besonders kritisch zu bezeichnen.

Die bislang verwendete *empirische Methodik* beschränkt sich nahezu ausschließlich auf schriftliche Befragungen und leitfadengestützte Experteninterviews. Darüber hinaus wurde z. T. auch auf bereits veröffentlichte Sekundärdaten zurückgegriffen. Das *Untersuchungsdesign* geht nicht über die Ebene einer rein explorativ-deskriptiven Analyse hinaus. Allein Jakoby hat mit seiner Erfolgsfaktorenanalyse auch statistische Signifikanztests durchgeführt, die aber nur sehr am Rande auch finanzwirtschaftliche Fragestellungen berühren. Sofern in den empirischen Studien überhaupt finanzierungsrelevante Fragestellungen (mit-) untersucht wurden, fand eine Suche nach kausalen Beziehungen zwischen unternehmens- oder transaktionsspezifischen Faktoren

---

[34] Die einzige Ausnahme in der deutschsprachigen empirischen Forschung ist in Abschnitt 3.2 vorgestellte Studie des IfM Mannheim.

[35] Die Anzahl der durch die Deutsche Ausgleichsbank, jetzt KfW-Mittelstandsbank, in den Jahren 1990-2002 als „Übernahme" geförderten Existenzgründungen beläuft sich auf 85.320 Gründungen, wobei dort weitaus überwiegend kleine Unternehmensnachfolgen im gewerblichen und Dienstleistungsbereich gefördert wurden. Betrachtet man diese Zahl in Relation zu den vom CMBOR von 1990 bis 2001 identifizierten 871 MBO-Transaktionen, so stellt man zwangsläufig fest, dass selbst bei Berücksichtigung einer großen durch das CMBOR nicht erfassten Dunkelziffer von MBO/MBI-ähnlichen Übernahmen, die sehr große Mehrzahl der in praxi stattfindenden Unternehmensübernahmen nicht als MBO/MBI-Variante, sondern als Form des Typus „Nachfolger-Existenzgründer" realisiert werden. Quelle: Förderstatistik der KfW-Mittelstandsbank (vormals DtA) 1990-2002 sowie CMBOR 2002, 95.

und deren Wirkung auf Finanzierungsstrukturen i. d. R. nicht statt. Lediglich einzelne, häufig nicht verallgemeinerungsfähige Aussagen konnten für die untersuchten Stichproben formuliert werden (vgl. dazu 3.1.2). Aufgrund der beschriebenen Problematik mit den erhobenen Daten muss auch eine Validierung der empirischen Befunde im Wege einer Replikation als nahezu ausgeschlossen gelten.

5 Ausblick und Forschungsbedarf

Die kritische Bewertung zum Stand der Forschung zur Finanzierung derivativer Gründungen hat ergeben, dass bislang nur einzelne Aspekte einer genaueren theoretischen Untersuchung unterzogen wurden. Eine umfassendere, ganzheitliche Analyse steht noch aus. Noch größere Defizite haben sich jedoch im Bereich der empirischen Forschung aufgetan, wobei dies im Wesentlichen auf die kritische Situation des Engpassfaktors „Datenmaterial" zurückzuführen ist. Eine eigene Erhebung geeigneter Daten gestaltet sich demnach durchweg als sehr problematisch.

Insofern muss auf der zukünftigen Forschungsagenda die Überwindung dieser Schwierigkeiten obenan stehen, um das empirische Erkenntnisdefizit auf diesem Gebiet zu beheben. Hierbei bietet sich ein reichhaltiges Potential an möglichen Forschungsansätzen, das von einer empirischen Analyse von typenspezifischen Finanzierungslösungen bis zu auf einzelne Finanzierungsformen (Beteiligungs-/Mezzanine-/Fremdkapital) abzielende empirische Untersuchungsdesigns reicht.

Darüber hinaus verbleibt auch das grundlegende Forschungsziel, eine empirisch und theoretisch fundierte Typologie derivativer Gründungskonzepte zu erarbeiten, um in einem weiteren Schritt auch auf finanzierungstheoretischer Grundlage nach geeigneten Finanzierungslösungen für die jeweiligen Gründungstypen zu forschen. Dies wäre gerade deswegen von besonderer Bedeutung, weil diese Erkenntnisse dazu geeignet wären, Gründern, Finanzinvestoren und Beratern für ihr alltägliches Geschäft mit Unternehmensnachfolgen und –übernahmen eine profunde wissenschaftliche Grund-lage mit auf den Weg zu geben.

Literatur

Adams, M. (1989), Der Markt für Unternehmenskontrolle und sein Missbrauch, in: *Die Aktiengesellschaft*, 34, 1989, 333-338.

Arzac, E. R. (1992), On the Capital Structure of Leveraged Buyouts, in: *Financial Management*, Vol. 21, No. 1, 16-26.

Berger, M. (1993), *Management Buy-Out und Mitarbeiterbeteiligung: Finanzwirtschaftliche Analyse von Konzepten zur Übernahme von Unternehmen durch Management und Belegschaft*, Köln.

Betsch, O., Groh, A. und L. Lohmann (2000), *Corporate Finance: Unternehmensbewertung, M&A und innovative Kapitalmarktfinanzierung*, 2. Auflage, München.

Boxberg, F. von (1991), *Das Management-Buy-Out Konzept - Eine Möglichkeit zur Herauslösung krisenhafter GmbH-Tochterunternehmen*, 2. Auflage, Hamburg.

Center for Management Buy-Out Research (CMBOR) (2002), *European Management Buy-out Review from the Center for Management Buy-out Research*, Nottingham.

Daferner, S. (1999), *Die Eigenkapitalausstattung von Existenzgründungen im Rahmen der Frühphasenfinanzierung*, Diss., Universität Kaiserslautern.

Forst, M. (1992), *Management Buy-Out und Buy-In als Form der Übernahme mittelständischer Unternehmen*, Stuttgart.

Galai, D. and R. W. Masulis (1976), The Option Pricing Model and the Risk Factor of Stocks, in: *Journal of Financial Economics*, 4, 53-81.

Graml, R. (1996), *Unternehmenswertsteigerung durch Desinvestition: eine Analyse unter besonderer Berücksichtigung des Management Buy-Out*, Frankfurt a. M. u. a.

Grammatikos, T., Makhija, A. K. und H. E. Thompson (1988), Financing Corporate Takeovers by Individuals Seeking Control, in: *Managerial and Decision Economics*, Vol. 9, 227-235.

Gräper, M. (1993), *Management Buy-Out, Eine Empirische Analyse zur deutschen Entwicklung bis 1990*, Kiel.

Häupler, J. und A. Stephan (2002), Die Finanzierung von Unternehmensgründungen, in: Krimphove, D. und D. Tytka (Hrsg.), *Praktiker-Handbuch Unternehmensfinanzierung - Kapitalbeschaffung und Rating für mittelständische Unternehmen*, Stuttgart, 49-70.

Heitzer, B. (2000), *Finanzierung junger innovativer Unternehmen durch Venture Capital-Gesellschaften*, Lohmar.

Hoffmann, P. und R. Ramke (1992), *Management Buyout in der Bundesrepublik Deutschland - Anspruch, Realität und Perspektiven*, 2. Auflage, Berlin.

Institut für Mittelstandsforschung Mannheim (IfM) (2002), *Kurzstudie "Generationenwechsel in Baden-Württemberg"*, im Internet: http://www.ifm.uni-mannheim.de/unter/Forschungsprojekte/Generationenwechsel_ausf.pdf, abgerufen am 04.09.2003.

Initiative Europe (2002), *Europe Buyout Review*, Thirteenth Edition 2002, Redhill/Surrey.

Jakoby, S. (2000), *Erfolgsfaktoren von Management Buyouts in Deutschland*, Lohmar/Köln.

Jensen, M. C. (1988), The Distribution of power among corporate managers, shareholders, and directors, in: *Journal of Financial Management*, 20, 3-24.

Jost, P.-J. (Hrsg.) (2001), *Die Spieltheorie in der Betriebswirtschaftslehre*, Stuttgart.

Klandt, H. (1984), Überlegungen und Vorschläge zur Abgrenzung und Strukturierung des Objektbereichs des Gründungsforschung, in: Nathusius, K. und H. Klandt, *Unternehmensgründung - Konfrontation von Forschung und Praxis*, Köln, 39-64.

Klandt, H. et al. (Hrsg.) (2000), *G-Forum 1999*, Dokumentation des 3.Forums Gründungsforschung, Köln, 8. Oktober 1999, Lohmar.

Krebs, A. (1990), *Management Buyout in der Schweiz - Rahmenbedingungen und Finanzierungskonzepte*, Bern u. a.

Krimphove, D. und D. Tytko (Hrsg.) (2002), *Praktiker-Handbuch Unternehmensfinanzierung - Kapitalbeschaffung und Rating für mittelständische Unternehmen*, Stuttgart.

Kürsten, W. (1994), *Finanzkontrakte und Risikoanreizproblem*, Wiesbaden.

Leland, H. E. and D. H. Pyle (1977), Informational Asymmetries, Financial Structure, and Financial Intermediation, in: *Journal of Finance*, 2, 1977, 371-387.

Lück, J. T. (1989), *MBO - Legitime und ernstzunehmende Alternative zum Firmenverkauf an Fremde*, Vortrag auf dem MBO-Kongreß in Kassel am 26.06.1989.

Luippold, T. (1991), *Management Buy-Outs - Evaluation ihrer Einsatzmöglichkeiten in Deutschland*, Bern/Stuttgart.

Lux, M.-O. (2000), *Das Beteiligungskapital im Spektrum der Gründungsfinanzierung im Handwerk*, Göttingen.

Müller, O. (2002), *Mezzanine Finance - Unter besonderer Berücksichtigung von Private Mezzanine in der Schweiz und Europa*, Diss., Universität St. Gallen.

Nathusius, K. und H. Klandt (1984), *Unternehmensgründung - Konfrontation von Forschung und Praxis*, Festschrift gewidmet Herrn Prof. Dr. Norbert Szyperski aus Anlass des 10-jährigen Bestehens der Projektgruppe Gründungsforschung am Planungsseminar der Universität zu Köln, Köln.

Nathusius, K. (2000), Gründungsform und Unternehmensentwicklungsstand als Determinanten der Gründungsfinanzierung - Ein Überblick; in: Klandt, H. et al. (Hrsg.), *G-Forum 1999*, Lohmar, 321-343.

Nathusius, K. (2001a), Modelle der Gründungsfinanzierung, in: Nathusius, K., Klandt, H. und D. Seibt, *Beiträge zur Unternehmensgründung*, Gewidmet Prof. Dr. Dr. h.c. Norbert Szyperski anlässlich seines 70. Geburtstages, Köln, 3-48.

Nathusius, K. (2001b), Finanzierungsinstrumente für unterschiedliche Gründungsmodelle, in: Nathusius, K., Klandt, H. und D. Seibt, *Beiträge zur Unternehmensgründung*, gewidmet Prof. Dr. Dr. h. c. Norbert Szyperski anlässlich seines 70. Geburtstages, Köln, 49-151.

Nathusius, K. (2001c), *Grundlagen der Gründungsfinanzierung - Instrumente, Prozesse, Beispiele*, 1. Auflage, Wiesbaden.

Nathusius, K. (2003), Die Finanzierung der Unternehmensnachfolge mit Beteiligungskapital - Eine Betrachtung aus Sicht von Venture Capital Gesellschaften, in: Schmeisser, W., Krimphove, D. und K. Nathusius, *Handbuch Unternehmensnachfolge. Recht - Basel II und Rating - Finanzierung - Fallbeispiele*, Stuttgart, 359-390.

Niederöcker, B. (2002), *Finanzierungsalternativen in kleinen und mittleren Unternehmen: eine neo-institutionalistische Analyse unter besonderer Berücksichtigung der Innovationsfinanzierung*, Wiesbaden.

Perridon, L. und M. Steiner (2002), *Finanzwirtschaft der Unternehmung*, 11. Auflage, München.

Roling, J. (2001), *Venture Capital und Innovation*, Lohmar/Köln.

Ross, S. A. (1973), The Economic Theory of Agency: The Principal's Problem, in: *American Economic Review: Papers and Proceedings*, 63, 134-139.

Ross, S. A. (1977), The Determinantion of Financial Structure: The Signalling-Incentive Approach, in: *Bell Journal of Economics*, 8, 23-40.

Schefczyk, M. (2000), *Erfolgsstrategien deutscher Venture Capital-Gesellschaften*, 2. Auflage, Stuttgart.

Schmeisser, W., Krimphove, D. und K. Nathusius (2003), *Handbuch Unternehmensnachfolge. Recht - Basel II und Rating - Finanzierung - Fallbeispiele*, Stuttgart.

Schmid, H. (1994), *Leveraged Management Buy-Out; Begriff, Gestaltungen, optimale Kapitalstruktur und ökonomische Bewertung*, Frankfurt a. M. u. a.

Schulz, E. (1999), *Die Finanzierung von Existenzgründungen - Eine informationsökonomische Untersuchung*, Diss., Universität Münster.

Smith, C. W. and J. B. Warner (1979), On Financial Contracting - An Analysis of Bond Covenants, in: *Journal of Financial Economics*, 7, 1979, 117-161.

Szyperski, N. und K. Nathusius (1999), *Probleme der Unternehmensgründung – Eine betriebswirtschaftliche Analyse unternehmerischer Startbedingungen*, 2. Auflage, Lohmar/Köln.

Then Bergh, F. (1998), *Leveraged Management Buyout*, Wiesbaden.

Vest, P. (1995), Der Verkauf von Konzernunternehmen durch Management Buy-Out, Wiesbaden.

Weimerskirch, P. (1999), *Finanzierungsdesign bei Venture Capital Verträgen*, 2. Auflage, Wiesbaden.

Dagmar Ackermann, Joachim Merz, Henning Stolze

Universität Lüneburg, Forschungsinstitut Freie Berufe (FFB)

Erfolg und Erfolgsfaktoren freiberuflich tätiger Ärzte – Ergebnisse der FFB-Ärzteumfrage für Niedersachsen

Zusammenfassung

Das Interesse am Gesundheitswesen hat in den vergangenen Jahren erheblich zugenommen. Politik und Gesellschaft müssen sich einer Auseinandersetzung mit den Strukturen des Gesundheitswesens, insbesondere mit den Aufgaben und deren Vergütung, die von den verschiedenen Leistungsanbietern erbracht werden, stellen.
Um dies zu leisten, bedarf es insbesondere unter einzelwirtschaftlichen Gesichtspunkten aussagekräftige, theoretisch fundierte Analysen. Ziel der hier vorliegenden Untersuchung ist die Analyse des Erfolgsverständnisses niedergelassener Ärzte und die Identifikation kritischer Erfolgsfaktoren auf der Grundlage eines theoriegeleiteten Modells auf der Basis der breit angelegten FFB-Ärzteumfrage für Niedersachsen.

1 Einleitung

Das Interesse am Gesundheitswesen hat in den vergangenen Jahren erheblich zugenommen. Obwohl der Anteil der Gesundheitsausgaben am Bruttoinlandsprodukt mit 10,9% in 2001 im Vergleich zu den Vorjahren relativ konstant geblieben ist, zwingt die Höhe der Gesundheitsausgaben von insgesamt 225,9 Mrd. Euro im Jahr 2001 – davon alleine 138,8 Mrd. Euro im Bereich der gesetzlichen Krankenversicherungen – Politik und Gesellschaft zu einer Auseinandersetzung mit den Strukturen des Gesundheitswesens, insbesondere mit den Aufgaben und deren Vergütung, die von den verschiedenen Leistungsanbietern erbracht werden.

In Einrichtungen ambulanter Leistungsangebote belief sich in der Bundesrepublik Deutschland im Jahr 2001 die Summe aller Gesundheitsausgaben auf

105,1 Mrd. Euro (46,5%). Davon entfielen 30,7 Mrd. Euro (29,2%) auf Arztpraxen (Tabelle 1).

Tabelle 1: Quantitative Bedeutung niedergelassener Ärzte im Überblick

Anteil der Gesundheitsausgaben am Bruttoinlandsprodukt 2001	**10,9%**
Gesundheitsausgaben 2001 insgesamt	225,9 Mrd. Euro
GKV-Ausgaben 2001	138,8 Mrd. Euro
Gesundheitsausgaben „ambulante Einrichtungen" 2001	105,1 Mrd. Euro
Gesundheitsausgaben „Arztpraxen" 2001	30,7 Mrd. Euro
Anteil der Gesundheitsausgaben „Arztpraxen" 2001	13,6%
Zahl niedergelassener Ärzte 31.12.2001	121.700
Gesundheitspersonal 2001 insgesamt	646.000
Anteil Gesundheitspersonal in Arztpraxen 2001	15,7%
Anteil der Ärzte an Selbständigen in Freien Berufen 1.1.2003	15,7%

Quelle: MG 2002, Institut Freie Berufe IFB 2003, Kassenärztliche Bundesvereinigung Statistische Grunddaten 2002, Statistisches Bundesamt Deutschland, 2003.

Im gleichen Zeitraum waren insgesamt 121.700 Ärzte freiberuflich tätig, die Zahl des Gesundheitspersonals in Arztpraxen betrug insgesamt rund 646.000 Personen, was einem Anteil von 15,7% am Gesundheitspersonal insgesamt entspricht. Der Anteil der Ärzte an den Selbständigen in Freien Berufen insgesamt betrug am 1.1.2003 ebenfalls 15,7%.

Im quantitativen Vergleich der Bedeutung verschiedener Leistungsanbieter stehen damit die niedergelassenen Ärzte und ihr Leistungsangebot an zweiter Stelle hinter den Krankenhäusern.

Auch unter qualitativen Gesichtspunkten richtet sich ein Fokus des öffentlichen Interesses auf die niedergelassenen Ärzte. Die aktuellen Diskussionen um z. B. die Einführung der Praxisgebühr zum 1. Januar 2004, Vorgaben zur Qualitätssicherung und Fortbildung, die zukünftige Gestaltung der Patientenversorgung im Notdienst, Desease-Management-Programme, aber auch die Sorge um eine ausreichende ärztliche Versorgung der Bevölkerung in der Zukunft bei zurückgehendem Interesse am Arztberuf allgemein und durch eine abnehmende Niederlassungsbereitschaft junger Mediziner unter Berücksichtigung der Altersstruktur der niedergelassenen Ärzte zeigen die Vielschichtigkeit der Problemlage im Bereich der freiberuflich tätigen Ärzte (Kassenärztliche Bundesvereinigung KBV 2003, I. 18, 19, 22).

Auch in der Forschung ist ein wachsendes Interesse an der Lage niedergelassener Ärzte festzustellen. Insbesondere unter einzelwirtschaftlichen Gesichtspunkten besteht ein Bedarf an aussagekräftigen, theoretisch fundierten Analysen. Die vorliegende Untersuchung ist hierzu ein aktueller Beitrag, indem Erfolgsfaktoren für die Tätigkeit niedergelassener Ärzte identifiziert und ihre Bedeutung mit einem zweistufigen faktor- und regressionsanalytischen Ansatz beurteilt werden. Hierbei sollen die verschiedenen Aspekte des Erfolgsbegriffes berücksichtigt werden und auch die subjektive Erfolgsauffassung der niedergelassenen Ärzte Einfluss finden, so dass nicht ausschließlich monetäre Größen die Grundlage zur Erfolgsmessung bilden. Empirische Basis ist die aktuelle FFB-Ärzteumfrage.

1.1 Stand der Forschung: Aktuelle Untersuchungen

Die aktuellen Untersuchungen zur Lage freiberuflich tätiger Ärzte sind ein Spezialbereich der Erfolgsfaktorenforschung, die seit den 60er Jahren beginnend mit der PIMS-Studie sich um Identifikation von Erfolgsfaktoren bemüht. Neben der Betrachtung gesamtgesellschaftlich relevanter Fragen zur Versorgungsdichte und Versorgungsqualität beschreiben und analysieren die aktuellen Untersuchungen insbesondere die Erfolgssituation niedergelassener Ärzte und deren Determinanten vornehmlich unter marketingpolitischen und kostenstrukturellen Gesichtspunkten (Tabelle 2).

Tragendes Element aller dieser Untersuchungen ist die Erkenntnis, dass der niedergelassene Arzt seine Aufgaben nicht mehr nur als Mediziner wahrnehmen kann. Da er trotz aller einschränkender Rahmenbedingungen (Bedei und Kamps 1998) eigenverantwortlich agiert und mit seiner Tätigkeit Einkommensziele verfolgen muss, um seinen Lebensunterhalt zu sichern, ist es notwendig, dass er auch seine Rolle als Unternehmer auf dem Markt für Gesundheitsleistungen wahrnimmt und ausfüllt (Hohner 2003, 30). Es gilt, diese Rolle zu beschreiben, zu analysieren und Gestaltungsansätze aufzuzeigen.

Die Untersuchungen stützen sich hierbei fast ausschließlich auf den wirtschaftlichen Erfolg, der durch bilanzierbare Größen erfasst wird und beleuchten stets nur einen Teil der wirtschaftlichen Aktivitäten und Größen einer Praxis, die sich auf den Erfolg auswirken können. So stehen in den unterschiedlichen Untersuchungen teils die Kosten, teils das Marketing oder das Investitionsverhalten im Vordergrund. Ein umfassendes Bild, welches zum einen verschiedene Erfolgsaspekte erfasst und zum anderen einen großen Teil der wirtschaftlichen und nichtwirtschaftlichen Aktivitäten einer Praxis berücksichtigt, wurde bislang nicht gezeichnet.

Tabelle 2: Aktuelle Studien zur Lage niedergelassener Ärzte

Autor/en	Titel	Gegenstand	Jahr / Status
Kuhlmann, Ellen, Zentrum für Sozialpolitik Universität Bremen	Veränderungen in der ambulanten Versorgung	Erfassung und Analyse der Veränderungspotentiale in der ambulanten Versorgung	2003, in Bearbeitung
Institut der Deutschen Zahnärzte Köln, Forschungsstelle Gründungsforschung Universität Augsburg	AVE-Z, Ökonomische Analyse der Ausgangsbedingungen, Verlaufsmuster und Erfolgsfaktoren von zahnärztlichen Existenzgründungen	ökonomische Analyse der Verlaufsmuster und dauerhaften Erfolgsfaktoren von zahnärztlichen Existenzgründungen	2003, in Bearbeitung
Styber, René, Unternehmensberatung HEARTMEDIA	Arzt und Praxis im Wandel	Bedeutung marketingpolitischer Instrumente in der Arztpraxis	2003, wird fortgeführt
Klingenberger, David und Schwarte, Andrea	Investitionen bei zahnärztlichen Existenzgründungen 2002	Struktur des zahnärztlichen Investitionsverhaltens	2003
Ärzte Zeitung	Doktor, quo vadis?	Analyse der Lage niedergelassener Ärzte vor dem Hintergrund sich ändernder wirtschaftlicher Rahmenbedingungen im Gesundheitswesen	2002, abgeschlossen
Kassenärztliche Bundesvereinigung	Gehen dem Deutschen Gesundheitswesen die Ärzte aus?	Stand und Entwicklung der Zahl ausgebildeter Mediziner in Deutschland	2001
zi Zentralinstitut für die Kassenärztliche Versorgung	Kostenstrukturanalyse 1999	quantitative und qualitative Zusammensetzung der Kosten in Arztpraxen	1999

Quelle: Eigene Auswertungen.

An dieser Stelle setzt die vorliegende Untersuchung an und beschreitet somit erste Schritte auf dem Weg, den Erfolg eines niedergelassenen Arztes umfassend zu beschreiben und Faktoren hierfür zu identifizieren. Dies wird durch eine umfassende und vielschichtige Datenbasis, die FFB-Ärzteumfrage aus dem Jahr 2002, ermöglicht.

2 Die FFB-Ärzteumfrage

Ziel der hier vorliegenden Untersuchung ist die Analyse des Erfolgsverständnisses niedergelassener Ärzte und die Identifikation kritischer Erfolgsfaktoren auf der Grundlage eines theoriegeleiteten Modells.

Dazu wurde im Sommer 2002 im Bereich der Kassenärztlichen Vereinigung Niedersachsen eine schriftliche Befragung mittels eines versandten Fragebogens durchgeführt.[1] Der Fragebogen gliedert sich in vier Teile und umfasst 96 Fragen.

Der erste Fragenblock dient der Klärung des Erfolgsverständnisses und thematisieren in einer ersten Annäherung die Erfolgsbeurteilung (Fragen 1 bis 8). Nach Merkmalen zur Praxisgründung (Fragen 9 bis 28) wird die aktuelle Praxistätigkeit thematisiert (Fragen 29 bis 75, 86 bis 88). Danach werden Erfolgsgrößen (Fragen 76 bis 85) und weitere persönliche Merkmale erfragt.

Der Fragebogen wurde an 3.500 niedergelassene Ärzte versandt, die mittels einer Zufallsauswahl aus der Zahl der 10.054 Mitglieder der KV Niedersachsen ausgewählt wurden. Die Rücklaufquote betrug 13,23%.

Auf der Basis der Facharztgruppen und der Geschlechterverteilung in der Grundgesamtheit der niedergelassenen Ärzte der KV Niedersachsen wurde die FFB-Ärzteumfrage schließlich für repräsentative Aussagen gewichtet (vgl. Stolze 2003).

3 Erfolg und Erfolgsfaktoren freiberuflich tätiger Ärzte: Ergebnisse der FFB-Ärzteumfrage

3.1 Erfolg und Erfolgskomponenten freiberuflich tätiger Ärzte

3.1.1 Erfolgsverständnis im Modell

Allgemein versteht man unter Erfolg das positive Ergebnis einer Bemühung, das Eintreten einer erstrebten Wirkung. „Das Erfolgserlebnis hängt weniger von der absoluten Höhe der Leistung als von ihrer Übereinstimmung mit den gesetzten Erwartungen und von einer Bestätigung durch die Umwelt ab“ (Brockhaus Enzyklopädie 1988, 514ff, Gruber 2000, 30ff.). Damit sind die Wesensmerkmale des Erfolgsbegriffes umschrieben:

- Erfolg setzt ein aktives Handeln voraus.
- Erfolg bemisst sich an durch das Handeln angestrebten Zielen.

[1] Parallel dazu wurden niedergelassene Ärzte der Kassenärztlichen Vereinigung Nordrhein befragt. Diese Befragung ist Gegenstand der Dissertation Frau Dagmar Ackermann.

- Erfolg wird in Bezug auf Individuen und deren sozialen Kontext bewertet.

Erfolg ist jedoch kein eindimensionaler Begriff. Vielmehr bemisst ein Individuum seinen Erfolg an einer Mehrzahl von Größen, die sich pyramidenförmig darstellen lässt. (Abbildung 1).

Abbildung 1: Die Erfolgspyramide

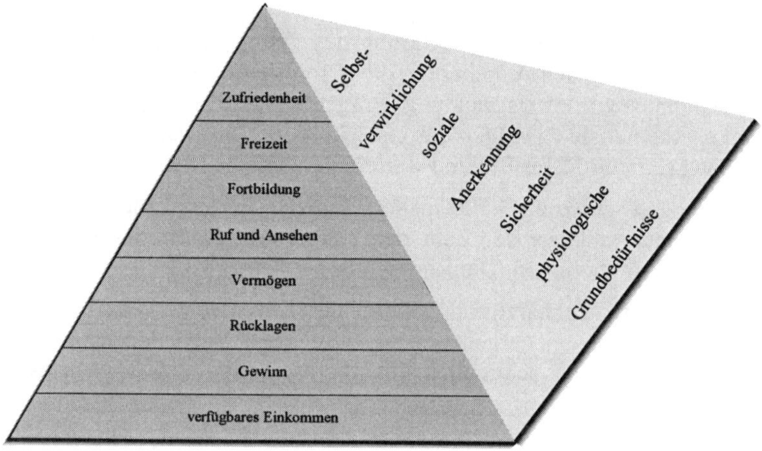

Quelle: Eigene Darstellung nach Ackermann 2003.

Verfügbares Einkommen und Gewinn sind notwendig zur Befriedigung der physiologischen Grundbedürfnisse. Rücklagen und ein sich daraus bildendes Vermögen dienen einer längerfristigen Existenzsicherung. Vermögen, Ruf und Ansehen tragen zur sozialen Anerkennung bei. Fortbildung, Freizeit und Zufriedenheit sind letztendlich eine mögliche Grundlage der Selbstverwirklichung.

Betrachtet man diese Erfolgsgrößen näher, so ist festzustellen, dass zunächst an der Basis der Erfolgspyramide die ökonomischen Erfolgsgrößen vorherrschen, dann treten stärkere soziologische Erfolgswerte in den Vordergrund, bis schließlich zur Spitze hin die individuelle Sicht des Erfolges vorherrscht. Damit setzt sich der Erfolg des Einzelnen theoretisch aus den drei Komponenten

- individueller Erfolg mit einer materiellen und einer ideellen Dimension
- ökonomischer Erfolg mit einer quantitativen und einer qualitativen Dimension und

- sozialer Erfolg mit einer persönlichen und einer gesellschaftlichen Dimension

zusammen.

3.1.2 Komponenten des Erfolgsverständnisses: Ergebnisse einer Faktoranalyse

Auf der Grundlage des theoretisch erwarteten Erfolgsverständnisses wurden in der Befragung gleichzeitig verschiedene Erfolgsindikatoren erhoben, angefangen bei rein subjektiven Beurteilungen der individuellen Zufriedenheit mit der Praxistätigkeit und mit den erzielten Ergebnissen bis hin zu objektiv vergleichbaren quantitativen und monetären Größen. Führt man auf der Grundlage dieser erhobenen Erfolgsindikatoren wiederum eine Faktoranalyse für drei Faktoren durch, lassen sich vergleichbar zum theoretisch hergeleiteten Erfolgsverständnis Zufriedenheit und Zeitverfügbarkeit als Ausdruck des individuellen Erfolges und ökonomischer Erfolg als Erfolgskomponenten identifizieren. Die Messung des sozialen Erfolges wurde in der vorliegenden Studie nicht weiter verfolgt.

Tabelle 3: Erfolgskomponenten und ihre Inhalte im Bereich der KV Niedersachsen

Erfolgskomponente	Hauptinhalte	Item
Zufriedenheit	Zufriedenheit mit Tätigkeit als niedergelassener Arzt insgesamt	96
	Befriedigung mit Tätigkeit als niedergelassener Arzt	8
	Wiederwahl des Arztberufes aus heutiger Sicht	94
	Zufriedenheitsgrad mit dem wirtschaftlichen Erfolg	4
	Wieder-Niederlassung als freiberuflich tätiger Arzt aus heutiger Sicht	95
	Zufriedenheit mit dem Umfang der verbleibenden freien Zeit	70
	Zufriedenheit mit dem Anteil der privat abzurechnenden Leistungen an den Einnahmen	49
ökonomischer Erfolg	zu versteuerndes Einkommen im Jahr 2000	80
	Praxiseinkünfte im Jahr 2000	78
	Zahl der mit der KV abgerechneten Fälle im 1. Quartal 2002	82

Fortsetzung Tabelle 3

Erfolgskomponente	Hauptinhalte	Item
	Einnahmen aus kassenärztlicher Tätigkeit pro Jahr	83
	Praxisumsatz gesamt	85a
	Einnahmen aus privatärztlicher Tätigkeit pro Jahr	84
Freizeit	Urlaubshäufigkeit pro Jahr	68
	Urlaubstage pro Jahr	67
	durchschnittliche Arbeitszeit an einem Werktag	63
	Dauer bis zur Erwirtschaftung eines Einnahmeüberschusses	15
	für den Beruf aufgewendete Zeit an Wochenenden	64

Quelle: FFB-Ärzteumfrage 2002, eigene Berechnungen.

In Bezug auf die tatsächlich beobachtete Erfolgsposition hat die Befragung zu nachfolgend dargestellten Ergebnissen geführt (vgl. auch Tabelle 4):

Die befragten niedergelassenen Ärzte sind in jeder Hinsicht deutlich zufrieden mit ihrer Tätigkeit.

Sie würden sich in der Regel wieder für ihren Beruf ebenso wie für die Niederlassung entscheiden, allerdings sich ausführlicher informieren sowie anders planen und die Niederlassung betreiben.

Nur zwei Drittel der Befragten waren bereit, konkrete Angaben zu den ökonomischen Erfolgsindikatoren zu machen. Die beobachteten Werte lassen erhebliche Schwankungsbreiten erkennen. Die Hälfte der Befragten rechnen bis zu 1.200 Fälle pro Quartal mit der Kassenärztlichen Vereinigung ab, die erwirtschafteten Einnahmen pro Jahr aus kassenärztlicher Tätigkeit dieser Gruppe betragen bis zu 370.000 DM, die aus privatärztlicher Tätigkeit bis zu 70.000 DM.

In Bezug auf die Zeitverfügbarkeit pro Tag arbeiten die Befragten knapp 10 Stunden täglich und zusätzlich ca. 5 ½ Stunden an Wochenenden. Die Zahl der Urlaubstage beläuft sich durchschnittlich auf 27 Tage pro Jahr, die sich auf 2 bis 3 Urlaubsperioden verteilen.

Die Befragung hat gezeigt, dass die niedergelassenen Ärzte zurückhaltend auf konkrete Fragen in Bezug auf monetäre Erfolgsmesszahlen geantwortet haben. Nur 66,7% der Befragten machten Angaben zu ihrem zu versteuernden Einkommen in 2000, 72,8% zu den Praxiseinkünften in 2000. Das führt insgesamt dazu, dass die gewichtete Häufigkeit der Erfolgskomponenten unter

Zugrundelegung aller Erfolgsmesszahlen nur bei 45,2% lag. Durch eine Aggregation der Erfolgsmesszahlen konnte ihre Häufigkeit auf 63,5% angehoben werden.

Tabelle 4: Ergebnisse gemessener Erfolgskomponenten niedergelassener Ärzte

Erfolgs-komponente	Messgröße	Maßstab	Arithm. Mittel	Median	Modus
Zufriedenheit	Zufriedenheit mit Tätigkeit als niedergelassener Arzt insgesamt	Skala 1 (unzufrieden) – 11 (zufrieden)	6,92	8	9
	Befriedigung mit Tätigkeit als niedergelassener Arzt	Skala 1 (unzufrieden) – 11 (zufrieden)	6,92	8	8
	Wiederwahl des Arztberufes aus heutiger Sicht	Skala 1 (ja) – 5 (nein)	2,31	2	1
	Zufriedenheitsgrad mit dem wirtschaftlichen Erfolg	Skala 1 (unzufrieden) – 11 (zufrieden)	6,05	6	9
	Wieder-Niederlassung als freiberuflich tätiger Arzt aus heutiger Sicht	Skala 1 (ja) – 5 (nein)	2,12	2	1
	Zufriedenheit mit dem Umfang der verbleibenden freien Zeit	Skala 1 (unzufrieden) – 11 (zufrieden)	5,32	5	3
	Zufriedenheit mit dem Anteil der privat abzurechnenden Leistungen an den Einnahmen	Skala 1 (unzufrieden) – 11 (zufrieden)	5,57	6	6

Fortsetzung Tabelle 4

Erfolgs-kompo-nente	Messgröße	Maßstab	Arithm. Mittel	Median	Modus
ökonomischer Erfolg		DM	204.518	180.000	200.000
		€	104.518	92.032	102.258
		DM	288.039	210.000	200.000
		€	147.272	107.371	102.258
		Anzahl Fälle	1.427	1.200	2.000
		DM	537.403	370.000	400.000
		€	274.770	189.178	204.517
		DM	590.031	450.000	440.000
		€	176.496	230.081	224.968
		DM	124.372	70.000	50.000
		€	63.590	35.790	25.564
Freizeit		zu versteuerndes Einkommen im Jahr 2000			
	Urlaubshäufigkeit pro Jahr	Praxiseinkünfte im Jahr 2000	2,8	3,0	3,0
	Urlaubstage pro Jahr	Zahl der mit der KV abgerechneten Fälle im 1. Quartal 2002	27,1	30,0	30,0
	durchschnittliche Arbeitszeit an einem Werktag	Einnahmen aus kassenärztlicher Tätigkeit pro Jahr	9,93	10,0	10,0

Fortsetzung Tabelle 4

Erfolgs-komponente	Messgröße	Maßstab	Arithm. Mittel	Median	Modus
Freizeit	Dauer bis zur Erwirtschaftung eines Einnahmeüberschusses	Praxisumsatz gesamt	1,75	1,0	1,0
	für den Beruf aufgewendete Zeit an Wochenenden	Einnahmen aus privatärztlicher Tätigkeit pro Jahr	5,53	4,0	4,0

Quelle: FFB-Ärzteumfrage 2002, eigene Berechnungen.

Die Erfolgskomponenten als Ergebnis der Faktoranalyse, die den weiteren Analysen zu Grunde gelegt werden, setzen sich aus den in Tabelle 5 aufgeführten Messzahlen zusammen.

Diese drei Erfolgskomponenten werden zunächst nicht weiter zu einer einzigen Erfolgskennziffer aggregiert, da unterschiedliche Erklärungsmuster vermutet werden. Diese individuell ermittelten Erfolgskomponenten liegen dann den Erklärungsansätzen der zweiten Stufe zu Grunde.

Wie der Komponentenmatrix (Tabelle 6) zu entnehmen ist, ergibt die Faktorenanalyse auch noch verbleibende Korrelationen zwischen den Komponenten. Wir werden diesen weiterreichenden Zusammenhängen mit einer vertieften interdependenten Modellformulierung auch im Rahmen eines mikroökonomisch fundierten Allokationsmodells in einer Folgearbeit noch nachgehen.

Tabelle 5: Erfolgskomponenten in der Analyse der Befragungsergebnisse

Erfolgskomponente	Messgröße	Item
Zufriedenheit	Faktorwert Min: -2,6 Max: + 1,8 Spannweite: 4,4	
	Zufriedenheit mit Tätigkeit als niedergelassener Arzt insgesamt	96
	Befriedigung mit Tätigkeit als niedergelassener Arzt	8
	Wiederwahl des Arztberufes aus heutiger Sicht	94
	Zufriedenheitsgrad mit dem wirtschaftlichen Erfolg	4
	Wieder-Niederlassung als freiberuflich tätiger Arzt aus heutiger Sicht	95
Ökonomischer Erfolg	Faktorwert Min.: -1,5 Max.: 8,7 Spannweite: 10,2	
	Einnahmen aus kassenärztlicher Tätigkeit pro Jahr	83
	Einnahmen aus privatärztlicher Tätigkeit pro Jahr	84
	Zufriedenheit mit dem Anzeil der privat abzurechnenden Leistungen an den Einnahmen	49
Freizeit	Faktorwert Min.: -3,3 Max.: +3,5 Spannweite: 6,8	
	Urlaubshäufigkeit pro Jahr	68
	Urlaubstage pro Jahr	67

Quelle: FFB-Ärzteumfrage 2002, eigene Berechnungen.

Tabelle 6: Ergebnisse der Faktorenanalyse zur Berechnung der Erfolgskomponenten, Rotierte Komponentenmatrix ausgewählter Erfolgsmesszahlen

	Komponente		
	1	2	3
Zufriedenheit mit Tätigkeit als niedergelassener Arzt insgesamt	,870	,113	,101
Befriedigung mit Tätigkeit als niedergelassener Arzt	,827	,118	-5,228E-02
Wiederwahl des Arztberufes aus heutiger Sicht	-,753	9,589E-02	,110
Zufriedenheitsgrad mit dem wirtschaftlichen Erfolg	,694	,156	,258
wieder Niederlassung als freiberuflich tätiger Arzt aus heutiger Sicht	-,693	-4,644E-02	-,102
Urlaubshäufigkeit pro Jahr	4,185E-02	,865	2,311E-02
Urlaubstage pro Jahr	4,158E-02	,860	,110
für den Beruf aufgewendete Zeit an Wochenenden	-7,896E-02	-,289	,174
Einnahmen aus kassenärztlicher Tätigkeit pro Jahr	-3,701E-03	-2,725E-02	,762
Einnahmen aus privatärztlicher Tätigkeit pro Jahr	2,048E-02	-4,545E-02	,610
Zufriedenheit mit dem Anteil der privat abzurechnenden Leistungen an den Einnahmen	,308	6,474E-02	,411

Quelle: FFB-Ärzteumfrage 2002, eigene Berechnungen.

3.2 Erfolgskomponenten und Erfolgsfaktoren

3.2.1 Erfolgsfaktoren niedergelassener Ärzte in der Literatur

In der Literatur, die sich im Sinne eines betriebswirtschaftlichen Ratgebers zur Optimierung der Praxisführung mit Erfolgsfaktoren auseinandersetzt, werden verschiedene Erfolgsfaktoren für niedergelassene Ärzte beschrieben (Nagel und Wulfert 1999, Pepels 2003, Oehme und Oehme 1999, Merk 1999, Hohner 1999, 285-297). Sie lassen sich zu Erfolgsfaktorengruppen verdichten und in der Reihenfolge abnehmender Häufigkeiten ihres Vorkommens benennen:

- Persönlichkeit
- Professionalität
- Kompetenz
- Kreativität
- Kommunikation und Information
- Organisation
- Kooperation
- Kosten
- Marketing
- Mitarbeiter.

Eine betriebswirtschaftstheoretische Herleitung und Verknüpfung dieser Gruppen erfolgt nicht. Ihre Wirksamkeit wird als gegeben postuliert.

3.2.2 Erfolgsfaktorenmodell

In dem für diese Untersuchung zu Grunde gelegten Erfolgsfaktorenmodell wird der Versuch einer systematischen Begründung theoretisch denkbarer Erfolgsfaktoren vorgenommen.

Unter Erfolgsfaktoren werden alle diejenigen Variablen verstanden, die den Erfolg einer Organisation und damit die Größe der Erfolgsindikatoren nachhaltig beeinflussen. (Haenecke 2002, 166, Gruber 2000, 33ff., Grünig, Heckner und Zeus 1996) Niedergelassene Ärzte führen Inhaber zentrierte Kleinunternehmen, deren Merkmale ausgehend von der Person des Arztes selbst durch die relevanten demographischen Merkmale und seine Persönlichkeitsattribute, durch sein mikro-soziales Umfeld, strukturelle Setzungen bei Praxisgründung und -betrieb sowie das makroökonomische Umfeld geprägt werden (Abbildung 2).

Jeder der zu betrachtenden Ebenen können spezifische theoretische Ansätze zur Begründung möglicher Erfolgsfaktoren zugeordnet werden. Grundlage der Auswahl der verwendeten Theorieansätze ist ihre spezifische Eignung, die Besonderheiten des betrachteten Sektors aufzunehmen und abzubilden. Die getroffene Auswahl ist der Tabelle 7 zu entnehmen.

Tabelle 7: Theorieansätze des Erfolgsfaktorenmodells

Ebene der Erfolgsfaktoren	Theorieansatz
demographische Merkmale Persönlichkeitsattribute	sozio-demographischer Ansatz human capital Ansatz
mikro-soziales Umfeld	Perspektive sozialer Netzwerke
strukturelle Setzungen bei Praxisgründung	organizational imprinting
strukturelle Setzungen bei Praxisbetrieb	Transaktionskostentheorie

Quelle: Eigene Darstellung nach Ackermann, 2003.

Abbildung 2: Schalenmodell theoretischer Erklärungsansatzpunkte

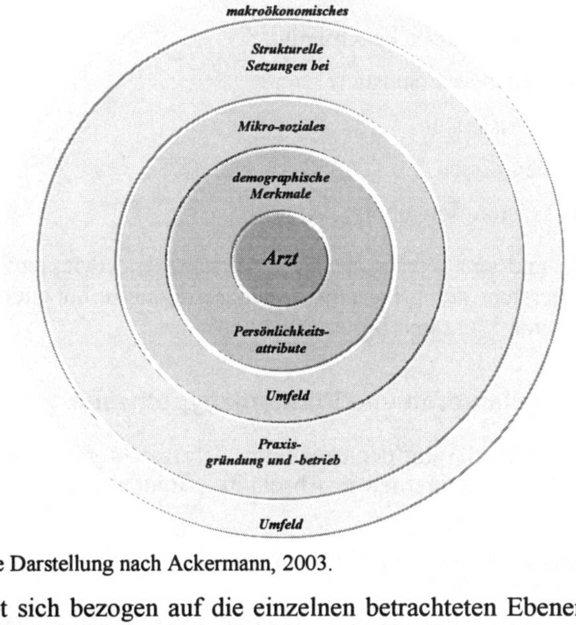

Quelle: Eigene Darstellung nach Ackermann, 2003.

Daraus ergibt sich bezogen auf die einzelnen betrachteten Ebenen ein differenziertes Bild theoretischer Erfolgsfaktoren auf der Person bezogenen Ebene kommen als Erfolgsfaktoren in Betracht:

- die Person des Arztes
- seine Kompetenz

- seine Leistungsbereitschaft und Belastbarkeit
- seine Handlungsorientierung
- seine Kreativität und Innovationsbereitschaft

auf der Ebene des mikrosozialen Umfeldes

- die familiäre Situation
- die Mitarbeiter
- der Standort
- der Wettbewerb

auf der betriebsbezogenen Ebene

- Gründungsplanung
- Marktzugang
- Finanzierung
- die Betriebsgröße bei Gründung
- die vorhandene Substanz
- die Praxiskosten
- Kooperationen
- das Leistungsangebot.

Diese Erfolgsfaktoren werden an Hand verschiedener Messgrößen beschrieben. Eine Übersicht der insgesamt in der Befragung erhobenen Messgrößen ist in Ackermann, Merz und Stolze 2004 zu finden.

3.2.3 Erfolgsfaktoren und Wirkungshypothesen

Hypothesen zur Erklärung der benannten Erfolgsfaktoren sind in Tabelle 8 zusammengefasst. Sie werden in Abschnitt 3.3 auf ihre Signifikanz hin untersucht.

Ein Wirkungszusammenhang zum ökonomischen Erfolg wird für alle Erfolgsfaktorgruppen vermutet.

Die Zufriedenheit ist abhängig von den Persönlichkeitsmerkmalen, der Kompetenz und Leistungsbereitschaft sowie von der Wettbewerbssituation, der Gründungsplanung, von Kooperationsmaßnahmen, der Substanz und dem Leistungsangebot.

Die Zeitverfügbarkeit wird hypothetisch determiniert durch Kompetenz, Leistungsbereitschaft und Handlungsorientierung, der familiären Situation sowie von Kooperationen und dem Leistungsangebot.

Tabelle 8: Erfolgsfaktoren und Wirkungshypothesen

Erfolgsfaktor	Zufriedenheit	ökonomischer Erfolg	Freizeit
Person des Arztes	x	x	
Kompetenz	x	x	x
Leistungsbereitschaft und Belastbarkeit	x	x	x
Handlungsorientierung		x	x
Kreativität und Innovationsbereitschaft		x	
Familie		x	x
Mitarbeiter		x	
Standort		x	
Wettbewerb	x	x	
Gründungsplanung	x	x	
Marktzugang		x	
Finanzierung		x	
Betriebsgröße		x	
Substanz	x	x	
Kosten		x	
Kooperation	x	x	x
Leistungsangebot	x	x	x

Quelle: Eigene Darstellung nach Ackermann, 2003.

3.3 Determinanten der Erfolgskomponenten: Regressionsanalyse der Erfolgsfaktoren

Unsere Analyse erfolgt in zwei Stufen: in der ersten Stufe wurden auf der Basis einer Faktoranalyse aus der Vielzahl der erhobenen Erfolgsmerkmale signifikante und zusammenfassende Erfolgskomponenten extrahiert (siehe Abschnitt 3.1.2). In der zweiten Stufe werden nun für die gefundenen Erfolgskomponenten mit inhaltlich separaten Regressionsansätzen Erklärungsmuster quantifiziert und ihrer Signifikanz analysiert.

Den eben genannten Hypothesen folgend, werden die Wirkungszusammenhänge in drei separaten linearen Regressionsmodellen quantifiziert. Als endogene Variablen dienen hierfür die jeweiligen Faktorwerte für die drei Erfolgskomponenten: Zufriedenheit, ökonomischer Erfolg und Freizeit.

Der Fragebogen stellt zur Erklärung dieser Werte eine Reihe von Messgrößen zur Verfügung, die sich auf die Gebiete der Erfolgsfaktoren beziehen (vgl. Tabellen 8 und 9). Aufgrund der zum Teil relativ geringen Zahl gültiger Fälle musste an dieser Stelle sehr sorgsam zwischen theoretischer Notwendigkeit einer Aufnahme der einzelnen Variablen und der Gefahr einer Überspezifikation des Modells abgewogen werden.

Die Ergebnisse der Modellrechnungen sind Tabelle 9 zu entnehmen.

Zusammengenommen liefert das Modell zur Erklärung des ökonomischen Erfolgs signifikante Ergebnisse. Die Erklärungsansätze zur Zufriedenheit und zur Freizeit sind noch zu verfeinern, hier sind nur wenige Erklärungsfaktoren signifikant, d. h. die theoretisch vermuteten Erklärungsfaktoren sind eben nicht die treibenden Faktoren für die jeweilige Erfolgskomponente. Wir konzentrieren uns daher auf die Erklärung des wirtschaftlichen Erfolges.

Tabelle 9: Einfluss der Erfolgsfaktoren auf die verschiedenen Erfolgskomponenten

				Zufriedenheit		**Ökonomischer Erfolg**		**Freizeit**	
		r^2		0,155		0,493		0,614	
		Korrigiertes r^2		0,009		0,275		0,086	
		F		1,060		2,265		1,164	
		Sig. für F		0,388		0,288 E-3		0,361	
		Regressoren		33		46		30	
		Gültige Fälle		225		154		53	
Erfolgsfaktorebene	**Erfolgsfaktor**	**Messgröße**	**Item**	**B**	**S.**	**B**	**S.**	**B**	**S.**
Personenbezogen	Person	Alter	89	-0,305	**	0,127		0,295	
		$Alter^2$ / 100		0,293	**	-0,150		-0,383	
		Geschlecht	90	0,171		-0,066		2,465	

Fortsetzung Tabelle 9

Erfolgsfaktorebene	Erfolgsfaktor	Messgröße	Item	B	S.	B	S.	B	S.
	Kompetenz	Fachrichtung:	72						
		Änästhesist		-0,751		-0,846	**	-1,396	
		Augenarzt		-0,293		-0,715	*	-1,008	
		Chirurg		0,150		-0,624		-0,883	
		Frauenarzt		-0,152		-0,397		-0,339	
		HNO-Arzt		-0,027		-0,372		-1,099	
		Hautarzt		-0,266		-0,950	*	-1,247	
		Internist		-0,332		0,099		-0,360	
		Kinderarzt		0,046		-0,025		-0,382	
		Mund-, Kiefer-, Gesichtschirurg		-0,445		0,269			
		Nervenarzt		0,374		-0,905	**	-1,307	
		Praktischer Arzt		2,018					
		Psychotherap. Tät. Arzt		-0,636		-0,990	**	-1,828	
		Orthopäde		-0,028		-0,308		2,141	
		Radiologe		1,070		-1,127			
		Urologe		-0,373		-0,440		-1,543	
		Führen einer Zusatzbezeichnung	73	0,193		-0,001			
		Gesamtumfang der Fortbildung	29a	0,003		0,001		0,005	
		Umfang der Berufserfahrung vor Niederlassung	11	-0,014		-0,006		0,037	
		Berufserfahrung als niedergelassener Arzt - Praxisalter -	9	0,003		0,013		-0,016	
	Leistungsbereitschaft und Belastbarkeit	Arbeitszeit werktags	63	-4,1 E-6		6,9 E-6		-5,3 E-5	
		Arbeitszeit an Wochenenden	64	-8,7 E-6	**	8,9 E-6	***		
		Zahl der Notdienste pro Jahr	66a	0,001		0,001			
		Urlaubstage insgesamt	67	-0,004		0,005			
	Handlungsorientierung	Umfang Qualitätssicherung	43			-0,016			
		Überwachung des laufenden wirtsch. Erfolges	51			-0,237	*		

Fortsetzung Tabelle 9

Erfolgsfaktorebene	Erfolgsfaktor	Messgröße	Item	B	S.	B	S.	B	S.
mikro-soziales Umfeld		Umfang der Anwendung von Maßnahmen der Praxisorganisation	71a			0,012			
		Umfang einer gezielten Anwendung kommunikationspolitischer Instrumente	61a			-0,001			
		berufspolitisches Engagement	40	0,128					
		standespolitisches Engagement	38	0,132					
	Kreativität und Innovationsbereitschaft	Planungen zur Ausweitung des Anteils der Einnahmen aus privatärztlicher Tätigkeit	50			-0,271	**		
		weiteres ärztliches Engagement	85			-0,083		-0,206	
	Familie	mitarbeitende Familienangehörige	86a					-0,103	
		In Partnerschaft lebend	91					0,640	
		Haushaltsgröße	92					0,058	
		Zahl der Kinder unter 18 Jahren	92					-0,304	
	Standort	regionale Struktur des Praxisstandortes	10			0,156			
	Wettbewerb	Einbindung in Netzwerke	57	-0,235		-0,067		0,626	
Betriebbezogen	Gründungsplanung	Planungszeitdauer	20	0,033		-0,017			
	Marktzugang	Neugründung oder Übernahme	13a			0,059			
	Finanzierung	Investitionssumme (TDM)	22			0,001	**		
		Eigenkapital (TDM)	26			-0,001			
		Praxisdarlehen (TDM)	27			-0,001	*		

Fortsetzung Tabelle 9

Erfolgsfaktorebene	Erfolgsfaktor	Messgröße	Item	B	S.	B	S.	B	S.
Betriebbezogen		Betriebsmittelkredit (TDM)	28			0,116 E-3			
		Bedeutung der Mitarbeiterfortbildung	35			0,028			
	Kosten	Anteil der Einnahmen zur Deckung der Betriebskosten	47			0,003			
	Kooperation	Kooperation mit Kollegen	54	0,323	**	0,205	*	0,500	
		Kooperation mit Krankenhaus	54	0,191		0,055		0,179	
	Tätigkeit	Haus-/Facharzt	74	-0,075		0,746	***	0,565	
		Zahl der Kassenpatienten pro Quartal im Jahresdurchschnitt	77			2,5 E-5		0,313 E-3	
		Anteil der Privatpatienten	77a			1,805	**	-4,099	

Signifikanzniveaus: * 10%, ** 5%. *** 1%.

Quelle: FFB-Ärzteumfrage 2002, eigene Berechnungen.

Die Zugehörigkeit zu einer bestimmten Fachgruppe anstelle einer allgemeinmedizinischen Ausrichtung hat nur bedingt einen Einfluss auf den Erfolg und ist nur bei den Anästhesisten, den Augen- und Hautärzten, sowie den Nervenärzten und Psychotherapeuten gesichert. Die Zugehörigkeit zu diesen Fachgruppen wirkt sich jeweils relativ stark negativ auf den wirtschaftlichen Erfolg aus. Auch wenn sich die Koeffizienten der anderen Fachgruppen nicht sicher auf die Grundgesamtheit übertragen lassen, so lässt sich jedoch zumindest innerhalb der Stichprobe die Tendenz erkennen, dass Ärzte spezieller Fachgruppen weniger erfolgreich sind als Allgemeinmediziner. Lediglich Internisten und Mund-, Kiefer und Gesichtschirurgen können sich diesem Trend entziehen. Dies steht im deutlichen Gegensatz zu den durchschnittlichen Honoraren aus vertragsärztlicher Tätigkeit je Arzt nach Arztgruppen 2001 im gesamten Bundesgebiet. Danach sind lediglich die Honorare der Haut- und Nervenärzte niedriger als die der Allgemeinärzte, alle anderen Fachgruppen weisen ein höheres Honorar aus (Kassenärztliche Bundesvereinigung KBV 2003, III.4). Eine ähnliche Verteilung ist auch in der Stichprobe zu beobachten, jedoch sind dies nicht die einzigen Einflussgrößen für den wirtschaftlichen Erfolg im Sinne der hier verwendeten Erfolgkomponente (vgl. Abschnitt 3.1.2).

Ebenfalls signifikant sind zwei Variablen aus der Gruppe der Indikatoren für Leistungsbereitschaft und Belastbarkeit. Der Einfluss der Arbeitszeit am Wochenende ist signifikant und erhöht den ökonomischen Erfolg. Überraschend zeigt sich ein negativer Zusammenhang zwischen der laufenden Überwachung des wirtschaftlichen Erfolges sowie der Planung zur Ausweitung des Anteils der Einnahmen aus privatärztlicher Tätigkeit und dem wirtschaftlichen Erfolg. Die Hypothese geht davon aus, dass eine solche Handlungsorientierung positive Wirkungen auf den Erfolg ausüben. Es ist jedoch zu überlegen, ob die in der Hypothese vermutete Wirkungsrichtung zu halten ist, oder ob vielmehr ein schwaches ökonomisches Ergebnis die Planungen zur Ausweitung des Privatpatientenanteils einleiten.

Bezüglich der Finanzierung liefern die Investitionssumme und die Höhe des Praxisdarlehens in diesem Modell einen signifikanten Erklärungsbeitrag zum wirtschaftlichen Erfolg.

Auffallend positiv wirken sich die Kooperation mit Kollegen sowie die Niederlassung als Facharzt aus. Die Synergieeffekte beim Betrieb einer Gemeinschaftspraxis, wie sie auch in der Literatur diskutiert werden (z. B. Mojon-Azzi 2002) sind nicht zu übersehen. Betrachtet man dazu gleichzeitig die, wenn auch nicht gesicherte, positive Wirkung auf Zufriedenheit und Freizeit, kann davon ausgegangen werden, dass das zu beobachtende Wachstum der Anzahl der Gemeinschaftspraxen weiter anhalten wird (Kassenärztliche Bundesvereinigung KBV 2003, I 27). Den größten gesicherten – in diesem Falle ebenfalls positiven – Einfluss auf den wirtschaftlichen Erfolg übt erwartungsgemäß der Anteil der Privatpatienten aus.

Da der Gesamtansatz zur Erklärung der Zufriedenheit und der Freizeit nicht signifikant ist, sei an dieser Stelle nur kurz auf auffällige Wirkungstendenzen innerhalb der Stichprobe deskriptiv hingewiesen:

Die Zufriedenheit nimmt zunächst mit zunehmendem Alter ab, wobei die Änderungsrate der Zufriedenheit immer geringer wird und schließlich mit etwa 52 Jahren wieder zunimmt. Die regelmäßige Arbeitsbelastung hat in der Stichprobe keine nennenswerten Einbußen in Bezug auf die Zufriedenheit gebracht, jedoch wird sie durch standes- und berufspolisches Engagement leicht erhöht.

Interessant ist auch, dass eine Einbindung in Netzwerke die Zufriedenheit deutlich senkt, während eine Kooperation mit Kollegen diesen potenziellen Zufriedenheitsverlust mehr als auszugleichen vermag.

Im Gegensatz zur Zufriedenheit spielt für die Freizeit das Lebensalter eine umgekehrte Rolle. Die Freizeit nimmt zunächst bis ca. zum 39. Lebensjahr zu und ist danach wieder leicht rückläufig.

Zumindest in dieser Stichprobe spielt jedoch vor allem das Geschlecht die tragende Rolle. Frauen konnten deutlich mehr Freizeit vorweisen als ihre männlichen Kollegen. Ob dies in einer von vornherein zeitlich beschränkten Tätigkeit freiberuflich tätiger Ärztinnen begründet ist, lässt sich in dieser Studie nicht überprüfen. Ebenfalls positiv wirkte sich ein Lebenspartner, die Einbindung in Netzwerke und die Kooperation mit Kollegen auf die verfügbare Freizeit aus.

4 Fazit und Schluss

Die ersten Ergebnisse der FFB-Ärzteumfrage machen deutlich, dass Erfolg eine Vielzahl von Facetten hat. Die Faktoranalyse hat drei Erfolgskomponenten herausdestilliert: Zufriedenheit, ökonomischer Erfolg und Freizeit. Der unmittelbare wirtschaftliche Erfolg ist hierbei sicherlich ein wichtiger Aspekt, jedoch kann damit auch persönliche Zufriedenheit oder eine geringere Arbeitsbelastung als Erfolg verstanden werden. Diese Erfolgskomponenten wurden in einem zweiten Schritt mit Hilfe einer Regressionsanalyse analysiert, um die vielschichtigen Gründe und Erfolgsfaktoren zu quantifizieren und in ihrer Signifikanz beurteilen zu können.

Eine zentrale Rolle für den Erfolg niedergelassener Ärzte spielt neben der zu wählenden Fachgruppe die haus- oder fachärztliche Orientierung. Dabei ist zu beachten, dass gerade die Fachgruppe in der Weiterbildung nach dem Studium erfolgt und dabei stärker persönliche Interessen und Neigungen von Bedeutung sind als Erwägungen eines zukünftig möglichen Erfolges bei einer späteren zu diesem Zeitpunkt in der Regel noch nicht als sicher erachteten Niederlassung. Ebenso muss die Wahl zwischen haus- oder fachärztlicher Betätigung, wenn überhaupt möglich, zu Beginn der Tätigkeit als niedergelassener Arzt getroffen werden. Der Erfolg kann nur in den Rahmenbedingungen gestaltet werden, die durch gesundheitspolitische Vorgaben gesetzt werden. Wenn überhaupt sind beide Erfolgsfaktoren nur langfristig gestaltbar. Hinzu kommt ihre Abhängigkeit von einer gesundheitspolitisch begründeten Bewertung der erbrachten Leistungen. Eine Förderung der „sprechenden" Medizin und die Stärkung der Position des Hausarztes werden u. a. auch durch die Steuerung der Vergütung initiiert und können damit die Erfolgsposition des einzelnen Arztes ohne ein persönliches Dazutun verändern.

Außerdem fällt die quantitativ geringe Bedeutung der in der Beraterliteratur hervorgehobenen Erfolgsfaktoren Kommunikation, Organisation und Management auf. Möglicherweise beruht dies darauf, dass eine vermehrte gezielte

Anwendung solcher Maßnahmen erst mit der zunehmenden wirtschaftlichen Unsicherheit niedergelassener Ärzte seit der zweiten Hälfte der 90er Jahre zu beobachten ist, und die Wirkung solcher Maßnahmen eher längerfristig zu erwarten ist. Besonders das systematische Qualitätsmanagement befindet sich im Aufbau und ist momentan noch mit einem erheblichen Aufwand verbunden.

Diese Untersuchung macht einen ersten Schritt bei der Auswertung des wertvollen Datenmaterials, welches durch die FFB-Ärzteumfrage gewonnen wurde. Die vielschichtigen Angaben der Ärzte zu ihrem Erfolg, ihrer Zufriedenheit, der Gründung ihrer Praxis und ihre jetzige Tätigkeit lassen eine Vielzahl von Analysen zu. Dieses Potential wollen wir weiter auf der Basis der empirischen Wirtschaftsforschung untersuchen.

Der Vielzahl der Variablen steht bei manchen Berechnungen jedoch eine hierfür relativ geringe gültige Fallzahl gegenüber, so dass auf diese Weise Grenzen gesetzt wurden. Um die Fallzahlen der Studie zu erhöhen können die FFB-Ärzteumfrage aus Niedersachsen demnächst mit den Ergebnissen der Umfrage aus der Kassenvereinigung Nordrhein zusammengefasst werden. Auf diese Weise kann die Sicherheit der bisherigen Auswertungen erhöht, weitere Analysemethoden möglich gemacht und über eine Hochrechnung auch Schlussfolgerungen für ganz Deutschland getroffen werden.

Literatur

Ackermann, D., Merz, J. und H. Stolze (2004), *Erfolg und Erfolgsfaktoren freiberuflich tätiger Ärzte – Ergebnisse der FFB-Ärzteumfrage für Niedersachsen*, FFB-Diskussionspapier Nr. 43, Forschungsinstitut Freie Berufe (FFB), Fachbereich Wirtschafts- und Sozialwissenschaften, Universität Lüneburg, Lüneburg.

Ackermann, D. (2003), *Erfolgsfaktoren für Existenzgründung und Existenzsicherung Freier Berufe im Gesundheitswesen*, Manuskript, Lüneburg.

Backhaus, K., Erichson, B., Plinke, W. und R. Weiber (2003), *Multivariate Analysemethoden, Eine anwendungsorientierte Einführung*, 9. Auflage, Berlin u. a., Springer.

Bedei, B. und H. Kamps (1998), *Der Arzt in der Vertragsärztlichen Versorgung*, 3. überarbeitete Auflage, Köln, Deutscher Ärzte-Verlag.

Brockhaus Enzyklopädie (1988), *Stichwort Erfolg*, Sechster Band DS-EW, 19., völlig neu bearbeitete Auflage, Mannheim, Brockhaus.

Gruber, M. (2000), *Der Wandel von Erfolgsfaktoren mittelständischer Unternehmen*, Dissertation, St. Gallen.

Grünig, R., Heckner, F. und A. Zeus (1996), Methoden zur Identifikation strategischer Erfolgsfaktoren, in: *Die Unternehmung*, Heft 1, 3-12.

Haenecke, H. (2002), Methodenorientierte Systematisierung der Kritik an der Erfolgsfaktorenforschung, in: *ZfB*, 72. Jg. Heft 2, 165-183.

Hohner, H.-U. (2003), Anforderungen an den Arztberuf im 21. Jahrhundert. Herausforderungen für Qualifizierung und Kompetenzentwicklung. in: Ulich, E., *Arbeitspsychologie in Krankenhaus und Arztpraxis. Arbeitsbedingungen, Belastungen, Ressourcen*, Bern u. a., Huber, 13-15.

Hohner, H.-U. (1999), Ärzte als Unternehmer, in: Moser, K., Batinic, B. und J. Zempel (Hrsg.), *Unternehmerisch erfolgreiches Handeln*, Göttingen, Verlag für Angewandte Psychologie, 285-297.

Kassenärztliche Bundesvereinigung KBV (Hrsg.) (2003), *Grunddaten zur vertragsärztlichen Versorgung in Deutschland 2002*, www.kbv.de, 11.11.2003.

Merk, W. (1999), *Wettbewerborientiertes Management von Arztpraxen*, Wiesbaden.

Mojon-Azzi, St. (1992), *Management der ärztlichen Gruppenpraxis*, Bern/Stuttgart/Wien.

Nagel, K. und B. Wulfert (1999), *TOP in der Arztpraxis, Mit modernem Managementwissen in kurzer Zeit zu einer erfolgreichen Arztpraxis*, Landsberg, ecomed.

Oehme, W. und St. Oehme (1999), *Marketing für niedergelassene Ärzte, Der Arzt als Mediziner und Unternehmer*, München, Vahlen.

Pepels, W. (Hrsg.) (2003), *Betriebswirtschaft der Dienstleistungen, Handbuch für Studium und Praxis*, Herne/Berlin, nwb.

Stolze, H. (2003), *Zur Repräsentativität der FFB-Ärzteumfrage – Neue Hochrechnungen für Niedersachsen, Nordrhein und Deutschland*, FFB-Dokumentation Nr. 10, Fachbereich Wirtschafts- und Sozialwissenschaften, Universität Lüneburg, Lüneburg.

Dirk Oberschachtsiek

Universität Lüneburg, Institut für Volkswirtschaftslehre

Exit-Entscheidung neuer Selbständiger auf Basis human-kapitaltheoretischer Überlegungen – Eine Anwendung des Lazear-Konzeptes auf Unternehmensgründer aus der Arbeitslosigkeit*

Zusammenfassung

Der vorliegende Aufsatz verwendet die von Edward Lazear (2002, 2003) vorgestellte Theorie des ausgeglichenen und gewichteten Kompentenzbündels (balanced and weighted skill set approach) auf das Austrittsverhalten neu gegründeter Unternehmen. Hierzu wird ein Austrittsmodell verwendet, welches in Anlehnung an Gimeno et al. (1997) neben Opportunitätskosten auch psychologische Kosten- und Nutzenaspekte der selbständigen Tätigkeit berücksichtigt. Die Auswertungen basieren auf einer Befragung von 964 ehemals arbeitslosen Existenzgründern, die zwischen 1995 und 2000 eine Förderung nach § 57 SGB III (Überbrückungsgeld) beantragt hatten. Die Befragung wurde durchgeführt in Kooperation mit sechs Agenturen für Arbeit im Nordosten Niedersachsens. Die Ergebnisse zeigen, dass die von Lazear vorgeschlagene Operationalisierung von Humankapital keinerlei Erklärungskraft für das Austrittsverhalten hat.

1 Motivation und Einführung

Welche Rolle spielt das Humankapital eines Gründers für den Überlebenserfolg eines neu gegründeten Unternehmens? Bisherige Forschungsergebnisse

* Die Daten wurden in Zusammenarbeit mit sechs Arbeitsamtbezirken im Regierungsbezirk Lüneburg erhoben. Die Erhebungsarbeit wurde finanziell gefördert vom Niedersächsischen Ministerium für Wissenschaft und Kultur im Rahmen des Projektes 25 A.4-76 202-30-2/00.

geben hierzu keine eindeutigen Hinweise. Über eine Vielzahl von Studien hinweg zeigt sich lediglich die Branchenerfahrung des Gründers als stabiler Erklärungsfaktor für den Überlebenserfolg. Mit deutlicher Unschärfe sind dagegen Humankapitalaspekte z. B. formale Schul- und Berufsausbildung, Selbständigkeitserfahrung behaftet. Diese zeigen teils positive, aber auch negative Zusammenhänge mit dem Überlebenserfolg.

Eines der wesentlichen Defizite vorheriger Forschungsarbeiten ist die mangelnde theoretische Aufarbeitung der Wirkungszusammenhänge zwischen dem Humankapital des Gründers und dem Überlebenserfolg. Gimeno et al. (1997) schlagen hierzu ein Modell vor, dass den Überlebenserfolg als Ergebnis einer individuell-rationalen Entscheidung interpretiert. Unterstellt wird von ihnen, dass der Gründer/Selbständige mit seiner selbständigen Tätigkeit aus dem Markt austritt, wenn der Nutzen aus der Selbständigkeit einen gewissen Schwellenwert nicht überschreitet.

Ein weiteres Defizit liegt in der überwiegend unbefriedigenden Operationalisierung von Humankapital. Bei der empirischen Umsetzung wird das Humankapital üblicherweise analytisch in einzelne Humankapitalaspekte zerlegt. Lazear (2002, 2003) schlägt eine alternative Operationalisierung vor. Grundsätzlich konzentriert er sich weniger auf einzelne Humankapitalaspekte als vielmehr auf ihre Komplementarität. In Verbindung mit dem Modell von Gimeno et al. (1997) definiert damit das Vorhandensein von Kompetenzbündeln die Einkommensmöglichkeiten und damit auch die Exit-Entscheidung.

Diesem Ansatz wird im Nachstehenden weitgehend gefolgt. Genutzt wird hierzu ein Datensatz, der vormals arbeitslose Existenzgründer enthält. Im Sommer 2002 sind 964 Personen befragt worden, die aus der Arbeitslosigkeit heraus einen Antrag auf Überbrückungsgeld gestellt haben. Der verwendete Fragebogen umfasst zahlreiche Abfragen zum Humankapital des Gründers und ermöglicht eine breite empirische Umsetzung des Lazear-Konzeptes.

2 Theoretische Vorüberlegungen

Aus einer mikroökonomischen Perspektive betrachtet, lässt sich der Überlebenserfolg eines neu gegründeten Betriebes interpretieren als Entscheidung eines Selbständigen, seine Tätigkeit fortzuführen. Umgekehrt formuliert, stellt damit die Aufgabe einer selbständigen Tätigkeit eine Entscheidung dar, bei der der Selbständige die Aufnahme einer alternativen Beschäftigung der Fortführung seiner Selbständigkeit vorzieht.

Gimeno et al. (1997) schlagen hierzu ein Modell vor, dass sich stark an der Modellierung beruflicher Mobilität anlehnt. Die Aufgabe einer selbständigen Tätigkeit ist das Ergebnis einer rationalen Entscheidung des Selbständigen.

Unterschreitet dabei das Einkommen des Selbständigen einen gewissen Schwellenwert, wird es für sinnvoll erachtet, die selbständige Tätigkeit zugunsten einer alternativen Beschäftigung aufzugeben. Der Schwellenwert ist definiert durch das Einkommen, dass mit einer alternativen Beschäftigung erzielt werden kann, plus der Kosten, die ein Beschäftigungswechsel mit sich bringen würde. Die Wechselkosten lassen sich dabei als Summe etwaiger sunk costs – beispielsweise in Humankapital – und Kosten der Jobsuche begreifen. Gimeno et al. (1997) verwenden als erklärende Größen ausschließlich das Humankapital eines Selbständigen. Diesem Ansatz wird im Nachstehenden weitgehend gefolgt, wobei als zusätzlicher Erklärungsfaktor auch die Kapitalintensität in das Modell einbezogen wird.

In Anlehnung an dieses Modell wird für die Aufgabeentscheidung folgendes Verhaltensmodell der Selbständigen unterstellt:

(1) Austritt, wenn gilt: $U_E < (U_A - SC)$;

wobei U_E den Nutzen aus der selbständigen Tätigkeit und U_A den Nutzen aus einer alternativen Beschäftigung definiert. Der Ausdruck SC umfasst die Wechselkosten, die bei Aufgabe der Selbständigkeit in Verbindung mit einer Jobsuche entstehen würden.

Für die Zusammenhänge zwischen Humankapital und Kapitalintensität seien folgende Teilmodelle unterstellt:

(2) $U_E = I_E\,(hc,c) + PI_E(hc)$

(3) $U_A = I_E\,(hc) + PI_A(hc)$

PI_E und PI_A beschreiben dabei das psychologische Einkommen aus den jeweiligen Beschäftigungsalternativen und I_E bzw. I_A jeweils das monetäre Einkommen. Grundsätzlich wird damit angenommen, dass ein Individuum über das monetäre Einkommen hinaus zusätzliche Teilnutzen aus einer Beschäftigung zieht. Unterstellt sei des Weiteren, dass das Einkommen aus einer selbständigen Tätigkeit von dem Humankapital (hc) und dem Kapital (c) des Gründers abhängt. Für das Einkommen aus einer abhängigen Beschäftigung sei angenommen, dass diese ausschließlich vom Humankapital (hc) des Gründers bestimmt wird. Ebenso ist auch das psychologische Einkommen aus den Beschäftigungsalternativen nur durch das Humankapital (hc) des Gründers determiniert.

Entsprechend ergibt sich folgendes Exit-Modell:

(4) Exit, wenn gilt: $I_E\,(hc,c) + PI_E(hc) < [I_E\,(hc) + PI_A(hc)]+SC$

3 Datenbasis

Der Datensatz basiert auf einer empirischen Erhebung, die 2001 und 2002 in Kooperation mit sechs Arbeitsamtbezirken im Regierungsbezirk Lüneburg durchgeführt. Die Erhebung umfasste Personen, die aus der Arbeitslosigkeit einen Antrag auf Überbrückungsgeld gestellt haben. Das Überbrückungsgeld ist Teil der Aktiven Arbeitsmarktpolitik und unterstützt den Aufbau einer selbständigen Tätigkeit durch eine finanzielle Absicherung des Lebensunterhaltes.[2] Basierend auf einer Aktenrecherche wurden 7418 Antragsteller auf Überbrückungsgeld im dem Zeitraum von 1995 bis 2000 identifiziert. In 326 Fällen wurde das Überbrückungsgeld nicht gewährt. Von den bewilligten Fällen wurde eine 30%ige Zufallsstichprobe gezogen. Die nicht-bewilligten Antragsteller gingen zu 100% in die Erhebungsstichprobe ein. Ein Fragebogen wurde zu den 2500 selektierten Antragstellern gesendet – wobei in 500 Fällen keine gültige Adresse ausfindig gemacht werden konnte. Die Befragung wurde in zwei vollständigen Erhebungswellen mit Anschreiben, Fragebogen und einer nachgelagerten Erinnerungsaktion durchgeführt. Insgesamt haben sich 964 Antragsteller an der Befragung beteiligt, was einer Brutto-Beteiligungsquote von 38,4% entspricht.

4 Methodische Umsetzung

4.1 Datenselektion

Schwerpunkt der nachfolgenden Untersuchung ist die kritische Überprüfung humankapitaltheoretischer Wirkungszusammenhänge auf den Überlebenserfolg neu gegründeter Unternehmen. Um die Betriebsumwelt aus dieser Betrachtung weitgehend auszuschließen, wird der vorhandene Datensatz auf neue und kleine Unternehmensgründungen reduziert. Entsprechend werden solche Unternehmensgründungen von der Untersuchung ausgeschlossen, die mit mehr als 3 Mitarbeitern gegründet worden sind. Neben Neugründungen enthält der Datensatz auch 104 Betriebsübernahmen, die ebenfalls von der Analyse ausgeschlossen worden sind. Nicht alle der befragten Gründer haben ihr Unternehmen auch in der Zeit gegründet, in der sie ihren Antrag auf Überbrückungsgeld gestellt haben. Um die Auswertungen auf junge Unternehmen zwischen 12 und 87 Monaten Geschäftstätigkeit zu konzentrieren, werden Unternehmen, die vor 1995 und nach 2000 gegründet worden sind nicht in die Untersuchung einbezogen.

---

[2] Es wird in Höhe der Lohnersatzleistungen gewährt, die der Gründer vormals erhalten hat oder bei Arbeitslosigkeit hätte erhalten können zuzüglich eines Zuschusses zur Sozialversicherung. Der Förderzeitraum umfasst insgesamt sechs Monate.

4.2 Operationalisierung der Variablen

4.2.1 Abhängige Variable

Entsprechend den oben angestellten theoretischen Überlegungen soll der Einfluss von Humankapital auf den Überlebenserfolg betrachtet werden. Die abhängige Variable *exit* erfasst hierzu das Ereignis, dass die selbständige Tätigkeit zum Beobachtungszeitpunkt nicht mehr bestand. Neben diesem allgemeinen Aufgabeereignis wird eine zweite abhängige Variable *exit_unemploy* betrachtet. Diese erfasst das Aufgabeereignis, bei dem die Beendigung der selbständigen Tätigkeit in der Arbeitslosigkeit geendet hat.

4.2.2 Erklärende Variablen

Der grundlegende Ansatz von Lazear (2002, 2003) besteht darin, weniger einzelne Humankapitalitems, sondern vielmehr die Komplementarität einzelner Aspekte des Humankapitals zu betrachten. Entsprechend gilt es, Variablen zu finden, die sich eignen, ein Bündel von Humankapital zu repräsentieren. Ergänzend werden einzelne Humankapitalvariablen und weitere betriebsspezifische Merkmale als Kontrollvariablen in die Analyse einbezogen.

Gewichtetes Humankapital („weighted skill set"): Gewichtetes Humankapital wird definiert durch eine Anordnung von Kenntnissen, die eine schwerpunktmäßige Kompetenzausrichtung darstellen. Hierzu werden zwei Dummy-Variablen erzeugt. Die Variable *com_comp* repräsentiert eine konzentrierte kaufmännische Kompetenzausrichtung. Diese nimmt den Wert eins an, wenn der Gründer eine kaufmännische Ausbildung abgeschlossen hat und in einem kaufmännischen Arbeitsbereich (Einkauf, Vertrieb oder Organisation) tätig war. Entgegengesetzt repräsentiert die Variable *tech_comp* eine Ausrichtung des Gründers auf handwerklich/technische Kenntnisse und Fähigkeiten. Sie nimmt dabei den Wert eins an, wenn der Gründer eine Ausbildung im handwerklichen oder technischen Bereich abgeschlossen hat und Berufserfahrung in den Bereichen Bau/Montage/Reparatur oder Fertigung/Produktion besitzt. Damit die Variablen ausschließlich konzentriertes Humankapital repräsentieren, nehmen die beiden Variablen den Wert null an, wenn das jeweilige Gegenereignis erfüllt wird. Damit wird der Variablenzustand eins nur dann erreicht, wenn bei *tech_com* nicht gleichzeitig auch kaufmännische Kompetenz vorliegt bzw. wenn bei *com_comp* nicht gleichzeitig technische Kompetenz vorhanden ist.

Ausgeglichenes Humankapital („balanced skill set"): Ausgeglichenes Humankapital wird bei Lazear (2002) über die Anzahl der vorherigen Berufsrollen definiert sowie über die Ausrichtung auf breite Studieninhalte. Diesem Beispiel wird hier weitgehend gefolgt. Als Anzahl der Rollen wird dabei die Anzahl der vorherigen Arbeitsbereiche definiert, in der ein Gründer vor seiner

Selbständigkeit gearbeitet hat. Konkret wurde danach gefragt, in welchen betrieblichen Tätigkeitsbereichen der Gründer bisher beruflich gearbeitet hat. Als Arbeitsbereiche wurden folgende Tätigkeitsfelder aufgelistet: Einkauf, Service/Beratung/Dienstleistungen, Fertigung/Produktion, Bau/Montage, Reparatur, Vertrieb/Marketing/Akquisition, Verwaltung/Organisation und Sonstiges. Die Variable *nu_div* zählt die Anzahl der Arbeitsbereiche die von einem Gründer angegeben wurden. Neben der Anzahl der Arbeitsbereiche wird auch überprüft, inwieweit das Ausbildungsverhalten Auswirkungen auf den Überlebenserfolg hat. Hierzu wird die Variable *d_train* verwendet. Diese nimmt den Wert 1 an, wenn der Gründer angegeben hat, in mehr als einem fachlichen Bereich eine Ausbildung abgeschlossen zu haben.[3] Als weitere Messgröße für ausgeglichenes Humankapital operationalisiert die Variable *com_tech* den Zustand, wenn sowohl kaufmännische als auch technische Kompetenzen vorliegen.

Kontrollvariablen: Als Kontrollvariablen werden das Alter (*age*), das Geschlecht (*male*), Hochschulreife (*high_edu*), Branchenerfahrung (*branchexp*) und akademischer Ausbildungsabschluss (*coll_univ*) verwendet. Diese werden als herkömmliches Variablenmuster zur Erfassung von Humankapital herangezogen. Ergänzend erfassen die Variablen *start25* und *employ* ausgewählte Betriebsmerkmale. Die Variable *start25* nimmt dabei den Wert eins an, wenn der Gründer sein Unternehmen mit einem Startkapital von mehr als 25.000 € gegründet hat. Die Variabel *employ* erfasst den Zustand, dass ein Gründer mit mindestens einem weiteren Mitarbeiter begonnen hat.

4.3 Thesenmodell

Die nachfolgende Tabelle zeigt die Wirkungszusammenhänge zwischen den erklärenden Variablen und der Exit-Entscheidung. Basierend auf dem oben beschriebe Austrittsmodel zeigt die Tabelle 1, welche Effekte die erklärenden Einflussgrößen auf die jeweils austrittsrelevanten Teilaspekte haben.

Bei der konservativen Betrachtung von Humankapital wird angenommen, dass die Humankapitalitems sowohl auf das Einkommen aus der selbständigen Tätigkeit als auch auf das potentielle Einkommen aus einer alternativen Beschäftigung Einfluss haben. Da über die Einkommensdifferenz keine Aussage auf Basis der theoretischen Vorüberlegungen möglich ist, bleibt grundsätzlich unklar, welche Teileffekte zu erwarten sind. Entsprechendes gilt für das psychologische Einkommen.

---

[3] Die Abfrage umfasste folgende Antwortkategorien: kaufmännisch/juristischer Bereich, handwerklicher, technischer, sozialer/erzieherischer und medizinischer Bereich sowie die Kategorie „Sonstiges".

Tabelle 1: Hypothesenmodell

Effekt Variablen	I_E-I_A	PI_E-PI_A	SC	Exit
male	?	?	-	?
Age	?	?	-	?
high_edu	?	?	-	?
coll_univ	?	?	-	?
branch_exp	?	?	-	?
com_comp	-	-	-	+
tech_comp	-	-	-	+
nu_div	+	+	+	-
d_train	+	+	+	-
com_tech	+	+	+	-
start25	+	+	+	-
employ	+	+	+	-

Quelle: Eigene Darstellung.

Anders verhält es sich jedoch hinsichtlich der Wechselkosten. Hier kann grundsätzlich angenommen werden, dass die Einzelitems des Humankapitals des Gründers einen negativen Einfluss auf die Wechselkosten haben. Je älter eine Person und je höher die allgemeine Ausbildung und die Branchenerfahrung, desto eher wird ceteris paribus erwartet, dass die Wechselkosten geringer ausfallen. Ebenso wird erwartet, dass Männer eine höhere Berufsmobilität aufweisen und damit ceteris paribus geringere Wechselkosten als Frauen haben. Da für die beiden maßgeblichen Teileffekte Einkommensdifferenz und Differenz im psychologischen Einkommen keine eindeutige Richtung angenommen werden kann, ergibt sich eine nicht eindeutige Wirkungsrichtung auf die Austrittsentscheidung.

Für das gewichtete Humankapital wird angenommen, dass dieses einen positiven Einfluss auf die Austrittsentscheidung hat. Grundsätzlich wird dabei unterstellt, dass gewichtetes Humankapital leichter für alternative Beschäftigungen nutzbar ist. Die höchste Wahrscheinlichkeit, eine alternative Beschäftigung aufzunehmen, liegt dabei in der Aufnahme einer abhängigen Beschäftigung. Unterstellt man zudem, dass die Angebote für eine spezialisierte Tätigkeit mengenmäßig höher ausfallen als für Stellenangebote im Managementbereich, dürfte es Personen mit gewichtetem Humankapital entsprechend leichter fallen, eine alternative Beschäftigung zu finden. Gleichzeitig wird angenommen, dass mit gewichtetem Humankapital in einer abhän-gigen Beschäftigung ein relativ höheres Einkommen erzielt werden kann als in einer selbständigen Tätigkeit. Darüber hinaus erscheint es plausibel, dass Personen mit gewichtetem Humankapital grundsätzlich eine geringere Neigung haben, in einem breit angelegten Tätigkeitsbereich beruflich aktiv zu sein; sie also eine komparativ höhere Arbeitszufriedenheit – mit entsprechenden Auswirkungen auf das psychologische Einkommen – in solchen Tätigkeiten finden, bei denen sie ihr spezialisiertes Wissen einbringen können. Insgesamt wird daher erwartet, dass die Variablen, die ein gewichtetes Humankapital repräsentieren, einen positiven Einfluss auf die Austrittsentscheidung haben.

Für die Variablen, die ein ausgeglichenes Humankapital repräsentieren, wird entsprechend Gegensätzliches unterstellt. Je stärker ausgeprägt das Humankapital eines Gründers komplementär strukturiert ist, desto wahrscheinlicher erscheint es, dass das psychologische und monetäre Einkommen aus einer selbständigen Tätigkeit über denen aus alternativen Beschäftigungsmöglichkeiten liegen. Der obigen Diskussion folgend wird ebenso angenommen, dass ein ausgeglichenes Humankapital zu einer Erhöhung der Wechselkosten führt. Aufgrund ihrer per definitionem nicht oder nur schwach ausgeprägten Spezialisierung ist der Zugang zu einer abhängigen Beschäftigung vergleichsweise eingeschränkt, wodurch höhere Suchkosten wahrscheinlich werden. Insgesamt wird daher erwartet, dass ausgeglichenes Humankapital zu einer geringeren Austrittwahrscheinlichkeit führt.

In Bezug auf den Faktor Kapitalintensität – repräsentiert durch die Variablen *start25* und *employ* – sei angenommen, dass dieser bei höherer Kapitalintensität und bei Beschäftigung zusätzlicher Mitarbeiter einen positiven Zusammenhang auf das psychologische und monetäre Einkommen aus der selbständigen Tätigkeit ausübt. Unterstellt wird dabei, dass die Verzinsung des Kapitals auf dem Kapitalmarkt geringer ausfallen würde als bei einer selbständigen Tätigkeit. Ebenso wird angenommen, dass mit zunehmender Kapitalintensität auch die Wechselkosten in Form von sunk costs steigen.

5 Ergebnisse

Tabelle 2 gibt Auskunft über die Verteilung der betrachteten Variablen. Die ökonometrischen Ergebnisse sind in Tabelle 3 dargestellt. Die Grundlage für die ökonometrische Umsetzung liefert ein Probitmodell. Tabelle 3 zeigt vier Modellrechnungen, wobei jeweils für die beiden abhängigen Variablen *exit* und *exit_unemploy* mit zwei verschiedenen Modellen gerechnet wurde. Modell A verwendet ausschließlich die Kontrollvariablen. Modell B erweitert den Vektorraum um die Variablen, die für die Umsetzung des „balanced and weithed skill set“ erzeugt wurden.

Tabelle 2: Deskriptive Statistiken

Lage- und Streuungsmaße Variablen	n	mean	min	max	sd
male	744	0,74	0	1	0,44
age	683	39,20	18,5	62,33	8,82
high_edu	745	0,37	0	1	0,48
coll_univ	745	0,29	0	1	0,45
branch_exp	712	7,84	0	44	8,99
com_comp	745	0,19	0	1	0,39
tech_comp	745	0,34	0	1	0,47
nu_div	730	2,01	0	6	1,24
d_train	745	0,19	0	1	0,39
com_tech	745	0,025	0	1	0,16
start25	728	0,19	0	1	0,39
employ	745	0,22	0	1	0,41

Quelle: Eigene Berechnungen.

Tabelle 3: Probit-Schätzungen

Model Variablen	1A exit	1B exit	2A exit_unemploy	2B exit_unemploy
male	-0,05 (0,679	-0,08 (0,610)	-0,05 (0,764)	-0,09 (0,569)
age	0,02 (0,000)	0,03 (0,000)	0,03 (0,000)	0,03 (0,000)
high_edu	-0,14 (0,379)	-0,13 (0,394)	-0,26 (0,198)	-0,24 (0,235)
coll_univ	-0,21 (0,214)	-0,19 (0,271)	-0,12 (0,569)	-0,08 (0,730)
branch_exp	-0,03 (0,000)	-0,03 (0,000)	-0,03 (0,000)	-0,03 (0,000)
com_comp		0,13 (0,416)		0,18 (0,340)
tech_comp		0,01 (0,970)		0,16 (0,372)
nu_div		0,01 (0,894)		0,05 (0,436)
d_train		-0,04 (0,799)		-0,04 (0,838)

Fortsetzung Tabelle 3

Model	**1A**	**1B**	**2A**	**2B**
Variablen	**exit**	**exit**	**exit_unemploy**	**exit_unemploy**
com_tech		0,12 (0,758)		0,28 (0,539)
start25	-0,33 (0,032)	-0,36 (0,025)	-0,08 (0,681)	-0,06 (0,752)
employ	-0,24 (0,101)	-0,24 (0,095)	-0,13 (0,481)	-0,14 (0,417)
cons	-1,21 (0,000)	-1,20 (0,000)	-2,14 (0,000)	-2,13 (0,000)
number of obs	640	629	640	629

Angezeigt werden jeweils Koeffizientenwert und Probvalue (P>|z|).

Quelle: Eigene Berechnungen.

In Modell 1A zeigen ausschließlich die Variablen *age*, *branchexp* und *start25* einen signifikanten Zusammenhang mit dem Aufgabeereignis. Das Alter hat dabei einen signifikant positiven Einfluss auf die Wahrscheinlichkeit, nicht mehr als Selbständiger tätig zu sein. Mit zunehmendem Alter sinkt entsprechend der Überlebenserfolg. Anders verhält es sich bei Branchenerfahrung und der Tatsache, dass ein Gründer seine Selbständigkeit mit einem höheren Startkapital begonnen hat. Mit zunehmender Branchenerfahrung und einem höheren Anteil an Startkapital sinkt die Wahrscheinlichkeit, die selbständige Tätigkeit aufgegeben zu haben. Das erweiterte Modell 1B liefert im Wesentlichen ähnliche Ergebnisse. Als zusätzliche signifikante Einflussgröße auf das Aufgabeereignis weist es die Variable *employ* aus, wobei diese einen positiven Beitrag auf den Überlebenserfolg ausübt. Das Signifikanzniveau liegt allerdings nur bei 90%. Überraschenderweise zeigen keine der neu aufgenommenen Variablen einen signifikanten Einfluss. Darüber hinaus werden auch die erwarteten Einflussrichtungen weitgehend nicht bestätigt. Lediglich für die Variable *com_comp* ergibt sich die aus den theoretischen-methodischen Vorüberlegungen erwartete Effektrichtung. Der Effekt liegt allerdings auf einem Signifikanzniveau von unter 7% und kann somit statistisch nicht ernst genommen werden.

Auch Modell 2A zeigt nur für wenige Variable einen signifikanten Einfluss. In Anlehnung an die Ergebnisse aus Modell 1A zeigen auch hier die Variablen *age* und *branchexp* einen statistisch relevanten Effekt auf die Wahrscheinlichkeit einer Aufgabe der Selbständigkeit mit anschließender Arbeitslosigkeit. Je jünger eine Person ist und je mehr Branchenerfahrung sie hat, desto geringer ist die Wahrscheinlichkeit einer Beendigung der Selbständigkeit mit anschließender Arbeitslosigkeit. Ebenso wie in Modell 1 haben die Variablen des „balanced and weighted skill set" keinen signifikanten Einfluss auf das Aufgabeereignis.

6 Schlussfolgerungen

Die vorliegende Arbeit widmet sich dem Problem, eine Betriebsaufgabe als Ergebnis einer rationalen Entscheidung, basierend auf einem einfachen Exit-Entscheidungsmodells, darzustellen. Als erklärende Größe in diesem Modell wird das Humankapital eines Gründers in den Mittelpunkt der Betrachtung gestellt. In Anlehnung an Lazear wird dabei Humankapital neben seiner klassischen Operationalisierung als Komplementärbündel von Ausbildungs- und Erfahrungsindikatoren verwendet. Aufbauend auf den Ergebnissen von Lazear (2002) und Wagner (2002) für die Selbständigkeitsentscheidung wurde erwartet, dass insbesondere Variablen, die ein ausgeglichenes Humankapital des Gründers darstellen, signifikant negative Erklärungsfaktoren für die Austrittsentscheidung aufweisen. Umgekehrt wurde erwartet, dass Variablen, die ein gewichtetes Ausbildungs- und Erfahrungsset des Gründers darstellen, einen signifikant positiven Einfluss auf die Austrittswahrscheinlichkeit haben. In beiden Modellen werden diese Erwartungen nicht erfüllt. Die Überprüfung des Lazear-Ansatzes, basierend auf einem einfachen Exit-Modell und angewandt auf Gründungen aus der Arbeitslosigkeit heraus, findet demnach keine Bestätigung.

Literatur

Gimeno, J., Folta, T. B., Cooper, A. C. and C. Y. Woo (1997), Survival of the Fittest? Entrepreneurial Human Capital and the Persistence of Underperforming Firms, in: *Administrative Science Quarterly*, 42, 750-783.

Lazear, E. P. (2003), *Firm-Specific Human Capital: A Skill-Weights Approach*, National Bureau of Economic Research, Working Paper 9679, May.

Lazear, E. P. (2002), *Entrepreneurship*, National Bureau of Economic Research, Working Paper 9109, August.

Wagner, J. (2002), *Testing Lazear's Jack-of-all-trades - View of Entrepreneurship with German Micro Data*, Universität Lüneburg, Fachbereich Wirtschafts- und Sozialwissenschaften, Arbeitsbericht 277, September.

Reinhard Schulte

Universität Lüneburg, Institut für Betriebswirtschaftslehre

Was ist „Gründungserfolg"? – Überlegungen zur Operationalisierung eines folkloristischen Begriffs

Zusammenfassung

Der Beitrag widmet sich einer grundlegenden theoretischen Klärung der Begriffe Unternehmensgröße, -wachstum, -entwicklung und -erfolg im Gründungskontext. Unter Rückgriff auf die einschlägigen in der Literatur verwendeten Maße erfolgt eine systematische Analyse und Beurteilung ihrer Eignung in diesem Kontext unter Abwägung aller damit verbundenen Vor- und Nachteile. Diese zeigt insbesondere, dass keine „ideale" Operationalisierung im Sinne einer Erfüllung aller Anforderungskriterien gefunden werden kann, so dass eine an empirischen Untersuchungszielen orientierte Abwägung verschiedener Maße nötig wird. Für den Bereich originärer Unternehmensgründungen erweist sich die Beschäftigung als die mit den erträglichsten Nachteilen behaftete Operationalisierung der Unternehmensgröße. Als Indikator der Größenentwicklung und des unternehmerischen Erfolges kann insbesondere die Veränderungsrate der Beschäftigung dienen.

1 Probleme der Messung des Gründungserfolges

Der Begriff des „Gründungserfolges" wird in der einschlägigen Literatur wie auch in Politik und Beratungspraxis inflationär verwendet. Nur selten unterzieht man sich aber der Mühe, diesen Begriff zu definieren oder gewählte Definitionen gar zu begründen. Löst man sich von der wenig Erkenntnis leitenden Vorstellung, schon die tatsächliche Durchführung einer Unternehmensgründung als Gründungserfolg zu werten, so muss der Prozess der Unternehmens*frühentwicklung* und somit der Zeitraum *nach* der formalen Gründung explizit berücksichtigt werden. Erfolg muss dann insbesondere als Entwicklungserfolg verstanden werden. Damit rückt das Wachstum, oder allgemeiner, die *Entwicklung* des jungen Unternehmens im Anschluss an seine

Gründung in den Mittelpunkt der Betrachtung. Für die Analyse der Struktur und Dynamik von Unternehmensgründungen und den daraus entstehenden KMU, wie sie im Rahmen von CREPS u. a. beabsichtigt ist, spielt die Frage der Operationalisierung von Gründungserfolg, Unternehmensgröße und -entwicklung eine zentrale Rolle, denn sie bildet die Grundlage insbesondere für darauf bezogene empirische Untersuchungen.

Die traditionelle betriebswirtschaftliche Literatur bietet, beginnend bereits in den sechziger Jahren des letzten Jahrhunderts, eine umfassende Auseinandersetzung mit den Themen Unternehmensgröße, Unternehmenswachstum und Unternehmensentwicklung. Der vorliegende Beitrag untersucht, in welcher Weise der Entwicklungserfolg von Unternehmensgründungen sachgerecht gemessen werden kann, wobei diese Messung auf einen Einsatz innerhalb der empirischen Gründungsforschung abzielt. Fokussiert wird dabei auf die Neuerrichtung von selbständigen Unternehmen (originäre Gründungen) durch Individuen, die unabhängig von anderen Unternehmen handeln. Typischerweise handelt es sich dabei um Existenzgründungen.

Als Kern des Beitrages wird der Begriff der Unternehmensentwicklung analysiert und von verwandten Begriffen abgegrenzt. Dies dient einer anschließenden Prüfung auf Operationalität. Sie soll feststellen, welche Variablen im Gründungskontext zweckmäßigerweise verwendet werden können, um den Frühentwicklungserfolg zu operationalisieren. Der folgende Hauptteil des Beitrages gliedert sich daher wie folgt: Zunächst werden die Begriffe Größe, Wachstum und Entwicklung im Unternehmenskontext definiert und strukturiert (Kapitel 2.1). Darauf aufbauend werden Indikatoren des Gründungserfolges vorgestellt und den Überlegungen zur Unternehmensentwicklung gegenüber gestellt (2.2). Denkbare Operationalisierungen der Unternehmensgröße und der Unternehmensentwicklung werden schließlich auf ihre Eignung im Gründungskontext geprüft (2.3). Der Beitrag schließt mit einer kurzen Zusammenfassung seiner Ergebnisse (Kapitel 3).

2 Größe, Wachstum und Erfolg einer Unternehmensgründung

2.1 Unternehmensgröße, -wachstum und -entwicklung

2.1.1 Begriffe

Bei der Untersuchung der Entwicklung von neu geschaffenen Unternehmen kommt dem Begriff des Wachstums besondere Bedeutung zu. Vor der Betrachtung von Entwicklungen müssen daher zunächst der Begriff der einzelwirtschaftlichen Größe sowie der hierauf aufbauende Wachstumsbegriff beleuchtet werden. Nach einer begrifflichen Abgrenzung soll anschließend vor allem die Frage der Messbarkeit der einzelwirtschaftlichen Entwicklung diskutiert werden. Das exogene oder externe Wachstum wird dabei ausgeklammert. Gegenstand des vorliegenden Beitrages ist allein das interne Wachstum (auch als „natürliches“ oder „endogenes“ Wachstum bezeichnet, vgl. Geiser 1983, 45), d. h. ein Wachstum, das sich innerhalb eines bereits bestehenden und rechtlich selbständigen Unternehmens vollzieht und durch Erfolge der Vergangenheit oder günstige zukünftige Geschäftsperspektiven gespeist wird (zu den Formen des Wachstums vgl. Geiser 1983, 41-49 sowie von Kortzfleisch und Zahn 1980, 434).

Die Größe eines Unternehmens stellt ein quantitatives Abbild ihrer Leistungspotentiale dar. Die Unternehmensgröße beinhaltet nicht nur alle einem Unternehmen zugehörigen einzelnen Betriebe, sondern auch jene Aktivitäten, die zur langfristigen Einkunftserzielung und gegebenenfalls neben dem Hauptzweck der betrieblichen Betätigung betrieben werden. Sie ist als umfassenderer Begriff abzugrenzen von der Betriebsgröße. Die Betriebsgröße wird meist in einem rein produktionswirtschaftlichen Kontext definiert und orientiert sich etwa am Umfang des Gesamteinsatzes an kombinierten Produktionsmitteln (vgl. Gutenberg 1956, Sp. 801). So wird der Begriff der „Betriebsgröße“ vereinzelt auch im Sinne der *Gesamtheit aller kombinierten Produktionsfaktoren* umrissen und dabei rein produktionsorientiert interpretiert (vgl. Koch 1959, 83). Einer derartigen, zudem wenig operablen Begriffsbildung soll hier nicht gefolgt werden. Sie wirkt nicht nur einengend im Hinblick auf bestimmte Leistungserstellungsprozesse, sondern entzieht sich zudem weitestgehend einer empirischen Messung.[1] Daher ist es sinnvoll, Unternehmensgründungen grundsätzlich unter dem Aspekt der Unternehmensgröße zu betrachten.

Die Unternehmensgröße ist nicht allein von wissenschaftlichem Interesse, sondern hat auch unmittelbare praktische Bedeutung, die sich u. a. aus gesetzlichen Regelungen oder wirtschaftsstatistischen Erfordernissen ergibt. Grundlage rechtlicher Bestimmungen ist die Unternehmensgröße z. B. im Gesellschaftsrecht (AktG, GmbHG), Wettbewerbsrecht (UWG), Betriebsverfassungsrecht (BetrVerfG) oder Mitbestimmungsrecht (MitbestG). Größe wird dabei häufig durch das Gezeichnete Kapital (bei Kapitalgesellschaften), die Bilanzsumme oder die Zahl der Beschäftigten ausgedrückt. Die amtliche Statistik umfasst unter anderem die Industriestatistik, die die Struktur der Industrie durch Größenklassen beschreibt und dafür beispielsweise die Zahl der

---

1 So sind die bei Koch 1959, 84f. genannten Maßstäbe "Fassungsvermögen von Räumen", "Anzahl der Maschinenarbeitsplätze", "Höhe des im Anlagevermögen investierten Kapitals“ und das „geplante, langfristige Absatzvolumen“ kaum geeignet, etwa Unternehmen mit hochwertigem, wenig automatisierbarem Dienstleistungsangebot, hohem Humankapitaleinsatz oder starken Planabweichungen in ihrer tatsächlichen Größe oder Marktbedeutung annähernd adäquat abzubilden.

Beschäftigten, den Energieverbrauch, das Gesamtvermögen, Umsätze oder ähnliche Größen heranzieht.

2.1.2 Die Messung der Unternehmensgröße

Die Ermittlung der Unternehmensgröße erfordert die Festlegung eines quantifizierbaren Maßstabes, denn nur so werden Zeit-, Unternehmens- oder Normvergleiche überhaupt ermöglicht. Diese Festlegung erfolgt zweckgerichtet, so dass sich eine Vielzahl unterschiedlichster Größenindikatoren begründen lässt. Entsprechende Maßgrößen werden in der Literatur seit langem in großer Vielfalt empfohlen (vgl. Kieser 1976, Sp. 4302, Koch 1959, 83, oder die Übersichten bei von Kortzfleisch und Zahn 1980, 433, Lücke 1967, 21f., 88, Albach 1965, 9f., Grimm 1966, 37f.). Exemplarisch für die Vielzahl denkbarer qualitativer und quantitativer Merkmale sei auf eine auf *Lücke* zurückgehende Liste verwiesen, die in der folgenden Tabelle dargestellt wird (vgl. Lücke 1982, 184f.). Es ist zu erkennen, dass die genannten Merkmale teilweise interdependent sind, so etwa Umsatz, Absatzmenge und Preis.

Tabelle 1: Qualitative und quantitative Indikatoren der Unternehmensgröße

Absatzbreite	Absatz-Know-how	Absatzmärkte
Absatzmengen	Absatzpreise	Absatzpolitik
Absatztiefe	Absatzwege	Absatzwerbung
Anlagenbestände	Beschaffungs-Know-how	Beschaffungsmärkte
Beschaffungsmengen	Beschaffungspreise (Faktorpreise)	Bestand liquider Mittel
Beteiligungsbestand	Cash Flow	Eigenkapitalbestand
Faktoreinsatzmengen	Finanzanlagenbestand	Finanzüberschuss (Einn. – Ausg.)
Finanzierungs-Know-how	Fremdkapitalbestand	Gewinn
Grad d. Verbdh. i. Prod.prozess	Kapazitäten	Konkurrenzsituation
Kosten	Lebensalter des Unternehmens	durchschnittliche Lebensdauer der Anlagen
Management-Know-how	Marktform	Organisationsstruktur

Fortsetzung Tabelle 1

Personalbestand	Personalqualität	Produktionsbreite
Produktionsmäßige Anpassungsmöglichkeiten	Produktions-Know-how	Produktionsmengen
Produktionstiefe	Produktpreise	Produktionsverfahren
Qualitäts-Know-how	Rechtsform des Unternehmens	Return on Investment
Stand der Forschung und Entwicklung	Stärke der Geld- und Kreditmarktbeziehungen	Stärke der Lieferantenbeziehungen
Stärke der Mitarbeiterbeziehungen	Umsätze	Verbundenheit der Produkte auf den Absatzmärkten
Vorratsbestände	Wachstumsklima	Wertschöpfung
Umweltbedingungen	Zahlungsüberschuss (Einz. – Ausz.)	Zielvorstellungen des Unternehmens
Zustand der Produktionsanlagen	Zwecksetzung für den Betrieb	Zukunftserfolgswert des Untern.

Quelle: Lücke (1982).

Lässt man qualitative Kriterien außer Acht und beschränkt sich auf eine quantitative Betrachtung der Unternehmensgröße, können die verbliebenen Indikatoren wie in der folgenden Abbildung gezeigt jeweils nach Zeitbezug und Dimensionierung systematisiert werden.

Zur Konkretisierung der Unternehmensgröße werden üblicherweise nicht nur Kriterien herangezogen, die einen zeitpunktbezogen messbaren Bestand (z. B. Beschäftigtenzahl, Börsenwert, Kapazität, Anlagevermögen, Umlaufvermögen, bilanziertes Kapital oder Teile davon) betreffen, sondern auch Indikatoren, die eine zeitraumbezogen messbare Veränderung des Bestandes (z. B. Umsatz, Gewinn, Investitionen sowie alle sonstigen Veränderungen der unter (a) genannten Bestandsgrößen) angeben. Solche Veränderungen können in absoluter oder zeitrelativer[2] Form quantifiziert werden. Als Bezugsbasis sind Vergangenheitswerte, Soll- oder Planwerte und externe Vergleichswerte (Betriebsvergleichszahlen, Branchendurchschnitte, etc.) denkbar (vgl. Paul 1985, 19f.).

[2] Typischerweise in Prozent pro Zeiteinheit.

Tabelle 2: Differenzierung von quantitativen Indikatoren der Unternehmensgröße

		Dimensionierung	
		Mengengrößen	**Wertgrößen**
Zeitbezug	**Bestandsgrößen**	Betriebsmittel (z. B. Anzahl Aggregate, Vorräte, etc.) Anzahl Beschäftigte Marktanteil	Eigenkapital Gesamtkapital (Bilanzsumme) Anlagevermögen Auftragsbestand Marktwert
	Stromgrößen	Einsatzmengen (z. B. Arbeitsstunden, Werkstoffverbrauch) Leistungsmengen	Einsatzwerte (z. B. Abschreibungen, Gehälter) Umsatz Wertschöpfung Auftragseingang Gewinn

Quelle: Geiser 1983, 34, Knappe 1976, 32, Schilling 1979, 19, sowie in abgewandelter Systematik von Kortzfleisch und Zahn 1980, 433.

Ein Größenindikator kann ein- oder mehrdimensional sein. Eindimensionale Operationalisierungen werden wegen ihrer Einfachheit häufig vorgezogen. Allerdings wird regelmäßig angezweifelt, dass sich die Größe eines Unternehmens durch ein Kriterium allein hinreichend charakterisieren lasse und angeführt, dass so nur Teilaspekte des unternehmerischen Zielsystems abzubilden seien. Mehrdimensionale Operationalisierungen hingegen bilden das Unternehmen als Gesamtsystem unter Umständen besser ab. Allerdings kompliziert sich die Interpretation von Größenindikatoren bei dieser Variante durch die Möglichkeit konkurrierender Aussagen der Kriterien.[3]

Empirische Versuche, einzelwirtschaftliches Wachstum zu erfassen, orientieren sich typischerweise an einem einzelnen Größenmerkmal oder an einigen wenigen solcher Variablen (vgl. Kürpick 1981, 31). Da es schon aus Gründen der Operationalität und inhaltlichen Interpretierbarkeit wünschenswert ist, die Größe eines Unternehmens in wenigen, möglichst einer einzigen Zahl auszudrücken, muss die Frage geklärt werden, welcher der verschiedenen möglichen Indikatoren dafür heranzuziehen ist. Ohne auf jede einzelne Kennzahl eingehen zu müssen, lassen sich bestimmte Typen der oben exemplarisch angeführten Variablen bereits vorab als untauglich aussondern. So erlauben die

[3] Als Lösung schlägt Lücke Vektoren in Form funktionsbereichsbezogene Merkmalsvektoren vor, vgl. Lücke 1982, 184-186. Bei Reduzierung auf einen einzelnen skalaren Wert entstehen dabei zwangsläufig Probleme der Gewichtung und der Verknüpfung. Bei mehrdimensionalen Maßzahlen sollten die Einzelkriterien nicht untereinander korrelieren. Zu den Problemen vektorieller Messung vgl. Budde und Kieser 1977, 153f., Schulz 1970, 154f.

am Output orientierten Mengengrößen keine Vergleiche zwischen verschiedenen Unternehmen. Mengenindikatoren sind außerdem nur auf Einproduktunternehmen anwendbar, usw. (für eine ausführlichere Diskussion der genannten Größen vgl. Albach, Bock und Warnke 1985, 128-134).

Welches Größenmerkmal im Einzelfall als geeignet anzusehen ist, kann deshalb nur kontextabhängig, d. h. unter Berücksichtigung der jeweils zugrunde liegenden Forschungsfragen und –ziele bestimmt werden.[4] Es existiert keine einzelne Maßgröße, die universell verwendbar wäre. Der Begriff der Unternehmensgröße kann deshalb nicht ohne klärenden Hinweis auf die verwendete Maßzahl benutzt werden. Ein im absoluten Sinne „richtiges" Wachstumsmaß existiert auch deshalb nicht, weil die Vielzahl denkbarer Forschungsfragestellungen nicht durch ein einzelnes Größenmerkmal bedient werden kann. Die Auswahl einer geeigneten quantitativen Größenoperationalisierung sollte sich im Interesse eines möglichst hohen Informationsgehaltes an den Kriterien Zielbezug, Problemrelevanz, intertemporäre Vergleichbarkeit, problemadäquate Realitätserfassung und Operationalität orientieren (vgl. von Kortzfleisch und Zahn 1980, 434). Zu fordern sind darüber hinaus Objektivität, Validität und Reliabilität, sowie die Vergleichbarkeit der Größe von Unternehmen verschiedener Branchen. Insbesondere die sich aus unterschiedlichen Tätigkeitsschwerpunkten in Produktion, Handel und Dienstleistung ergebenden Besonderheiten dürfen diese Anforderung nicht gefährden (vgl. Kuipers 1990, 29). Auch die Praktikabilität ist zu beachten, sie darf aber nicht zum dominanten Auswahlkriterium werden, um den Aussagegehalt von Größenmessungen nicht schon á priori zu unterhöhlen. Im Interesse der Anwendbarkeit eines möglichst breiten Spektrums an statistischen Auswertungsmöglichkeiten sollten entsprechende Größenindikatoren ein möglichst hohes Skalenniveau aufweisen.

2.1.3 Wachstum und Entwicklung

Die positive Veränderung der Größe eines Unternehmens wird als Unternehmenswachstum bezeichnet, die Wachstumsmessung kann also auf die Messung der Größe zurückgeführt werden (vgl. von Kortzfleisch und Zahn 1980, 433, Kieser 1976, Sp. 4301). Dieses Wachstum kann als ein zentraler Aspekt

---

[4] So weist die amtliche Statistik u. a. Umsatz und Zahl der Arbeitsplätze aus. Gesetzestexte wie das Handelsgesetzbuch oder das Aktiengesetz messen Größe u. a. mit Hilfe der Variablen Bilanzsumme, Anzahl der Beschäftigten, Höhe des Gezeichneten Kapitals oder Jahresumsatz. Für die Darstellung des für die Stakeholder des Unternehmens erwirtschafteten Einkommens wäre u. a. die Wertschöpfung heranzuziehen. Soll die Größe durch die Ertragskraft des Unternehmens abgebildet werden, so muss der Zukunftserfolgswert verwendet werden. Weitere Beispiele lassen sich in nahezu beliebiger Zahl finden.

betriebswirtschaftlicher Entwicklungsbetrachtungen angesehen werden. Der Wachstumsbegriff entstammt ursprünglich der Biologie. Er kann allerdings nicht unverändert auf eine einzelwirtschaftliche Betrachtung der Unternehmensentwicklung angewendet werden, da biologische Gesetz-mäßigkeiten nur sehr begrenzt auf Organisationen übertragbar sind.[5] So kann bei Unternehmen, anders als im biologischen Kontext, nicht von identischen Wachstumsmustern aller Organismen einer Art, einer vorbestimmten Folge von Wachstumsschritten, der Stagnation der Größe erwachsener Organismen oder genetisch prädeterminierten Schrumpfungsprozessen ausgegangen werden.

Da die Größenveränderung eines Unternehmens nicht nur mit positivem Vorzeichen, also in Form einer Expansion, sondern auch in den Formen der Stagnation (keine Größenveränderung) und Kontraktion (Schrumpfung bzw. negatives Wachstum, Verminderung der Größe) möglich ist (vgl. Lücke 1982, 180f.), kann das Wachstum der Unternehmen sinnvoll nur in Zusammenhang mit anderen Formen der Größenveränderung untersucht werden. Daher erscheint es angebracht, *jede Veränderung* der Unternehmensgröße im Zeitablauf zu betrachten (vgl. z. B. Penrose 1980, 88, Luckan 1970, 9f., Schulz 1970, 25f., Selchert 1970, 504ff.). Als Oberbegriff für die verschiedenen Formen der Größenvariation im Zeitablauf soll in Anlehnung an das einschlägige Schrifttum der Begriff „**Unternehmensentwicklung**“ verwendet werden (vgl. z. B. Haberlandt 1970, 74ff., Kieser 1985, 32ff., Küting 1979, 26ff., Zahn 1971, 14ff., wobei gelegentlich auch von Unternehmungsentwicklung die Rede ist), wobei alle darunter subsumierten Begriffe generell auf Größenindikatoren bezogen sind (vgl. z. B. Paul 1985, 10).[6] Alternativ kann der Begriff der Unternehmensentwicklung allerdings auch weitaus umfassender interpretiert werden, indem zusätzlich oder ausschließlich nichtquantitative Veränderungsprozesse einbezogen werden (vgl. Manstedten 1997, 42, oder Pümpin und Prange 1991, 135f.). In letzterem Fall stünde Entwicklung ganz allgemein für den (primär wirtschaftlichen) Wandel von Organisationen. Die hier angestellten Überlegungen beschränken sich jedoch auf quantitative Wachstumsaspekte.

Wachstum bzw. Entwicklung beschreiben somit den Veränderungsprozess, die Größe hingegen den augenblicklichen, zeitpunktbezogenen Zustand des Prozesses. Sie legt mithin eine Zäsur in die Entwicklung (vgl. Lücke 1982, 179). Wachstum zeigt sich also formal in einem Übergang zwischen zwei Größenzuständen innerhalb eines Betrachtungszeitraumes (vgl. Kürpick 1981,

---

[5] Vgl. von Kortzfleisch und Zahn 1980, 436. Die wesentlichen Unterschiede sind bereits seit längerer Zeit in der Literatur hinreichend gewürdigt, so dass an dieser Stelle auf eine eingehende Betrachtung verzichtet werden kann. Beispielhaft sei hier verwiesen auf Penrose 1952, 804ff., Fuchs 1969, 80, Haberlandt 1970, 22ff. und Albach 1965, 34ff.

[6] Definitionskriterien für Wachstum, Stagnation und Schrumpfung finden sich bei Finger 1968, 17 oder Küting 1979, 36ff.

21, Albach, Bock und Warnke 1985, 124). Quantitatives Wachstum lässt sich daher als Veränderung eines Größenmerkmals w im Zeitablauf darstellen:

(1) $w = w(t)$,

wobei dieses Größenmerkmal wachsen, gleich bleiben oder kleiner werden kann, so dass sich Wachstum (Extraktion), Stagnation (Konstanz) oder Schrumpfung (Kontraktion) ergeben (vgl. Lücke 1982, 180). Die folgende Abbildung verdeutlicht diese idealtypischen Ausprägungen von w in Abhängigkeit von der Zeit und die elementaren formalen Zusammenhänge. Formal lässt sich das Wachstum mit Hilfe der Relation

(2) $$g = \frac{dw}{dt} > 0$$

durch eine Wachstumsrate g beschreiben (vgl. Lücke 1967, 90).[7] In analoger Weise lassen sich Stagnation und Schrumpfung durch Wachstumsraten von

(3) $$\frac{dw}{dt} = 0 \text{ bzw.}$$

(4) $$\frac{dw}{dt} < 0$$

ausdrücken. Durch die Ableitung der Wachstumsraten (sie entsprechen der zweiten Ableitung des Größenmerkmals w) lassen sich schließlich verschiedene Formen von Wachstum und Schrumpfung unterscheiden, die als progressiv, konstant und degressiv bezeichnet werden können.[8] Mit Hilfe von expliziten Funktionsgesetzen für w(t) kann der Verlauf des Größenmerkmals formal beschrieben werden (für Beispiele vgl. Lücke 1982, 182).

Die Charakterisierung der Entwicklung eines Unternehmens in der bisher dargestellten Weise erfordert aussagefähige, idealerweise metrisch skalierte Größenmerkmale w. Damit lässt sich das Problem der Messung des Wachstums bzw. der Entwicklung auf das Größenmessungsproblem zurückführen (vgl. Finger 1968, 4, Kürpick 1981, 27). Als Wachstumsindikator kommen dabei alle Variablen in Betracht, die das qualitative bzw. quantitative Leistungspotential des Unternehmens abzubilden vermögen und somit eine Größenmessung ermöglichen. Sie müssen über die weiter oben schon genannten Anforderungen an quantitative Größenindikatoren hinaus außerdem zeitpunktbezogen zu ermitteln und intertemporal vergleichbar sein. Durch ein Größenmerkmal w wird Wachstum materiell erfassbar und formell umsetzbar durch die Messung von

---

7 Bei diskreter Betrachtung gilt entsprechend $\frac{\Delta w}{\Delta t} = \frac{w(t_2) - w(t_1)}{t_2 - t_1} > 0$.

8 Es gilt $\frac{d^2w}{dt} > 0$ für progressives, $\frac{d^2w}{dt} = 0$ für konstantes und $\frac{d^2w}{dt} < 0$ für degressives Wachstum, sofern $\frac{dw}{dt} > 0$, und $\frac{d^2w}{dt} > 0$ für degressives, $\frac{d^2w}{dt} = 0$ für konstantes und $\frac{d^2w}{dt} < 0$ für progressives Schrumpfen, sofern $\frac{dw}{dt} < 0$.

Veränderungen dieses Merkmals. Dazu müssen Betrachtungszeitraum und Entwicklungsmaßstab bestimmt werden. Der Betrachtungszeitraum orientiert sich üblicherweise an Kalenderzeiten (vgl. Lücke 1982, 179).

Abbildung 1: Idealtypische Formen des Wachstums

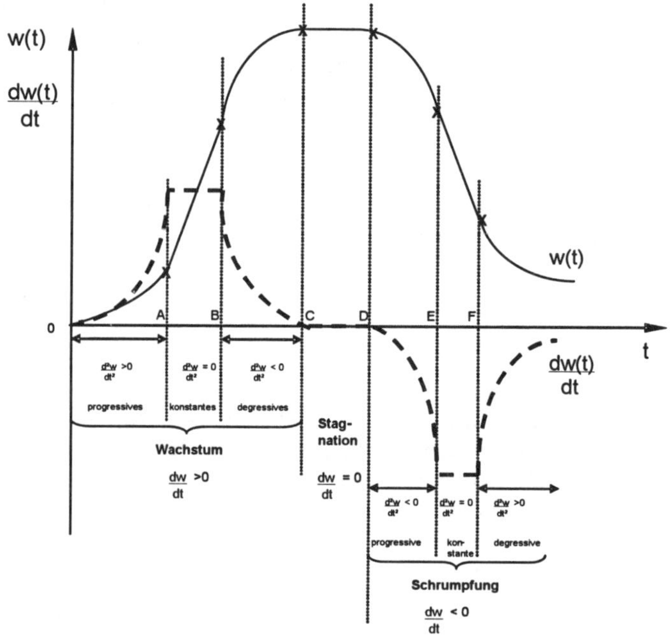

Quelle: In Anlehnung an Lücke 1982, 181.

Zur Beschreibung der Entwicklung eignen sich grundsätzlich Größenmaße, deren Veränderung über die Zeit beobachtet wird, wie auch relative Wachstumsmaße. Welches Kriterium zugrunde gelegt wird, hängt - da es kein „richtiges“ und gleichzeitig auch mit vertretbarem Aufwand messbares Wachstumsmaß zu geben scheint - neben der spezifischen Fragestellung vor allem von der Verfügbarkeit der Daten ab (vgl. Kieser 1976, Sp. 4301). Eine solche eher pragmatische Sichtweise der Definition und Messung der Unternehmensgröße kann allerdings im Widerspruch zu Ansätzen stehen, die nur Größen zulassen, die auch im Zielsystem des Unternehmens verankert sind (vgl. Albach 1965, Brockhoff 1974, Zahn 1971). Daraus leitet sich die Frage ab, inwieweit das Wachstum als unternehmerisches Ziel angesehen werden kann, das der Stagnation oder Kontraktion grundsätzlich vorzuziehen ist (vgl. Schulte 2002, 150-155). Unternehmenswachstum kann weder als stochastischer, noch als allein mechanischer, bestimmten Gesetzmäßigkeiten

scher, noch als allein mechanischer, bestimmten Gesetzmäßigkeiten folgender Prozess interpretiert werden. Vielmehr ist es auch Ergebnis bewussten unternehmerischen Handelns, das seinerseits von gewissen endogenen und exogenen Faktoren bestimmt wird. Wachstum ist also weder als Ausdruck deterministischer Entwicklungsgesetze anzusehen, noch als Folge von Zufallsprozessen. Vielmehr kommt dem dispositiven Faktor wichtige Bedeutung zu (vgl. z. B. Albach 1965, Brockhoff 1966, Brändle 1970, Finger 1968, Kieser 1970), denn Wachstum ist auch das Ergebnis zielgerichteter und strategischer Entscheidungen des Managements, also der Entscheidungsträger. Auf deren Entscheidungen können sich begünstigende (wachstumsfördernde) oder behindernde (wachstumshemmende) situative Kontextfaktoren auswirken (vgl. von Kortzfleisch und Zahn 1980, 432, 436). Die strategischen Entscheidungen sind deshalb vor allem als Anpassung an die Unternehmensumwelt zu verstehen (vgl. Grochla 1972, 166). Die eingeschränkte Operationalisierbarkeit unternehmerischer Entscheidungsprozesse[9] verhindert den empirischen Zugang zur Erklärung von Wachstum nicht. Unternehmen werden hier im Sinne der ressourcenorientierten Theorieansätze als Anpasser an Umweltbedingungen betrachtet, womit der unbestritten wichtige dispositive Faktor zwar nicht vernachlässigt, aber doch als von der spezifischen Umwelt geprägt angesehen wird. Die Abbildung verdeutlicht, dass der dispositive Faktor hier nicht nur als eigenständiger Einflussfaktor, sondern auch als Moderator anderer Einflussvariablen angesehen wird.

Abbildung 2: Moderatorrolle des dispositiven Faktors

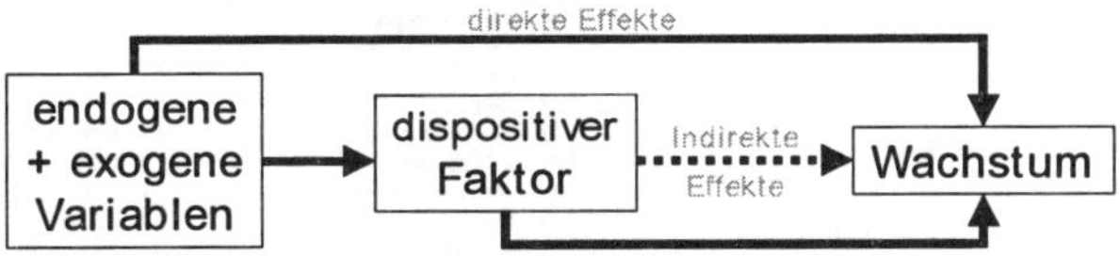

Quelle: Eigene Darstellung.

2.2 Unternehmenserfolg

Der Begriff des Erfolges wird in der Literatur nicht nur besonders häufig, sondern auch auffallend unpräzise eingesetzt. Die Verwendung des Erfolgsbegriffes erfolgt dabei noch weitaus uneinheitlicher als die Terminologie zu Größe und Wachstum des Unternehmens. Auch eine Verengung des Begriffs-

9 Möglich wäre beispielsweise die Untersuchung initialer Entscheidungen der Vorgründungsphase, soweit diese im Gründungsplan dokumentiert sind.

feldes auf den Fall der Unternehmensgründung reduziert die Fülle der Interpretationsmöglichkeiten kaum.[10] Voraussetzung für eine Messung des unternehmerischen Erfolges ist die Bestimmung einer oder mehrerer Größen zur Erfolgsquantifizierung. Typische Maßgrößen sind die Beschäftigtenzahl, die Produktions- und Absatzmenge oder bestimmte Bilanz- und GuV-Positionen (vgl. Hunsdiek und May-Strobl 1986, 12, Küting 1979, 41, Schilling 1979, 19).

Wie schon eingangs angedeutet wurde, kann auch der Begriff des Gründungserfolges sehr unterschiedlich ausgelegt werden. Für Erfolg bzw. Misserfolg sind in Anlehnung an *Müller-Böling und Klandt* grundsätzlich die in der Abbildung 3 gezeigten Interpretationsformen denkbar (vgl. Müller-Böling und Klandt 1990, 1993).

Grundsätzlich gilt, dass alle Erfolgsbegriffe in engem Zusammenhang mit bestimmten Forschungsperspektiven stehen (vgl. Kuipers 1990, 28f., Klandt 1984, 89). Je nachdem, ob gesamtwirtschaftliche,[11] unternehmensspezifische oder aus individuell-persönlichen Motivlagen abgeleitete Ziele im Mittelpunkt der Betrachtung stehen, rücken andere Operationalisierungen des Erfolges in den Vordergrund.

Abbildung 3: Indikatorenspektrum des Gründungserfolgs im weiteren Sinne

Gründungserfolg im weiteren Sinne			
Voraktivität der Gründung	Gründungsaktivität	Qualifizierter Gründungserfolg	
		Objektiver	Subjektiver
P: Einstellung P: Überlegung, konkret P: Entscheidung zur Selbständigeit P: Konzeption - Zielplanung - Alternativenentwicklung - Ausführungsplanung	U: Unternehmung P: wirtschaftlich selbständige Existenz - Dasein - Sosein	U: Unternehmerisches Überleben* P: Selbständiges Überleben*	
		U: Einkommen (absolut/ Wachstum/ relativ) U: Mitarbeiterzahl (abs./ W.) U: Umsatz (abs./ W.) U: „branchenrelativ" U: Gewinn (abs./ W.) U: Umsatzrendite U: Kapitalrentabilität U: Marktposition U: Potential S: Versorgungsgrad S: Wohlfahrt einer Region U/S: Arbeitsplätze/-quote	P: Zielerreichungsgrad - Macht - Unabhängigkeit - Gesellschaft - Leistung - Prestige - Selbstverwirklichung P: Arbeitszufriedenheit P: Lebenszufriedenheit P: Gründungszufriedenheit U: Erwartungen Umsatz U: Erwartungen Gewinn etc. S: Lebenszufriedenheit Dritter
Merkmalsträger i. S. der Erhebungseinheit: P: Personen U: Unternehmung S: sonstige Dritte (z.B. Region) * für eine bestimmte Zeit			

Quelle: Müller-Böling und Klandt 1993, 154.

---

[10] Ein systematisierender Überblick findet sich bei Müller-Böling und Klandt (1990). Für einen Überblick über Erfolgsmaße neu gegründeter Unternehmen vgl. auch Schenk 1998, 59-65.

[11] Ggf. kommen auch regionalwirtschaftliche oder weltwirtschaftliche Ziele in Betracht.

Deshalb ist der Erfolg von Unternehmensgründungen aus gesamtwirtschaftlicher Perspektive zu unterscheiden von jenen Erfolgsbegriffen, die aus betriebswirtschaftlicher oder persönlicher Sicht der Gründerperson zu erwägen sind (vgl. Klandt 1980, 323). Da hier eine einzelwirtschaftliche Perspektive eingenommen wird, in der das Unternehmen als gegenüber seiner Umwelt abgegrenztes System betrachtet wird, sind gesamtwirtschaftliche Indikatoren zu vernachlässigen. Die Abbildung nennt einige typische einzelwirtschaftlich orientierte Operationalisierungen des Gründungserfolges.

Im Rahmen einer quantitativen Entwicklungsbetrachtung erscheint es zweckmäßig, sich auf objektiv nachprüfbare Indikatoren zu beschränken, die auf das Gründungsunternehmen als solche bezogen sind. Im Mittelpunkt stehen damit typische betriebswirtschaftliche Größen, wie sie im linken oberen Feld der Matrix exemplarisch genannt werden. Erfolg soll in diesem Kontext im Sinne der positiven Veränderung der Unternehmensgröße („Wachstum") verstanden werden, wie sie durch Zeitvergleiche ermittelbar ist.

In der Literatur finden sich zahlreiche unterschiedliche solcher Ansätze zur ex post-Messung des Erfolgs und der Größe bzw. des Wachstums von Unternehmen (informative Übersichten finden sich z. B. bei Struck 1998, 52ff., Schefczyk 2000, 158 oder Schefczyk 1999, 278ff.), die sich sämtlich in den Bezugsrahmen von Müller-Böling und Klandt einordnen lassen.

Tabelle 3: Typische Indikatoren des einzelwirtschaftlichen Gründungserfolges

		Erhebungseinheit	
		Unternehmen	**Gründer**
Messperspektive	**objektiv**	Rentabilitätskennzahlen Marktanteile Umsatz Anzahl Beschäftigte	Verfügbares Einkommen
	subjektiv	Zielerreichung *(im Vergleich z. B. mit Umsatzerwartungen, Marktanteilszielen, etc.)*	Wiederholung des Schrittes in die Selbständigkeit Zufriedenheit

Quelle: Systematik in Anlehnung an Hunsdiek 1987, 206.

Bemerkenswert ist dabei, dass für den Erfolg einer Gründung sowohl Bestands- und Stromgrößen herangezogen werden, wie sie schon zur Kennzeichnung der Unternehmensgröße verwendet werden, als auch Saldi zwischen Bestandsgrößen verschiedener Zeitpunkte, wie sie zur Beschreibung der Unternehmensentwicklung üblich sind, als auch Saldi zwischen *Strom-*

größen verschiedener Zeitpunkte.[12] Die Probleme der Größenmessung sind weiter oben ausführlich diskutiert worden. Im Ergebnis war zu konstatieren, dass alle in der Literatur empfohlenen Größen gewisse, mehr oder weniger ausgeprägte konzeptionelle Mängel aufweisen (vgl. auch Lücke 1967, 20). Stützt man die Messung des Erfolgs auf die Größe, besteht die Gefahr, deren Mängel zu übernehmen. Um eine zielgerichtete und von Willkür freie Auswahl aus der Palette möglicher Erfolgsindikatoren treffen zu können, ist es daher notwendig, den gegenwärtigen Forschungsstand zur Größen- und Erfolgsmessung aufzuarbeiten und die mit verschiedenen Messkonzepten verbundenen spezifischen Vor- und Nachteile zu erörtern. Dies erfolgt im nächsten Abschnitt.

2.3 Kritische Analyse und Beurteilung von möglichen Operationalisierungen der Größe und der Entwicklung

Um den Erfolg einer Unternehmensgründung quantifizieren zu können, bedarf es nicht nur einer hinreichend operationalen Erfolgsdefinition, sondern auch konkreter Messvorschriften. Grundsätzlich lassen sich die in Tabelle 4 folgenden Messkonzepte unterscheiden.

Die genannten Messkonzepte weisen jeweils neben bestimmten charakteristischen Vorzügen auch gewisse Aussagegrenzen auf, die ihre Verwendbarkeit im Rahmen der empirischen Gründungsforschung einschränken oder sogar ausschließen und die bei ihrer Interpretation zu berücksichtigen sind (zur Diskussion und Operationalisierung des Erfolgsbegriffs vgl. auch Werner 2000, 54ff., Dietz 1989, 271ff., Meyer 1999, 143f. und Schefczyk 2000, 162ff.).

Tabelle 4: Messkonzepte der Frühentwicklung

Typus	Messkonzept
Verbleibsmaße	Ermittlung des Fortbestandes des Unternehmens i. S. e. Insolvenzvermeidung („Überleben", „Persistenz")
Jahresabschlussmaße (inkl. darauf aufbauender oder abgeleiteter Kennzahlen)	Ermittlung von Bilanzsumme, Gewinn, Umsatz, Rentabilitäten, Marktwert/Buchwert-Verhältnis, etc.
Beschäftigungsmaße	Ermittlung der Beschäftigtenzahl (insgesamt oder Teilmengen davon, z. B. produktive Mitarbeiter, etc.)
Marktbezogene Maße	Ermittlung von Marktanteilen, Marktwerten, etc.

[12] So etwa (innerhalb derselben Untersuchung) bei Pleschak und Werner (2000): Erhoben wurden u. a. der Bestand des Unternehmens und die Mitarbeiterzahl, sowie die durch zeitlichen Vergleich ermittelten Saldogrößen Beschäftigtenzuwachs und Umsatzzuwachs.

Fortsetzung Tabelle 4

Typus	Messkonzept
Wachstumsmaße	Ermittlung des Zuwachses an Beschäftigung, Umsatz, etc.
Subjektive Maße[13]	Ermittlung der Planeinhaltung, des Erreichens persönlicher Einkommensziele, der Verwirklichung nichtmonetärer Selbständigkeitsmotive, etc.
Kompositmaße	Extrakte oder Zusammenfassungen zweier oder mehrerer anderer Maße
Multiple Indikatoren	Parallele Betrachtung zweier oder mehrerer anderer Maße

Quelle: Eigene Darstellung.

1. Verbleibsmaße

Der Fortbestand des Unternehmens stellt ein dichotomes und damit recht grobes Erfolgskriterium dar, so dass dieses Messkonzept durch die geringe Diskriminierungsfähigkeit seiner Erfolgsvariable stark eingeschränkt ist, denn eine Differenzierung der überlebenden Unternehmen ist nicht möglich. So sind auch wirtschaftliche Randexistenzen Bestandteil der erfolgreichen Gruppe. Darüber hinaus muss damit gerechnet werden, dass Marktaustritte nicht zwangsläufig mit wirtschaftlichem Scheitern einhergehen müssen, sondern auch geplant und ohne Vorliegen von Insolvenzgründen vollzogen werden können (vgl. Headd 2003, 56f.).[14]

Die Operationalisierung des Fortbestands kann zudem nur fristenbezogen erfolgen, denn mit größerem Unternehmensalter sind c. p. höhere Ausfallraten zu erwarten. Es muss also festgelegt werden, innerhalb welcher zeitlichen Frist das Überleben noch als Erfolg gilt. Eine Größenmessung durch Verbleibsmaße ist nicht möglich.

2. Jahresabschlussmaße und darauf aufbauende Kennzahlen

Der Jahresabschluss enthält zu bestimmten Zwecken (u. a. Gläubigerschutz, Ausschüttungsbemessung, Steuerbemessung) verdichtete Werte der Buchführung. Im Wesentlichen handelt es sich dabei um bewertete Nominalgüterströme. Deshalb ist der Jahresabschluss nur unter diesen Einschränkungen

[13] Subjektive Erfolgskriterien wurden weiter oben für die vorliegende Untersuchung bereits ausgeschlossen. Da sie aber Bestandteil der unter (7./Kompositmaße) und (8./Multiple Indikatoren) genannten Messkonzepte werden können, werden sie hier im Interesse einer vollständigen Diskussion ebenfalls angeführt.

[14] Besonders evident erscheint dies bei Bezugnahme auf Gewerbemeldungen: Nach einer Stichprobenerhebung von Gewerbeabmeldungen des Jahres 1992 durch das IfM (Bonn) wird nur jede sechste Gewerbeabmeldung aus wirtschaftlichen Gründen vorgenommen, vgl. Struck 1999, 15.

aussagefähig, nicht aber darüber hinaus. Insbesondere enthält er nur Vergangenheitswerte. Gerade der Jahresüberschuss, vor allem aber Ausschüttungen oder Entnahmen erlauben somit keine sinnvolle Beurteilung der Erfolgslage. Diese Größen eignen sich auch nicht für weitergehende Aussagen, wie etwa solche der Unternehmensbewertung.

Da Gründungsunternehmen häufig Kleinstgewerbe sind, von denen (noch) keine Bilanzen erstellt werden, würden bilanzielle Daten als Größenindikatoren unerwünschte Selektionseffekte nach sich ziehen. Aber auch wenn man von derartigen Effekten abstrahiert, sind weder der *Jahresüberschuss* noch der *Bilanzgewinn* als befriedigende Indikatoren der Größe oder Ertragslage anzusehen, obschon beide zunächst zumindest als besonders nahe liegende Erfolgsindikatoren erscheinen mögen. Sie weisen tatsächlich eine Fülle gravierender Nachteile auf, will man sie für eine externe Erfolgsbeobachtung heranziehen. So verzerren Gewinnanteile früherer Perioden, Gewinnabführungen und die Bildung oder Auflösung stiller Rücklagen den Gewinn. Da er nicht nur Ergebnisausweis-, sondern vor allem Steuerungsgröße ist, unterliegt er auch erheblichen Darstellungsspielräumen. Deshalb kann es nicht verwundern, dass er empirisch als „autonome Größe" angesehen wird, die mit anderen gängigen Größen- und Erfolgsindikatoren kaum korreliert (vgl. das Beispiel bei Albach, Bock und Warnke 1984, 137ff.). Da die Gewinnermittlung in starker Abhängigkeit von Rechtsformen und Unternehmensgrößen geregelt ist, können die Überschüsse von Unternehmen unterschiedlicher Gesellschaftsformen und –größen nur unter weitreichenden Vorbehalten verglichen werden. Darüber hinaus ist zu beachten, dass bei stark wachsenden Unternehmen wegen unmittelbarer Reinvestion oft kein Gewinn ausgewiesen wird. Zukunftsgerichtete Aufwändungen etwa im Bereich von Forschung und Entwicklung wirken Gewinn mindernd, müssen aber als „Wechsel auf die Zukunft" angesehen werden, die den langfristigen Erfolg beeinflussen und deshalb nicht sinnvoll in Periodenkategorien bewertet werden können (Albach 1965, 70). Wegen der begrifflichen Einschränkungen, die daraus resultieren, erscheint allenfalls die Betrachtung eines ökonomischen Gewinns auf der Basis von Ertragswertberechnungen als fruchtbar. Er wäre jedoch im Zuge empirischer Erhebungen kaum zuverlässig ermittelbar. Ein zusätzlicher und für eine empirische Untersuchung nicht unerheblicher Mangel ist schließlich die Sensibilität, mit der selbständige Gründerpersonen auf die Frage nach ihrem betriebswirtschaftlichen Gewinn reagieren. So wird allein durch diese Frage die Rücklauferwartung erfahrungsgemäß deutlich reduziert.

Nur der Umsatz sowie das daraus abgeleitete Umsatzwachstum vermeiden diese Nachteile weitgehend. Umsatz ist das am Markt erzielte monetäre Ergebnis des Leistungserstellungsprozesses und bildet daher Größe und Erfolg ab. Nachteilig ist daran allerdings, dass sich der je nach Art der Geschäftstätigkeit sehr unterschiedliche Anteil an Vorleistungen nicht niederschlägt, so dass die eigentliche, unternehmensbezogene Leistung nicht hinreichend genau erfasst wird. Der Umsatz kann also überbetrieblich nur eingeschränkt verglichen werden, da der Faktoreinsatz branchenbedingt stark differiert. Geht man aber von der nicht realitätsfernen Annahme aus, dass der Vorleistungsanteil innerhalb eines einzelnen Unternehmens weitgehend zeitstabil und stark branchendeterminiert[15] ist, dürfen überbetriebliche Vergleiche zumindest auf Branchenebene als aussagekräftig in Bezug auf Größe und Erfolg angesehen werden. Die aus dem Jahresabschluss ableitbare Wertschöpfung benötigt eine derartige Bereinigung nicht. Wäre sie empirisch gut zugänglich, könnte sie abgesehen von den schon genannten grundsätzlichen Nachteilen von Jahresabschlussdaten als akzeptable Repräsentantin des Periodenerfolges gelten. Sie kann jedoch über Befragungen kaum hinreichend genau erhoben werden. Der *Cash Flow* ist weniger abhängig von bilanzpolitischen Spielräumen, enthält allerdings nicht alle bewertungsrelevanten Erfolgskomponenten und ist bei externer Ermittlung mit großen Ungenauigkeiten behaftet.

Im Gegensatz zur Erfolgsmessung bei etablierten Unternehmen sind auf Einzelperioden bezogene jahresabschlussorientierte Kennzahlen und Größen wie z. B. die *Eigenkapitalrendite,*[16] die *Umsatzrendite*[17] oder die *Gesamtkapitalrendite*[18] bei neugegründeten Unternehmen wenig aussagekräftig, da je nach Ausgestaltung des Gründungsprojektes weniger die absolute Höhe dieser Daten, sondern eher Richtung und Umfang ihrer Abweichungen von geplanten Werten Hinweise auf Wachstum und relativen Erfolg geben können. Dies gilt umso mehr dann, wenn mit anfänglichen temporären Verlusten gerechnet werden muss. Zudem sind sie stark lebenszyklusabhängig, so dass sie allenfalls einem Intrakohortenvergleich dienen können (vgl. Schefczyk 2000, 162). Das Gleiche gilt für sonstige der Buchführung angelehnte Kennzahlen wie etwa Kapazitätsauslastung[19], Kapitalumschlagshäufigkeit[20] oder Produktivitäts- und sonstige Kennzahlen, die die Größenentwicklung unberücksichtigt lassen.

3. Beschäftigungsmaße

Die Beschäftigtenzahl kann als sinnvoller Indikator der Unternehmensgröße betrachtet werden, da sie überbetrieblich gut vergleichbare Daten im Hinblick auf verfügbare personelle Ressourcen liefert und damit gerade für (typischerweise wenig automatisierte) Mikrounternehmen gleichzeitig Hinweise auf

---

[15] Diese Annahme lässt sich im Bereich des Handwerks anhand von gewerke- und branchenbezogenen Betriebsvergleichszahlen gut untermauern.

[16] Relation von Gewinn und Eigenkapital (Stromgröße / Bestandsgröße).

[17] Relation von Gewinn und Umsatz (Stromgröße / Stromgröße).

[18] Relation von Gewinn zzgl. Fremdkapitalzinsen und Bilanzsumme (Stromgröße / Bestandsgröße).

[19] Relation von Auftragsbestand und Ressourcen (Bestandsgröße / Bestandsgröße).

[20] Relation von Bilanzsumme und Umsatz (Bestandsgröße / Stromgröße).

vorhandene produktive Kapazitäten gibt. Exemplarisch dafür ist etwa das Handwerk. Dabei ist zu beachten, dass qualitative und quantitative Unterschiede verschiedener Typen von Beschäftigungsverhältnissen berücksichtigt werden.[21] Die Aussagekraft von Beschäftigungszahlen als Größenindikator reduziert sich bei interorganisational stark unterschiedlicher Technisierung, Automation und Kapitalintensität (vgl. Haberlandt 1970, 94, Kürpick 1981, 36). Begrenzt wird die Aussagefähigkeit der Beschäftigtenzahl auch durch Unteilbarkeiten[22] und Inflexibilitäten bei der Vertragsgestaltung, denn ihre Anpassungsmöglichkeiten sind durch Gesetze eingeschränkt und können nur mit zeitlicher Verzögerung erfolgen, so dass sich die Abbaufähigkeit der durch Arbeitsverträge festgeschriebenen Fixkosten reduziert. Temporäre Überbeschäftigung hingegen kann durch Aushilfen oder Auftragsvergabe an Fremdleister ausgeglichen werden, dokumentiert sich als Beschäftigungszuwachs also gar nicht. Als Erfolgsmaß darf die Beschäftigung nur dann Verwendung finden, wenn auf intertemporäre Vergleiche rekurriert wird (vgl. dazu die Ausführungen zu Punkt 5). Die Beschäftigtenzahl hat als Wachstumsmaß den Vorteil, keine rein inflationären Wachstumseffekte auszuweisen, muss also nicht gesondert rechnerisch bereinigt werden.

4. Marktbezogene Maße

Marktanteile können allein als Größenindikator herangezogen werden. Sie sind allerdings stark abhängig von der Abgrenzung der relevanten Märkte und daher für die hier verfolgten Zwecke zu wenig operational. Im realistischeren Fall des Mehrproduktunternehmens entsteht zudem das Problem der sachgerechten Aggregation mehrerer Marktanteile. Darüber hinaus sind Marktanteilswerte überbetrieblich nicht vergleichbar, da sie sich in Abhängigkeit von der jeweils zugrunde-liegenden Absatzleistung drastisch unterscheiden können, ohne damit analoge Unterschiede des Erfolges verschiedener Betriebe angemessen zu beschreiben. Da Marktanteile nur mittelbar mit originären ökonomischen Zielen verbunden sind, kann ihre Erhöhung unter Umständen sogar in Konflikt dazu geraten.[23] Marktwerte schließlich sind nur dann hinreichend operational, wenn wie bei börsennotierten Gesellschaften regelmäßig Marktpreise der Gesellschaftsanteile verfügbar sind. Entsprechende Variablen kommen daher hier nicht in Betracht.

---

[21] Zu beachten sind insbesondere Vollzeit-/Teilzeitdifferenzen und Unterschiede zwischen Personen mit festen Arbeitsverhältnissen und Aushilfskräften.

[22] Bei Beschäftigungsverhältnissen sind keine infinitesimalen Änderungen möglich, die Anpassung kann nur in Stufen erfolgen.

[23] So kann eine kostenintensive werbegestützte Marktanteilsauswertung durchaus unprofitabel sein.

5. Wachstumsmaße

Periodische Wachstumsraten von Unternehmen, die sich häufig auf typische Größenindikatoren wie die Beschäftigung, den Umsatz, Marktanteile und Marktwerte beziehen, können als Erfolgsindikator, nicht aber als Größenindikator verstanden werden. Das prozentuale Wachstum ist allerdings stark abhängig von der Unternehmensgröße zu Beginn des Betrachtungszeitraumes. Da die Bezugsgrößen von Wachstumsraten bei Unternehmensgründungen gerade zu Beginn der Geschäftstätigkeit sehr kleine Werte aufweisen, werden numerisch tendenziell sehr hohe Raten erzielt, die gerade im Vergleich mit weniger jungen Unternehmen mit großer Vorsicht zu interpretieren sind. Bei Wachstumsmaßen ist zu beachten, dass Effekte von Übernahmen, Fusionen und Betriebsaufspaltungen bereinigt werden. Dies gilt insbesondere für die häufig zugrunde gelegten Umsatz- und Beschäftigungsgrößen.

6. Subjektive Maße

Orientiert sich die Bemessung des Erfolges eines neu gegründeten Unternehmens an persönlichen Einschätzungen,[24] so handelt es sich um subjektive Erfolgsindikatoren. Entsprechende Beurteilungen, die sich etwa auf die Planeinhaltung, das Erreichen persönlicher Einkommensziele, die Verwirklichung nichtmonetärer Selbständigkeitsmotive, etc. beziehen mögen, können von den Gründerpersonen selbst oder gegebenenfalls von einschlägigen Experten für eine einzelwirtschaftliche Situationsbeurteilung, also insbesondere von (Steuer-)Beratern abgegeben werden. Planabweichungen sind kaum erhebbar, denn sie erfordern die Kenntnis quantitativer Plangrößen. Neben der Gefahr von Schätzfehlern, Verzerrungen durch Stimmungslagen oder Wunschvorstellungen erscheint insbesondere der Mangel eines einheitlichen Beurteilungsmaßstabes für alle urteilenden Individuen nachteilig. Zur Bemessung der Unternehmensgröße eignen sich derartige Kriterien aus den gleichen Gründen nicht. Zwar ermöglichen subjektive Urteile eher ein „Gesamtbild“ unter Einbeziehung nicht quantitativer Aspekte und helfen, formale Messprobleme zu umgehen. Allerdings bleibt zwangsläufig unklar, welche Aspekte genau sich im Einzelfall hinter diesem Gesamtbild verbergen. Auch können zeitpunktbezogene und zeitraumbezogene Komponenten nicht voneinander getrennt werden. Zwangsläufig muss deshalb eine gewisse Beliebigkeit in der Interpretation hingenommen werden. Die Verwendung subjektiver Maße als Teil von Kompositmaßen oder Indikatorbündeln beseitigt diese Mängel nicht, sondern gestaltet sie allenfalls unauffälliger.

---

[24] Dazu gehören auch Planabweichungen, denn die zugrundeliegenden Sollvorgaben enthalten ebenfalls subjektive Elemente, u. a. weil sie abhängig von unternehmensindividuellen Zielvorstellungen sind.

7. Kompositmaße

Werden Erfolgs- oder Größenkriterien mit Hilfe mathematisch-statistischer Verfahren aus verschiedenen anderen Maßen extrahiert, um zu einer zusammenfassenden Kennzahl zu gelangen, so handelt es sich um Kompositmaße. Sie können z. B. durch Faktoranalysen gewonnen oder als Linearkombination sonstiger genannter Kriterien generiert werden, wobei häufig auch heuristische Verfahren zur Anwendung kommen.[25] Die ausgewählten Maßgrößen müssen zu einer Resultierenden verdichtet werden, wobei ein Transformationsproblem zu bewältigen ist, d. h. es muss eine Austauschregel bestimmt werden, die es erlaubt, eine Maßgröße in eine andere zu überführen. Hierbei stellt sich insbesondere die Frage nach einer angemessenen Amalgamationsregel zur Ermittlung einer verdichtenden Kennzahl. Unabhängig davon, ob dabei Größen- oder Erfolgskriterien vermengt werden sollen, ist mit dieser abstrahierenden Vorgehensweise allerdings der Nachteil verbunden, dass eine inhaltliche Interpretation des Begriffes Erfolg bzw. Größe durch die rein datengetriebene, aber nicht theoriegestützte Abstraktion de facto regelmäßig unmöglich gemacht wird (vgl. Kürpick 1981, 31, 34).[26]

8. Multiple Indikatorisierung

Werden zwei oder mehrere der genannten Maße parallel verwendet und nicht durch eine Verdichtungsregel zu einer einzelnen Zahl amalgamiert, so liegt eine multiple Indikatorisierung vor. Sie wird verwendet, um die Probleme einzelner Größen über eine alle einzelnen Maße berücksichtigende Gesamtinterpretation abzumildern. Dem Vorteil, ein umfassenderes, mehrdimensionales Bild zu vermitteln, dem weniger Subjektivität anhaftet, steht der Nachteil gegenüber, dass keine klaren Aussagen mehr möglich sind, wenn die betrachteten Maße zu divergierenden Resultaten führen, der Vektor also gegenläufige Elemente aufweist (vgl. Hunsdiek und May-Strobl 1986, 11, Lücke 1982, 179, Zahn 1971, 15ff.). Die theoretische Rechtfertigung für die simultane Veränderung mehrerer Größen bleibt zudem offen und muss letztlich wieder zu einer Einzelanalyse führen (vgl. Albach, Bock und Warnke 1984, 125). Der Verzicht auf die Festlegung einer eindeutigen Maßgröße induziert deshalb letztlich schwammige und intransparente Aussagen. Die Verwendung nur einer einzelnen Größe beschränkt die Aussagefähigkeit einer

[25] So verwenden etwa Picot, Laub und Schneider zur Erfolgsbestimmung einen Satz von zehn Indikatoren, die zur ordinalen Reihung der untersuchten Unternehmen herangezogen werden, wobei schließlich Rangplatzsummen aggregierter, also abgeleiteter zusammenfassender Indikatoren zur Trennung in sehr erfolgreiche und weniger erfolgreiche innovative Unternehmen herangezogen werden, vgl. Picot, Laub und Schneider 1989, 73ff.

[26] Die oben exemplarisch schon angesprochene Arbeit von Picot, Laub und Schneider (1989) führt zu gerade diesem Problem, da eine inhaltliche Deutung des abstrahierten Begriffes Erfolg nicht mehr möglich ist.

Messung zwar (vgl. Haberlandt 1970, 17). Die „Verallgemeinerung" von Erfolg durch mehrdimensionale Messung vernachlässigt aber den individuell unterschiedlichen Zielbezug jeder einzelnen Erfolgsgröße.

Neben den unter (1.) genannten Persistenzgrößen, die recht grobe und wenig differenzierungsfähige Erfolgsmaße darstellen, weil nur zwei Ausprägungen möglich sind und oft kaum hinreichende Fallzahlen für beide Ergebnisse vorliegen, gibt es auch Ansätze, andere Größenkriterien auf nur zwei Ausprägungen (erfolgreich/nicht erfolgreich) zu reduzieren. So werden beispielsweise Mitarbeiterzahlen als Grundlage einer binären Erfolgsvariable herangezogen, wobei Gründungen, die die Mitarbeiterzahl erhalten oder ausweiten konnten, als erfolgreich interpretiert werden (vgl. z. B. Frank, Korunka und Lueger 1999, 259). Dabei treten zwangsläufig die schon oben genannten Nachteile dichotomer Größen auf.

Wie bereits weiter vorne diskutiert wurde, muss eine sinnvolle Lösung des Operationalisierungsproblems im Hinblick auf Größe und des Entwicklungserfolg auch forschungszielbezogen betrieben werden, d. h. die Zweckmäßigkeit einer Operationalisierung ist in Abhängigkeit von der damit verknüpften Forschungsfragestellung zu beurteilen. Für empirische Untersuchungen sind neben den erörterten theoretisch-messkonzeptionellen Überlegungen gleichermaßen auch Faktoren maßgebend, die den Erhebungserfolg bestimmen. Zu den zentralen Anforderungen an die Auswahl geeigneter Operationalisierungen gehört nicht nur ein hinreichender Problembezug im Hinblick auf die Leitfragen der Untersuchung. Ein geeigneter Erfolgsindikator soll darüber hinaus eine problemlose Durchführbarkeit der Erhebungen gewährleisten. Dazu gehört nicht nur die Operationalität im Sinne einer Messbarkeit, sondern gerade bei Befragungen auch die Akzeptanz der erhobenen Variablen (zur Beurteilung der Aussagefähigkeit einzelner Operationalisierungen vgl. auch Zahn 1971, 18).

Die folgende Übersicht veranschaulicht die Eignung der acht Messkonzepte für die speziellen Zwecke der Größen- und Erfolgsmessung bei Unternehmensgründungen vor diesem Anforderungshintergrund. Es wurde bereits gezeigt, dass keine allgemeingültige Maßgröße verfügbar ist, die alle Erscheinungsformen des betrieblichen Wachstums angemessen genau abbilden kann und für alle Untersuchungszwecke gleichermaßen geeignet ist (zu einem ähnlichen Fazit kommt Geiser 1983, 37). Auch durch Kombination verschiedener Indikatoren kann dieses Problem nicht befriedigend gelöst werden, wie die vorangegangenen Ausführungen gezeigt haben. Daher ist eine am Untersuchungsziel orientierte Auswahl unter Abwägung der zielbezogenen Vor- und Nachteile erforderlich.

Der Überblick verdeutlicht, dass keines der Messkonzepte ideale Voraussetzungen zur periodischen Erfolgsmessung bietet. Jedes denkbare Konzept ist mit gewissen Einschränkungen und Kompromissen verbunden.

Tabelle 5: Beurteilung von Messkonzepten der Frühentwicklung

Typus	Eignung zur Messung von	
	Größe	**Erfolg (periodenbezogen)**
Verbleibsmaße	○○	●○
Jahresabschlussmaße u. -kennzahlen	●○	●○
Beschäftigungsmaße	●●	○○
Marktbezogene Maße	●○	○○
Wachstumsmaße	○○	●●
Subjektive Maße	○○	○○
Kompositmaße	●○	●○
Multiple Indikatoren	●○	●○

Erläuterung: ○○ ungeeignet / ●○ bedingt geeignet / ●● geeignet

Quelle: Eigene Darstellung.

Als für empirische Untersuchungen konzeptionell relativ zweckmäßigste Form erweisen sich hier Beschäftigungsmaße, da sie am besten zur Größenerfassung geeignet sind und daher als absolutes Wachstumsmaß auch zur Erfolgsabbildung sinnvoll eingesetzt werden können. Zudem hat sich auch in der Literatur ein gewisser Konsens darin gebildet, vor allem die Beschäftigung als vergleichsweise wenig nachteiligen Entwicklungsindikator heran zu ziehen. Ihr gravierendstes Manko, nämlich die Verwischung der durch Technisierung und Automation hervorgerufenen zwischenbetrieblichen Unterschiede des Leistungspotentials, erscheint hinnehmbar, wenn man bedenkt, dass vorhandene produktive Kapazitäten im kleingewerblichen und freiberuflichen Bereich stärker als in anderen an menschliche Arbeitskraft gebunden sind. Ergänzend kann auch das Verbleibsmaß Persistenz als Indikator des Erfolges herangezogen werden, soweit die Verteilung der empirischen Masse auf beide möglichen Ausprägungen weiterführende Aussagen ermöglicht.

3 Zusammenfassung

Der Beitrag widmet sich einer grundlegenden theoretischen Klärung der Begriffe Unternehmensgröße, -wachstum, -entwicklung und -erfolg im Gründungskontext. Unter Rückgriff auch auf die entsprechenden in der Literatur verwendeten Maße erfolgt eine systematische Analyse und Beurteilung ihrer Eignung in diesem Kontext unter Abwägung aller damit verbundenen Vor- und Nachteile. Diese zeigt insbesondere, dass keine „ideale“ Operationalisierung im Sinne einer Erfüllung aller Anforderungskriterien gefunden werden kann, so dass eine an empirischen Untersuchungszielen orientierte Abwägung verschiedener Maße nötig wird. Wichtige materielle Operationalisierungskriterien stellen die Branchen- und Leistungsprozessunabhängigkeit sowie die Unabhängigkeit von Abbildungsspielräumen (Objektivität) dar. Aus dieser Sicht favorisiert werden darüber hinaus inhaltlich unmittelbar interpretierbare und intertemporal vergleichbare Indikatoren. Aus erhebungsmethodischer Sicht sind Indikatoren zu bevorzugen, die hohe Operationalität und Befragungsakzeptanz, metrische Skalierung und eine hohe empirische Zugänglichkeit aufweisen.

Für den Bereich originärer Unternehmensgründungen erweist sich die Beschäftigung als die mit den erträglichsten Nachteilen behaftete Operationalisierung der Unternehmensgröße. Als Indikator der Größenentwicklung und des unternehmerischen Erfolges kann insbesondere die Veränderungsrate der Beschäftigung dienen. Auf der Grundlage dieser Indikatoren, die einen angemessenen Informationszugang im Rahmen großzahliger empirischer Untersuchungen versprechen, lassen sich Größen- bzw. Entwicklungshypothesen für neu gegründete Unternehmen formulieren und statistisch testen.

Literatur

Albach, H. (1965), Zur Theorie des wachsenden Unternehmens, in: Krelle, W. (Hrsg.), *Theorien des einzelwirtschaftlichen und des gesamtwirtschaftlichen Wachstums*, Schriften des Vereins für Sozialpolitik, Bd. 34, Berlin, 9-97.

Albach, H., Bock, K. und T. Warnke (1985), *Kritische Wachstumsschwellen in der Unternehmensentwicklung*, Schriften zur Mittelstandsforschung Nr. 7 NF, Stuttgart.

Albach, H., Bock, K. und T. Warnke (1984), Wachstumskrisen von Unternehmen, in: *ZfbF*, 36. Jg., 779-793.

Brändle, R. (1970), *Unternehmungswachstum. Betriebswirtschaftliche Wachstumsplanung und Konzentrationsforschung*, Wiesbaden.

Brockhoff, K. (1966), *Unternehmenswachstum und Sortimentsänderungen*, Köln/Opladen.

Brockhoff, K. (1974), Wachstumspolitik, marktorientierte, in: *HWA*, Stuttgart, 2139-2149.

Budde, A. und A. Kieser (1977), Die Messung des Unternehmenswachstums, in: Pfohl, H.-C. und B. Rümp (Hrsg.), *Wirtschaftliche Meßprobleme*, Köln, 147-159.

Dietz, J.-W. (1989), *Gründung innovativer Unternehmen*, Wiesbaden.

Finger, G. (1968), *Das Wachstum von Unternehmen. Mit einem Beispiel aus der Automobilindustrie*, Tübingen.

Frank, H., Korunka, C. und M. Lueger (1999), Konfigurationsanalyse von Unternehmensgründungen – Hemmende und fördernde Faktoren beim Gründen von Unternehmen, in: *BFuP*, 51. Jg., 256-271.

Fuchs, K. (1969), Erklärungsversuche des Unternehmenswachstums, in: *Die Unternehmung*, 23. Jg., 253-271.

Geiser, J. (1983), *Wachstumshemmnisse mittelständischer Industriebetriebe*, Schriften zur Mittelstandsforschung Nr. 90, Göttingen.

Grimm, J. (1966), *Wachstumsprozesse industrieller Unternehmungen*, Berlin.

Grochla, E. (1972), *Unternehmensorganisation*, Reinbek/Hamburg.

Gutenberg, E. (1956), Betriebsgröße, in: Seischab, H. und K. Schwantag (Hrsg.), *Handwörterbuch der Betriebswirtschaft*, Bd. I, 3. Auflage, Stuttgart, 799-806.

Haberlandt, K. (1970), *Das Wachstum der industriellen Unternehmung*, Neuwied/Berlin.

Headd, B. (2003), Redefining Business Success: Distinguishing Between Closure and Failure, in: *Small Business Economics*, Vol. 21, 51-61.

Hunsdiek, D. (1987), *Unternehmensgründung als Folgeinnovation. Struktur, Hemmnisse und Erfolgsbedingungen der Gründung industrieller innovativer Unternehmen*, Schriften zur Mittelstandsforschung Nr. 16 NF, Stuttgart.

Hunsdiek, D. und E. May-Strobl (1986), *Entwicklungslinien und Entwicklungsrisiken neugegründeter Unternehmen*, Schriften zur Mittelstandsforschung Nr. 9 NF, Stuttgart.

Kieser, A. (1970), *Unternehmungswachstum und Produktinnovation*, Berlin.

Kieser, A. (1976), Wachstum und Wachstumstheorien, betriebswirtschaftliche, in: Grochla, E. und W. Wittmann (Hrsg.), *Handwörterbuch der Betriebswirtschaft*, Band 3, 4. Auflage, Stuttgart, 4301-4318.

Kiser, B. (1985), *Gründungsmanagement. Die Gründung von Tochtergesellschaften aus unternehmungspolitischer Sicht*, Schriftenreihe des Instituts für betriebswirtschaftliche Forschung an der Universität Zürich, Bd. 49, Bern/Stuttgart.

Klandt, H. (1980), Die Person des Unternehmungsgründers als Determinante des Gründungserfolges, in: *BFuP*, 32. Jg., 321-335.

Klandt, H. (1984), *Aktivität und Erfolg des Unternehmensgründers. Eine empirische Analyse unter Einbeziehung des mikrosozialen Umfeldes*, Bergisch Gladbach/Köln.

Knappe, K. (1976), *Fusion industrieller Unternehmungen als Wachstumsalternative*, Diss., Gießen.

Koch, H. (1959), Betriebsgröße, in: Beckerath, E. von u. a. (Hrsg.), Handwörterbuch *der Sozialwissenschaften*, Bd. II, Stuttgart, 82-92.

Kortzfleisch, G. von und E. Zahn (1980), Wachstum II: Betriebswirtschaftliche Probleme, in: Albers, W. u. a., *Handwörterbuch der Wirtschaftswissenschaft*, Bd. 8, Stuttgart/New York, 432-449.

Kuipers, M. (1990), *Erfolgsfaktoren der Unternehmungsgründung. Eine Untersuchung erfolgreicher und erfolgloser Unternehmungsgründer in der Schweiz*, Diss., St. Gallen.

Kürpick, H. (1981), *Das Unternehmenswachstum als betriebswirtschaftliches Problem*, Berlin.

Küting, K.-H. (1979), The Growth of Germans Firms: A Study to the Empirical Research of Growth, in: *Management International Review*, Vol. 19, 29–46.

Luckan, E.(1970), *Grundlagen der betrieblichen Wachstumsplanung*, Wiesbaden.

Lücke, W. (1967), *Betriebs- und Unternehmungsgröße*, Stuttgart.

Lücke, W. (1982), Unternehmenswachstum und Unternehmensgröße. Zur Notwendigkeit einer differenzierten Darstellung von Entwicklung und Zustand eines Unternehmens, in: Koch, H. (Hrsg.), *Neuere Entwicklungen in der Unternehmenstheorie*, Erich Gutenberg zum 85. Geburtstag, Wiesbaden, 177–219.

Manstedten, B. (1997), *Entwicklung von Organisationsstrukturen in der Gründungs- und Frühentwicklungsphase von Unternehmungen*, Köln/Dortmund.

Meyer, J.-A. (1999), Erfolgs- und Mißerfolgsfaktoren von jungen Unternehmen, in: Meyer, J.-A. (Hrsg.), *Flensburger Forschungsbeiträge zu kleinen und mittleren Unternehmen*, Lohmar/Köln, 141-158.

Müller-Böling, D. und H. Klandt (1990), Bezugsrahmen für die Gründungsforschung mit einigen empirischen Ergebnissen, in: Szyperski, N. und P. Roth (Hrsg.): *Entrepreneurship – Innovative Unternehmensgründung als Aufgabe*, Stuttgart, 143-170.

Müller-Böling, D. und H. Klandt (1993), Unternehmensgründung, in: Hauschildt, J. und O. Grün (Hrsg.), *Ergebnisse empirischer betriebswirtschaftlicher Forschung. Zu einer Realtheorie der Unternehmung*, Stuttgart, 135-178.

Paul, H. (1985), *Unternehmungsentwicklung als betriebswirtschaftliches Problem. Ein Beitrag zur Systematisierung von Erklärungsversuchen der Unternehmensentwicklung*, Frankfurt a. M./Bern/New York.

Penrose, E. T. (1952), Biological analogies in the Theory of the Firm, in: *American Economic Review*, Vol. 52, 804-819.

Penrose, E. T. (1980), *The Theory of the Growth of the Firm*, 2. Auflage, Oxford.

Picot, A., Laub, U.-D. und D. Schneider (1989), *Innovative Unternehmensgründungen. Eine ökonomisch-empirische Analyse*, Berlin/New York u. a.

Pleschak, F. und H. Werner (2000), Unternehmenskonzeptionen und wirtschaftliche Entwicklung junger Technologieunternehmen in den neuen Bundesländern, in: *Finanzbetrieb*, 2. Jg., 117-122.

Pümpin, C. und J. Prange (1991), *Management der Unternehmensentwicklung*, Frankfurt a. M./New York.

Schefczyk, M. (1999), Zur Erforschung der Erfolgsdeterminanten junger, Venture Capital-finanzierter Unternehmen, in: *BFuP*, 51. Jg, 272-292.

Schefczyk, M. (2000), *Erfolgsstrategien deutscher Venture Capital-Gesellschaften*, 2. Auflage, Stuttgart.

Schenk, R. (1998), Beurteilung des Unternehmenserfolges, in: Frese, M. (Hrsg.), *Erfolgreiche Unternehmensgründer*, Göttingen, 59-82.

Schilling, U. (1979), *Betriebswirtschaftliche Strategien in der Wachstumskrise*, Diss., Bonn.

Schulte, R. (2002), *Finanzierungs- und wachstumstheoretische Aspekte der Frühentwicklung von Unternehmungen und deren empirische Analyse*, Habilitationsschrift, Universität Dortmund.

Schulz, D. (1970), *Unternehmensgröße, Wachstum und Reorganisation*, Berlin.

Selchert, F. W. (1970), Ökonomische Kennzeichnung der Betriebsgröße und Formen des betriebswirtschaftlichen Wachstums, in: *ZfB*, 40. Jg., 503–524.

Struck, J. (1998), *Gründungsstatistik als Informationsquelle der Wirtschaftspolitik. Eine empirische Analyse statistischer Quellen mit internationalem Vergleich*, Köln/Dortmund.

Struck, J. (1999), Quo Vadis Gründungsstatistik?, in: Deutsche Ausgleichsbank (Hrsg.), *Wissenschaftliche Reihe*, Band 10, Bonn.

Werner, H. (2000), *Junge Technologieunternehmen: Entwicklungsverläufe und Erfolgsfaktoren*, Wiesbaden.

Zahn, E. (1971), *Das Wachstum industrieller Unternehmen. Versuch seiner Erklärung mit Hilfe eines komplexen, dynamischen Modells*, Wiesbaden.

KAPITEL DREI

Wirtschaftlicher Erfolg und Wachstum von Unternehmen

Joachim Reese

Universität Lüneburg, Institut für Betriebswirtschaftslehre

Innovationsprozesse in Supply Chains

Zusammenfassung

Supply Chain Management zeichnet sich gegenüber der traditionellen Beschaffung entlang der Lieferanten-Kunden-Kette dadurch aus, dass nicht nur partnerschaftliche Beziehungen auf Dauer eingerichtet werden, sondern dass außerdem ein gemeinsames Interesse an der Weiterentwicklung von Produktionsprogramm und Produktionsablauf bestehen. Insofern sind Innovationen ein konstituierendes Element des Supply Chain Management, bei dem alle Partner zum frühesten Zeitpunkt und in größtmöglichem Umfang involviert sind. In diesem Beitrag wird untersucht, welche Transaktionskosten in derartigen Innovationsprozessen grundsätzlich entstehen und wie diese Kosten unter dem Gesichtspunkt der effizienten, flexiblen Gestaltung von Wertschöpfungsprozessen optimiert werden können.

1 Innovation als Glied der Wertschöpfungskette

Netzwerkorientierte Produktionskonzepte setzen sich vor allem dann erfolgreich durch, wenn eine Feinabstimmung entlang aller Aktivitäten in der Wertschöpfungskette gelingt. Diese Kette hängt nicht von der Leistungstiefe innerhalb der Unternehmung ab, sondern von der Produktions- und Marktstruktur in Bezug auf die betreffenden Aktivitäten (Pfeiffer und Weiss 1993). D. h. die Koordination der einzelnen Planungsschritte darf nicht an der Schnittstelle zu den Lieferanten und Kunden enden, sondern muss die vor- bzw. nachgelagerten Stufen des Wertschöpfungsprozesses ebenfalls mit einbeziehen. Erst dann kann auch die Frage nach der optimalen Leistungstiefe geklärt werden (vgl. z. B. Picot 1991). Unabhängig davon existiert ein Problem, welches die wertschöpfenden Aktivitäten sind. Während anfangs vornehmlich die Standardroutinen der Serienfertigung hierzu gezählt wurden, hat sich mit der allmählichen Konzepterweiterung auf andere Fertigungs- und Marktstrukturen der Blick auch mehr und mehr für die einem Produktlebenszyklus vorgelagerten Aktivitäten geöffnet, allen voran den verschiedenen Innovationstätigkeiten.

Die Erweiterung der Wertschöpfungskette um Innovationsprozesse hängt nicht nur, aber insbesondere auch mit der kundenorientierten Auftragsproduktion zusammen. Dadurch dass der Gedanke der Bestandsminimierung („lean supply") (Womack und Jones 1996) konsequent fortgesetzt wird, ergibt sich für diese Art der Wertschöpfung gleichermaßen die Forderung nach geringen Innovationszeiten und möglichst wenig Bindung von Anlagenkapital im Innovationsprozess (Albach et al. 1991). Insofern ist eine Abkürzung der Innovationstätigkeiten durch eine geeignete interne Organisationsform ebenso erwünscht wie die Verlagerung von Innovationsaktivitäten nach außerhalb der Unternehmung (Mansfield 1988, De Pay 1995, Schmidt 1995, Bürgel et al. 1995). Die Bewertung dieser Organisationsmaßnahmen gilt gemeinhin vor allem deshalb als besonders schwierig und zugleich bedeutsam, weil Innovationen in Bezug auf die Merkmale Unsicherheit und Komplexität extrem ausgeprägt sind (vgl. z. B. Thom 1980, De Pay 1988). Eine Bewertung anhand der Produktionskosten allein reicht damit nicht aus. Aus der Lösung des Unsicherheits- und Komplexitätsproblems resultieren zusätzlich Organisationskosten, die nur schwer quantifizierbar sind. Dieser Beitrag stellt einen Versuch dar, die Innovationsprozesse bei Lean Management transaktionskostentheoretisch zu begreifen. Mit Hilfe der verschiedenen Transaktionsformen sowie Transaktionskostenarten sollen sowohl der Innovationsgrad als auch die Organisationsstruktur des Innovationsprozesses erklärt werden.

2 Innovationsbegriff

Der Grundgedanke zur wissenschaftlichen Beschäftigung mit Innovationen ist von Schumpeter (1911) in die moderne Wirtschaftstheorie eingebracht worden. Die bereits damals propagierte Sichtweise von der Erfindung bzw. Entwicklung neuer Faktorkombinationen, d. h. der dynamischen Anpassung der Produktionstechnologie ist nach wie vor gültig. Je nachdem ob dabei auch die Outputqualität verändert wird, unterscheidet man heute zwischen Produkt- und Verfahrensinnovationen (z. B. Thom 1980). Mit der Beschreibung der Zustandsveränderung einer Technologie wird zwar gleichzeitig ein weiteres wesentliches Merkmal jeder Innovation, die Dynamik, erfasst. Jedoch eignet sich diese Darstellung noch nicht für den operablen Umgang hinsichtlich der Erklärung und Bewertung einzelner Innovationen. Es werden nämlich nur die Produktions-, aber nicht die Organisationskosten berücksichtigt. Im Folgenden wird deshalb jede Innovation zunächst als Transaktion aufgefasst (vgl. De Pay 1988), d. h. als Leistungsaustausch zwischen den beteiligten Organisationseinheiten bzw. Wirtschaftssubjekten (Williamson 1981, Albach 1988 et al.).

Eine Innovation, die als Transaktion dargestellt wird, kann durch die Ausprägung der verschiedenen Dimensionen dieser Transaktion genauer beschrieben werden. Je nach Ausprägung der Dimensionen sind verschiedene Typen von Innovationen unterscheidbar. Eine Innovation ist zunächst allgemein von großer Spezifität, da die beteiligten Potentialfaktoren im Allgemeinen hoch spezialisiert sind und nicht ohne weiteres einer anderen Verwendung zugeführt werden können. Die zweite Dimension betrifft die Häufigkeit des Leistungsaustausches. Beim Supply Chain Management wird grundsätzlich eine kontinuierliche Verbesserung der Fertigung („Kaizen") angestrebt, wobei die Produktlebenszyklen einzelner Produkte stark verkürzt werden und demzufolge für regelmäßig wiederkehrende Transaktionen sorgen (Aitken et al. 2003). Die dritte Dimension, die Unsicherheit, ist hauptverantwortlich für die schwierige Beurteilung von Innovationen. Ex ante ist z. B. nicht abschätzbar, ob und mit welchen Inputs die Erweiterung des technischen Wissens überhaupt gelingt. Ex post bleibt der Nutzen einer solchen Transaktion noch so lange verborgen, wie nicht Produktionen und damit die Befriedigung von Marktbedürfnissen absehbar sind.

Gelegentlich wird Unsicherheit auch unter dem Merkmal der Komplexität subsumiert. Darunter lassen sich prinzipiell Eigenschaften wie Nicht-Zerlegbarkeit des Innovationsprozesses, unbestimmte Wirkungsweisen der Innovationsparameter aufeinander, die Kreativität, Irrationalität sowie generell der Einfluss des Entscheidungsträgers auf den Innovationsprozess fassen (vgl. z. B. Thom 1980).

Die einzelnen Dimensionen sind nicht bei allen Typen von Innovationen gleich stark ausgeprägt. Vor allem zwei Prototypen sind voneinander unterscheidbar: Autonome Innovationen, sogenannte Basisinnovationen, sind Aktivitäten, die sich auf die Einführung neuer Ideen konzentrieren. Unsicherheit und Komplexität sind hier dominant. Allerdings finden Basisinnovationen meistens nur in größeren Abständen statt und sind nicht typisch für ein kundenbasiertes Supply Chain Management. Für Innovationen als markt- bzw. kundeninduzierte Entwicklung von Produktideen bis zur Marktreife bleibt Komplexität hingegen von untergeordneter Bedeutung. Die Bezeichnung dieses Innovationstyps mit „Engineering" macht den Sachverhalt deutlich: Im Allgemeinen sind unterstützende Methoden verfügbar, die die Transaktion weitestgehend planbar machen. Es ist allenfalls gerechtfertigt, von unorganisierter Komplexität zu sprechen, die durch geschickte Organisation des Innovationsprozesses aufgelöst werden kann (vgl. Reese 1994).

Aus organisationssoziologischer Sicht entstehen aus den jeweiligen Merkmalsausprägungen zunächst offene Abhängigkeitsverhältnisse zwischen den beteiligten Wirtschaftssubjekten (vgl. Dietl 1995), die durch verschiedene Vertragsformen geeignet festgelegt werden können (MacNeil 1974, Williamson 1985, Picot und Dietl 1990). Aus ökonomischer Sicht sind die beschriebenen Dimensionen der Transaktionen hauptsächlich Kosteneinflussgrößen

(Picot 1982). Die entsprechenden Transaktionskosten müssen genau spezifiziert und durch Wahl der Vertragsform minimiert werden.

3 Formen und Elemente des Innovationsprozesses beim Supply Chain Management

3.1 Markt- bzw. kundeninduzierte Innovationen

Die strategischen Erfolgsfaktoren eines Supply Chain Management (vgl. z. B. Corsten und Gössinger 2001) spiegeln sich vor allem in solchen Innovationsprozessen wider, die durch konkrete Marktwünsche initiiert sind. Marktinduzierte Innovationen besitzen ihren Ausgangspunkt in einer spezifischen Kundennachfrage und verlängern die Wertschöpfungskette damit retrograd nach vorn. Nach Wildemann (1998) sind 90% aller Innovationen diesem Innovationstyp zuzurechnen. Der Ausgangspunkt einer marktinduzierten Innovation ist die Delegation eines konkreten Projekts an eine Gruppe bzw. ein Team. Dort werden die Entscheidungen getroffen, die für das Gelingen der Innovation wesentlich sind. Im Gegensatz zu Fertigungsteams sind die für Innovationen zuständigen Projektteams insoweit heterogen zusammengesetzt, als die Mitarbeiter aus den verschiedenen Unternehmensabteilungen wie z. B. der Marktforschung, der Produktionsplanung oder der Fertigungsmontage bzw. verschiedenen Unternehmungen stammen. Dadurch ist ausreichende Fachkompetenz gewährleistet, so dass die vorhandene qualitative Kapazität in der Logistikkette bestmöglich genutzt wird und keine Ressourcenverschwendung stattfindet. Dabei ist zu beachten, dass im Gegensatz zum klassischen Blickwinkel des Supply Chain Management (Cooper et al. 1997) der Innovationsprozess oft individualistisch geprägt ist.

Ein besonderes Augenmerk ist deshalb der Führung von Entwicklungsteams („Shusa") zu widmen. Bei „Lean Innovation" wird hierunter eher eine zentrale Machtausübung und Durchsetzung personenbezogener Projektideen verstanden (vgl. Womack et al. 1990). Diese Entscheidungszentralisation innerhalb eines Teams führt nicht nur dazu, dass die Zeitdauer des Innovationsprozesses abgekürzt wird, sondern sorgt auch dafür, dass eine Innovation stets mit der Person des Projektleiters verbunden wird. Sie ermöglicht überdies, dass Subjektivität und Kreativität in den Innovationsprozess hineingetragen werden, die die Innovation unverwechselbar machen und zumindest den normalen Projektabschluss garantieren, d. h. den anomalen Abbruch eines Projekts verhindern.

Im Innovationsprozess herrscht außerdem eine ausgeprägte Anreizkomponente für Mitglieder des Projektteams, die erfolgreiche Projektarbeit unmittelbar belohnt. Durch eindeutige Projektzuordnung entfällt der übliche Matrix-Konflikt während der Projektdauer. Die Projektarbeit wird für jedes einzelne Teammitglied zur ausschließlichen Bemessungsgrundlage der erbrachten

Leistung. Aufstiegschancen, etwa zum Projektleiter, leiten sich direkt aus der Projekttätigkeit ab und nicht aus der sonstigen Arbeit in der Fachabteilung der Herkunftsunternehmung.

Die interne und externe Koordination im Engineering-Prozess wird durch einfache Mechanismen geregelt. Innerhalb des Teams existiert eine natürliche Aufgabenteilung aufgrund der unterschiedlichen Herkunft der einzelnen Teammitglieder. Die Koordination dieser Aufgaben ergibt sich zwangsläufig durch permanente Besprechungen, in denen die Arbeitspläne formuliert und aufeinander abgestimmt werden. Die starke Position des Projektleiters sorgt dafür, dass Konflikte minimiert werden. Eventuell auftretende Ressourcenkonflikte werden zwischen den Teammitgliedern zu Projektbeginn geklärt, so dass eine Umverteilung im Projektverlauf nicht vorgesehen ist. Es ist deswegen nicht unüblich, dass das Projektteam in der ersten Projektphase zahlenmäßig am stärksten ist (vgl. Womack et al. 1990). Mit der entsprechenden Kompetenz soll verhindert werden, dass im Verlauf des weiteren Projekts Fehlentwicklungen auftreten. Die externe Koordination im Innovationsprozess verlangt vor allem eine Zusammenarbeit mit den Produktionsabteilungen entlang der „Supply Chain". Dadurch dass beispielsweise Werkzeuge für die Produktion schon vorgefertigt werden, bevor die Teilekonstruktion endgültig abgeschlossen ist, tritt eine Überlappung von Innovations- und Produktionsprozess ein, die die gesamte Durchlaufzeit verkürzt. Je stärker die Überlappungen innerhalb des Innovationsprozesses sowie zwischen Innovations- und Produktionsprozess sind, desto ausgeprägter ist die Idee des „Simultaneous Engineerung" realisiert. Es liegt insbesondere auch im Selbstinteresse der vorgelagerten Produktionsstufen, den Anregungen des Projektteams bestmöglich nachzukommen, um das Vertrauensverhältnis zum eigentlichen Endproduzenten nicht zu belasten.

Die intensive Koordination der Innovation erfordert geeignete Informationen. Der Informationsfluss wird zunächst dadurch sichergestellt, dass die Teammitglieder nach wie vor enge Kontakte zu ihren Herkunftsabteilungen bzw. -unternehmungen unterhalten. Das bedeutet, es existiert ein starker horizontaler Informationsaustausch, ohne dass durch Einbeziehung vertikaler Kanäle viel Zeit verloren ginge. Ähnlich wie in der Produktion ist Information im Innovationsprozess eine Holschuld. Der Zugang zu benötigten Informationen wird dadurch geregelt, dass eine Datenbank eingerichtet wird. Bei Bedarf können diese Daten abgefragt werden. Dies erst garantiert, dass die Entwicklungsmaßnahmen frühestmöglich eingeleitet werden.

Für marktinduzierte Innovationen im Supply Chain Management gilt, wie im übrigen auch für alle weiteren Transaktionen dieses Systems, dass gegenüber traditionellen Innovationsprozessen verstärkt Chancen und Risiken bestehen (Krafcik 1988). Die Chancen drücken sich in der bestmöglichen Ausnutzung der quantitativen und qualitativen Kapazität aus, die vor allem durch die vorhandende Teamstruktur zutage treten. Insbesondere die hoch sensitiven Koordinations- und Informationskomponenten bergen jedoch auch beträchtliche Risiken, die den Innovationsprozess erfolglos verlaufen lassen können.

Marktinduzierte Innovationen im Supply Chain Management begründen im Allgemeinen den Einsatz des relationalen Vertragsrechts (Williamson 1985). Wegen der mit Innovationsprozessen grundsätzlich einhergehenden Dynamik und Unsicherheit sind vertragliche Anpassungen des Leistungsaustausches unumgänglich. Die Gestaltung der Verträge und ihre Überwachung sind dabei ausschließlich Sache der beteiligten Parteien. Die Einschaltung von Dritten, insbesondere auch von Gerichten, kommt wegen der hohen Spezifität sowie der Unvollständigkeit der vertraglichen Vereinbarung nicht in Betracht. Ob die Vertragspartner von marktinduzierten Innovationen unter eine einheitliche Entscheidungshoheit gestellt werden, hängt von der Verwertbarkeit der Ergebnisse des Innovationsprozesses ab (Dietl 1995).

3.2 Basisinnovationen

Basisinnovationen sind im Wesentlichen autonom, höchstens zeitinduziert. Gegenüber der systematischen Entwicklung von Produkten oder Verfahren verlangen sie ein beträchtlich höheres Ideenpotential. Im System des Supply Chain Managements sind deshalb andere Aktivitäten verankert, die den entsprechenden Innovationsprozess darstellen. Die Teamorientierung weicht einer stärkeren Individualisierung. Anstatt auf die Ideenvielfalt im Forschungsteam zu setzen, profitiert die Basisinnovation von Informationen, die im Umgang mit theoretischen Problemen sowie wissenschaftlichen Methoden gewonnen werden. Mitarbeiter, die an Basisinnovationen beteiligt sind, erhalten Einblick in die aktuellen Grundlagenforderungen aus den Hochschulen (vgl. Womack et al. 1990). Dadurch wird Basiswissen von ein und demselben Personenkreis zeitnah in die Unternehmung transportiert.

Basisinnovationen sind definitionsgemäß nicht zweckgebunden. Eine Rücksichtnahme auf die Markterfordernisse ist damit nicht gegeben. Insofern ist es erklärlich, dass auch im Management prinzipiell der Führungsgrundsatz des „Laissez faire“ vorherrscht. Vorgaben erfolgen höchstens indirekt dadurch, dass die Mitglieder des Forschungsteams mit den grundsätzlichen Problemen in der Unternehmung konfrontiert werden. Damit erhalten zwangsläufig Verfahrensinnovationen eine andere Bedeutung als Produktinnovationen.

Wegen des Laissez-faire-Prinzips existieren keine einschneidenden Kontrollmechanismen. Die bei marktinduzierten Innovationen feststellbaren Anreize, wie z. B. Beförderungschancen, Prämien für kurze Innovationszeiten oder Imagegewinne durch Verknüpfung des Innovationserfolgs mit dem eigenen Namen, entfallen insofern, als hochgradig Ungewissheit über das Ergebnis des Innovationsprozesses herrscht. Ähnlich wie bei konservativen Innovationsprojekten sind stattdessen intrinsische Anreize ausschlaggebend, wenn die Basisinnovation zum Erfolg führen soll. Das heißt aber, dass die Persönlichkeitsstruktur eines Mitarbeiters in der Forschungsabteilung geeignet ausgeprägt sein muss.

Es ist insgesamt feststellbar, dass die strategischen Erfolgsfaktoren des Supply Chain Managements nicht zwingend Basisinnovationen provozieren. Das wird auch damit begründet, dass in der Automobilindustrie als einer der Hauptanwendungsbranchen kaum Spielraum für derlei Basisinnovationen ist. Die Nichtverfügbarkeit entsprechender öffentlicher Güter, d. h. von Infrastruktur, determiniert die mangelnde Innovationsbereitschaft. Aber auch fehlende Informationen aus anderen Industrien, wie z. B. der Computerindustrie, verhindern, dass Innovationsprojekte wie das Autopilot-System erfolgreich in Angriff genommen werden können (vgl. Womack et al. 1990).

Werden Basisinnovationen von Zeit zu Zeit benötigt, um im Wettbewerb gegenüber der Konkurrenz standzuhalten, so rechtfertigen sie wegen der geringen Häufigkeit keinesfalls den hohen Koordinationsaufwand des relationalen Vertragsrechts (vgl. auch Williamson 1985). Vielmehr sind die entstehenden Abhängigkeitsverhältnisse durch neoklassische Verträge dokumentiert. Das sind Verträge, die zeitraumbezogen und zum Teil unvollständig sind, weil die zu erbringenden Leistungen nicht im Einzelnen vorhersehbar sind (MacNeil 1974, 1978). Hierzu zählen in erster Linie Werkverträge, die einerseits die Vorteile eines geringen Koordinationsaufwands mit einer effizienten Kontrolle der Vertragserfüllung durch Dritte, z. B. unabhängige Experten, verbinden. Andererseits müssen im Sinne des „Lean Supply" keine Ressourcen für sporadisch anfallende Aufgaben bereitgehalten werden, d. h. es entstehen keine Fixkosten.

4 Bewertung des Innovationsprozesses

4.1 Organisationseffizienz

Die Wettbewerbsvorteile einer Innovation ergeben sich auf dreierlei Weise: Sie entstehen aus dem entwickelten Know-How, der Verbreitung sowie der Marktverwertung mit Hilfe geeigneter Maßnahmen. Hierbei handelt es sich jeweils um Transaktionen, die klassisch, neoklassisch bzw. relational ausgeprägt sein können. Im Koordinationsnetzwerk des Supply Chain Management kommen perfekte, also klassische Verträge zwischen den beteiligten Partnern prinzipiell nicht in Betracht, so dass sich die Betrachtungen auf die beiden verbleibenden Transaktionsformen konzentrieren. Für die Transaktionskosten stellen die in Kapitel 3 erläuterten Elemente des Supply Chain Management Systems zugleich die wesentlichen Kosteneinflussgrößen einer Innovation dar. Die Transaktionskosten lassen sich auf dieser Grundlage schließlich als Kosten des Produktionsfaktors Organisation interpretieren, soweit sie bei den relevanten Produktionskosten wegen der vorgegebenen Technologie noch unberücksichtigt geblieben sind (Picot 1982). Dies besagt allerdings nicht, dass Transaktions- und Produktionskosten eindeutig separierbar sind. Vielmehr kann die Gestaltung des Organisationsprozesses unmittelbar Konsequenzen für den Produktionsprozess nach sich ziehen. Für die Erörterung der Transaktionskosten im vorliegenden Kontext soll von folgender Einteilung ausgegangen werden (vgl. auch Reese 1994):

- Delegationskosten, d. h. insbesondere Opportunitätskosten, die hauptsächlich durch die Dezentralisation von Entscheidungsbefugnissen an die Innovationsteams zustande kommen und evtl. zu Effizienzverlusten führen
- Informationskosten, die in Kosten der Informationssuche, Informationsübertragung sowie Informationsverarbeitung zerfallen
- Koordinationskosten, das sind Kosten der horizontalen und vertikalen Abstimmung im Innovationsteam, also vor allem Aushandlungs- bzw. Allokationskosten
- Anreiz- und Kontrollkosten, die je nach dem Blickwinkel Vertrauen oder Misstrauen in die Leistungsbereitschaft der Projektmitarbeiter ausdrücken.

Eine effiziente Organisation des Innovationsprozesses ist nun gleichbedeutend mit der Minimierung der relevanten Transaktionskosten. Dabei ist davon auszugehen, dass der Prozess erfolgreich abgeschlossen werden kann, insbesondere also die beobachteten Merkmale der Komplexität und Unsicherheit durch geeignete organisatorische Maßnahmen letztendlich aufgelöst werden können (Reese 1994). Diese Voraussetzung ist in erster Linie bei marktinduzierten Innovationen erfüllt, die in einem Engineering-Prozess entwickelbar sind. Bei Basisinnovationen muss das Kriterium der Organisationseffizienz hingegen modifiziert werden, da im Allgemeinen organisierte Komplexität vorliegt und ihre Auflösung generell unmöglich ist. Nach Arrow (1974) stößt man in solchen Fällen an die Grenzen der Organisation. Der Beitrag der Organisationsparameter zum Innovationserfolg darf deshalb nicht isoliert werden. Es kann lediglich eine allgemeine Innovationseffizienz festgestellt werden, die das Ergebnis des Innovationsprozesses und die Durchsetzung der Innovation mit einbezieht. Soweit einzelne Schritte des Innovationsprozesses Teilentscheidungen begründen (vgl. Thom 1980), lässt sich die Effizienzmessung allenfalls nach den Innovationsphasen differenzieren.

Interessant ist die Bewertung des Engineering-Prozesses vor allem deshalb, weil das Zustandekommen eines Ergebnisses im Allgemeinen außer Frage steht und die Organisation als Inputgröße den Aufwand begründet, der für dieses Ergebnis betrieben werden muss. Die Delegationskosten bei Innovationen im Rahmen eines Supply Chain Management basieren zunächst auf möglichen Konflikten zwischen den beteiligten Partnern. Grundsätzlich sind solche Konflikte wegen der Neuartigkeit der Transaktion von erheblicher Relevanz. Dadurch dass unterschiedliche Sichtweisen (z. B. die der jeweiligen Lieferanten und Kunden im System, aber auch die von Technikern, Ökonomen und Umweltbeauftragten) aufeinander prallen, resultieren Reibungsverluste in Bezug auf eine unverzögerte Technologieentwicklung. Durch zwei Erfolgsfaktoren des Supply Chain Management werden diese negativen Einflüsse jedoch gemildert. Sie basieren auf dem sog. Promotorenkonzept (Graumann 1994): Zum einen gibt es stets eine verantwortliche Unternehmung bzw. Projektleitung („Machtpromotor"), die ihre Interessen im Konfliktfall auch durchzusetzen bereit ist. Zum anderen haben die Innovationsteams bzw. einzelne Teammitglieder im Allgemeinen ausreichend Erfahrung („Fachpromotor"), um entstanden Konflikte schnell und wirksam zu beheben. Konflikte lassen sich deshalb nicht durch lose Teambildung von außen, also von den betreffenden Unternehmungen der Supply Chain bzw. ihren Fachabteilungen in die Teams hinein projizieren. Vielmehr wird die Projektzielsetzung als übergeordnet akzeptiert. Es ist nicht vorstellbar, dass ein Teammitglied strikt weisungsgebunden agiert oder bei Nichtzustandekommen eines Kompromisses aus dem Team abberufen wird.

Delegationskosten sind in größerem Umfang hingegen eher dann zu erwarten, wenn die Entwicklung partiell von Stellen außerhalb des Projektteams wahrgenommen werden soll. Dies gilt im Supply Chain Management System vornehmlich für die Zulieferer, die wohl in den Innovationsprozess involviert, aber nicht im Team vertreten sind. Diesen Lieferanten wird ein Teil der Verantwortung für Detailkonstruktionen und Engineering übertragen. Zwar steht außer Frage, dass wegen des beim Lieferanten vorhandenen Know-How die Qualität der dort entwickelten Teile die Ansprüche erfüllt, doch existieren u. U. natürliche Zielkonflikte, die aus den individuellen Unternehmenszielen herrühren. Insofern ist zu vermeiden, dass das Netzwerk von Lieferanten und Kunden solche systemfremden Elemente enthält.

Informationskosten entstehen zum Teil durch die Lösung des Delegationsproblems, fallen zum Teil aber auch unabhängig hiervon an. Sofern anfänglich Informationsasymmetrie herrscht, kann eine entsprechende Informationsversorgung die Entscheidungsdezentralisation wirksam unterstützen. Andererseits muss sich jeder Entscheidungsträger unabhängig von der Entscheidungsorganisation am Markt mit den Informationen versorgen, die für die Entscheidungsfindung nützlich sind. Informationskosten zerfallen grundsätzlich in die Kosten, die für die Suche nach Informationen, deren Übertragung sowie interne Verarbeitung entstehen. Suchkosten besitzen deshalb eine zentrale Bedeutung für den Innovationsprozess, weil hiermit ein Versuch erfolgt, den Prozess der Kreativität zu quantifizieren. Suchkosten werden allgemein umso geringer, je offener kommuniziert wird, d. h. je mehr Personen an dem Suchprozess gleichzeitig beteiligt sind. Die Bildung eines starken Projektteams bietet also beste Voraussetzungen, dass möglichst viele Informationen schnell gewonnen werden. Bei Innovationsprozessen konzentriert sich die Informationssuche im Wesentlichen auf das kreative Ideenpotential. Schnittstellen innerhalb des Innovationsprojekts, wie sie im traditionellen „Relay"-Ansatz definiert und überwunden werden müssen, weil verschiedene kleinere Projektteams sukzessiv in den Innovationsprozess einbezogen werden, existieren beim „Team"-Ansatz nicht (vgl. Takeuchi und Nonaka 1986). Auch die Suche nach Informationen außerhalb des Teams gestaltet sich beim Supply Management deshalb recht einfach, weil nach wie vor sehr enge Kontakte der Teammitglieder mit den Herkunftsunternehmungen bzw. -abteilungen bestehen.

Die eigentlichen Kosten der Informationsübertragung entstehen vor allem durch Informationsverluste bzw. -verfälschung. Sie stellen demnach Opportunitätskosten dar. Obwohl ihre Messung den üblichen Vorbehalten bei der Feststellung von Opportunitätskosten unterliegt, scheint die Gefahr des Auftretens solcher Kosten beim Supply Chain Management deswegen weitgehend gebannt, weil eine gemeinsame Lösung Vorrang hat. Durch die kontinuierliche Zusammenarbeit der Unternehmungen ergeben sich weder Anhaltspunkte für wissentliches Zurückhalten von Informationen noch Risiken, dass Informationen infolge von Zieldivergenzen falsch übermittelt werden (vgl. zu dieser Problematik etwa Hirshleifer 1957). Unklarheiten über den Informationsgehalt lassen sich auch zwischen Teammitgliedern verschiedener Fachrichtungen, wie z. B. Ingenieuren und Ökonomen, durch Aufklärung aus dem Weg räumen. Wissentliche Informationsverfälschung bei der Weitergabe von Informationen aus den Unternehmungen bzw. den beteiligten Fachabteilungen an das Projektteam kommt hingegen auch bereits aus dem Grund nicht in Betracht, da gerade beim Engineering-Prozess eine Verzögerung der Entwicklungsarbeit im laufenden Produktionsprozess wieder aufgefangen werden müsste. Somit ist im Gegenteil eine frühzeitige und vollständige Informationsübertragung die Regel.

Die Kosten der Informationsverarbeitung werden von der Verarbeitungskapazität determiniert, bei der neben der Produktivität und Anzahl der Beteiligten auch die negativen und positiven externen Effekte mit erfasst werden müssen. Es entspricht der Idee einer schlanken Organisation im Supply Chain Management, die Stärke des Innovationsteams dann wieder zu reduzieren, wenn Basiskonflikte gelöst worden sind. Dies gilt im Allgemeinen beim Eintritt in den Informationsverarbeitungsprozess, so dass die Verarbeitungskosten in bezug auf Kapazität und Produktivität minimal sind. Die positiven externen Effekte der Informationsverarbeitung in einer Teamorganisation rühren daher, dass aus einer optimalen, fallbezogenen Arbeitsteilung weitere Produktivitätszugewinne resultieren. Hingegen treten negative externe Effekte dadurch auf, dass für jedes weitere Teammitglied ein zusätzlicher Informationsbedarf entsteht, der wiederum neue Verarbeitungsprozesse in Gang setzt. Dies gilt umso mehr, je unterschiedlicher der Informationsstand der einzelnen Teammitglieder ist und je mehr die Innovationszeit verkürzt werden soll.

Während die Informationskosten im Innovationsprozess vornehmlich durch die Unsicherheit der Transaktion begründet sind, werden die Koordinationskosten in erster Linie durch die Auflösung der Komplexität verursacht. Zwei Formen von Koordination sind unterscheidbar. Innerhalb eines Projektteams treten Koordinationskosten in der Weise auf, dass vor allem über das Budget des Entwicklungsprozesses und seine Aufteilung auf die Teilprojekte verhandelt wird. Es ist das erklärte Ziel, diese Verhandlungen frühestmöglich abzuschließen und den Projektablauf dadurch nicht weiter zu belasten. Beim Engineering ist eine solche Vorgehensweise zweckmäßig; bei Basisinnovationen erscheint eine Vorabverteilung der Ressourcen unmöglich, weil dadurch keine Komplexitätsreduzierung erreicht werden kann.

Formen der externen Koordination betreffen alle Projektpartner entlang der Wertschöpfungskette. So verlangt das im System etablierte „Simultaneous Engineering", mit dem Kundenwünsche kurzfristig befriedigt werden sollen, einen beträchtlichen Koordinationsaufwand mit den Beschaffungs-, Produktions- sowie Absatzabteilungen der betroffenen Unternehmungen, da für die Entwicklung lediglich eine begrenzte Zeit zur Verfügung steht. Die Abstimmung mit den Partnern bzw. deren Fachabteilungen erfordert unter Umständen sogar eine Teamerweiterung um entsprechende Kompetenzen.

Bei Basisinnovationen spielt die Koordination lediglich eine untergeordnete Rolle. Da das Supply Chain Management hier über keine ausgeklügelte Teamstruktur verfügt, sondern vornehmlich auf die Initiierung von Projektideen durch Informationsgewinnung in Praxis und Wissenschaft setzt, ggf. durch Auftragsforschung und Patenterwerb unterstützt, ergibt sich auch keinerlei Anhaltspunkt für die Koordination in einem solchen Innovationsprozess.

Die Manipulation des Eigeninteresses einzelner Partner in einem Innovationsprozess kann entweder durch Anreize oder Kontrollen erfolgen (vgl. Reese 1994). Generell erhöht sich der Anteil der Anreizkomponente, je stärker die Kreativität des Innovators gefordert ist und je weniger er deshalb kontrolliert werden kann. Ein Supply Chain Management gibt dieser theoretischen Überlegung seine praktische Bedeutung. Kontrollen werden dort durchgeführt, wo sie wirksam und wirtschaftlich sind. Im Projektteam des Engineering-Prozesses unterbleiben sie weitestgehend, weil mit der Karriereaussicht sowohl beim Teamleiter als auch bei den Teammitarbeitern ein wirtschaftliches Anreizinstrument genutzt wird. Bei Basisinnovationen wären Kontrollen ohnehin unwirksam, weil ein Projektabbruch kaum auf mangelhafte Anstrengungen oder Qualifikation zurückgeführt werden könnte.

Die Anreizkosten konzentrieren sich nun allerdings nicht nur auf die Vereinbarung von Prämien oder anderen Belohnungen für die Projektmitarbeiter eines erfolgreichen Innovationsteams (Reese 1993). Sie entstehen zum Teil auch unabhängig vom Projekterfolg dadurch, dass in das Gelingen der Innovation investiert wird, ohne dass bereits ein Ergebnis sichtbar wäre. Diese sog. zweitbesten Lösungen führen zwar dazu, dass die Projektbewertung von vornherein um einen festen Betrag ungünstiger wird. Doch sind solche vertrauensbildenden Maßnahmen stets dann effizient, wenn die Qualität des Ergebnisses auch im Nachhinein mit vertretbaren Mitteln nicht nachprüfbar ist. Je stärker die Spezifität, Unsicherheit und Komplexität von Innovationsprozessen ausgeprägt sind, desto eher wird eine zweitbeste Lösung dieser Art in Frage kommen. Insbesondere gilt dies für Basisinnovationen, bei denen sich die Güte einer Produkt- oder Verfahrensinnovation oft erst nach Jahren beweist. Andererseits erscheint es problematisch, dieselbe Lösung auch für Engineering-Prozesse zu praktizieren. Annahmegemäß entspricht das Resultat eines solchen Prozesses dem zuvor geäußerten Kundenwunsch, dass zumindest die Qualität einer Produktinnovation unmittelbar geprüft werden kann. Immaterielle Anreize entstehen oft durch eine Identifikation mit dem Projekt („commitment"). Sie verursachen insofern Anreizkosten, als grundsätzlich die Gefahr besteht, dass das Team auch dann den Entwicklungsprozess nicht abbricht, wenn er erkennbar nicht zum Ziel führt („escalating commitment"; Jenner 2001). Im Falle der marktinduzierten Innovation ist diese Gefahr jedoch recht gering, da die Erfolgswahrscheinlichkeit eines Projekts gegen Eins tendiert. Für Verfahrensinnovationen gilt im Wesentlichen dasselbe, weil sie sich anhand von Produktivitätsverbesserungen messen lassen. Aus diesem Grund sind bei Engineering-Prozessen im Supply Chain Management erstbeste Lösungen, d. h. Anreize, die erst im Erfolgsfall ausgabewirksam werden, zumeist ausreichend.

Eine besondere Bewertungsschwierigkeit ergibt sich für solche Vertrauenskosten, die im Hinblick auf die Bindung von Lieferanten an den eigentlichen Produzenten aufzubringen sind. Da es das erklärte Ziel eines Supply Chain Management ist, die Lieferanten in den Innovationsprozess einzubinden, sind zusätzlich vertrauensbildende Maßnahmen üblich. Zum Teil werden beispielsweise langfristige Kooperationsversprechen abgegeben, oder es werden Personalschulungen vorgenommen, um die Mitarbeiter des Lieferanten geeignet zu qualifizieren. Die Kosten für derartige Maßnahmen können umso höher ausfallen, je weniger die Innovation der Zulieferteile vom Unternehmen zu beurteilen ist. Durch die Reduzierung der Leistungstiefe im Rahmen eines Supply Chain Management muss das verloren gegangene Know-How also entweder durch Informationen über den Innovationsprozess beim Zulieferer oder Inkaufnahme von Vertrauenskosten kompensiert werden.

4.2 Organisationsflexibilität

Während Effizienz als ein Kriterium betrachtet wird, mit dem der Erfolg bzw. Misserfolg eines Innovationsprozesses periodenweise bewertet werden kann, wird mit dem Kriterium der Flexibilität analysiert, inwiefern das Unternehmen auch im Zeitablauf über eine leistungsfähige Organisation des Innovationsprozesses verfügt. In Anbetracht einer laufenden Umweltentwicklung und dementsprechend dem Bemühen um geeignete Technologieanpassungen erhält die Flexibilität von Innovationsprozessen eine außerordentliche Bedeutung. Sie gründet auf den Überlegungen einer flexiblen Supply Chain (Aitken et al. 2003). Generell lässt sich Flexibilität über die Menge der Umweltzustände operationalisieren, für die die gegenwärtige Organisation noch leistungsfähig bleibt, d. h. gegebene Ansprüche erfüllt (vgl. Reese 1994). Nimmt man die Transaktionen in einem Innovationsprozess zuhilfe, so bedeutet Flexibilität vor allem auch die Existenz einer ausreichenden Anzahl von relationalen Transaktionen im Verhältnis zu klassischen Transaktionen. Relationale Verträge können noch mit entsprechenden Details ausgefüllt werden, während klassische Verträge bereits in allen Einzelheiten ausformuliert sind. Mit relationalen Transaktionen bleiben Gestaltungsparameter erhalten, die eine flexible Reaktion auf neue Entwicklungen ermöglichen (Reese 1991). Dabei ist sekundär, ob die Transaktionskosten gleichzeitig ansteigen. Kurzfristig ist im Allgemeinen ein Konflikt beobachtbar, da zusätzliche Flexibilität gleichzeitig höhere Transaktionskosten verursacht.

Flexibilität ist überdies auch ein oberstes Gebot beim Supply Chain Management (Barad und Sapir 2003, Garavelli 2003 u. a.). Die Berücksichtigung von Umweltentwicklungen äußert sich z. B. in der Absicht, Kundenwünsche auf jeden Fall zu erfüllen, aber auch auf technischen Fortschritt zu reagieren bzw. ihn zu initiieren. Insbesondere basiert der Wunsch nach Flexibilität auf den immer kürzer werdenden Produktlebenszyklen (Fisher 1997). Je weniger Ressourcen deshalb durch klassische Verträge gebunden werden, desto besser funktioniert das Supply Chain Management. Lediglich in Routineprozessen, in denen wechselnde Umwelteinflüsse, d. h. vor allem Anpassungen an verändertes Konsumentenverhalten, eher unwahrscheinlich sind, wie z. B. im Produktionsbetrieb der Primärgütererzeugung, sind feste Bindungen erwünscht.

Bei Annahme von Lean Supply sind Führung und Delegation als Komponenten des Innovationsprozesses insofern flexibilitätssteigernd, als sie eine Projektorganisation determinieren. Statt eine starre Entwicklungsabteilung zu gründen, die insbesondere dauerhafte Personalkosten verursacht, wird ein

Projektteam aus dem bereits vorhandenen Fachpersonal rekrutiert. Die Reorganisation bzw. Auflösung eines solchen Teams ist sowohl im Hinblick auf einen Projektabbruch als auch auf die normale Projektbeendigung möglich. Zumindest solange Engineering-Prozesse im Vordergrund stehen, besteht kein Risiko fehlenden Know-Hows. Es existiert vielmehr eine Vielzahl von Gestaltungsparametern, was sich einerseits in einer qualitativen sowie quantitativen Kapazitätsreserve, andererseits in beliebigen, aufgabenbezogenen Teamzusammensetzungen widerspiegelt.

Die Flexibilität eines Innovationsprozesses drückt sich auch darin aus, in welchem Umfang der Informationsprozess intern fortgeführt wird bzw. Informationen von außerhalb des Unternehmensnetzwerks bezogen werden. Handelt es sich bei der ursprünglichen Produktidee beispielsweise vor allem um externe Informationen, d. h. wird das fertige Produkt bzw. das entwickelte Verfahren durch Auftragsforschung oder als Patent erworben, so stellt dies typischerweise eine klassische bzw. neoklassische Transaktion dar. Interne Weiterentwicklungen fallen wegen des nicht vorhandenen Basiswissens entsprechend schwer und verursachen Folgekosten (Brockhoff 1995). Größtmögliche Flexibilität entsteht hingegen dann, wenn sowohl die Informationssuche als auch die Informationsverarbeitung vom Projektteam selbst wahrgenommen werden. Auch wenn dadurch die Informationskosten gelegentlich steigen, lassen sich Produkt- und Verfahrensanpassungen im Allgemeinen schnell realisieren. Es entspricht dabei dem Gedanken des Supply Chain Management, dass neben dem Kooperationsvertrag die Einrichtung eines Informationssystems erforderlich wird (Barad und Sapir 2003). Um Leerkosten bzw. Dysfunktionalitäten dieses Systems vorzubeugen, muss die Informationstechnik auf den Engpass abgestimmt sein. Im Wesentlichen geschieht dies dadurch, dass anstelle eines zentralen Informationssystems und Großrechnertechnologie ein dezentrales System mit geeigneter Client-Server-Architektur tritt. Durch die Personalisierung der Rechner (z. B. CAD-PCs) gehorcht das Informationssystem der temporären Projektorganisation. Die unterstützende Funktion der Informationstechnologie wird erleichtert durch eine globale Vernetzung, die alle Netzwerkpartner mit einbezieht.

Eine Abstimmung über klassische Dienst-, Werk- oder Lieferverträge gilt allgemein als innovationshemmend. Sie tritt deshalb auch beim Supply Chain Management nicht auf. Zwar existieren langfristige Kooperationsversprechen unter den Partnern, die jedoch einer fallweisen Präzisierung bedürfen und deshalb eindeutig zu den relationalen Verträgen zu rechnen sind. Der völlige Verzicht auf derlei Versprechen müsste eine Kompensation innerhalb einzelner Unternehmungen zur Folge haben, um bei Bedarf angemessen reagieren zu können. Hierdurch würde jedoch organisatorischer Überschuss erzeugt, der Fixkosten verursacht und somit dem Gedanken des Supply Chain Management zuwiderläuft.

Die Verträge zur Koordination des Innovationsprozesses enthalten ein klassisches Vertragselement in der Weise, dass die Ressourcenverteilung im Projektablauf zu Beginn genauestens festgeschrieben wird. Zur Vermeidung von späteren Verhandlungskonflikten wird die Flexibilität dadurch eingeengt. Sie kann wieder hergestellt werden, indem ein zusätzliches Budget im weiteren Projektablauf freigegeben wird.

Die entscheidende Komponente zur Bestimmung der gesamten Systemflexibilität sind letztendlich die Anreize zu innovationsgerechtem Verhalten. Sind auch durch die anderen Systemkomponenten günstige Voraussetzungen geschaffen, so machen unzureichende Anreize alles wieder zunichte. Spricht man im Zusammenhang mit dem Supply Chain Management zugleich von einem Vertrauensmanagement, so meint man damit insbesondere, dass die betroffenen Partner der Innovation sich den neuen Herausforderungen immer wieder stellen werden, wenn ihnen die rechte Aufmerksamkeit entgegengebracht wird. Bereitet die Schaffung eines flexiblen Anreizsystems bereits für den normalen Produktionsprozess Schwierigkeiten (vgl. Reese 1993), so wird dies für Innovationsprozesse bisweilen unmöglich. Dementsprechend gewinnen die vertrauensbildenden Maßnahmen als relationale Transaktionen noch mehr an Gewicht. Beispielsweise würde es das allgemeine Anreizklima ungünstig beeinflussen, wenn in Aussicht gestellte Mehrerträge o. ä. nach erfolgtem Projektabschluss ausbleiben. Obwohl nicht vertragsmäßig ausgehandelt, bilden sich bei den Netzwerkpartnern Erwartungen hinsichtlich der Realisierung der Innovation. Die Bereitschaft, demselben Versprechen erneut zu glauben, nimmt bei nachfolgenden Projekten zwangsläufig ab. Unter Berücksichtigung der dem System innewohnenden Dynamik besteht deshalb die Gefahr, dass Organisationsflexibilität im Innovationsprozess – aber auch in den übrigen Leistungsprozessen – durch eine schrittweise Entwicklung weg von einem Lean Supply erkauft wird. Ob sich ein Supply Chain Management deswegen auf lange Sicht lediglich als ein weiterer Rationalisierungsversuch mit wissenschaftlicher Begründung erweisen wird oder ob es sich mit den charakteristischen Merkmalen auf Dauer stabilisieren lässt, hängt zentral von den individuellen Ansprüchen ab, die von den beteiligten Netzwerkpartnern formuliert werden. Je höher diese Ansprüche sind, desto mehr Flexibilität wird einerseits erforderlich, desto weniger Flexibilität ist jedoch letztendlich erreichbar, weil der Innovationsprozess zusätzlich mit organisatorischem Überschuss belastet wird (Simon 1979, Reese 1994).

5 Ergebnisse

In keinem anderen modernen Unternehmenskonzept haben Innovationen eine ähnliche Bedeutung wie bei einem Supply Chain Management. Während die

Massenfertigung auf einen Markt setzt, der große Stückzahlen in nahezu unveränderter Form aufnimmt und auf dem lediglich kleinere Produktverbesserungen kontinuierlich durchsetzbar sind, gilt beim Supply Chain Management das „Kaizen", nämlich die schrittweise Verbesserung des bestehenden technischen Wissens. Die Konzentration auf das Wichtige, nämlich die Wertschöpfung, soll den Blick für Innovationen im Produktionsprozess schärfen helfen. Inwiefern dieser Ansatzpunkt allgemein tragfähig ist und mit welchen Annahmen über das Organisationsverhalten er verknüpft werden muss, ist hier untersucht worden. Dabei spricht vieles dafür, dass eine Reduzierung des formalen Organisationsgrades den Innovationsprozess fördern kann, solange relationale Verträge nach wie vor eine Klammer um die involvierten Netzwerkpartner bilden. Der Innovationsprozess ist besonders dann erfolgreich, wenn er in einem Umfeld stattfindet, das komplex und deshalb den üblichen Planungsmethoden nur beschränkt zugänglich ist. Sobald die erbrachten Innovationsleistungen ihre Spezifität verlieren und daher leicht am Markt gehandelt werden können, wächst einerseits die Planbarkeit der Produktionsprozesse und verliert andererseits das Supply Chain Management einen Teil seiner Bedeutung.

Literatur

Aitken, J. P., Childerhouse, P. and D. Towill (2003), The Impact of Product Life Cycle on Supply Chain Strategy, in: *Int. J. Production Economics*, 85, 127-140.

Albach, H. (1988), Kosten, Transaktionen und externe Effekte im betrieblichen Rechnungswesen, in: *ZfB*, 58, 1143-1170.

Albach, H., De Pay, D. und R. Rojas (1991), Quellen, Zeiten und Kosten von Innovationen, in: *ZfB*, 61, 309-324.

Barad, M. and D. E. Sapir (2003), Flexibility in Logistic Systems – Modeling and Performance Solution, in: *Int. J. Production Economics*, 85, 155-170.

Brockhoff, K. (1995), Zur Theorie des externen Erwerbs neuen technologischen Wissens, in: Albach, H. (Hrsg.), *Effizienzsteigerung im Innovationsprozeß*, ZfB, Erg.heft 1, 27-41.

Bürgel, H. D., Haller, C. und M. Binder (1995), Die japanische Konkurrenz, in: Albach, H. (Hrsg.), *Effizienzsteigerung im Innovationsprozeß*, ZfB, Erg.heft 1, 1-26.

Cooper, M. C. Lambert, D. M. und J. D. Pach (1997), Supply Chain Management – More Than a New Name for Logistics, in: *Int. J. Logistics Management*, 8, No. 1, 1-14.

Corsten, H. und T. Will (1992), *Modern Production Concepts Based on Competitive Strategy Reflections*, Diskussionsbeitrag Nr. 17 der Wirtschaftswissenschaftlichen Fakultät Ingolstadt, Ingolstadt.

De Pay, D. (1988), *Organisation von Innovationen*, Wiesbaden.

De Pay, D. (1995), Organisationsmaßnahmen zur Verkürzung der Innovationszeit europäischer Unternehmen, in: Albach, H. (Hrsg.), *Effizienzsteigerung im Innovationsprozeß*, ZfB, Erg.heft 1, 77-102.

Dietl, H. (1995), Institutionelle Koordination spezialisierungsbedingter wirtschaftlicher Abhängigkeit, in: *ZfB*, 65, 569-585.

Fisher, M. L. (1997), What is the Right Supply Chain for your Product?, in: *Harvard Business Review*, 75, 105-116.

Garavelli, A. C. (2003), Flexibility Configurations for the Supply Chain Management, in: *Int. J. Production Economics*, 85, 141-153.

Graumann, M. (1994), Grundprinzipien des betrieblichen Innovationsmanagements, in: *ZfO*, 1994, 396-402.

Hirshleifer, J. (1957), Economics of the Divisionalized Firm, in: *J. Business*, 30, 96-108.

Jenner, T. (2001), Escalating Commitment bei der Markteinführung von Innovationen im Konsumgüterbereich, in: *ZfB*, 71, 143-160.

Krafcik, J. F. (1988), Triumph of the Lean Production System, in: *Sloan Management Review*, 30, 41-52.

MacNeil, I. R. (1974), The Many Futures of Contracts, in: *Southern California Law Review*, 47, 691-816.

MacNeil, I. R. (1978), Contracts: Adjustments of Long-Term Economic Relations in the Classical, Neoclassical, and Relational Contract Law, in: *Northwestern Univ. Law Review*, 72, 854-906.

Mansfield, E. (1988), The Speed and Cost of Industrial Innovation in Japan and the United States: External vs. Internal Technology, in: *Management Science*, 34, 1157-1168.

Pfeiffer, W. und E. Weiss (1993), Philosophie und Elemente des Lean Management, in: Corsten, H. und T. Will (Hrsg.), *Lean Production*, Stuttgart/Berlin/Köln, 13-45.

Picot, A. (1982), Transaktionskostenansatz in der Organisationstheorie, in: *Die Betriebswirtschaft*, 42, 267-284.

Picot, A. (1991), Ein neuer Ansatz zur Gestaltung der Leistungstiefe, in: *ZfbF*, 43, 336-357.

Picot, A. und H. Dietl (1990), Transaktionskostentheorie, in: *WiST*, 19, 178-184.

Reese, J. (1991), Unternehmensflexibilität, in: Kistner, K.-P. und R. Schmidt (Hrsg.), *Unternehmensdynamik*, Wiesbaden, 361-387.

Reese, J. (1993), Ein Lean-Production-Modell und seine organisatorischen Konsequenzen, in: Corsten, H. und T. Will (Hrsg.), *Lean Production*, Stuttgart/Berlin/Köln, 87-106.

Reese, J. (1994), *Theorie der Organisationsbewertung*, 2. Auflage, München/Wien.

Schmidt, A. (1995), Der mögliche Beitrag der Kooperation zum Innovationserfolg für kleine und mittelgroße Unternehmen (KMU), in: Albach, H. (Hrsg.), *Effizienzsteigerung im Innovationsprozeß*, ZfB, Erg.heft 1, 103-131.

Schumpeter, J. (1911), *Theorie der wirtschaftlichen Entwicklung*, Berlin.

Simon, H. A. (1979), Rational Decision Making in Business Organizations, in: *American Economic Review*, 493-513.

Takeuchi, H. und I. Nonaka (1986), The New Product Development Game, in: *Harvard Business Review*, 64, 137-146.

Thom, N. (1980), *Innovationsmanagement*, 2. Auflage, Königstein.

Wildemann, H. (1998), Lernen vom Wettbewerb als Instrument der betrieblichen Innovation, in: *ZfB*, 68, 1181-1199.

Williamson, O. E. (1981), The Modern Cooperation: Origins, Evolution, Attributes, in: *Journal of economic literature*, 19, 1537-1568.

Williamson, O. E. (1985), *The Economic Institutions of Capitalism. Firms, Markets, Relational Contracting*, New York.

Womack, J. and P. D. Jones (1996), *Lean Thinking – Banishing Waste and Creating Wealth in Your Corporations*, New York.

Womack, J., Jones, P. D. and D. Roos (1990), *The Machine That Changed The World*, New York.

Joachim Wagner

Universität Lüneburg, Institut für Volkswirtschaftslehre

Exporttätigkeit und Firmengröße – Was können wir aus Firmenpaneldaten lernen?*

Zusammenfassung

Der positive Zusammenhang zwischen Firmengröße und Exporttätigkeit gilt als ein stilisierter Fakt: Gestützt auf deskriptive Befunde und Ergebnisse von Regressionsmodellen auf der Basis von Querschnittsdaten wird argumentiert, dass sowohl die Wahrscheinlichkeit zu exportieren als auch der Anteil der Exporte am Umsatz mit steigender Firmengröße ceteris paribus ansteigt. Der vorliegende Beitrag zeigt, dass Firmenpaneldaten eine unverzichtbare Basis für eine empirisch solide fundierte und tiefer gehende sowie in einem wesentlichen Aspekt konträre Interpretation darstellen. Paneldaten ermöglichen Kausalanalysen, Verlaufsbetrachtungen und die Kontrolle unbeobachteter Heterogenität. Es zeigt sich, dass Größe förderlich für Exporttätigkeit ist, dass Exporte zu Firmenwachstum führen, dass Größenwachstum und Wachstum des Exportanteils Hand in Hand gehen – und dass trotzdem nicht "Größe an sich" als ausschlaggebend für Exporterfolge gelten kann, sondern dass unbeobachtete (und teils unbeobachtbare) firmenspezifische Eigenschaften, die positiv mit der Größe korreliert sind, zentrale Bedeutung haben.

1 Einleitung

Der positive Zusammenhang zwischen der (anhand der Beschäftigtenzahl oder des Umsatzes gemessenen) Firmengröße und der Exporttätigkeit gilt als

* Eine erste Fassung dieses Beitrags wurde im Juni 2003 am Deutschen Institut für Wirtschaftsforschung (DIW) in Berlin präsentiert. Der Aufsatz beruht auf zahlreichen Arbeiten, die ohne den Zugang zu den geheimen Betriebsdaten aus der amtlichen Industrieberichterstattung nicht hätten entstehen können. Mein Dank gilt daher dem Niedersächsischen Landesamt für Statistik (NLS) und hier insbesondere Uwe Rode für die seit 1990 reibungslos laufende Kooperation.

ein stilisierter Fakt (vgl. Caves 1989, 1236). Gestützt auf deskriptive Befunde wird argumentiert, dass sowohl die Wahrscheinlichkeit zu exportieren als auch der Anteil der Exporte am Umsatz mit steigender Firmengröße ansteigt. Ein Beispiel hierfür sind die im Hannoveraner Firmenpanel vertretenen niedersächsischen Industriebetriebe (vgl. Wagner 1997, 3).

Diese Form des Zusammenhangs zwischen Firmengröße und Exporten zeigt sich auch ceteris paribus bei Kontrolle zahlreicher anderer Einflussfaktoren als Ergebnis von Regressionsschätzungen auf der Basis von Querschnittsdaten (vgl. Wagner 1995, 1998, 2001). Unabhängig vom verwendeten ökonometrischen Verfahren ergibt sich immer ein nicht-linearer Zusammenhang zwischen der Anzahl der Beschäftigten und dem Exportanteil am Umsatz, wobei eine Interpretation der geschätzten Koeffizienten zeigt, dass hier ein degressiv ansteigender Verlauf vorliegt, denn es gibt nur sehr wenige Firmen mit einer Beschäftigtenzahl über dem geschätzten Maximum der quadratischen Gleichung.

Ziel dieses Beitrags ist es zu zeigen, dass Firmenpaneldaten – zu verschiedenen Zeitpunkten erhobene Daten für eine Gruppe von Firmen – eine unverzichtbare Basis für eine empirisch solide fundierte und tiefer gehende sowie in einem wesentlichen Aspekt konträre Interpretation darstellen. Während Querschnittsdaten lediglich Zusammenhänge aufzeigen können, ermöglichen Paneldaten Kausalanalysen, Verlaufsbetrachtungen und die Kontrolle unbeobachteter Heterogenität. In diesem Beitrag sollen Vorgehensweise und Ergebnisse solcher Studien zusammenfassend vorgestellt und die Konsequenzen hieraus für die Fragestellung nach dem Zusammenhang zwischen Exporttätigkeit und Firmengröße aufgezeigt werden.

2 Ein Henne-Ei-Puzzle – und seine Auflösung

Querschnittsdaten – Angaben für einen Zeitraum zur Exporttätigkeit von Firmen und zu möglichen Bestimmungsgründen wie Firmengröße, Innovationsaktivitäten oder Humankapitaleinsatz – können lediglich Zusammenhänge aufzeigen, ohne dass damit Aussagen über die Wirkungsrichtung möglich sind. Ob eine höhere Firmengröße zu einer (intensiveren) Exporttätigkeit führt, ob Exporte ein Wachstum der Firma bewirken oder ob beides gleichzeitig der Fall ist lässt sich aus Querschnittsdaten nicht erkennen. Theoretische Überlegungen können jede der drei genannten Sichtweisen stützen (vgl. Hirsch 1971 und Wagner 1995):

Eine höhere Firmengröße kann Exporte fördern, wenn sie durch Skalenerträge in der Produktion, niedrigere Kreditzinsen oder Mengenrabatte für Vorleistungen zu Kostenvorteilen führt, wenn Möglichkeiten zur firmeninternen Diversifikation eine höhere Kapazität zur Übernahme von Risiken auf unterschiedlichen Geschäftsfeldern (auch im Ausland) schafft, und wenn Exportaktivitäten mit hohen Fixkosten verbunden sind (z. B. für Informationsbeschaffung über einen Auslandsmarkt, Anpassungen des Produkts an die dort geltenden technischen Vorschriften, Erstellen von Gebrauchsanweisungen und Serviceunterlagen in einer fremden Sprache) und so hohe Stückzahlen erforderlich sind, um im Preiswettbewerb konkurrenzfähig zu sein.

Exporte können zu Firmenwachstum führen, wenn Verkäufe auf Auslandsmärkten die Realisierung von Skaleneffekten ermöglichen, wenn Produktion und Absatz durch geographische Diversifikation stabilisiert werden, und wenn der "rauhe Wind des Weltmarktes" eine Firma zu verstärkten Innovationsanstrengungen anreizt.

Für eine Firma können gleichzeitig mehrere der genannten Bedingungen für beide Wirkungsrichtungen erfüllt sein und es kann so zu einem sich gegenseitig verstärkenden Prozess kommen, in dem Firmenwachstum und Exportwachstum Hand in Hand gehen. Seev Hirsch und Zvi Adar (1974) zeigen in einem mikroökonomischen Modell einen positiven Zusammenhang zwischen der Entwicklung des Exportanteils am Umsatz und dem Wachstum des Gesamtumsatzes für den Fall, dass eine Firma auf dem Inlandsmarkt über einen größeren Preissetzungsspielraum verfügt als auf dem Auslandsmarkt.

Situationen dieses "Henne-Ei-Typs" findet man häufig in der empirischen Wirtschaftsforschung. Firmenpaneldaten ermöglichen es, Hypothesen über kausale Wirkungsrichtungen zu testen und damit hinter die im Querschnitt beobachteten Zusammenhänge zu blicken.

Ob eine höhere Firmengröße zu Exporten führt, lässt sich prüfen, indem man Firmen, die zu einem bestimmten Zeitpunkt *t* mit dem Export beginnen, mit Firmen vergleicht, die dies nicht tun (d. h. die nicht exportiert haben und auch nicht beginnen zu exportieren), wobei man für diesen Vergleich Informationen zum Zeitpunkt *t-1* – zu dem keine dieser Firmen exportiert hat – heranzieht. Bernard und Wagner (1997) haben eine solche Untersuchung mit Paneldaten aus der amtlichen Statistik für niedersächsische Industriebetriebe (vgl. zur Datenbasis Wagner 2000) durchgeführt; Vorgehensweise und zentrale Ergebnisse lassen sich so zusammenfassen (vgl. Wagner 2002, 289f.):

Betrachtet man ein Zeitfenster von Jahr 1 bis Jahr 7 und setzt man das Jahr 4 als *t*, dann sind alle die Firmen Exportstarter, die in *t-3* bis *t-1* nicht exportiert haben, in *t* mit dem Export beginnen und in mindestens zwei der drei Jahre aus *t+1* bis *t+3* exportieren. Nicht-Exporteure exportieren in keinem der Jahre *t-3* bis *t+3*. Nun werden Exportstarter und Nicht-Exporteure verglichen, und zwar in *t-1*, d. h. bevor einige Firmen in *t* mit dem Export beginnen und andere weiterhin nur den Binnenmarkt bedienen. Die Frage lautet: Sind die Exportstarter des Jahres *t* bereits vorher in *t-1* größer gewesen als die Nicht-Exporteure? Die Antwort ist ein deutliches Ja – mit rund 92 Beschäftigten waren die Exportstarter im Durchschnitt fast doppelt so groß wie die Nicht-Starter mit 56 Personen; dieser Unterschied betrug auch bei Kontrolle für Industriezweigzugehörigkeit (4-Steller) sowie Zweigwerkstatus 34.5 Prozent, und er ist statistisch hoch signifikant.

Diese Ergebnisse machen deutlich, dass es die größeren Firmen sind, die den Schritt auf den Weltmarkt gehen; ganz ähnliche Ergebnisse liefern Studien für andere Länder (vgl. die bei Wagner 2002, 288, zitierten Arbeiten). Damit haben wir Indizien dafür, dass Firmengröße zu Exporten führt. Hinzu kommt, dass die Exportstarter den Nicht-Exporteuren auch in anderen Dimensionen wie Produktivität, Kapitalintensität und Technologieintensität überlegen sind, was in dem Slogan "The good go abroad!" (Bernard, Jensen und Wagner 1997) zum Ausdruck gebracht wird.

Ob Exporte zu größeren Firmen führen wurde mit einem sehr ähnlichen Ansatz untersucht, indem die Wachstumsrate der Anzahl der Beschäftigten zwischen *t-1* und *t+3* von Exportstarter und Nicht-Exporteure verglichen wurde. Auch hier ist der empirische Befund für die niedersächsischen Industriebetriebe eindeutig: Während die Beschäftigtenzahl in den Exportstartern im Durchschnitt um 11.6 Prozent wuchs, schrumpfte die Zahl der Beschäftigten bei den Nicht-Exporteuren um 0.4 Prozent. Dieser Wachstumsunterschied betrug auch bei Kontrolle für Industriezweigzugehörigkeit (4-Steller) sowie Zweigwerkstatus 9.6 Prozent, und er ist statistisch hoch signifikant. Ähnliche Unterschiede zwischen Exportstartern und Nicht-Exporteuren zeigen sich bei weiteren Dimensionen der Firmenperformance, und dies auch für US-amerikanische Daten (vgl. Bernard und Wagner 1997, Bernard und Jensen 1999).

Anders als im oben betrachteten Fall können diese empirischen Befunde jedoch nicht als ein Indiz dafür gewertet werden, dass Exportaktivitäten das Firmenwachstum fördern: Wenn – wofür wir soeben Indizien vorgelegt haben – die Exportstarter von heute in vieler Hinsicht "besser" (größer, produktiver, innovativer) sind als die Nicht-Exporteure und wenn dies auch jeweils in den Jahren vor dem Exportstart der Fall war, dann ist zu erwarten, dass sich diese Exportstarter auch dann dynamischer als die Nicht-Starter entwickelt hätten, wenn sie nicht mit dem Export begonnen hätten. Nachprüfen können wir dies nicht, denn sie haben ja mit dem Export begonnen – es fehlen Informationen zur so genannten kontrafaktischen Situation.

Ähnliche Situationen sind in der empirischen Wirtschaftsforschung immer dann anzutreffen, wenn aus einer Gruppe von Wirtschaftssubjekten nur ein Teil einer "Behandlung" unterzogen wird (z. B. nur ein Teil der Arbeitslosen an einer bestimmten Maßnahme teilnimmt oder nur ein Teil der Betriebe eine bestimmte Subvention erhält) und wenn gleichzeitig die Auswahl der Teilnehmer nicht zufällig erfolgt, sondern sich an bestimmten Kriterien orientiert, oder wenn sich die Teilnehmer selbst aufgrund bestimmter Kriterien für oder gegen eine Teilnahme entscheiden. Der Effekt der "Behandlung" kann dann nicht durch einen Vergleich der Mittelwerte der Erfolgsindikatoren der beiden Gruppen "behandelter" und "nicht-behandelter" Individuen oder Firmen ermittelt werden.

Der individuelle kausale Effekt – in unserem Fall des Exportstarts auf die Entwicklung der Firmengröße – kann wegen der fehlenden Informationen zur kontrafaktischen Situation niemals ermittelt werden. Zufallsexperimente – z. B. wählt man von 1000 Firmen zufällig 500 aus, die mit dem Export beginnen, und dann vergleicht man diese mit den übrigen 500 Nicht-Exporteuren nach einigen Jahren – sind ebenfalls nicht möglich. Was bleibt ist der Weg, der sich in den vergangenen Jahren als ein Standard in der Evaluation von arbeitsmarktpolitischen Programmen etabliert hat und der zunehmend auch in anderen Gebieten der empirischen Wirtschaftsforschung angewandt wird: Zu den "Behandelten" wird aus allen "Nicht-Behandelten" eine Kontrollgruppe derart konstruiert, dass jedem Mitglied der Gruppe der "Behandelten" ein "Nicht-Behandelter" zugespielt wird, der zum Zeitpunkt vor der "Behandlung" in allen wichtigen Dimensionen dem "Behandelten" möglichst ähnlich (im Idealfall: mit ihm identisch) ist. Unterschiede zwischen beiden Gruppen ("Behandelten" und "Nicht-Behandelten") nach der "Behandlung" können dann als durch die "Behandlung" hervorgerufen angesehen werden (vgl. für eine umfassende Diskussion Heckman, LaLonde and Smith 1999).

Mit einem solchen Matching-Ansatz wurde von mir erstmals der kausale Einfluss des Exportstarts auf Firmenwachstum und Produktivität untersucht (vgl. Wagner 2002). Die Datenbasis hierfür bilden die bereits angesprochenen Firmenpaneldaten aus der amtlichen Industrieberichterstattung in Niedersachsen. Das erfolgreiche Matching von Exportstartern und Nicht-Startern erfolgte auf der Basis von Angaben zu den Firmen in $t-1$ mit Hilfe des Propensity Scores und der Mahalanobis-Distanz (vgl. Sianesi 2001). Als für uns hier zentrales Ergebnis zeigt sich, dass die Exportstarter zwischen $t-1$ und $t+3$ mit einer Wachstumsrate der Beschäftigtenzahl von 11.5 Prozent im Durchschnitt deutlich stärker wuchsen als die diesen Startern zugematchten Nicht-Starter, deren Belegschaft im Durchschnitt um 1.8 Prozent schrumpfte. Dieser Unterschied ist statistisch hoch signifikant und ökonomisch betrachtet sehr erheblich. Damit haben wir ein Indiz dafür, dass Exportaktivitäten das Firmenwachstum fördern.

Ob Wachstum der Firma und Wachstum des Anteils der Exporte am Umsatz gleichzeitig stattfinden, wie dies in dem Modell von Hirsch und Adar (1974) für den Fall, dass eine Firma auf dem Inlandsmarkt über einen größeren Preissetzungsspielraum verfügt als auf dem Auslandsmarkt, theoretisch gezeigt wurde, wurde ebenfalls mit den Firmenpaneldaten aus der amtlichen Industrieberichterstattung in Niedersachsen überprüft (vgl. Wagner 1993). In einem ökonometrischen Modell mit der Veränderung des Exportanteils am Umsatz als endogener Variable und der Wachstumsrate des Gesamtumsatzes sowie einer Konstanten als exogenen Variablen zeigt sich für exportierende Investitionsgüter-Produzenten genau der theoretisch erwartete positive und statistisch signifikante Zusammenhang.

Alle drei Fragen – ob eine höhere Firmengröße zu Exporten führt, ob Exporte zu größeren Firmen führen, und ob Wachstum der Firma und Wachstum des Anteils der Exporte am Umsatz gleichzeitig stattfinden – lassen sich nur mit Paneldaten untersuchen und alle drei sind nach den hier zusammenfassend vorgestellten empirischen Befunden (zumindest für niedersächsische Industriebetriebe) mit Ja zu beantworten.

3 Das Geheimnis der kleinen erfolgreichen Exporteure

Die im vorigen Abschnitt präsentierten Befunde aus deskriptiven und mikroökonometrischen Untersuchungen zusammen mit den referierten theoretischen Überlegungen könnten es nahe legen, internationale Firmentätigkeit als ein Gebiet zu betrachten, das allenfalls für sehr große mittelständische Firmen relevant ist. Ein Blick über den Tellerrand der wissenschaftlichen Fachzeitschriften hinaus in die Wirtschaftspresse liefert jedoch eine Fülle von Gegenbeispielen dafür, dass nur "die Großen" auf dem Weltmarkt bestehen können – hier findet man zahlreiche Berichte über sehr erfolgreiche kleine Exporteure. Vier Beispiele aus der Region (und damit aus der auch in den oben referierten empirischen Studien ökonometrisch untersuchten niedersächsischen Industrie) sollen dies illustrieren:

Dr. Kaiser Diamantwerkzeuge mit Sitz in Celle produziert mit 104 Mitarbeitern (Stand: Anfang 2002) Diamant-Präzisionswerkzeuge und ist Weltmarktführer im Bereich der Diamantformrollen. Die Exportquote liegt bei 35 Prozent mit Kunden in allen Industrieländern der Welt und weltweit 16 Vertretungen (vgl. o. V. 2002).

Moeck Music Instrumente und Verlag Dr. Hermann Moeck e.K. mit Sitz in Celle produziert mit rund 80 Beschäftigten (Stand: Anfang 2003) hochwertige Holzblasinstrumente. Der Exportanteil liegt bei rund einem Drittel, wobei in das europäische Ausland, nach Asien sowie in die USA und nach Kanada geliefert wird (vgl. o. V. 2002a).

nya nordiska textiles gmbh mit Sitz in Dannenberg ist ein Familienunternehmen mit rund 120 Mitarbeitern (Stand: Frühjahr 2003), das im gehobenen Segment der Heimtextilbranche tätig ist. Die Designer-Stoffe werden weltweit vertrieben, der Exportanteil beträgt über 50 Prozent des Gesamtumsatzes – zwei Drittel davon gehen ins europäische Ausland, ein Drittel nach Asien und Amerika (vgl. o. V. 2002b).

Hildebrand und Richter & Co. Fabrik für techn. Gummi- und Kunststoffspezialitäten GmbH mit Sitz in Kirchgellersen hat 50 Mitarbeiter (Stand: Herbst 2003) und ist ein Hersteller von Spezialartikeln aus Gummi und Kunststoff. Der Exportanteil in EU-Staaten und in die USA betrug 2001 rund 24 Prozent (vgl. o. V. 2002c).

Die hier angeführten und zahlreiche weitere Beispiele verweisen auf die Bedeutung eines in einer Firma jeweils gegebenen "gewissen Etwas" – ein einmaliges Produkt mit besonderen Eigenschaften, von herausragendem Design, geschützt durch Patente oder geheime Zutaten; eine besondere Art der Organisation der Produktion mit hoher Flexibilität und schneller Reaktionsmöglichkeit auf Kundenwünsche; etc.. John Dunning (1981, 80) verwendet hierfür den anschaulichen Begriff des firmenspezifischen Vorteils (ownership-specific advantage); Ricard Caves (1982, 3) spricht von nichtstofflichen Aktiva (intangible assets), die man in erfolgreichen Firmen findet.

Technisch – oder besser: ökonometrisch – gesprochen handelt es sich bei diesen firmenspezifischen Vorteilen um unbeobachtete (und in vielen Fällen zumindest für Außenstehende auch unbeobachtbare!) und in der mittleren Frist fixe Eigenschaften der Merkmalsträger. Der Schlüssel zum Verständnis des Puzzles, warum es in der Realität so viele kleine erfolgreiche Exporteure gibt und warum trotzdem gleichzeitig ökonometrische Untersuchungen immer wieder sowohl einen positiven Zusammenhang zwischen Firmengröße und Exportaktivitäten als auch (in jeweils eine Richtung oder wechselseitig verlaufende) positive kausale Beziehungen zwischen beiden Variablen anzeigen, liegt darin, zu erkennen, welche Konsequenzen es hat, eben diese unbeobachtete Heterogenität in ökonometrischen Untersuchungen zu vernachlässigen: Wenn firmenspezifische Vorteile der beschriebenen Art häufiger – aber eben nicht nur! – in größeren Firmen anzutreffen sind, dann sind Firmengröße und diese unbeobachteten Einflussfaktoren positiv korreliert. Erfolgt in ökonometrischen Schätzungen keine Kontrolle für diese unbeobachtete Heterogenität, dann werden die Koeffizienten der Firmengrößenvariablen nach oben verzerrt geschätzt. Bei Kontrolle für unbeobachtete Heterogenität müsste der positive Einfluss der Firmengröße auf die Exporte deutlich weniger ausgeprägt sein oder ganz verschwinden.

Nun lassen sich diese firmenspezifischen Vorteile in vielen Fällen (zumindest durch die empirische arbeitenden Forscher) gar nicht oder nur recht vage beschreiben. Ein unmittelbarer Test der hier formulierten Hypothese, dass es den positiven Einfluss der "Firmengröße an sich" nicht gibt, durch die Schätzung von Modellen, in denen neben der Anzahl der Beschäftigten auch (Proxy) Variablen zur Abbildung der firmenspezifischen Vorteile aufgenommen werden, ist daher nicht möglich. Paneldaten ermöglichen aber bekanntlich eine Kontrolle für genau den oben beschriebenen hier relevanten Typ unbeobachteter Heterogenität und damit die unverzerrte Schätzung der Regressionskoeffizienten der in das Modell einbezogenen beobachteten Größen – d. h. hier der Koeffizienten der Anzahl der Beschäftigten und deren Quadrat als Maß für die Firmengröße (vgl. Baltagi 2001).

Ein entsprechendes Modell mit dem Anteil der Exporte am Umsatz als endogene Variable und der Anzahl der Beschäftigten sowie deren Quadrat (und weiteren, hier nicht zu betrachtenden Kontrollvariablen) als exogene Variablen wurde mit gepoolten Firmendaten aus der amtlichen Industrieberichterstattung in Niedersachsen geschätzt (vgl. Wagner 2003). Erstmals wurde hierbei der von Leslie Papke und Jeff Wooldrigde (1996) für die Modellierung von Prozentvariablen mit zahlreichen Nullbeobachtungen entwickelte und von Wagner (2001) in die Mikroökonometrie des Exports eingeführte Fractional Logit Schätzer (vgl. Wolldrigde 2002, 661pp.) in einem Panelansatz als Fixed Effects Schätzer verwendet. Die Verwendung eines unconditional fixed-effects Ansatzes ist hier ausnahmsweise gerechtfertigt, denn es liegen uns aus den Erhebungen der amtlichen Statistik Längsschnittinformationen über sämtliche Einheiten der Grundgesamtheit vor (vgl. die Diskussion bei Hardin und Hilbe 2001, 195, und Kennedy 2003, 312f.).

Das zentrale Ergebnis der Studie lässt sich in einem Satz zusammenfassen: Sobald in einem Fixed-effects Ansatz für unbeobachtete Heterogenität kontrolliert wird, gibt es keinen auf einem Fehlerniveau von 5 Prozent oder besser statistisch signifikanten positiven Zusammenhang zwischen Firmengröße und Exporten. Dies entspricht voll und ganz der oben formulierten Hypothese – nicht Firmengröße per se ist verantwortlich für den Exporterfolg, es sind vielmehr die mit der Größe positiv korrelierten und nicht nur in großen Firmen vorzufindenden unbeobachteten firmenspezifischen Vorteile. Damit ist das Rätsel gelöst, warum trotz zahlreicher erfolgreicher kleiner Exporteure empirische Untersuchungen immer und immer wieder einen positiven Zusammenhang zwischen Firmengröße und Exporten ermitteln. Möglich ist diese Lösung nur auf der Basis von Paneldaten und unter Verwendung panelökonometrischer Methoden gewesen.

4 Fazit

Der vorliegende Beitrag hat am Beispiel der Zusammenhänge zwischen Firmengröße und Exportaktivitäten gezeigt, wie durch die Verwendung von Firmenpaneldaten und panelökonometrischen Methoden Einsichten zu einem wichtigen Themenbereich der Mittelstandsforschung gewonnen werden können. Nur mit diesem Daten- und Methodentyp ist es möglich zu zeigen, dass

Größe förderlich für Exporttätigkeit ist, dass Exporte zu Firmenwachstum führen, dass Größenwachstum und Wachstum des Exportanteils Hand in Hand gehen – und dass trotzdem nicht "Größe an sich" als ausschlaggebend für Exporterfolge gelten kann, sondern dass unbeobachtete (und teils unbeobachtbare) firmenspezifische Eigenschaften, die positiv mit der Größe korreliert sind, zentrale Bedeutung haben. Diese empirischen Befunde stimmen überein mit der Beobachtung, dass es zahlreiche (teils sehr) kleine intensiv auf dem Weltmarkt tätige und dort äußerst erfolgreiche Firmen gibt.

Hiermit soll auch exemplarisch gezeigt werden, dass Firmenpaneldaten ein unverzichtbares Handwerkszeug für die empirische Mittelstandsforschung bilden – und dass Methodenkompetenz im Umgang mit ihnen von zentraler Bedeutung ist. Der Umgang mit Firmenpaneldatensätzen und mit Auswertungsmethoden für diesen Typ von Mikrodaten muss daher einen hohen Stellenwert in Lehre und Forschung zu mittelständischen Firmen einnehmen. Besonders viel versprechende Auswertungsmöglichkeiten ergeben sich hier durch die "neue Generation" in der Form kombinierter Firmen- und Beschäftigtenpanels wie den LIAB, der Linked Employer-Employee – Version des IAB-Betriebspanels (vgl. Bellmann, Bender und Kölling 2002).

Der vorliegende Beitrag hat aber auch deutlich gemacht, wo die Grenzen der Anwendung panelökonometrischer Verfahren liegen: Zwar ist es möglich bei der Schätzung für unbeobachtete Heterogenität zu kontrollieren und damit die Koeffizienten der in das empirische Modell einbezogenen Variablen unverzerrt zu schätzen, über die unbeobachteten firmenspezifischen Eigenschaften selbst und ihre Effekte lassen sich aber so keine Erkenntnisse gewinnen. Diese "Erfolgsfaktoren" lassen sich nicht einfach durch wenige messbare Variablen beschreiben – und erst recht nicht in Umfragen für eine große Zahl von Firmen erfassen (was auch schon bei einfach messbaren aber von den Befragten sehr oft als sensibel eingestuften Informationen wie z. B. dem Umsatz, der Investitionssumme oder dem Ertrag vor Steuern nicht möglich ist). Hier sollten wir der von Alan Blinder (1990) so treffend als *learning by asking those who are doing* beschriebenen Strategie folgen und panelökonometrische Analysen durch Fallstudien – in erfolgreichen und nicht erfolgreichen mittelständischen Exportfirmen – ergänzen.

Literatur

Baltagi, B. H. (2001), *Econometric Analysis of Panel Data*, Chichester, Wiley.

Bellmann, L., Bender, S. und A. Kölling (2002), Der Linked Employer-Employee-Datensatz aus IAB-Betriebspanel und Beschäftigtenstatistik der Bundesanstalt für Arbeit (BA), in: Kleinhenz, G. (Hrsg.), *IAB-Kompendium Arbeitsmarkt- und Berufsforschung*, Nürnberg, Institut für Arbeitsmarkt- und Berufsforschung der Bundesanstalt für Arbeit.

Bernard, A. B. and J. B. Jensen (1999), Exceptional Exporter Performance: Cause, Effect, or Both?, in: *Journal of International Economics,* 47, 1, 1-25.

Bernard, A. B., Jensen, J. B., and J. Wagner (1997), The Good go Abroad. Evidence from Longitudinal Micro Data on German and U.S. Exporters, in: Laaksonen, S. (ed.), *The Evolution of Firms and Industries - International Perspective,* Helsinki, Statistics Finland.

Bernard, A. B. and J. Wagner (1997), Exports and Success in German Manufacturing, in: *Weltwirtschaftliches Archiv / Review of World Economics,* 133, 1, 134-157.

Blinder, A. S. (1990), Learning by asking those who are doing, in: *Eastern Economic Journal,* 16, 2, 297-306.

Caves, R. E. (1982), *Multinational Enterprise and Economic Analysis*, Cambridge etc., Cambridge University Press.

Caves, R. E. (1989), International Differences in Industrial Organization, in: Schmalensee, R. and R. Willig (eds.), *Handbook of Industrial Organization, Vol. II*, Amsterdam, North-Holland.

Dunning, J. H. (1981), *International Production and the Multinational Enterprise*, London etc., George Allen & Unwin.

Hardin, J., and J. Hilbe (2001), *Generalized Linear Models and Extensions*, College Station, TX, Stata Press.

Heckman, J. J., LaLonde, R. J. and J. A. Smith (1999), The Economics and Econometrics of Active Labor Market Programs, in: Ashenfelter, O. C. and D. Card (Eds.), *Handbook of Labor Economics*, Vol. 3A, Amsterdam, North-Holland.

Hirsch, Z. (1971), *The Export Performance of Six Manufacturing Industries: A Comparative Study of Denmark, Holland and Israel*, New York, Praeger.

Hirsch, Z. and Z. Adar (1974), Firm Size and Export Performance, in: *World Development,* 2, 7, 41-46.

Kennedy, P. E. (2003), *A Guide to Econometrics,* 5. Ed, Oxford, Blackwell.

o. V. (2002), Transparentes Unternehmen - Brilliante Produkte, in: *Unsere Wirtschaft - Industrie- und Handelskammer Lüneburg-Wolfsburg,* 1, 23-24.

o. V. (2003a), Die Nummer 1 für Solo und Ensemble, in: *Unsere Wirtschaft - Industrie- und Handelskammer Lüneburg-Wolfsburg,* 3, 12-13.

o. V. (2003b), Textilien aus Dannenberg - exzellent und augenfällig, in: *Unsere Wirtschaft - Industrie- und Handelskammer Lüneburg-Wolfsburg,* 5, 10-11.

o. V. (2003c), Riemen, Rollen, Walzen, Kugeln seit 125 Jahren, in: *Wirtschaft aktuell (SMR),* September, 13.

Papke, L. E. and J. M. Wooldridge (1996), Econometric Models for Fractional Response Variables with an Application to 401(k) Participation Rates, in: *Journal of Applied Econometrics,* 11, 4, 619-632.

Sianesi, B. (2001), *Implementing Propensity Score Matching Estimators with STATA*, Paper prepared for UK Stata Users Group, VII Meeting, London, May.

Wagner, J. (1991), *Die bundesrepublikanische Industrie auf dem Weltmarkt. Ökonometrische Untersuchungen zu Bestimmungsgründen von Außenhandel und internationaler Produktion*, Berlin, Duncker & Humblot.

Wagner, J. (1993), Firm Size, Firm Growth, and Export Performance - Evidence from Longitudinal Data for German Establishments, in: *Jahrbücher für Nationalökonomie und Statistik*, 211, 5-6, 417-420.

Wagner, J. (1995), Exports, Firm Size, and Firm Dynamics, in: *Small Business Economics*, 7, 1, 29-39.

Wagner, J. (1997), Aktivitäten niedersächsischer Industriebetriebe auf Auslandsmärkten, in: *Neues Archiv für Niedersachsen*, 1, 1-15.

Wagner, J. (1998), Bestimmungsgründe internationaler Firmentätigkeit - Ergebnisse ökonometrischer Untersuchungen mit Daten aus niedersächsischen Industriebetrieben, in: *Jahrbücher für Nationalökonomie und Statistik*, 217 (5), 613-627.

Wagner, J. (2000), Firm Panel Data from Official Statistics, in: *Schmollers Jahrbuch / Journal of Applied Social Science Studies*, 120, 1, 143-150.

Wagner, J. (2001), A Note on the Firm Size - Export Relationship, in: *Small Business Economics*, 17, 229-237.

Wagner, J. (2002), The Causal Effects of Exports on Firm Size and Labor Productivity: First Evidence from a Matching Approach, in: *Economics Letters*, 77, 4, 287-292.

Wagner, J. (2003), Unobserved Firm Heterogeneity and the Size-Exports Nexus: Evidence from German Panel Data, in: *Review of World Economics / Weltwirtschaftliches Archiv*, 139, 1, 161-172.

Wooldridge, J. M. (2002), *Econometric Analysis of Cross Section and Panel Data*, Cambridge, MA, MIT Press.

KAPITEL VIER

Die Person des Unternehmers und wirtschaftlicher Erfolg

Dierk Hirschel, Joachim Merz

Universität Lüneburg, Forschungsinstitut Freie Berufe

Was erklärt hohe Arbeitseinkommen der Selbständigen – Eine Mikroanalyse mit Daten des Sozio-ökonomischen Panels

Zusammenfassung

Während die wissenschaftliche Auseinandersetzung mit der Struktur des unteren Einkommensbereichs (Armutsforschung) auf eine lange Tradition zurückblicken kann, ist der obere Bereich der Einkommensverteilung weitgehend unerforscht. Dies gilt umso mehr für die Gruppe der Selbständigen.

Die vorliegende Studie analysiert die Determinanten hoher Arbeitseinkommen (Reichtumsgrenze 200% des Mittelwertes) der Selbständigen in der Bundesrepublik Deutschland. Unterschieden wird zwischen individuellen (Humankapital, Arbeitszeit) und strukturellen (soziale Herkunft, Diskriminierung, Regionen, etc.) Determinanten der Einkommenshöhe. Theoretische Grundlage sind die prominenten Einkommenstheorien. Datenbasis ist das sozio-ökonomische Panel (SOEP). Mit Hilfe multivariater panelökonometrischer Verfahren (Probit-Panel-Modell, Tobit-Panel-Modell) werden die einzelnen Erklärungsansätze gegeneinander getestet. Zentrales Ergebnis der Studie ist der Sachverhalt, dass Einkommensreichtum in erster Linie eine Frage der sozialen Herkunft ist. Individuelle Faktoren spielen im Vergleich zu den strukturellen Faktoren eher eine untergeordnete Rolle in der Bestimmung hoher Einkommen der Selbständigen.

1 Einleitung

In der wirtschafts- und sozialpolitischen Diskussion, in der Debatte um Wachstum der Wirtschaft, sind die Einkommen der Wirtschaftssubjekte und ihre Verteilung von zentraler Bedeutung. Einkommen und die Verteilung von Einkommen werden unter der Perspektive als Wachstumsmotor aber auch als Ergebnis wirtschaftlichen Handelns betrachtet und vielfältig untersucht. Die entsprechenden Einkommensstudien konzentrieren sich – auch wegen der

Datenlage – vor allem auf untere und mittlere Einkommen.[1] Allerdings ist verbunden mit dem jüngst erschienenen ersten Armuts- und Reichtumsbericht der Bundesregierung (Bundesministerium für Arbeit und Sozialordnung 2002) das Interesse an hohen Einkommen auch politisch aktuell thematisiert worden. Erste empirisch fundierte Ergebnisse vor allem auf Basis der Einkommensteuerstatistik wurden dafür vorgelegt (Merz 2001). Wenn auch damit begonnen wurde, Transparenz in diesem Bereich zu schaffen, so fehlen doch Studien – gerade für Deutschland -, die nach den Ursachen und Bestimmungsgründen hoher Einkommen fragen und solche Determinanten quantifizieren (vgl. Hirschel 2003). Insbesondere fehlen Studien, die hier die Selbständigen explizit thematisieren, wird doch gerade den Selbständigen – meist mangels besseren Wissens – generell ein hohes Einkommen zugeordnet.[2] Wenn auch die Streuung der Selbständigeneinkommen in der öffentlichen Diskussion damit unterschätzt wird, tragen allerdings, wie wir noch sehen werden, die Selbständigen durchaus einen substantiellen Teil zu hohen Einkommen bei.

Die vorliegende Studie befasst sich mit den Arbeitseinkommen von Selbständigen. Damit werden bewusst andere mögliche Einkunftskomponenten wie z. B. Kapitaleinkünfte oder Einkünfte aus Vermietung und Verpachtung etc. ausgeklammert, die wahrscheinlich einen anderen theoretischen Rahmen erfordern. Die Konzentration auf die Arbeitseinkommen erlaubt zudem entsprechende Vergleiche mit den Arbeitseinkommen von abhängig Beschäftigten.

Untersuchungsziel ist eine Quantifizierung der Ursachen des finanziellen Erfolgs von Selbständigen; insbesondere werden wir Determinanten hoher Arbeitseinkommen der Selbständigen untersuchen. Damit tragen wir in zweierlei Hinsicht zum obigen Diskussionsrahmen bei: einmal mit einer Vertiefung der Verteilungsdimension und zum anderen mit einer Vertiefung zum Verständnis der Selbständigen generell. Indem wir die Selbständigen gesondert nach Freiberuflern und sonstige Selbständige explizit ansprechen, tragen wir einerseits der besonderen wirtschaftlichen und gesellschaftlichen Bedeutung der Gruppe der Freien Berufe innerhalb der Selbständigen Rechnung (vgl. z. B. Deneke 1960, 1986), zum anderen hat es sich gezeigt, dass die

---

1 In der überwiegenden Mehrheit der empirischen Arbeitsmarktstudien werden die Selbständigen – mit dem Hinweis, sie eigentlich einbeziehen zu müssen –aufgrund von Mess- und Interpretationsproblemen ausgeklammert (vgl. Hamilton 2000, 610).

2 Wie mit den Einkommensteuerstatistikdaten 1995 gefunden wurde, streut das Einkommen der Selbständigen doch beachtlich; so erreichten bspw. die Hälfte aller Selbständigen ein Bruttoeinkommen (Median) nur von 45.000 DM, dagegen die abhängig Beschäftigten einen Wert von 54.675 DM; auch der Gini-Koeffizient zeigt für die Selbständigen mit 0,6201 gegenüber den abhängig Beschäftigten von 0,3735 auf eine besondere Spreizung der Einkommen der Selbständigen (Merz 2001, 61ff.).

Freien Berufe einen bedeutenden Beitrag zur Erklärung von Einkommensreichtum liefern (Merz und Zwick 2003).

Die Datenbasis ist das Sozio-ökonomische Panel 1986 bis 1999; methodisch werden wir panelökonometrische Modelle verwenden, die mit Berücksichtigung der unbeobachteten Heterogenität aus dem Quer- und Längsschnittbezug ja bekanntlich die Effizienz der ökonometrischen Schätzungen erhöht.

Zum Aufbau der Studie: In Abschnitt 2 werden die theoretischen Grundlagen der Einkommensbildung bei Selbständigen aus mikroökonomischer Perspektive erläutert. Abschnitt 3 umfasst die methodischen Grundlagen: die Datenbasis, Einkommenskonzept, Reichtumsgrenzen und die panelökonometrischen Ansätze. In Abschnitt 4 werden zentrale deskriptive Ergebnisse zu den Selbständigen (Freiberufler und sonstige Selbständige) und abhängig Beschäftigte vorgestellt und diskutiert. Vor diesem Hintergrund wird dann in Abschnitt 5 die multivariate Analyse mit panelökonometrischen Modellen vorgenommen. Der Schluss fasst zusammen und bietet einen Ausblick auf weitere Forschung.

2 Theorien der Arbeitseinkommen Selbständiger

Theorieansätze zur Erklärung der Höhe des Arbeitseinkommens beziehen sich in erster Linie auf die Arbeitseinkommen abhängig Beschäftigter. In der überwiegenden Mehrheit der empirischen Arbeitsmarktstudien werden die Selbständigen – mit dem Hinweis, sie eigentlich einbeziehen zu müssen – aber aufgrund von Mess- und Interpretationsproblemen ausgeklammert (vgl. Hamilton 2000, 610).

Zahlreiche theoretische Ansätze zur Erklärung von Arbeitseinkommen können auch auf die Arbeitseinkommen aus selbständiger Tätigkeit angewandt werden. Hierzu gehören der Ability-Ansatz, die Humankapitaltheorie (vgl. Mincer 1974, Becker 1975, Schulz 1961), der klassen- und schichtentheoretische Ansatz (Wright et al. 1982, Goldthorpe 1996) und die Theorie kompensierender Einkommensdifferentiale (vgl. Pfeiffer 1994, 43ff.). Andere theoretische Ansätze wie die der Effizenzlohn- und der Segmentationstheorie sind lediglich auf Lohneinkommen anwendbar. Zuerst soll der humankapitaltheoretische Ansatz auf die Arbeitseinkommen von Selbständigen angewendet werden.

Unter der Annahme, dass die Individuen ihr Vermögen maximieren und die Form der Selbständigkeit wählen, die ihnen das höchste erwartete Einkommen bringt, kann die Arbeitseinkommensfunktion eines Selbständigen (i) in der Branche (j) zum Zeitpunkt t wie folgt dargestellt werden:

(1) $$Y_{ijt} = H_{it}\delta_j + f_j\left(EXPR_{ijt}\right) + \varepsilon_{ijt}, \qquad j = SE, PE$$

Der Vektor H_{it} repräsentiert dabei die Charakteristika individueller Produktivität. Er steht folglich in erster Linie für die humankapitaltheoretischen Einflussfaktoren der schulischen und beruflichen Qualifikation. Der Vektor $EXPR_{ijt}$ bringt die Arbeits- und Berufserfahrung zum Ausdruck (Hamilton 2000, 608f.). Es verbleibt ein branchenspezifischer Fehlerterm. Die Produktivitätseffekte des humankapitaltheoretischen Ansatzes gelten für die Gruppe der Selbständigen ebenso wie für die Gruppe der Arbeitnehmer.

Hinsichtlich der Berufserfahrung muss die Zweiteilung der traditionellen Humankapitaltheorie in allgemeines und spezifisches Humankapital in der Anwendung auf Analyse der Arbeitseinkommen von Selbständigen erweitert werden. Das spezifische Humankapital wird unterteilt in unternehmerisches und branchenspezifisches Humankapital. Unter branchenspezifischem Humankapital werden in diesem Zusammenhang die bisher gesammelten beruflichen Erfahrungen in der Branche der Unternehmensgründung zusammengefasst. Das unternehmerische Humankapital umfasst die Qualifikationen und Fähigkeiten, die für die Ausübung der Unternehmerrolle von Bedeutung sind.

Der entscheidende Unterschied zum traditionellen Schooling-Modell besteht im Verlauf der Einkommen-Erfahrungs-Profile bei Selbständigen. Das vorliegende humankapitaltheoretisch basierte Investitionsmodell geht davon aus, dass der Anstieg der Arbeitseinkommen im Zuge fortschreitender Humankapitalinvestitionen bei den Selbständigen steiler verläuft als bei den abhängig Beschäftigten. Die Ursache hierfür wird darin gesehen, dass die Selbständigen ihre Investitionen in Humankapital mit niemandem teilen müssen (vgl. Hamilton 2000, 607). Zudem entstehen für Selbständige im Gegensatz zu den abhängig Beschäftigten keine Screeningeffekte, die zu einer Minderung des Arbeitseinkommens beitragen könnten.

Neben den Produktivitätseffekten sind im humankapitaltheoretischen Ansatz für berufliche Selbständigkeit die Selektionseffekte von großer Bedeutung. Einkommensdifferentiale sowohl unter Selbständigen als auch zwischen abhängig Beschäftigten und Selbständigen können auf Unterschiede in den branchenspezifischen Fähigkeiten der Individuen zurückgeführt werden. Im Zeitablauf verschwinden geringer begabte Selbständige aufgrund von Selektionsprozessen vom Markt.

Das Superstar-Modell von Rosen (1981) betont die Bedeutung kleiner Unterschiede in den Fähigkeiten und Qualifikationen auf dem Arbeitsmarkt, wenn zwischen den Verkäufern unvollständige Substitution vorliegt und die Produktionskosten nicht im Verhältnis zur Größe des Verkäufermarktes ansteigen. Dadurch lässt sich die starke Polarisierung in der Einkommensverteilung der Selbständigen ableiten.

Darüber hinaus kann die Höhe der Arbeitseinkommen Selbständiger mit Hilfe der Theorie kompensierender Einkommensdifferentiale erklärt werden. Aufgrund des höheren Autonomiegrades und der höheren Arbeitszufriedenheit im Vergleich mit abhängig Beschäftigten werden, vor dem Hintergrund dieses theoretischen Ansatzes, auch geringere Arbeitseinkommen in Kauf genommen. Umgekehrt wird das höhere Risiko der Unternehmensgründung durch eine Risikoprämie kompensiert (vgl. Hamilton 2000, 608). Die klassen- und schichtentheoretischen Ansätze betonen die Bedeutung der Vermittlung von für die Selbständigkeit zentralen Wissens und Fähigkeiten durch das Elternhaus und die Klassen- bzw. Schichtenlage.

3 Methodische Grundlagen

3.1 Die Datenbasis

Datenbasis der Studie ist das sozioökonomische Panel. Das Sozioökonomische Panel war die erste Längsschnittstudie für die Bundesrepublik Deutschland, die sowohl repräsentative Haushalts- als auch Personendaten zur Verfügung stellte (www.diw.de/soep).[3]

Die zentralen Themen der Studie betreffen die Veränderung der Haushaltszusammensetzung, die Erwerbsbeteiligung und berufliche Mobilität, Einkommensverläufe, Wohnsituation, regionale Mobilität, Bildung und Ausbildung, Gesundheit, Zeitverwendung, Lebenszufriedenheit sowie Werteinstellungen (vgl. Hanefeld 1987, 13).

Die erste Datenerhebung wurde mit ca. 6.000 Haushalten im Jahr 1984 durchgeführt. Ausländische Haushalte sind in dieser Untersuchung überrepräsentiert, um gesonderte Auswertungen zu ermöglichen. Befragt wurden alle Haushaltsmitglieder die 16 Jahre und älter sind. Für die erste Welle lagen Informationen von ca. 12.000 Befragungspersonen bzw. etwa 16.000 Haushaltsmitgliedern vor. Die Befragungen wurden im jährlichen Rhythmus durchgeführt. Im Jahre 1990 wurde die Befragung auf Ostdeutschland ausgedehnt. Im Jahre 2001 betrug die Anzahl der befragten Haushalte 13000, was in etwa 30.000 Personen entsprach (vgl. Haisken-DeNew and Frick 2001).

Das Sozio-ökonomische Panel stellt reichhaltige Informationen zur individuellen Situation hier hinsichtlich der Erwerbsbeteiligung und vor allem zum sozio-ökonomischen Hintergrund der Personen und ihrer Haushalte. In unseren Analysen werden die Jahre 1986 bis aktuell 1999 einbezogen. Für das aktuelle Jahr 1999 werden wir zentrale deskriptive Ergebnisse zu den Selb-

---

[3] Es handelt sich hierbei um eine geschichtete Zufallsstichprobe, die auf freiwilliger Teilnahme basiert (vgl. Becker et al. 2003, 61). Die Stichprobe wird für die Gesamtbevölkerung gewichtet. Die Richtgröße ist in diesem Kontext der Mikrozensus (vgl. Becker et al. 2003, 62).

ständigen (Freiberufler und sonstige Selbständige) und abhängig Beschäftigte vorstellen. Die Panelanalyse bezieht alle Jahre von 1986 bis 1999 ein.

3.2 Einkommenskonzept

Vor Beginn der empirischen Analyse hoher Einkommen Selbständiger müssen noch einige grundlegende methodische Fragen erörtert werden. Notwendig ist zunächst eine nähere Eingrenzung des Untersuchungsgegenstandes „hohe Einkommen". Was exakt wird gemessen, wenn wir Arbeitseinkommen untersuchen? Was ist ein hohes Arbeitseinkommen?

Die vorliegende Studie bezieht sich ausschließlich auf Arbeitseinkommen. Hierbei handelt es sich um Einkommen aus abhängiger Beschäftigung und selbständiger Tätigkeit. Einkünfte aus Miete und Verpachtung, Sozialversicherung, allgemeine Barzahlungen, öffentliche Sozialleistungen, der Geldwert von Naturaleinkommen (öffentlicher und privater Güter), kalkulatorische Mietzahlungen von Wohneigentümern, der Wert der Hausarbeit sowie zusätzliche Sozialleistungen für Arbeitnehmer werden nicht berücksichtigt.

3.3 Reichtumsgrenzen

Die Definition eines hohen Einkommens oder Vermögens erfordert die Festlegung von Reichtumsgrenzen. Diese Grenzziehungen sind jedoch normativ. Die ökonomische Diskussion über hohe Einkommen und Vermögen ist sehr stark auf die Anwendung rein quantitativer Verfahren beschränkt. In diesem Zusammenhang wird immer wieder auf die Erkenntnisse der Armutsforschung zurückgegriffen.[4] Folglich erfreuen sich relative Reichtumsmaße großer Popularität (vgl. Hauser und Becker 2001, Merz 2001). Grundsätzlich ist zwischen absoluten und relativen Reichtumsmaßen zu unterscheiden. Die relativen Reichtumsmaße lassen sich in drei zentrale Gruppen unterteilen.

Bezugspunkt für die erste Gruppe von Reichtumsgrenzen ist das gemittelte Einkommen oder Vermögen der zu untersuchenden Gesamtpopulation. Die Grenze für hohe Einkommen und Vermögen wird durch ein Vielfaches des durchschnittlichen Einkommen oder Vermögen generiert.[5] Aus der Armutsforschung abgeleitete Standards sind die 150%-, die 200%- respektive die 300%- Grenze. Eine weitere Abgrenzungsoption mit Hilfe eines relativen Reichtumsmaßes besteht in der Analyse der oberen Randbereiche der

---

4 Dies ist nicht unproblematisch, da von einer begrifflichen Symmetrie von Armut und Reichtum nicht zwangsläufig auszugehen ist (vgl. Hauser und Becker 2001, 45).

5 Von großer Bedeutung ist in diesem Kontext das zugrunde liegende Einkommens- bzw. Vermögenskonzept.

Einkommens- und Vermögensverteilung. Im Mittelpunkt der Untersuchung stehen dann die obersten (reichsten) 5%, 10%, oder das oberste (reichste) Prozent einer Gesamtverteilung.

Darüber hinaus besteht die Möglichkeit, die Reichtumsgrenze durch das Vielfache des Einkommens- bzw. Vermögensanteils des unteren Quantils festzulegen. Dadurch steht der Abstand zwischen Reichtum und Armut im den Mittelpunkt der Betrachtung. Neben der Festlegung relativer Reichtumsgrenzen kann Reichtum auch durch absolute Größen bestimmt werden. Am weitesten verbreitet ist in diesem Zusammenhang die Million (vgl. Merz 2001).

In der vorliegenden Untersuchung wird die Reichtumspopulation durch das relative Reichtumsmaß der 200%-Grenze abgegrenzt. Eine Person gilt dann als reich, wenn ihr Zugriff auf materielle Ressourcen das Doppelte übersteigt, was für eine durchschnittliche Lebensweise erforderlich ist. Die durchschnittliche Lebensweise wird durch den Mittelwert der Arbeitseinkommen oder Vermögen der Gesamtpopulation bestimmt.

3.4 Panelökonometrische Analyseverfahren

Mit der Hilfe multivariater Analysemethoden ist es möglich die unterschiedlichen Erklärungsansätze zur Bestimmung hoher Arbeitseinkommen von Selbständigen gegeneinander zu testen. Alle einbezogenen Variablen konkurrieren miteinander.

Panelökonometrische Untersuchungen ermöglichen die Kontrolle der Effekte unbeobachteter Heterogenität. Dadurch können Unterschiede im Verhalten der Individuen effizienter modelliert werden (vgl. Greene 1997, 615).

Ausgangspunkt ist ein einfaches Regressionsmodell:

(2) $$y_{it} = \alpha_i + x_{it}\beta + \varepsilon_{it}$$

Der Vektor x_{it} enthält K Regressoren, die sowohl über die Individuen als auch über die Zeit variieren. Die individuellen Effekte werden durch den Parameter α_i eingefangen. Diese individuellen Effekte werden über die Zeit (t) konstant gehalten und beziehen sich auf die Einheit (i) des Querschnitts („Fixed-Effects"-Ansatz). Die Störgrößen setzen sich aus einer individuellen und einer über die Zeit konstanten allgemeinen Komponente zusammen. Im „Random-Effects"-Ansatz wird α_i als gruppenspezifischer stochastischer Störterm spezifiziert.

Im „Random-Effects-Modell" wird die individuelle Konstante als zufällig verteilt unter den Einheiten des Querschnitts betrachtet. Dies ist angemessen, wenn wir davon ausgehen, dass die Einheiten des Querschnitts aus einer großen Grundgesamtheit gezogen wurden. Das Regressionsmodell wird wie folgt modifiziert:

(3) $$y_{it} = \alpha + x_{it}\beta + \varepsilon_{it} \qquad \varepsilon_{it} = u_i + \eta_{it}$$

Der Parameter ε_{it} ist die zufällige Streuung der i-ten Beobachtung. Im „Random-Effects-Modell" werden die individuellen Effekte als unkorreliert mit den anderen Regressoren angenommen. Das Modell kann aufgrund ausgelassener Variablen unter Inkonsistenz leiden (vgl. Greene 1997, 633).

Ist für das obige Regressionsmodell die abhängige Variable beschränkt, dann kann die abhängige Variable als latent modelliert werden (Probit, Logit etc. Ansätze). Ein Ereignis tritt danach dann ein, wenn ein bestimmter Schwellenwert (Anspruchsniveau) überschritten ist:

(4) $$y^*_{it} = \alpha + x_{it}\beta + \varepsilon_{it} \qquad \varepsilon_{it} = u_i + \eta_{it}$$

mit $y_{it} = 1 \; wenn \; y^*_{it} > a, \; 0 \, sonst \; (a \, ist \, Schwellenwert)$.

4 Deskriptive Ergebnisse

Beginnen wir die deskriptiven Ergebnisse mit einem Vergleich der Arbeitseinkommen von Selbständigen und abhängig Beschäftigten mit hohen und nicht hohen Einkommen (Tabellen 1 und 2). Zudem gliedern wir die Selbständigen noch nach Freiberufler und sonstige Selbständige. Bei der Interpretation ist zu berücksichtigen, dass die Gruppe der sonstigen Selbständigen auf der Basis der Paneldaten heterogen ist und aus Landwirten, Unternehmern unterschiedlicher Betriebsgrößen sowie mithelfenden Familienangehörigen besteht.

Die Freien Berufen sind keine soziologische Kategorie, sondern ein spezifisches Rechtskonstrukt der Bundesrepublik Deutschland. Sie haben jedoch eine herausragende Bedeutung für die Erklärung des Einkommensreichtums bei Selbständigen, weswegen sie gesondert betrachtet werden (vgl. Merz 2001, Merz, Rauberger und Rönnau 1994). Der Anteil der Freiberufler an der Gruppe der vollerwerbstätigen Selbständigen betrug 1999 etwa 18,4%.

Die empirische Relevanz des humankapitaltheoretischen Ansatzes ist auch für die Gruppe der Selbständigen evident. Dennoch gibt es Anzeichen, dass die Bedeutung der formalen schulischen und beruflichen Qualifikation für den finanziellen Erfolg bei den Selbständigen geringer ausgeprägt ist als bei den abhängig Beschäftigten. Dies gilt jedoch nicht für die Freien Berufe. Reiche Freiberufler verfügen über eine überdurchschnittliche schulische und berufliche Qualifikation. Auch für die Gruppe der Selbständigen ist die Exogenität der Humankapitalvariablen in Frage zu stellen.

Tabelle 1: Ausgewählte zentrale Ergebnisse der deskriptiven Analyse von Selbständigen und abhängig Beschäftigten, 1999

	nicht reiche Selbständige	**Reiche Selbständige**	**nicht reiche abhängig Beschäftigte**	**reiche abhängig Beschäftigte**
Anteil der Reichen an der Gesamtpopulation der Selbständigen bzw. abhängig Beschäftigten	88,6%	11,4%	95%	5%
Arbeitseinkommen[1]	4076 DM	13742 DM	4422 DM	12737 DM
Individuelle Faktoren				
Tatsächliche Arbeitszeit[1]	49,7 Std.	52,8 Std.	42,5 Std.	49,3 Std.
Humankapital				
Ausbildungszeit[1]	12,6 Jahre	14,2 Jahre	12,2 Jahre	14,6 Jahre
Anteil der Abiturienten	28,9%	45,4%	20,4%	52,1%
Hochschulabsolventen	19,1%	51,3%	15,3%	55,0%
Strukturelle Faktoren				
Soziale Herkunft				
Abiturientenquote der Väter	12,8%	29,4%	8,8%	22,8%
Hochschulabsolventenquote der Väter	11,7%	28,8%	11,2%	18,3%
Selbständigenanteil der Väter	21,4%	24,5%	10,7%	12,7%
Beamtenanteil der Väter	7,2%	9,2%	8,9%	13,2%
Diskriminierung				
Frauenquote	29,3%	14,3%	35,5%	4,5%
Ausländeranteil	2,1%	3,9%	9,8%	4,0%
Branchen				
Anteil der Erwerbstätigen im verarbeitenden Gewerbe	12,6%	12,7%	34,4%	56,7%
Anteil der Erwerbstätigen im Dienstleistungssektor	39,1%	55,7%	34,1%	16,5%
Betriebsgröße				
Anteil der Erwerbstätigen in Kleinbetrieben	51,1%	63,0%	22,4%	2,6%

Fortsetzung Tabelle 1

	nicht reiche Selbständige	Reiche Selbständige	nicht reiche abhängig Beschäftigte	reiche abhängig Beschäftigte
Regionen				
Anteil der Erwerbstätigen in Bayern	13,6%	14,8%	13,7%	19,2%
Familienstand				
Anteil der verheiratet Zusammenlebenden	55,3%	72,3%	55,4%	83,0%

[1] Mittelwert.

Quelle: SOEP, Welle C (1986), Welle P (1999), gewichtet, eigene Berechnungen.

Tabelle 2: Ausgewählte zentrale Ergebnisse der deskriptiven Analyse von Freiberuflern und sonstigen Selbständigen, 1999

	nicht reiche sonstige Selbständige	reiche sonstige Selbständige	nicht reiche Freiberufler	reiche Freiberufler
Anteil der Reichen an der Gesamtpopulation der sonstigen Selbständigen bzw. Freiberufler	86,3%	13,7%	45,0%	55,0%
Arbeitseinkommen[1]	4023 DM	13.248 DM	4411 DM	14.147 DM
Individuelle Faktoren				
Tatsächliche Arbeitszeit[1]	50,3 Std.	55,7 Std.	45,8 Std.	50,5 Std.
Humankapital				
Ausbildungszeit[1]	12,1 Jahre	12,2 Jahre	15,5 Jahre	15,9 Jahre
Anteil der Abiturienten	23,0%	18,3%	65,3%	67,1%
Hochschulabsolventen	11,3%	16,0%	67,9%	79,8%
Strukturelle Faktoren				
Soziale Herkunft				
Abiturientenquote der Väter	10,2%	4,2%	27,8%	49,5%
Hochschulabsolventenquote der Väter	9,9%	4,9%	23,2%	45,7%

Fortsetzung Tabelle 2

	nicht reiche sonstige Selb-ständige	**reiche sonstige Selb-ständige**	**nicht reiche Frei-berufler**	**reiche Frei-berufler**
Selbständigenanteil der Väter	21,7%	24,3%	18,9%	24,7%
Beamtenanteil der Väter	5,7%	0,8%	18,0%	18,6%
Diskriminierung				
Frauenquote	30,0%	25,0%	11,5%	16,7%
Ausländeranteil	2,2%	8,8%	1,5%	0,0%
Branchen				
Anteil der Erwerbstäti-gen im Dienstleistungs-sektor	34,2%	26,5%	73,3%	80,3%
Betriebsgröße				
Anteil der Erwerbstäti-gen in Kleinbetrieben	51,0%	69,0%	51,4%	58,9%
Regionen				
Anteil der Erwerbstäti-gen in Baden-Württemberg	20,2%	14,6%	5,6%	16,5%
Familienstand				
Anteil der verheiratet Zusammenlebenden	55,2%	82,8%	56,3%	63,7%

[1] Mittelwert.

Quelle: SOEP, Welle C (1986), Welle P (1999), gewichtet, eigene Berechnungen.

Die soziale Herkunft spielt offensichtlich auch bei den Selbständigen eine bedeutende Rolle. Die Väter erfolgreicher reicher Selbständiger waren oder sind zu 25% ebenfalls selbständig. Unter den Eltern von Freiberuflern finden sich überdurchschnittlich viele Beamte.

Die geschlechtsspezifische und ethnische Diskriminierung ist bei Selbständigkeit geringer ausgeprägt als bei abhängig Beschäftigten. Ein deutlicher Hinweis auf die Wirksamkeit der Diskriminierungseffekte betriebsinterner Strukturen. Für die Gruppe der Freiberufler ist der Anteil reicher Freiberuflerinnen höher als der Anteil der nicht reichen Freiberuflerinnen.

Tabelle 3: Einkommen (Real) – Verteilungsmaße, Alle, Selbständige und abhängig Beschäftigte, 1999

	Alle		Selbständige		Abhängig Beschäftigte	
Mittelwert	4872		5170		4837	
Median	4381		4065		4389	
Verteilungsmaße						
Gini	0,29192		0,37018		0,28141	
Atkinson-Index						
ε = 1	0,15394		0,21886		0,14584	
ε = 2	0,41586		0,41349		0,41584	
Dezilanteile Dezilgrenzen						
1. Dezil	2,6	2079	2,08	1584	2,73	2195
2. Dezil	5,2	2921	3,42	2178	5,40	2970
3. Dezil	6,42	3432	5,03	3086	6,64	3449
4. Dezil	7,63	3913	6,99	3960	7,60	3911
5. Dezil	8,48	4381	7,84	4065	8,55	4389
6. Dezil	9,53	4950	8,75	4950	9,68	4917
7. Dezil	10,64	5484	9,71	5569	10,73	5484
8. Dezil	11,97	6369	12,14	7425	12,05	6336
9. Dezil	14,62	8027	16,39	9900	14,36	7920
10. Dezil	22,91		27,64		22,27	
90/10 Relation		3,7		6,3		3,6
Theil Index	0,14929		0,23972		0,13780	
n	5881		544		5337	
N	26.095.088		2.721.267		23.373.822	

Quelle: SOEP; Welle P (1999), eigene Berechnungen.

Intersektorale, regionale und firmenspezifische Einkommensdifferentiale haben erwartungsgemäß bei Selbständigen eine andere Funktion als bei abhängig Beschäftigten. Vergleichbar ist die Bedeutung der regionalen Einflussfaktoren. Agglomerationsvorteile und positive regionnale Konjunktureffekte sind signifikante Einflussfaktoren erfolgreicher Selbständigkeit. Die Erklärungskraft der segmentations- und effizienzlohntheoretischen Ansätze erschöpft sich jedoch erwartungsgemäß bei der Gruppe der Selbständigen. Reiche Selbständige sind überwiegend im Dienstleistungssektor angesiedelt und besitzen mehrheitlich Kleinbetriebe. Gleiches gilt für die Untergruppe der Freiberufler, wobei diese zu vier Fünftel im Dienstleistungssektor tätig sind. Kompensierende Einkommensdifferentiale haben bei den Selbständigen offensichtlich eine höhere empirische Relevanz. Reiche Selbständige sind verstärkt belasteten Arbeitsbedingungen ausgesetzt. Empirisch bestätig werden konnte dieser Ansatz jedoch nicht. Erfolgreiche Selbständigkeit setzt

Betriebsvermögen voraus. Über 70% der reichen Selbständigen verfügt über betriebliches Eigentum.

Tabelle 4: Hohe Einkommen (Real) – Verteilungsmaße, Alle, Selbständige und abhängig Beschäftigte, 1999

		nicht reiche sonstige Selbständige	**reiche sonstige Selbständige**	**nicht reiche Freiberufler**	**reiche Freiberufler**	
	Alle		**Selbständige**		**Abhängig Beschäftigte**	
Mittelwert	12948		13742		12737	
Median	12284		11880		12375	
Verteilungsmaße						
Gini	0,12862		0,17523		0,11398	
Atkinson-Index						
ε = 1	0,02890		0,05256		0,02191	
ε = 2	0,05069		0,08829		0,03979	
Dezilanteile	**Dezilgrenzen**					
1. Dezil	6,67	9925	6,37	9900	3,27	9925
2. Dezil	8,38	10313	7,83	9900	12,29	10395
3. Dezil	8,50	10766	6,80	10890	8,03	10735
4. Dezil	8,22	11443	7,57	11385	8,73	11468
5. Dezil	9,02	12284	9,31	11880	9,64	12375
6. Dezil	4,47	12557	8,57	12646	2,96	12557
7. Dezil	15,57	13365	9,94	13860	15,95	13332
8. Dezil	10,64	14520	11,18	18810	6,63	13943
9. Dezil	9,59	16418	11,92		17,00	16009
10. Dezil	18,93		20,51		15,49	
90/10 Relation		1,7		3,2		1,6
Theil Index	0,03380		0,06418		0,02216	
n	258		73		185	
N	1.474.059		309.531		1.164.529	

Quelle: SOEP, Welle P (1999), eigene Berechnungen.

5 Multivariate Analyse

Die Strukturanalyse hoher Einkommen Selbständiger soll nun durch eine multivariate Analyse vertieft werden. Die ursprünglich verwendeten Mittelwertvergleiche werden erweitert. Die unterschiedlichen teilweise konkurrierenden, teilweise sich ergänzenden Theorieansätze, können auf diese Weise miteinander verglichen werden. Nicht berücksichtigte Einflüsse werden von einer Störgröße eingefangen.

Da aufgrund der Datenlage nicht alle Einflussgrößen hoher Arbeitseinkommen Selbständiger berücksichtigt werden konnten, wird ein stochastisches ökonometrisches Modell formuliert, welches die nicht erfassten Größen durch einen Störterm auffängt. Die Analyse wird unterteilt in eine Querschnittuntersuchung der Zeitpunkte 1986 und 1999 (die Datenbasis der deskriptiven Analyse), sowie eine panelökonometrische Untersuchung des Zeitraums 1986 bis 1999.

Tabelle 5: Determinanten der Wahrscheinlichkeit reich zu sein, Panelökonometrische Probit-Schätzung Random Effects), Deutschland 1986 bis 1999

	Koeffizient	P[|Z| >z]
Endogene Variable		
Reich/Nicht-Reich		
Humankapitalvariablen		
Länge der Ausbildung	0,147***	0,00
Dauer der Betriebs-zugehörigkeit	0,007	0,426
Potentielle Berufserfahrung	0,098***	0,000
Potentielle Berufserfahrung 2	-0,157**	0,002
Diskriminierung		
Geschlecht (1=Frau))	-1,210***	0,000
Nationalität (1=Deutsch)	-0,404	0,286
Soziale Herkunft		
Schulbildung Vater		
Hauptschulabschluss(Vater) (Referenz)		
Realschulabschluss (Vater)	0,402**	0,040
Abitur (Vater)	0,643**	0,001
Anderer Abschluss (Vater)	-0,234	0,668
Kein Abschluss (Vater)	-1,111	0,166

Fortsetzung Tabelle 5

	Koeffizient	P[|Z| >z]
Selbständiger (Vater) (Referenz)		
Arbeiter (Vater)	0,378	0,114
Angestellter (Vater)	0,181	0,445
Beamter (Vater)	-0,075	0,744
Branche		
Dienstleistung (Referenz)		
Landwirtschaft	-1,435**	0,001
Verarbeitendes Gewerbe	-0,230	0,144
Bauwirtschaft	-0,064	0,718
Handel	-0,235*	0,094
Transportgewerbe	-0,113	0,683
Banken, Versicherungen	0,448**	0,047
Regionen		
NRW (Referenz)		
Schleswig Holstein	0,633	0,157
Hamburg	-0,398	0,312
Niedersachsen	-0,169	0,774
Bremen	-0,550*	0,051
Westberlin	0,723	0,420
Hessen	-0,292	0,327
Rheinland-Pfalz, Saarland	-0,281	0,438
Baden-Württemberg	0,300	0,177
Bayern	-0,368	0,105
Ostberlin	-11,506	1
Mecklenburg-Vorpommern	-0,657*	0,092
Brandenburg	-1,264*	0,067
Sachsen-Anhalt	-0,979	0,109
Thüringen	-1,040**	0,045
Sachsen	-1,291**	0,001

Fortsetzung Tabelle 5

	Koeffizient	P[|Z| >z]
Betriebsgröße		
Betriebsgröße < 20 (Referenz)		
Betriebsgröße >=20 < 200	0,418**	0,032
Betriebsgröße >= 200 > 2000	-0,630	0,466
Betriebsgröße > 2000	-0,097	0,751
Betrieb ohne Mitarbeiter	-0,132	0,205
Weiterer soziodemographischer Hintergrund		
Haushaltsgröße	0,068	0,319
Kinderzahl	0,147*	0,073
Familienstand (verheiratet)	-0,035	0,812
Konstante	-4,567***	0,000
N	3978	
McFadden-R2	0,538	
Log-Likelihood Funktion	-1113	

Signifikanzniveau: *(90%), **(95%), ***(99%).

Quelle: SOEP, Welle C (1986) bis Welle P (1999), eigene Berechnungen. (LIMDEP
Signifikanzniveau: *(90%), **(95%), ***(99%).

Die Koeffizienten aus Tabelle 5 können qualitativ als Effekte auf die Einkommensreichtumswahrscheinlichkeit interpretiert werden. Die Koeffizienten der Humankapitalvariablen sind alle signifikant und weisen die erwarteten Vorzeichen auf. Mit anderen Worten haben die Länge der Ausbildung und die spezifische sowie allgemeine Berufserfahrung einen positiven Einfluss auf die Einkommensreichtumswahrscheinlichkeit von Selbständigen.

Die geschlechtsspezifische Diskriminierung hat auch im Panelansatz einen signifikanten negativen Einfluss auf die Einkommensreichtumswahrscheinlichkeit. Die Staatsangehörigkeit ist Modell nicht signifikant.

Die soziale Herkunft beeinflusst die Wahrscheinlichkeit, reich zu sein, über den Schulabschluss des Vaters als Indikator des kulturellen und sozialen Kapitals des Elternhauses. Mit zunehmender Höhe des väterlichen Schulabschlusses steigt die Wahrscheinlichkeit, ein hohes Einkommen zu beziehen. Die berufliche Stellung des Vaters ist im Modell nicht signifikant.

Der Wohnort ist eine weitere signifikante Determinante des Einkommensreichtums. Selbständige, die in NRW, Baden-Württemberg oder Westberlin wohnen, haben im Vergleich zum Rest der Republik eine signifikant höhere Wahrscheinlichkeit, zur Gruppe der hohen Einkommensbezieher zu gehören. Selbständige, die im Osten der Republik wohnen, haben eine deutlich geringere Wahrscheinlichkeit.

Hohe Einkommen werden von Selbständigen im Dienleistungsbereich und im Banken und Versicherungsgewerbe erzielt. Mit Betrieben in der Größenordnung von 20 bis 200 Beschäftigten erzielen Selbständige ihr höchstes Einkommen.

Unter den weiteren sozioökonomischen Einflussgrößen haben sowohl die Kinderzahl im eigenen Haushalt als auch die Haushaltsgröße einen signifikanten Einfluss auf die Wahrscheinlichkeit, zur Gruppe der „Besserverdienenden" zu gehören.

6 Schluss

Untersuchungen zur Einkommenssituation von Selbständigen sind mit großen Unsicherheiten behaftet. Diese resultieren neben der Freiwilligkeit der Einkommensangaben (SOEP-Datenbasis) auch aus der großen Heterogenität dieser Gruppe. Die Lebens- und Arbeitswelten von Selbständigen haben sich im Verlauf des letzten Jahrzehnts aufgrund des Strukturwandels der Arbeitswelt zunehmend auseinander entwickelt. Folglich kann eine ausschließliche Konzentration auf Durchschnittwerte leicht zu nachhaltigen Fehlinterpretationen führen. Gleiches gilt für Verteilungsanalysen der Arbeitseinkommen Selbständiger. Diese Einschränkungen sollten bei der Interpretation der Ergebnisse immer berücksichtigt werden.

Die Ergebnisse der empirischen Untersuchung stützen weitgehend die theoretischen Überlegungen zur Einkommensbildung bei Selbständigen. Die allgemeine Humankapitalausstattung spielt erwartungsgemäß eine bedeutsame Rolle für den finanziellen Erfolg von Selbständigen. Diese wird repräsentiert durch die schulische und berufliche Qualifikation. Eine hohe schulische und berufliche Qualifikation von Selbständigen ist eine notwendige Bedingung für ihren finanziellen Erfolg.

Die spezifische Humankapitalausstattung in Form der beruflichen Erfahrung ist eine weitere bedeutsame Einflussgröße für den finanziellen Erfolg Selbständiger. Spezifische Betriebs- und Branchenkenntnisse sind in diesem Zusammenhang der Schlüssel zum Erfolg. Auch die Höhe der Arbeitszeit hat zumindest auf der Ebene der deskriptiven Analyse eine gewisse Bedeutung.

Neben diesen individuellen Faktoren spielen strukturelle Faktoren in der Einkommensbildung von Selbständigen eine große Rolle. Hervorzuheben ist in diesem Zusammenhang insbesondere die soziale Herkunft. Diese bringt die Ausstattung des Elternhauses mit sozialen, ökonomischen und kulturellen Kapital zum Ausdruck. Auf deskriptiver und ökonometrischer Analyseebene konnte die Bedeutung einer hohen schulischen Qualifikation des Vaters für ein hohes Arbeitseinkommen Selbständiger ermittelt werden. Die berufliche Stellung erwies sich auf der deskriptiven Ebene von empirischer Relevanz. Der Anteil von selbständigen Vätern war unter den reichen Selbständigen höher als unter den finanziell weniger erfolgreichen.

Auch bei Selbständigen ist der finanzielle Erfolg abhängig vom Geschlecht. Selbständige Frauen haben ein geringeres Arbeitseinkommen als selbständige Männer. Dieser Befund deckt sich mit den empirischen Ergebnissen mit der geschlechtsspezifischen Struktur von Einkommensreichtum bei abhängig Beschäftigten.

Die Bedeutung der Branche und der Region für eine erfolgreiche Selbständige ist Ausdruck einer Vielzahl von Einflussfaktoren. Beide Größen können als Praxis für spezifische Marktstrukturen (Monopolrenditen, spezifische Nachfragekonstellationen) sowie unterschiedlicher regionale Wirtschaftspolitiken aufgefasst werden.

Darüber hinaus sind Kinderzahl und Haushaltsgröße erwartungsgemäß positiv mit der Einkommenshöhe korreliert. Diese dienen den Selbständigen offenbar als mobilisierbare Arbeitsreserve.

Literatur

Becker, G. S. (1975), *Human Capital*, Chicago.

Becker, I. et al. (2003), A Comparison of the Main Household Income Surveys for Germany: EVS and SOEP, in: Hauser, R. und I. Becker (Hrsg.), *Reporting on Income Distribution and Poverty Perspectives from a German and a European Point of View*, Berlin, 55-90.

Bundesministerium für Arbeit und Sozialordnung (2002), *Der erste Armuts- und Reichtumsbericht der Bundesregierung*, Bonn.

Goldthorpe, J. H. (1996), Class Analysis and the Reorientation of Class Theory, in: *British Journal of Sociology*, Vol. 47, No. 3, 481-507.

Greene, W. H. (1997), *Econometric Analysis*, New Jersey.

Haisken-DeNew, J. P. and J. R. Frick (2001), *Desktop Companion to the German Socio-Economic Panel Study (GSOEP)*, Berlin.

Hanefeld, U. (1987), *Das Sozioökonomische Panel, Grundlagen und Konzeption*, Frankfurt a. M.

Hamilton, B. H. (2000), Does Entrepreneurship Pay? An Empirical Analysis of the Returns to Self-Employment, in: *Journal of Political Economy*, Vol. 108, No. 3, 604-631.

Hauser, R. und I. Becker (2001), *Einkommensverteilung im Querschnitt und im Zeitablauf 1973-1998*, Studie im Auftrag des Bundesministeriums für Arbeit und Sozialordnung, Berlin.

Hirschel, D. (2003), *Einkommensreichtum und seine Ursachen*, Marburg.

Merz, J. (2001), *Hohe Einkommen, ihre Struktur und Verteilung – Mikroanalysen auf der Basis der Einkommensteuerstatistik*, Studie im Auftrag des Bundesministeriums für Arbeit und Sozialordnung, Berlin.

Merz, J. (2002), Freie Berufe im Wandel der Arbeitsmärkte, in: Merz, J. (Hrsg.), *Freie Berufe im Wandel der Märkte*, Baden-Baden, 121-145.

Merz, J., Rauberger, T. K. und A. Rönnau (1994), *Freie Berufe in Rheinland-Pfalz und der Bundesrepublik Deutschland – Struktur Entwicklung und wirtschaftliche Bedeutung*, FFB-Schriftenreihe Band 7, Lüneburg.

Merz, J. und M. Zwick (2002), Über die Analyse hoher Einkommen mit der Einkommensteuerstatistik. Eine methodische Erläuterung zum Gutachten "Hohe Einkommen, ihre Struktur und Verteilung" zum ersten Armuts- und Reichtumsbericht der Bundesregierung, in: *Wirtschaft und Statistik*, 7, 513-523.

Merz, J. und M. Zwick (2004), Hohe Einkommen: Eine Verteilungsanalyse für Freie Berufe, Unternehmer und abhängig Beschäftigte, in: Merz, J. und M. Zwick, *Mikroanalysen und amtliche Statistik*, Wiesbaden, 167-193.

Mincer, J. (1974), *Schooling, Experience and Earnings*, Hampshire.

Pfeiffer, F. (1994), *Selbständige und abhängige Erwerbstätigkeit. Arbeitsmarkt- und industrieökonomische Perspektiven*, Frankfurt a. M.

Rosen, S. (1981), The Economics of Superstars, in: *American Economic Review*, Vol. 71, 845-858.

Schulz, T. W. (1961), Investment in Human Capital, in: *American Economic Review*, Vol. 51, 1-17.

Wright, E. O., Costello, C., Hachen, D. and J. Sprague (1982), The American Class Structure, in: *American Economic Review*, Vol. 47, 709-726.

KAPITEL FÜNF

Arbeitsmarkt, Beschäftigung und Neue Selbständigkeit

Ulrich Döring, Ralf-Michael Rokoß

Universität Lüneburg, Lehrstuhl für Allgemeine Betriebswirtschaftslehre

Das deutsche Handwerk als Anbieter von Ausbildungsplätzen

Zusammenfassung

Mit der beruflichen Erstausbildung verfolgen Unternehmen das Ziel, den für die Zukunft erwarteten Fachkräftebedarf durch eine zeitlich vorlaufende Berufsausbildung zu decken. Mit einer überdurchschnittlichen Ausbildungsquote nehmen KMU in Deutschland eine herausragende Stellung als Anbieter von Ausbildungsplätzen ein. In der vergangenen Dekade haben die der IHK angeschlossenen Betriebe ihr Ausbildungsplatzangebot kontinuierlich gesteigert, während die Handwerksbetriebe ihr Ausbildungsplatzangebot kontinuierlich reduzierten. Der folgende Beitrag sucht nach Erklärungsmustern für diesen gegenläufigen Trend.

1 Einleitung

Die zunehmende Globalisierung und die mit ihr einhergehenden Veränderungen der betrieblichen Prozesse stellen eine hohe Anforderung an die Betriebe dar. Große wie auch kleine Unternehmen stehen vor der Aufgabe, vor dem Hintergrund immer kürzer werdender Innovationszyklen einen hohen Qualitätsstandard, größtmögliche Kundennähe durch eine nachfrageorientierte Produkt- und Dienstleistungspalette bei gleichzeitig günstigen Preisgestaltungen anzubieten. Diese Herausforderungen können nicht allein von den jeweiligen Unternehmensleitungen realisiert werden. Auch von den Belegschaften in den Betrieben wird erwartet, diesen Prozess nicht nur zu begleiten, sondern ihn aktiv mitzugestalten. Dies setzt eine entsprechende Qualifikation der Mitarbeiter voraus.

Das duale System der betrieblichen Ausbildung stellt nach wie vor die zentrale Säule der beruflichen Ausbildung in der Bundesrepublik Deutschland dar. In den Jahren 2001 und 2002 haben jeweils 51 bzw. 47% der Schulabgänger aus den allgemein bildenden Schulen, Berufsfachschulen, Fachoberschulen und Fachgymnasien eine Ausbildung im dualen System begonnen.[1] Traditionell finden über 80% der Auszubildenden einen Ausbildungsplatz in den Betrieben, die den Industrie- und Handelskammern und den Handwerkskammern angeschlossen sind.

Dem Handwerk kommt im Rahmen der Erbringung von Sach- und Dienstleistungen unverändert eine große Bedeutung innerhalb der deutschen Wirtschaft zu (vgl. Albach 1992 und Pohl 1995, 41ff.). Der Anteil des Handwerks an der Bruttowertschöpfung betrug seit 1960 stets zwischen 8 und ca. 12% (vgl. Statistisches Bundesamt div. Jahre). Im Jahr 1994, dem Erhebungsjahr der letzten Handwerkszählung, wurde beispielsweise im Handwerk ein Gesamtumsatz von über 800 Mrd. DM erwirtschaftet (vgl. Statistisches Bundesamt 1996). Die Leistungserstellung des Handwerks ist traditionell arbeitsintensiv, was sich an der Zahl der Beschäftigten zeigt.[2] Im Jahr 1994 fanden über 6,68 Millionen Beschäftigte in den selbständigen Unternehmen des Vollhandwerks einen Arbeitsplatz. Damit waren in diesem Jahr mehr als 19% aller Erwerbstätigen in Handwerksbetrieben (Vollhandwerk und handwerkliche Nebenbetriebe) beschäftigt.

Neben der Bedeutung des Handwerks in der Leistungserstellung und als Arbeitgeber leistet das Handwerk auch einen überproportionalen Beitrag zur beruflichen Erstausbildung. Der Anteil der abgeschlossenen Ausbildungsverträge im Handwerk zur Gesamtzahl der abgeschlossenen Ausbildungsverträge lag in der Dekade von 1992 bis 2002 zwischen 33 und 37% (vgl. Bundesministerium für Bildung und Forschung). Im Handwerk wird somit ein wesentlicher Teil der zukunftssichernden Ausbildungsleistung erbracht. Vielfach wird dem Handwerk sogar ein überdurchschnittliches und konjunkturunabhängigeres und damit stetigeres Ausbildungsengagement als den IHK-Betrieben zugeschrieben.

Die Gesellschaft erwartet von Betrieben

- ein konkurrenzfähiges Güterangebot
- ein ausreichendes Ausbildungsplatzangebot.

Die Betriebe dagegen erwarten, dass sich kostenträchtige Ausbildungsmaßnahmen auf lange Sicht lohnen.

Im Folgenden werden zunächst die ökonomischen Entscheidungsdeterminanten des einzelwirtschaftlichen Ausbildungsplatzangebots untersucht. Danach

---

1 In 2001: 614.236 von 1.196.379 und in 2002: 572.277 von 1.218.712, vgl. Bundesministerium für Bildung und Forschung div. Jahre, 3, 317.

2 Lag das Verhältnis der Beschäftigtenzahlen von Industrie und Handwerk 1977 noch bei 2:1 zu Gunsten der Industrie, hat sich diese Relation bis zur Handwerkszählung 1995 auf 1:1 verschoben, vgl. Deitmer 1996, 41.

wird aus sektoraler Sicht gezeigt, wie sich das Ausbildungsplatzangebot im Handwerk und im IHK-Bereich im vergangenen Jahrzehnt (1992-2002) in Deutschland entwickelt hat. Dabei wird sich zeigen, dass das Ausbildungsplatzangebot im IHK-Bereich im Zeitverlauf erhöht wurde, während das Handwerk sein Ausbildungsplatzangebot kontinuierlich reduziert hat. Abschließend wird versucht, maßgebliche Gründe für die gegenläufige Entwicklung des Ausbildungsverhaltens aufzuzeigen.

2 Das Ausbildungsplatzangebot im einzelwirtschaftlichen Kalkül

Schulabgänger stehen am Ende ihrer Schulzeit vor einer dreifachen Weggabelung. Sie können

(1) als Ungelernte ins Berufsleben eintreten

(2) eine Lehre im dualen System absolvieren

(3) ein Hochschulstudium oder eine andere Weiterbildung aufnehmen.

Welchen der drei Wege die Schulabgänger einschlagen, hängt von ökonomischen und außerökonomischen Faktoren ab. Vorrangige ökonomische Entscheidungsdeterminante ist das alternativenabhängige, künftige Arbeitseinkommen. Außerökonomische Entscheidungsdeterminanten sind berufsabhängiges gesellschaftliches Ansehen, Selbstverwirklichung im Beruf u. v. a.

Die Betriebe als mögliche Ausbildungsplatzanbieter stehen ebenfalls vor einem Entscheidungsproblem. Schließt man Unternehmen, die vorwiegend ungelernte Arbeitskräfte beschäftigen, aus der Betrachtung aus, gibt es für Betriebe zwei Wege, den künftigen Fachkräftebedarf zu decken: entweder die „Eigenerstellung" im Wege eigenständiger betrieblicher Ausbildung oder den „Fremdbezug" über den Arbeitsmarkt für ausgebildete Fachkräfte.

Auch Betriebe werden ihr Ausbildungsplatzangebot von ökonomischen und außerökonomischen Faktoren abhängig machen. Zu den außerökonomischen Faktoren gehören das Ansehen des Betriebes in der Öffentlichkeit, die unternehmerische Bereitschaft zur Übernahme gesamtgesellschaftlicher Verantwortung u. ä. Ökonomische Entscheidungsdeterminante ist dagegen der finanzielle Nutzen, den der Betrieb aus dem Angebot eines Ausbildungsplatzes erwarten kann.

Konzentriert man den einzelwirtschaftlichen Kalkül auf die Berücksichtigung ökonomischer Entscheidungsdeterminanten, dann mündet der Vorteilhaftigkeitsvergleich in einer Gegenüberstellung finanzieller Vorteile und finanzieller Nachteile. Der potentielle Ausbildungsplatznachfrager wird sich – im theoretischen Modell – nur dann für die berufliche Ausbildung entscheiden, wenn – unter Berücksichtigung möglicher Ausbildungskosten und des künftigen Arbeitsplatzverlustrisikos – der Gegenwartswert seines künftigen Arbeitseinkommens höher ist als bei den beiden anderen Berufswahlalternativen.

Einen ähnlichen, aus der dynamischen Investitionsrechnung geläufigen Vorteilhaftigkeitsvergleich wird der potentielle Ausbildungsplatzanbieter vornehmen. Im theoretischen Modell wird er die dem Ausbildungsplatz zurechenbaren Periodenauszahlungen A_t den ausbildungsplatzbedingten Periodeneinzahlungen E_t gegenüberstellen.

$$C = \sum_{t=1}^{n} (E_t - A_t) \bullet (1+i)^{-t}$$

C	= Kapitalwert
$t = 1 \ldots n$	= Planungszeitraum in Jahren
E_t	= ausbildungsplatzbedingte Einzahlung am Periodenende
A_t	= ausbildungsplatzbedingte Auszahlung am Periodenende
i	= Diskontierungsfaktor

Mit der Ausbildung von Schulabgängern investiert der Ausbildungsbetrieb in Humankapital. Genau wie bei Sachinvestitionen lässt sich auch bei Ausbildungsinvestitionen im theoretischen Modell die Vorteilhaftigkeit des Vorhabens nach dem Kapitalwertkriterium bestimmen.

Begrenzt man den Planungszeitraum des Investitionskalküls auf die – üblicherweise – dreijährige dreijährige Ausbildungsdauer und legt man dem Vorteilhaftigkeitsvergleich die vom Bundesinstitut für Berufsbildung BIBB ermittelten durchschnittlichen Beträge pro Auszubildenden und Jahr zugrunde (vgl. Abbildung 1), dann sind Investitionen in Ausbildungsplätze für die Betriebe unvorteilhaft.

Für die hier zu behandelnde Thematik ist zweierlei festzuhalten:

- Die jährlichen Ausbildungskosten (A_t) in Höhe von EUR 16.435,- liegen weit über den durch den Auszubildenden erwirtschafteten Jahreserträgen (E_t) in Höhe von EUR 7.730,-.

- Mit EUR 17.750,- Bruttokosten pro Jahr ist ein Ausbildungsplatz im IHK-Bereich deutlich teurer als ein Ausbildungsplatz im Handwerk (EUR 14.395,- pro Jahr).

Abbildung 1: Ausbildungskosten nach Ausbildungsbereichen

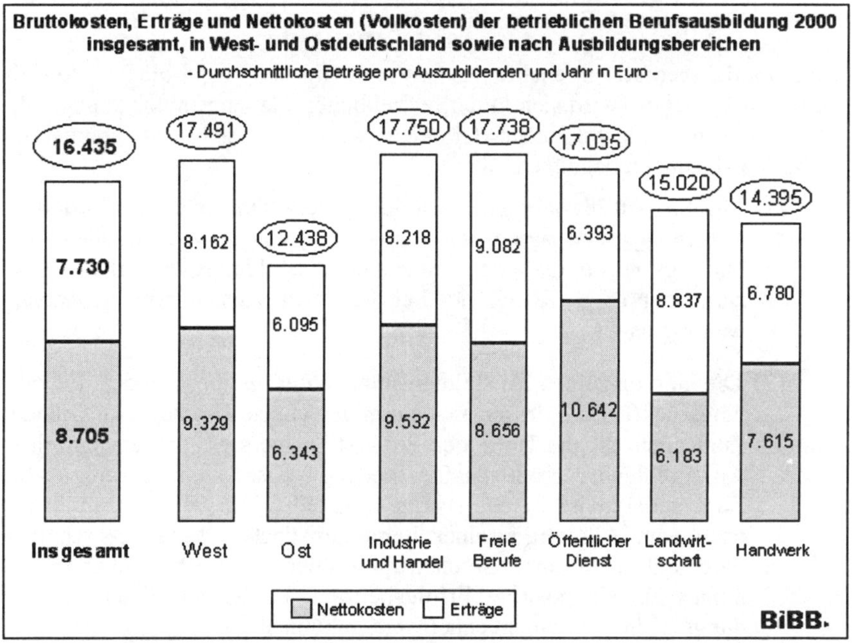

Quelle: Bundesinstitut für Berufsbildung 2003, 2.

Die Nettokosten (= Bruttokosten – Ertrag) pro Ausbildungsplatz belaufen sich auf EUR 8.705,- pro Jahr. Dass Unternehmen trotzdem in großem Umfang Ausbildungsplätze anbieten, hat einen einfachen Grund: Der künftige Bedarf an Fachkräften kann im Wege der „Eigenerstellung“, d. h. über eigene betriebliche Ausbildung oder im Wege des „Fremdbezugs“, d. h. durch Anwerbung über den Arbeitsmarkt für Fachkräfte erfolgen. Die Deckung des Fachkräftebedarfs über „Eigenerstellung“ hat erhebliche Vorteile: Die Suchkosten auf dem Fachkräftemarkt sind höher als die Suchkosten auf dem Ausbildungsmarkt. Die Fehlbesetzung einer Facharbeiterstelle hat für das Unternehmen schwererwiegendere Nachteile als die Fehlbesetzung eines Ausbildungsplatzes. Bei „Eigenerstellung“ des Fachkräftepotentials können Einarbeitungskosten fast gänzlich vermieden werden.

Aus dieser Feststellung ergeben sich zwei Konsequenzen:

- Der Planungszeitraum zur Beurteilung von Ausbildungsinvestitionen ist über die dreijährige Ausbildungszeit hinaus auszudehnen.

- Im Partialmodell sind die eingesparten Kosten der Fremdbezugsalternative der Eigenerstellungsalternative als positive Entscheidungskomponente E_t zuzurechnen.

Eine modelltheoretisch exakte Lösung des Investitionsproblems „Ausbildungsplatzangebot" wird sich in der betrieblichen Planungspraxis kaum realisieren lassen. Aus folgenden Gründen wird man sich mit praktischen Näherungslösungen begnügen müssen:

(1) Die für den dreijährigen Ausbildungszeitraum erwarteten Periodenauszahlungen A_t lassen sich – abgesehen von der individuellen Ausbildungsvergütung – dem einzelnen Ausbildungsplatz nicht direkt zurechnen (z. B. Kosten der Lehrwerkstatt, Kosten der Personalverwaltung usw.).

(2) Die der einzelnen Ausbildungsmaßnahme zuzuordnenden Einzahlungsrückflüsse E_t lassen sich kaum berechnen. Das hat zwei Gründe: Zum einen ist die Höhe des Produktionsbeitrags, den ein einzelner Auszubildender erwirtschaftet, auch ex post kaum quantifizierbar. Zum anderen ist ex ante kaum feststellbar, ob der Auszubildende nach dem Abschluss seiner Lehre als Fachkraft weiterbeschäftigt wird und ob in einem solchen Falle über den Ausbildungszeitraum hinausgehende positive Erfolgsbeiträge E_t der jeweiligen Ausbildungsmaßnahme zugerechnet werden können.

(3) Selbst wenn die zu (2) genannte Zurechnungsproblematik gelöst werden könnte, wäre die Höhe der erwarteten Einzahlungsrückflüsse E_t von der künftigen Auftragslage des Ausbildungsbetriebes abhängig.

(4) Selbst wenn sich die erwarteten ausbildungsbedingten Ein- und Auszahlungen zurechnen und prognostizieren ließen, wäre damit zu rechnen, dass Kleinbetriebe – gerade im handwerklichen Bereich – nicht über die betriebswirtschaftliche Kompetenz zur Durchführung einer dynamischen Investitionsrechnung verfügen.

Nach solchen Einschränkungen gelangt man zu folgender Hypothese: Die betriebliche Planungspraxis macht das jährlich neu zu bestimmende Ausbildungsplatzangebot weitgehend von ökonomischen Überlegungen abhängig. Die Schaffung eines Ausbildungsplatzes führt in der nahen Zukunft mit Sicherheit zu Auszahlungen A_t, die sich mehr oder weniger gut quantifizieren lassen. Für eine fernere Zukunft werden Geldrückflüsse E_t erwartet, die sich einer exakten Prognostizierbarkeit entziehen. Investitionsentscheidungen im Ausbildungsbereich stützt die Planungspraxis nicht auf eine dynamische Investitionsrechnung, sondern auf eine pauschalierende Kosten-Nutzen-

Rechnung. Entscheidungen über die Einrichtung von Ausbildungsplätzen werden nach dem Prinzip begrenzter Rationalität getroffen (vgl. Simon 1981, 99ff.). An die Stelle der monetären Modellgröße A_t tritt als negative Entscheidungskomponente die Erfahrung, dass die Schaffung eines Ausbildungsplatzes während der Ausbildungszeit zu einer spürbaren Kostenmehrbelastung führt.[3] An die Stelle der monetären Modellgröße E_t tritt eine pauschalierte positive Entscheidungskomponente: Rechnet das Unternehmen über den Ausbildungszeitraum hinaus mit einer positiven Geschäftsentwicklung und einem entsprechend hohen Fachkräftebedarf, dann wird den Ausbildungskosten eine starke positive Entscheidungskomponente gegenübergestellt.

Dabei werden die Erwartungen zur mittelfristigen Geschäftsentwicklung geprägt von Erwartungen hinsichtlich der künftigen

- konjunkturellen Entwicklung
- strukturellen Entwicklung

eines Wirtschaftszweiges und der einzelbetrieblichen Perspektive. Im Folgenden soll gezeigt werden, wie in der zurückliegenden Dekade konjunkturelle Schwankungen und strukturelle Veränderungen das Ausbildungsplatzangebot im industriellen und im handwerklichen Bereich beeinflusst haben.

3 Zur Abhängigkeit des Ausbildungsplatzangebots von Kostensteigerungen, konjunkturellen Schwankungen und strukturellen Veränderungen

Die folgenden Ausführungen beschäftigen sich mit der Entwicklung des Ausbildungsplatzangebots in der Zeit von 1992 und 2002 (vgl. Abbildung 2).

Als Ausbildungsplatzanbieter haben der IHK-Bereich auf der einen und das Handwerk auf der anderen Seite im Zeitreihenvergleich sehr unterschiedliche Verhaltensmuster an den Tag gelegt. Das Ausbildungsplatzangebot und seine Veränderung im Zeitverlauf können von verschiedenen Faktoren abhängig sein.

---

[3] Anhaltspunkte zur Bildung pauschalierter Kostenerfahrungswerte liefern das eigene Rechnungswesen bzw. die Publikationen von Wirtschaftsverbänden oder Forschungseinrichtungen. Vgl. z. B. Fn. 7.

Abbildung 2: Jährliches Ausbildungsplatzangebot und nicht besetzte Stellen 1992 – 2002

	1992	1993	1994	1995	1996	1997	1998	1999	2000	2001	2002
Gesamtangebot	721.825	655.857	622.234	616.988	609.274	613.353	635.933	654.454	647.383	638.771	590.232
Gesamtangebot IHK	334.604	291.428	274.777	277.829	281.168	296.978	321.110	342.674	344.621	346.441	318.473
Gesamtangebot Handwerk	263.058	252.758	245.784	243.055	232.031	223.564	223.414	221.899	211.604	199.910	181.898
Gesamtangebot andere	124.163	111.671	101.673	96.104	96.075	92.811	91.409	89.881	91.158	92.420	89.861
nicht besetzte Stellen	126.610	85.737	54.152	44.214	34.947	25.836	23.404	23.439	25.690	24.535	18.005
nicht besetzte Stellen IHK	38.677	25.442	16.479	15.042	13.129	10.784	9.447	9.123	10.203	9.220	7.165
nicht besetzte Stellen Handwerk	70.567	48.819	30.677	23.427	16.883	11.993	11.032	11.349	12.122	11.446	8.010
nicht besetzte Stellen andere	17.366	11.476	6.996	5.745	4.935	3.059	2.925	2.967	3.365	3.869	2.830
Nichtbesetzungsquote IHK	11,56%	8,73%	6,00%	5,41%	4,67%	3,63%	2,94%	2,66%	2,96%	2,66%	2,25%
Nichtbesetzungsquote Handwerk	26,83%	19,31%	12,48%	9,64%	7,28%	5,36%	4,94%	5,11%	5,73%	5,73%	4,40%
Nichtbesetzungsquote andere	13,99%	10,28%	6,88%	5,98%	5,14%	3,30%	3,20%	3,30%	3,69%	4,19%	3,15%

Quelle: Bundesministerium für Bildung und Forschung, eigene Berechnungen.

3.1 Einfluss von Kostensteigerungen

Nach einer Erhebung des Bundesinstituts für Berufsbildung ist zwischen 1991 und 2000

Abbildung 3: Veränderung von Ausbildungskosten und Ausbildungserträgen

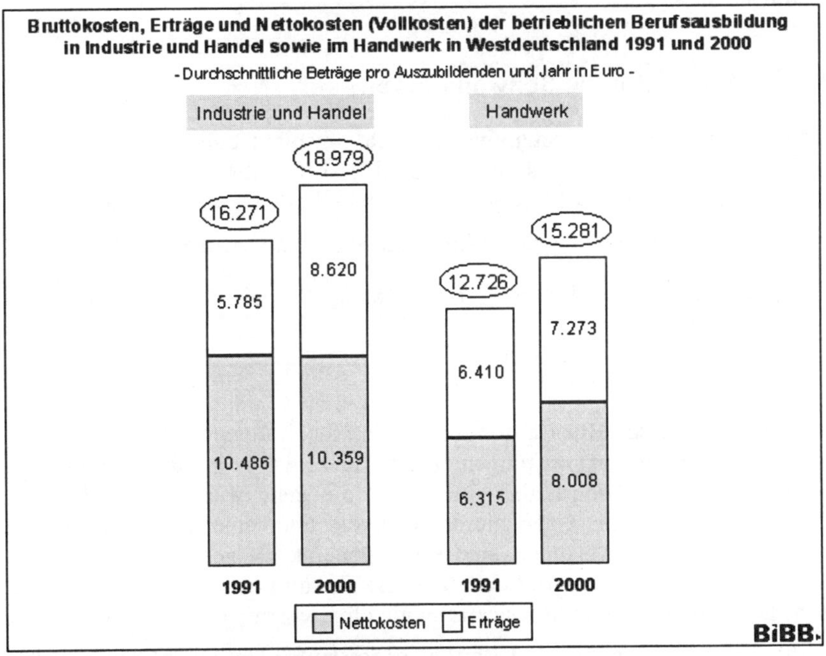

Quelle: Bundesinstitut für Berufsbildung 2003, 3.

ein Anstieg der Ausbildungskosten im Bereich

- Industrie und Handel um 16,6 Prozent
- Handwerk um 20,1 Prozent

zu verzeichnen. Bezogen auf ein Jahr ist zwar der Kostenanstieg vergleichsweise moderat. Gleichwohl ist festzuhalten, dass der stärkere Kostenanstieg im Handwerk c. p. die handwerkliche Ausbildungsneigung stärker beeinträchtigt als dies bei Industrie und Handel der Fall ist.

Nimmt man die Ertragsseite hinzu, berücksichtigt man also die vom Auszubildenden während seiner Lehrzeit erwirtschafteten Jahreserträge, gelangt man zu den Nettokosten eines Ausbildungsplatzes. Zwischen 1991 und 2000 sind die Nettokosten pro Ausbildungsplatz und Jahr in Industrie und Handel mit EUR 10.486,- bzw. 10.359,- faktisch unverändert geblieben. Im Handwerk haben sie sich aber im gleichen Zeitraum von EUR 6.315,- auf 8.008,- erhöht. Gegenüber Industrie und Handel hat das Handwerk zwar immer noch einen komparativen Kostenvorteil. Der starke Anstieg der Nettoausbildungskosten ist aber sicherlich mit ein Grund für die kontinuierlich abnehmende Ausbildungsbereitschaft des Handwerks, wie sie sich aus Abbildung 2, Zeile 3 ablesen lässt.

3.2 Konjunkturelle Schwankungen

Betriebe werden in t_0 nur dann einen Ausbildungsplatz anbieten, wenn sie für die Zeit nach dem Abschluss der Lehre, also ab t_3 mit einem eigenen Fachkräftebedarf rechnen. Der künftige Fachkräftebedarf ist u. a. abhängig von der

(1) betrieblichen Personalstruktur (altersbedingter Ersatzbedarf)

(2) Branchenentwicklung (schrumpfende Branche oder Wachstumsbranche)

(3) konjunkturellen Entwicklung.

Konzentriert man den Blick auf Punkt (3), lässt sich sagen: Je besser die mittelfristigen Konjunkturerwartungen, desto höher ist c. p. der mittelfristig erwartete Fachkräftebedarf, desto höher ist die gegenwärtige Ausbildungsbereitschaft. Anders als Großunternehmen, die über eine eigene volkswirtschaftliche Abteilung verfügen, sind KMU geneigt, die gegenwärtig wahrgenommene Geschäftslage unreflektiert in die Zukunft zu projizieren und mit der mittelfristigen Konjunkturerwartung gleichzusetzen.

Der ifo-Geschäftsklimaindex, der auf einer fortlaufenden repräsentativen Monatsumfrage bei 7.000 deutschen Unternehmen beruht, ist ein vielbeachteter Frühindikator zur Beurteilung der konjunkturellen Entwicklung Deutschlands.

Das Lehrjahr beginnt turnusgemäß zwischen dem 1. August und dem 1. Oktober eines jeden Jahres. Die (Investitions-) Entscheidung über die Einrichtung eines Ausbildungsplatzes fällt mit einer Vorlaufzeit von etwa sechs Monaten. Damit wird das Geschäftsklima zu Beginn eines Jahres zum Indikator der Ausbildungsbereitschaft der Betriebe. Abbildung 4 zeigt für das Frühjahr 1992 einen Geschäftsklimaindex von etwa 95, der zum Frühjahr 1993 drastisch auf etwa 80 absinkt. Pauschalierend kann man 1992 als Boomjahr, 1993 als Flautejahr bezeichnen.

Abbildung 4: ifo-Geschäftsklimaindex – Westdeutschland (gewerbliche Wirtschaft)

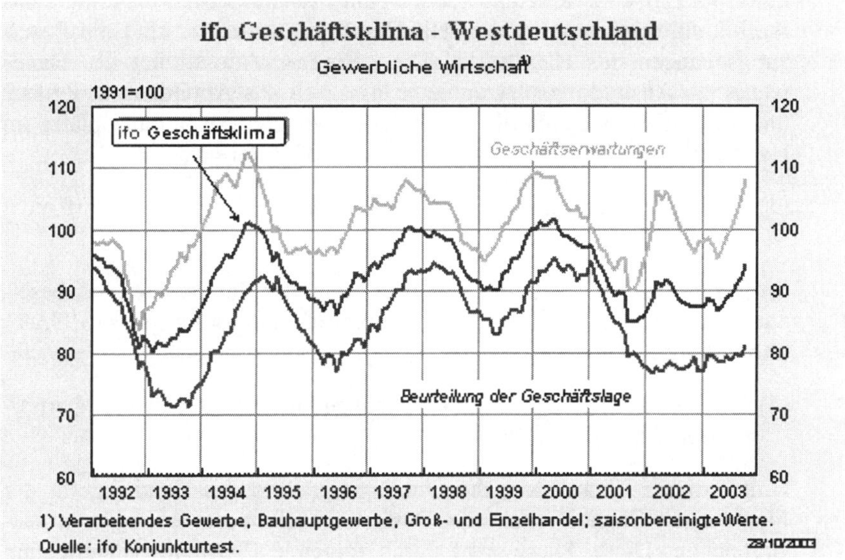

Im Hinblick auf die Konjunkturabhängigkeit des Ausbildungsplatzangebots wurde die These von der „Schwammfunktion des Handwerks" entwickelt (vgl. Steinbach 1974, 81 und Lehne 1991, 16ff.). Nach dieser These schafft das Handwerk in einem Flautejahr – hier: 1993 – überproportional viele Ausbildungsplätze und kompensiert damit den konjunkturbedingten Angebotsrückgang von Industrie und Handel.

Bis zur Mitte der neunziger Jahre stützen die statischen Ausbildungsplatzdaten, wie sie in Abbildung 2 wiedergegeben sind, die These von der Schwammfunktion des Handwerks. Die Schwammfunktionsthese beruht auf vier Gedankenschritten, die im Folgenden mit Blick auf die Ausbildungsdaten der Jahre 1992 und 1993 nachvollzogen werden können:

(1) Konjunkturabhängiges Ausbildungsplatzangebot von Industrie und Handel.

Abbildung 2, Zeile 2 lässt erkennen, dass das Ausbildungsplatzangebot der IHK-Mitglieder nach dem Boomjahr 1992 deutlich zurückgeht, um nach Überwindung der Flautejahre 1993 und 1994 wieder anzusteigen.

(2) Nachfragerpräferenz für Ausbildungsplatzangebot im IHK-Bereich.

Schulabgänger haben eine starke Präferenz für eine Ausbildung im IHK-Bereich (vgl. Kau 1995, 70f., Fobe und Minx 1996, 37ff.). Das Ausbildungsplatzangebot des Handwerks ist nur „zweite Wahl". Je geringer das Ausbildungsplatzangebot der IHK-Berufe, desto besser sind die Besetzungschancen des Handwerks. Die geringere Attraktivität des Handwerks als Ausbildungsplatzanbieter lässt sich aus Abbildung 2, Zeile 9 und 10 ablesen, wonach die Quote nicht besetzter Ausbildungsplätze im Handwerk etwa doppelt so hoch ist wie im IHK-Bereich.

(3) In Boomjahren kann das Handwerk seinen Nachwuchsbedarf nicht decken.

Im Boomjahr 1992 hatte das Handwerk eine deutlich höhere Nichtbesetzungsquote (26,83%) als in der konjunkturellen Schwächephase 1993/94 (Abbildung 2, Zeile 10).

(4) Handwerkliches Ausbildungsplatzangebot ist in der Flaute überproportional hoch.

Hinter dieser These steht die Überlegung, dass das Handwerk in der Flaute seine Chance nutzt, sein Besetzungsdefizit aus Boomjahren auszugleichen. Diese These wird durch folgende Plausibilitätsüberlegung gestützt: Bei mittelfristig konstantem (erwartetem) Fachkräftebedarf muss das Handwerk sein Besetzungsdefizit aus Boomjahren durch ein entsprechend höheres Ausbildungsplatzangebot in Flautejahren ausgleichen. Der empirische Befund (Abbildung 2, Zeile 2 und 3) stützt die Kompensationsthese: Nach dem konjunkturellen Einbruch reduzierte der IHK-Bereich 1993 sein Ausbildungsplatzangebot (gemessen am Vorjahresangebot) um 13%. Das Handwerk kürzte dagegen sein Ausbildungsplatzangebot von 1992 auf 1993 nur um 4%.

Zusammenfassend lässt sich sagen: Die These von der Schwammfunktion des Handwerks basiert auf der Annahme eines kontinuierlich gleichbleibenden Ersatzbedarfs an Fachkräften, der mittelfristig durch einen kontinuierlichen Zustrom aus dem Ausbildungsreservoir gedeckt werden muss. Dass das Handwerk mit seinem Ausbildungsplatzangebot auf Konjunkturabschwächungen nur vergleichsweise schwach reagiert hat, ist vermutlich auch darauf zurückzuführen, dass die „Reizschwelle" der Nettoausbildungskosten pro Ausbildungsplatz und Jahr (vgl. Abbildung 3) zu Beginn der neunziger Jahre mit EUR 6.315,- im Handwerk deutlich niedriger lag als der vergleichbare Durchschnittbetrag – EUR 10.486,- – in Industrie und Handel.

3.3 Strukturelle Veränderungen

Zwischen 1995 und 2001 hat sich das Ausbildungsplatzangebot im IHK-Bereich kontinuierlich erhöht, während das Ausbildungsplatzangebot des Handwerks kontinuierlich zurückgegangen ist (vgl. Abbildung 2, Zeile 2 und 3). Die Bereitschaft des Handwerks, in Phasen konjunktureller Schwäche über den kurzfristigen Bedarf hinaus Ausbildungsplätze anzubieten, ist nicht mehr erkennbar. Von einer Schwammfunktion des Handwerks kann keine Rede mehr sein.

Warum ist das so? Es gibt (mindestens) zwei Erklärungshypothesen:

(1) Eine geschwächte Wettbewerbsposition des Handwerks hat einen geringeren Fachkräftebedarf und dieser wiederum ein geringeres Angebot an handwerklichen Ausbildungsplätzen zur Folge.

(2) Die Ausbildung des Fachkräftenachwuchses hat sich wie in einem Nullsummenspiel vom Handwerk auf den IHK-Bereich verlagert.

Deutschland ist ein Hochlohnland. Damit ist in Deutschland der Kosten- bzw. Substitutionsdruck auf arbeitsintensive Produktionsprozesse besonders hoch: Teuere menschliche Arbeit wird entweder auf maschinelle Anlagen oder in Niedriglohnländer verlagert. Durch den arbeitskosteninduzierten Rationalisierungsdruck hat sich der technische Fortschritt im industriellen Fertigungsbereich, besonders aber im IT-Bereich beschleunigt. Die mangelnde Flexibilität am unteren Ende der Tariflohnskala verbietet eine leistungsgerechte Entlohnung im Niedriglohnbereich und leistet damit einen Beitrag zur Erhöhung der Sockelarbeitslosigkeit.

Alle Wirtschaftszweige müssen auf diese strukturellen Änderungen reagieren. Weil aber das Handwerk ortsgebunden und arbeitsintensiv ist, ist es der notwendigen strukturellen Anpassung weniger gewachsen als die Industrie, die in ihrer Produktionstechnik stärkere Innovationspotentiale freisetzen kann. Nach diesen grundsätzlichen Feststellungen fällt es leichter, sich mit den beiden obigen Erklärungshypothesen zum veränderten Ausbildungsplatzangebot auseinander zu setzen.

3.3.1 Geschwächte Wettbewerbsposition des Handwerks

Nicht zuletzt in Folge der hohen Sockelarbeitslosigkeit ist die Binnennachfrage in Deutschland vergleichsweise schwach. Hiervon ist das deutsche Handwerk stärker betroffen als die Industrie, deren Beschäftigung durch den Export gestützt wird. Hohe negative Beschäftigungseffekte gehen besonders von der Flaute im Baugewerbe aus, die das Handwerk – allein wegen des hohen Anteils der Bauhandwerke am Handwerk insgesamt – in besonderem Maße belastet.

Viele Handwerkszweige, insbesondere im Konsumgüterhandwerk, stehen in einem engen Wettbewerbsverhältnis zur Industrie. Die größeren Rationalisierungspotentiale der Industrie ermöglichen eine kostengünstige Massenproduktion, die das teurere Handwerksprodukt vom Markt verdrängt. Do-it-yourself bzw. Schwarzarbeit sind die zweite, ausländische Baukolonnen aus Niedriglohnländern die dritte Wettbewerbsfront, die das deutsche Handwerk in Bedrängnis bringen.

Natürlich steht auch die deutsche Industrie auf globalisierten Märkten unter scharfem Wettbewerbsdruck. Deshalb mussten einzelne Branchen Marktanteile an ausländische Wettbewerber abgeben. Dem damit einhergehenden Verlust an Beschäftigungsmöglichkeiten kann der IHK-Bereich jedoch die Erschließung neuer Betätigungsfelder im Bereich der New Economy – entgegensetzen. Dem Abbau von Fachkräften in traditionellen Industriezweigen steht ein zusätzlicher Fachkräftebedarf im gesamten IT-Bereich und im Dienstleistungsbereich gegenüber.

Dagegen hat das deutsche Handwerk nur begrenzte Möglichkeiten, Beschäftigungsverluste in traditionellen Handwerksberufen (z. B. Schmied, Schneider, Schuhmacher) durch die Erschließung neuer Berufsfelder zu kompensieren. Zum (Voll-)Handwerk zählen nur jene 94 Berufe, die in Anlage A zur Handwerksordnung aufgeführt sind. Die Zulassung zusätzlicher Handwerksberufe ist nur mit Zustimmung des Gesetzgebers möglich, die derzeit nicht zu erwarten ist.

3.3.2 Verlagerung der Berufsausbildung zum IHK-Bereich

Ausbildungsplätze im Kfz-Handwerk und in den Gesundheitshandwerken sind sehr begehrt. Andere Handwerksberufe müssen sich mit der Tatsache auseinander setzen, dass die Schulabgänger eine duale Ausbildung im IHK-Bereich bevorzugen. Die industriellen Strukturanpassungen auf den Absatzmärkten wurden von strukturellen Reformen im Bereich der Berufsausbildung begleitet. Die Berufsbilder wurden an die neuen Tätigkeitsfelder im industriellen Bereich angepasst. Dies führte einerseits zu höheren Anforderungen an die Qualifikation der Auszubildenden, andererseits zu einer weiter steigenden Präferenz qualifizierter Schulabgänger für anspruchsvolle Ausbildungsplätze im nichthandwerklichen Bereich.

Eine Ausbildung im IHK-Bereich ist vor allem an Bewerber mit einem qualifizierten Schulabschluss adressiert. Das Handwerk rekrutiert dagegen den Großteil seines Fachkräftenachwuchses aus der Gruppe der Hauptschüler. Mangelhafte schulische Kenntnisse auf der einen Seite und Sozialisationsdefizite auf der anderen Seite sind schwerwiegende Qualifikationshindernisse für eine erfolgreiche Berufsausbildung. Das Ausbildungsplatzangebot im Handwerk hat sich vermutlich auch deshalb verringert, weil ein großer Teil der Ausbildungsplatznachfrager zu große Qualifikationsdefizite aufzuweisen hat.

Das Handwerk hat sich lange Zeit darüber beklagt, dass Fachkräfte bald nach der Gesellenprüfung wegen besserer Verdienstmöglichkeiten in andere Wirtschaftszweige, vor allem zur Industrie, abwanderten. Das handwerkliche Ausbildungsplatzangebot musste also einerseits den eigenen Fachkräfteersatzbedarf, andererseits die erwartete Abwanderungsquote abdecken (vgl. Pfeiffer 1996, 592f., 604). Wegen dieser Abwanderung war das Handwerk gezwungen, „über den eigenen Bedarf hinaus auszubilden". Es ist vorstellbar, dass der herkömmliche Transaktionsmechanismus nicht mehr im hergebrachten Umfang funktioniert. Das traditionelle, generalistische Ausbildungsprofil vieler Handwerksberufe entspricht nicht mehr den Anforderungen, die hoch komplizierte und betriebsspezifische industrielle Fertigungsprozesse an das ausführende Fachpersonal stellen. Die Industrie kann den geplanten Fachkräftebedarf nicht mehr im herkömmlichen Umfang über die Lehre im Handwerk decken, sondern sie muss ihre eigenen Ausbildungsanstrengungen verstärken, ein Vorgang, der sich in einem steigenden Ausbildungsplatzangebot im IHK-Bereich bei gleichzeitig verringertem Angebot im Handwerk niederschlägt.

4 Zusammenfassung

Das Ausbildungsplatzangebot deutscher Handwerksbetriebe ist seit 1992 kontinuierlich gesunken. Möglicherweise sind folgende Faktoren für diese Entwicklung verantwortlich: Erstens die starke Erhöhung der Nettoausbildungskosten in den neunziger Jahren. Zweitens ist der arbeitsintensive Handwerksbereich in einem Hochlohnland vor Strukturprobleme gestellt, die ihn in der vergangenen Dekade mit einem geringeren Fachkräftebedarf und damit auch mit niedrigerem Fachkräfteersatzbedarf rechnen ließen. Drittens ist eine Ausbildung des Handwerks über den eigenen Bedarf hinaus weniger ausgeprägt als früher, weil die Fachkräftewanderung vom Handwerk zur Industrie rückläufig ist. Viertens dürfte mit einer weiter gesunkenen Attraktivität der handwerklichen Ausbildung für qualifizierte Schulabgänger zu rechnen sein und fünftens betrachten viele Handwerksbetriebe den Bodensatz unqualifizierter Schulabgänger für nicht ausbildungsfähig.

Wie kann dem Handwerk einerseits und den ausbildungsplatzsuchenden Schulabgängern andererseits geholfen werden? Zunächst ist an ein differenziertes Ausbildungsangebot zu denken: Für die Zielgruppe der hoch qualifizierten Schulabgänger müssten die Berufsbilder und die Lehrinhalte an die anspruchsvolle technische Entwicklung angepasst werden. Für gering qualifizierte Schulabgänger sollte die Idee des „Kleinen Gesellenbriefs" nicht als

Diskriminierung, sondern als Chance zur Ausbildung ihrer vorwiegend manuellen Fähigkeiten angesehen werden.

Weiterhin sollte an eine differenzierte Ausbildungsvergütung gedacht werden. Eine einheitliche Ausbildungsvergütung für leistungsstarke und leistungsschwache Ausbildungsplatzbewerber beeinträchtigt die Ausbildungschancen der Leistungsschwachen. So wie zur Verbesserung der Arbeitsmarktchancen der Leichtlohngruppen die Tariflohnskala nach unten geöffnet werden müsste, so sollte man geringerqualifizierten Jugendlichen eine Ausbildungschance durch eine niedrigere Einstiegsvergütung geben.

Literatur

Albach, H. (1992), *Deregulierung des Handwerks*, Wiesbaden.

Bundesinstitut für Berufsbildung (Hrsg.) (2003), Ausbildung lohnt sich, URL: http://www.bibb.de/dokumente/pdf/a2_walden_ausbildung_lohnt_sich.pdf.

Bundesministerium für Bildung und Forschung (Hrsg.) (div. Jahre), *Berufsbildungsbericht*, Bonn/Berlin.

Deitmer, L. (1996), Innovationsprozesse im Handwerk - Bedingungen und Chancen, in: Deitmer, L. und F. Rauner (Hrsg.), *Zukunft Handwerk*, Bremen, 39-52.

Fobe, K. und B. Minx (1996), *Berufswahlprozesse im persönlichen Lebenszusammenhang*, Beiträge zur Arbeitsmarkt- und Berufsforschung Nr. 196, Nürnberg.

Instituts für Wirtschaftsforschung (Ifo) (2003), *Geschäftsklima der gewerblichen Wirtschaft Berichtsmonat Oktober 2003*, Internetveröffentlichung, URL: http://www.ifo.de/pls/ifo_app/ifoFrameSet.SwitchFrame?factor=8&page=/pls/ifo_app/LinkSwitch?setPage=gk.htm., Stand 07.11.2003.

Kau, W. (1995), Herausforderungen des dualen Systems in den 90er Jahren, in: Pätzold, G. und G. Walden (Hrsg.), *Lernorte im dualen System der Berufsausbildung*, Bielefeld, 53-74.

Lehne, H. (1991), *Bestimmungsgründe der betrieblichen Ausbildungsplatzangebote in der Dualen Berufsausbildung*, München.

Pfeiffer, B. (1996), Das Ausbildungsverhalten der westdeutschen Betriebe 1995, in: *Mitteilungen aus der Arbeitsmarkt- und Berufsforschung (MittAB)*, 589-606.

Pohl, W. (1995), *Regulierung des Handwerks: eine ökonomische Analyse*, Wiesbaden.

Simon, H. A. (1981), *Entscheidungsverhalten in Organisationen*, Landsberg a. L.

Statistisches Bundesamt (Hrsg.) (div. Jahre), *Statistisches Jahrbuch für die Bundesrepublik Deutschland*, Wiesbaden.

Statistisches Bundesamt (Hrsg.) (1996), Handwerkszählung vom 31. März 1995, in: *Hefte des Statistischen Bundesamts*, Heft 1-3, Stuttgart.

Steinbach, S. (1974), *Analyse der Konjunkturabhängigkeit der betrieblichen Berufsausbildung in der Bundesrepublik Deutschland*, Bielefeld.

Joachim Merz, Derik Burgert

Universität Lüneburg, Forschungsinstitut Freie Berufe (FFB)

Wer arbeitet wann? – Arbeitszeitarrangements von Selbständigen und abhängig Beschäftigten: Eine mikroökonometrische Analyse deutscher Zeitbudgetdaten

Zusammenfassung

Mit der zeitlichen Flexibilisierung der Arbeitsmärkte und dem damit verbundenen Rückzug des Normalarbeitstages treten neue Muster von Arbeitszeit auf. Auf Basis der deutschen Zeitbudgeterhebung 1991/92 sollen Arbeitszeiten von Selbständigen und abhängig Beschäftigten untersucht werden. Zunächst systematisiert der vorliegende Beitrag verschiedene Verläufe des Arbeitstages. Dabei werden bilden sich vier Kategorien von Arbeitszeitmustern heraus. Danach stellt sich die Frage, ob sich zwischen Selbständigen und abhängig Beschäftigten Unterschiede in der Gestaltung des Arbeitstages feststellen lassen. Nach einer deskriptiven Analyse der Kategorien, wird in einem Multinomialen Logit Modell neben dem Berufsstatus der Einfluss sozio-ökonomischer Hintergrundvariablen auf die Entscheidung für eine der Kategorien von Arbeitszeit geschätzt. Wir kontrollieren dabei u. a. für Variablen, die der Humankapitaltheorie, den ‚new home economics' und der Zeitverwendungsforschung entliehen sind. Es zeigt sich, dass insbesondere Selbständige ohne Angestellte zu einem atypischen Verhalten am neigen, das durch Arbeitszeiten am frühen Morgen und späten Abend sowie Unterbrechungen kennzeichnet.

1 Einleitung

Der traditionelle Vollzeitarbeitstag ist in den vergangenen Jahren auf dem Rückzug und macht dabei Platz für flexiblere Formen der Arbeitszeit. Diese

Entwicklung ist Teil eines Phänomens, das unter dem Stichwort flexibler Arbeitsmärkte diskutiert wird.[1]

Zwar gibt es zahlreiche Studien, die Phänomene wie Teilzeit oder Überstunden untersuchen; allerdings basieren diese Analysen vorwiegend auf so genannten stilisierten Daten, die eine für den Befragten geltende ‚normale' Arbeitssituation charakterisieren. Eine genauere Beschreibung der alltäglichen Arbeit gelingt erst anhand von Zeittagebüchern, die genaue Information darüber geben, zu welcher Uhrzeit am Tag gearbeitet wird und wann nicht.

Die vorliegende Studie trägt bei zur Diskussion um neue Formen der Arbeitszeit, indem auf der Basis individueller Zeittagebücher die zeitliche Lage und die Fragmentierung der alltäglichen Arbeit quantitativ untersucht werden. Die Identifizierung von Mustern unterschiedlicher Arbeitszeit lässt es zum einen zu, mögliche Unterbrechungen des Arbeitstages und den Arbeitstag allgemein besser zu beschreiben. Zum anderen ermöglicht sie es, solche Bevölkerungsgruppen zu identifizieren, für die nicht-traditionelle Arbeitszeiten eine besondere Bedeutung haben. Insbesondere fragen wir danach, ob und in welcher Weise sich Arbeitszeitarrangements von Selbständigen und abhängig Beschäftigten unterscheiden, ob also die relative Freiheit individueller Arbeitszeitgestaltung von Selbständigen zu anderen Mustern der Arbeitszeit führt als die von abhängig Beschäftigten. Damit soll auch die landläufige These überprüft werden, wonach Selbständige besonderen zeitlichen Ansprüchen ausgesetzt sind und auch zu ungewöhnlichen Tages – wie Nachtzeiten für ihr Unternehmen aktiv sind.

Studien über den Arbeitsmarkt und besonders das Arbeitsangebot haben eine lange Tradition (vgl. z. B. den Überblick allgemein von Killingsworth 1983, zum Arbeitsangebot von Frauen und Männern von Killingsworth und Heckman 1986 bzw. Pencavel 1986). Dabei werden auch Themen analysiert, die Arbeitszeitarrangements betreffen, wie Überstunden, Wochenarbeitszeiten und Wochenendarbeit. Typischerweise untersuchen diese Studien aggregierte Arbeitszeit und erklären die angebotene Gesamtarbeitszeit einer Woche oder eines Jahres.

Dagegen beschäftigen sich nur wenige empirisch und theoretisch fundierte Untersuchungen des Arbeitsangebots mit der Frage, wer zu welcher Zeit am Tage arbeitet (Hamermesh 1996a, b, 1998, 2002, Harvey et al. 2000 oder Callister und Dixon 2001).

---

[1] Das Thema flexibler Arbeitzeitgestaltung wird in verschiedenen Zusammenhängen diskutiert: in der Sozialpolitik (Büssing and Seifert 1995), aus Sicht der Unternehmen (Baur, Groß, Munz and Sayin 2001), in Form von Unterschieden zwischen gewünschter und tatsächlicher Arbeitszeit (Clarkberg und Moen 2000, Merz 2002a, Holst und Schupp 1994) oder von Auswirkungen flexibler Arbeitszeit auf Freizeit und Familie (Garhammer 1994, Townsend 2001).

Diesen neuen Ansatz, die Analyse von Arbeitszeitarrangement unter Verwendung von Individualdaten wie dem Sozio-ökonomischen Panel, verfolgt z. B. Hamermesh 1996. Diese Paneldaten sind allerdings immer noch über den Tagesverlauf aggregierte Daten. Notwendig sind dazu darüber hinaus Auswertungen von individuellen Zeittagebuchdaten. Als Beispiele für solche Studien von Arbeitszeitarrangements auf der Basis von Zeittagebuchdaten dienen die genannten Arbeiten von Harvey et al. 2000, die einen internationalen Vergleich von vier Ländern (Kanada, Niederlande, Norwegen und Schweden) für Anfang der 90er Jahre vornehmen, sowie von Callister und Dixon 2001, die die neuseeländische Zeitverwendungsumfrage 1998/99 auswerten.

Unsere Studie, die auf die Daten der deutschen Zeitbudgeterhebung 1991/92 mit ihren rund 32000 Tagebüchern zurückgreift, ist die erste dieser Art für Deutschland.[2] Für die Erklärung der Wahrscheinlichkeit, ein spezifisches Arbeitszeitmuster zu wählen, verwenden wir ein Multinomiales Logit (MNL) Modell.[3]

Unser Beitrag ist wie folgt aufgebaut: Ausgangsbasis ist ein intertemporales mikroökonomisches Modell der 'new home economics'. Dieses Modell wird theoriegeleitete Anhaltspunkte für die konkrete Modellierung des stochastischen Nutzenmodells für die Erklärung der Wahl eines Arbeitszeitmusters liefern (Kapitel zwei). Kapitel drei beschreibt die verwendeten Zeittagebuchdaten, die gegenwärtig verfügbare deutsche Zeitbudgetstudie 1991/92. In Kapitel vier wird der Ansatz erläutert, wie tageszeitliche Lage und Anzahl der Unterbrechungen von Arbeit Kategorien individuellen Zeitverwendungsverhaltens bilden. Zudem werden diese Arbeitszeitkategorien mit Hilfe deskriptiver Statistiken charakterisiert. In Kapitel fünf werden dann die Ergebnisse der MNL-Schätzung präsentiert und die übergeordnete Frage beantwortet, ob Selbständige ein anderes Arbeitszeitmuster haben als abhängig Beschäftigte anhand theoriegeleiteter Determinanten und der Signifikanz zugehöriger Parameter. Eine Zusammenfassung schließt die Arbeit ab.

2 Arbeitszeitarrangements – Mikroökonomischer Ansatz

Die 'new home economics (Becker 1965) kann als mikroökonomisch theoretischer Rahmen für das Arrangement der Arbeitszeit herangezogen werden: der intertemporale Ansatz erklärt die Entscheidung, wie viele Stunden in wel-

---

[2] Die Zeitbudgeterhebung 2001/2002 wird gegenwärtig der wissenschaftlichen Öffentlichkeit zur Verfügung gestellt.

[3] Dieser Ansatz kann dann für die selektionskorrigierte Schätzung der damit verbundenen Arbeitszeit dienen (vgl. Merz und Burgert 2003). Der vorliegende Beitrag erweitert und vertieft die Analysen in Merz und Burgert 2003 im Hinblick auf Selbständige und abhängig Beschäftigte.

cher Zeitperiode aus einer Anzahl von Perioden angeboten wird. Zudem zeigt der ‚new home economics'-Ansatz einen Weg, wie markt- und nichtmarkmäßge Arbeit (Haushaltsproduktion) eingebunden werden können. Dort maximiert ein rational handelnder Arbeiter (Agent) den Gegenwartswert eines Nutzenstroms u_t, der abhängig ist von der durch den Haushalt produzierten Gütermenge z_t und sozio-ökonomischen Größen. Der Entscheider wird restringiert durch seine verfügbare Zeit $h_t = h_{mt} + h_{nt}$ (Markt- und Nichtmarkt-Stunden) and sein Budget als diskontiertes (diskontiert mit dem Marktzinssatz i) Einkommen – Arbeitseinkommen $w_t h_{mt}$ und Nicht-Arbeitseinkommen V_t – und einem möglichen Ausgangsvermögen. Nichtmarktmäßige Zeit h_{nt} and Marktgüter x_t zu den Preisen p_t werden kombiniert, um die Haushaltsgüter $z_t = f(x_t, h_{nt})$ zu produzieren. Die intertemporale Nutzenmaximierung bei Zeit- und Budgetbeschränkung führt über

$$(1) \qquad \max_{xt,hnt} \{u(\mathbf{z}_0,\ldots,\mathbf{z}_T; \mathbf{q}_0,\ldots,\mathbf{q}_T) = \Sigma_t\, u_t(\mathbf{z}_t; \mathbf{q}_t)\,(1+s)^{-t}, \mid$$
$$\mathbf{z}_t = f_t(x_t,h_{nt}),$$
$$h = h_{mt} + \Sigma_r\, h_{ntr},$$
$$\Sigma_t\, \mathbf{p}_t\mathbf{x}_t(1+i)^{-t} \leq A_o + \Sigma_t\, (w_t h_{mt}+V_t)(1+i)^{-t}\},$$

mit s als individueller Zeitpräferenzrate, zu optimalen Allokationsgleichungen für den Konsum x_t, nichtmarktmäßiger Zeit h_{nt} (eventuell weiter disaggregiert innerhalb der Haushaltsproduktion nach m multiplen nichtmarktmäßigen Arbeitszeiteinsätzen h_{ntr} (r = 1,…,m), und angebotener Marktarbeitszeit (bezahlte Arbeit) in jeder Periode

$$(2a) \qquad h_{nt} = h_{nt}(\gamma\delta_t w_t, \gamma\delta_t P_t, S; \mathbf{q}_t) = h_{nt}(\gamma\delta_t w_t, \gamma\delta_t P_t, V_t, A_0; \mathbf{q}_t)$$

$$(2b) \qquad h_{mt} = h - h_{nt} = h_{mt}(\gamma\delta_t w_t, \gamma\delta_t P_t, S; \mathbf{q}_t) = h_{mt}(\gamma\delta_t w_t, \gamma\delta_t P_t, V_t, A_0; \mathbf{q}_t)$$

$$(2c) \qquad h_{ntr} = h_{ntr}(\gamma\delta_t w_t, \gamma\delta_t P_t, V_t, A_0, f_{rxt}'; \mathbf{q}_t), \quad (r = 1, \ldots, m),$$

wobei S = Ao + Σt (wthmt+Vt)(1+i)-t}, f'rxt die marginale Haushaltsproduktion, δt = (1+s)t(1+i)-t mit so genannten γ-konstanten oder Frisch Arbeitsangebots- bzw. Aktivitätsangebotsfunktionen.4

Bezüglich der Unterbrechungen, der Fragmentierung, innerhalb eines Arbeitstages könnten weiterhin nachfrageseitige Restriktionen und unfreiwillige Arbeitslosigkeit berücksichtigt werden. Solche Restriktionen sind auch Bestandteil von restringierten Arbeitsangebotsstudien (allerdings nur für den Bereich bezahlter Arbeit) wie z. B. von Ham 1982, Blundell, Ham und Meghir 1987, van Soest, Woittiez und Kapteyn 1989 oder Osberg and Phipps 1993.

---

[4] Hamermesh (1996) diskutiert den intertemporalen Ansatz (jedoch ohne nichtmarktmäßige Aktivitäten einzubeziehen) im Rahmen von Arbeitszeitarrangements an einem Arbeitstag.

Auf den ersten Blick erscheint dieser intertemporale Ansatz als brauchbarer theoretischer Ansatz, die Arbeitsangebotsentscheidungen auch innerhalb eines Arbeitstages zu modellieren.

Allerdings, gedacht eigentlich für längere Zeitperioden, ist kritisch zu fragen, ob für die kurzen Intervalle eines Arbeitstages der Ansatz brauchbar ist. Hinzu kommen die Schwierigkeiten, die intertemporalen Entscheidungen auch tatsächlich empirisch schätzen zu können. Eine weitere Komplikation ist unsere Absicht, auch einen ‚normalen' Arbeitstag zu modellieren, der mit einer Episode insgesamt einen Grenzfall des intertemporalen Ansatzes darstellt.

Deshalb verwenden wir das obige mikroökonomische intertemporale Modell – theoretisch interessant, aber nicht wirklich brauchbar für die Analyse eines Arbeitstages – nur als Hinweis für die Ausgestaltung der Erklärungshypothesen.

Passender ist dagegen ein Ansatz, der explizit unterschiedliche Arbeitszeitarrangements (Arbeitsmuster, Arbeitsalternativen) modelliert, und in dem eine Alternative auch die eines ‚normalen' durchgängigen Arbeitstages ist. Wir verwenden deshalb ein diskretes Entscheidungsmodell, das auf einem stochastischen Nutzenmodell beruht. Die Wahl einer bestimmten Kategorie von Arbeitszeitarrangements in einem mikroökonomischen Ansatz der Nutzenmaximierung lässt sich danach folgendermaßen modellieren: ein Wirtschaftssubjekt i, dessen Präferenzen sich in einer Nutzenfunktion U_i darstellen lassen, wird danach diejenigen unter den Alternativen $j = 0,\ldots,J$ wählen, die den höchsten Nutzen U_{ij} verspricht. Das Random Utility Model geht zurück auf McFadden (1976, 1985) und spezifiziert eine Indexvariable I_j, die den Wert 1 annimmt, wenn die Wahl auf Alternative j fällt, sonst eine 0 enthält:

(3) $$I_j = \begin{cases} 1 & \text{für } U_j = \max(U_0,\ldots,U_J) \\ 0 & \text{sonst} \end{cases}$$

Die alternativenspezifischen Nutzenfunktionen $U_{ij}=\beta'_j x_i+\varepsilon_{ij}$ seien linear in den Argumenten und setzen sich aus einem deterministischen Teil $v_{ij}=\beta'_j x_i$ und einen additiven stochastischen Term ε_{ij} zusammen. Vom Störterm wird unterstellt, dass er einer Extremwertverteilung Typ I gehorcht. Die alternativenspezifischen Wahrscheinlichkeiten der Wahl P_{ij} lassen sich dann darstellen als:

(4) $$P_{ij}=\text{Prob}\left[\underbrace{\varepsilon_{ik}-\varepsilon_{ij}}_{\mu_{kj}} < \underbrace{v_{ij}-v_{ik}}_{\omega_{jk}}\right] =F(\beta_j x);(j \neq k; j,k=0,\ldots,J)$$

Mit der Annahme der Extremwertverteilung der einzelnen Störterme ergibt sich schließlich die Wahrscheinlichkeit für die Wahl von Kategorie j:

(5) $$P\left(I_j=1\middle|x_i\right)=\exp\left(\beta_j'x_i\right)/\sum_{j=0}^{J}\exp\left(\beta_j'x_i\right).$$

3 Daten: Die deutsche Zeitbudgeterhebung

Für die Analyse stützen wir uns auf die gegenwärtig verfügbaren Daten der deutschen Zeitbudgeterhebung, die 1991/92 vom Statistischen Bundesamt durchgeführt wurde (vgl. Ehling 1999). Befragt wurden knapp 20000 Individuen aus knapp 7000 Haushalten im Alter von zwölf Jahren und älter. Im Gegensatz zu anderen Datensätzen enthält der hier gewählte Datensatz Informationen über die zeitliche Lage der täglichen Arbeitszeit und verbindet diese mit individuellen und haushaltsspezifischen Hintergrundvariablen.[5]

3.1 Tagebücher und zusätzliche Haushalts- und Individualvariablen

Im Zentrum der verwendeten Zeitbudgeterhebung stehen die Zeitverwendungstagebücher: Sie enthalten in Fünf-Minuten-Takten die Aktivitäten der Befragten von zwei aufeinander folgenden Tagen, einschließlich Sonn- und Feiertagen.[6] Daneben erhob das Statistische Bundesamt auch Haushalts- und persönliche Daten der Tagebuchführenden. Abgesehen von einigen technischen Variablen können die Haushaltscharakteristika in drei Gruppen eingeordnet werden: Zunächst sind dies Angaben zur materiellen Ausstattung des Haushaltes, wie die Anzahl von Autos, Mikrowellenofen etc. An zweiter Stelle stehen Haushaltsspezifika mit Zeitverwendungsbezug, wie bspw. die Anzahl der pflegebedürftigen Personen im Haushalt. Zuletzt enthält eine Gruppe von Variablen Angaben zur Einordnung des Haushaltstyps, wie Gesamteinkommen und Größe des Haushalts. Eine Regionalvariable lässt es zu, regionale Makrodaten wie die örtliche Arbeitslosenquote zuzuspielen. Tabelle 1 zeigt einige wichtige Variable:

---

[5] Für Deutschland bietet das "Institut zur Erforschung sozialer Chancen" Daten über Maschinenlauf- und Arbeitszeiten auf Betriebsebene (vgl. Bauer et al. (2001)). Zusätzlich enthält das IAB-Betriebspanel des "Instituts für Arbeitsmarkt- und Berufsforschung" (IAB) Informationen über Arbeitszeiten. Eine Umfrage des Deutschen Industrie- und Handelstages hält Daten über Formen betrieblicher Arbeitszeitflexibilisierung vor.

[6] Über die Hauptaktivität hinaus wurden Informationen zu gleichzeitigen Tätigkeiten, Aufenthaltsort, und ob die Zeit mit Kindern, anderen Haushaltsmitgliedern oder Freunden und Kollegen verbracht wurde, aufgezeichnet.

Tabelle 1: Haushaltsvariablen der Zeitbudgetstudie 1991/92

- Haushaltszusammensetzung
- Lebens- und Wohnbedingungen
- Haushaltsausstattung
- Einrichtungen des öffentlichen Lebens in der Nachbarschaft
- Gesamtes Haushaltseinkommen
- Hilfebedürftige Haushaltsmitglieder

Quelle: Zeitbudgetstudie 1991/92.

Auch die Personendaten lassen sich in drei Bereiche einteilen: ein erster mit sozioökonomischen Informationen über die Befragten, wie z. B. höchster Schulabschluss oder Geschlecht. Eine zweite Gruppe fasst Merkmale zusammen, die Aufschluss über besondere Anforderungen an die Zeitverwendung der Personen stellen. In einem letzten Fragenkomplex werden Selbsteinschätzung und Wünsche zur Zeitverwendung der Testpersonen erfragt. Die wichtigsten Angaben sind in Tabelle 2 aufgeführt:

Tabelle 2: Persönliche Variablen der Zeitbudgetstudie 1991/92

- Erwerbstätigkeit
- Berufliche Stellung
- Branchenzugehörigkeit
- Voll- oder Teilzeitarbeit
- Gesundheit
- Zufriedenheit mit der eigenen Zeitverwendung
- Hilfe für andere Personen
- Ehrenamtliche Tätigkeiten
- Familienzusammensetzung

Quelle: Zeitbudgetstudie 1991/92.

3.2 Verwendete Variablen

Vor der Auswertung mussten allerdings noch einige Änderungen an den Originaldaten vorgenommen werden: Da das Ziel der Analyse die Erklärung der zeitlichen Lage der Erwerbsarbeit ist, wurden nur Angaben von Personen im

Alter von 16 bis 64 Jahren ausgewertet. Aus Gründen der Konsistenz wurden all die Beobachtungen fallengelassen, für die zwar die Aktivität Erwerbstätigkeit, nicht aber ein Einkommen beobachtet wurde. Nach diesen Anpassungen bleibt ein Datensatz von 24931 Tagebüchern von 12513 Personen aus 6176 Haushalten.

Für die empirische Analyse und die Überprüfung wurden die folgenden Variablen verwendet: Unter den persönlichen Merkmalen wurden Alter, Geschlecht und Familienstatus ausgewählt. Weiter kamen Standardvariablen aus der Humankapitaltheorie wie der Schulabschluss und Arten der Berufsausbildung zur Anwendung. Als wichtigste Gruppe von Variablen kommt die berufliche Stellung hinzu, die unter anderen die Ausprägungen „Selbständig ohne Angestellte“ und „Selbständig mit Angestellten“ enthält, und so für die Fragestellung besonders wichtig ist.

Um auch nachfrageseitige Faktoren einzubeziehen, die sich aus den Produktionsfunktionen der Unternehmensbranchen ableiten lassen, wurden Sektor- und Branchenangaben in den Arbeitsdatensatz aufgenommen.

Unter den Variablen, die traditionell in Arbeitsangebotsmodellen zu finden sind, verwenden wir das Nettoeinkommen pro Stunde [in DM] und die Einkommenssituation des Haushaltes. Um weitere Determinanten der Nachfrageseite zu berücksichtigen, wurden der Datensatz um regionale Angaben wie der Arbeitslosenquote, des Pro-Kopf-Einkommens und ein Ostdeutschland-Dummy ergänzt.

Variablen, die konkurrierende Aktivitäten enthalten, stammen aus der Zeitverwendungsforschung: Zeit für Haushaltsführung, Kinderbetreuung und privat geleistete handwerkliche Tätigkeiten. Die Entscheidung, ob und wann eine Person arbeitet, hängt womöglich auch stark von den begleitenden Familienumständen ab. Wir kontrollieren daher auch für die reguläre Wochenarbeitszeit des Partners und seinen beruflichen Status.

Darüber hinaus verwenden wir Angaben zur Hilfe für andere Haushalte und durch Mitglieder anderer Haushalte als erklärende Variablen eines sozialen Netzwerkes in der Schätzung.

4 Arbeitszeitarrangements und ihre Bestimmungsgründe – Einige deskriptive Ergebnisse

Im Folgenden soll vorgestellt werden, wie die einzelnen Beobachtungen zu Arbeitszeitarrangements im Hinblick auf die uns besonders interessierenden Dimensionen ‚zeitliche Lage‘ und ‚Fragmentierung‘ zusammengefasst wurden. Im Weiteren sollen erste deskriptive Statistiken über sozioökonomische Variablen die so gefundenen Typen von Arbeitszeit charakterisieren.

4.1 Kategorien von Arbeitszeitarrangements

Wir konzentrieren uns auf vier Kategorien von täglicher Arbeitszeit definiert, die im Folgenden im Fokus der Analyse stehen. Bei der Konstruktion sind wir von einem Normalarbeitstag ausgegangen. Abweichungen können sich in zwei Dimensionen ergeben: zum einen kann Arbeit zu ungewöhnlichen Tageszeiten stattfinden, zum anderen kann sich Arbeit auf viele Episoden über den Tag hinweg verteilen und von Unterbrechungen geprägt sein.

Fragmentierung: Unterbrochene Arbeitstage und Arbeitsepisoden

Als Erwerbsarbeit wurden alle bezahlten Tätigkeiten angesehen, nicht aber Fahrten zur und von der Arbeit. Auch Unterbrechungen der Arbeit von weniger als einer Stunde wurden aus Gründen der Vergleichbarkeit mit der Studie von Harvey et al. 2000 als Arbeitszeit interpretiert. Eine neue Arbeitsepisode beginnt daher erst nach einer Unterbrechung von mindestens einer Stunde. Nach dieser Definition findet an 76,2% der beobachteten Arbeitstage die untersuchte Tätigkeit in einer Episode statt. An 23,8% der Tage war Arbeit auf zwei Episoden oder mehr Episoden verteilt.

Zeitliche Lage: Wann wird gearbeitet?

Die zeitliche Lage der Arbeitsepisoden ist die zweite Dimension der Kategoriendefinitionen. In Deutschland beginnen die meisten Arbeitsepisoden zwischen 7 und 8 Uhr morgens, während sich die höchste Anzahl an beendeten Episoden zwischen 16 und 17 Uhr beobachten lässt.[7] Die Zeit zwischen 7 und 17 Uhr ist daher im Folgenden die Kernarbeitszeit. Tage, an denen hauptsächlich außerhalb dieser Zeiten gearbeitet wird, gelten als Abweichungen vom Normalarbeitstag.

Arbeitszeitarrangements: Kombination aus beiden Aspekten

Wenn man die beiden Dimensionen ‚Fragmentierung' und ‚zeitliche Lage' zusammenbringt, entsteht eine 2×2 Kreuztabelle der Kategorien, vgl. Tabelle 3. Als Normalarbeitstag (Kategorie I) wird dabei ein Tag angesehen, an dem Arbeit hauptsächlich in der Kernzeit und ohne (längere) Unterbrechung gearbeitet wurde. Die beiden Kategorien II und III weichen vom gewöhnlichen Zeitmuster in jeweils einer Dimension ab: Arbeitstage der Kategorie II enthalten mehr als eine Episode, Kategorie III bezeichnet Tage, an denen hauptsächlich außerhalb der Kernarbeit – also früh morgens oder am Abend – gearbeitet wurde. Kategorie IV stellt die größte Abweichung vom Normalarbeitstag dar mit mindestens einer Unterbrechung und ungewöhnlichen Arbeitszeiten.

---

7 Einen internationalen Vergleich der bieten Harvey et al. (2000). An diese Studie lehnt sich auch die folgende Definition der Arbeitszeitkategorien.

Tabelle 3: Arbeitzeitkategorien nach Unterbrechungen und zeitlicher Lage

		Zeitliche Lage		
		Kernzeit	**Außerhalb Kernzeit**	**Σ**
Fragmentierung	**Eine Episode**	I 71,05% n = 8330	III 5,14% n = 608	76,19% n = 8938
	Zwei oder mehr Episoden	II 21,11% n = 2887	IV 2,70% n = 333	23,81% n = 3220
	Σ	92,16% n = 11217	7,84% n = 941	n =12158

Quelle: Zeitbudgetstudie 1991/92, hochgerechnete Werte, eigene Berechnungen.

Tabelle 3 gibt einen Überblick über die Bedeutung der hochgerechneten. Mit 71,05% am häufigsten wurde der Normalarbeitstag beobachtet, Kategorie II-Tage machen einen Anteil von 21,11% aus. 5,14% der Beobachtungen fallen in Kategorie III, während 2,70% der Tagebücher einen Arbeitstag nach Kategorie IV aufweisen. Es ist wichtig, festzuhalten, dass in fast 30% der Fälle mindestens eine Abweichung vom Normalarbeitstag zu beobachten war. Dabei spielt die Unterbrechung der Arbeitszeit mit rund 23,81% der Fälle eine wichtigere Rolle als besonders frühe oder späte Arbeitszeiten, die in knapp 5% der Tagebücher zu erkennen war.

4.2 Arbeitszeitarrangements nach sozioökonomischen Merkmalen

In einem ersten Schritt bei der Beantwortung der Frage nach den Bestimmungsgründen für die Wahl einer Kategorie wollen wir uns einen Überblick über einfache, deskriptive Statistiken getrennt nach den einzelnen Kategorien verschaffen. Die Ergebnisse sind in den Tabellen 4a bis 4d dargestellt.

Danach sind diejenigen, die zu ungewöhnlicher Zeit arbeiteten (Kategorien III und IV), im Durchschnitt älter als ihre Kollegen mit Normalarbeitstag. Geschlechtsspezifische Unterschiede zwischen den Kategorien sind relativ gering. Eine Ausnahme bildet der geringe Frauenanteil an der besonders atypischen Kategorie IV. Auch was den Anteil an Befragten in fester (ehelicher und nichtehelicher) Partnerschaft angeht, ragt diese Kategorie heraus. Beide Anteilswerte sind deutlich höher als für andere Formen der Arbeitszeit.

Strukturunterschiede lassen sich auch für die Schulbildung ausmachen. Der Anteil der Schulabschlüsse, die zum Hochschulbesuch berechtigen, aber auch der Realschulabschluss, ist besonders hoch in den Kategorien I und II, die die Arbeit hauptsächlich zwischen 7 und 17 Uhr kennzeichnen. Dagegen sind Hauptschulabschlüsse relativ häufig in den Kategorien mit Randarbeitszeiten vorzufinden. Demnach scheint höhere Schulausbildung die Chancen, auf einen Arbeitstag in der Kernzeit zu erhöhen.

Geringer sind die Unterschiede der Kategorien was die Zusammensetzung der Berufsausbildung angeht. Auffällig hier: der hohe Anteil an Fällen mit Universitätsabschluss in den Kategorien II und IV. Eine akademische Ausbildung schützt anscheinend nicht vor unterbrochenen Arbeitszeiten. Unterbrochene Arbeit in den Morgen- und Abendstunden (Kategorie IV) scheint vor allem ein Phänomen von Personen mit eher geringer beruflicher Ausbildung zu sein.

Die eingangs formulierte Vermutung, dass Unternehmer häufiger als abhängig Beschäftigte ein abweichendes Arbeitszeitverhalten vorweisen, scheint sich zu bestätigen: Unternehmer (und unter ihnen vor allem die Kleinunternehmer ohne Angestellte, und insbesondere die Freien Berufe) nehmen eine deutliche Sonderstellung unter den Berufsgruppen ein: Als einzige weisen sie neben den Arbeitern überdurchschnittlich hohe Anteilswerte in der besonders atypischen Kategorie IV auf. Auch Kategorie II mit ihren unterbrochenen Arbeitszeiten enthält einen stark überdurchschnittlichen Anteil an Unternehmern. Selbständigkeit geht demnach oft mit untypischen, über den Tag verteilten Arbeitszeitepisoden einher.

Demgegenüber sind Angestellte und Auszubildende mit relativ großen Anteilen an Kategorie I diejenigen, mit den relativ seltensten Abweichungen vom oben definierten Normalarbeitstag. Besonders frühe und späte Arbeitszeiten prägen dagegen den Tag der Arbeiter: Ihr Anteil an den Beobachtungen der Kategorien III und IV ist besonders hoch. Unter den Sektoren sticht die Landwirtschaft heraus: der Anteil der in diesem Bereich Beschäftigten ist deutlich erhöht in den Kategorien II und IV, die auch Arbeit in mehreren Episoden vorsieht. Ein Phänomen, das bedingt auch bei im Dienstleistungssektor Angestellten anzutreffen ist.

Tabelle 4a: **Persönliche Variablen nach Arbeitszeitkategorien, Mittel- bzw. Anteilswerte**

	Kategorien I-IV	Kategorie I Eine Episode Kernzeit	Kategorie II #Episoden ≥ 2 Kernzeit	Kategorie III Eine Episode Nicht Kernzeit	Kategorie IV #Episoden ≥ 2 Nicht Kernzeit
PERSÖNLICHE VARIABLEN					
Alter	38,2	37,9	38,5	39,4	40,6
Frau	38,7%	39,0%	39,7%	35,0%	28,7%
Verheiratet	60,2%	60,3%	58,0%	66,2%	66,1%
Nicht-eheliche Lebensgemeinschaft	6,1%	6,1%	6,3%	4,3%	6,7%
Schulabschluss					
Hauptschule	36,0%	35,9%	32,5%	47,5%	45,5%
Realschule	24,3%	23,6%	27,8%	23,0%	18,5%
Fachgymnasium	5,8%	5,3%	7,5%	4,7%	5,4%
Gymnasium	33,3%	34,6%	31,6%	23,5%	30,0%
Berufliche Ausbildung					
Lehre	59,6%	61,8%	50,8%	61,6%	66,9%
Fachschule, Meister	14,0%	13,7%	15,2%	12,1%	14,7%
FH-Abschluss	5,5%	5,2%	7,7%	2,1%	3,7%
Universitätsabschluss	8,7%	7,6%	13,1%	5,4%	10,1%

Quelle: Zeitbudgetstudie 1991/92, hochgerechnete Werte, eigene Berechnungen.

Die errechnete Lohnvariable zeigt dagegen einen besonders hohen Ausschlag für die Kategorie II. Wer zu Kernzeiten, aber mit Unterbrechungen aktiv ist, verdient danach rund sieben DM mehr in der Stunde als die Kollegen. Einen Nebenjob nehmen – wenig verwunderlich – häufiger Personen an, die einen atypischen Arbeitstag (Kategorie II und besonders Kategorie IV) aufweisen.

Tabelle 4b: Persönliche Variablen nach Arbeitszeitkategorien, Mittel bzw. Anteilswert

	Kategorien I-IV	Kategorie I Eine Episode Kernzeit	Kategorie II #Episoden ≥ 2 Kernzeit	Kategorie III Eine Episode Nicht Kernzeit	Kategorie IV #Episoden ≥ 2 Nicht Kernzeit
Berufsstatus					
Selbständig - keine Angestellten	4,4%	2,3%	10,6%	3,9%	11,2%
Selbständig - mit Angestellten	3,6%	2,1%	9,1%	1,7%	4,5%
Beamte, Richter, Wehr-/Zivildienst-ler	7,3%	6,5%	9,7%	8,6%	7,3%
Angestellte	44,0%	46,5%	42,4%	25,1%	24,8%
Auszubildende	4,1%	4,2%	4,5%	2,2%	0,3%
Arbeiter	34,8%	37,0%	21,7%	53,4%	44,1%
Mithelfende Famlienangehörige	0,5%	0,2%	0,7%	1,2%	4,4%
Sektoren					
Landwirtschaft	5,9%	4,8%	9,4%	2,9%	11,8%
Industrie	39,1%	42,1%	28,8%	41,7%	35,1%
Dienstleistungen	42,6%	41,3%	47,9%	40,5%	38,9%
Arbeitsmarkt					
Entfernung zum Arbeitsplatz [Min.]	47,7	49,6	41,6	44,5	44,0
Nebenjob	6,8%	5,0%	11,8%	7,4%	13,9%
Haushaltseinkommen [DM]	1778	1729	1944	1685	1948
Stundenlohn [DM]	14,45	14,10	15,17	15,98	15,37

Quelle: Zeitbudgetstudie 1991/92, hochgerechnete Werte, eigene Berechnungen.

Dass der Berufsstatus des Partners einen Einfluss auf die Wahl der Arbeitszeitkategorie hat, scheint nur für einzelne Gruppen zu gelten: die Neigung von Selbständigen, besonders häufig zu atypischen Zeiten oder unterbrochen zu arbeiten, scheint auch für den Partner zu gelten. Ihr Anteil ist besonders hoch unter den atypischen Kategorien II und IV. Vergleichsweise ähnlich hohe relative Unterschiede in den Anteilen weisen nur die Partner von mithelfenden Familienangehörigen auf.

Die durchschnittliche Anzahl an Haushaltsmitgliedern unterscheidet sich nicht erheblich in den verschiedenen Kategorien; größere Haushalte finden sich bei Beschäftigten mit früher oder später Arbeitszeit, also außerhalb der Kernarbeitszeit (Kategorien II und IV). Dass Haushaltsmitglieder regelmäßige Hilfe (im Haushalt, bei der Kinderbetreuung, der Pflege oder handwerklicher Art) empfangen oder geleistet haben (Stichwort: Soziales Netzwerk), wird deutlich. Auffallend ist, dass in allen Kategorien doch mehr als ein Viertel aller Personen regelmäßige Haushaltshilfe für Andere leisten. Auch liegt die handwerkliche Hilfe durchgängig über 20%, Pflege bei ca. 10%. Deutlich wird auch, dass die unterschiedliche Hilfeleistung auch unterschiedlich bedeutsam in den einzelnen Arbeitszeitarrangements ist.

Tabelle 4c: Erwerbstätigkeit des Partners nach Arbeitszeitkategorien, Mittel bzw. Anteilswert

	Kategorien I-IV	Kategorie I Eine Episode Kernzeit	Kategorie II #Episoden ≥ 2 Kernzeit	Kategorie III Eine Episode Nicht Kernzeit	Kategorie IV #Episoden ≥ 2 Nicht Kernzeit
PARTNERVARIABLEN					
Normale wöchentliche Arbeitszeit [Std.]	35,0	35,1	35,1	30,8	38,8
Berufsstatus des Partners					
Selbständig	4,9%	4,0%	7,4%	4,3%	8,6%
Beamte, Richter, Wehr-/ Zivildienstleistender	3,2%	3,1%	3,8%	3,2%	2,2%
Auszubildende	0,5%	0,5%	0,2%	0,5%	1,4%
Angestellte	26,9%	27,9%	24,3%	24,1%	26,3%
Arbeiter	12,4%	13,1%	10,0%	15,3%	9,3%
Mithelfende Familienangehörige	0,9%	0,5%	2,3%	0,4%	3,5%

Quelle: Zeitbudgetstudie 1991/92, hochgerechnete Werte, eigene Berechnungen.

Tabelle 4d: Haushaltsvariablen nach Arbeitszeitkategorien, arithmetisches Mittel bzw. Anteilswert

	Kategorien I-IV	Kategorie I Eine Episode Kernzeit	Kategorie II #Episoden ≥ 2 Kernzeit	Kategorie III Eine Episode Nicht Kernzeit	Kategorie IV #Episoden ≥ 2 Nicht Kernzeit
HAUSHALTSVARIABLEN					
Anzahl Haushaltsmitglieder	2,91	2,87	2,96	3,04	3,07
Regelmäßige Hilfe für andere Haushalte					
Hilfe im Haushalt	25,9%	25,8%	25,7%	28,7%	25,5%
Hilfe bei Kinderbetreuung	13,8%	12,8%	14,5%	20,5%	19,9%
Hilfe bei Pflege	10,7%	11,0%	9,7%	9,7%	10,4%
Handwerkliche Hilfe	23,4%	24,4%	20,0%	21,4%	25,6%
Regelmäßige Hilfe von anderen Haushalten [Std./Woche]					
Hilfe im Haushalt	0,40	0,37	0,52	0,37	0,45
Hilfe bei Kinderbetreuung	0,83	0,84	0,72	1,01	1,29
Hilfe bei Pflege	0,03	0,03	0,04	0,00	0,00
Handwerkliche Hilfe	0,16	0,16	0,14	0,15	0,30
REGIONALE VARIABLEN					
Arbeitslosenquote	10,0%	10,3%	8,9%	9,6%	9,7%
Ostdeutschland	24,6%	28,3%	14,1%	19,2%	21,0%
Bruttoinlandsprodukt je Einwohner [DM]	35596	34761	37982	36912	36410
n	12158	8330	2887	608	333

Quelle: Zeitbudgetstudie 1991/92, hochgerechnete Werte, eigene Berechnungen.

Bedeutende Unterschiede bringt die Differenzierung nach regionalen, makroökonomischen Hintergrundvariablen: Befragte, die einen regulären Arbeitstag eintragen, wohnen in Regionen mit höherer Arbeitslosigkeit, geringerem Pro-Kopf-BIP und zu einem größeren Anteil in Ostdeutschland.

Zusammengefasst sind es tendenziell die älteren Männer mit geringer Schulausbildung, die ungewöhnliche Arbeitsmuster aufweisen. Dazu gesellen sich die kleinen Selbständigen, aber auch die Arbeiter. Ebenfalls legen Personen mit niedrigem Stundenlohn und solche, deren Partner selbständig sind und/oder eine lange Wochenarbeitszeit aufweisen, einen abweichenden Arbeitsrhythmus an den Tag oder die Nacht.

Schon diese kurzen deskriptiven Ergebnisse deuten die Bedeutung der gewählten erklärenden Faktoren an. Insbesondere wurde deutlich, dass Selbständige und im Besonderen diejenigen ohne Angestellte, anderen zeitlichen Ansprüchen gerecht werden müssen als andere Berufsgruppen. Um nun aber den Einfluss einzelner Variablen in der konkurrierenden Erklärung herauszuarbeiten und ihre Signifikanz zu quantifizieren, ist eine multivariate Untersuchung notwendig. Sie folgt im nächsten Kapitel.

5 Arbeitszeitarrangements – Mikroökonometrische Ergebnisse einer MNL-Analyse

Zentrales Anliegen der nun folgenden mikroökonometrischen Analyse ist die Frage, welche Faktoren in der konkurrierenden Erklärung ausschlaggebend sind für die Partizipation in den unterschiedlichen Arbeitszeitarrangements hinsichtlich der zeitlichen Lage und der Fragmentierung in mehrere Arbeitsepisoden. Damit wird zugleich die Frage quantifiziert beantwortet, welche sozio-ökonomische Gruppen betroffen sind, und zwar betroffen sind hinsichtlich einer Abweichung von einem normalen Arbeitstag. Damit sind die folgenden Ergebnisse zu interpretieren als Differenz zur Normalarbeit bezüglich der entsprechenden Partizipationswahrscheinlichkeit.

Die Tabellen 5a - 5d geben die mit einem Multinomialen Logit (MNL) geschätzten Koeffizienten für die Wahrscheinlichkeit einer kategorialen Partizipation an.

Vorweg noch eine grundsätzliche Anmerkung: die Formulierung „Wahl einer Kategorie“ mag in die Irre führen. Sie beinhaltet auch die Möglichkeit, dass der Mangel an alternativen Beschäftigungsmöglichkeiten und Notwendigkeiten der Produktion eine solche Form der Arbeitszeit notwendig machen.

Tabelle 5a: Determinanten für die Wahl eines Arbeitszeitarrangements – MNL- Schätzungen mit Referenzkategorie Normalarbeitstag

	Kategorie II # Episoden ≥ 2 - Kernzeit		Kategorie III Eine Episode - Nicht Kernzeit		Kategorie IV # Episoden ≥ 2 - Nicht Kernzeit	
Konstante	0,174	*	0,797		-2,896	**
PERSONENBEZOGENE VARIABLEN						
Persönliche Merkmale						
Alter	-0,012		-0,119	***	0,005	
Alter ^{2}/100	0,0002		0,001	***	-0,00004	
Frau	-0,033		-0,797	***	-0,486	***
Verheiratet	-0,173	*	0,106		-0,419	*
Zusammenlebend	-0,066		0,228		-0,174	
Schulabschluss						
Referenz: kein Abschluss	-		-		-	
Hauptschule	-0,076		-0,959	***	-0,851	
Realschule	0,038		-1,138	***	-0,889	
Fachgymnasium	-0,023		-0,849	**	-1,087	
Gymnasium	-0,092		-1,123	***	-1,156	*
Berufliche Ausbildung						
Referenz: keine Ausbildung	-		-		-	
Lehre	-0,143		-0,432	***	0,533	**
Fachschule, Meister	0,008		-0,159		0,672	**
FH-Abschluss	0,010		-1,413	***	0,217	
Universitätsabschluss	0,615	***	-0,465	*	1,282	***

Signifikanzniveaus: * 10%, ** 5%, *** 1%.

Quelle: Zeitbudgeterhebung 1991/92, eigene Berechnungen.

PERSONENBEZOGENE VARIABLEN

Persönliche Merkmale: Das Alter hat alleine für die Kategorie III (Nicht Kernzeit, eine Episode) einen signifikanten, nichtlinearen Einfluss gegenüber der Normalarbeitszeit; mit positiven Koeffizienten des quadrierten Alters ist ein leichter Anstieg in späteren Jahren für die Wahrscheinlichkeit, in dieser Kategorie zu arbeiten, festzustellen.

Frauen weisen c.p. eine geringere Wahrscheinlichkeit auf, einer Erwerbstätigkeit zu ungewöhnlichen Zeiten nachzugehen. Der Umstand verheiratet zu sein ist in seiner Wirkung uneinheitlich: Gegenüber der Referenzkategorie Normalarbeitstag verringert sich für Verheiratete schwach signifikant die Neigung zu einem Arbeitstag, der von mindestens einer längeren Pause unterbrochen ist (Kategorien II und IV).

Schulabschluss: Die Schätzergebnisse der zugehörigen Parameter sind fast durchweg negativ, wenn auch nicht für alle Kategorien signifikant. Demnach verringert der erfolgreiche Besuch einer Schule die Wahrscheinlichkeit atypischen Arbeitszeitverhaltens. Geringe Differenzen in den Parameterschätzungen lassen keine Unterschiede in den einzelnen Abschlüssen erkennen. Signifikant ist der Einfluss allerdings nur für die Wahrscheinlichkeit zur Wahl von Kategorie III, also der durchgängigen Arbeit an den zeitlichen Rändern des Tages. Signifikante Auswirkungen der schulischen Ausbildung auf die anderen Kategorien lassen sich dagegen nicht nachweisen.

Berufliche Ausbildung: Anders wirkt dagegen der Effekt beruflicher Ausbildung: während wiederum die Wahrscheinlichkeit einer ununterbrochenen Tätigkeit außerhalb der Kernarbeitszeit (Kategorie III) verringert wird, wirkt sich jede berufliche Ausbildung überraschenderweise positiv auf die relative Wahrscheinlichkeit aus, einen besonders atypischen Arbeitstag (Kategorie IV) zu verleben. Für Universitätsabsolventen erhöht sich auch die Wahrscheinlichkeit für Kategorie II.

Tabelle 5b: Determinanten für die Wahl eines Arbeitszeitarrangements – MNL- Schätzungen mit Referenzkategorie Normalarbeitstag

	Kategorie II # Episoden ≥ 2 - Kernzeit	Kategorie III Eine Episode - Nicht Kernzeit	Kategorie IV # Episoden ≥ 2 - Nicht Kernzeit
Berufliche Stellung			
Referenz: Arbeiter und mithelfende Familienangehörige	-	-	-
Selbständig ohne Angestellte	1,070 ***	-0,484 **	0,251
Selbständig mit Angestellten	1,118 ***	-0,866 ***	-0,340
Beamte, Richter, Wehr-/Zivildienstler	0,485 ***	-0,360 **	-0,493 *
Angestellter	0,101	-0,953 ***	-0,855 ***
Auszubildende	0,062	-1,575 ***	-2,484 **
ARBEISMARKTBEZOGENE VARIABLEN			
Wirtschaftssektor			
Landwirtschaft	0,503 ***	-1,183 ***	0,604 **
Industrie	-0,139 *	-0,218	-0,271
Dienstleistung	0,324 ***	0,397 ***	0,555 ***
Arbeitsplatz			
Entfernung zum Arbeitsplatz [Min.]	-0,001 ***	-0,0003	-0,001 ***
Nebentätigkeit	0,767 ***	0,129	0,766 ***
Lohn [DM]	0,001 ***	0,0003	0,001 **

Signifikanzniveaus: * 10%, ** 5%, *** 1%.

Quelle: Zeitbudgeterhebung 1991/92, eigene Berechnungen.

Tabelle 5c: Determinanten für die Wahl eines Arbeitszeitarrangements – MNL- Schätzungen mit Referenzkategorie Normalarbeitstag

	Kategorie II # Episoden ≥ 2 - Kernzeit	Kategorie III Eine Episode - Nicht Kernzeit	Kategorie IV # Episoden ≥ 2 - Nicht Kernzeit
NICHTMARKTMÄßIGE AKTIVITÄTEN			
Zeitverwendung			
Zeit für Haushalt	-0,002***	0,007***	0,002 ***
Zeit für Do it yourself	-0,002***	0,005***	0,003 ***
Zeit mit Kindern	-0,002***	0,005***	0,001
Hilfe an andere Haushalte			
Hilfe im Haushalt	0,005	-0,016	0,059 *
Hilfe bei Kinderbetreuung	0,031**	0,018	0,008
Hilfe bei Pflege	0,025	0,029	-0,108
Handwerkliche Hilfe	0,028	0,026	0,033
CHARAKTERISTIKA DES PARTNERS			
Wöchentliche Normalarbeitszeit	0,00001	-0,00001	0,00009
Berufsstatus des Partners			
Referenz: Arbeiter, Mithelfende Familienangehörige	-	-	-
Selbständig	0,526***	0,032	0,606 ***
Beamte, Richter, Wehr-/Zivildienstler	0,032	-0,010	-0,260
Auszubildende	-0,456	0,222	1,603 ***
Angestellte	-0,040	-0,135	-0,017

Signifikanzniveaus: * 10%, ** 5%, *** 1%.

Quelle: Zeitbudgeterhebung 1991/92, eigene Berechnungen.

Berufliche Stellung: Die Beobachtung, die schon die einfache deskriptive Auswertung ergab, bestätigt nun die multivariate Analyse. Selbständige ohne Angestellte – darunter insbesondere die Freien Berufe - nehmen eine Sonderstellung unter den beruflichen Statusgruppen ein. Gegenüber der Referenz „Arbeiter und mithelfende Familienangehörige" verringert jede andere Angabe eines beruflichen Status die Wahrscheinlichkeit, einen Arbeitstag außerhalb der Kernarbeitszeit zu haben. Einzige Ausnahme sind Selbständige, für die ein solcher Effekt für in die besonders atypische Kategorie IV nicht festzustellen ist. Dagegen sind Unternehmer mit relativ größerer Wahrscheinlichkeit zu verschiedenen Episoden am Tag aktiv (Kategorie II).

Tabelle 5d: Determinanten für die Wahl eines Arbeitszeitarrangements – MNL- Schätzungen mit Referenzkategorie Normalarbeitstag

	Kategorie II # Episoden ≥ 2 - Kernzeit	Kategorie III Eine Episode - Nicht Kernzeit	Kategorie IV # Episoden ≥ 2 - Nicht Kernzeit
HAUSHALTSVARIABLEN			
Haushaltssituation			
Haushaltsgröße	0,083 ***	0,043	0,093 *
Übriges Haushaltseinkommen [DM]	0,000001	-0,00003	0,00003
Hilfe für andere Haushalte			
Hilfe im Haushalt [Dummy]	0,020	0,026	-0,036
Hilfe bei Kinderbetreuung [Dummy]	-0,007	0,295 **	0,115
Hilfe bei Pflege [Dummy]	-0,090	-0,036	0,058
Handwerkliche Hilfe [Dummy]	-0,097	-0,135	-0,009
Hilfe von anderen Haushalten			
Hilfe im Haushalt [Std.]	0,007	0,007	-0,012
Hilfe bei Kinderbetreuung und Pflege [Std.]	-0,008	-0,008	0,007
Handwerkliche Hilfe [Std.]	0,007	0,007 *	-0,012 ***

Fortsetzung Tabelle 5d

	Kategorie II # Episoden ≥ 2 - Kernzeit	Kategorie III Eine Episode - Nicht Kernzeit	Kategorie IV # Episoden ≥ 2 - Nicht Kernzeit
REGIONALE VARIABLEN			
Arbeitslosenquote [%]	-6,688 ***	-0,067	-2,860
Ostdeutschland	-0,435 ***	-0,455 **	-0,237
Bruttoinlandsprodukt je Einwohner [1000 DM]	-0,191 ***	0,021	0,016

LR Statistic	2566.137	Pseudo R^2 = 12,43%
Degrees of Freedom	144	Count R^2 = 70,82%
Prob. Value for LR	,00000	n = 12158

Signifikanzniveaus: * 10%, ** 5%, *** 1%.

Quelle: Zeitbudgeterhebung 1991/92, eigene Berechnungen.

ARBEITSMARKTBEZOGENE VARIABLEN

Wirtschaftssektor: Der Dienstleistungssektor ist – neben der Landwirtschaft – der Wirtschaftssektor, der einen atypischen Arbeitstag (Kategorien II, II, IV) bedingt.

Arbeitsplatz: Die klassischen Determinanten der Arbeitsangebotstheorie wirken unterschiedlich: Mit steigendem Lohn erhöht sich die Wahrscheinlichkeit, eine unterbrochene Tätigkeit auszuüben. Diese Wahrscheinlichkeit sinkt dagegen – wie zu erwarten war – mit zunehmender Entfernung zwischen Wohn- und Arbeitsort. Eine Nebentätigkeit wirkt sich signifikant positiv darauf aus, eine unterbrochene Tätigkeit (Kategorien II und IV) dem „Normalarbeitstag" (Kategorie I) vorzuziehen.

NICHTMARKTMÄßIGE AKTIVITÄTEN

Zeitverwendung: Die Hypothese, dass eine Zeitverwendung für Nicht-Erwerbstätigkeiten eine Rolle bei der Wahl der Kategorie spielt, bestätigt sich in vollem Umfang. Tendenziell erhöht jede im Haushalt, bei handwerklichen Tätigkeiten oder mit Kindern verbrachte Minute die relative Wahrscheinlichkeit, einer Arbeit außerhalb der Kernzeit nachzugehen (Kategorien III und IV) und verringert die Neigung zu einer unterbrochenen Erwerbstätigkeit am Tage (Kategorie II). Als weitgehend insignifikant erweisen sich die Einflüsse, die von gewährleisteter Hilfe des Individuums an andere Haushalte ausgeht.

Partnervariablen: Das Erwerbsverhalten des Partners scheint nur begrenzte Auswirkungen auf die eigene Entscheidung über die Gestaltung der Arbeitszeit zu haben. Von der Länge seiner Erwerbsarbeit gehen nach der MNL-Analyse keine Effekte aus auf die Wahl der Arbeitszeitarrangements. Nur geringe Unterschiede lassen sich für die Partner unterschiedlicher beruflicher Stellungen ausmachen. Ausnahme bilden hier wieder die Selbständigen: Selbständige – und damit auch freiberufliche – Partner erhöhen signifikant – c. p. stärker als Partnern von Arbeitern und mithelfenden Familienangehörigen – die Wahrscheinlichkeit für eine unterbrochene Tätigkeit (Kategorien II, IV). Auffällig ist auch, dass auszubildende Partner signifikant eher zu sehr atypischen Arbeitszeitmustern (Kategorie IV) führen.

HAUSHALTSVARIABLEN

Haushaltssituation: Mit der Haushaltssituation einer Person lässt sich die beobachtete Entscheidung nur zu einem geringem Teil erklären: Zwar erhöht sich mit zunehmender Haushaltsgröße die Wahrscheinlichkeit für einen Arbeitstag mit mindestens einer längeren Unterbrechung, das nach dem eigenen Einkommen verbliebene Haushaltseinkommen, dass ja die wirtschaftliche Situation des Haushalts vor allem kennzeichnet, ist bemerkenswerterweise nicht signifikant.

Hilfe für andere und von anderen Haushalten: Die meisten Koeffizienten, die den Einfluss von erhaltener oder gewährter Hilfe von und an andere Haushalte messen, sind insignifikant. Signifikant ist allerdings der positive Einfluss geleisteter Kinderbetreuung des Haushalts auf die Wahrscheinlichkeit der Person, sich statt für einen Normalarbeitstag für einen mit frühen oder späten Arbeitsstunden zu entscheiden. Auch handwerkliche Hilfe, wenn sie von Mitgliedern des Haushalts empfangen wurde, wirkt sich auf die Entscheidung signifikant aus. In diesem Fall neigt das Haushaltsmitglied stärker zu Kategorie IV mit ihrem atypischen zeitlichen Verlauf.

REGIONALE VARIABLEN

Eine wichtigere Rolle spielen regionale Hintergrundvariablen, die die Arbeitsnachfrage mit charakterisieren: Einen signifikanten Einfluss üben die regionale Arbeitslosenquote, ein Ostdeutschland-Dummy und das Pro-Kopf-BIP aus. Alle wirken sich negativ auf die Wahrscheinlichkeit aus, statt der „Normalkategorie“ I einen Arbeitstag zu haben, der aus mehr als einer Arbeitsepisode besteht und bei dem die Arbeit hauptsächlich innerhalb der Kernarbeitszeit geleistet wird. Zudem spricht das Schätzergebnis Ostdeutschen c. p. eine geringere Wahrscheinlichkeit für die Randzeitenkategorie III zu.

Zusammengenommen: Die MNL-Analyse ergab, dass eine Vielzahl von Hintergrundvariablen auf die Entscheidung für eine der oben definierten Kategorien einwirkt. Der umfangreiche Datensatz hat es dabei erlaubt, nicht nur persönliche und haushaltsbezogene Merkmale einzubeziehen, sondern auch arbeitsplatzbezogene und regionale Variablen einzubeziehen, die die Arbeitsnachfrage und die Situation am regionalen Arbeitsmarkt charakterisieren. In den Grundzügen bestätigt die multivariate Analyse die Aussagen aus der deskriptiven Auswertung.

Ein wichtiges Ergebnis bleibt festzuhalten, dass sich Selbständige – und mit ihnen die Freien Berufe – und abhängig Beschäftigte in der Gestaltung ihrer Arbeitszeit deutlich unterscheiden. So nehmen Selbständige anscheinend ihre persönlichen Möglichkeiten und Freiheiten bei der Zeiteinteilung in Anspruch, indem sie eher zu unterbrochener Arbeitszeit neigen, die auch in den frühen Morgen- und späten Abendstunden liegen kann (Kategorien II und IV). Dies gilt insbesondere für Selbständige ohne Angestellte. Inwieweit dies das Ergebnis eines Wunsches ist oder aufgrund von äußeren Zwängen geschieht, lässt sich nicht untermauern machen.

6 Zusammenfassung

In der vorliegenden Studie wurden die Daten der deutschen Zeitbudgetstudie 1991/92 erstmals hinsichtlich der persönlichen Gestaltung der alltäglichen Arbeitszeit untersucht. Nur solche Zeittagebuchdaten bieten zum einen genügend Informationen über die zeitliche Lage und lassen sich zum anderen mit Angaben über die Fragmentierung der Arbeitszeit verknüpfen. In der Studie wird deutlich, dass sich die beiden Dimensionen abweichender Arbeitszeitmuster – die zeitliche Lage der Arbeit sowie ihre Fragmentierung – auch in ihrer Erklärung signifikant unterscheiden. Die Übersichtstabelle 6 fasst die Ergebnisse der MNL-Schätzung zusammen.

Festzuhalten ist, dass personenbezogene Merkmale mit ihren Humankapitalcharakteristika, arbeitsmarktbezogene Merkmale, nichtmarktmäßige Aktivitäten mit alternativer Zeitverwendung, Charakteristika des Partners sowie Haushalts- und regionale Variablen einen signifikanten – wenn auch unterschiedlichen – Einfluss auf Arbeitszeitarrangements haben, die hinsichtlich der zeitlichen Lage und ihrer Fragmentierung von dem herkömmlichen Normalarbeitstag abweichen.

Mit der von uns angestellten mikroökonometrischen Untersuchung lässt sich feststellen, dass die in der Einleitung aufgestellte Frage, ob Selbständige (als Unternehmer oder Freiberufler) abweichende Formen der Arbeitszeit aufweisen, bejaht werden kann. Selbständige – und unter ihnen besonders diejenigen ohne Angestellte - neigen zu Arbeitszeiten, die von mindestens einer mehr als einstündigen Pause unterbrochen werden.

Tabelle 6: Zusammenfassung der MNL- Schätzungen: Signifikante Determinanten für die Wahl eines Arbeitszeitarrangements

	Kategorie II # Episoden ≥ 2 - Kernzeit	Kategorie III Eine Episode - Nicht Kernzeit	Kategorie IV # Episoden ≥ 2 - Nicht Kernzeit
PERSONENBEZOGENE VARIABLEN			
Demographie		***	*
Schulabschluss		***	*
Berufliche Stellung	**	***	*
Berufliche Ausbildung	*	**	**
ARBEITSMARKTBEZOGENE VARIABLEN			
Wirtschaftssektoren	**	**	**
Arbeitsmarkt	**		**
NICHTMARKTMÄßIGE AKTIVITÄTEN			
Zeitverwendung	***	***	**
Geleistete Hilfe	*		
CHARACTERISTIKA DES PARTNERS			
Arbeitszeit			
Berufsstatus	*		**
HAUSHALTSVARIABLEN			
Haushaltsgröße	***		*
Geleistete Hilfe		*	
Erhaltene Hilfe			*
REGIONALE VARIABLEN			
Nachfrageseite	***	*	

Signifikanzniveaus: * 10%, ** 5%, *** 1%.

Quelle: Zeitbudgeterhebung 1991/92, eigene Berechnungen.

Weiterer Forschungsbedarf liegt in der Analyse über die Dauer der Arbeitszeit (erste Ergebnisse finden sich dazu in Merz und Burgert 2003). Vor allem wird es mit den neuen Daten der nationalen Zeitbudgetstudie 2001/02 möglich sein, die Entwicklung von Arbeitszeitarrangements über einen Zeitraum von 10 Jahren zu verfolgen und damit auch aktuellere Informationen einzubeziehen.

Literatur

Bauer, F., Groß, H., Munz, E. und S. Sayin (2001), *Arbeits- und Betriebszeiten, Neue Formen des betrieblichen Arbeits- und Betriebszeitmanagements*, Düsseldorf.

Becker, G. S. (1965), A Theory of the Allocation of Time, in: *Economic Journal*, 75, 493-517.

Blundell, R., J. Ham und C. Meghir (1987), *Unemployment and Female Labour Supply*, CEPR Discussion paper 149.

Büssing, A. und H. Seifert (1995), *Sozialverträgliche Arbeitszeitgestaltung*, München.

Callister, P. und S. Dixon (2001), *Work schedules and working at home: Insights for America from New Zealand time use data*, Cornell Careers Institute working paper 01-13, Ithaca.

Clarkberg, M. und Ph. Moen (2000), Understanding the Time Squeeze: Married Couples Preferred and Actual Work-Hour Strategies, in: *American Behavioral Scientist*, 44/7, 1115-1136.

Ehling, M. (1999), The German Time Use Survey – Methods and Results, in: Merz, J. und M. Ehling (eds.), *Time Use – Research, Data and Policy*, Schriften des Forschungsinstituts Freie Berufe (FFB) der Universität Lüneburg, Band 10, Baden-Baden, 89-105.

Statistisches Bundesamt (1992), *Handbuch zu ‚Wo bleibt die Zeit?'*, Wiesbaden.

Garhammer, M. (1994), *Balanceakt Zeit: Auswirkungen flexibler Arbeitszeiten auf Alltag, Freizeit und Familie*, Edition Sigma, Berlin.

Greene, W. (1998), *LIMDEP Version 7/8*, Plainview, New York, 1998/2002.

Greene, W. (2000), *Econometric Analysis*, 4th edition, Prentice Hall, Upper Saddle River, 2000.

Ham, J. C. (1982), Estimation of a Labour Supply Model with Censoring Due to Unemployment and Underemployment, in: *Review of Economic Studies*, 69, 335-54.

Hamermesh, D. (1996a), The Timing of Work Time, in: *Konjunkturpolitik, Applied Economics Quarterly*, 42, 1-22.

Hamermesh, D. (1996b), *Workdays, Workhours and Work Schedules*, W. E. Upjohn Institute for Employment Research, Kalamazoo, Michigan.

Hamermesh, D. (1998), When we work, *American Economic Review*, 88, 321-325.

Hamermesh, D. (2002), Timing, togetherness and time windfalls, *Journal of Population Economics*, 15, 321-325.

Harvey, A. (1999), Time Use Research: The Roots to the Future, , in: Merz, J. und M. Ehling (eds.), *Time Use – Research, Data and Policy*, Schriften des Forschungsinstituts Freie Berufe (FFB) der Universität Lüneburg, Band 10, Baden-Baden, 123-49.

Harvey, A. Fisher, K. , Gershuny, J. und A. Akbari (2000), *Examining Working Time Arrangements Using Time Use Surveys*, ISER Working Paper No. 20, Essex.

Holst, E. und J. Schupp, J. (1994), Ist Teilzeitarbeit der richtige Weg? Arbeitszeitpräferenzen in West- und Ostdeutschland, *DIW-Wochenbericht*, 35/94, 618-26.

Killingsworth, M.R. (1983), *Labor Supply*, Cambridge.

Killingsworth, M.R. und J.J. Heckman (1986), Female Labor Supply: A Survey, in: Ashenfelter, O. and R. Layard (eds.) (1986), *Handbook of Labor Economics*, Vol I, Amsterdam/New York, 103-204.

Lee, L.-F. (1983), Generalized econometric models with selectivity, *Econometrica*, 51(2): 507-512.

Madalla, G. S. (1983), *Limited Dependent and Qualitative Variables in Econometrics*, Cambridge/London.

McFadden, D. (1976), *Quantal Choice Analysis: A Survey,* Annals of Economic and Social Measurement

McFadden, D.L. (1985), Econometric Analysis of Qualitative Response Models, in: Griliches, Z. and M.D. Intriligator (eds.), *Handbook of Econometrics*, Volume II, Amsterdam/New York, 1395-457.

Merz, J. (2002a), Time and Economic Well-Being – A Panelanalysis of Desired vs. Actual Working Hours, in: *The Review of Income and Wealth*, 48/3, 317-46.

Merz, J. (2002b), Time Use Research and Time Use Data – Actual Topics and New Frontiers, in: Ehling, M. and J. Merz (Eds.), *Neue Technologien in der Umfrageforschung – Anwendungen bei der Erhebung von Zeitverwendung*, Schriften des Forschungsinstituts Freie Berufe (FFB) der Universität Lüneburg, Band 14, Baden-Baden, 3-19.

Merz, J. und M. Ehling (1999), *Time Use – Research, Data and Policy*, Baden-Baden.

Merz, J. und D. Burgert (2003), *Working Hour Arrangements and Working Hours – A Microeconometric Analysis Based on German Time Diary Data*; FFB-Discussion Paper 41, Lüneburg.

Pencavel, J. (1986), Labor Supply of Men: A Survey, in: Ashenfelter, O. and R. Layard (eds.) (1986), *Handbook of Labor Economics*, Vol. I, Amsterdam/New York, 3-102.

Osberg, L und S. Phipps (1993), Labour Supply with Quantity Constraints: Results from a Large Sample of Canadian Workers, *Oxford Economic Papers*, Volume 45, S. 269-291.

Townsend, B. (2001), Dual –Earner Couples and Long Work Hours: A Structural and Life Course Perspective, in: *Berkeley Journal of Sociology*, 45,269-291.

van Soest, A., Woittiez, I. und A. Kapteyn (1989), *Labour Supply, Income Taxes and Hours Restrictions in the Netherlands*, Center for Economic Research, Tilburg University, Discussion Paper No. 8903, Tilburg.

Corinna Bunk, Joachim Wagner

Universität Lüneburg, Institut für Volkswirtschaftslehre

Ökonomische Folgen des reformierten Betriebsverfassungsgesetzes für mittelständische Firmen – Erste Ergebnisse einer Firmenbefragung*

Zusammenfassung

Das am 28. Juli 2001 in Kraft getretene reformierte Betriebsverfassungsgesetz war vor seiner Verabschiedung Gegenstand teils heftiger Diskussionen in Wirtschaft, Politik und Wissenschaft. Die Positionen bezüglich der zu erwartenden Konsequenzen für Kosten und Erträge der Betriebe und Beschäftigten lagen weit auseinander. Der vorliegende Beitrag versucht anhand erster Ergebnisse einer Befragung von Mitgliedsfirmen des Arbeitgeberverbandes für den Regierungsbezirk Lüneburg eine Zwischenbilanz nach zweieinhalb Jahren zu ziehen.

1 Motivation

Als im Januar 2001 der Referentenentwurf für ein reformiertes Betriebsverfassungsgesetz aus dem (damaligen) Bundesministerium für Arbeit und Sozi-

* Wir danken Hauptgeschäftsführer Assessor Bernd Wiechel und stellv. Hauptgeschäftsführer Assessor Martin Schwickrath vom Arbeitgeberverband Lüneburg Nordostniedersachsen e. V. (ehemals Arbeitgeberverband für den Regierungsbezirk Lüneburg e. V.) dafür, dass sie es durch ihre engagierte Unterstützung ermöglicht haben, unsere Idee zu einem echten Kooperationsprojekt wachsen zu lassen; Herrn Hauptgeschäftsführer Dipl.-Volkswirt Jens Petersen von der IHK Lüneburg-Wolfsburg danken wir für seine Funktion als "Türöffner" zum Projektstart. Ferner danken wir allen Beteiligten in den schriftlich befragten Firmen und insbesondere unseren Gesprächspartnern dafür, dass sie sich Zeit genommen haben, um uns bei unserem Versuch zu helfen, etwas über Kosten und Erträge der neuen gesetzlichen Regelungen zu lernen. Wir danken auch ganz herzlich Herrn Dipl.-Ökonom Dirk Oberschachtsiek, Mitarbeiter am Institut für Volkswirtschaftslehre der Universität Lüneburg, für seine Unterstützung bei der Erstellung des Fragebogens und der technischen Umsetzung.

alordnung an die Öffentlichkeit gelangte, gab es in Kreisen der Wirtschaft einen einzigen Aufschrei: "Verbände geschlossen gegen Riester" (FAZ, 15.1.2001, 15), "Handwerk: Mitbestimmungsnovelle kostet uns 4,4 Milliarden DM" (FAZ, 19.1.2001, 15), "Betriebliche Mitbestimmung - Höhere Kosten und mehr Bürokratie" (iwd, 8.2.2001, 4) – Schlagzeilen wie diese gehörten zum alltäglichen Bild in der Presse. Nach langen kontroversen Diskussionen wurde das Gesetz zur Reform des Betriebsverfassungsgesetzes (*BetrVerf-Reformgesetz*) dann im Sommer 2001 beschlossen und trat am 28. Juli 2001 in Kraft (vgl. BGBl. I, 1852).

Das zentrale Ziel der Regierung bestand darin, durch das BetrVerf-Reformgesetz die Erosion der Mitbestimmung zu stoppen und die Arbeitsmöglichkeiten der Betriebsräte zu verbessern (zu den Neuregelungen des BetrVerf-Reformgesetzes vgl. Pressemitteilung des BMA vom 22. Juni 2001 sowie auch Addison et al. 2004). "Erosion der Mitbestimmung" meint hier die zunehmende Verbreitung einer "betriebsratsfreien Zone" innerhalb der Wirtschaft, denn es finden sich immer mehr Betriebe ohne Betriebsrat und immer mehr Beschäftigte arbeiten in betriebsratslosen Betrieben. Vor allem in Kleinbetrieben sollte durch ein vereinfachtes Wahlverfahren die Errichtung von Betriebsräten vereinfacht werden. Eine Verbesserung der Arbeitsmöglichkeiten der Betriebsräte sollte dadurch erreicht werden, dass die Anzahl der Betriebsratsmitglieder gesteigert und die Anzahl der freigestellten Betriebsratsmitglieder erhöht wird – dies geschieht durch eine Absenkung der jeweils für eine gegebene Anzahl (freigestellter) Betriebsratsmitglieder erforderlichen Mindestanzahl von Beschäftigten im Betrieb. Darüber hinaus muss der Betriebsrat mit moderner Informations- und Kommunikationstechnik ausgestattet werden und die Einbeziehung von Sachverständigen bei Betriebsänderungen wird erleichtert.

Es ist unstrittig, dass diese gesetzlichen Neuregelungen zu zusätzlichen Kosten für die Betriebe führen, wenn neue Betriebsräte errichtet werden oder wenn in bestehenden Betriebsräten die Anzahl der (freigestellten) Mitglieder erhöht und sie mit verbesserter Technik ausgestattet werden. Ob diesen zusätzlichen Kosten auch zusätzliche Erträge gegenüber stehen und ob diese ausreichen, die Kostenbelastung zu decken oder sogar über zu kompensieren, ist eine aus theoretischer Sicht offene Frage, denn aus ökonomischer Sicht kann ein Betriebsrat "zwei Gesichter" haben (zur ökonomischen Theorie des Betriebsrats vgl. Addison et al. 2003 und die dort zitierte Literatur):

Als Sprachrohr der Belegschaft ("Collective Voice") kann ein Betriebsrat Informationen über Wünsche und Vorstellungen der Belegschaft zusammentragen und gegenüber der Geschäftsleitung kommunizieren. Er erleichtert damit das Bekunden von Missfallen, baut durch Informationsaustausch betriebliche Ineffizienzen ab, senkt dadurch die Fluktuation, steigert Arbeitsmoral und Produktivität – und erweist sich damit sowohl für die Belegschaft als auch für

Geschäftsleitung und Eigentümer (und schließlich für die Gesellschaft insgesamt) als wohlfahrtsfördernd.

Auf der anderen Seite kann ein Betriebsrat effizienzsteigernde Maßnahmen verzögern, modifizieren oder verhindern. Er kann darüber hinaus einen Teil des betrieblichen Ertrages zu den Beschäftigten umverteilen. In Betrieben mit fähigen Managern, die die genannten positiven Effekte auch so erreichen können, ist er demnach lediglich ein überflüssiger Kostenfaktor.

Welche dieser zwei Seiten einer Medaille dominiert ist damit aus *ökonomischer* Sicht eine nur empirisch zu entscheidende Frage – und es ist auch nach fast zwanzig Jahren ökonometrischer Forschung zu den wirtschaftlichen Folgen von Betriebsräten eine *offene* Frage (ein ausführlicher interpretierender Überblick zu den empirischen Studien über Betriebsratseffekte findet sich bei Addison, Schnabel und Wagner 2004).

Genau so offen ist die hiermit eng verbundene Frage, welche ökonomischen Folgen denn nun das vor mehr als zwei Jahren in Kraft getretene BetrVerf-Reformgesetz hatte bzw. hat, das ja als zentrales Ziel eine erhöhte Verbreitung von – zudem vergrößerten und besser ausgestatteten sowie über mehr Mitspracherechte verfügenden – Betriebsräten insbesondere in kleineren Betrieben hatte. Eine Begleitforschung, aus der man etwas über die Auswirkungen der Veränderungen der gesetzlichen Regelungen lernen kann, gibt es nicht; einige wenige Hinweise finden sich in Untersuchungen zu den Betriebsrätewahlen 2002 (Rudolph und Wassermann 2002, Niedenhoff 2003) und in einer Auswertung der bis einschließlich 2002 erhobenen Wellen des IAB-Betriebspanels durch Ellguth 2003.

Wir wollen mit unserem Projekt dazu beitragen, diese Forschungslücke zu füllen. Auf der Basis einer eigenen schriftlichen Befragung von (fast ausschließlich mittelständischen) Betrieben im Regierungsbezirk Lüneburg und durch eine Reihe von vertiefenden Interviews wollen wir u. a. folgende Fragen untersuchen:

In welchen Betrieben wurde seit August 2001 erstmals ein Betriebsrat gewählt? Was unterscheidet diese Betriebe von nach wie vor betriebsratslosen Betrieben?

In welchen Betrieben erhöhte sich die Anzahl der Betriebsratsmitglieder aufgrund des BetrVerf-Reformgesetzes? Um wie viele?

In welchen Betrieben erhöhte sich die Anzahl der freigestellten Betriebsratsmitglieder aufgrund des BetrVerf-Reformgesetzes? Um wie viele? Wie hoch sind die Kosten, die dem Betrieb durch diese zusätzlichen Freistellungen entstehen?

In welchen Betrieben wurde der Betriebsrat aufgrund des BetrVerf-Reformgesetzes mit moderner Informations- und Kommunikationstechnik ausgestattet? Wie hoch waren die damit für den Betrieb verbundenen Kosten?

Welche Betriebe vermeiden bewusst das Überschreiten von "Schwellenwerten" der Beschäftigtenzahl, um damit zusätzliche Kosten der Betriebsratsarbeit (Anzahl Freistellungen etc.) zu vermeiden?

Welche Betriebe unterschreiten bewusst "Schwellenwerte" der Beschäftigtenzahl, um damit Kosten der Betriebsratsarbeit (Anzahl Freistellungen etc.) zu reduzieren?

Wie schätzt die Betriebsleitung die Zusammenarbeit mit dem Betriebsrat ein?

Worin sehen die Betriebe Kosten, worin Nutzen des BetrVerf-Reformgesetzes?

Da die schriftliche Befragung erst Ende Oktober 2003 abgeschlossen und zur gleichen Zeit mit den vertiefenden Interviews begonnen wurde, kann in diesem Beitrag lediglich über erste Ergebnisse aus dem Projekt berichtet werden. Abschnitt 2 stellt die schriftliche Erhebung und damit die Datenbasis der quantitativen Auswertungen vor. Abschnitt 3 präsentiert empirische Befunde zu ausgewählten Fragestellungen. Abschnitt 4 geht auf die vertiefenden Interviews ein. Der Beitrag schließt mit einem Ausblick auf die geplanten weiteren Arbeiten.

2 Datenbasis und Untersuchungsaufbau

Mit dem Rundschreiben 4/2003 des Arbeitgeberverbands für den Regierungsbezirk Lüneburg e. V. vom 6. Juni 2003 wurden inklusive aller Zweigbetriebe 576 Firmen angeschrieben, wovon sich zunächst nur 77 per Rückfax des zweiseitigen Fragebogens an der Befragung beteiligten (vgl. Rundschreiben und Fragebogen im Anhang). Eine Erinnerung mit dem nächsten Arbeitgeberverband-Rundschreiben 5/2003 vom 18. Juli 2003 blieb weitestgehend ohne Resonanz. Mitte September wurden nochmals gezielt mit einem persönlichen Schreiben und erneuter Fragebogenübersendung diejenigen Firmen angesprochen, die sich bisher nicht an der Befragung beteiligt hatten. Die Betriebe, bei denen mindestens ein Betriebsteil geantwortet hatte sowie die Betriebsteile, bei denen laut Information des Arbeitgeberverbands die Personalangelegenheiten zentral von der Muttergesellschaft geführt werden, wurden ausgenommen, so dass sich die Nachfassaktion auf 430 Firmen beschränkte. Zusammengenommen führte dies zu einem Rücklauf von 179 Fragebögen. Das entspricht 31,1 Prozent aller im Arbeitgeberverband für den Regierungsbezirk Lüneburg e. V. organisierten Betriebe und Betriebsteile.

Die Struktur der 576 Mitgliedsfirmen sieht zum Stichtag 01.05.2003 gemäß Datenbasis des Arbeitgeberverbands wie folgt aus:[1] Mit 42,4 Prozent gehört der Großteil der Betriebe dem Dienstleistungssektor an, gefolgt von 26,9 Prozent aus dem Bereich Industrie und 13,3 Prozent aus dem Bereich Handel. Die Größenordnungen betreffend beschäftigen 30,8 Prozent 5-20 Mitarbeiter, 31,2 Prozent 21-50 Mitarbeiter und 15,5 Prozent 51-100 Mitarbeiter. Größere Unternehmen mit mehr als 200 Mitarbeitern stellen lediglich 7,9 Prozent aller Mitgliedsbetriebe. Ferner sind 235 Betriebe (= 40,8 Prozent) tarifgebunden und 142 (= 24,7 Prozent) verfügen über einen Betriebsrat.

Neben allgemeinen Informationen zum befragten Betrieb (Branche, Gründungsjahr, Zweigbetrieb ja/nein, Mitarbeiterzahlen und -entwicklung, Frauenanteil, Anteil von Gewerkschaftsmitgliedern, Tarifbindung, Schichtarbeit, Umsatzentwicklung) wurden folgende direkte Konsequenzen des BetrVerf-Reformgesetzes abgefragt:

- Neugründung eines Betriebsrats seit August 2001?
- Anwendung des vereinfachten Wahlverfahrens?
- Anzahl der Betriebsratsmitglieder seit der letzten Wahl erhöht?
- Anzahl der freigestellten Betriebsratsmitglieder seit der letzten Wahl erhöht?
- Behandlung der Themen Weiterbildung, Umweltschutz und Gleichberechtigung seit August 2001?
- Ausstattung mit moderner Kommunikationstechnik seit August 2001? Damit verbundene Kosten und daraus resultierender Schulungsaufwand?
- Häufigkeit und Veränderung der Anzahl der Betriebsratssitzungen und der gemeinsamen Sitzungen von Betriebsrat und Geschäfts- bzw. Personalleitung?
- Vornahme von Personalfreisetzungen oder Verzicht auf Neueinstellungen aufgrund der neuen Schwellenwerte?

Da die Neugründung eines Betriebsrats nicht zwangsläufig durch das BetrVerf-Reformgesetz motiviert sein muss, wurde zusätzlich im allgemeinen Teil erfragt, ob es im Jahr 2001 in dem Betrieb besondere Vorkommnisse gab, namentlich erhebliche Personalfreisetzungen, Einführung neuer Tech-

---

[1] Jeweils jährlich werden vom Arbeitgeberverband Fragebögen an alle Mitgliedsfirmen versandt, in denen Informationen zum Betrieb erhoben werden. Zur Branchenzugehörigkeit liegen von 573 Betrieben Angaben vor, zur Mitarbeiterzahl nur von 509. Eine Kontrolle der Angaben findet nicht statt.

nologien, Veränderungen in der Produktionsstruktur oder organisatorische Veränderungen.

Ausgehend von der Überlegung, dass die Kosten und Nutzen eines Betriebsrats in erster Linie von der Zusammenarbeit zwischen Geschäfts- oder Personalleitung und Betriebsrat determiniert werden, wurden die Befragten gebeten, ihre Einschätzung zur

- Zusammenarbeit mit dem Betriebsrat (Skala 1-5 von „sehr kooperativ" bis „sehr konfliktär")
- Wirkung der Beteiligung des Betriebsrats auf die Geschwindigkeit von Entscheidungsprozessen (Skala 1-5 von „stark erhöht" bis „stark verringert")
- Wirkung der Beteiligung des Betriebsrats auf die Qualität von Entscheidungen (Skala 1-5 von „stark erhöht" bis „stark verringert")
- Wirkung der Beteiligung des Betriebsrats auf die Akzeptanz von Entscheidungen und deren Umsetzung (Skala 1-5 von „stark erhöht" bis „stark verringert")
- Wirkung der Beteiligung des Betriebsrats auf die Qualität von Information und Kommunikation (Skala 1-5 von „stark erhöht" bis „stark verringert")

abzugeben.

Hinsichtlich der Rückläufe muss konstatiert werden, dass sowohl die Mitgliedsfirmen des Arbeitgeberverbands für den Regierungsbezirk Lüneburg e. V. vermutlich nicht als repräsentativ für alle im Regierungsbezirk Lüneburg ansässigen Firmen gelten können, als auch die antwortenden Betriebe nicht repräsentativ für alle Mitgliedesfirmen sind. Die Zusammensetzung der Stichprobe nach Branchen und Betriebsgrößenklassen zeigt, dass im Vergleich zur Grundgesamtheit Industriebetriebe mit 31,8 Prozent überproportional vertreten und demgegenüber Betriebe aus der Dienstleistungsbranche mit 27,4 Prozent deutlich unterrepräsentiert sind.[2] Auch wenn bei der Stichprobe die Betriebe mit 5-100 Mitarbeitern prozentual die Mehrheit bilden, sind größere Betriebe überproportional vertreten: In Abweichung zur Grundgesamtheit besteht die Stichprobe zu 12,8 Prozent aus Betrieben mit 101-199 Mitarbeitern (Grundgesamtheit: 9,8 Prozent) und zu 11,7 Prozent aus Betrieben mit mehr als 200 Mitarbeitern (Grundgesamtheit: 7,9 Prozent). Demgegenüber steht die sehr geringe Beteiligung der im Arbeitgeberverband organisierten

---

[2] Angaben zur Branche machten 175 Firmen. Die Mitarbeiterzahlen sind Stand 01.01.2003 und liegen von 160 Firmen vor.

Kleinstbetriebe mit bis zu fünf Mitarbeitern – lediglich 1,7 Prozent aller antwortenden Betriebe mit Angaben zur Beschäftigtenzahl gehören dieser Größenklasse an (Grundgesamtheit: 4,7 Prozent). Diese deskriptiven Erkenntnisse bestätigt auch eine Non-Response-Analyse (Probitschätzung für den Rücklauf), die bei Signifikanz auf 1%-Niveau eine Zunahme der Antwortwahrscheinlichkeit mit steigender Firmengröße – gemessen in Mitarbeiterzahlen – ausweist. Auch das Vorhandensein eines Betriebsrats (Dummy, 1 = ja) wirkt sich signifikant positiv auf die Antwortwahrscheinlichkeit aus. Von allen Rückläufen haben 75 Firmen (= 41,9 Prozent) einen Betriebsrat und 76 (= 42,5 Prozent) sind tarifgebunden. Damit sind besonders die Firmen mit Betriebsrat deutlich überrepräsentiert. Die im folgenden Abschnitt präsentierten empirischen Befunde können damit auch nicht als auf einer repräsentativen Stichprobe beruhend betrachtet werden.[3]

3 Empirische Befunde

3.1 Wirkungen des BetrVerf-Reformgesetzes

Nur in sechs aller antwortenden Betriebe wurde erstmals seit August 2001 ein Betriebsrat gewählt. Dies entspricht 5,6 Prozent aller Betriebe der Stichprobe, die 2001 keinen Betriebsrat hatten und aufgrund ihrer Mitarbeiterzahlen einen hätten wählen können (n = 107). Dieses Ergebnis deckt sich mit den Resultaten aus den IAB-Paneldaten und der 3. WSI-Befragung von Betriebs- und Personalräten 2002, die ebenfalls keine wesentliche Anzahl neuer Betriebsräte aufgezeigt haben (vgl. Schäfer 2003 und Ellguth 2003). Hierbei ist keine Auffälligkeit bzgl. der Betriebsgröße zu erkennen: Jeweils ein Betrieb beschäftigt 21, 45, 51, 71 bzw. 309 Mitarbeiter, in einem Fall sind keine Angaben zur Betriebsgröße vorhanden. Fünf Betriebe mit einem neuen Betriebsrat entstammen dem industriellen Sektor. In vier Betrieben wird in Schichten gearbeitet, drei davon sowie ein weiterer sind nicht tarifgebunden. In den 95 Betrieben, die angaben, seit 2001 Veränderungen im personellen oder technologischen Bereich oder in der Produktions- oder Organisationsstruktur vorgenommen zu haben, hat sich nur in zwei Fällen ein Betriebsrat neu konstituiert. Eine höhere Zahl an Betriebsratsmitgliedern seit der letzten Wahl ist in Betrieben mit Betriebsrat (exkl. der Neugründungen) mit 29 Prozent (n = 20 von 69) häufiger anzutreffen. Hiervon sind 12 Betriebe mit mindestens 200 Mitarbeitern betroffen, sieben haben zudem seit der letzten Wahl eine höhere Anzahl freigestellter Betriebsratsmitglieder. Ferner hat sich in fünf Betrieben der Betriebsgröße 101-199 Mitarbeitern und zwei der Größen-

---

3 Es wird Aufgabe des Forschungsprojektes sein, in einem weiteren Schritt Gewichtungsfaktoren zu entwickeln, die eine repräsentative Hochrechnung zumindest für die Mitgliedsbetriebe des Arbeitgeberverbands ermöglichen.

ordnung 51-100 Mitarbeitern die Zahl der Betriebsratsmitglieder erhöht – in letzteren beiden Fällen kann dies nicht aus der Änderung des Betriebsverfassungsgesetzes resultieren, da die Anzahl der Betriebsratsmitglieder erst ab 101 Mitarbeitern gesteigert wurde. Auch hier sind Industriebetriebe mit 14 Fällen außerordentlich häufig vertreten, gefolgt von sechs Firmen aus dem Dienstleistungssektor.

In 44 Fällen (= 58,7 Prozent) aller antwortenden Betriebe mit Betriebsrat wurde das vereinfachte Wahlverfahren (§ 14a BetrVG) bei der letzten Betriebsratswahl angewandt. Es erlaubt Betrieben mit bis zu 50 Mitarbeitern und bei Übereinkunft zwischen Betriebsrat und Arbeitgeber auch Betrieben mit bis zu 100 Mitarbeitern eine Abweichung vom sonstigen Verhältniswahlverfahren. Von den Betrieben mit Betriebsrat nutzten alle drei der Größenklasse 5-20 Mitarbeiter das vereinfachte Wahlverfahren, ebenfalls sechs der zehn Betriebe mit 21-50 Mitarbeitern (= 60 Prozent). In der Größenklasse 51-100 Mitarbeiter kam das vereinfachte Wahlverfahren bei zehn von 18 Betrieben (= 55,6 Prozent) zur Anwendung. Insgesamt wurde diese Erleichterung somit von 61,3 Prozent der an der Befragung teilnehmenden Betriebe, die in den Geltungsbereich des § 14a BetrVG fallen, genutzt. Interessanterweise geben jedoch auch acht von 15 (= 53,3 Prozent) der Betriebe mit 101-199 Mitarbeitern sowie zehn von 18 Betrieben mit mehr als 200 Mitarbeitern (= 55,6 Prozent) im Fragebogen an, das vereinfachte Wahlverfahren angewandt zu haben, obwohl hierzu per Gesetz keine direkte Möglichkeit besteht. Auch dieses zuerst überraschende Ergebnis findet sich bei der 3. WSI-Betriebs- und Personalrätebefragung 2002 wieder, wonach in insgesamt 26 größeren Betrieben Vereinbarungen zur Anwendung des vereinfachten Wahlverfahrens geschlossen wurden (vgl. Behrens 2003).

Mit moderner Informations- und Kommunikationstechnik wurden 21 Betriebsräte neu ausgestattet (= 28 Prozent), wobei fraglich ist, ob es sich dabei in jedem Fall um moderne Technik handelt. Besonders häufig wurde dem Betriebsrat ein neuer Computer zur Verfügung gestellt (n = 17), wobei ein Personalleiter dies auf dem Fragebogen mit „Ganz alt gegen alt“ kommentierte. Ein weiterer merkte an, dass die Ausstattung unabhängig vom BetrVerf-Reformgesetz sei. In elf Fällen wurde ein Internetzugang zur Verfügung gestellt. Die technische Neuausrüstung führte jedoch nur in sieben Betrieben zu einer erhöhten Schulungshäufigkeit (= 33,3 Prozent von n = 21). Die Kosten – sowohl für die Technikbereitstellung als auch für die damit verbundenen Schulungen – sind sehr uneinheitlich: Für die technische Ausrüstung wurden zwischen 0,00 Euro und 4.000,00 Euro aufgewendet, wobei der Median bei 1.500,00 Euro liegt. Die Kosten für die Schulungen bewegen sich im Bereich zwischen 500,00 Euro und 16.000,00 Euro. Der Median liegt bei 2.250,00 Euro. Interessanterweise wurde nur in zwei dieser Betriebe erstmals ein Betriebsrat errichtet, wovon nur einer zu einer Schulung geschickt wurde.

Hingegen hat sich in neun der Betriebe die Anzahl der Betriebsratsmitglieder erhöht, was in drei Fällen eine erhöhte Schulungshäufigkeit zur Folge hatte.

Auch die Behandlung der neu im BetrVerf-Reformgesetz verankerten Themen Weiterbildung, Umweltschutz und Gleichberechtigung weist eine gewisse Abhängigkeit zur Veränderung in der Zahl der Betriebsratsmitglieder auf. Von gesamt 14 Betrieben (= 18,7 Prozent aller Betriebe mit Betriebsrat), bei denen sich der Betriebsrat im Bereich betriebliche Weiterbildung engagiert, hat sich in dreien die Zahl der Betriebsratsmitglieder erhöht. Dies ist ebenfalls in zwei der drei Betriebe der Fall, in denen sich der Betriebsrat neu mit dem Thema Umweltschutz beschäftigt. In neun Betrieben ist Gleichberechtigung seit 2001 ein Betriebsratsthema (= 11,8 Prozent aller Betriebe mit Betriebsrat), in dreien hat sich die Zahl der Betriebsratsmitglieder erhöht. Auffällig ist, dass von keinem der neu errichteten Betriebsräte diese Themen behandelt werden. Insgesamt hat sich das Betätigungsfeld des Betriebsrats in 22 Fällen (= 29,3 Prozent aller Betriebe mit Betriebsrat) auf mindestens eins der neuen Themengebiete ausgeweitet.

Zusammenfassend sind bisher die von Seiten der Wirtschaft befürchteten erheblichen Änderungen in der betrieblichen Praxis zumindest in den hier untersuchten Fällen nicht eingetreten. Ebenfalls hat das BetrVerf-Reformgesetz nicht dazu geführt, dass sich besonders in kleinen und mittleren Unternehmen neue Betriebsräte gebildet und bestehende ihr Arbeitsgebiet in erheblichem Maße ausgeweitet haben. Dies äußert sich auch darin, dass sich die Anzahl der gemeinsamen Sitzungen zwischen Betriebsrat und Geschäftsleitung nur in drei Fällen erhöht hat. Insgesamt geben 42 der 75 antwortenden Betriebe mit Betriebsrat (= 56 Prozent) an, seltener als monatlich gemeinsame Sitzungen abzuhalten, 31,6 Prozent (n = 24) tagen monatlich und lediglich 5,3 Prozent (n = 4) 14-tägig bzw. 4 Prozent (n = 3) wöchentlich oder öfter.

Trotzdem ist die Beurteilung der Neuregelungen des BetrVerf-Reformgesetzes überwiegend kritisch: Von den 91 auf dem Fragebogen abgegebenen Kommentaren zu den Neuregelungen des Betriebsverfassungsgesetzes begannen 19 mit den Worten „(eher) schlecht“ oder „(eher) negativ“, im Weiteren wurde insbesondere beklagt, dass die Flexibilität der Unternehmer immer weiter eingeschränkt werde und dass mit dem BetrVerf-Reformgesetz ein weiterer Kostentreiber und ein unnötiges Hemmnis für betriebliche Abläufe geschaffen worden sei. Ein Kommentar lautet sogar: „Die Qualität/Leistung der vorhandenen Mitarbeiter sinkt, weil sie sich "nicht kündbar" fühlen; seine Rechte kennt jeder, dafür wird gekämpft, Pflichten haben kaum noch Platz; Interesse an Neuinvestitionen und zukunftsstärkenden Veränderungen sinkt mit der Notwendigkeit zu Neueinstellungen.“ Jedoch geben auch 30 Befragte an, dass das reformierte Gesetz derzeit keinerlei Auswirkungen bei ihnen zeigt bzw. nicht relevant für ihre betriebliche Praxis ist – sowohl in Betrieben mit als auch ohne Betriebsrat. Ein Geschäftsführer, in dessen Betrieb kein

Betriebsrat existiert, äußerte sich wie folgt: *„Ich werde weiterhin mein Unternehmen so führen, dass die Mitarbeiter keinen Betriebsrat brauchen sollten!"*.

3.2 Beachtung von Schwellenwerten

Im deutschen Arbeitsrecht existiert eine Vielzahl von Schwellenwerten, ab denen sich der bürokratische Aufwand und die Kosten für den Arbeitgeber erhöhen, so dass er unter Umständen dazu veranlasst werden kann, auf Alternativen zu Neueinstellungen zurückzugreifen (zur ökonomischen Wirkung von Schwellwerten vgl. z. B. Wagner, Schnabel und Kölling 2001). Im Betriebsverfassungsgesetz sind folgende für den Mittelstand relevante Schwellenwerte vorhanden (eine ausführliche Liste weiterer Schwellenwerte im Arbeitsrecht findet sich unter URL, http://www.bdvi.de/BDVI/bdviinfo/info0103/Schwellenwerte.pdf):

Tabelle 1: Schwellenwerte im Betriebsverfassungsgesetz für Firmen bis 400 Mitarbeiter

Mitarbeiter	Regelung	Rechtsgrundlage
Ab 5	Errichtung eines Betriebsrats	§ 1 Abs. 1 BetrVG
5-20	Ein Betriebsratsmitglied	§ 9 Abs. 1 BetrVG
Ab 21	Mitbestimmung bei personellen Einzelmaßnahmen	§ 99 Abs. 1 BetrVG
21-50	Drei Betriebsratsmitglieder	§ 9 Abs. 1 BetrVG
51-100	Fünf Betriebsratsmitglieder	§ 9 Abs. 1 BetrVG
Ab 101	Bildung eines Wirtschaftsausschusses sowie sonstiger Ausschüsse und Arbeitsgruppen	§ 106 Abs. 1 BetrVG, §§ 28, 28a BetrVG
101-200	Sieben Betriebsratsmitglieder	§ 9 Abs. 1 BetrVG
Ab 200	Bezahlte Freistellung eines Betriebsratsmitglieds von der eigentlichen beruflichen Tätigkeit	§ 38 Abs. 1 BetrVG
Ab 201	Bildung eines Betriebsausschusses	§ 27 Abs. 1 BetrVG
201-400	Neun Betriebsratsmitglieder	§ 9 Abs. 1 BetrVG
Ab 300	Recht auf einen Berater zur Unterstützung bei Betriebsänderungen	§ 111 BetrVG

Quelle: Eigene Zusammenstellung aus dem Betriebsverfassungsgesetz, Stand 01.04.2002.

Zusätzlich existiert mit § 60 Abs. 1 BetrVG die Regelung, dass in Betrieben mit fünf minderjährigen Arbeitnehmern oder Auszubildenden unter 25 Jahren eine Jugend- und Auszubildendenvertretung gewählt wird. Bezüglich der

Mitgliederzahl gelten gem. § 62 Abs. 1 BetrVG dieselben Regelungen wie beim Betriebsrat.

In der schriftlichen Befragung wurde ermittelt, ob erstens bewusst von Neueinstellungen abgesehen wurde, weil sich sonst die Größe des Betriebsrats erhöht hätte, und ob zweitens bewusst Personal freigesetzt wurde, weil sich dadurch die Größe des Betriebsrats verringert hat. 13 aller antwortenden Betriebe (= 7,3 Prozent) gaben an, dass sie bewusst von Neueinstellungen abgesehen haben, damit sich die Anzahl der Betriebsratsmitglieder nicht erhöht. Immerhin fünf sind unter diesen 13, die bewusst Personal freigesetzt haben, um die Anzahl der Betriebsratsmitglieder zu verringern. Dies entspricht 2,8 Prozent aller antwortenden Unternehmen. Diese Reaktion setzt jedoch erst ab einer Betriebsgröße von mindestens 21 Mitarbeitern ein. Hinsichtlich der Branchenzugehörigkeit antworteten jeweils fünf Betriebe aus dem Bereich Dienstleistungen und Industrie, dass sie bewusst auf Neueinstellungen verzichten. Die anderen drei Unternehmen entstammen dem Bereich Handel/Handwerk sowie der Baubranche. Es äußerte sich nur ein Betrieb der Dienstleistungsbrache, aber drei Betriebe aus dem industriellen Sektor dahingehend, dass sie bewusst Personal freigesetzt haben, um dadurch die Größe des Betriebsrats zu verringern.

Sehr interessant ist, dass alle Betriebe, deren Geschäftsführer oder Personalleiter auf Schwellenwerte achten, einen Betriebsrat haben. Nur in einem Fall ist dieser 2001 gegründet worden. Prozentual bedeutet dies somit, dass 17,3 Prozent der antwortenden Betriebe mit Betriebsrat von Neueinstellungen abgesehen haben und 6,7 Prozent Personal freigesetzt haben, um den Betriebsrat nicht zu vergrößern bzw. aktiv zu verkleinern.

3.3 Zusammenarbeit zwischen Geschäftsleitung und Betriebsrat

Die Wirkung von Betriebsräten sowie die mit ihrer Existenz verbundenen Kosten und Nutzen sind vor allen Dingen in kleineren und mittleren Unternehmen schwer in Euro zu messen – in größeren Betrieben mit ausgefeilten Kostenrechnungssystemen, freigestellten Betriebsräten mit eigenen Räumlichkeiten und technischer Ausstattung ist dies zumindest für die Kostenseite vergleichsweise einfacher. Das Verhalten von Geschäftsleitung und Betriebsrat sowie die Zusammenarbeit der beiden „Parteien“ sind somit ursächlich für die positive oder negative Wirkung der Existenz von Betriebsräten, speziell für die Erfassung von Synergieeffekten oder Reibungsverlusten. In der Befragung wurde ein erster Versuch unternommen, aus Sicht der Arbeitgeberseite eine Einschätzung über die Folgen der Zusammenarbeit mit dem Betriebsrat zu erheben.

Die Ergebnisse weisen insgesamt auf keine großen Probleme bei der Zusammenarbeit zwischen Geschäftsleitung und Betriebsrat hin: Von 75 antwortenden Firmen mit Betriebsrat gaben 62,7 Prozent (n = 47) an, dass die Zusammenarbeit zwischen Geschäftsleitung und Betriebsrat „überwiegend kooperativ" oder „sehr kooperativ" verläuft. Nur 8 Prozent (n = 6) schätzen die Zusammenarbeit als „überwiegend konfliktär" oder „sehr konfliktär" ein. Bei 26,7 Prozent (n = 20) der Betriebe ist die Zusammenarbeit „unterschiedlich", zwei Betriebe haben keine Angaben gemacht.

Hinsichtlich der Folgen der Beteiligung des Betriebsrats an betrieblichen Entscheidungsprozessen variieren die Einschätzungen stärker:

Abbildung 1: Wirkung der Betriebsratsbeteiligung auf Entscheidungsprozesse und deren Umsetzung

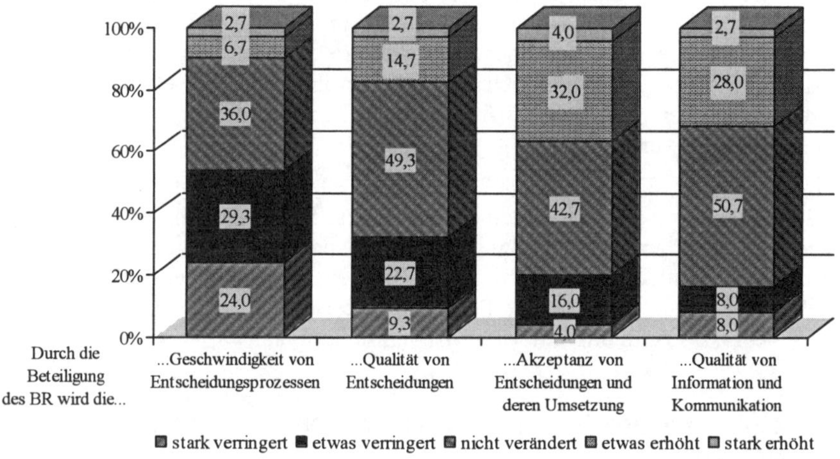

Quelle: Eigene Darstellung.

Hieraus wird deutlich, dass über alle Fragen hinweg dem Betriebsrat keine große Wirkung zugemessen wird. Positiv wird von 36 Prozent (n = 27) der Betriebe mit Betriebsrat die erhöhte Akzeptanz von Entscheidungen und deren Umsetzung beurteilt, immerhin 30,7 Prozent (n = 23) vermerken eine erhöhte Qualität von Information und Kommunikation im Betrieb. Hingegen zeigen mit 53,3 Prozent (n = 40) über die Hälfte der Betriebe eine Verringerung der Geschwindigkeit von Entscheidungsprozessen auf und 32,0 Prozent (n = 24) der Befragten sind der Meinung, dass sich die Qualität von Entscheidungen durch die Beteiligung des Betriebsrats verringert.

4 Persönliche Interviews

Die bloße Existenz eines Betriebsrats in einem Unternehmen sowie die Einschätzung der Geschäftsleitungen über die Zusammenarbeit und Folgen der Betriebsratsbeteiligung lassen keine differenzierte Analyse über die wirkliche Relevanz des BetrVerf-Reformgesetzes in der betrieblichen Praxis zu. Offen bleibt ebenfalls, ob der Betriebsrat eher gemäß dem Voice-Ansatz als Sprachrohr der Belegschaft fungiert, oder sein Engagement auf Bestandsschutz und Verzögerung von Veränderungsprozessen richtet. Ferner werfen die Ergebnisse der schriftlichen Erhebung neue Fragen auf, beispielsweise warum Firmen angeben, Schwellenwerte zu beachten, die Zusammenarbeit mit ihrem Betriebsrat jedoch als „unterschiedlich" einstufen. Handelt es sich hier um eine bloße ideologische Einstellung des Geschäftsführers? Wenn die Zusammenarbeit mit dem Betriebsrat unterschiedlich ist, bei welchen Themen ist sie eher schwierig und bei welchen Themen beteiligt sich der Betriebsrat ggf. überhaupt nicht?

Persönliche Interviews werden in der Ökonomie, die überwiegend mit mathematischen Modellen und ökonometrischen Schätzungen operiert, nach wie vor eher kritisch gesehen. Sie können jedoch dazu dienen, durch den persönlichen Kontakt mit dem Individuum eine Vielzahl mehr Informationen zu generieren als dies bei einem standardisierten Fragebogen möglich ist. Ausgehend davon, dass auch eine schriftliche Befragung lediglich subjektive Einschätzungen des Befragten widerspiegelt, können ebenfalls Erkenntnisse aus Feldstudien in die ökonomische Theorie überführt werden. Diese Vorgehensweise hat besonders in der Arbeitsmarktökonomie (vgl. zu qualitativen Forschungsmethoden und deren Chancen Helper 2000 und Piore 1979) und in der Mitbestimmungsforschung (vgl. z. B. Kotthoff 1981, 1994 oder Osterloh 1993) eine weit zurückreichende Tradition.

Von den insgesamt 179 sich an der Befragung beteiligenden Unternehmen wurden mit 36 Geschäfts- und Personalleitern im Zeitraum Oktober 2003 bis Februar 2004 persönliche Interviews geführt. Strukturell weisen die Betriebe folgende Merkmale vor: Vertreten sind ein Betrieb mit weniger als fünf Mitarbeitern (= 2,8 Prozent), fünf Betriebe mit 5-20 Mitarbeitern (= 13,9 Prozent), jeweils zehn Betriebe mit 21-50 und 51-100 Mitarbeitern (= jeweils 27,8 Prozent), drei mit 101-199 (= 8,3 Prozent) sowie sieben mit mehr als 200 Mitarbeitern (= 19,4 Prozent). 15 Unternehmen sind im Dienstleistungsbereich tätig, zehn in der Industrie, zehn im Bereich Handel und/oder Handwerk sowie einer in der Landwirtschaft. Insgesamt beteiligen sich fünf Betriebe aus dem baunahen Gewerbe und sechs aus dem sozialen bzw. bildungspolitischen Umfeld an den Interviews. 17 der Betriebe sind tarifgebunden. In 22 der Unternehmen gibt es einen Betriebsrat, vier davon haben in 2001 erstmals einen Betriebsrat gewählt, bei sechs hat sich die Anzahl der

Betriebsratsmitglieder erhöht. 22 der Unternehmen gaben im Fragebogen an, dass sich seit 2001 Veränderungen in ihren Betriebsabläufen ergeben haben. Sechs achten bei Neueinstellungen auf Schwellenwerte, zwei haben bewusst Personal freigesetzt, um die Größe ihres Betriebsrats zu verringern.

Bei den Interviews handelt es sich um halbstandardisierte Interviews, die mittels eines Leitfadens geführt werden, den die Unternehmensvertreter zu Beginn des Gesprächs erhalten (vgl. Anhang). Er setzt sich aus zwei Themenkomplexen zusammen: Die erste Säule beschäftigt sich mit detaillierten Informationen zu Struktur des Unternehmens (Marktposition, Arbeitnehmerqualifikation und -fluktuation, Lohnstruktur, hierarchische Gliederung, Führungsstil, Betriebsklima), bei der zweiten Säule liegt der Schwerpunkt auf Partizipationsmöglichkeiten der Arbeitnehmer und Mitbestimmung in den Betrieben. Zum einen soll die subjektive Einstellung der Interviewpartner zu Betriebsverfassungsgesetz und institutionalisierter Mitbestimmung in Betrieben sowie den Aufgaben von Betriebsräten allgemein ermittelt werden. Zum anderen geht es um Veränderungsprozesse im Unternehmen: Welche Ziele werden damit verfolgt, inwieweit werden die Arbeitnehmer in Entscheidungen und Prozesse eingebunden und wie findet die Kommunikation statt? In Betrieben ohne Betriebsrat wird erfragt, ob es in der Vergangenheit Gründungsversuche gegeben hat, aus welchen Motivationen heraus dies geschah und wie die Geschäftsleitung hiermit umgegangen ist. In Betrieben mit Betriebsrat wird einerseits auf die Entstehung und Veränderung innerhalb des Betriebsrats sowie dessen tatsächliches Engagement (Betriebsversammlungen, Betriebsvereinbarungen, Themen, Einsicht in Lohnlisten, Schulungshäufigkeit etc.) abgestellt. Ferner wird die Einbindung des Betriebsrats durch die Geschäftsleitung sowie deren ggf. taktisch-betriebspolitisches Verhalten untersucht. Ziel der Interviews ist eine Annäherung an folgende Fragen:

- Warum gibt es in einigen Betrieben einen Betriebsrat und in anderen nicht, obwohl sie über die laut Betriebsverfassungsgesetz notwendige Mitarbeiterzahl verfügen? Was unterscheidet die Betriebe voneinander?
- Wie sieht die Anwendung des Betriebsverfassungsgesetzes in der betrieblichen Praxis aus und welche Kosten und Nutzen entstehen durch die Existenz und das Verhalten des Betriebsrats für das Unternehmen, die Geschäfts- oder Personalleitung und die Belegschaft?
- Welche alternativen Umgangsweisen mit Veränderungen, Wünschen und Problemen gibt es in der Praxis ohne Betriebsrat?

Als Beispiel dafür, dass die Existenz eines Betriebsrats alleine nicht Anhaltspunkt für Kosten oder Nutzen sein können, sollen im Folgenden zwei

Betriebe mit Betriebsrat und weniger als 50 Mitarbeitern gegenüber gestellt werden.[4]

Betrieb A beschäftigte im Januar 2003 49 Mitarbeiter, davon 14 Arbeiter, und ist im Bereich Handwerk/Handel tätig. Es handelt sich um ein eigentümergeführtes Unternehmen in der Gesellschaftsform einer GmbH, die neben dem Geschäftsführer über eine weitere Abteilungsleiterebene verfügt. Der Betrieb ist nach ISO 9002 zertifiziert. Die Belegschaft besteht laut Geschäftsführer sowohl im kaufmännischen als auch im gewerblichen Bereich ausschließlich aus gelernten Arbeitskräften. Die Mitarbeiterfluktuation ist gering, der größte Teil der Belegschaft ist seit mehr als zehn Jahren im Betrieb beschäftigt, fünf bis sechs der Mitarbeiter sind sogar seit über 25 Jahren dabei. Betrieb A ist tarifgebunden. Die Mitarbeiter im Verkaufsbereich arbeiten auf Provisionsbasis. Alle Mitarbeiter erhalten über das tariflich verankerte 13. Gehalt (Urlaubs- und Weihnachtsgeld) hinaus ein weiteres Weihnachtsgeschenk in monetärer oder nichtmonetärer Form, wenn das Betriebsergebnis dies zulässt. Es werden sowohl vermögenswirksame Leistungen als auch Direktversicherungsbeiträge gezahlt. Es findet regelmäßig eine Weihnachtsfeier und im Sommer ein Grillfest für alle Mitarbeiter statt. Der Geschäftsführer gab bei der schriftlichen Befragung an, Neueinstellungen aufgrund des Betriebsverfassungsgesetzes zu vermeiden und sogar Personal aufgrund der Schwellenwerte bewusst entlassen zu haben.

Betrieb A verfügt bereits seit mehreren Jahren über einen Betriebsrat. Der Betriebsrat besteht aus drei Mitgliedern. Der Betriebsratsvorsitzende ist Facharbeiter und hat seit 17 Jahren die Position inne. Er ist der ausschließliche Ansprechpartner für den Geschäftsführer. Die anderen Betriebsratsmitglieder sind erst seit der letzten Wahl dabei, auch vorher hat sich die Zusammensetzung stetig verändert. Der Betriebsratsvorsitzende genießt laut Geschäftsführer eine hohe Akzeptanz bei den übrigen Arbeitnehmern. Das Verhältnis zwischen Geschäftsleitung und Betriebsrat stellt sich positiv dar. Die Voice-Funktion des Betriebsrats ist in Betrieb A sehr ausgeprägt. Geschäftsführer A äußert dies wie folgt: *„Und ich sage, ich möchte die Probleme meiner Mitarbeiter so schnell als möglich kennen lernen. Und das kann ich nur, indem ich eine Vertrauensperson bei den Leuten sitzen habe. Und der ein oder andere mag sich nicht so artikulieren, dann soll er in der Frühstückspause dem sagen, was ihm nicht passt, dann kommt der zu mir und dann stellen wir das ab und dann hat das ganze drei Tage gegärt, aber dann ist das Ding erledigt."* Als Beispiel für die positive Wirkung der Zusammenarbeit mit dem Betriebsrat wurde eine Veränderung in der Aufteilung der wöchentlichen Arbeitszeit von 36 Stunden angeführt. Die Geschäftsleitung wollte vor drei Jahren die

---

[4] Die Interviews wurden mit Einverständnis der Gesprächspartner auf Tonband mitgeschnitten. Zitate sind sprachlich bereinigt.

Arbeitszeit auf vier Tage pro Woche im rollierenden System verteilen. Dies hatte innerhalb der Belegschaft zuerst Diskussionen und Widerstand zur Folge, wurde dann aber umgesetzt. Der Betriebsratsvorsitzende war in diesen Veränderungsprozess involviert. Der Geschäftsführer beschreibt dies so: *„Also erst, da die Mehrzahl der Belegschaft dagegen war, war er richtigerweise auch dagegen. Also habe ich ihn gefragt, wie kriegen wird das Ding jetzt hin. Da müssen wir nicht sagen, ab 2. Januar per order de mufti, sondern wir sagen, lass uns mal gucken, ob es drei Freiwillige gibt, die das erstmal üben. Und dann ... kommt der vierte und der fünfte. Und der einzige, der nicht freiwillig dabei war, dies zu machen, das war der Betriebsratsvorsitzende. Der hat ja als Vorbild erstmal zu üben, ob das geht, sonst kann er das nicht beurteilen. ... Und so haben wir das dann eingeführt."*

Ansonsten nutzt der Betriebsrat die Möglichkeiten, die ihm das Betriebsverfassungsgesetz bietet, *„glücklicherweise überhaupt nicht"*. Es existieren keine Betriebsvereinbarungen. Eine Betriebsversammlung findet einmal jährlich außerhalb der Arbeitszeit beim gemeinschaftlichen Grünkohlessen statt. Dem Betriebsratsvorsitzendem sind aber alle relevanten Zahlen über den Betrieb einschließlich des Gehalts des Geschäftsführers bekannt. In den wöchentlichen Abteilungsleiterrunden ist der Betriebsratsvorsitzende anwesend. Der Geschäftsführer A betont jedoch auch, dass die gute Zusammenarbeit mit dem Betriebsrat wesentlich von der Person des Betriebsratsvorsitzenden abhängt. So motiviert er auch seine Belegschaft seit Jahren, ihn unbedingt wieder zu wählen. Dessen Verhalten beschreibt er eher als aktiv und gestalterisch und überhaupt nicht auf Bestandschutz und Blockade ausgerichtet. Auf die Frage, warum der Geschäftsführer trotz all dieser positiven Erfahrungen durch Entlassung von Mitarbeitern die Größe des Betriebsrats verringerte und von Neueinstellungen absieht, gab er folgende Antwort: *„Also zunächstmal ist gesagt, ich brauche nur einen. Mit drei sind wir zuviel. Und wären wir fünf, besteht die Gefahr, dass doch einer dabei ist, der sagt, hör mal, wir sollten uns doch mal zusammensetzen und ich will doch auch mal informiert werden. Und ... mein Betriebsratsvorsitzender hat die anderen beiden im Griff und wenn mal was ist – hatten wir jetzt glaube ich irgend etwas, wo wir dann zu dritt mal zusammen gesessen sind – also dann geht es. Und bei fünf ist die Gefahr, dass die vier meinen Betriebsratsvorsitzenden nerven und den vom rechten Pfad abbringen"*.

Betrieb B beschäftigte im Januar 2003 45 Mitarbeiter, davon 29 Arbeiter. Es ist ein Industriebetrieb mit handwerklichem Hintergrund. Das Unternehmen wird in zweiter Generation durch den Eigentümer geführt und besteht in der Gesellschaftsform einer GmbH. Nach dem Geschäftsführer gibt es zwei weitere Hierarchiestufen, wobei teilweise dieselben Personen die erste und zweite Abteilungsleiterstufe bilden. Betrieb B beschäftigt ausschließlich Facharbeiter und kaufmännisch ausgebildete Angestellte. Auch dieser Betrieb ist tarifgebunden. Der Verkaufsbereich arbeitet auf Provisionsbasis, die Mitarbeiter im gewerblichen Bereich erhalten zusätzlich zum Tariflohn eine Leistungszulage nach REFA-Zeiten. Urlaubs- und Weihnachtsgeld wird an tarifgebundene Mitarbeitern gezahlt. *„Verdiente Angestellte"* erhalten zusätzlich eine Einzahlung in eine Lebensversicherung. Auch hier werden Schwellenwerte bei Neueinstellungen beachtet. Betrieb B hat überwiegend langjährig beschäftigte Mitarbeiter, die Fluktuation ist gering.

Der Betriebsrat existiert in Betrieb B seit ungefähr zehn Jahren. Seit der letzten Wahl und dem BetrVerf-Reformgesetz besteht er aus fünf Mitgliedern, da unter derselben Geschäftsführung ein weiterer Betrieb im näheren Umkreis existiert, so dass von einem einheitlichen Unternehmen ausgegangen werden muss. Alle Anliegen der Geschäftsführung müssen schriftlich formuliert werden und bedürfen der ausführlichen Beratung innerhalb des Betriebsrats – sollte einmal ein Betriebsratsmitglied nicht verfügbar sein, rückt ein Reservemitglied nach, das früher einmal Betriebsratsmitglied war. *„Dann wird das in der Regel erst einmal abschlägig beschieden, mit Hinweis auf irgendwelche Gesetz und Regeln, die wir eventuell nicht eingehalten haben und so weiter."* Erster Ansprechpartner der Geschäftsleitung ist der Betriebsratsvorsitzende, der aus dem gewerblichen Bereich kommt. Dieser macht zwar teilweise vorsichtige Zusagen, ist jedoch vor einer internen Betriebsratssitzung nicht handlungsfähig. Auch Verständigungen auf gemeinsamen Sitzungen zwischen Geschäftsleitung und Betriebsrat haben keinen verbindlichen Charakter. Ausschlaggebend ist grundsätzlich die interne Betriebsratssitzung. Das Betriebsverfassungsgesetz wird sehr eng ausgelegt, bei Unsicherheit wird grundsätzlich ein Gewerkschaftsfunktionär zu Rate gezogen. Der Betriebsratsvorsitz wechselt innerhalb des Betriebsrats mit jeder Wahl. Drei der Betriebsräte, u. a. der derzeitige Vorsitzende, stammen aus einer Abteilung, die aus vier Personen besteht. *„Die haben die meiste Zeit. Die ... sind nicht voll ausgelastet, diese Jungs. Das ist also eine Abteilung, die sich ein bisschen im Abwärtsgang befindet, von den Stückzahlen her, vom Markt her. ... Das waren Leute, die die zehn Jahre noch nicht voll hatten, die in der Regel acht und sieben Jahre da waren, und die sind das."* Das Agieren des Betriebsrats ist laut Aussage des Personalleiters in erster Linie auf Bestandsschutz und die Sicherung der eigenen Position gerichtet, auf die Blockade von Veränderungsprozessen. Dies äußert sich beispielsweise darin, dass die Betriebsschließung zwischen Weihnachten und Neujahr unter Anrechnung von Überstunden und Urlaubstagen verweigert wurde, da in der Abteilung der Betriebsratsmitglieder kaum Überstunden vorhanden sind und die Urlaubstage für anderen Urlaub aufgehoben werden sollten. In letzter Konsequenz wurde der Betrieb trotzdem über die Feiertage geschlossen. Folgen hatte dies nicht.

Der Betriebsrat hat bereits einmal den Betrieb vor dem Arbeitsgericht verklagt. Vereinbarungen mit dem Betriebsrat sind nicht möglich. Zwei Haustarifverträge zur Arbeitszeit und Arbeitsplatzerhaltung wurden mit Beteiligung der überregionalen Gewerkschaft und des Arbeitgeberverbands geschlossen. Der Betriebsrat war dagegen, obwohl ein Großteil der Mitarbeiter die Regelungen befürwortet hat. Auch sonst ist der Betriebsrat im Unternehmen eher isoliert.

Während der Betriebsrat von Betrieb A grundsätzlich dem Voice-Gedanken entspricht, zeigt sich der Betriebsrat von Betrieb B eher eigeninteressegeleitet und kontraproduktiv. Er verfolgt weder allgemeine Unternehmensziele noch Anliegen der Beschäftigten. Seine Motivation scheint überwiegend in der Sicherung des eigenen Arbeitsplatzes zu liegen.

Als Beispiel dafür, dass ein Betrieb ohne Betriebsrat („mitbestimmungsfreie Zone") nicht automatisch bedeutet, dass keine Partizipation der Mitarbeiter existiert, kann Betrieb C genommen werden.[5] Betrieb C beschäftigte im Januar 2003 36 Mitarbeiter und ist im Bereich Industriedienstleistungen tätig. Er wird als GmbH vom Eigentümer und Gründer geführt, sein Sohn ist bereits als sein Stellvertreter im Betrieb tätig. Betrieb C ist nicht tarifgebunden. Alle Mitarbeiter erhalten fixe Gehälter, auch die gewerblichen Mitarbeiter werden nicht nach Stundenzettel bezahlt. Ferner gewährt Betrieb C Weihnachts- und Urlaubsgeld und zahlt für alle Mitarbeiter in eine Direktversicherung ein. Zweimal im Jahr werden Betriebsfeiern ausgerichtet, eine Weihnachtsfeier und ein sommerliches Grillfest. Die fünf kaufmännischen Mitarbeiterinnen gehen bei gutem Betriebsergebnis am Ende des Monats Essen – die Kosten inkl. Taxi und allen Getränken zahlt der Geschäftsführer. Es gibt einen so genannten Sozialraum, in dem die Arbeitnehmer nach Arbeitsschluss häufig zusammensitzen und etwas trinken. Einige Arbeitnehmer kommen regelmäßig auf den Geschäftsführer zu, um einen Vorschuss auf den Monatslohn zu erhalten, einige haben sogar richtige kleine Darlehen. Dafür ist es kein Problem, auch einmal Überstunden oder Sonderschichten einzulegen. Es wird im Zweischicht-Betrieb gearbeitet. Es werden sowohl Facharbeiter als auch ungelernte Kräfte beschäftigt. Die Fluktuation ist sehr gering, die Mitarbeiter stammen überwiegend aus der näheren Umgebung.

Betrieb C ist nach ISO 9002 zertifiziert. Es gibt neben dem Geschäftsführer und seinem Sohn als Stellvertreter einen Betriebsleiter, zwei Meister und zwei Schichtführer. Damit die jährliche Zertifizierung erfolgreich verläuft, existiert ein Arbeitskreis aus sechs Personen, die sich ca. dreimal pro Jahr zusammensetzen. Er besteht aus drei fixen Mitgliedern und drei variierenden. Als Hintergrund für diese wechselnde Teilnahme gibt der Geschäftsführer an, dass die ISO-Zertifizierung nur dann erfolgreich sei, wenn alle Mitarbeiter im

---

[5] Für dieses Interview existiert keine Tonbandaufzeichnung, nur ein Gesprächsprotokoll.

Betrieb mitmachen würden. Das rollierende System sei eine Sicherheit dafür, dass die Maßgaben des Managementsystems auch bei allen Mitarbeitern ankommen würden.

Einmal hat es durch einen einzelnen Arbeitnehmer einen Versuch gegeben, einen Betriebsrat zu gründen. Dies scheiterte an dem geringen Rückhalt, den dieser Arbeitnehmer im Betrieb hatte. Der Geschäftsführer selbst hat keine genauen Vorstellungen von den Rechten und Pflichten eines Betriebsrats und hat deshalb auf den Vorstoß des Arbeitnehmers nicht reagiert. Das Betriebsverfassungsgesetz kennt er nicht. Der Betriebsratsinitiator war nach dem gescheiterten Gründungsversuch noch ca. ein halbes Jahr im Betrieb beschäftigt, dann ist er von sich aus gegangen.

5 Ausblick

Das BetrVerf-Reformgesetz ist am 27. Juli 2001 in Kraft getreten. Verglichen mit den Erwartungen bzw. Befürchtungen von damals sind zumindest bis heute und zumindest bei den antwortenden Betrieben lediglich geringe Auswirkungen zu verzeichnen. Die letzte regelmäßige Betriebsratswahl fand im Frühjahr 2002 statt. Im Zuge der schriftlichen Befragung und der persönlichen Interviews ist deutlich geworden, dass besonders in Betrieben ohne Betriebsrat eine geringe Kenntnis und Beachtung des Betriebsverfassungsgesetzes besteht. Fraglich ist, wie schnell eine derartige Gesetzesänderung in die betriebliche Praxis vordringt und welche längerfristige Wirkung sie entfaltet. Vor diesem Hintergrund ist geplant, sowohl die schriftliche Befragung als auch die Interviews in zwei Jahren mit derselben Grundgesamtheit zu wiederholen, um mittels einer Panel-Struktur zu prüfen, ob sich in der bisher „betriebsratslosen Zone“ mittelfristig Veränderungen ergeben haben.

Ferner konnten in diesem ersten Forschungsschritt nur Gespräche mit Geschäftsführern und Personalleitern geführt werden, nicht jedoch mit Mitarbeitern und/oder Betriebsratsmitgliedern. Für das weitere Projekt ist zu prüfen, inwieweit es möglich sein wird, auch Mitarbeiter und Betriebsräte zu befragen.

Literatur

Addison, J. T., Schank, T., Schnabel, C. and J. Wagner (2003), *German Works Councils in the Production Process*, Institute for the Study of Labor, IZA Discussion Paper No. 812, June.

Addison, J. T., Schnabel, C. and J. Wagner (2004), The Course of Research into the Economic Consequences of German Works Councils, in: *British Journal of Industrial Relations*, Vol. 42, No. 2, June, 255-281.

Addison, J. T., Bellmann, L., Schnabel, C. and J. Wagner (2004), The Reform of the German Works Constitution Act: A Critical Assessment, in: *Industrial Relations*, Vol. 43, No. 2, April, 392-420.

Behrens, M. (2003), Wie gut kehren neue Besen? Das neue Betriebsverfassungsgesetz in der Praxis, in: *WSI-Mitteilungen*, 56, 3, 167-176

Ellguth, P. (2003), Quantitative Reichweite der betrieblichen Mitbestimmung, in: *WSI-Mitteilungen*, 56, 3, 194-199.

Helper, S. (2000), Economists and Field Research: "You Can Oberserve al Lot Just by Watching", in: *American Economic Review Papers and Proceedings*, Vol. 90, No. 2, May, 228-232.

Kotthoff, H. (1981), *Betriebsräte und betriebliche Herrschaft*, Frankfurt/New York, Campus.

Kotthoff, H. (1994), *Betriebsräte und Bürgerstatus*, München/Mering, Rainer Hampp.

Niedenhoff, H.-U. (2003), *Betriebsratswahlen 2002, Eine Analyse der Zusammensetzung der Betriebsräte bis 2006*, Köln, Deutscher Instituts-Verlag.

Osterloh, M. (1993), *Interpretative Organisations- und Mitbestimmungsforschung*, Stuttgart, Schäffer-Poeschel Verlag.

Piore, M. J. (1979), Qualitative Research Techniques in Economics, in: *Administrative Science Quarterly*, Vol. 24, December, 560-569.

Rudolph, W. und W. Wassermann (2002), *Trendreport Betriebsratswahlen 2002, Ergebnisse der erweiterten Analyse*, Büro für Sozialforschung, Kassel.

Schäfer, C. (2003), Die WSI-Befragung von Betriebs- und Personalräten 2002 – ein Überblick, in: *WSI-Mitteilungen*, 56, 3, 139-148.

Wagner, J., Schnabel, C. und A. Kölling (2001), Wirken Schwellenwerte im deutschen Arbeitsrecht als Bremse für die Arbeitsplatzbeschaffung in Kleinbetrieben?, in: Ehring, D. und P. Kalmbach, *Weniger Arbeitslose – aber wie?*, Marburg, Metropolis Verlag, 177-198.

Schwellenwerte im Arbeitsrecht, URL http://www.bdvi.de/BDVI/bdviinfo/info0103/schwellenwerte.pdf, letzter Zugriff am 18.11.2003.

Anhang

RUNDSCHREIBEN Nr. 4/2003 vom 06. Juni 2003 bzw. SONDERRUNDSCHREIBEN Nr. 3/2003 vom 06. Juni 2003

2. Gemeinsame Untersuchung mit der Universität Lüneburg: Auswirkungen des neuen Betriebsverfassungsgesetzes

Die vor rund zwei Jahren in Kraft getretene Reform des Betriebsverfassungsgesetzes hat dazu geführt, dass sich in zahlreichen Firmen die Anzahl der Betriebsratsmitglieder erhöht hat und dass es mehr freigestellte Betriebsräte gibt. In machen Betrieben wurde in der Zwischenzeit erstmals ein Betriebsrat gewählt. Vielfach entstanden kosten durch die gesetzlich geregelte Ausstattung des Betriebsrats mit moderner EDV-Technik wie Internet. Wie hoch die Kosten dieser Reform in den Betrieben sind und welche Konsequenzen sich hieraus ergeben ist aber kaum bekannt.

In einem Gemeinschaftsprojekt unseres Verbandes mit einer Forschergruppe der Universität Lüneburg wollen wir versuchen, hier Licht in das Dunkel zu bringen. Zusammen mit Prof. Dr. Joachim Wagner und seinem Team führen wir daher eine Umfrage unter unseren Mitgliedsfirmen durch. Hierbei geht es um die Kosten der Betriebsratsarbeit und die Art der Zusammenarbeit zwischen Geschäftsleitung und Betriebsrat.

Für die Untersuchung ist es wichtig, dass sich auch zahlreiche Betriebe beteiligen, in denen es (noch) keinen Betriebsrat gibt.

Um alle Betriebe im Rahmen der Umfrage zu berücksichtigen, ist es aus technischen Gründen notwendig, bei Unternehmen mit mehren Betrieben alle Betriebe anzuschreiben. Diese Einzelbetriebe werden deshalb ein gesondertes Rundschreiben allein mit den Umfrageunterlagen erhalten. Wir möchten Sie bitten, dass sich auch diese Betriebe an der Umfrage beteiligen.

/ Wir versprechen uns von den Ergebnissen dieser Umfrage wichtige Impulse für die zukünftige Verbandsarbeit. Wir bitten Sie daher herzlich, sich die Zeit zu nehmen und den beigefügten Fragebogen auszufüllen. Dies wird nicht länger als 15 Minuten dauern. Selbstverständlich garantieren wir Ihnen, dass Ihre Angaben anonym bleiben.

Wir planen, Sie über die Ergebnisse dieser Umfrage auf einer gemeinsamen Veranstaltung mit der Universität Lüneburg im Herbst zu informieren. Dort wird es auch Gelegenheit zu einer intensiven Diskussion dieser Problematik geben. Allen Mitgliedern wird eine Kurzauswertung in einem Sonderrundschreiben zugehen.

RUNDSCHREIBEN Nr. 5/2003 vom 18. Juli 2003

1. Gemeinsame Untersuchung mit der Universität Lüneburg: Auswirkungen des neuen Betriebsverfassungsgesetzes

Mit unserem letzten Rundschreiben hatten wir Sie darüber informiert, daß wir gemeinsam mit der Universität Lüneburg eine Umfrage bei unseren Mitgliedsfirmen über die Auswirkungen des neuen Betriebsverfassungsgesetzes durchführen. Wir hatten dementsprechend mit diesem Rundschreiben Fragebögen an Sie verschickt.

Leider ist der Rücklauf der Fragebögen bislang nicht in dem erhofften Umfang erfolgt. Wir möchten Sie daher noch einmal eindringlich bitten, uns die ausgefüllten Fragebögen zurückzusenden, damit auch eine wirklich repräsentative Auswertung und ein repräsentatives Ergebnis präsentiert werden kann. Auch die Betriebe, in denen ein Betriebsrat nicht besteht, möchten wir bitten, den ausgefüllten Fragebogen an uns zurückzusenden. Wir weisen noch einmal darauf hin, daß die Daten selbstverständlich anonymisiert sind und einen Rückschluß auf das Unternehmen nicht ermöglichen.

SONDERRUNDSCHREIBEN Nr. 4/200 vom 15. September 2003

Gemeinsame Umfrage mit der Universität Lüneburg

Sehr geehrte Damen und Herren,

mit unserem Sonderrundschreiben 3/2003 vom 6. Juni d.J. hatten wir unsere Mitgliedsfirmen gebeten, sich an einer gemeinsamen mit der Universität Lüneburg durchgeführten Untersuchung zu den Auswirkungen des neuen Betriebsverfassungsgesetzes zu beteiligen. Viele Mitglieder haben den beigefügten kurzen Fragebogen ausgefüllt und an uns zurückgefaxt.

/ Leider haben wir bisher nicht von allen angeschriebenen Mitgliedern eine Rückmeldung erhalten. Um ein repräsentatives Bild davon zu erhalten, wie Arbeitgeber von den neuen gesetzlichen Regelungen betroffen sind und um dies auch in der Öffentlichkeit überzeugend darstellen zu können, sind wir auf die möglichst große Beteiligung unserer Mitglieder angewiesen. Wir erlauben uns daher, Ihnen heute erneut ein Exemplar des Fragebogens zuzusenden.

Unsere herzliche Bitte lautet: Nehmen Sie sich die maximal 10 Minuten Zeit und füllen Sie den beiliegenden Fragebogen aus – auch dann, wenn es in Ihrer Firma keinen Betriebsrat gibt.

Selbstverständlich werden alle Ihre Angaben von uns vertraulich behandelt und nur in anonymisierter Form ausgewertet. Über die Ergebnisse der Untersuchung möchten wir Sie in einer Veranstaltung im November des Jahres informieren – hier wird dann auch Gelegenheit bestehen, Fragen in Zusammenhang mit dem neuen Betriebsverfassungsgesetz sowohl mit uns als auch mit den Wissenschaftlern der Universität zu diskutieren.

Mit bestem Dank für ihre Unterstützung verbleiben wir

mit freundlichen Grüßen

Bernd Wiechel

Hauptgeschäftsführer

FAX-ANTWORT: 04131 43910

Befragung zur ökonomischen Wirkung des Betriebsverfassungsreformgesetzes

Der Fragebogen ist in zwei Teilbereiche untergegliedert und dauert in der Bearbeitung ca. 10 min. Bitte nehmen Sie sich die Zeit und füllen den Frageboten sorgfältig aus. Beachten Sie zum Bearbeiten der Fragen auch die aufgeführten Ausfüllhilfen: z. B. bei ☐ kreuzen Sie das jeweils Zutreffende an (☒), bei [____] tragen Sie die Zahl in das Feld ein ([*«VAR00001»*]).
Bitte senden Sie den ausgefüllten Fragebogen möglichst innerhalb der nächsten zwei Wochen per Fax (04131 43910) an uns zurück. Selbstverständlich halten wir die Bestimmungen des Datenschutzes ein. Ihre Teilnahme ist freiwillig. Vielen Dank für Ihre Unterstützung!

A) Angaben zur Betriebsratsarbeit / zur Zusammenarbeit mit dem Betriebsrat

1. Gehören zu Ihrem Unternehmen mehrere eigenständige Betriebe? ☐ Ja ☐ Nein
Wenn Ja, beantworten Sie bitte alle weiteren Fragen für Ihren größten Betrieb!

2. Gibt es in Ihrem Betrieb einen Betriebsrat? ☐ Ja ☐ Nein
Wenn Nein, bitte direkt weiter mit Frage 13 auf dem Folgeblatt →

3. Wurde bei Ihnen seit August 2001 erstmals ein Betriebsrat gewählt? ☐ Ja ☐ Nein

4. Wurde bei der letzten Betriebsratswahl das vereinfachte Wahlverfahren angewandt? ☐ Ja ☐ Nein

5. Wie viele Betriebsratsmitglieder gab es vor der letzten Wahl und wie viele nach der Neuwahl?

	vor der Wahl	nach der Wahl
Anzahl Betriebsratsmitglieder	[____]	[____]
davon freigestellt	[____]	[____]

6. Wie oft finden seit der letzten Wahl regelmäßige Sitzungen statt zwischen...

	wöchentlich oder öfter	14tägig	monatlich	seltener
Geschäftsleitung und Betriebsrat	☐	☐	☐	☐
den Betriebsratsmitgliedern (Betriebsratssitzungen)	☐	☐	☐	☐

Hat sich die Häufigkeit der gemeinsamen Sitzungen seit der letzten Wahl erhöht? ☐ Ja ☐ Nein
Hat sich die Häufigkeit der Betriebsratssitzungen seit der letzten Wahl erhöht? ☐ Ja ☐ Nein

7. Welche der folgenden Themen werden von Ihrem Betriebsrat seit der letzten Wahl regelmäßig bearbeitet?

betriebliche Weiterbildung	Umweltschutz	Gleichberechtigung	nichts davon
☐	☐	☐	☐

8. Wurde Ihr Betriebsrat nach der letzten Wahl mit moderner Informations- und Kommunikationstechnik ausgestattet? ☐ Ja ☐ Nein

Wenn Ja, womit wurde Ihr Betriebsrat neu ausgestattet und wie hoch waren ca. die Kosten hierfür?

Computer	Internetzugang	Fax	sonstige Büroausstattung	Kosten
☐	☐	☐	☐	ca. [____] EUR

Führte dies zu einer erhöhten Schulungshäufigkeit? ☐ Ja ☐ Nein
Wenn Ja, wie hoch waren die damit verbundenen Kosten? ca. [____] EUR

9. Wie schätzen Sie die Zusammenarbeit zwischen Geschäftsleitung und Betriebsrat in Ihrem Betrieb ein?

sehr kooperativ	überwiegend kooperativ	unterschiedlich	überwiegend konfliktär	sehr konfliktär
☐	☐	☐	☐	☐

10. Welche Folgen hat die Beteiligung des Betriebsrats (Mitbestimmung) in Ihrer betrieblichen Praxis?

	stark erhöht	etwas erhöht	nicht verändert	etwas verringert	stark verringert
Die Geschwindigkeit von Entscheidungsprozessen wird...	☐	☐	☐	☐	☐
Die Qualität von Entscheidungen wird...	☐	☐	☐	☐	☐
Die Akzeptanz von Entscheidungen und deren Umsetzung wird...	☐	☐	☐	☐	☐
Die Qualität von Information und Kommunikation wird...	☐	☐	☐	☐	☐

FAX-ANTWORT: 04131 43910

11. Haben Sie bewusst von Neueinstellungen abgesehen, weil sich dadurch die Größe des Betriebsrates erhöht hätte? ❐ Ja ❐ Nein

12. Haben Sie bewusst Personal freigesetzt, weil sich dadurch die Größe des Betriebsrates verringert hat? ❐ Ja ❐ Nein

B) Allgemeine Angaben zum Betrieb

13. In welcher Branche ist Ihr Betrieb tätig?

Dienstleistungen	Industrie	Bau	Handel	Handwerk	Landwirtschaft
❐	❐	❐	❐	❐	❐

14. In welchem Jahr wurde Ihr Betrieb gegründet? [ ]

15. Wie viele Mitarbeiter beschäftigte Ihr Betrieb im

		August 2001	Januar 2002	Januar 2003
Angestellte	vollzeit	[ ]	[ ]	[ ]
	teilzeit	[ ]	[ ]	[ ]
Arbeiter	vollzeit	[ ]	[ ]	[ ]
	teilzeit	[ ]	[ ]	[ ]
Auszubildende		[ ]	[ ]	[ ]

16. Wie viele Frauen waren in Ihrem Betrieb im Januar 2003 beschäftigt? [ ]

17. Wird in Ihrem Betrieb im Schichten gearbeitet? ❐ Ja ❐ Nein

18. Ist Ihr Betrieb tarifgebunden? ❐ Ja ❐ Nein

19. Wie hoch ist der Anteil der Gewerkschaftsmitglieder in Ihrem Betrieb? ca. [ ] %

20. Gab es in Ihrem Betrieb in 2001

erhebliche Personalfreisetzung	Einführung neuer Technologien	Veränderungen in der Produktionsstruktur	organisatorische Veränderungen
❐	❐	❐	❐

21. Wie hoch war der Umsatz Ihres Betriebes in

2001 (EUR)	2002 (EUR)
[ ]	[ ]

22. Wie schätzen Sie die Ertragslage Ihres Betriebes im Vergleich zu anderen Betrieben derselben Branche ein?

deutlich besser	etwas besser	kein Unterschied	etwas schlechter	deutlich schlechter
❐	❐	❐	❐	❐

23. Wie beurteilen Sie insgesamt die Neuregelungen des Betriebsverfassungsgesetzes?

____

____

____

____

24. Wären Sie bereit zu einem Interview? ❐ Ja ❐ Nein

Wenn Ja, geben Sie bitte einen Ansprechpartner an:

Betrieb ________________

Ansprechpartner ________________

Telefon ________________

Anschrift ________________

Interview zu den Folgen des Betriebsverfassungsreformgesetzes – Übersicht

Zum 1. August 2001 ist das Gesetz zur Reform des Betriebsverfassungsgesetzes (BetrVG-Reformgesetz) in Kraft getreten. Ziele der Regierung waren es, in kleineren Betrieben die Bildung von Betriebsräten zu erleichtern und die Betriebsratsarbeit durch eine größere Zahl von Betriebsratsmitgliedern (Steigerung der Anzahl ab 100 Beschäftigten) und Freistellungen (das erste freigestellte Betriebsratsmitglied bereits ab 200 statt vorher ab 300 Beschäftigten), durch einen Anspruch auf Ausstattung mit moderner Kommunikationstechnologie sowie die leichtere Hinzuziehung von Sachverständigen zu erleichtern. Ferner wurden die Mitbestimmungsrechte des Betriebsrats auf die Bereiche Fort- und Weiterbildung, Umweltschutz und Gleichberechtigung ausgedehnt.

Durch unsere empirische Untersuchung, die wir dank der Kooperation mit dem Arbeitgeberverband für den Regierungsbezirk Lüneburg e. V. durchführen können, möchten wir erfahren, ob in den Mitgliedsbetrieben eine Ausweitung der betrieblichen Mitbestimmung seit der Gesetzesänderung stattgefunden hat und eine Vorstellung von den Kosten und Erträgen der (erweiterten) Mitbestimmung bekommen. Insbesondere interessieren uns hierbei folgende Fragen:

1. **Warum gibt es in einigen Betrieben einen Betriebsrat und in anderen nicht, obwohl sie über die laut Betriebsverfassungsgesetz notwendige Mitarbeiterzahl verfügen? Was unterscheidet die Betriebe voneinander?**
2. **Wie sieht die Anwendung des Betriebsverfassungsgesetzes in der betrieblichen Praxis aus und welche Kosten und Nutzen entstehen durch die Existenz und das Verhalten des Betriebsrats für das Unternehmen, die Geschäfts- oder Personalleitung und die Belegschaft?**
3. **Welche alternativen Umgangsweisen mit Veränderungen, Wünschen und Problemen gibt es in der Praxis ohne Betriebsrat?**

Wir möchten uns ganz herzlich bedanken, dass Sie sich die Zeit nehmen, uns hierbei zu helfen!

UNIVERSITÄT LÜNEBURG
Wirtschafts- und Sozialwissenschaften
Institut für Volkswirtschaftslehre

Interview zu den Folgen des Betriebsverfassungsreformgesetzes – Leitfaden

Themenkomplex I:

Struktur des Unternehmens

Betrieb

- Marktposition (Kunden / Konkurrenz)
- Eigentümerverhältnisse

Betriebsorganisation

- Abteilungen und Bereiche
- Hierarchiestufen
- Führungsstil

Arbeitnehmer

- Qualifikation
- Lohnstruktur (z. B Umsatz- oder Leistungsabhängige Komponenten
- Partizipationsmöglichkeiten (z. B. Gruppenarbeit, KVP)

Themenkomplex II:

Partizipation und Mitbestimmung

Einstellung zur Mitbestimmung allg.

- Notwendigkeit der Mitbestimmung
- Aufgaben von Betriebsräten
- Schwellenwerte

Mitbestimmung im eigenen Betrieb

- Gründung des Betriebsrats (Anlass / Initiator(en))
- Änderungen seit der letzten Wahl (Mitgliederanzahl / -zusammensetzung)
- Betriebsversammlungen

Zusammenarbeit mit dem Betriebsrat

- Information versus Einbindung
- Konflikt versus Kooperation
- Engagement des Betriebsrats (z. B. beim Thema Arbeitszeit oder bei personellen Maßnahmen)

Veränderungsprozesse

- Gründe und Ziele der Geschäftsleitung
- Verhalten des Betriebsrats (z. B. Bestehendes bewahren oder Neuerungen voranbringen)
- Einbindung der Arbeitnehmer

Anm: Der Leitfaden für Betriebe ohne Betriebsrat ist im Themenkomplex II um den dritten Gliederungspunkt gekürzt, im zweiten liegt der Schwerpunkt auf Gründungsversuchen, Initiatoren und Widerständen, im dritten fällt der Punkt Verhalten des Betriebsrats heraus.

Christian Herzig, Stefan Schaltegger

Universität Lüneburg, Centre for Sustainability Management (CSM)

Nachhaltiges Unternehmertum im Handwerk – Wie kann nachhaltiges Wirtschaften in kleinen und mittleren Handwerksbetrieben gefördert werden?

Zusammenfassung

Die in den letzten Jahren zum Thema nachhaltiges Wirtschaften im Handwerk durchgeführten Modellprojekte mit kleinen und mittleren Unternehmen (KMU) haben bislang nicht zu einer breiten Anwendung von Instrumenten geführt, die Nachhaltigkeitsaspekte systematisch in die Unternehmensführung integrieren. Dies zeigt auch eine Befragung von Handwerksbetrieben, die in Hamburg, Nordrhein-Westfalen und Thüringen im Frühjahr 2003 durchgeführt wurde. Ein Grund für die geringe Verbreitung von Instrumenten des Nachhaltigkeitsmanagements im Handwerk dürfte darin liegen, dass zu stark von der Vorstellung eines parallel zum konventionellen betrieblichen Management aufgebauten Umwelt- und Sozialmanagements ausgegangen wird. Solche Satellitenmanagementsysteme müssen in KMU jedoch ressourcenbedingt scheitern. Die integrierte Weiterentwicklung und Profilierung von Handwerksbetrieben bezüglich Nachhaltigkeit stellt demgegenüber eine große unternehmerische Herausforderung und Unternehmenschance dar, wofür sich ein Zugang über den Entrepreneurship-Ansatz anbietet. Im Mittelpunkt des Beitrags steht ein auf diesem Ansatz aufbauendes Modell zur Förderung eines nachhaltigen Unternehmertums im Handwerk.

1 Einleitung

Das Handwerk nimmt einen zentralen Stellenwert für den gesellschaftlichen Nachhaltigkeitsprozess ein. Als wirtschaftlicher Akteur stellt das Handwerk einen der wichtigsten Arbeitgeber und eine bedeutende Ausbildungsinstitution in Deutschland dar. Allerdings hat sich die wirtschaftliche Lage des deutschen Handwerks in den letzten Jahren deutlich verschlechtert (ZDH

2003). Vor diesem Hintergrund erscheint eine Auseinandersetzung mit ökologischen und sozialen Fragen, wie sie das gesellschaftliche Leitbild einer nachhaltigen Entwicklung erfordert, schwierig. Doch gerade im aktiven Aufgreifen der mit einer nachhaltigen Entwicklung verbundenen Herausforderungen liegen Marktchancen für das Handwerk (vgl. z. B. Ax 1997, Fehrenbach 1999). Attraktive Wettbewerbschancen liegen insbesondere in innovativen, gesundheits- und umweltfreundlichen Produkten oder zukunftsweisenden Dienstleistungen.

Zur Förderung nachhaltigen Wirtschaftens im Handwerk wurde im Auftrag des Bundesministeriums für Bildung und Forschung (BMBF) das Kooperationsprojekt „Nachhaltige Entwicklung im regionalen Handwerk" durchgeführt. An diesem Projekt beteiligten sich das Centre for Sustainability Management (CSM) der Universität Lüneburg, die B.A.U.M. Consult GmbH sowie die Umweltzentren der Handwerkskammern Hamburg (Zentrum für Energie, Wasser und Umwelt), Nordrhein-Westfalen (Zentrum für Umwelt und Energie) und Thüringen. Ziel des Kooperationsprojekts ist die Entwicklung eines anwendbaren und effektiven Modells für ein zukunftsfähiges Nachhaltigkeitsmanagement im Handwerk und eine den spezifischen Arbeitsbedingungen des Handwerks angepasste Entwicklung und Implementation von Instrumenten, um nachhaltiges Wirtschaften im Handwerk zu fördern.

In einem ersten Schritt wurde im Rahmen einer Befragung von Handwerksbetrieben der Stand der Entwicklung und der Anwendung von Instrumenten für eine nachhaltige Entwicklung im Handwerk analysiert. Nachdem in Kapitel 2 die wechselseitige Beziehung zwischen nachhaltiger Entwicklung und Handwerk diskutiert wird, werden in Kapitel 3 einige zentrale Ergebnisse der Befragung vorgestellt. Zusätzlich zur Befragung wurden Literaturrecherchen durchgeführt und vorhandene Instrumentenansätze für ein nachhaltiges Wirtschaften ausgewertet. Das aus diesen Erkenntnissen entwickelte und auf dem Entrepreneurship-Ansatz aufbauende Modell zur Förderung eines nachhaltigen Unternehmertums im Handwerk sowie seine wesentlichen Kernelemente stehen im Mittelpunkt des vorliegenden Beitrags (Kapitel 4). Dabei werden insbesondere die Anforderungen von Klein- und Kleinstbetrieben im Handwerk berücksichtigt. Abschließend werden in Kapitel 5 weitere Schritte vorgeschlagen, die der modellhaften Anwendung der entwickelten und angepassten Instrumente dienen und eine weite Verbreitung nachhaltigen Wirtschaftens im Handwerk unterstützen können.

2 Nachhaltige Entwicklung und Handwerk

Handwerk und nachhaltige Entwicklung weisen wechselseitig enge Bezüge zueinander auf. Die Bedeutung des Handwerks für die Förderung einer Wirtschaftsweise, die den Bedürfnissen der heutigen Generationen entspricht, ohne die Möglichkeiten künftiger Generationen einzuschränken (analog zu Hauff 1987), wird bereits seit längerer Zeit diskutiert. Die besondere Relevanz des Handwerks für den Nachhaltigkeitsprozess beruht dabei insbesondere auf gesellschaftlich-sozialen Aspekten (regionale Vermarktung, qualitativ hochwertige und maßgefertigte Produktion, flache Hierarchien im Betrieb usw.), wie auch auf den von den Handwerksbetrieben bzw. ihren Produkten und Dienstleistungen in der Summe verursachten Umweltbelastungen. Umgekehrt können Handwerksbetriebe auch von einer nachhaltigen Wirtschaftsweise profitieren. Sowohl insgesamt als auch bezogen auf den Einzelbetrieb sind z. B. erhebliche ökologische wie ökonomische Verbesserungsmöglichkeiten und Optimierungspotenziale vorhanden (vgl. z. B. B.A.U.M. e. V. 2003, Petschow 2001). Werden diese Herausforderungen einer nachhaltigen Entwicklung vom Handwerk aktiv aufgegriffen, können Wettbewerbsvorteile aufgebaut und Reputationsvorsprünge gesichert werden.

2.1 Beitrag des Handwerks zu einer nachhaltigen Entwicklung

Das Handwerk kann einen wesentlichen Beitrag zu einer nachhaltigen Entwicklung leisten. Im Wesentlichen werden diesbezüglich folgende Argumente ins Feld geführt (vgl. Ax 1997, Fehrenbach 1999, Birke et al. 2001, Petschow 2001, Sing 2002, Hamm et al. 2003):

- *Bedeutender Wirtschaftsfaktor*: Das Handwerk stellt einen oftmals unterschätzten Wirtschaftsfaktor dar und ist wichtiger Arbeitgeber und Ausbilder. Eine offensive Ausrichtung auf nachhaltige Entwicklung kann somit Signalwirkung für andere Bereiche haben.
- *Soziale Einbindung, Kundennähe und Innovation*: Das Handwerk ist nah am Kunden, was die Chance eröffnet, in direkter Kommunikation mit den potenziellen Abnehmern neue Produkte und Lösungen zu entwickeln und zu testen.
- *Soziales Engagement*: Der Zentralverband des deutschen Handwerks (ZDH) weist darüber hinaus in einer Stellungnahme zu Corporate Social Responsibility (CSR) auf eine Vielfalt von Leistungen bzw. Eigenschaften des Handwerks im Hinblick auf die soziale Dimension von Nachhaltigkeit hin: Beispielsweise bilde das Handwerk weit über seinen eigenen Bedarf Lehrlinge aus, ziele bei seiner Einstellungspraxis aber nicht so stark wie Großunternehmer auf junge Arbeitnehmer, sondern gebe auch älteren Arbeitnehmern eine Chance (ZDH 2001).
- *Ökologische Bedeutung*: Die von Handwerksbetrieben ausgehenden Umwelteinwirkungen sind vielfältig. Zum Beispiel arbeiten Hand-

werker mit einer Vielzahl von Materialien, die mit unterschiedlichen Umwelteinwirkungen verbunden sind. Zwar mögen diese Umwelteinwirkungen aus Sicht eines einzelnen Betriebs unbedeutend erscheinen, die Gesamtheit der Betriebe hat jedoch durch ihre Materialwahl eine erhebliche ökologische Bedeutung. Zusätzlich übt das Handwerk auch mit seinem Einkaufsverhalten einen großen Einfluss auf die Lieferanten dieser Materialien aus.

- *Qualitäts- und Regionalfokus*: Qualitätsproduktion, Maßfertigung statt Massenware sowie regionaler Bezug und regionale Vermarktung sind Eigenschaften, die traditionelle Stärken des Handwerks darstellen und in Verbindung mit der Idee einer nachhaltigen Entwicklung neue Beachtung erfahren.
- *Strukturpolitische Rolle*: Das Handwerk ist gut organisiert und könnte über seine Interessenvertretungen gesellschaftliche Diskussionen beeinflussen und Veränderungen aktiv anstoßen und mitgestalten.

2.2 Nachhaltige Entwicklung als Unternehmenschance im Handwerk

Es ist nicht nur das Handwerk, das für die Umsetzung nachhaltiger Entwicklung bedeutend ist. Die Orientierung an einer nachhaltigen Wirtschaftsweise kann in den Zeiten von Globalisierungsdruck und Arbeitsplatzabbau im Handwerk auch eine große Chance für die Verbesserung der Situation in diesem Wirtschaftszweig sein. Denn diejenigen Handwerksbetriebe, die ihre Stärken und Potenziale erkennen und ausbauen können, haben die beste Aussicht, sich im Wettbewerb zu behaupten. Erfolgsfaktoren für die langfristige Existenzsicherung von Handwerksbetrieben liegen nicht in der globalen Distribution billiger Massenware, sondern im konsequenten Ausbau der eigenen Marktposition auf Basis von hoher Qualität und Langlebigkeit der Produkte, regionaler Markt- und Kundennähe, auf den Kunden zugeschnittene Leistungsangebote, starke persönliche Service-Komponente im Leistungsangebot sowie Know-how in Bezug auf Reparaturdienstleistungen (vgl. z. B. Ax 1997).

Für diese Ansprüche, die eine wachsende Gruppe von Verbrauchern an nachhaltige Produkte stellt, existieren bislang oftmals keine befriedigenden und kostengünstigen Lösungen. Darin liegt eine große Chance für das Handwerk, seine Stärken und Wettbewerbsvorteile zu nutzen und auszubauen. Wesentliche Voraussetzungen, um dieses Potenzial ausschöpfen zu können, sind jedoch, dass Handwerksbetriebe proaktiv agieren und die Herausforderungen einer nachhaltigen Entwicklung aktiv aufgreifen. Folgende Aspekte spielen dabei eine große Rolle:

- eine konsequente *Weiterentwicklung von Produkten*, die qualitativ hochwertig, ökologisch, sozial verträglich und innovativ sind;
- ein *aktiver Dialog* und die *Kooperation mit Kunden* sowie vor- und nachgelagerten Betrieben, um derartige Produkte möglichst nah am Bedarf produzieren zu können und gleichzeitig unternehmerische Risiken möglichst gering zu halten;
- die *Weiterentwicklung des eigenen Unternehmens zu einer Organisation*, die innovationsfähig ist, das Potenzial ihrer Mitarbeiter nutzt und zugleich an Effizienz gewinnt;
- ein *aktives Marketing*, das den Betrieb als einen nachhaltigen Qualitätsführer klar positioniert und kommuniziert;
- die Nutzung geeigneter *Finanzierungsformen*, um Investitionen in eine nachhaltige Unternehmensentwicklung und die Finanzierung von innovativen Geschäftsideen auf einer gesicherten Kapitalbasis zu ermöglichen;
- der professionelle Umgang mit *Finanzierungsinstrumenten*, die die Existenz des Betriebes sicherstellen sowie ökonomische, ökologische und soziale Aspekte integriert betrachten;
- der *Einsatz von betrieblichen Instrumenten und Werkzeugen*, die die Integration nachhaltigen Wirtschaftens in die Routineabläufe des Betriebs ermöglichen.

Eine Orientierung von Handwerksbetrieben bzw. des Handwerks am Konzept der nachhaltigen Entwicklung lässt somit nicht nur positive ökologische und soziale Effekte erwarten, sondern es ist auch davon auszugehen, dass sich Handwerksbetriebe auf diese Weise neue Marktfelder und Einkommensmöglichkeiten erschließen sowie Arbeitsplätze sichern und schaffen können.

3 Nachhaltiges Wirtschaften in Handwerksbetrieben

Vor dem skizzierten Hintergrund wurde im Auftrag des Bundesministeriums für Forschung und Bildung (BMBF) und unter Trägerschaft des Forschungszentrums für Umwelt und Gesundheit GmbH (GSF) ein Projekt zum nachhaltigen Unternehmertum im Handwerk durchgeführt. Um erste Erkenntnisse über den Stand der Entwicklung und die Anwendung von Instrumenten in Handwerksbetrieben zu gewinnen und vorhandene Informations- und Beratungsbedürfnisse des Handwerks in Bezug auf das Thema nachhaltige Entwicklung zu ermitteln, wurde eine Befragung in Handwerksbetrieben der drei Kammern Hamburg, Nordrhein-Westfalen und Thüringen durchgeführt.

3.1 Befragung zum nachhaltigen Wirtschaften in Handwerksbetrieben

Die im Frühjahr 2003 durchgeführte Befragung zum Thema „Nachhaltiges Unternehmertum im Handwerk“ wurde vom CSM in enger Abstimmung mit den Umweltzentren der Handwerkskammern Düsseldorf, Hamburg und Thüringen sowie B.A.U.M. Consult konzipiert und durchgeführt. Ziel der Befragung war eine Bestandsaufnahme im Hinblick auf nachhaltige Produktentwicklung, Informations- und Kommunikationsmanagement, Weiterbildungsaktivitäten, Organisation der Aufgaben in der Qualitätssicherung, im Umweltschutz sowie im Arbeits- und Gesundheitsschutz, Einbindung in regionale Kreisläufe, Finanzierungsaspekte und Beratungsbedarf.

Die Interviews erfolgten mit Hilfe eines standardisierten Fragebogens, der zu zwei Dritteln geschlossene und zu einem Drittel offene Fragen enthält. Die Befragung in den Handwerksbetrieben fand von Anfang März bis Anfang April 2003 statt. Insgesamt wurden 90 Handwerksbetriebe befragt, wobei in den Bezirken der drei Handwerkskammern je dreißig Betriebe ausgesucht wurden. Für die Auswahl und Akquisition der zu befragenden Betriebe waren die Umweltzentren der Handwerkskammern zuständig, so dass vielfach Handwerksbetriebe erreicht wurden, die durch ihren Kontakt zu den Umweltzentren bereits einen ersten Zugang zur Umwelt- (und Nachhaltigkeits-) thematik besitzen. Allerdings wurden nicht nur Öko-Pioniere und nachhaltig wirtschaftende Betriebe befragt (so geben 40% der befragten Betriebe an, nur den konventionellen Markt zu bedienen).

Einige zentrale Ergebnisse der Untersuchung werden im nachfolgenden Abschnitt kurz vorgestellt (vgl. hierzu ausführlich Herzig et al. 2003a).

3.2 Zusammenfassung der Befragungsergebnisse

Generell lässt sich feststellen, dass zwar bei einer Mehrheit der befragten Handwerksbetriebe ökologische und soziale Aspekte eine Rolle spielen, die konkrete Ausgestaltung dieser Aspekte jedoch sehr unterschiedlich ausfällt. Die Mehrheit begreift nachhaltiges Wirtschaften immer noch in den engen Grenzen eines nachsorgenden Umweltschutzes und mithin als Kostenfaktor. Hinsichtlich Kunden, Umsatz und Marktchancen erkennen die meisten Betriebe keinen Unterschied zwischen dem Öko-Absatzmarkt und dem konventionellen Markt. Auffällig ist aber, dass diejenigen Betriebe, die einen Unterschied erkennen, den Öko-Absatzmarkt überwiegend als einen Markt mit wachsenden Umsätzen, besseren Zukunftsaussichten sowie mit anspruchspruchsvolleren und zahlungskräftigeren Kunden beschreiben. Hierin zeigt sich die Chance, die mit nachhaltigem Wirtschaften verbundenen Herausforderungen aufzugreifen und mit Hilfe von innovativen und visionären Produkten und Dienstleistungen nachhaltigkeitsbezogene Problemlösungen wettbewerbswirksam anzubieten.

Der Blick auf den Einsatz von existierenden Methoden des Umwelt- und Sozialmanagements ist aufschlussreich. Er zeigt, dass die Mehrzahl dieser Instrumente, die z. T. sogar mit dem Ziel entwickelt wurden, KMU- und handwerkstauglich zu sein, nur wenig Anwendung in der Handwerkspraxis finden. Beispielsweise erfolgt die Organisation der Aufgaben im Umweltschutz, in der Qualitätssicherung und im Arbeits- und Gesundheitsschutz vorwiegend mit Hilfe (mündlicher) Arbeits- und Verfahrensanweisungen. Komplexere bzw. kosten- und zeitintensive Managementinstrumente wie z. B. ein Audit oder Managementsysteme nach ISO 9001/9002, ISO 14001 oder EMAS kommen dagegen eher selten zum Einsatz. Eine Literaturrecherche und die Auswertung vorhandener Instrumentenansätze für ein nachhaltiges Wirtschaften im Handwerk bekräftigen die Erkenntnis, dass oftmals die für das Nachhaltigkeitsmanagement entwickelten Instrumente über die Zeit der Pilot- und Förderphase hinaus keine weite Verbreitung in der Unternehmenspraxis finden. Ein Beispiel: Im Rahmen des „Klagenfurt Innovation"-Modellprojekts des österreichischen Faktor 10 Instituts wurde eine „KMU-gerechte" Methode zur nachhaltigen Produktentwicklung in ca. 50 Betrieben angewandt, die jedoch nur von einem Betrieb weitergenutzt wurde. Auch die SAFE-Methode des Wuppertal-Instituts zur nachhaltigen Unternehmensentwicklung von KMU bzw. Handwerksbetrieben hat bislang keine weite Verbreitung gefunden.[1]

Auch im Bereich der externen Kommunikation über Umwelt- und soziale Themen ist deutlich erkennbar, dass von der Vielzahl an Informationskanälen zur Unterrichtung von Kunden und sonstigen Zielgruppen selten Gebrauch gemacht wird. Die Information von Kunden, Nachbarn usw. über ökologische und/oder soziale Leistungen erfolgt überwiegend mit Hilfe von Kundengesprächen bzw. Außendiensttätigkeiten. Informationsinstrumente wie Internethomepage oder Postwurf/Prospekte/Flugblätter werden etwa von der Hälfte der befragten Betriebe genutzt, deutlich seltener werden aufwändigere bzw. innovativere Instrumente wie Produktkennzeichnungen, E-Mail-Verteiler/ Newsletter oder Betriebsführungen zur Kommunikation mit den Zielgruppen eingesetzt. Eine Ausnahme bilden Handwerksbetriebe mit ökologischen Produkten und Dienstleistungen im Angebot, die die verschiedenen Instrumente häufiger einsetzen.

Die innerbetriebliche Kommunikation läuft überwiegend auf informelle Weise ab und erfolgt zumeist fallbezogen und unregelmäßig. Vieles deutet auf eine Art „Ad-hoc-Kommunikationskultur" hin. Die Möglichkeiten, innerbetriebliche Kommunikation als kreativen Prozess einer gemeinsamen Lösungs-

[1] Dies ergaben telefonische Nachfragen, die im Rahmen des Projekts stattgefunden haben.

findung im Sinne „lernender Organisationen“ zu begreifen, werden kaum genutzt. So liegt auch die Organisation der Aufgaben im Umweltschutz, in der Qualitätssicherung und im Gesundheitsschutz primär in den Händen der Inhaber. Die Folgen sind Überlastung und ein Mangel an zeitlichen Spielräumen für die Auseinandersetzung mit mittel- und langfristigen Strategien bzw. für die Gestaltung der Unternehmenspolitik. Die Delegation von Aufgaben erfolgt vorwiegend situativ und zum größten Teil mit Hilfe von (mündlichen) Arbeits- und Verfahrensanweisungen oder mit Hilfe von Checklisten – allerdings schon in geringerem Ausmaß. Weiterhin zeigt sich, dass auch die Impulse, sich mit ökologischen Fragen zu beschäftigen, in erster Linie von den Inhabern ausgehen. Der Unternehmerpersönlichkeit kommt daher bei der Entwicklung und Umsetzung von Ansätzen des Nachhaltigkeitsmanagements eine besondere Bedeutung zu. Allerdings beschränken sich die erkannten Verbesserungsmöglichkeiten im Umweltschutz, in der Qualitätssicherung und im Arbeits- und Gesundheitsschutz hauptsächlich auf die Bereiche “Ressourceneinsparen“, „Entsorgung“ und „Arbeitssicherheit/Umgang mit Gefahrstoffen“. Hier besteht offensichtlich Beratungsbedarf hinsichtlich Ideenentwicklung und Ideenfindung für nachhaltige Produkte und Dienstleistungen sowie Herstellungsverfahren. Ein Beratungsbedarf, der von den Interviewten auch selbst nachgefragt und gefordert wird.

3.3 Gründe für die geringe Umsetzung nachhaltigen Wirtschaftens

Es stellt sich die Frage, warum das große Potenzial der Verbindung von Handwerk und nachhaltiger Entwicklung trotz der vorhandenen Vorschläge und des Angebots an Methoden und Werkzeugen des Umwelt-, Sozial- und Nachhaltigkeitsmanagements nicht ausgeschöpft und die entwickelten Ansätze nicht angewendet werden. Folgende Aspekte dürften bisher zu wenig beachtet worden sein und eine wesentliche Rolle für die mangelnde Umsetzung spielen:

- Die meisten Vorschläge für Methoden eines Umwelt-, Sozial- und Nachhaltigkeitsmanagements sind auf große und mittlere Unternehmen ausgerichtet. Eine einfache (bzw. unreflektierte) Übertragung auf Klein- und Kleinstunternehmen sowie auf die spezifische Situation des Handwerks in Form einer „Light-Version“ des gleichen Ansatzes oder einer grundsätzlichen Übertragung in *„Mini-Form“* ist *nicht ausreichend*, da die spezifischen Arbeitsbedingungen im Handwerk zu wenig Berücksichtigung finden. Kleinbetriebe stellen nicht einfach eine Miniatur eines Großunternehmens dar.

- Die *grundsätzlichen Unterschiede*, dass der Geschäftsalltag nicht (wie bei Großunternehmen) durch Transparenz, Informationssammlung, Steuerung und Anreizstrukturen geprägt wird, sondern durch direkt wahrnehmbare und kurzfristig fühlbare *Ressourcenknappheit* (Zeit, Personal, Finanzen), *geringe Spielräume für Fehler* (geringe Fehlertoleranz) aufgrund geringer Reserven, die *starke Verbindung von Beruf, Familie und Freizeit* und die tragende Rolle der *Unternehmerpersönlichkeit* (z. B. Handwerksmeister), werden zu wenig oder gar nicht beachtet.

- Viele der bislang entwickelten *Instrumentenansätze für nachhaltiges Wirtschaften* bedingen Aktivitäten, die *außerhalb der Alltagsroutinen* eines Handwerksbetriebes angesiedelt sind. Es wird meist versucht, sie als zusätzliches Satellitensystem (also im Sinne eines Unterstützungsprozesses außerhalb des eigentlichen Wertschöpfungsprozesses) parallel zum Kerngeschäft und zum konventionellen betrieblichen Management zu implementieren. Dies bedeutet einen *zusätzlichen Aufwand* für die Verantwortlichen und Mitarbeiter im Betrieb, der in kleinen Betrieben besonders ins Gewicht fällt. Ausgehend von Ressourcenknappheit ein weiteres System, das zusätzliche Ressourcen erfordert, einführen zu wollen, hat wenig Aussicht auf Erfolg.
- Die meisten Projekte zur Entwicklung und Einführung von Instrumenten für ein nachhaltiges Wirtschaften haben die *Aspekte der Aktivierung und der Motivation der potenziellen Nutzer* sowie der *langfristigen Implementation der Instrumente in den betrieblichen Alltag zu wenig betont*. Bei auf das Handwerk ausgerichteten Projekten fällt insbesondere auf, dass sie dabei zu wenig an den organisierten Strukturen des Handwerks angesetzt und deren Potenziale für die Aktivierung und Überzeugung ihrer Mitglieder zu wenig genutzt haben.
- Auch das *Potenzial von Kooperationen* mit anderen Unternehmen, aber auch mit Verbrauchern, zur Reduzierung von Kosten und Risiken bei der Umstellung auf eine nachhaltige Wirtschaftsweise werden bislang zu wenig beachtet. Neuere Studien, die sich mit Barrieren für nachhaltiges Wirtschaften beschäftigen, die einer nachhaltigeren Produktionsweise entgegen stehen, zeigen, dass horizontale und vertikale Kooperationen in der Wertschöpfungskette in vielen Fällen einen Weg darstellen, solche Barrieren (z. B. Informationsdefizite, Kostendruck, Innovationsrisiken) zu überwinden (vgl. hierzu Schneidewind 1998, 286ff., Tischer 2001, Tischer and Münderlein 2003).

3.4 Schlussfolgerung

In der Gesamtbetrachtung wird deutlich, dass ein wesentlicher Grund für die geringe Verbreitung von Instrumenten einer nachhaltigen Unternehmensentwicklung im Handwerk darin liegen dürfte, dass zu stark von der Vorstellung eines als paralleles Satellitensystem ans bisherige betriebliche Management „angedocktes" Umwelt- und Sozialmanagement ausgegangen wird. Die nachhaltige und nachhaltigkeitsorientierte Weiterentwicklung von Handwerksbetrieben stellt jedoch eine große unternehmerische und integrative Herausforderung dar, wofür sich ein Zugang über den Entrepreneurship-Ansatz anbietet. Diese Erkenntnis lässt eine Überprüfung der bestehenden Umwelt- und Sozialinstrumente auf ihre Praxistauglichkeit im Handwerk notwendig erscheinen, damit Nachhaltigkeitsinstrumente in die betrieblichen Alltagsroutinen von Klein- und Kleinstbetrieben integriert und an die spezifische Situation im kleinständischen Handwerk angepasst werden können. Bei der Bewertung und Entwicklung von Instrumenten eines nachhaltigen Unternehmertums im Handwerk ist somit eine neue Herangehensweise erforderlich, die im Folgenden beschrieben wird.

4 Nachhaltiges Wirtschaften als unternehmerische Herausforderung

Zur Förderung eines nachhaltigen Unternehmertums im Handwerk müssen drei zentrale aufeinander aufbauende Elemente berücksichtigt werden (vgl. Abbildung 1):

- Die *Unternehmerpersönlichkeit* (der Handwerksmeister als Entrepreneur) bestimmt
- die betrieblichen Leistungsprozesse und den Handwerksalltag sowie
- den unter diesen Rahmenbedingungen gebotenen Einsatz von Werkzeugen und Methoden, die die geringsten Ressourcen benötigen.

Die drei Elemente „Unternehmerpersönlichkeit", „betriebliche Leistungsprozesse" und „Werkzeuge und Methoden" sind dabei stark miteinander verwoben: Die aufwändigsten Maßnahmen bleiben erfolglos, wenn keine geeigneten Instrumente für eine dauerhafte Integration von Nachhaltigkeitsaspekten in den alltäglichen Betriebsablauf (= Orientierung am Handwerksalltag) zur Verfügung stehen (= guter „Werkzeug-" und Methodenkasten erforderlich). Umgekehrt wird ein „Werkzeugkasten" nicht zum Einsatz kommen, wenn der Handwerksunternehmer bzw. Meister als Dreh- und Angelpunkt des Betriebs und seine Mitarbeiter nicht überzeugt, motiviert und qualifiziert sind (= Orientierung am Entrepreneur).

Abbildung 1: Modell zur Förderung eines nachhaltigen Unternehmertums im Handwerk

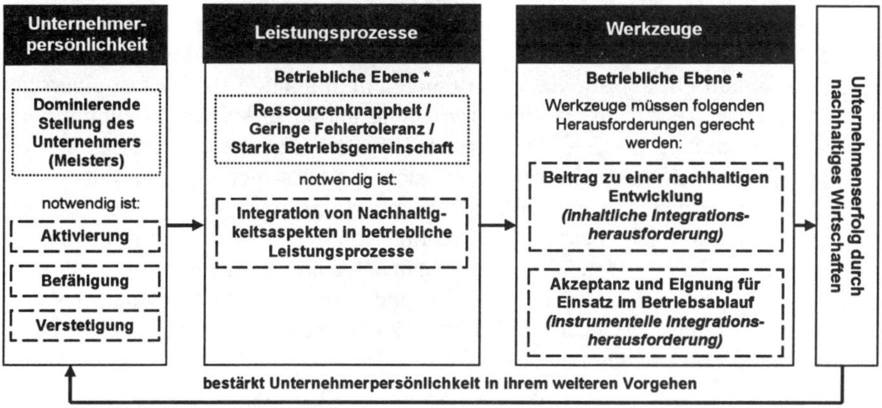

* Zusätzlich zu der hier betrachteten betrieblichen Ebene können auch Kooperationen auf regionaler Ebene eine große Rolle spielen.

Quelle: Herzig et al. 2003b.

4.1 Der Handwerksmeister als Entrepreneur

Den zentralen Ausgangspunkt bildet der unternehmerisch agierende Handwerksmeister. Er ist vielfach Eigentümer, Innovator, Organisator, Personal-, Produktions- und Marketingchef in einer Person und somit Dreh- und Angelpunkt des Betriebs.

Ob und wie Nachhaltigkeitsaspekte im Handwerksbetrieb berücksichtigt werden, hängt sehr stark von der Motivation und Fähigkeit des Handwerkunternehmers ab, die recht abstrakte Vision einer nachhaltigen Entwicklung in konkrete Maßnahmen umzusetzen. Da in den meisten Handwerksbetrieben nichts unternommen wird, wovon der Unternehmer (Meister) nicht selbst überzeugt ist, ist diese Person auch der „Gatekeeper“ für Nachhaltigkeitsinhalte und -aktivitäten. Ein Konzept des nachhaltigen Unternehmertums muss deshalb zuerst konkret bei der Motivation und der Entwicklung der persönlichen Fähigkeiten des Handwerksmeisters ansetzen. Nur wenn es gelingt, diese Schlüsselperson vom Nutzen einer nachhaltigeren Wirtschaftsweise zu überzeugen, wird sie entsprechende Prozesse in ihrem Betrieb einleiten.

Betriebsleiter und Eigentümer sind in der Mehrzahl der Handwerksbetriebe identisch. Diese Person beeinflusst mit ihren Wert- und Zielvorstellungen den Betriebsalltag maßgeblich und vereint häufig einen wesentlichen Teil des betrieblichen Know-hows auf sich. Sowohl für die betrieblichen Aktivitäten im Allgemeinen als auch für das innovative Handeln im Besonderen ist der Eigentümer mithin von wesentlicher Bedeutung (vgl. Diettrich 2000, 100, Neubauer 2000, 171, Rohlfing und Funck 2002, 16ff., Herzig et al. 2003a, 27ff., 33f.). Daraus leitet sich eine dominierende Stellung des Unternehmers in Bezug auf Organisationsentscheidungen und -abläufe ab. Dies ist einerseits oft mit einer zeitlichen Überbeanspruchung und einer starken Einbindung ins Tagesgeschäft verbunden. Andererseits kann der Eigentümer-Unternehmer im Handwerk eine Politik verfolgen, die sich eng an seinen eigenen Vorstellungen (bzw. an denen seiner Kunden) orientiert und muss wenig Rücksicht auf einen „Shareholder" nehmen. Er verfügt folglich über hohe Freiheitsgrade unternehmerischen Handelns (vgl. Diettrich 2000, 125, Petschow 2001, 6). Um diese produktiv, effizient und für eine nachhaltige Entwicklung des Unternehmens und der Gesellschaft nutzen zu können, muss er befähigt und entsprechend geschult sein.

Charakteristisch ist ferner, dass der Handwerksbetrieb für seinen Eigentümer nicht nur Existenzgrundlage, sondern häufig auch Lebensaufgabe darstellt (vgl. Müller 2000, 19). Damit verbunden sind Beharrlichkeit, großes Engagement und ein hohes Verantwortungsgefühl gegenüber Familie und Mitarbeitern. Umgekehrt findet man eine oftmals starke Verbundenheit der Belegschaft mit dem Betriebsinhaber (vgl. Ilskensmeier 2001, 64). Hierdurch wird es erleichtert, dass die vom Inhaber gelebten Werte und Normen von den Mitarbeitern – hier insbesondere auch im Kontext ökologischer und sozialer Fragen – übernommen werden. Da der Handwerksunternehmer überwiegend selbst in die Planungen von Innovationen eingebunden ist, kann er im Sinne eines Innovationspromotors seine Mitarbeiter permanent motivieren. Entscheidend ist dabei eine positiv besetzte Unternehmerfigur: Der Handwerks-Entrepreneur als Ideenträger und Umsetzer sozialer und ökonomisch intelligenter Innovationen, die der Verbesserung der Lebensqualität dienen (vgl. auch Ripsas 2001, 6).

Die Motivation, Aktivierung und Befähigung des Unternehmers bzw. Meisters sind somit entscheidende Voraussetzungen, um überhaupt eine nachhaltige Unternehmensentwicklung im Handwerksbetrieb zu ermöglichen. Dabei spielt die initiierende Aktivierung des Unternehmers für nachhaltige Entwicklung eine ebenso große Rolle wie die Verstetigung der einmal begonnenen Prozesse.

4.2 Leistungsprozesse des Handwerksbetriebs

Ein zweiter wesentlicher Ansatzpunkt sind die Prozesse des Entrepreneurships und die (typischen) Leistungsprozesse im Handwerksalltag. Auf der sachlich-methodischen Ebene sind hiermit unter anderem Produktentwicklungs- und Produktionsprozesse, Marketing und Steuerung angesprochen, während auf der sozialen Ebene zum Beispiel Führungsstil, Mitarbeiterpartizipation und Teambildung eine besondere Rolle spielen. Oft diskutierte Faktoren, die die innerbetrieblichen Leistungsprozesse von Handwerksbetrieben beeinflussen, sind zeitliche, personelle und finanzielle Ressourcenknappheit, eine geringe Fehlertoleranz und damit verbundene geringe Risikobereitschaft sowie eine starke Betriebsgemeinschaft. Darüber hinaus gilt es, die Potenziale überbetrieblicher Kooperationen als Überbrückungsmechanismus für strukturelle Barrieren zu nutzen, die Handwerksbetriebe davon abhalten, ihren Betrieb und ihre Produkte im Sinne einer nachhaltigen Entwicklung weiterzuentwickeln (vgl. hierzu ausführlicher Herzig et al. 2003b).

Über die alltäglichen innerbetrieblichen Prozessabläufe im Handwerksbetrieb und die dabei eingesetzten Organisations- und Kommunikationswerkzeuge liegen bislang nur in sehr spärlichem Umfang aufbereitete Erkenntnisse vor, das heißt, es gibt kaum eingehende empirische Untersuchungen zu den Prozessen des Entrepreneurships im Handwerk. Eine Ausnahme bildet zum Beispiel die Untersuchung von Brüggemann und Riehle (1995), die jedoch hauptsächlich auf die betriebliche Sozialstruktur von Handwerksbetrieben fokussiert. Danach zeichnen sich heutige Handwerksbetriebe vor allem durch die folgenden Charakteristika aus: „a) eine direkte persönliche Kenntnis aller Betriebsangehörigen, b) ein auf Kooperation und Konsens basierendes Funktionieren des Betriebsablaufes, c) eine gering ausgebildete direkte formelle Kontrolle, dafür ein umso bedeutsameres d) informelles internes Regelwerk, das Voraussetzung ist für einen e) Organisationsstil, der innerhalb eines im Vergleich zu industriellen Abläufen chaotisch erscheinenden Systems hohe Anpassungsleistungen an wechselnde Bedürfnisse sichert und gerade so tatsächlich funktioniert und Flexibilität zeigt, durch f) ein Verhältnis von Leitung und Beschäftigten, das von gegenseitiger Abhängigkeit und Kalkulierbarkeit gekennzeichnet ist, das die Gegenseitigkeit von Erwartungen und Verhalten sichert, sowie g) eine hohe soziale Stabilität, die sich nicht in Kategorien instrumenteller, sondern personal-gefühlsmäßiger Art beschreiben lässt – also ‚Betrieb als Familie'" (Brüggemann und Riehle 1995, 73).

Einige Hinweise zu typischen Vorgehensweisen und Verhaltensmustern im Handwerksbetrieb, hier zum Beispiel in Bezug auf die betriebsinterne Kommunikation, die Marketingaktivitäten sowie den Produkt- und Dienstleistungsprozess, gibt ferner die bereits erwähnte Befragung von 90 Handwerksbetrieben in Hamburg, Nordrhein-Westfalen und Thüringen. So findet innerbetriebliche Kommunikation, zum Beispiel über Umwelt- und soziale Themen, zwar statt, jedoch meist unregelmäßig und wenig formalisiert (Ad-hoc-Kommunikationskultur). Weiterhin geben mehr als zwei Drittel der befragten Betriebe an, dass die Mitarbeiter in Gruppenbesprechungen informiert werden, auch Einzelgespräche werden von mehr als der Hälfte der Betriebe aufgeführt. Lediglich ein Drittel bestätigt das Vorhandensein eines Umwelt-Info-Bretts, Infoschreiben spielen ebenfalls nur eine untergeordnete Rolle. Weitere Instrumente kommen kaum zum Einsatz. Ferner zeigt die Befragung deutlich, dass die Besprechungen eher fallweise als regelmäßig stattfinden (60 Prozent geben an: „wenn es sich ergibt/auftragsbezogen“). Allerdings finden in der Hälfte jener Betriebe, in denen regelmäßig Mitarbeiterbesprechungen durchgeführt werden, die Besprechungen mehrmals wöchentlich oder sogar täglich statt.

In Hinblick auf die Marketingaktivitäten der befragten Betriebe ist festzustellen, dass die große Mehrheit (84 Prozent) der befragten Betriebe ihre Kunden mit Hilfe von Kundengesprächen bzw. Außendiensttätigkeiten informiert. Andere Informationswege werden deutlich seltener genutzt: Am häufigsten werden hierbei noch die Instrumente Internethomepage (44 Prozent) und Postwurf/Prospekte/Flugblätter (42 Prozent) genannt. Nur von einer Minderheit der befragten Betriebe werden Kommunikationsinstrumente wie zum Beispiel Zeitungen (30 Prozent), Messen (28 Prozent), Produktkennzeichnungen (16 Prozent) oder ein Tag der offenen Tür/Betriebsführung (3 Prozent) zur Darstellung von Unternehmensleistungen eingesetzt.

Die Verantwortung für den Produkt- und Dienstleistungsentwicklungsprozess liegt bei 74 Prozent der befragten Betriebe in den Händen der Inhaber. Die am häufigsten eingesetzten Hilfsmittel sind dabei Arbeitsanweisungen und Marktanalysen. Nähere Informationen, inwieweit dieser Prozess systematisch und/oder unter Mitverantwortung der Mitarbeiter erfolgt, liegen zu diesem Punkt nicht vor.

Generell kann festgehalten werden, dass die innerbetrieblichen Leistungsprozesse eines typischen Handwerksbetriebs im Wesentlichen durch Ressourcenknappheit, geringe Fehlertoleranz und eine starke Betriebsgemeinschaft beeinflusst sind:

- *Ressourcenknappheit*

  Die häufig stark ausgeprägte Ressourcenknappheit (Zeit, Personal, Finanzen) im Handwerk lässt kaum Spielräume für aufwändige Prozesse jenseits der Alltagsroutine. Finanzielle und personelle Engpässe reduzieren die Bereitschaft, zu experimentieren und sich auf das Ausprobieren von neuen Handlungs- und Interaktionsmustern einzulassen. Reaktions- und Lernalternativen, die größeren Unternehmen bei der Gestaltung von Veränderungen offen stehen, sind für Handwerksbetriebe weitaus schwieriger zu realisieren: beispielsweise die Variation der Anzahl ihrer Mitarbeiter; die Bereitstellung der für (Fort-) Bildungsangebote notwendigen finanziellen Mittel oder die Auslagerung von Funktionen, deren effiziente Erledigung nicht geleistet werden kann.

- *Geringe Fehlertoleranz*

Mit der Ressourcenknappheit eng zusammen hängt eine geringe Fehlertoleranz und daraus resultierend eine geringe Risikofähigkeit und -bereitschaft. So gilt die Haltung, für die angebotenen Produkte und Dienstleistungen „gerade zu stehen", als typisch für den Kleinunternehmer im Allgemeinen und den Handwerksunternehmer im Besonderen (vgl. Petschow 2001, 6). Dieses Ethos manifestiert sich häufig in der Einstellung des Inhabers, der Betrieb könne ohne sein Engagement nicht erfolgreich handeln. Mit dieser Haltung fällt es dem Inhaber häufig schwer, Entscheidungskompetenz und Verantwortung so weit zu delegieren, dass ein Entlastungseffekt bei Routineangelegenheiten entsteht (vgl. Ilskensmeier 2001, 44). Die Folgen sind Überlastung und ein Mangel an zeitlichen Spielräumen für die Auseinandersetzung mit mittel- und langfristigen Strategien bzw. die Gestaltung der Unternehmenspolitik. So ist der Handwerksunternehmer in seinen Entscheidungen insgesamt eher wenig risikofreudig (vgl. Birke et al. 2001). Dies ist er vermutlich umso stärker, je mehr „Geschichte" der Betrieb hat. Diettrich macht vor diesem Hintergrund deutlich, dass die Bewältigung zukünftiger Probleme mangels übergeordneter Zielvorstellungen in vielen Kleinbetrieben auf der Basis der Strategie „Mehrleistung bzw. Mehranstrengung bei Bewahrung des status quo" (Diettrich 2000, 122), nicht aber durch Reorganisation erfolgt. Das Handeln orientiert sich also tendenziell eher an bekannten Strategien und Problemlösungen der Vergangenheit, das heißt, dass konservative Entscheidungen einer innovativen und kreativen Unternehmenspolitik oftmals vorgezogen werden.

- *Starke Betriebsgemeinschaft*

Ferner zeichnen sich viele Handwerksbetriebe durch eine starke Betriebsgemeinschaft oder Organisationskultur aus (vgl. hierzu Schreyögg 1999, 463ff., Brüggemann und Riehle 1995, 58ff.). Das hat Vorteile, aber auch Nachteile für die Realisierung eines nachhaltigen Unternehmertums. Als förderlicher Faktor kann die häufig hohe Identifikation mit dem Betrieb gelten. So stärken gemeinsame Werte und Überzeugungen die Bereitschaft, sich zu engagieren. Das persönliche Arbeitsklima erhöht Arbeitszufriedenheit und Teamgeist. Gemeinsame Verständigungsmuster erleichtern die Entscheidungsfindung und reduzieren den formalen Kontrollaufwand. Andererseits können relativ enge soziale Bindungen, Gruppendruck und bestimmte Normen alternative

> Vorgehensweisen und das Ausprobieren neuer Formen der Zusammenarbeit erschweren. Neue Wertemuster können vorschnell abgelehnt werden, da gegebenenfalls die kollektive Identität bedroht wird. Bei grundsätzlichen Veränderungen stellt sich eine stark verfestigte Betriebsgemeinschaft somit als problematisch dar, da die Sicherheit, die starke Kulturen geben, in Gefahr gerät. Die Folgen sind meist Angst und Abwehr und die Fixierung auf traditionelle Erfolgsmuster.

Für die Integration von Nachhaltigkeitsaspekten in die betrieblichen Alltagsprozesse sind entsprechend auch die Überzeugung und die Motivation der Mitarbeiter von großer Bedeutung. Tragen insbesondere die leitenden Mitarbeiter die (im Hinblick auf eine nachhaltige Entwicklung) veränderten Prozesse nicht mit, sind diese zum Scheitern verurteilt. Gerade in Handwerksbetrieben haben Führungskräfte – also Altgesellen, Monteure auf Baustellen u. ä. – große Handlungsspielräume. Diese wichtige Stellung von Gesellen im Handwerksbetrieb, die ein erhöhtes Maß an Selbständigkeit, Entscheidungsfähigkeit und Motivation beim Beschäftigten erfordert, ist ähnlich wichtig einzuschätzen wie die Führungspersönlichkeit im Handwerksbetrieb. Deshalb spielen Ansätze der Mitarbeitermotivation und -partizipation eine wichtige Rolle in einem Konzept für ein nachhaltiges Unternehmertum im Handwerk.

Diese innerbetrieblichen Prozesse liefern den Bezugsrahmen zur Auswahl, Adaption und Neuentwicklung spezifischer, an der betrieblichen Realität und den Erfordernissen des Marktes orientierter Methoden und Werkzeuge einer nachhaltigen Unternehmensentwicklung. Die Bestandteile des betrieblichen Alltagsprozesses in Handwerksbetrieben und die dabei eingesetzten Organisations- und Kommunikationswerkzeuge und -methoden wurden bislang noch kaum systematisch erfasst. Dies scheint u. a. ein wesentlicher Grund dafür zu sein, dass sich auch speziell für das Handwerk entwickelte Leitfäden und Instrumente für Unternehmens- und Organisationsentwicklung an den Vorgaben der (stark großunternehmensorientierten) strategischen Managementlehre orientieren (vgl. als Beispiele dafür Leuthner et al. 1999 sowie Glasl et al. 2001).

Im Rahmen eines Forschungs- und Implementationsprogramms für ein nachhaltiges Unternehmertum im Handwerk gilt es deshalb, dieses Wissensdefizit abzubauen, um die Grundlage für eine Integration von Werkzeugen und Methoden einer nachhaltigen Unternehmensentwicklung in diese Prozesse zu schaffen.

4.3 Instrumentenentwicklung für nachhaltiges Wirtschaften im Handwerk

Zur erfolgreichen Integration der Idee einer nachhaltigen Entwicklung in den Leistungsprozess des Handwerksbetriebs bedarf es geeigneter Instrumente und Konzepte (Werkzeuge). Bei der Entwicklung eines praxistauglichen „Werkzeugkastens" für nachhaltiges Wirtschaften sollten die zuvor genannten Aspekte (zentrale Stellung der Unternehmerpersönlichkeit, Ressourcenknappheit, geringe Fehlertoleranz, starke Betriebsgemeinschaft) stärker berücksichtigen werden. Anderenfalls läuft man Gefahr, für große und mittlere Unternehmen entwickelte Instrumente des Umwelt-, Sozial- und Nachhaltigkeitsmanagements in Form einer Mini- oder Light-Version (unreflektiert) auf Klein- und Kleinstunternehmen zu übertragen. Da ein zusätzliches Managementinstrumentarium, das außerhalb des eigentlichen Wertschöpfungsprozesses liegt, gerade in kleinen Betrieben einen nicht tragbaren Zusatzaufwand hervorruft, sollten die Instrumente möglichst gut in die Alltagsroutinen integriert und handwerksspezifische Arbeitsbedingungen stärker berücksichtigt werden.

Aufbauend auf den Erkenntnissen aus der Befragung von Handwerksbetrieben zum nachhaltigen Unternehmertum (vgl. Herzig et al. 2003a) und den ermittelten Ursachen für die bislang unzureichende Anwendung von Instrumenten des Nachhaltigkeitsmanagements in Handwerksbetrieben wurden Kriterien entwickelt, mit deren Hilfe praxistaugliche und geeignete Werkzeuge für ein nachhaltiges handwerkliches Unternehmertum sowohl ausgewählt als auch (weiter-)entwickelt werden können. Die Kriterien, die eine breite und dauerhafte Anwendung von Instrumenten einer nachhaltigen Unternehmensführung unterstützen sollen, betreffen sowohl den Beitrag zu einer nachhaltigen Entwicklung, der durch die Anwendung der Werkzeuge geleistet werden kann (inhaltliche Ebene), als auch Aspekte, die im Zusammenhang mit der Akzeptanz und Eignung der Instrumente für den Einsatz im Betrieb berücksichtigt werden müssen (instrumentelle Ebene). Den Kriterien liegen somit zwei Integrationsanforderungen zugrunde:

- die Zusammenfassung und gleichzeitige Erfüllung ökonomischer, ökologischer, sozialer Ansprüche (*inhaltliche Integrationsherausforderung*);
- die Akzeptanz und Eignung von Instrumenten für den Einsatz im alltäglichen Betriebsablauf (*instrumentelle Integrationsherausforderung*).

Dieses Integrationsverständnis sowie die Kriterien für die Beitragsleistung zu einer nachhaltigen Unternehmensentwicklung leiten sich aus den folgenden Nachhaltigkeitsherausforderungen ab (BMU und BDI 2002, Schaltegger et al.

2003): die ökologische, die soziale und die ökonomische Nachhaltigkeitsherausforderung sowie die Integrationsherausforderung einer nachhaltigen Unternehmensentwicklung.

Aufbauend auf diesem Verständnis einer nachhaltigen Unternehmensentwicklung lassen sich zunächst die in Tabelle 1 dargestellten Kriterien der inhaltlichen Integrationsherausforderung benennen. Bei diesen Kriterien steht die durch den Einsatz von Instrumenten erzielte Wirkung für eine nachhaltige Unternehmensentwicklung im Vordergrund. Dieser Beitrag zu einer nachhaltigen Unternehmensentwicklung kann sowohl eine Steigerung der ökologischen, sozialen und ökonomischen Effektivität als auch eine Verbesserung der ökonomisch-ökologischen wie ökonomisch-sozialen Effizienz beinhalten.

Tabelle 1: Kriterien zur Entwicklung und Bewertung von Werkzeugen hinsichtlich ihres Beitrags für eine nachhaltige Unternehmensentwicklung (inhaltliche Integrationsherausforderung)

Kriterien der inhaltlichen Integrationsherausforderung	
Hauptkriterien	**Subkriterien: Instrumente und Prozesse...**
Ökologische Effektivität	ermöglichen es, die betrieblichen Umwelteinwirkungen zu erfassen, zu steuern und wirksam zu reduzieren (z. B. Emissionen, Abfall, Flächenversiegelung, Übersäuerung und Überdüngung von Böden und Gewässern) **[betriebsinterne ökologische Unternehmensleistung]**
	unterstützen den Betrieb, ökologische Aspekte auch in den vor- und nachgelagerten Wertschöpfungsprozessen zu berücksichtigen (z. B. bei der Beschaffung bzw. bei der Auswahl von Lieferanten, beim Produktnutzen und beim Konsum usw.) **[ökologische Aspekte entlang der Wertschöpfungskette]**
	tragen der generellen ökologischen Verantwortung Rechnung (z. B. Finanzierung eines Naturschutzprojektes, das weder am Standort noch in der Wertschöpfungskette angesiedelt ist) **[betriebsexterne ökologische Unternehmensleistung]**
Soziale Effektivität	ermöglichen es, betriebsinterne soziale Aspekte zu erfassen, zu steuern und wirksam zu fördern (z. B. Gesundheitschutz/ Arbeitssicherheit, Mitarbeiterqualifizierung, familienfreundliche Arbeitssysteme, Mitarbeiterbeteiligung, gerechte Entlohnung usw.) **[betriebsinterne soziale Unternehmensleistung]**

Fortsetzung Tabelle 1

Kriterien der inhaltlichen Integrationsherausforderung	
Hauptkriterien	**Subkriterien: Instrumente und Prozesse...**
	unterstützen den Betrieb, soziale und ethische Aspekte auch in den vor- und nachgelagerten Wertschöpfungsprozessen zu berücksichtigen (z. B. bei der Beschaffung bzw. bei der Auswahl von Lieferanten, beim Produktnutzen und beim Konsum usw.) **[soziale Aspekte entlang der Wertschöpfungskette]**
	tragen der gesellschaftlichen Verantwortung Rechnung (z. B. Gemeinwesenorientierung, ehrenamtliches Mitarbeiterengagement in Vereinen und Organisationen, Transparenz durch Berichterstattung bzw. externe Kommunikation usw.) **[betriebsexterne soziale Unternehmensleistung]**
Ökonomische Effektivität	steigern die Rentabilität und erhalten bzw. verbessern somit die wirtschaftliche Tragfähigkeit des Betriebs **[Rentabilität]**
	sichern die Liquidität des Unternehmens und vermeiden Liquiditätsengpässe **[Liquidität]**
	ermöglichen es, die Risiken, die mit einer Umstellung auf eine nachhaltige Produktionsweise verbunden sind, richtig einzuschätzen und zu verringern (bzw. erleichtern es, sie einzugehen) **[Sicherheit]**
Ökonomisch-ökologische bzw. ökonomisch-soziale Effizienz (kurz: Öko- bzw. Sozial-Effizienz)	zeigen den wirtschaftlichen Nutzen von Umwelt- und Sozialmaßnahmen auf, d. h. ermöglichen es, die ökonomischen Auswirkungen von ökologischen und sozialen Maßnahmen zu analysieren, zu bewerten und zu managen **[wirtschaftliche Betrachtung von Umwelt- und Sozialmaßnahmen]**

Quelle: Herzig et al. 2003b.

Für die Berücksichtigung der inhaltlichen Integrationsherausforderung ist entscheidend, inwieweit mit Hilfe verschiedener Instrumente die genannten Kriterien möglichst simultan erfüllt werden können. Instrumente sollten demnach den Handwerker unterstützen, die Ziele integrativ zu betrachten und entsprechende Verbesserungen auf verschiedenen Ebenen zu erzielen.

Neben diesen Kriterien für die Berücksichtigung der inhaltlichen Integrationsherausforderung wurden ferner Kriterien entwickelt, die im Zusammenhang mit der Akzeptanz und Eignung von Instrumenten für den Einsatz im Betrieb berücksichtigt werden müssen (instrumentelle Integrationsherausforderung). Sie lassen sich unterscheiden nach „Integration in den Betriebsablauf", „Praktikabilität", „Berücksichtigung des Zeitaufwands", „Handlungsauslösung", „Meisterorientierung" und „Mitarbeiterpartizipation" (vgl. Tabelle 2).

Tabelle 2: Kriterien zur Bewertung und Entwicklung von Werkzeugen hinsichtlich ihrer Akzeptanz und Eignung im Handwerk (instrumentelle Integrationsherausforderung)

Kriterien der instrumentellen Integrationsherausforderung	
Hauptkriterien	**Subkriterien: Instrumente und Prozesse...**
Integration in den Betriebsablauf	können an die betrieblichen Abläufe eines Handwerksbetriebs angepasst werden **[Adaptierbarkeit]**
	sind mit anderen bereits im Betrieb genutzten Werkzeugen kompatibel **[Kompatibilität]**
	können für mehrere betriebliche Zwecke eingesetzt werden **[Multifunktionalität]**
Praktikabiliät	können auf Dauer ohne externe Hilfe genutzt werden **[eigenständige Verwendbarkeit]**
	sind einfach, selbsterklärend bzw. gut erläutert sowie übersichtlich und gut visualisiert **[Einfachheit/Verständlichkeit]**
	kommen ohne überdimensionale Formalismen aus, sind aber dennoch formal **[Formalismus]**
Berücksichtigung des Zeitaufwands	verursachen bei ihrer Einführung im Betrieb einen möglichst geringen zeitlichen Zusatzaufwand **[Einführungsaufwand]**
	erzeugen bei ihrem (dauerhaften) Einsatz im Betrieb einen möglichst geringen zeitlichen Zusatzaufwand **[dauerhafter Zusatzaufwand]**
Handlungsauslösung	erregen Aufmerksamkeit und motivieren durch ansprechende Gestaltung und Argumentation **[Attraktivität]**
	geben den Betriebsmitgliedern methodische Kompetenzen an die Hand und generieren Informationen und Know-how **[Befähigung/Know-how]**
	bieten kontinuierliche bzw. konkrete Anreize zum Handeln **[Anreize]**

Fortsetzung Tabelle 2

Kriterien der instrumentellen Integrationsherausforderung	
Hauptkriterien	**Subkriterien: Instrumente und Prozesse...**
Meisterorientierung	aktivieren den Unternehmer (Meister) zur Auseinandersetzung mit bzw. zur Umsetzung von nachhaltigem Wirtschaften und motivieren ihn zum Entdecken von neuen Marktpotenzialen (Innovationsfunktion) **[Aktivierung]**
	binden den Meister in seiner Eigenschaft als Promotor bzw. Schlüsselperson ein, um den ökologisch-sozialen Wandel voranzutreiben **[Promotorenfunktion]**
	fördern beim Meister einen kooperativen Führungsstil **[Führungsstil]**
Mitarbeiter-partizipation	erzeugen Transparenz über die Aktivitäten **[Information/Kommunikation]**
	bündeln interne konstruktive Kräfte und machen sie nutzbar **[Teamorientierung]**
	ermöglichen es, dass die Mitarbeiter Einfluss auf Entscheidungs- und Veränderungsprozesse nehmen können **[Mitverantwortung]**

Quelle: Herzig et al. 2003b.

Anhand dieser Kriterien können Werkzeuge ausgewählt, bewertet und (weiter-)entwickelt werden, die das Handwerk unterstützen, einen Beitrag zu einer nachhaltigen Entwicklung zu leisten, die Wettbewerbsfähigkeit gegenüber des „Nicht-Handwerks" zu stärken und die Zukunft zu sichern. Dabei können Werkzeuge aus den Bereichen Organisation, Finanzierung, Information und Kommunikation, Umweltmanagement, Arbeitssicherheit, Qualitätsmanagement, Produktentwicklung sowie regionale Kooperation betrachtet werden.

Die vielfältigen Anforderungen und Kriterien, die an ein „Nachhaltigkeitsinstrumentarium" im Handwerk zu stellen sind, können nicht von einem einzelnen umfassenden und alles integrierenden „Superwerkzeug" erfüllt werden. Es scheint vielmehr zielführend, einen aus einer Vielfalt von Einzelinstrumenten bestehenden „Werkzeugkasten" zu konzipieren, dessen Werkzeuge je nach Situation des Betriebs bzw. anstehender Aufgabenstellungen entweder vom Betrieb selbst oder von entsprechenden Beratern eingesetzt werden können. Selbstverständlich kann dabei nicht jedes Werkzeug jedem Kriterium gerecht werden. In seiner Gesamtheit sollte der Werkzeugkasten allerdings „Antworten" auf alle Kriterien bereithalten.

5 Weitere Schritte auf dem Weg zu einem nachhaltigen Unternehmertum im Handwerk

In diesem Beitrag wurden die wesentlichen Elemente eines Entwicklungs- und Implementationsprogramms dargestellt, das dazu beitragen soll, geeignete Strategien, Methoden und Werkzeuge für ein nachhaltiges Unternehmertum im Handwerk zu entwickeln und zu implementieren. Ein derartiges Programm kann die Kernelemente Handlungsprogramm für Aktivierung, Befähigung und Verstetigung umfassen. In diesem Zusammenhang geht es vor allem darum, den Handwerksunternehmern die Potenziale aufzuzeigen, die eine nachhaltige Entwicklung für die wirtschaftliche Zukunft ihrer Betriebe beinhaltet. Dabei muss es gelingen, „Nachhaltigen Unternehmergeist" zu wecken, Aufbruchsstimmung zu erzeugen und entsprechende Denk- und Kreativitätsprozesse bei den Handwerksmeistern in Gang zu setzen sowie am Leben zu erhalten. Nur durch aktiven Unternehmergeist können langfristig Arbeitsplätze erhalten und neue geschaffen werden und nur wenn Umwelt- und Sozialmanagement integrativer Bestandteil des Handwerksalltags und der Kernleistungsprozesse ist, kann es dauerhaft zu unternehmerischer Nachhaltigkeit führen.

In diesen Bereichen gilt es, Strategien für die Information und Aktivierung von Handwerksmeistern und -unternehmern sowie zur Verstetigung von Nachhaltigkeitsprozessen im Handwerk zu konzipieren, zu erproben und auszuwerten. Insbesondere im Hinblick auf die Verstetigung dieser Prozesse spielt auch die Mitarbeitermotivation und -partizipation eine wichtige Rolle.

Derartige Strategien sollten dabei nicht nur beim Handwerksmeister selbst, sondern auch auf betrieblicher Ebene (insbesondere zum Einbezug der Mitarbeiter) ansetzen. Dabei scheinen die folgenden Ansätze zielführend:

- Ansatz auf der *Persönlichkeitsebene* (Meister aktivieren): Meisterseminare mit dem dezidierten Ziel, Handwerksunternehmer aus ihrem betrieblichen Alltag herauszuholen und kreative Freiräume für strategisches Denken zu schaffen; Schulung der etablierten Berater des Handwerks im Bereich Aktivierung und Motivation
- Ansatz auf der *betrieblichen Ebene* (Mitarbeiter motivieren und einbeziehen): Situations- und Potenzialanalysen, die einerseits informierenden und andererseits aktivierenden Charakter haben, indem sie die Mitarbeiter einbeziehen; Zukunftswerkstätten in Betrieben mit dem Ziel einer betrieblichen Leitbild- und Strategieentwicklung

Neben der betrieblichen Ebene dürften besonders im Handwerk auch regionale Kooperationen eine hohe Bedeutung für eine nachhaltige Entwicklung der Betriebe und der Gesellschaft haben. Weiter verfolgenswert scheinen hier zwei Ansätze:

- Ansatz auf der *regionalen Ebene*: Zukunftsprozesse auf regionaler Ebene (z. B. auf der Ebene von Kreisinnungen oder Kreishandwerkerschaften); diese könnten umfassen: regionale Nachhaltigkeitspotenzialanalyse, Leitbildentwicklung für die Innung bzw. Kreishandwerkerschaft, ein gemeinsames Aktionsprogramm
- Ansatz auf der *überregionalen Ebene*: Kampagne „Nachhaltiges Handwerk", die sich sowohl an Handwerksbetriebe als auch an Verbraucher richten kann; eine gute Basis wären zum Beispiel Erklärungen wichtiger Handwerksverbände zur nachhaltigen Entwicklung

Derartige Aktivierungsstrategien und -methoden sollten entwickelt, erprobt und darauf aufbauend verfeinert sowie für eine dauerhafte und breite Anwendung aufbereitet werden. Dabei liegen folgende Schritte nahe:

Vertiefte Analyse zentraler betrieblicher Alltagsprozesse des Handwerks

Wie in Abschnitt 4.2 dargestellt, liegen nur in sehr spärlichem Umfang aufbereitete Erkenntnisse über die Bestandteile des betrieblichen Alltagsprozesses in Handwerksbetrieben und dabei eingesetzten Organisations- und Kommunikationswerkzeugen und -methoden vor. Im Rahmen eines Forschungs- und Implementationsprogramms für nachhaltiges Unternehmertum im Handwerk gilt es deshalb, dieses Wissensdefizit abzubauen, um die Grundlage für eine Integration von Werkzeugen und Methoden einer nachhaltigen Unternehmensentwicklung in diese Prozesse zu schaffen. Geeignet erscheinen dazu tiefgehende Betriebsanalysen und -beobachtungen.

Entwicklung, Erprobung und Verbreitung eines Werkzeugkastens für ein nachhaltiges Unternehmertum im Handwerk

Aufbauend auf den Erkenntnissen über die betrieblichen Alltagsprozesse und bereits genutzte Werkzeuge im Handwerk können Nachhaltigkeitswerkzeuge entwickelt und in eben diese Prozesse integriert werden. Dazu ist eine enge Zusammenarbeit mit Handwerksbetrieben erforderlich, in denen diese Werkzeuge erprobt werden. Ziel muss es sein, Werkzeuge zu entwickeln, die auf Dauer von den Betrieben eigenständig genutzt werden können. Gleichwohl gilt es auch, geeignete Prozesse für die Unterstützung der Einführung solcher Werkzeuge in den Betrieb zu entwickeln. Das Aktionsprogramm zur Aktivierung, Befähigung und Verstetigung (s. o.) sowie Qualifizierungsprogramme und Beraterleitfäden (s. u.) für die Berater des Handwerks sollten die Grundlage dafür schaffen, den einmal entwickelten und erprobten Werkzeugkasten in einer großen Anzahl von Handwerksbetrieben zu verbreiten.

Entwicklung und Verbreitung eines Beraterpakets

Aktionsprogramm, Kooperations-Know-how und Werkzeugkasten haben nur eine Chance auf weite Verbreitung, wenn sie Eingang finden in die Beratungspraxis des Handwerks. Deshalb muss es Ziel sein, sie nach ihrer Entwicklung und Erprobung dementsprechend aufzubereiten. Dazu können Qualifizierungsangebote für Berater mit entsprechenden Materialien (z. B. Leitfäden) dienen. Auch dieses Beraterpaket sollte erprobt und darauf aufbauend nochmals weiterentwickelt werden.

Die zuvor vorgestellten Ansatzpunkte basieren auf der Erkenntnis, dass eine nachhaltige Entwicklung im Handwerk eine große unternehmerische und integrative Herausforderung darstellt, die eine Orientierung am Entrepreneurship-Ansatz voraussetzt. Dabei geht es vor allem darum, die unternehmerische Perspektive des Handwerksentrepreneurs mit den Leistungsprozessen und entsprechend angepassten Instrumenten des Nachhaltigkeitsmanagements zusammen zu bringen. Eine systematische Integration von Nachhaltigkeitsaspekten in die Unternehmensführung und breite Anwendung von Instrumenten des Nachhaltigkeitsmanagements im Handwerk setzt ein erfolgreiches Zusammenspiel dieser Ansatzpunkte voraus.

Literatur

Ax, C. (1997), *Das Handwerk der Zukunft: Leitbilder für nachhaltiges Wirtschaften*, Basel, Birkhäuser.

Birke, M., Kämper, E. und M. Schwarz (2001), *"Nachhaltiges Wirtschaften in KMU als organisationaler Such- und Lernprozess"*, UmweltWirtschaftsForum, 9 (1), 9-13.

Bundesdeutscher Arbeitskreis für Umweltbewusstes Management (B.A.U.M.) e.V. (2003), *Beratungsprogramm ECO+*, Hamburg, B.A.U.M. e.V.

Bundesministerium für Umwelt, Naturschutz und Reaktorsicherheit (BDI) und Bundesverband der Deutschen Industrie (BDI) (2002), *Nachhaltigkeitsmanagement in Unternehmen: Konzepte und Instrumente zur nachhaltigen Unternehmensentwicklung*, Bonn, BMU.

Brüggemann, B. und R. Riehle (1995), *Umweltschutz durch Handwerk?*, Frankfurt a. M., Campus.

Diettrich, A. (2000), *Der Kleinbetrieb als lernende Organisation - Konzeption und Gestaltung von betrieblichen Lernstrategien. Eine betriebspädagogische Analyse*, Markt Schwaben, Eusl Verlagsgesellschaft.

Fehrenbach, S. (1999), *Nachhaltigkeit im Handwerk: eine Untersuchung konzeptioneller Ansätze und Projekte im Handwerk für eine nachhaltige Entwicklung*, Stuttgart, Akademie für Technikfolgenabschätzung in Baden-Württemberg.

Glasl, M., Bertram-Pfister, B., Eisenschmid, D., Billesberger, U.-B. und N. Warkotsch (2001), *Handbuch zur strategischen Unternehmensführung im Handwerk*, München, Ludwig Fröhler Institut.

Hamm, B., Rumpf, S. und D. Zeeden (2003), "Handwerk und Industrie in der Region Trier - vergleichende sektorale Analyse zur Umsetzung einer nachhaltigen Regionalentwicklung im ländlichen Raum", in: Müller, P. M. und S. Rumpf (Hrsg.), *Umwelt und Region. Umweltanalyse und Umweltmanagementstrategie für eine nachhaltige Entwicklung im ländlichen Raum*, Trier, Universität Trier.

Hauff, V. (1987), *Unsere gemeinsame Zukunft: der Brundtland-Bericht der Weltkommission für Umwelt und Entwicklung*, Greven, Eggenkamp.

Herzig, C. (2004), „Finanzierung eines Sustainable Entrepreneurships", in: Schöning, S., Ott, I., Richter, J. und D. Nissen (Hrsg.), *Mittelstandsforschung - Beiträge zu Strategien, Finanzen und zur Besteuerung von KMU*, Frankfurt a. M., Peter Lang, 137-151.

Herzig, C., Rheingans-Heintze, A., Schaltegger, S. und K. Jeuthe (2003a), *Nachhaltiges Wirtschaften im Handwerk: Stand der Praxis in Hamburg, Nordrhein-Westfalen und Thüringen*, Lüneburg, Center for Sustainability Management (CSM) e.V..

Herzig, C., Rheingans-Heintze, A., Schaltegger, S. und M. Tischer (2003b), *Auf dem Weg zu einem nachhaltigen Unternehmertum im Handwerk: Entwicklung eines integrierten Konzepts*, Lüneburg, Center for Sustainability Management (CSM) e.V..

Ilskensmeier, D. (2001), *Der Ansatz eines ganzheitlichen Wissensmanagements für Klein- und Mittelbetriebe*, Dortmund, sfs.

Leuthner, R., Lexhaller, A. und H.-J. Steinbrenner (1999), *Innovationswerkstatt Handwerk. Strategien für technologieorientierte Unternehmen*, Bad Wörishofen, Holzmann Buchverlag.

Müller, C. A. (2000), "Stand und Perspektiven der Entrepreneurshipforschung", in: Pleitner, H. J. und W. Weber (Hrsg.), *Die KMU im 21. Jahrhundert - Impulse, Aussichten, Konzepte*, St. Gallen, Schweizerisches Institut für gewerbliche Wirtschaft an der Universität St. Gallen, 17-28.

Neubauer, H. (2000), "Determinanten des Innovationsmanagements im klein- und mittelbe-trieblichen Innovationsprozess - eine Metaanalyse bisheriger Forschungsergebnisse", in: Pleitner, H. J. und W. Weber (Hrsg.), *Die KMU im 21. Jahrhundert - Impulse, Aussichten, Konzepte*, St. Gallen, Schweizerisches Institut für gewerbliche Wirtschaft an der Universität St. Gallen, 169-183.

Petschow, U. (2001), *"Kleine und mittlere Unternehmen und die Ökologie"*, UmweltWirtschaftsForum, 9 (1), 4-8.

Ripsas, S. (2001), *Unternehmensgründung im Umweltschutz*, Berlin, WZB.

Rohlfing, M. und D. Funck (2002), *Kleine und mittlere Unternehmen (KMU) - Kritische Diskussion quantitativer und qualitativer Definitionsansätze*, Göttingen, Göttinger Handelswissenschaftliche Schriften e.V.

Schaltegger, S. (2003), A Framework for Ecopreneurship - Leading Bioneers and Environmental Managers to Ecopreneurship, in: *GMI*, Vol. 38, Summer, 45-58.

Schaltegger, S. und H. Petersen (2001): *Ecopreneurship. Konzept und Typologie*, Luzern/Lüneburg, RIO-Managementforum/CSM.

Schaltegger, S., Herzig, C., Kleiber, O. und J. Müller (2003), *"'Werkzeuge' des unternehmerischen Nachhaltigkeitsmanagements"*, UmweltWirtschaftsForum, 11 (4), 60-65.

Schneidewind, U. (1998), *Die Unternehmung als strukturpolitischer Akteur*, Marburg: Metropolis.

Schreyögg, G. (1999), *Organisation. Grundlagen moderner Organisationsgestaltung.* Wiesbaden, Gabler.

Sing, E. (2002), "Nachhaltigkeit als Krise - eine Chance für Unternehmen", in: BUND/ UnternehmensGrün (Hrsg.), *Zukunftsfähige Unternehmen. Wege zur nachhaltigen Wirtschaftsweise von Unternehmen*, München, ökom, 15-19.

Tischer, M. (2001), *Unternehmenskooperation und nachhaltige Entwicklung in der Region*, Marburg, Metropolis-Verl.

Tischer, M. and J. Münderlein (2003), "Sustainable regional economic development - a case for cooperation", in: Nischwitz, G., Molitor, R. and S. Rohne (Hrsg.), *Regional Governance - Engine for Sustainable Development*, München, ökom.

Zentralverband des Deutschen Handwerks (ZDH) (2001), *Stellungnahme des Deutschen Handwerks zum Grünbuch der Europäischen Kommission „Europäische Rahmenbedingungen für die soziale Verantwortung der Unternehmen"*, KOM (2001) 366, abgerufen am 04.08.2003 unter http://www.europa.eu.int/comm/emploment_ social/socdial/csr/pdf2/072-SPEMPNAT_ZDH_Germany_011030_de.htm.

Zentralverband des Deutschen Handwerks (ZDH) (2003), *Konjunkturbericht 1/2003*, Berlin, ZDH.

KAPITEL SECHS

Politikanalyse

Maik Heinemann

Universität Lüneburg, Institut für Volkswirtschaftslehre

Die Transmission monetärer Schocks – Liquiditätseffekt, Kreditkanal und der „Small Borrower Effect“

Zusammenfassung

Der vorliegende Beitrag gibt einen Überblick über makroökonomische Erklärungsansätze der monetären Transmission. Auf Kreditmarktimperfektionen beruhende Ansätze ermöglichen es, testbare Hypothesen über die Reaktion der Investitionsnachfrage kleiner bzw. junger Unternehmen auf geldpolitische Schocks bzw. Zinsänderungen abzuleiten. Empirische Studien zu diesem Themenkomplex werden ebenfalls vorgestellt.

1 Einführung

Im Laufe der vergangenen Monate wurde häufiger diskutiert, ob die Deutsche Wirtschaft in einer „Kreditklemme“ steckt. Von einer solchen Kreditklemme ist dann die Rede, wenn Unternehmen (oder auch andere Wirtschaftssubjekte) keine Kredite erhalten, obgleich ihre Bonität gut ist, weil es den Banken an Liquidität fehlt. Die Kreditnachfrage ist dann angebotsseitig beschränkt. Im Oktober noch hat die Bundesbank die Existenz einer solchen Kreditklemme verneint (vgl. FAZ 245, 2002, 13). Im April dieses Jahres nun mehren sich Stimmen, die doch eine Kreditklemme vermuten (vgl. FAZ 82, 2003, 13). Hintergrund dieser Vermutungen ist die aus Abbildung 1 zu ersehende Abschwächung des Wachstums des Kreditvolumens – hier dargestellt anhand einiger Zeitreihen, die die Kreditvergabe der Banken an Nichtbanken illustrieren. Das extrem verlangsamte und letztlich sogar negative Wachstum des Kreditvolumens wird als Indiz für eine Kreditklemme gesehen, da es – wie es im oben zitierten Artikel heißt – nicht mehr mit der „*in konjunkturellen Schwächephasen üblichen niedrigeren Nachfrage der Kreditnehmer*“ zu erklären sei. Für die weiteren Ausführungen ist eine detailliertere Betrachtung dieses empirischen Befundes nicht wesentlich. Wesentlich ist vielmehr, wie die Kreditklemme im zweiten der oben zitierten Artikel begründet wird: Es heißt dort, potentielle Sicherheiten der Kreditnehmer wie z. B. Immobilien hätten aufgrund der wirtschaftlichen Entwicklung an Wert verloren und so die Finanzierungskosten der Kreditnehmer nach oben getrieben. Im Gegensatz zur eingangs erfolgten Begründung einer Kreditklemme, die auf die Angebotsseite des Kreditmarktes abzielt, handelt es sich hierbei nun um eine Begründung, die eher die Nachfrageseite des Kreditmarktes betrachtet. Insgesamt liegen damit nunmehr zwei unterschiedliche Argumentationslinien vor, die jeweils angebots- bzw. nachfrageseitige Aspekte des Kreditmarktes betrachten und Faktoren identifizieren, die die Kreditvergabe der Banken und damit letztlich das Investitionsverhalten zu erläutern versuchen. Die Berücksichtigung der Tatsache, dass die Kreditvergabe der Banken auch von der Geldpolitik beeinflusst wird, leitet dann zum eigentlichen Thema dieses Beitrags – dem so genannten Kreditkanal der monetären Transmission – über.

Abbildung 1: Entwicklung des Kreditvolumens (Veränderung gegenüber dem Vormonat in %)

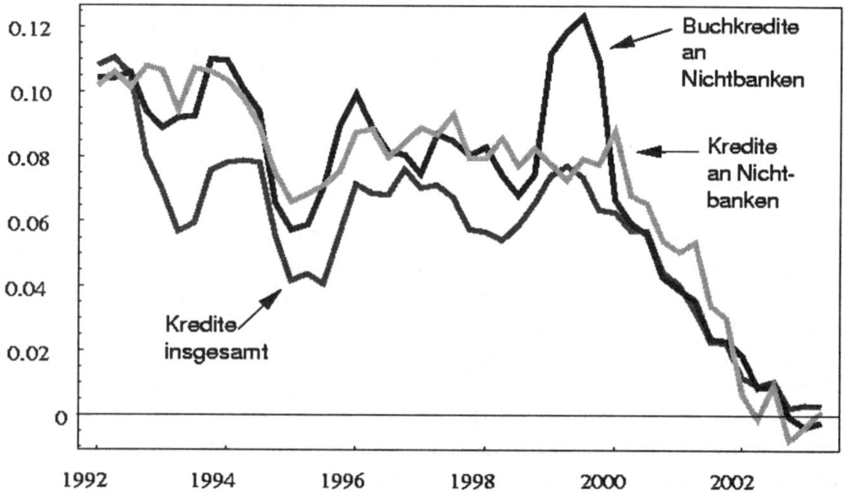

Quelle: Eigene Darstellung auf Basis der Daten der Deutschen Bundesbank (div. Jahre).

Mit dem folgenden Beitrag werden nun zwei Ziele verfolgt: Zum einen soll aus der makroökonomischen Perspektive ein Überblick über Ansätze zur Erklärung der monetären Transmission geliefert werden, der aufzeigt, wo sich die gerade erwähnten Argumente einordnen lassen. In diesem Zusammenhang wird über den Liquiditätseffekt und den Kreditkanal der monetären Transmission zu sprechen sein. Zum anderen wird sich im Verlauf des Beitrags der Fokus schrittweise auf einen Teilaspekt des Kreditkanals verengen. In diesem

Zusammenhang wird ein einfaches Modell präsentiert, das Aussagen über den so genannten „Small Borrower Effect" trifft. Dieses Modell erlaubt das Ableiten testbarer Hypothesen darüber, inwieweit kleine oder junge Firmen, also z. B. „Start-Ups", die über wenig Eigenkapital oder geringe Sicherheiten verfügen, vergleichsweise härter von geldpolitischen Maßnahmen getroffen werden. Der wesentliche Kern dieses Modells ist die Nichtgültigkeit des Modigliani-Miller-Theorems. Unvollständige Finanzmärkte bewirken, dass seitens der Firmen die Finanzierungsentscheidung eben nicht unabhängig von der Investitionsentscheidung ist. Abschließend werden – wenn auch nur knapp – einige empirische Untersuchungen zu diesem Themenkomplex vorgestellt.

2 Erklärung der Transmission monetärer Impulse

Gegenstand der Erklärung der monetären Transmission ist die Antwort auf die Frage, auf welchem Weg Geldmengenänderungen letztlich Änderungen realer Größen herbeiführen. Als Ausgangspunkt zur Darstellung solcher Erklärungsansätze wird hier die Neuklassische Theorie und hier insbesondere die Theorie Realer Konjunkturzyklen gewählt. Der Neuklassischen Theorie folgend, haben monetäre Störungen - wenn überhaupt – nur kurzfristige Konsequenzen. Ein systematischer Einfluss der Geldpolitik auf reale Größen existiert nicht, da korrekt antizipierte geldpolitische Maßnahmen lediglich nominelle Wirkungen entfalten. Reale Wirkungen gehen nur von unerwarteten monetären Interventionen aus. In dem Ausmaß, in dem die neuklassische Theorie nicht als adäquate Beschreibung einer monetären Ökonomie angesehen wird, bestehen nun sicherlich auch Zweifel an deren geeigneter Modellierung der monetären Transmission. Solche Zweifel sind berechtigt, da es wohlbekannt ist, dass auch *angekündigte* Geldmengenänderungen durchaus nicht neutral sind. Von daher sind Modifikationen der neuklassischen Annahmen erforderlich, die eine theoretisch und empirisch befriedigende Erklärung der monetären Transmission ermöglichen.

2.1 Traditioneller Liquiditätseffekt

Es bietet sich also an, mit den älteren Ansätzen – wie etwa das Keynesianische Modell – genauer anzuschauen. Dieses Modell erklärt die monetäre Transmission durch den „traditionellen Liquiditätseffekt" bzw. den Zinskanal. Anhand des in Abbildung 2 dargestellten, wohlbekannten IS-LM-Modells lässt sich dieser Liquiditätseffekt in der gebotenen Kürze wie folgt darstellen: Ein expansiver monetärer Impuls senkt über den Liquiditätseffekt den Nominalzins – die Opportunitätskosten der Geldhaltung müssen sinken, um die

Wirtschaftssubjekte zum Halten einer größeren Geldmenge zu bewegen. Bei zunächst gegebenen Preisen ist die gleichbedeutend mit einem Sinken des Realzinssatzes, was die Grenzeffizienz des Kapitals erhöht. Die Folge ist, dass die Investitionen zunehmen, wodurch wohlbekannte Multiplikatoreffekte ausgelöst werden.

Es dürfte deutlich geworden sein, dass die gerade erfolgte Darstellung auf einigen Annahmen basiert, die Anlass für heftige Kritik an den keynesianischen Modellen (und gleichermaßen auch den monetaristischen Ansätzen) gewesen sind. So wurde die fehlende mikroökonomische Fundierung ebenso kritisiert wie das Unterstellen adaptiver bzw. nicht rationaler Erwartungen und die ad hoc Annahme von Preisrigiditäten. All diese Kritik lässt sich letztlich treffend mit dem bekannten Stichwort der Lucas-Kritik zusammenfassen, wonach die Aussagen dieser Modelle – insbesondere die Politikempfehlungen – aufgrund der genannten Mängel zweifelhaft sind. Nichtsdestoweniger lässt sich aber folgendes durchaus festhalten: Das im Rahmen des traditionelle Liquiditätseffekts mit einer Ausweitung der Geldmenge einhergehende Sinken des Nominalzinses wird nicht bestritten, sondern ist vielmehr genau das, was Ökonomen erwarten. Ganz im Sinne dieses „Common Sense“ unter Ökonomen dient dieser Liquiditätseffekt häufig geradezu als Lackmustest für geldtheoretische Modelle, die demzufolge als ungeeignet angesehen werden, wenn sie einen entsprechenden kurzfristigen Effekt eines monetären Impulses auf das Zinsniveau nicht reproduzieren können. Allerdings muss an dieser Stelle erwähnt werden, dass die empirische Evidenz bezüglich des kurzfristigen Zusammenhangs zwischen monetärem Impuls und Zinsniveau keineswegs eindeutig ist (vgl. z. B. Christiano and Eichenbaum 1992).

Abbildung 2: Traditioneller Liquiditätseffekt im IS-LM-Modell.

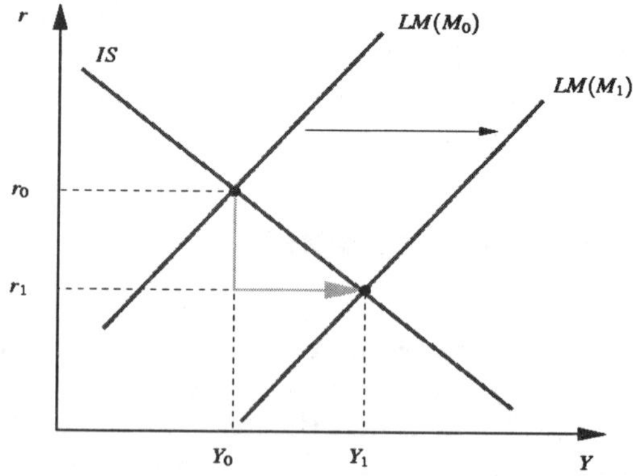

Quelle: Eigene Darstellung.

In den modernen makroökonomischen Modellen, die über ein solides mikroökonomisches Fundament verfügen, in denen rationale Erwartungsbildung unterstellt wird und Preise flexibel sind, ist es gar nicht einfach, einen solchermaßen korrekten Liquiditätseffekt zu generieren. In diesen Modellen wird die Geldnachfrage üblicherweise über eine Cash-in-Advance Restriktion oder dadurch, dass die Realkasse explizit als nutzenstiftend angesehen wird, implementiert. Unabhängig davon ist Geld in diesen Modellen immer dann neutral, wenn die monetären Schocks seriell unkorreliert sind. Eine kurzfristige Nichtneutralität lässt sich nur dann erzeugen, wenn seriell korrelierte monetäre Schocks unterstellt werden, dann jedoch ergibt sich ein dem traditionellen Liquiditätseffekt diametral entgegengesetztes Bild: Bei seriell korrelierten Schocks geht eine monetäre Expansion mit Inflationserwartungen für die Zukunft einher. Diese jedoch implizieren über die Fisher-Gleichung ceteris paribus einen Anstieg des Nominalzinssatzes. Aufgrund dieses Problems moderner, dynamischer Makromodelle, den traditionellen Liquiditätseffekt nachzuvollziehen, sind einige Modifikationen vorgeschlagen worden, die geeignet sind, dieses Problem zu lösen. Zu nennen sind hier zum einen die Modelle mit Partizipationsbeschränkungen – um einige in diesem Zusammenhang wesentliche Arbeiten zu nennen sei auf Lucas (1990), Fuerst (1992) und insbesondere Christiano (1991) und Christiano, Eichenbaum und Evans (1997) verwiesen –, zum anderen Modelle mit Preisrigiditäten, die der Neuen Keynesianischen Makroökonomik zuzuordnen sind, und die bisweilen bereits mit dem Prädikat der „Neuen Neoklassischen Synthese“ versehen werden (Goodfriend and King 1997). Stellvertretend seien hier die Arbeiten von Rotemberg und Woodford (1992), Rotemberg und Woodford (1995) oder Clarida, Gali und Gertler (1999) genannt und die im Erscheinen begriffene Monographie von Woodford (2002). Ohne an dieser Stelle auf Einzelheiten vertieft eingehen zu können, sei angemerkt, dass beide Modifikationen letztlich auf Rigiditäten basieren.

2.2 Liquiditätseffekt und Finanzierung

Nach dieser Darstellung des traditionellen Liquiditätseffektes und der Herausforderung, die er für die moderne Makrotheorie bedeutet, soll nun der Kreditkanal der monetären Transmission betrachtet werden. Der Liquiditätseffekt beruht, wie gezeigt wurde, darauf, dass eine expansive geldpolitische Maßnahme zu sinkenden Zinsen führt, die die Investitionsnachfrage stimulieren. Bei der Erklärung der monetären Transmission durch den Kreditkanal wird dies auch gar nicht bestritten. Es wird aber betont, dass die implizit getroffene Annahme, die Finanzierung dieser Investitionsnachfrage sei ohne Bedeutung, Wesentliches vernachlässigt. Einschlägige Arbeiten auf diesem Gebiet wurden von Bernanke und Gertler (1989, 1995) geleistet.

Den Hintergrund der Argumentation bildet das Modigliani-Miller-Theorem. Demzufolge ist – bei perfekten Kapitalmärkten – die Investitionsentscheidung unabhängig von der Finanzierungsentscheidung, was letztlich bedeutet, dass die Eigenkapitalausstattung für die Investitionsnachfrage ohne Belang ist. Werden nun – wofür es ja durchaus gute Gründe geben kann – Imperfektionen auf Kapitalmärkten unterstellt, so gilt das Modigliani-Miller-Theorem nicht. Die Konsequenz ist dann, dass die verschiedenen Finanzierungsarten für die Firmen keine perfekten Substitute mehr sind. Firmenspezifische Unterschiede beim Zugang zum Kapitalmarkt und damit verbundene Unterschiede bei den Fremdkapitalkosten können dann jeweils unterschiedliche Reaktionen der Investitionsnachfrage auf Zinsänderungen begründen. Es lassen sich somit letztlich „Verteilungswirkungen" geldpolitischer Maßnahmen erklären.

Auf imperfekten Kapitalmärkten beruhende Erklärungsansätze der monetären Transmission werden üblicherweise unter dem Stichwort Kreditkanal zusammengefasst, obwohl sich hierunter durchaus unterschiedliche Ansätze befinden. So betont der so genannte Bankkanal die Konsequenzen der Geldpolitik für die Kreditvergabe der Banken und die sich aufgrund fehlender Substitute daraus ergebenden Konsequenzen für die Investitionsnachfrage. Die in der Einleitung angesprochene, angebotsseitige Sichtweise beruht demnach auf diesem Bankkanal, wohingegen die dort wiedergegebene nachfrageseitige Sichtweise auf dem Bilanzkanal beruht. Dementsprechend beeinflussen geldpolitische Maßnahmen die Kreditsicherheiten der Firmen und damit deren Finanzierungskosten. In diesem Zusammenhang kommt es dann zum „*Small Borrower Effect*" der weiter unten noch genauer dargestellt werden wird.

3 Der Kreditkanal der monetären Transmission

Grundlage aller Erklärungsansätze, die sich mit dem Kreditkanal befassen, sind Imperfektionen auf Kapitalmärkten, die aus der Existenz von Unsicherheit und Informationsasymmetrien zwischen Kreditgebern und Kreditnehmern resultieren. Die damit verbundenen Probleme lassen sich bekanntlich in Probleme der adversen Selektion (das Problem tritt hier auf, bevor eine Transaktion zustande kommt, so dass beispielsweise überwiegend schlechte Risiken Kredite nachfragen) und des Moral Hazard einteilen (das Problem tritt hier auf, nachdem eine Transaktion zustande gekommen ist, so dass sich beispielsweise Kreditnehmer nicht um den Investitionserfolg bemühen). Die Lösungen für die genannten Probleme führen in aller Regel auf recht komplexe Kontrakte, die möglicherweise differenzierte Konditionen aufweisen oder aber das Gewähren von Sicherheiten oder den Nachweis von Eigenleistungen vorsehen. Im Weiteren soll anhand eines einfachen Modells gezeigt werden, welche Konsequenzen sich aus dem Moral Hazard Problem und dem dies berücksichtigenden Kreditkontrakt für die Investitionsnachfrage von Unternehmen ergeben.

3.1 Das Modell von Bernanke und Gertler

Das Modell, das den weiteren Ausführungen zugrunde liegt, geht auf Bernanke und Gertler (1989) zurück. Es ist ein sehr einfaches Modell, das lediglich dazu dienen soll, die wesentlichen Zusammenhänge zu verdeutlichen. Die Kreditnehmer sind Firmen, die ihre Inputentscheidungen treffen müssen, bevor sich die jeweilige Produktivität offenbart und die Inputnachfrage unter Umständen über Kredite finanzieren müssen. Es existieren zwei Arten von Inputs bzw. zwei alternative Investitionsobjekte. Zum einen kann – wie üblich – in Kapital K, also Maschinen, investiert werden. Zum anderen ist es möglich in so genanntes organisatorisches Kapital F zu investieren, womit hier Investitionen gemeint sind, die ein externer Beobachter nicht nachvollziehen kann. Vorstellbar sind hier zum Beispiel Dienstleistungen von Unternehmens-beratungen.

Der Output der Firmen hängt nun nicht allein vom Faktoreinsatz – der Höhe von K und F – ab, sondern wird auch vom Zufall, den Produktivitätsschocks, bestimmt. Sofern tatsächlich in organisatorisches Kapital investiert wird und dies in einem bestimmten Mindestverhältnis θ zum Kapital steht, wird mit Wahrscheinlichkeit π ein Output in Höhe von $f(K)$ produziert, mit der Gegenwahrscheinlichkeit lediglich ein geringer Output in Höhe von $\alpha f(K)$. Sofern also $F \geq \theta K$ gilt, ergibt sich:

$$Y = \begin{cases} f(K)\ mitWahrscheinlichkeit\ \pi \\ \alpha f(K)\ mitWahscheinlickeit\ (1-\pi) \end{cases}$$

Es gilt hier $\theta > 0$ sowie $0 < \alpha < 1$ und es wird grundsätzlich unterstellt, dass die Produktionsfunktion $f(K)$ die üblichen neoklassischen Eigenschaften ($f'(K) > 0$, $f''(K) < 0$) besitzt.

Wird dagegen nicht oder in zu geringem Ausmaß in organisatorisches Kapital investiert, so resultiert lediglich ein Output in Höhe von $\alpha f(K)$. Das grundsätzliche Problem ist damit bereits deutlich: Ein externer Beobachter kann nicht erschließen, ob eine Firma nur deshalb einen geringen Output produziert, weil sie einen adversen Produktivitätsschock empfangen hat, oder, weil sie schlichtweg keine Investitionen in organisatorisches Kapital vorgenommen hat.

3.2 Optimaler Faktoreinsatz bei symmetrischer Investition

Betrachten wir nun zunächst den optimalen Faktoreinsatz bei symmetrischer Information, also für den Fall, dass die Investitionen in organisatorisches Kapital extern beobachtbar sind. Da die Produktionsfunktion bezüglich F limitational ist, wird entweder gar nicht oder im Verhältnis θ zum Kapitalstock in organisatorisches Kapital investiert. Ob es überhaupt effizient ist, in F zu investieren, hängt letztlich von den Modellparametern ab. Hier soll im Weiteren angenommen werden, dass es grundsätzlich effizient ist, in F zu investieren, was immer der Fall ist, wenn $\alpha < \frac{\pi + (1-\pi)\alpha}{1+\theta}$ gilt.[1]

Abbildung 3: Zinsabhängigkeit der Investitionsnachfrage bei symmetrischer Information

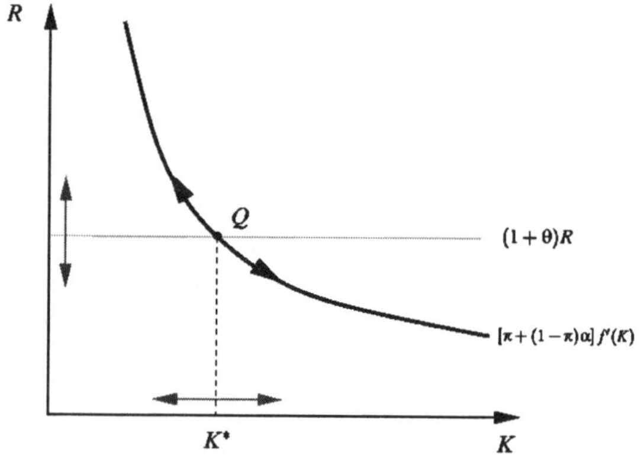

Quelle: Eigene Darstellung.

Bezeichnet nun R den Faktorpreis des Kapitals, so erfordert die notwendige Bedingung für einen optimalen Faktoreinsatz, dass das erwartete Grenzprodukt des Kapitals dem Faktorpreis – hier $(1+\theta)R$ – entspricht:

$$\underbrace{\pi f'(K) + (1-\pi)\alpha f'(K)}_{\text{erwartetes Grenzprodukt des Kapitals}} = \underbrace{(1+\theta)R}_{\text{Faktorpreis}}$$

[1] Die Investition in F ist effizient, wenn – jeweils optimalen Faktoreinsatz vorausgesetzt – der erwartete Gewinn bei Investition in F größer ist als ohne eine solche Investition. Diese führt auf die im Text angeführte Restriktion über die Modellparameter, die eine hinreichende Bedingung ist.

Sofern nun der Kapitalmarkt perfekt ist, ist R nichts anderes als der Marktzinssatz.

Für den optimalen Faktoreinsatz ist es dann völlig unerheblich, ob dieser aus Eigenmitteln oder fremd finanziert wird. Das Ausmaß an Fremdfinanzierung ist letztlich unbestimmt – dies ist die Aussage des Modigliani-Miller-Theorems. Wenn nun der traditionelle Zinsmechanismus der monetären Transmission – wie Abbildung 3 illustriert – bei restriktiver Geldpolitik den Zins ansteigen lässt, so hat dies einen Rückgang der Investitionsnachfrage zur Folge.

3.3 Informationsasymmetrien zwischen Kreditgebern und Kreditnehmern

Gehen wir nun von der symmetrischen Informationsstruktur ab und unterstellen Informationsasymmetrien zwischen Kreditnehmern und Kreditgebern, muss zunächst einmal der Kreditbedarf einer Firma spezifiziert werden. Es soll hier angenommen werden, dass die Firma über liquides Eigenkapital in Höhe von E verfügt, so dass bei einem Investitionsvolumen von $(1+\theta)K$ ein Kreditbedarf in Höhe von $(1+\theta)K\text{-}E$ vorliegt. Da der Kreditgeber nun aber nicht überprüfen kann, ob die Kreditsumme tatsächlich auch zur Investition in F verwendet wird, liegt ein Moral Hazard Problem vor. Es ist möglich, dass der Kreditnehmer einen Teil des Kreditbetrages zweckentfremdet – also veruntreut. Ein schlechtes Produktionsergebnis ließe sich dann immer noch mit einem adversen Produktivitätsschock entschuldigen.

Für den Kreditgeber besteht die Lösung dieses Problems in der geeigneten Gestaltung des Kreditkontraktes. Dieser muss letztlich so gestaltet sein, dass für den Kreditnehmer ein Anreiz besteht, sich vertragsgemäß zu verhalten. Erreicht wird dies, indem die Kreditkosten vom ja beobachtbaren Produktionsergebnis abhängig gemacht werden. Es bezeichnet nun Z_G die Zahlung des Kreditnehmers im Fall eines guten Produktionsergebnisses und entsprechend Z_S die Zahlung im Fall eines schlechten Ergebnisses. Z_G und Z_S müssen dann folglich so bestimmt werden, dass die folgenden drei Restriktionen erfüllt werden: Erstens muss die Anreizverträglichkeitsbedingung, erfüllt sein, die sicherstellt, dass kein Anreiz zur Veruntreuung existiert:[2]

[2] Diese Restriktionen werden hier als Gleichungen formuliert, obwohl sie streng genommen a priori nicht bindend sein müssen und daher in Form von Ungleichungen unterstellt werden müssten. Im Rahmen des gleich zu beschreibenden optimalen Kreditkontraktes sind jedoch sämtliche Restriktionen bindend.

$$\underbrace{[\pi + (1-\pi)\alpha]f(K) - \pi Z_G - (1-\pi)Z_S}_{\text{erwarteter Gewinn bei „Wohlverhalten"}} = \underbrace{\alpha f(K) - Z_S + \theta RK}_{\text{erwarteter Gewinn bei Betrug}}$$

Zweitens formuliert die Haftungsbeschränkung eine Obergrenze für die Rückzahlung Z_S, die das Vermögen W und den geringst möglichen Output $\alpha f(K)$ des Kreditnehmers nicht übersteigen kann:

$$\alpha f(K) + W = Z_S$$

Schließlich und drittens sorgt die Konkurrenz unter den Kreditgebern dafür, dass der erwartete Gewinn aus dem Kreditkontrakt gleich Null ist:

$$\underbrace{\pi Z_G + (1-\pi)Z_S}_{\text{erwarteter Gewinn aus Kreditkontrakt}} = \underbrace{R[(1+\theta)K - E]}_{\text{Kosten der Kreditbeschaffung}}$$

Alle drei Restriktionen können nun verwendet werden, um den optimalen Kreditkontrakt zu bestimmen.

3.4 Eigenschaften des Kreditkontraktes bei asymmetrischen Informationen

Zur Herleitung des optimalen Kreditkontraktes soll hier unterstellt werden, dass die Anreizverträglichkeitsbedingung bindend ist, da ansonsten das hier interessierende Moral Hazard Problem nicht existent wäre. Folglich entspricht der erwartete Gewinn des Kreditnehmers bei Wohlverhalten dem erwarten Gewinn bei Betrug des Kreditgebers. Z_S wird dann so hoch gesetzt, dass der Kreditgeber im Misserfolgsfall sämtliche Erträge und das Vermögen des Kreditgebers abschöpft. Es gilt also $\alpha f(K) + W = Z_S$. Schließlich kann auch noch die Nullgewinnbedingung für den Kreditgeber herangezogen werden. Werden in diese nun die beiden gerade angesprochenen Beziehungen eingesetzt, resultiert eine Gleichung, die eine implizite Beziehung zwischen dem Investitionsvolumen K, dem Zins R und dem verpfändbaren Nettovermögen $E + W/R$ des Kreditnehmers darstellt:[3]

[3] Herleiten lässt sich diese Gleichung, indem der erwartete Gewinn des Kreditnehmers bei Wohlverhalten unter den drei oben genannten Restriktionen bezüglich K, Z_G und Z_S maximiert wird.

$$[\pi + (1-\pi)\alpha]f(K) - R\left[K(1+2\theta) - \left(E + \frac{W}{R}\right)\right] = 0 \qquad (1)$$

Da Gleichung (1) durch einen optimalen, anreizverträglichen Kreditkontrakt erfüllt werden muss, kann diese Gleichung als implizite Investitionsfunktion aufgefasst werden. Zunächst einmal verdeutlicht diese implizite Investitionsfunktion dann, dass - im Gegensatz zum Modigliani-Miller-Theorem – die Investitionsentscheidung durchaus von der Finanzierungsentscheidung abhängig ist. Schließlich geht gemäß (1) das verpfändbare Eigenkapital $(E+W/R)$ in die implizite Investitionsfunktion ein. Zudem kann diese Gleichung genutzt werden, um die oben angesprochenen testbaren Hypothesen über die Investitionsnachfrage und deren Determinanten abzuleiten.

3.5 Komparativ-statische Analyse des Kreditkontraktes

Mit Hilfe des Satzes über implizite Funktionen lassen sich dann aus dieser Funktion folgende komparativ-statische Resultate herleiten: Das erste Resultat besagt, dass die Investitionsnachfrage zunimmt, wenn $(E+W/R)$ steigt. Aus (1) ergibt sich:[4]

$$\frac{dK}{d[E+W/R]} = \frac{-R}{(\pi+(1-\pi)\alpha)f'(K) - R(1+2\theta)} > 0 \qquad (2)$$

Die Begründung hierfür ist schnell gefunden: Je höher $E+W/R$ ist, umso geringer sind die Kreditkosten für den Kreditnehmer. Ceteris paribus ist also zu erwarten, dass Firmen mit einer schlechteren Eigenkapitalausstattung – und schlechterem Zugang zu anderen Finanzierungsformen – eine geringere Investitionsnachfrage aufweisen.

Das zweite Resultat betrifft die Reaktion der Investitionsnachfrage auf Zinsänderungen:

$$\frac{dK}{dR} = \frac{(K(1+2\theta) - E)}{(\pi+(1-\pi)\alpha)f'(K) - R(1+2\theta)} < 0 \qquad (3)$$

Es wird deutlich, dass ein Zinsanstieg nicht mehr nur einen direkten Anstieg der Finanzierungskosten zur Folge hat, sondern zusätzlich durch eine Verminderung des Wertes des Nettovermögens W/R die Kreditkosten erhöht.

---

4 Die Vorzeichen der beiden folgenden Differentiale ergeben sich, da $K(1+\theta) - E > 0$ gilt sofern ein positiver Kreditbedarf vorliegt, und die oben erwähnte Optimalitätsbedingung $((1-\pi)\alpha)f'(K) - R(1+\theta)$ erfordert.

Verglichen mit einer Situation ohne Informationsasymmetrien sind also weniger ausgeprägte Reaktionen der Investitionsnachfrage auf Zinsänderungen zu erwarten - die Zinsreagibilität dürfte abnehmen und die Reagibilität der Investitionsnachfrage auf Änderungen der Eigenmittel dürfte zunehmen (auf diese Hypothese wird später unter dem Stichwort „*excess sensitivity*" nochmals näher eingegangen).[5] Eine auf eine geldpolitische Maßnahme zurückgehende Zinsänderung kann dann Verteilungswirkungen in dem Sinne nach sich ziehen, dass sie die Investitionstätigkeit der Firmen - je nach deren Eigenkapitalausstattung - unterschiedlich beeinflusst.

Abbildung 4: Eigenkapitalausstattung und Investitionsnachfrage bei asymmetrischer Information

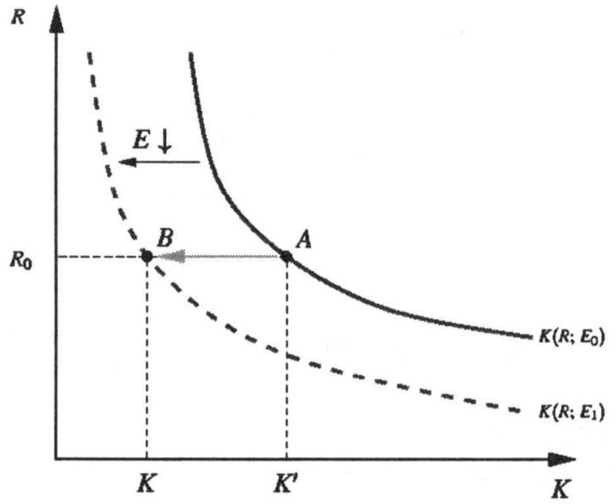

Quelle: Eigene Darstellung.

Insgesamt lassen sich damit die folgenden Schlussfolgerungen ziehen: Erstens ist die Investitionsentscheidung nicht allein von den Kapitalkosten, sondern auch von der Eigenkapitalausstattung abhängig bzw. anderen Größen, die Finanzierungsrestriktionen widerspiegeln. Im vorliegenden Fall ist diese Abhängigkeit zweitens dergestalt, dass die Investitionen umso geringer ausfallen, je schlechter die Eigenkapitalausstattung ist. Abbildung 4 verdeutlicht dieses Resultat: Eine Verminderung der Eigenkapitalausstattung verschiebt die Kapitalnachfragekurve nach innen. Zum gegebenen Zins R_0 sinkt die Investitionsnachfrage vom Niveau K_0 auf das Niveau K_1. Variablen, die geeignet sind

[5] Beide Resultate lassen sich formal nachvollziehen, indem die entsprechende, sich aus den Gleichungen (2) und (3) ergebende Elastizität bezüglich E differenziert wird.

finanzielle Restriktionen widerzuspiegeln, müssten demzufolge relevante Variablen bei der Erklärung des Investitionsverhaltens sein.

Nun wird die Möglichkeit des Zugangs zum Kapitalmarkt häufig mit der Firmengröße verknüpft. Dies ist unter anderem in einem Teil der Studien der Fall, die gleich noch erwähnt werden. Beispielsweise wird kleinen oder mittelständischen Firmen häufig eine schlechte Eigenkapitalausstattung attestiert, so dass sich deren Investitionsverhalten von dem anderer Firmen unterscheiden müsste. Ein weiterer Grund dafür, dass eine geringe Firmengröße mit einem schlechten Zugang zum Kapitalmarkt verknüpft ist, könnte sein, dass mit externen Finanzierungsformen fixe Kosten verbunden sind, die sie für kleine Firmen mit geringem Finanzierungsbedarf relativ teuer machen. Diese Aussage gilt selbstverständlich auch für Unternehmensgründungen und junge Firmen – die so genannten „Start-Ups" –, die ein ausgeprägtes Risiko aufweisen und/oder nur über geringe Kreditsicherheiten verfügen. In der Literatur wird dieser Zusammenhang als der „*Small Borrower Effect*" bezeichnet. Gertler und Gilchrist (1993) liefern eine Reihe von weiteren inhaltlichen Argumenten für diesen Effekt. Der „*Small Borrower Effect*" besagt somit, dass der Kreditkanal der monetären Transmission asymmetrisch wirkt und insbesondere die kleinen Kreditnehmer trifft, bei denen die Kreditmarktimperfektion besonders ausgeprägte Folgen hat. Das Investitionsverhalten dieser Firmen müsste demnach vergleichsweise schwächer auf Änderungen der Fremdfinanzierungsbedingungen reagieren und vergleichsweise stärker von der Eigenkapitalausstattung abhängen.

4 Empirische Befunde

Zum Abschluss sollen an dieser Stelle einige empirische Studien vorgestellt werden, die sich mit den soeben über den Kreditkanal der monetären Transmission abgeleiteten Hypothesen befassen.

Zunächst einmal ist hier eine Arbeit von Gertler und Gilchrist (1994) zu nennen, die sich ausführlich mit dem „*Small Borrower Effect*" befasst. Anhand von US-Daten für das Verarbeitende Gewerbe zeigen die beiden Autoren, dass kleine Unternehmen in verschiedener Hinsicht in Phasen monetärer Depression signifikant anders reagieren als große Firmen. Als Maß für die Firmengröße dient hierbei die Bilanzsumme, das geldpolitische Regime wird mit Hilfe der Daten von Romer/Romer ermittelt (aus Protokollen des Federal Reserve Board), und die Dimensionen ökonomischer Aktivität, die untersucht werden sind: Umsatz, Lagerbestände und kurzfristige Verbindlichkeiten. Das jeweilige geldpolitische Regime leistet lediglich bei kleinen Firmen einen signifikanten Erklärungsbeitrag zu diesen Größen. Ein wesentlicher Aspekt, der zur Erklärung dieses Resultates beitragen mag, ist, dass kleine Firmen

– zumindest diejenigen im Datensatz – bei der Finanzierung zum überwiegenden Teil auf Bankdarlehen angewiesen sind, wogegen große Firmen hier auch andere Instrumente, z. B. Wechsel einsetzen.

Neben dieser Arbeit, die sich explizit mit dem unternehmensgrößenspezifischen Einfluss der Geldpolitik beschäftigt, existieren eine Reihe von Arbeiten, die sich anhand von Panelstudien mit den Investitionsentscheidungen von Firmen und dem Einfluss von Finanzierungsrestriktionen beschäftigen. In der Arbeit von Fazzari, Hubbard und Peterson (1988) werden die Firmen nach einem a priori Kriterium in finanziell restringierte und nicht restringierte Firmen eingeteilt. Untersucht wird dann das Investitionsverhalten daraufhin, ob finanzielle Variablen wie z. B. der Cash-Flow signifikant andere Bedeutung für die Investitionsnachfrage restringierter und nicht restringierter Firmen haben. Zu erwarten ist hier eine übermäßige Reaktion restringierter Firmen auf den Cash-Flow, da diese Firmen insbesondere auf Eigenmittel angewiesen sind. Ein wesentlicher Nachteil ist hier sicherlich das a priori Kriterium, das inhaltlich nicht notwendigerweise gut begründet sein muss.

Aus diesem Grund wird auf diese Arbeit hier nicht weiter eingegangen, sondern vielmehr noch eine Arbeit vorgestellt, die sich dieser Fragestellung anhand deutscher Unternehmensdaten angenommen hat (auch hier gäbe es weitere Arbeiten, die man zitieren könnte). Diese Arbeit stammt von Kalckreuth (2001) und verwendet Daten aus der Unternehmensbilanzstatistik der Deutschen Bundesbank (die zugrunde liegenden Daten umfassen rund 6.400 Firmen im Zeitraum von 1988 bis 1997). Geschätzt wird ein Modell der Investitionsnachfrage, in dem die Investitionen pro Kapitaleinheit (die Wachstumsrate des Kapitalstocks) durch die Wachstumsrate der Kapitalnutzungskosten, die Wachstumsrate der Umsätze und den Cash-Flow als Finanzierungsvariable erklärt wird. Das ökonometrische Modell ist ein ARDL(3)-Modell. Die wesentlichen Ergebnisse für dieses Modell lassen sich folgendermaßen zusammenfassen: Die langfristige Elastizität bezüglich der Kapitalnutzungskosten liegt – je nach deren Abgrenzung – zwischen -0.39 und -0.52 (langfristige Änderung des Kapitalstocks bei einer permanenten Änderung der Kapitalnutzungskosten, gegeben durch einen Anstieg der Wachstumsrate um einen Prozentpunkt). Sofern eine Änderung der Kapitalnutzungskosten auf geldpolitische Maßnahmen zurückzuführen ist, ist dies genau der durch den Zinskanal bzw. den Liquiditätseffekt beschriebene Effekt. Der langfristige Effekt des Cash-Flow auf den Kapitalstock ist signifikant positiv – ein erstes Anzeichen dafür, dass auch finanzielle Restriktionen eine Rolle spielen können. Bei Gültigkeit des Modigliani-Miller-Theorems sollte dies nicht der Fall sein.

Um die Bedeutung dieser finanziellen Restriktionen erfassen zu können, wird im Rahmen der Arbeit sodann auf die Gesamtkennzahl der Kreditwürdigkeit zurückgegriffen.[6] Mit Hilfe dieser Kennzahl, werden die Firmen in drei Kategorien eingeteilt: solche mit geringem, mit nicht beurteilbarem und solche mit hohem Kreditrisiko. Während die Firmen, die der mittleren Kategorie zuzuordnen sind, entfernt werden, kann mit den übrigen Beobachtungen die Frage beantwortet werden, ob finanziell restringierte Firmen – solche mit schlechtem Rating – ein signifikant anderes Investitionsverhalten aufweisen. Die empirischen Befunde belegen dies deutlich: Zum einen liegt die langfristige Elastizität des Kapitalstocks bezüglich der Kapitalnutzungskosten bei Firmen mit schlechtem Rating signifikant unter der von Firmen mit gutem Rating. Zum anderen ist die resultierende Elastizität für Firmen mit schlechtem Rating nicht signifikant von Null verschieden. Zudem ist die entsprechende Elastizität bezüglich des Cash-Flow bei Firmen mit schlechtem Rating größer (und dies stellenweise auch signifikant) als bei Firmen mit gutem Rating, so dass auch Evidenz für eine „*excess sensitivity*“ vorliegt. Wird nun – wie dies auch in anderen Studien der Fall ist – die Firmengröße zur Identifikation mutmaßlich finanziell restringierter Firmen herangezogen, so ergibt sich ein anderes Bild: Bei einer Aufteilung der Stichprobe in kleine Firmen (solche mit weniger als 100 Beschäftigten) und große Firmen, lässt sich das oben geschilderte Resultat nicht reproduzieren. Erstens lässt sich kein signifikanter Unterschied bei der langfristigen Elastizität bezüglich der Kapitalnutzungskosten feststellen. Zweitens misslingt ebensolches für den Cash-Flow, der bei der einzigen Ausnahme von dieser Regel auch noch bei größeren Firmen einen stärkeren Einfluss aufweist. Dies steht in diametralem Gegensatz zur „*excess sensitivity*“ Hypothese. Das Resultat könnte ein Indiz dafür sein, dass das Bankensystem durchaus in der Lage ist, die Fremdfinanzierungsprobleme, die speziell für kleine und daher undurchsichtige Firmen bestehen, zu beseitigen. Zu denken ist hier in erster Linie an Informationsprobleme und die Rolle, die regional operierende Banken (Genossenschaftsbanken und Sparkassen) spielen. Die reine Unternehmensgröße ist dann nicht das Problem – vielmehr andere Aspekte beispielsweise die Unternehmensstruktur und das grundsätzliche, mit dem Unternehmenserfolg verbundene Risiko.

5 Zusammenfassung

Ausgehend von einer überblicksartigen Darstellung makroökonomischer Erklärungsansätze der monetären Transmission, wurde in diesem Beitrag der so genannte Kreditkanal der monetären Transmission eingehender betrachtet. Während der im Rahmen dieses Erklärungsansatzes als Bankkanal bezeichne-

---

[6] Es handelt sich dabei um eine Größe, die von der Bundesbank mittels der Unternehmensbilanzstatistik ermittelt wird und in deren Ermittlung eine Reihe von Kennzahlen eingehen.

te Teilaspekt eher auf die Angebotsseite des Kreditmarktes abzielt, wird beim Bilanzkanal die Nachfrageseite in den Blickpunkt der Analyse gerückt. Wesentliches Element ist die Annahme von Kreditmarktimperfektionen, die aufgrund von Moral Hazard Problemen Kreditkontrakte bedingen, deren Konditionen unter anderem von der Eigenkapitalausstattung des Kreditnehmers abhängen. Derartige Ansätze erlauben es, Faktoren zu identifizieren, die die Kredit- und Investitionsnachfrage von Unternehmen beeinflussen. Mikroökonomisch fundierte Modelle zur Erklärung der monetären Transmission können demnach zur Ableitung testbarer Hypothesen über das Investitions- und Kreditnachfrageverhalten kleiner und/oder junger Unternehmen herangezogen werden.

Literatur

Bernanke, B. and M. Gertler (1989), Agency costs, net worth, and business fluctuations, in: *American Economic Review*, 78, 435-439.

Bernanke, B. and M. Gertler (1995), Inside the black box: The credit channel of monetary policy transmission, in: *Journal of Economic Perspectives*, 9, 27-48.

Christiano, L. (1991), Modeling the liquidity effect of a money shock, Federal Reserve Bank of Minneapolis, in: *Quarterly Review*, 15, 3-34.

Christiano, L. and M. Eichenbaum (1992), Liquidity effects and the monetary transmission mechanism, in: *American Economic Review*, 82, 346-353.

Christiano, L., Eichenbaum, M. and C. Evans (1997), Sticky price and limited participation models: A comparison, in: *European Economic Review*, 41, 1201-1249.

Clarida, R., Gali, J. and M. Gertler (1999), The science of monetary policy: A new keynesian perspective, in: *Journal of Economic Literature*, 37, 1661-1707.

Deutsche Bundesbank (Hrsg.) (div. Jahre), Zeitreihendatenbank, im Internet unter http://www.bundesbank.de/stat/zeitreihen, Stand November 2003.

Fuerst, T. S. (1992), Liquidity, loanable funds, and real activity, in: *Journal of Monetary Economics*, 29, 3-24.

Gertler, M. and S. Gilchrist (1993), The cyclical behavior of short-term business lending: Implication for financial propagation mechanisms, in: *European Economic Review*, 37, 623-631.

Gertler, M. and S. Gilchrist (1994), Monetary policy, business cycles, and the behavior of small manufacturing firms, in: *Quarterly Journal of Economics*, 109, 309-340.

Goodfriend, M. and R. King (1997), The new neoclassical synthesis and the role of monetary policy, in: Bernanke B. and J. Rotemberg (eds.), *NBER Macroeconomics Annual*, Cambrigde MA, MIT Press, 231-283.

Lucas, R. (1990), Why doesn't capital flow from rich to poor countries, in: *American Economic Association - Papers and Proceedings*, 80, 92-96.

Rotemberg, J. and M. Woodford (1992), Oligopolistic pricing and the effects of aggregate demand on economic activity, in: *Journal of Political Economy*, 100, 1153-1207.

Rotemberg, J. and M. Woodford (1995), Dynamic general equilibrium models with imperfectly competitive product markets, in: Cooley, T. (ed.), *Frontiers of Business Cycle Research*, New York, Princeton University Press, 243-293.

von Kalckreuth, U. (2001), *Monetary transmission in Germany: New perspectives on financial constraints and investment spending*, Deutsche Bundesbank, Discussion Paper 19/01.

Woodford, M. (2003), *Interest and Prices: Foundations of a Theory of Monetary Policy,* New York, Princeton University Press.

Stephan Schöning

Universität Lüneburg, Bank- und Finanzwirtschaft

Analyse der Ursachen des veränderten Kreditvergabeverhaltens gegenüber KMU im Vorfeld von Basel II

Zusammenfassung

Kreditbeziehungen zwischen KMU und Banken sind aktuell erheblichen Wandlungen unterworfen. Aus mehreren Gründen, bei denen die Neufassung der bankaufsichtlichen Eigenkapitalbestimmungen durch den Baseler Ausschuss für Bankenaufsicht (Basel II) letztendlich die Residualfunktion ausübt, versuchen Kreditinstitute risikoorientierte Kreditpreise am Markt durchzusetzen und die Kreditvergabe an deutlich ausgeweitete Informationsanforderungen zu knüpfen. Angesichts beschränkter Alternativen für KMU, ihren Finanzierungsbedarf anderweitig zu befriedigen, sind diese Unternehmen gezwungen, sich den veränderten Anforderungen zu stellen. Die Analyse zeigt erhebliche Defizite bei den bisherigen Veröffentlichungen zur Konkretisierung des veränderten Kreditvergabeverhaltens auf, vor allem in Bezug auf die für KMU relevanten lokalen und regionalen Marktbedingungen.

1 Einführung

Das gewandelte Kreditvergabeverhalten von Kreditinstituten wird seit Beginn des neuen Jahrtausends in zahllosen finanzierungsbezogenen Veröffentlichungen in Deutschland thematisiert. Hierbei werden die Veränderungen, von deren negativen Folgen vor allem die von Bankkrediten abhängigen KMU[1] betroffen zu sein scheinen, zumeist auf die Neufassung der Regelungen zur

[1] Zur Bedeutung von Bankkrediten für die Finanzierung von Unternehmen in Deutschland vgl. Deutsche Bundesbank 2000, 33ff. und Duhnkrack 2002, 155. Orientiert an Umsatzgrößenklassen zeigt sich bei mittelständischen Unternehmen (1-50 Mill. € Umsatz) insgesamt, dass sie durchschnittlich zu ca. 27 % über Bankkredite finanziert sind, aber dieser Anteil bei kleineren Unternehmen ebenso wie der Fremdkapitalanteil insgesamt größer ist, vgl. Lichtblau und Utzig 2002, 326ff.

Eigenkapitalunterlegung von Kreditrisiken (im Folgenden als „Basel II“[2] abgekürzt) zurückgeführt.

Im Rahmen der aktuellen Diskussion ist einzig unbestritten, dass die Reform der bisherigen bankaufsichtlichen Regeln notwendig ist, da diese bislang durch risikoundifferenziertes Pricing eine „adverse selection“ in Kreditportfolios von Banken begünstigen (vgl. Paul und Stein 2002, 29f., Gögel und Pinn 2001, 12). Auch die durch Basel II vermeintlich ausgelösten bankinternen Veränderungen im Kreditvergabeprozess werden in vielen Beiträgen thematisiert. Als relevante bankinterne Folge von Basel II wird u. a. die Notwendigkeit zum Aufbau von Rating-Systemen für die Kreditbeurteilung dargestellt. Die regelmäßig abgeleiteten Konsequenzen der Einführung von Ratings für die Unternehmensfinanzierung sind die Kreditpreisspreizung aufgrund einer risikoabhängigen Bepreisung und die Einschränkung der Kreditvergabe vor allem an bonitätsmäßig schlechte Kreditnehmer oder gar an den gesamten Mittelstand als solches („Kreditklemme“ oder „credit crunch“).[3]

Die im Rahmen derartiger Wirkungsanalysen hergestellte Verknüpfung von regulatorischer und geschäftspolitischer Ebene ist indes nicht zuletzt deshalb in Frage zu stellen, weil Bankenregulierung nach moderner Auffassung grundsätzlich keine Eingriffe in die laufende Geschäftspolitik vorsieht.[4] Darüber hinaus vernebelt die Vermengung von Ursache und Wirkung die Diskussion, weil sie den Blick auf andere Ursachen verstellt, durch die Basel II als Wegbereiter bzw. als Resultat und nicht als Auslöser von Veränderungen bei der Bankkreditfinanzierung gesehen werden kann.

Im Folgenden werden die tieferen Ursachen des veränderten Kreditvergabeverhaltens gerade in Bezug auf KMU näher analysiert, das vorliegende empirische Material zu dessen Validisierung vorgestellt und einer kritischen Überprüfung unterzogen sowie darauf aufbauend weiterer Forschungsbedarf abgeleitet.

---

2 „Basel II“ wird im Folgenden als Synonym für die sich in der Konsultationsphase befindenden Veränderungen des international gültigen Bankaufsichtsregelwerks verwendet, dessen In-Kraft-Treten nicht vor dem Jahr 2006 zu erwarten ist. Für eine Übersicht vgl. Beiträge in Hofmann 2002, Hofmann 2003, 1ff. und Deutsche Bundesbank 2001, 15ff. Zum aktuellen Stand vgl. Schulte-Mattler 2003, 386ff. und Deutsche Bundesbank 2003d, 9ff.

3 Für die Vielzahl an Beiträgen vgl. stellvertretend Egbers 2003, 456. Zur aktuellen Diskussion um die vermeintliche Kreditklemme vgl. Paul und Stein 2003a, 37ff. Zu gesamtwirtschaftlichen Folgen von Basel II vgl. auch Arnold und Boos 2001, 715.

4 Zu Begründung, Aufgaben und Zielen der Bankenaufsicht vgl. z. B. Hartmann-Wendels et al. 2000, 323ff.

2 Veränderungen beim Kreditvergabeverhalten

2.1 Überblick über die allgemeine Situation der deutschen Kreditwirtschaft

Die gesamte deutsche Kreditwirtschaft befindet sich seit Jahren in einer tief greifenden Strukturkrise, welche im Jahr 2002 ihren Höhepunkt erreicht hat (vgl. BaFin 2003, 60ff.). Es handelt sich dabei um eine Ertrags- und Kostenkrise, d. h. sowohl rückläufige Erträge als auch steigende Kosten sind für die Krise verantwortlich (vgl. z. B. Bonn 2003, 38f., Müller 2003, 228ff.). Als wesentliche Ergebniskomponenten im ordentlichen Geschäft sind dabei der Zins- und Provisionsüberschuss sowie die Verwaltungs- und Risikovorsorgeaufwendungen zu betrachten (vgl. Abbildung 1 und 2).[5]

Der für das deutsche Universalbanksystem weiterhin maßgebliche Zinserfolg befindet sich nach jahrelangem Rückgang auf einem historisch niedrigen Niveau.[6] Als Ursachen werden das allgemein rückläufige Marktzinsniveau[7] und vor allem ein erhöhter Wettbewerb sowohl im Bereich der Einlagen und der übrigen Refinanzierungsgeschäfte als auch im Bereich des Kreditgeschäfts gesehen.[8] Als wettbewerbsrelevant ist hierbei insbesondere der Markteintritt von Direktbanken und Autobanken zu werten (vgl. Schöning 2000, 55. Zu anderen wettbewerbsrelevanten Veränderungen vgl. Arnold 2003, 516). Gerade in Bezug auf die Kreditpreise sind auch die im weiteren Verlauf näher zu untersuchende Marktposition der öffentlich-rechtlichen Kreditinstitute und deren relativ günstige, da staatlich verbürgte Refinanzierungsbasis zu beachten.

---

[5] Bei Großbanken spielt zusätzlich das Nettoergebnis aus Finanzgeschäften eine gewisse Rolle. Fundierte Daten zu den Erfolgskomponenten werden jährlich von der Deutschen Bundesbank veröffentlicht, vgl. Deutsche Bundesbank 2003c. Zu beachten bleiben allerdings die besonderen Bewertungsvorschriften für Kreditinstitute gemäß § 340 HGB, welche insbesondere eine Einschätzung der Risikovorsorge beeinträchtigen, sowie der von den meisten großen Banken vollzogene Übergang zu internationalen Rechnungslegungsregeln, welche zu stärker schwankenden Ergebnisausweisen führen und überdies einen Interbankenvergleich in Deutschland erschweren.

[6] Abgesehen von der Deutschen Bank und kleinen, auf das Handelsgeschäft spezialisierten Kreditinstituten dominiert bei allen für die KMU-Finanzierung relevanten Kreditinstituten der Erfolg aus Zinsgeschäften bei weitem den Erfolg aus Provisionsgeschäften. Zur näheren Analyse der Entwicklung des Zinserfolges vgl. Gischer 2003, 368.

[7] In Niedrigzinsphasen ist das Durchsetzen von höheren Zinsspannen für Kreditinstitute generell erschwert.

[8] R.-E. Breuer verweist in diesem Zusammenhang darauf, dass verglichen mit Deutschland in den USA die Zinsen für Mittelstandskredite bezogen auf den Umsatz doppelt so hoch sind und auch in den Niederlanden und in Frankreich höhere Zinsen verlangt werden, vgl. o. V. 2002, 30.

Abbildung 1: Zusammensetzung und Entwicklung des Teilbetriebsergebnisses im deutschen Kreditwesen (in % der durchschnittlichen Bilanzsumme)

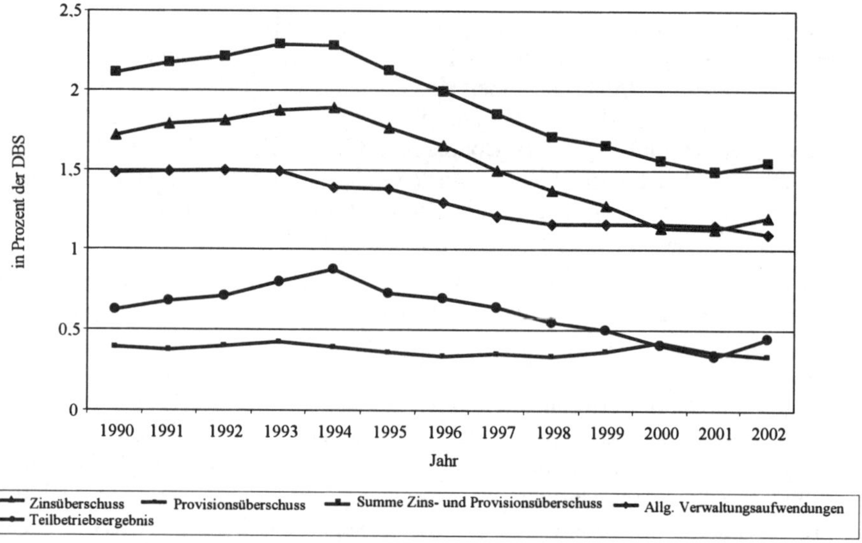

Quelle: Erstellt auf Basis von Deutsche Bundesbank, div. Jahre.

Der Rückgang der Zinsspanne konnte nach dem Ende der Börsenhausse im Jahr 2001 nicht länger in Teilen durch die Erhöhung des Provisionsüberschusses und durch Erfolge aus Eigengeschäften abgemildert werden, so dass der Gesamtüberschuss aus Zins- und Provisionsüberschuss rückläufig ist.

Die Bemühungen der Kreditinstitute, die Verwaltungsaufwendungen durch Stellen- und Filialabbau sowie andere Rationalisierungsmaßnahmen zu reduzieren, sind zwar für die meisten Bankengruppen durchaus erfolgreich gewesen und zeigen sich in sinkenden Verwaltungsaufwandsquoten, konnten aber den Rückgang des Teilbetriebsergebnisses nicht verhindern. Entsprechend sind die Cost-Income-Relationen auf deutlich über 70% angestiegen.[9]

Diese an sich schon unbefriedigende Situation wird durch die hohen Risikovorsorgeaufwendungen weiter verschlechtert (vgl. Abbildung 2).

---

[9] Damit sind deutsche Kreditinstitute weit von den international als Benchmark angesehenen 60 % entfernt, vgl. z. B. Wiebe 2002, 1. Zur Beurteilung der Kosteneffizienz deutscher Kreditinstitute im europäischen Kontext vgl. Ashauer 2002, 256.

Abbildung 2: Zusammensetzung und Entwicklung des Jahresüberschusses vor Steuern im deutschen Kreditwesen (in % der durchschnittlichen Bilanzsumme)

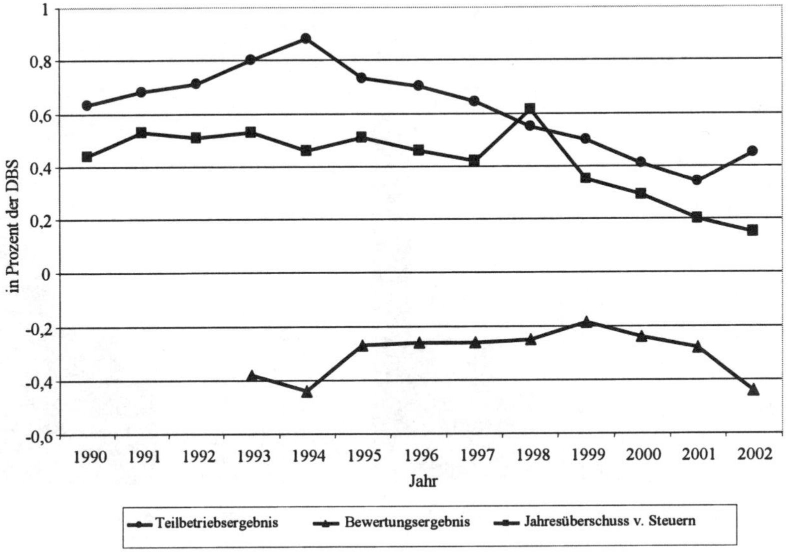

Quelle: Erstellt auf Basis von Deutsche Bundesbank, div. Jahre.

Neben den Abschreibungen auf Wertpapiere als Folge der Börsensituation schlagen sich hier gerade in den letzten beiden Jahren die drastisch gestiegenen Wertberichtigungen und Abschreibungen im Kreditgeschäft bei allen Bankengruppen als Folge der hohen Anzahl an Insolvenzen nieder (vgl. Abbildung 3) (vgl. Deutsche Bundesbank 2003c, 26).[10] Die gesamtwirtschaftliche Situation und die gesteigerte Krisenanfälligkeit von Unternehmen aufgrund zu geringer Eigenkapitalquoten gerade bei KMU (vgl. Schneck et al. 2003, 10, Knappe 2003, 530) schlägt hierbei stärker als früher auf das Bankensystem durch, weil die Möglichkeiten zur Ergebnisglättung angesichts aufgezehrter stiller Reserven oder neu eingeführter internationaler Bilanzierungsregeln deutlich eingeschränkt sind.

---

[10] Eine genaue Aufschlüsselung der Risikovorsorge ist bei den nach HGB bilanzierenden Kreditinstituten wegen der Überkreuzkompensation von Bewertungserfolgen im Kredit- und Wertpapiergeschäft für Externe nicht möglich.

Abbildung 3: Bewertungsergebnis in % des Betriebsergebnisses vor Bewertung

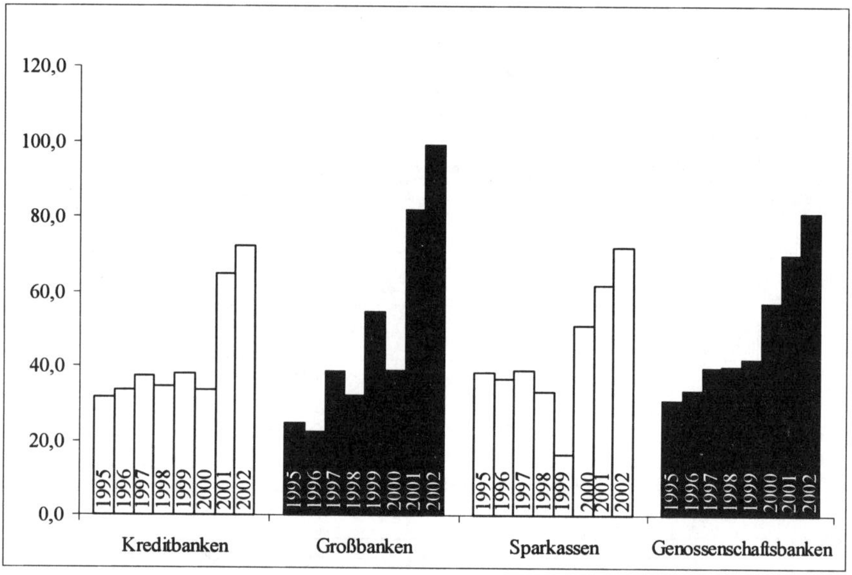

Quelle: Erstellt auf Basis von Deutsche Bundesbank, div. Jahre.

Als Konsequenz ergeben sich im deutschen Bankensystem rückläufige Jahresüberschüsse vor Steuern, die sich – verstärkt durch erhöhte Eigenkapitalquoten – in deutlich verschlechterten Eigenkapitalrenditen niederschlagen (vgl. Abbildung 4).[11]

Im internationalen Vergleich weisen gerade diejenigen privaten Kreditinstitute, die sich an internationalen Kapitalmärkten finanzieren, einen deutlichen Rückstand auf (vgl. Abbildung 5), was die Beschaffungsmöglichkeiten für Eigenkapital einschränkt und für Fremdkapital aufgrund der ungünstigen Ratings erschwert und verteuert.

[11] Der Ausreißer im Jahr 1998 erklärt sich durch einen hohen Umfang von Beteiligungsverkäufen, die im Zusammenhang mit der Einräumung einer steuerneutralen Hebung von stillen Reserven standen.

Abbildung 4: Entwicklung der Eigenkapitalrentabilität

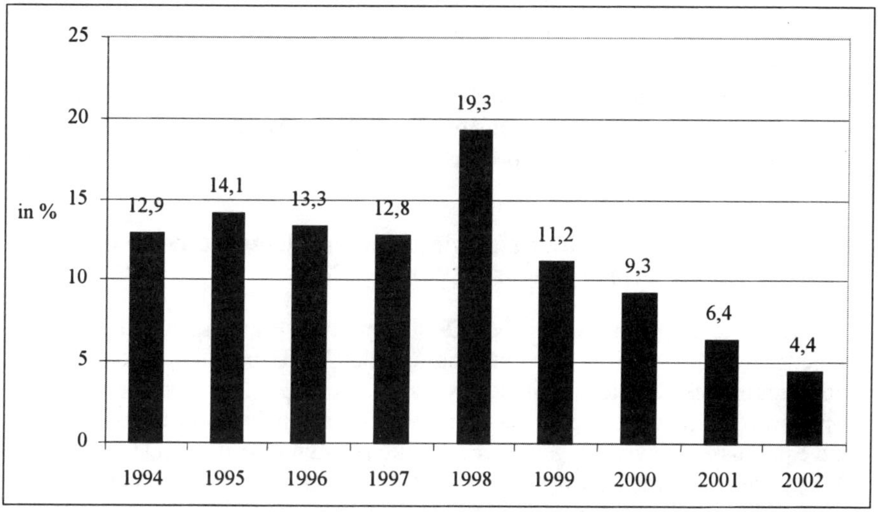

Quelle: Erstellt auf Basis von Deutsche Bundesbank, div. Jahre.

Abbildung 5: Eigenkapitalrentabilität deutscher Kreditinstitute im Vergleich mit internationalen Wettbewerbern

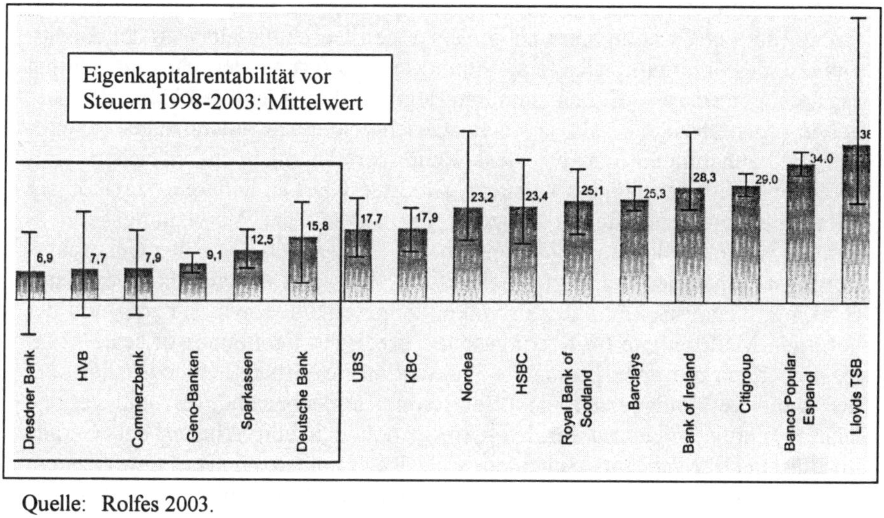

Quelle: Rolfes 2003.

Aus dieser ersten Analyse ergibt sich für die gesamte deutsche Kreditwirtschaft die Notwendigkeit, Maßnahmen sowohl zur Erhöhung der Zinsspanne als auch zur Reduzierung der Verwaltungs- und Risikovorsorgeaufwendungen zu ergreifen (hierzu und zu weiteren Ursachen vgl. Paul und Stein 2003, 43ff.). Entscheidender Bereich hierfür ist das Kreditgeschäft, das bei isolierter Betrachtung seit langem als verlustreich gilt (vgl. Rometsch 1999, 810f. sowie verschiedene Beiträge in Rolfes et al. 2001).

2.2 Für die KMU-Finanzierung relevante Unterschiede im deutschen Kreditwesen

Für die weitere Analyse sind neben der allgemeinen Entwicklung auch Unterschiede zwischen den an der Finanzierung der KMU beteiligten Kreditinstitutsgruppen festzuhalten. Von Relevanz hierbei sind aus dem Bereich der privaten Kreditbanken die Groß- und die Regionalbanken, die Landesbanken und Sparkassen sowie die genossenschaftlichen Zentralbanken (DZ-Bank und WGZ) und Kreditgenossenschaften. Auf die Konsequenzen, die sich aus der unterschiedlichen regionalen Verbreitung und den unterschiedlichen regionalen Marktanteilen der Kreditinstitute ergeben, wird gesondert in Abschnitt 3.3 eingegangen.

Bei international tätigen Großbanken ist die Anzahl der um die Ressourcen Mitarbeiter, Know how und Risikokapital konkurrierenden Geschäftsfelder überaus hoch. Zugleich orientieren sich die Ansprüche an die Eigenkapitalrentabilität der Gesamtbank und der einzelnen Geschäftsfelder an den Bedingungen des internationalen Kapitalmarktes. Aufgrund der bankaufsichtlich explizit geforderten Eigenkapitalunterlegung des Kreditgeschäfts und der hohen Ausfallrisiken fällt es dem Geschäftsbereich inländisches Kreditgeschäft zunehmend schwer, diese Renditeerfordernisse zu erreichen. Entsprechend wird seit langem versucht, Kreditgeschäft an andere, ertragreichere Dienstleistungsgeschäfte zu koppeln. Im Bereich der Verwaltungsaufwendungen wirken sich die erheblichen Kosten für die grundlegenden Umstrukturierungsmaßnahmen der letzten Jahre (u. a. Auf- und Abbau des Investment-Banking, Neuausrichtung des Privatkundengeschäfts) sowie die aufgrund der geringen Marktanteile im Kreditgeschäft niedrigen Economies-of-scale negativ aus. Auch die hohe personelle Fluktuation im Firmenkundengeschäft und die damit verbundene geringe Pflege von Kundenbeziehungen und geringe Marktkenntnis tragen zu vergleichsweise hohen Kreditverlusten bei. Gerade in diesem Bereich unterscheiden sich Regionalbanken von Großbanken; gleichzeitig ist bei ihnen aufgrund der regionalen Beschränkung die Möglichkeit zur Risikodiversifikation eingeschränkt.

Sparkassen und Landesbanken weisen bislang relativ günstige Refinanzierungsmöglichkeiten sowohl im Einlagenbereich als auch am Kapitalmarkt auf, wobei sie von den staatlichen Garantien (Anstaltslast und Gewährträgerhaftung) profitieren.[12] Angesichts der in den letzten Jahren erzielten Fortschritte bei der Produktivitätssteigerung und der hohen Marktanteile im Kreditgeschäft mit KMU konnten die Verwaltungskosten reduziert werden. Bedrohlich für die Sparkassen ist dagegen die hohe Risikovorsorge der letzten beiden Jahre (2001: 0,52%; 2002: 0,71%, jeweils bezogen auf die DBS), was einerseits auf Schwächen im Kreditrisikomanagement schließen lässt, andererseits eine Konsequenz der Risikokonzentration infolge der hohen Marktanteile zu sein scheint. Auch die Landesbanken haben mit deutlich erhöhtem Risikovorsorgebedarf zu kämpfen, wofür die Beteiligung an spektakulären Großinsolvenzen im In- und Ausland verantwortlich ist. Durch die verstärkt aufkommenden Ausschüttungsbestrebungen der Gewährträger, den Zwang zur Eigenkapitalbildung durch Gewinnthesaurierung und den Wegfall der staatlichen Garantien ab 2005 wird die Ergebnissituation weiter nachhaltig belastet.

Im Bereich der Genossenschaftsbanken zeigen sich für Kreditgenossenschaften bei einer mit den Sparkassen vergleichbaren Ausgangslage und Entwicklung bezogen auf den Zins- und Provisionsüberschuss sowie auf den Risikovorsorgebedarf negative Auswirkungen der deutlich kleineren Betriebsgrößen. So sind die Verwaltungsaufwendungen weiterhin deutlich höher als bei Sparkassen (2,3 % zu 1,94% in Relation zur DBS). Die Folge ist eine Vielzahl von Schieflagen und Notfusionen in diesem Sektor, von denen auch das Spitzeninstitut DZ Bank betroffen ist. Nicht zuletzt aufgrund von Befürchtungen der Bankenaufsicht um die Systemstabilität werden große Anstrengungen unternommen, ein einheitliches Risikosteuerungssystem einzuführen und auch das Einlagensicherungssystem zu reformieren (vgl. BaFin 2002, 30ff.).

2.3 Veränderte bankaufsichtliche Rahmenbedingungen für das Kreditgeschäft

Das Kreditgeschäft als traditionelle Risikoquelle für Banken ist weltweit seit langem Gegenstand bankaufsichtlicher Überwachung. Über zahlreiche quantitative und qualitative Regeln wird seitens der jeweiligen Aufsicht versucht, Kreditinstitute beim Eingehen von Kreditrisiken zu reglementieren, eine laufende Kreditüberwachung zu gewährleisten und zudem Risikodeckungspoten-

[12] Zu den daraus resultierenden Wettbewerbseffekten zu Ungunsten der privaten Kreditinstitute vgl. Arnold 2003, 516ff.

ziale vorzuschreiben.[13] Auf internationaler Ebene wird der Prozess durch den Baseler Ausschuss für Bankenaufsicht vorangetrieben, welcher Regelungen für international tätige Geschäftsbanken entwirft. Da sich die EU und Deutschland zur Umsetzung dieser Regeln verpflichtet haben, werden diese – mit allenfalls geringfügigen Änderungen – auch für deutsche Kreditinstitute relevant. Damit verzahnt sind auf nationaler Ebene angesichts der ungünstigen, zum Teil als systembedrohend angesehenen Erfolgs- und Risikoentwicklung der deutschen Kreditinstitute zahlreiche weitere Neuregelungen erlassen worden.

In Bezug auf die Kreditvergabe an KMU ist vor allem der Übergang von den als Basel I bezeichneten, im aktuellen Grundsatz I der BaFin umgesetzten Eigenkapitalunterlegungsvorschriften für Kreditrisiken auf den weitaus komplexeren Ansatz Basel II relevant. Durch Basel II wird die bisherige, nicht nach Bonität des Schuldners differenzierte Unterlegung von Ausfallrisiken mit 8% haftendem Eigenkapital aufgegeben (vgl. Basler Ausschuss für Bankenaufsicht 2001).[14] Stattdessen wird das Kreditrisiko eines Engagements zukünftig anhand des Rating des Schuldners sowie der Besicherung bestimmt und muss zusammen mit der neu eingeführten Eigenkapitalunterlegung von operationellen Risiken wiederum mit 8% haftendem Eigenkapital unterlegt werden (für einen Überblick vgl. z. B. Paul 2001, 16ff., Wilkens et al. 2001, 40ff., Boos und Schulte-Mattler 2001, 346ff., Hartmann-Wendels et al. 2002, 925ff.). Das Rating kann entweder extern durch eine Rating-Agentur (Standardansatz) oder intern durch das Kreditinstitut selbst erfolgen, wobei zwischen zwei unterschiedlich anspruchsvollen Verfahren zu unterscheiden ist (Foundation- und Advanced-IRB-Approach).[15] Da es aufgrund der Eigenkapitalentlastung für Kreditinstitute vorteilhaft ist, die IRB-Ansätze zu verwenden, bemühen sie sich, derartige Verfahren zu entwickeln und von der Aufsicht genehmigt zu bekommen.

Bei sämtlichen Rating-Verfahren wird versucht, die Ausfallgefahr eines Engagements durch Zuordnung zu einer Rating-Klasse abzubilden, für die mit mathematisch-statistischen Verfahren historische Ausfallquoten ermittelt wurden (vgl. Deutsche Bundesbank 2003e, 61ff.). Grundlage für die Zuordnung zu einer Rating-Klasse ist dabei eine gegenüber traditionellen Kreditwürdigkeitsprüfungen um qualitative und zukunftsbezogene Kriterien

---

[13] Zum Überblick über die Entwicklung der Beaufsichtigung von Kreditrisiken vgl. z. B. Paul 2001, 6ff.

[14] Ein kurzer Überblick über die umfangreichen Konsultationspapiere findet sich bei Deutsche Bundesbank 2001, 15ff. Zu den aus den aktuellen Regelungen resultierenden Quersubventionierungen im Kreditgeschäft vgl. z. B. Paul 2001, 17 und Heinke 2001, 178.

[15] Aus der Vielzahl an Literatur zum Komplex Rating vgl. z. B. Krahnen (2001); Juncker/Priewasser (2002); Gleißner/Füser (2003). Zu den IRB-Ansätzen vgl. z. B. Schulte-Mattler (2003), S. 386 ff.

ausgeweitete Analyse des Schuldners. Für diese Überprüfung ist seitens der Kreditnehmer eine erheblich ausgeweitete Transparenz erforderlich. Das für die Unterlegung von Krediten seitens der Banken bereitzuhaltende Eigenkapital wird durch Basel II schuldnerabhängig stark unterschiedlich ausfallen. Zwar wird Basel II voraussichtlich erst Ende 2006 zur Anwendung kommen,[16] jedoch sind zum Aufbau der entsprechenden Datenhistorien spätestens bereits ab 2004 die bankinternen Rating-Verfahren einzusetzen (vgl. Gleißner und Füser 2002, 83).

Ein weiterer Bestandteil von Basel II ist der sog. Supervisory review process, welcher eine laufende Überprüfung der im Kreditgeschäft eingesetzten Risikomess- und Steuerungsverfahren durch die Aufsicht vorsieht. In Deutschland findet sich ein Teil der organisatorischen Anforderungen bereits in den ab Mitte 2004 endgültig einzuhaltenden neuen Mindestanforderungen an das Kreditgeschäft (MaK) wieder.[17] Alle Regelungen zusammen sollen eine Professionalisierung des gerade in kleineren Banken noch vielfach intuitiv betriebenen Kreditrisikomanagements vorantreiben (vgl. Taistra et al. 2001, 514.).

Festzuhalten bleibt, dass die neuen Mindestkapitalbestimmungen allein auf die Höhe der Eigenkapitalkosten als einer unter mehreren Kalkulationsbestandteilen wirken,[18] wohingegen die Einführung von Rating sowie die auf das Kreditmanagement ausgerichteten Regelungen die Beurteilung des Kreditgeschäfts an sich sowie die Kalkulation von Risikoprämien betreffen.

3 Veränderungen des Kreditvergabeverhaltens gegenüber KMU

3.1 Merkmale des veränderten Kreditvergabeverhaltens

Aus den vorgestellten Entwicklungen des deutschen Bankgewerbes sowie der bankaufsichtlichen Rahmenbedingungen lassen sich vier wesentliche Konsequenzen für das Kreditgeschäft speziell mit KMU ableiten:

(1) Rückzug von Anbietern als Folge von unzureichenden Risk-return-Relationen.

(2) Verringerung des Kreditvolumens als Folge von (1) sowie restriktiver Kreditvergaben der verbleibenden Anbieter.

---

[16] Zum Umsetzungszeitplan und zu aktuellen Verzögerungen vgl. Meister 2003, 421ff., o. V. 2003b, 21.

[17] Zu Inhalten und zum Zusammenhang zwischen den Regelungen vgl. Deutsche Bundesbank 2003f, 45ff., Groß 2003, 94ff., Schumacher und Grabau 2003, 248ff.

[18] Die Bankenaufsicht geht in diesem Zusammenhang davon aus, dass die durchschnittliche Eigenkapitalunterlegung für KMU-Kredite im Allgemeinen und für Handwerkskredite im Besonderen sinken wird, vgl. Sanio in Rathmann et al. 2002, 19.

(3) Konditionenspreizung und tendenzielle -anhebung als Folge der stärkeren Berücksichtigung unterschiedlicher Bonitäten bei Eigenkapital- und Risikokosten sowie der höheren Renditeanforderungen.

(4) Ergänzung der traditionellen, jahresabschlussorientierten Einzelfallprüfung durch standardisiertes, zukunftsbezogenes Kreditrating als Folge des Übergangs zum (internen) Rating.

ad 1) Einige Anbieter, primär aus dem Bereich der Großbanken, haben sich aus Teilen des Geschäfts mit KMU weitgehend zurückgezogen.[19] Ursächlich hierfür sind die geringen Zinsspannen im Kreditgeschäft,[20] die unzureichenden Anknüpfungspunkte für Provisionsgeschäfte (vgl. Heintzeler 2002, 116) sowie die angesichts der Risikoaufwendungen unzureichende Verzinsung auf das eingesetzte Risikokapital.

ad 2) Auch in den Teilen des KMU-Kreditgeschäfts, in denen weiterhin alle drei Bankengruppen vertreten sind, ist die Kreditvergabe restriktiver geworden und ganze Kreditnehmergruppen werden von einer Kreditvergabe aus engagements- oder branchenbezogener Sicht ausgeschlossen (vgl. Knappe 2003, 532).[21] Aufgrund der aufgezeigten Strukturdefizite werden Kreditinstitute ungeachtet der noch nicht absehbaren Veränderungen durch Basel II bestrebt sein, das Kreditzinsniveau insgesamt anzuheben (vgl. Juncker und Rühle 2002, 33, Juncker 2003, 30ff.).

ad (3) Kreditkonditionen werden üblicherweise bankintern im Rahmen einer Zuschlagskalkulation bestimmt (vgl. Tabelle 1) (vgl. z. B. Rolfes 2001, 8ff. sowie ausführlich bei Schierenbeck 2001, 375ff.).

---

19 Dies betrifft v. a. die Deutsche Bank, die ihr Kreditgeschäft seit 2002 von 265 auf 165 Mrd. € zurückgeführt hat, wovon v. a. Unternehmenskredite (und nicht der Retail-Bereich) betroffen waren, vgl. Börsig in o. V. 2003c, 17.

20 Nach Erhebungen der EZB liegen die Kreditmargen in Deutschland bislang um ca. 1,5 Prozentpunkte und die Margen im Einlagengeschäft ca. 0,5 Prozentpunkte unterhalb des EU-Durchschnitts. Dies lässt sich als Indiz für einen scharfen, in Teilen ruinösen Wettbewerb werten. Aktuell mehren sich Stimmen, die dies auf einen übermäßigen Einfluss des Staates im Kreditwesen zurückführen, vgl. für den IWF Drost 2003, 23.

21 So gelten für Großbanken Unternehmen mit einer Eigenkapitalquote von unter 20% bzw. unterhalb des investment grade grundsätzlich als nicht kreditwürdig, vgl. für die Commerzbank Häring et al. 2003, 21. Auch Unternehmen aus Problembranchen (wie z. B. Bauunternehmen oder Projektentwicklungsgesellschaften) sowie aus Regionen (wie z. B. den neuen Bundesländern), in denen in der Vergangenheit hohe Ausfälle zu verzeichnen waren, haben ungeachtet der individuellen Bonität aufgrund von Portfolioüberlegungen Schwierigkeiten bei der Kreditvergabe.

Tabelle 1: Komponenten und Bestimmungsgrößen bei der Kreditkalkulation

Komponente	Klassifizierung	Orientierungsgröße
Refinanzierungs-, bzw. Zinskosten	variabel, Einzelkosten	Refinanzierungskosten bzw. Alternativanlageerlös
+ Risikokosten	variabel, Einzel-/Gemeinkosten	durchschnittlich zu erwartende Ausfallquote unter Berücksichtigung von Sicherheiten
+ Bearbeitungskosten	größtenteils fix (tw. variabel), Einzel-/ Gemeinkosten	durchschnittlich zu erwartende Kosten für Kreditgewährung und laufende Kontrolle
+ Eigenkapitalkosten	Variable Einzel-/Gemeinkosten	Renditeanforderungen an das gemäß Grundsatz I gebundene haftende Eigenkapital
	= Kreditpreis	

Quelle: Schöning 2003a, 199.

Abschließend erfolgt eine Konfrontation der ermittelten Preise mit dem Markt.[22]

Fortschritte bei den eingesetzten Kalkulationsverfahren sowie die veränderten aufsichtlichen Rahmenbedingungen führen dazu, dass sowohl bei den Eigenkapital- als auch bei den Risikokosten die Zuschläge je nach Risikohöhe stärker schwanken und sich überdies auch die Bearbeitungskosten noch stärker am effektiven Aufwand orientieren (vgl. Schöning 2003a, 200f.). Auch bei den Refinanzierungskosten sowie dem Eigenkapitalkostensatz gleichen sich die bisherigen Unterschiede zwischen den Bankengruppen tendenziell auf einem höheren Niveau an, da sowohl öffentlich-rechtliche Kreditinstitute nach Wegfall der staatlichen Garantien als auch Genossenschaftsbanken aufgrund von Gewinnerfordernissen das bisherige, niedrige Niveau nicht dauerhaft aufrecht erhalten können.

Die Angleichung der Kalkulations- und Wettbewerbsbedingungen wird mittelfristig dazu führen, dass sich die höheren Preise am Markt auch durchsetzen lassen und dass sich der Effekt (1) abschwächt.

ad (4) Die Implementierung von Rating-Verfahren bei der Kreditwürdigkeitsprüfung erfordert von Kreditnehmern ein höheres Niveau an Transparenz über unternehmensinterne Planungsprozesse sowie über „weiche" Unternehmensdaten. Da die Anzahl und die Ausgestaltung der rating-relevanten Kriterien nicht durch die Bankenaufsicht vorgegeben sind, sondern allein die Rating-

[22] Nicht zuletzt aufgrund von Ungenauigkeiten der eingesetzten Kalkulationsverfahren und dem Absatz von Produktbündeln dominiert bei Kreditinstituten meist eine kundenbezogene Betrachtungsweise, vgl. Paul und Siewert 2000, 42ff. und Schöning 2003a, 199f.

Güte geprüft wird, besteht hier ein Spielraum für die Kreditinstitute (vgl. Paul und Stein 2002, 31).

3.2 Ansätze zur empirischen Überprüfung in Bezug auf KMU

Die Veränderungen im Kreditvergabeverhalten von Banken sind zwar allgemein unbestritten, die Bestimmung des Ausmaßes in Bezug auf Anbieterzahl, Kreditvolumen, Kreditpreisgestaltung und Kreditanforderungen ist gleichwohl mit vielfältigen Schwierigkeiten behaftet.

Die Höhe und die Veränderung des Kreditvolumens für das Bankensystem sowie für einzelne Bankengruppen sind mittels entsprechender Bundesbankstatistiken einfach zu beziffern (vgl. Abbildung 6).[23] Derartige Daten dienen vielfach als Beleg für den Rückzug der Großbanken aus dem Kreditgeschäft und die damit verbundene Verschiebung der Marktanteile primär zugunsten der Regionalbanken und öffentlich-rechtlichen Institute. Dies wird unterstützt durch eine Vielzahl von interessengetriebenen Äußerungen aus den Reihen der öffentlich-rechtlichen Kreditinstitute und einzelner Wirtschaftsverbände sowie durch öffentlichkeitswirksame Meldungen über vermeintliche Insolvenzen als Folge überraschender Kreditkündigungen (vgl. z. B. Freitag 2003, 10).

Abbildung 6: Entwicklung der Marktanteile und Volumina im Firmenkreditgeschäft in Deutschland

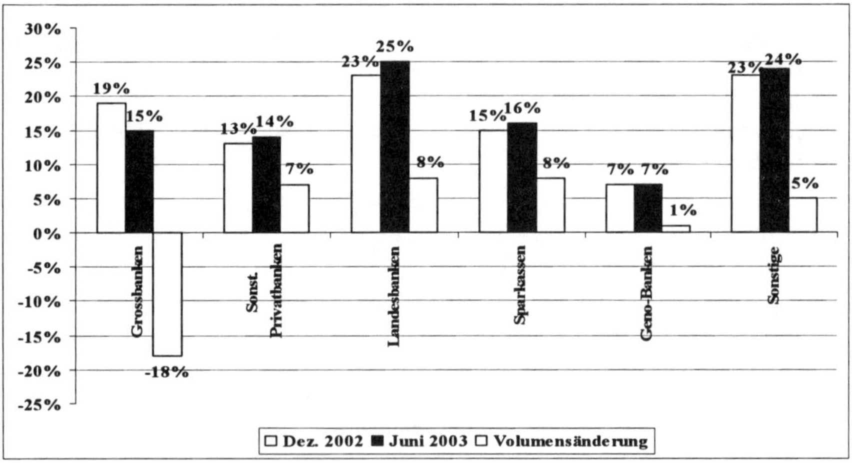

Quelle: Deutsche Bundesbank 2003g.

23 Zu einer näheren Untersuchung vgl. Paul und Stein 2003b, 423f.

Bei näherer Analyse ist jedoch zunächst zu bedenken, dass der Rückgang der Kreditvergabe nicht nur auf Volumensreduktionen und strengere Vergabekriterien, sondern auch auf eine konjunkturell bedingt sinkende Nachfrage nach Krediten zurückzuführen sein kann. Umfrageergebnisse belegen aktuell eine deutliche Zurückhaltung bei geplanten Bruttoanlageinvestitionen (vgl. Knappe 2003, 531). Zu berücksichtigen sind zudem die neueren Möglichkeiten für Kreditinstitute, ihren Bestand an bilanzwirksamen Krediten zu verringern, ohne dass sich an der Kreditbeziehung zwischen Bank und Unternehmen materiell etwas verändert. Diese Instrumente zur Verlagerung von Kreditrisiken an den Kapitalmarkt wie etwa Asset-Backed-Securities[24] und andere Verbriefungsformen vor allem für Realkredite werden bislang primär von Großbanken genutzt (vgl. Tabelle 2).[25] Nach Addition des verbrieften Volumens zum Kreditvolumen fällt der bereinigte Rückgang der Kreditvergabe bei den Großbanken deutlich geringer aus und wird mit lediglich 2% beziffert.[26] Auch betreffen die Desintermediationstendenzen, also die Kreditsubstitution durch Kapitalaufnahme am organisierten Kapitalmarkt, vor allem Großbankkunden (vgl. o. V. 2003e, 21).[27] Dessen ungeachtet hat die Bundesbank Bedenken wegen der Verlagerung von Risiken und wegen der damit einhergehenden Risikoakkumulation in bestimmten Bankengruppen geäußert.[28]

---

[24] Zur Konstruktion und zur Bedeutung von ABS-Finanzierungen vgl. u. a. Schöning 2003b, 667f. Im Jahr 2002 wurden strukturierte Finanzierungen über 40 Mrd. € abgeschlossen (davon 30 Mrd. € Verbriefungen).

[25] Über die beiden Plattformen Promise und Provide, mit denen synthetische Kreditrisiken ausplatziert werden, wurden im Jahr 2003 bereits mehr als 11 Mrd. € Bankkredite verbrieft, vgl. o. V. 2003a, 17. Zur allgemeinen Entwicklung des Verbriefungsmarktes vgl. o. V. 2003d, 19.

[26] Aussage von Müller (Vorstand der Commerzbank AG) beim Duisburger Bankensymposium am 11.10.2003.

[27] So hat sich das Volumen von Corporate Bonds seit 1999 in Deutschland (allerdings auf einem niedrigen Niveau) versiebenfacht. Allgemein zur Desintermediation vgl. Speyer 2002, 208f.

[28] Vgl. Äußerungen des Bereichsleiters Bankenaufsicht der Deutschen Bundesbank, Hofmann, anlässlich eines Besuchs des Bankseminars Lüneburg bei der Bundesbank am 31.10.2003.

Tabelle 2: Ausgewählte Verbriefungen über die KfW-Plattform „Promise"

Zeitpunkt	Originator	Verbriefungsvolumen in Mrd. Euro
Oktober 2001	Hypovereinsbank	1,0
Dezember 2001	Depfa	1,5
Februar 2002	BHW	1,3
März 2002	Rheinhyp	1,1
Juli 2002	Commerzbank	1,4
August 2002	Hypovereinsbank Group	3,0
August 2002	Depfa/Aareal Bank	1,8
November 2002	DG Hyp/DZ Bank	0,6
November 2002	BHW	1,5
Dezember 2002	Commerzbank	1,5
Juni 2003	BHW	1,8
Juni 2003	Commerzbank	1,5
Juli 2003	WestImmo	1,0
August 2003	Egg	2,5*
Oktober 2003	Hypovereinsbank	3,1
		* entspricht 1,75 Mrd. Pfund

Quelle: O. V. 2003a. Hervorhebungen vom Verfasser zeigen Transaktionen des privaten Bankgewerbes an.

Auch die Verschärfung der Kreditvergabestandards ist schwierig zu messen, da abgesehen von Untersuchungen von Wirtschaftsverbänden und -forschungsinstituten, der Wirtschaftspresse und der KfW[29] erst seit dem 4. Quartal 2002 von der EZB eine entsprechende systematische Erhebung bei 86 Banken der Eurozone (davon 15 bis 16 in Deutschland) durchgeführt wird.

Die vorliegenden Erhebungen zeigen signifikante kurzfristige Veränderungen der Kreditvergabepraxis gerade beim Vergleich von KMU und Großunternehmen auf (vgl. Abbildung 7).

---

[29] Vgl. für derartige Untersuchungen die Umfrage des Handelsblatts bei Häring et al. 2003, 21. Vgl. auch monatliche Unternehmensbefragungen des Ifo-Instituts sowie die jährliche Umfrage der KfW.

Abbildung 7: Veränderung der Kreditrichtlinien für die Gewährung von Unternehmenskrediten differenziert nach Unternehmensgröße (Saldo*)

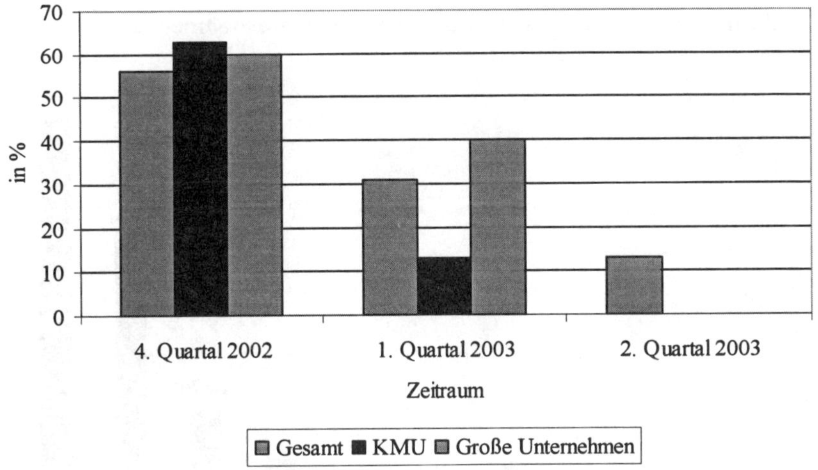

* Differenz zwischen der Summe der Angaben unter "deutlich verschärft" und "leicht verschärft" und der Summe der Angaben unter "etwas gelockert" und "deutlich gelockert".

Quelle: Erstellt auf Basis von Deutsche Bundesbank 2003a, 75 und Deutsche Bundesbank 2003b, 30.

Auch diese Veröffentlichungen sind im Aussagegehalt in mehrfacher Hinsicht begrenzt. So basiert die Umfrage auf subjektiven Einschätzungen der Vergabekriterien und es liegen noch keine längerfristigen Erfahrungswerte vor. Zudem gilt die Gruppe der in Deutschland befragten Kreditinstitute zwar als repräsentativ für das deutsche Bankensystem (vgl. Deutsche Bundesbank 2003a, 72f.); indes ist sie ungeeignet, die heterogenen regionalen und lokalen Konkurrenzverhältnisse zu berücksichtigen.

Die größten Schwierigkeiten bereitet die Abschätzung der sich durch Risk-based-pricing ergebenden Kreditpreisspreizung, da, wie in Abschnitt 3.1 gezeigt wurde, neben den Risikokomponenten weitere Effekte Einfluss auf Kreditpreise haben und diese auch nicht veröffentlich werden. Ein erster, eher wager Anhaltspunkt stellt der Spread zwischen risikolosen Kapitalmarktpapieren und dem Durchschnittszins im Kreditgeschäft dar, der monatlich von der EZB veröffentlicht wird (vgl. z. B. EZB 2004, 25f.). Hierdurch lässt sich indes nur das Ausmaß des durchschnittlichen Preises für das Kreditrisiko abschätzen. Weitere Informationen lassen sich aus der Kombination von rating-abhängigen Spreads bei Kapitalmarktpapieren (vgl. Abbildung 8)[30] und Prognosen über das zu erwartende Rating von KMU gewinnen, die von der KfW und vom zeb veröffentlicht worden sind (vgl. Abbildung 9).

Abbildung 8: Bonitätsrisikoprämien für Unternehmensanleihen

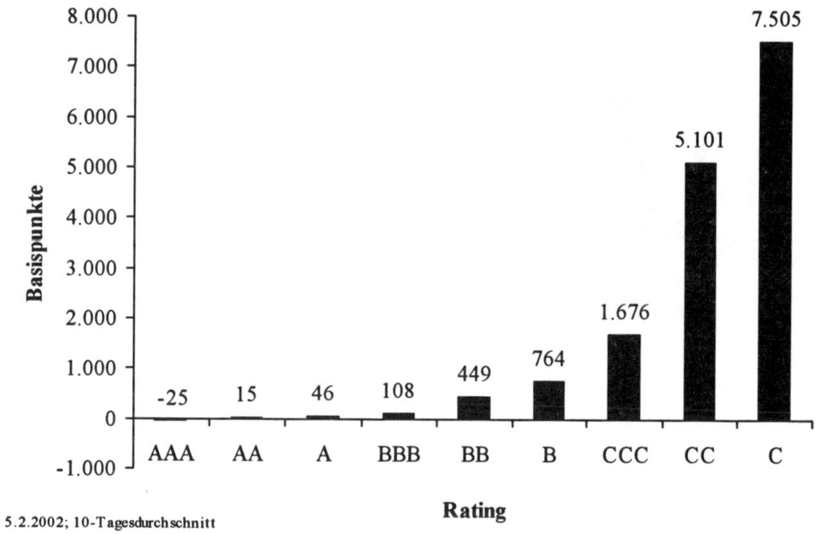

Quelle: Paul und Stein 2003b, 426.

Beide Untersuchungen kommen zu dem Schluss, dass KMU in ihrer Mehrzahl im oberen Bereich des Non-Investmentgrade eingeordnet werden, also gemäß Abbildung 8 am Kapitalmarkt Risikozuschläge in Höhe von etwa 400 Basispunkten zu tragen hätten. Vor allem die KfW, aber auch Creditreform[31] sehen bei einer nicht unerheblichen Anzahl von Unternehmen bessere Beurteilungen als wahrscheinlich an, mithin bestehen auch bei KMU Potenziale zur Verbesserung der Kreditkonditionen. Bei derartigen Schlussfolgerungen bleibt zu beachten, dass die Preisbildung an organisierten Kapitalmärkten nicht vollständig auf Kreditmärkte übertragbar ist und die obige Abschätzung keine Sicherheiten berücksichtigt.

30 Für aktuelle Veröffentlichungen zu Spreads vgl. z. B. BIZ 2003, 118ff.

31 Creditreform geht sogar davon aus, dass 43,7% der Unternehmenskredite niedrigere Eigenkapitalunterlegungen als bisher erfordern und nur 28% höhere, vgl. Creditreform 2002.

Abbildung 9: Rating-Prognosen für KMU

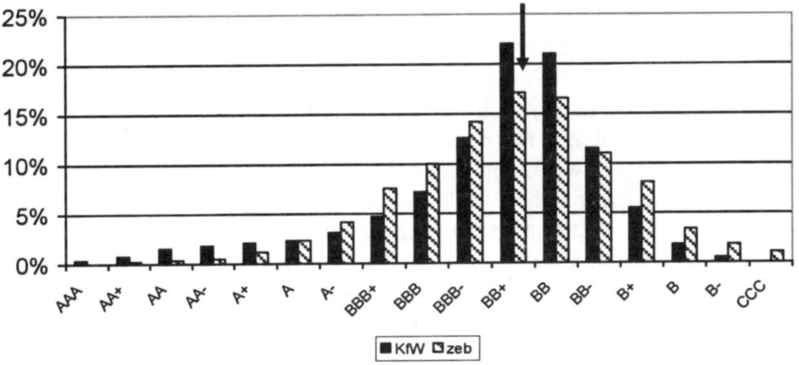

Quelle: Taistra 2003a.

Andere Untersuchungen beschränken sich auf die Abschätzung der Auswirkungen von Basel II auf die Kreditzinsen, um sowohl die mögliche Veränderungen als auch das Ausmaß der Spreizung zu bestimmen. Durch Simulation von Ratings auf Basis realer Unternehmensdaten lassen sich ein genereller Anstieg und eine signifikante Spreizung gerade bei kleineren und bonitätsmäßig schlechteren KMU nachweisen (vgl. z. B. Taistra 2003b, 17f.).[32] Die Ergebnisse derartiger Partialbetrachtungen blenden indes nicht nur etwaige Veränderungen des Eigenkapitalkostensatzes, sondern auch der übrigen Bestandteile der Kreditpreiskalkulation aus und sind daher nur sehr bedingt aussagekräftig. Zudem sind derartige Analysen durch die mittlerweile erreichten Modifikationen von Basel II überholt. Bei der Eigenkapitalunterlegung spielt für kleinere KMU vor allem eine Rolle, dass sie aufgrund von Kreditvolumina von unter 1 Mio. € in den Bereich der Retail-Kredite fallen werden.[33] In diesem Bereich gilt eine reduzierte Anrechnung von 75 % des Kreditbetrages. Größere KMU profitieren von der im 3. Konsultationspapier eingeführten umsatzabhängigen Staffelung bei den Unternehmenskrediten, die geringere Eigenkapitalanforderungen für kleinere Unternehmen vorsieht. Generell wird

---

[32] Eine Untersuchung der Universität Mannheim sagt – ohne Berücksichtigung von Sicherheiten – einen Zinsanstieg um 2,45% (nach 2. Konsultationspapier) bzw. 1,08% (modifizierte Fassung) für KMU voraus. Die Werte reduzieren sich auf 1,41% bzw. 0,39%, wenn nur die kreditwürdigen Unternehmen betrachtet werden. Bezogen auf sämtliche KMU werden – verglichen mit dem jeweiligen Branchendurchschnitt – kleinere Unternehmen aufgrund des schlechteren Rating stärker betroffen sein (Zinsanstieg 2,72% bzw. 1,25%) als größere (2,19% bzw. 0,91%), vgl. o. V. 2001, 17.

[33] Zu den Erleichterungen für das Retail-Segment und kleinere Unternehmen vgl. Taistra 2003b, 8ff.

es auch weiterhin Spielräume für Ausgleichspreisstellungen bei Krediten geben, sobald Zusatzgeschäfte vorhanden sind (vgl. Schöning 2003a, 200).

Ebenfalls kaum abschätzbar sind die konkreten Veränderungen der Informationsanforderungen der Kreditinstitute an ihre Kreditkunden. Anhaltspunkte hierfür liefern die Veröffentlichungen einzelner Banken sowie der Spitzenverbände im Sparkassen- und Genossenschaftsbankenbereich. Diese zeigen ein hohes Maß an Heterogenität der für das Rating verwendeten Kriterien und deren Anzahl. Verglichen mit dem Instrumentarium, das von externen Rating-Agenturen eingesetzt wird, versuchen die bankinternen Rating-Verfahren mit recht wenigen Merkmalen auszukommen, was angesichts der Vielzahl von Rating-Vorgängen nicht verwunderlich ist. So wird vielfach die traditionelle, zumeist EDV-gestützte Auswertung von Finanzkennzahlen lediglich durch einzelne, leicht erhebbare qualitative Kriterien ergänzt.[34] Die damit verbundene einfache Manipulierbarkeit des Ergebnisses mag ein Hemmnis dafür darstellen, warum die Kriterien und vor allem deren Gewichtung seitens der Bank in der Regel nicht transparent gemacht werden (zu derartigen Forderungen vgl. Paul und Stein 2002, 92). Zudem bleibt zu beachten, dass sich die veröffentlichten Kriterienkataloge ausschließlich auf den Bereich der Unternehmenskredite außerhalb des Retail-Bereichs beziehen. Im Retail-Bereich selbst wird mit weiter vereinfachten Verfahren gearbeitet, da hier die Anforderungen an die Prognosegüte angesichts der weniger gravierenden Ausfallvolumina geringer sein können.

3.3 Weiterer Forschungsbedarf

Die Untersuchung hat gezeigt, dass die Veränderungen im Kreditvergabeverhalten der Banken weder auf nationaler noch auf regionaler Ebene bislang ausreichend erforscht sind. Den vorhandenen Quellen ist entweder die Unparteilichkeit abzusprechen oder aber es mangelt an einer ausreichenden Historie und Konstanz der Datenerhebung. Daher sind allgemeingültige Aussagen zum Kreditvergabeverhalten nur sehr eingeschränkt möglich. Wichtig wäre zum Beispiel eine Erhebung, die mit einem ähnlichen Fragenkatalog das Kredit-

[34] Die bislang eingesetzten internen Rating-Verfahren der Kreditinstitute kommen mit 5 bis 12 quantitativen und 9 bis 53 qualitativen Kriterien aus. Beim externen Rating werden hingegen 18 bis 150 quantitative und 250 bis 450 qualitative Kriterien verwendet, vgl. Schulenburg 2002, 12. Die hohe Bedeutung der quantitativen Kriterien zeigt sich u. a. beim DSGV-Rating, das sich nur zu 30 % aus Unternehmer- und Unternehmensbeurteilungen zusammensetzt und die übrigen Bereiche auf Kontodatenanalyse (20%) und Bilanzanalyse (50%) entfallen, vgl. Kanschik et al. 2002, 14ff.

vergabeverhalten aus Sicht von Banken und aus Sicht von Unternehmen gegenüberstellt.[35]

Gerade in Bezug auf KMU, die in der Regel eine begrenzte Anzahl von Bankverbindungen und kein professionelles Finanzmanagement aufweisen, spielt die räumliche Nähe zum Kreditinstitut und damit die lokale oder regionale Komponente weiterhin eine erhebliche Rolle, nicht zuletzt aufgrund von wenig ausgebauter IT-Ausstattung, laufendem Beratungsbedarf, hohem Belegaufkommen und Barzahlungsverkehr (vgl. Schöning 1998, 58ff.). Die existierenden Studien vernachlässigen weitestgehend die Heterogenität der kreditwirtschaftlichen Marktbedingungen innerhalb Deutschlands. Während in den Ballungsräumen ein intensiver Wettbewerb zwischen allen vier Großbanken (bzw. deren Tochterunternehmen), Regionalbanken, mehreren Genossenschaftsbanken und zumindest einer Sparkasse besteht, sind in vielen ländlicheren Regionen lediglich eine Sparkasse und/oder eine Genossenschaftsbank sowie vereinzelt unabhängige Regionalbanken vor Ort präsent. KMU sind anders als größere Unternehmen von der Geschäftspolitik der privaten Großbanken nicht nur durch die eingeführten Bonitätsrestriktionen, sondern auch durch die Aufgabe des Firmenkundengeschäfts an kleineren Filialstandorten oder aber deren vollständige Schließung direkt betroffen, weil eine Veränderung der Kontoverbindung unausweichlich ist. In Anbetracht der schlechten wirtschaftlichen Lage vieler Genossenschaftsbanken treten Sparkassen mancherorts sogar mittlerweile als Quasi-Monopolanbieter auf.[36] Entsprechend sind bei Erhebungen zum Kreditvergabeverhalten gegenüber KMU die jeweils relevanten Angebotsstrukturen differenziert mit zu berücksichtigen.

Des Weiteren ist zu untersuchen, welches bankaufsichtliche Verfahren die jeweiligen Kreditinstitute zur Bestimmung der Eigenkapitalunterlegung der Kreditrisiken (und damit u. U. auch der Risikokosten) verwenden und ob und in welchem Umfang daraus Anforderungs- und Konditionsunterschiede resultieren. In diesem Zusammenhang bleibt die unterschiedliche Anrechenbarkeit von Sicherheiten zu beachten, woraus Konsequenzen für die Auswahl des Kreditgebers resultieren könnten (vgl. Paul und Stein 2002, 59f., Schöning 2003a, 208). Gerade für kleinere KMU wäre zudem eine Erhebung und Auswertung der Anforderungen im Retail-Bereich von entscheidender Bedeutung für eine Optimierung des Rating.

---

[35] Für eine derartige, jedoch nicht regional unterteilte Untersuchung vgl. Paul und Stein 2003b, 424ff.

[36] Vgl. z. B. den Bankenmarkt Lüneburg, wo die Sparkasse in bestimmten Geschäftsbereichen auf Marktanteile von über 70 % kommt, da private Geschäftsbanken vor Ort zwar noch präsent sind, aber das Firmengeschäft von Hamburg aus betreiben und die Volksbank Lüneburg nur einen äußerst kleinen Marktanteil aufweist.

4 Fazit

Die Untersuchung hat gezeigt, dass ein verändertes Kreditvergabeverhalten der Banken durchaus zu erkennen ist, es jedoch noch erhebliche Defizite bei der Quantifizierung gibt. Ursächlich hierfür ist auch, dass die aktuellen Veränderungen im Bereich der Kreditfinanzierung fast ausschließlich mit bankaufsichtlichen Neuregelungen begründet werden, die noch nicht in Kraft gesetzt wurden und noch nicht einmal abschließend beraten sind. Eine Analyse der tatsächlichen Ursachen für finanzbezogene Fehlentwicklungen in der Vergangenheit sowie deren Ausprägungen in der Gegenwart, also etwa warum Kapitalstrukturen bei deutschen KMU vergleichsweise niedrig und überwiegend steuerlich motiviert sind und welchen Beitrag dazu (zu) günstige Bankkredite geleistet haben (vgl. Kayser und Kokalj 2002, 112f., Lichtblau und Utzig 2002, 330, Deutsche Bundesbank 2002, 45),[37] unterbleibt weitestgehend. Basel II lässt sich als exogener Einfluss von Banken für Argumentationszwecke einsetzen, um betriebswirtschaftliche und wettbewerbspolitische Versäumnisse in der jüngeren Vergangenheit zu überdecken.[38] Forderungen, Basel II „mittelstandsfreundlicher" zu machen (vgl. z. B. Taistra et al. 2001, 518), sind ebenso kurzsichtig angelegt wie eine Ächtung von Bankengruppen, die sich marktwirtschaftlich verhalten und im Interesse ihrer Anteilseigner übermäßige, weil aktuell nicht risikogerecht verzinste Geschäftsrisiken meiden.

Literatur

Arnold, W. (2003), Zur Wettbewerbsdiskussion in der deutschen Kreditwirtschaft, in: *Die Bank*, o. Jg., 516-520.

Arnold, W. und K.-H. Boos (2001), Basel II – Einzel- und gesamtwirtschaftliche Aspekte, in: *Die Bank*, o. Jg., 712-715.

Ashauer, G. (2002), Die Rentabilität der Kreditwirtschaft im internationalen Vergleich, in: *Die Sparkasse*, 119. Jg., 248-259.

BaFin Bundesanstalt für Finanzdienstleistungsaufsicht (Hrsg.) (2002), *Geschäftsbericht des BAKred.*, Bonn/Berlin.

BaFin Bundesanstalt für Finanzdienstleistungsaufsicht (Hrsg.) (2003), *Geschäftsbericht der BaFin*, Bonn/Berlin.

Basler Ausschuss für Bankenaufsicht (Hrsg.) (2001), *Die Neue Basler Eigenkapitalvereinbarung*, Übersetzung der Deutschen Bundesbank, Basel, Januar.

---

[37] Zu berücksichtigen bleibt allerdings, dass die Eigenkapitalquoten nicht die im Mittelstand vielfach vorhandenen zusätzlichen Haftungsmassen widerspiegeln, vgl. KfW 2002, 14.

[38] Vgl. Germann 2003, 15ff. Zu den unterschiedlichen Standpunkten in der Wettbewerbsdiskussion vgl. Arnold 2003, 516ff. und Hoppenstedt 2003, 7. Mittlerweile hat sich auch der internationale Währungsfonds IWF kritisch zum Bankensystem in Deutschland geäußert, vgl. Drost 2003, 23.

BIZ Bank für internationalen Zahlungsausgleich (Hrsg.) (2003), *73. Jahresbericht*, Basel.

Bonn, J. (2003), Die Krise der deutschen Banken, in: *bankmagazin*, o. Jg., 4, 38-39.

Boos, K.-H. und G. Schulte-Mattler (2001), Basel II: Externes und internes Rating, in: *Die Bank*, o. Jg., 346-354.

Creditreform (2002), www.creditreform.de/presse/00045.php, eingestellt am 10.7.2002, eingesehen am 13.11.2003.

Deutsche Bundesbank (Hrsg.) (div. Jahre): Die Ertragslage der deutschen Kreditinstitute..., in: *Monatsbericht*, August/September 1995-2003.

Deutsche Bundesbank (Hrsg.) (2000), Die Beziehung zwischen Bankkrediten und Anleihemarkt in Deutschland, in: *Monatsbericht*, 52. Jg., Januar, 33-48.

Deutsche Bundesbank (Hrsg.) (2001): Die neue Baseler Eigenkapitalvereinbarung, in: *Monatsbericht*, 53. Jg., April, 15-44.

Deutsche Bundesbank (Hrsg.) (2002): Ertragslage und Finanzierungsverhältnisse deutscher Unternehmen im Jahr 2000, in: *Monatsbericht*, 54. Jg., April, 33-57.

Deutsche Bundesbank (Hrsg.) (2003a), Deutsche Ergebnisse der Umfrage zum Kreditgeschäft im Euro-Währungsgebiet, in: *Monatsbericht*, 55. Jg., Juni, 69-78.

Deutsche Bundesbank (Hrsg.) (2003b), Finanzmärkte in Deutschland, in: *Monatsbericht*, 55. Jg., August, 23-32.

Deutsche Bundesbank (Hrsg.) (2003c), Die Ertragslage der deutschen Kreditinstitute im Jahr 2002, in: *Monatsbericht*, 55. Jg., September, 15-43.

Deutsche Bundesbank (Hrsg.) (2003d), Ausführungen zur aktuellen Diskussion über die Neufassung der Eigenkapitalregelung für Kreditinstitute (Basel II), in: *Auszüge aus Presseartikeln*, Nr. 43, 9-11.

Deutsche Bundesbank (Hrsg.) (2003e), Validierungsansätze für interne Ratingsysteme, in: *Monatsbericht*, 55. Jg., September, 61-74.

Deutsche Bundesbank (Hrsg.) (2003f), Neue Mindestanforderungen an das Kreditgeschäft: MaK und Basel II, in: *Monatsbericht*, 55. Jg., Januar, 45-58.

Deutsche Bundesbank (Hrsg.) (2003g), Bankenstatistik Septempber 2003, in: *Statistisches Beiheft zum Monatsbericht 1*, 34-35.

Drost, F. M. (2003), IWF attackiert deutsches Bankensystem, in: *Handelsblatt*, 4.11.2003, 23.

Duhnkrack, T. (2002), Wertorientierte Steuerung des Firmenkundengeschäftes, in: Juncker, K. und E. Priewasser (Hrsg.), *Handbuch Firmenkundengeschäft: Technologie, Rating und Risikosteuerung als Kernkompetenz der Banken*, 2. Auflage, Frankfurt a. M., 153-162.

Egbers, B. (2003), Basel II: Eine Chance für den Mittelstand, in: *Finanzbetrieb*, 5. Jg., 456-461.

EZB Europäische Zentralbank (Hrsg.) (2004), Monetäre und finanzielle Entwicklung, in: Monatsbericht, April, 12-30.

Freitag, M. (2003), Begräbnis eines Mittelständlers, in: *Handelsblatt*, 8.10.2003, 10.

Germann, U. (2003), Drei Säulen, die bröckeln, in: *bankmagazin*, o. Jg., 11, 15-20.

Gischer, H. (2003), Anmerkungen zur Ertragsentwicklung deutscher Kreditinstitute, in: *Die Sparkasse*, 120. Jg., 368-370.

Gleißner, W. und K. Füser (2003), *Leitfaden Rating Basel II: Rating Strategien für den Mittelstand*, 2. Auflage, München.

Gögel, S. und K. Pinn (2001), Frequently Asked Questions zum Rating in Banken, in: *Kredit & Rating Praxis, Zeitschrift der Finanzspezialisten*, 27. Jg., 5, S. 11-14.

Groß, C. (2003), Die neuen Mindestanforderungen an das Kreditgeschäft der Kreditinstitute, in: *Die Bank*, o. Jg., 94-98.

Häring, N. et al. (2003), Banken halten Unternehmen weiter kurz, in: *Handelsblatt*, 24.6.2003, 21.

Hartmann-Wendels, T. et al. (2000), *Bankbetriebslehre*, 2. Auflage, Berlin u. a.

Hartmann-Wendels, T. et al. (2002), Zukünftige Anforderungen an die Kreditvergabe, in: Krimphove, D. und D. Tytko (Hrsg.), *Praktiker-Handbuch Unternehmensfinanzierung. Kapitalbeschaffung und Rating für mittelständische Unternehmen*, Stuttgart, 915-942.

Heinke, E. (2001), Basel II und seine Bedeutung für die mittelständische Wirtschaft, in: *ZfgK*, 54. Jg., 174-178.

Heintzeler, F. (2002), Die Firmenkundengeschäftsstrategie einer großen Regionalbank, in: Juncker, K. und E. Priewasser (Hrsg.), *Handbuch Firmenkundengeschäft: Technologie, Rating und Risikosteuerung als Kernkompetenz der Banken*, 2. Auflage, Frankfurt a. M., 111-124.

Hofmann, G. (2003), Zum Stand der Verhandlungen im Basler Bankenausschuss, in: Paul, S. (Hrsg.), *Basel II, Mittelstand und Kreditpreise*, Frankfurt a. M., 1-16.

Hofmann, G. (Hrsg.) (2002), *Basel II und MAK*, Frankfurt a. M.

Hoppenstedt, D. H. (2003), Die privaten Banken wirken prozyklisch, in: *Die Sparkassenzeitung*, 12.9.2003, 7.

Juncker, K. (2003), Firmenkredite: Konditionen anheben, in: *bank und markt*, 32. Jg., 5, 29-32.

Juncker, K. und E. Priewasser (2002), *Handbuch Firmenkundengeschäft: Technologie, Rating und Risikosteuerung als Kernkompetenz der Banken*, 2. Auflage, Frankfurt a. M.

Juncker, K. und J. Rühle (2002), Firmenkredite: Mit Basel II zu besseren Margen, in: *bank und markt*, 31. Jg., 2, 31-34.

Kanschik, B. et al. (2002), *Rating – Herausforderung und Chance zugleich. Ein Ratgeber für Firmenkunden über das Rating der Sparkassen-Finanzgruppe*, Stuttgart.

Kayser, G. und L. Kokalj (2002), Mittelständische Unternehmen in Deutschland - Anmerkungen zur Finanzierung nach Basel II, in: *ZfgK*, 55. Jg., 112-116.

KfW – Kreditanstalt für Wiederaufbau (Hrsg.) (2002), *Unternehmensfinanzierung im Umbruch – Die Finanzierungsperspektiven deutscher Unternehmen im Zeichen von Finanzmarktwandel und Basel II*, Frankfurt a. M.

Knappe, K. (2003), Gibt es eine Kreditklemme in Deutschland?, in: *Die Bank*, o. Jg., 530-533.

Krahnen, J. P. (2001), Internes Rating, in: Gerke, W. (Hrsg.), *Handwörterbuch des Bank- und Finanzwesens*, 3. Auflage, Stuttgart.

Lichtblau, K. und S. Utzig (2002), Finanzierungs- und Kostenstrukturen des deutschen Mittelstandes, in: *Die Bank*, o. Jg., 326-331.

Meister, E. (2003), Herausforderungen, Chancen und Grenzen von Basel II, in: *Betriebswirtschaftliche Blätter*, 52. Jg., 421-424.

Müller, K.-P. (2003), Die Strukturkrise der deutschen Finanzindustrie - Diagnose: Wie hoch ist das Fieber wirklich?, in: *Die Bank*, o. Jg., 228-233.

o. V. (2001), Basel II verteuert Kredite für den Mittelstand, in: *Börsen-Zeitung*, 28.12.2001, 17.

o. V. (2002), „Basel II ist nicht der Tod des deutschen Mittelstandes", Interview mit Rolf-E. Breuer, in: *Bankmagazin*, o. Jg., 5, 30-31.

o. V. (2003a), HVB baut erneut Risikoaktiva ab, in: *Börsen-Zeitung*, 11.10.2003, 17.

o. V. (2003b), Deutsche Aufseher begrüßen Kompromiss über Basel II, in: *Handelsblatt*, 13.10.2003, 21.

o. V. (2003c), Deutsche Bank krempelt ihr Kreditportfolio um, in: *Börsen-Zeitung*, 5.4.2003, 17.

o. V. (2003d), Deutschland führt bei synthetischen Verbriefungen, in: *Börsen-Zeitung*, 9.7.2003, 19.

o. V. (2003e), Interview mit Manfred Weber, in: *Handelsblatt*, 24.6.2003, 21.

Paul, S. (2001), Der Baseler Akkord im Überblick, in: Hofmann, G. (Hrsg.), *Auf dem Weg zu Basel II: Konzepte, Modelle, Meinungen*, Frankfurt a. M., 5-35.

Paul, S. und K.-J. Siewert (2000), *Bank-Controlling I: Ertragsmanagement in Kreditinstituten*, 4. Auflage, Frankfurt a. M.

Paul, S. und S. Stein (2002), *Rating, Basel II und die Unternehmensfinanzierung*, Köln.

Paul, S. und S. Stein (2003a), Basel II und die deutsche Kreditwirtschaft – ein Überblick, in: Paul, S. (Hrsg.), *Basel II, Mittelstand und Kreditpreise*, Frankfurt a. M., 37-70.

Paul, S. und S. Stein (2003b), Auf der Bremsspur: Für den Mittelstand und seine Banken zeigt die Qualitätsampel gelb-rot, in: *Finanzbetrieb*, 5. Jg., 417-431.

Potthoff, C. (2003), Commerzbank umwirbt Mittelständler, in: *Handelsblatt*, 17.9.2003, 23.

Rathmann, C. et al. (2002), „Das Problem der Laufzeiten ist fast unlösbar" – Interview mit Jochen Sanio, in: *Börsenzeitung*, 3.5.2002, 19.

Rolfes, B. (2001), Steuerung des Kreditrisikos im Dualen Steuerungsmodell, in: Rolfes, B. und H. Schierenbeck (Hrsg.), *Ausfallrisiken – Quantifizierung, Bepreisung und Steuerung*, Frankfurt a. M., 1-28.

Rolfes, B. (2003), *Sind die Sparkassen und Genossenschaften die Gewinner der Strukturkrise im Bankensektor?* Vortrag auf dem Duisburger Bankensymposium 2003 am 8.10.2003.

Rolfes, B., Schierenbeck, H. und S. Schüller (Hrsg.) (2001): *Das Firmenkundengeschäft, ein Wertvernichter?*, Frankfurt a. M.

Rometsch, S. (1999), Firmenkundengeschäft – Wertvernichter der Banken?, in: *Die Bank*, o. Jg., 810-817.

Schierenbeck, H. (2001), *Ertragsorientiertes Bankmanagement*, Bd. 1 Grundlagen, Marktzinsmethode und Rentabilitäts-Controlling, 7. Auflage, Wiesbaden.

Schneck, O. et al. (2003), *Rating - Wie Sie sich effizient auf Basel II vorbereiten*, München.

Schöning, S. (1998), *Entwicklung und Perspektiven der Distributionssysteme im Privatkundengeschäft der deutschen Kreditinstitute*, München.

Schöning, S. (2000), Entwicklung und Perspektiven von Direktbanken in Deutschland, in: Holst, J. und M. Wilkens (Hrsg.), *Finanzielle Märkte und Banken – Innovative Entwicklungen am Beginn des 21. Jahrhunderts*, Berlin, 55-85.

Schöning, S. (2003a), Mögliche Konsequenzen aus der Neufassung bankaufsichtsrechtlicher Eigenkapitalunterlegungsnormen („Basel II") für die Kreditfinanzierung mittelständischer Unternehmen, in: Fischer, C., Nissen, D., Ott, I. und S. Schöning (Hrsg.), *Fokus Mittelstand - Einzelaspekte der Mittelstandsforschung*, Frankfurt a. M., 191-213.

Schöning, S. (2003b), Die geplante Neufassung der bankaufsichtlichen Eigenkapitalunterlegung für Asset Backed Securities (ABS), in: *ZfgK*, 56. Jg., 667-672.

Schulenburg, K. (2002), Externes und bankinternes Rating im Vergleich, in: *Kredit & Rating Praxis, Zeitschrift der Finanzspezialisten*, 28. Jg., 5, 8-13.

Schulte-Mattler, H. (2003), Basel II: Das Dritte Konsultationspapier (CP3), in: *Die Bank*, o. Jg., 386-392.

Schumacher, M. und M. Grabau (2003), Mindestanforderungen an das Kreditgeschäft der Kreditinstitute - Eckpunkte und Zielrichtung, in: *Betriebswirtschaftliche Blätter*, 52. Jg., 248-252.

Speyer, B. (2002), Verstärkte Kapitalmarktfinanzierung statt klassischem Bankkredit, in: Juncker, K. und E. Priewasser (Hrsg.), *Handbuch Firmenkundengeschäft. Technologie, Rating und Risikosteuerung als Kernkompetenz der Banken*, 2. Auflage, Frankfurt a. M., 197-210.

Taistra, G. (2003a), *Basel II - Evaluating the Impact of Current Proposals*, Präsentation auf der ZEW/AEI Conference on Regulation and Supervision of Financial Markets and Institutions in the EU am Centre for European Economic Research, Mannheim, 10.-11.7.2003.

Taistra, G. (2003b), *Basel II – aktueller Stand und Auswirkungen auf die Mittelstandsfinanzierung*, Arbeitspapier der KfW, http://www.kfw.de/DE/Research/ Sonderthem68/BaselIIRat/Arbeitspapier_BaselII.pdf, Februar 2003, eingesehen am 17.12.2003.

Taistra, G. et al. (2001), Basel II – Auswirkungen auf typische Mittelstandsportfolien, in: *Die Bank*, o. Jg., 514-519.

Wiebe, F. (2002), Die zweite Liga, in: *Handelsblatt Investor*, 16/17.02.2002, 1.

Wilkens, M. et al. (2001), Erfassung des Kreditrisikos aus wissenschaftlicher Sicht, in: Hofmann, G. (Hrsg.), *Auf dem Weg zu Basel II: Konzepte, Modelle, Meinungen*, Frankfurt a. M., 39-64.

Ulf G. Baxmann

Universität Lüneburg, Bank- und Finanzwirtschaft

Grundsätzliche Implikationen aus Basel II für die Finanzierung und Investor Relations-Politik von kleinen und mittleren Unternehmen (KMU)

Zusammenfassung

Zur Beschaffung von Kapital bedarf es vertrauensbildender Maßnahmen, um potenzielle Kapitalgeber von den Erfolgsaussichten des zu finanzierenden Projektes bzw. der Bonität des betreffenden Unternehmens zu überzeugen. Dementsprechend pflegen Unternehmen im Rahmen ihrer Kommunikationspolitik auch Investor Relations (IR), wobei dieser Begriff jedoch zumeist auf Aktiengesellschaften als Betreiber und auf deren Gesellschafter (Aktionäre) als Adressaten fokussiert wird. Im Kontext der neuen Eigenkapitalreglementierung für Banken (Basel II) wird indes auch die Informationspolitik gegenüber Kreditinstituten an Bedeutung gewinnen, die als Hauptquelle der Außenfinanzierung für kleinere und mittlere Unternehmen (KMU) und damit für über 95% der deutschen Unternehmen anzusehen sind. Hinsichtlich des vorgesehenen Ratings werden sich die Betriebe daher auch Gedanken über ihre „Creditor Relations" machen müssen.

Der folgende Beitrag bildet den Ausgangspunkt eines Forschungsprojektes, das sich mit den Investor-Relations (darunter v. a. den Creditor-Relations) befasst, wobei es hier zunächst darum geht, die bankaufsichtsrechtlich induzierten Veränderungen sowie daraus möglicherweise resultierende grundsätzliche Auswirkungen auf die Finanzierung und die IR-Politik zu skizzieren.

1 Rating und Basel II als aktuelle Herausforderung für die Investor Relations und Finanzierungspolitik von KMU

„Basel II" ist zu einem Stichwort geworden, das mittlerweile auch jenseits seiner originären Herkunft – also über den Bereich der Kreditwirtschaft hinaus – einen hohen Bekanntheitsgrad erreicht hat. Nicht erst der Blick in die einschlägige betriebswirtschaftliche Spezialliteratur zum Gebiet „Bank- und Finanzwirtschaft“, sondern schon auf die Schlagzeilen der Wirtschafts- bzw. der allgemeinen Tagespresse signalisiert die intensive Medienpräsenz bzw. das verbreitete Interesse an diesem Thema.

Verstärkt wird dieser Eindruck durch eine Vielzahl von Informations- bzw. Werbe-Veranstaltungen zum Thema „Basel II“ und „Rating“, durchgeführt von Verbänden und Kammern, Bildungseinrichtungen, Wirtschaftsprüfungsgesellschaften oder Unternehmensberatern, die hier ein neues Geschäftsfeld erkannt haben und insoweit schon jetzt zu den „Gewinnern“ des sich abzeichnenden Reformprozesses gezählt werden können.

Mittelstandsvertreter hingegen warnen vor den Konsequenzen von „Basel II“, sei es eine (infolge des vorgesehenen Ratings befürchtete) Verteuerung von Krediten oder gar eine weitgehende Einstellung der Kreditversorgung durch die Banken, und verkünden den Exodus – wenn nicht sogar den Exitus – des deutschen Mittelstandes als Folge des zu erwartenden Bankenverhaltens.

Ziel dieses grundlegenden Beitrags ist es, den Hintergrund der aktuellen Entwicklung zu verdeutlichen, die Auswirkungen von Basel II differenzierter und losgelöst von irgendwelchen geschäftspolitischen Interessen darzustellen und schließlich mögliche Konsequenzen der sich abzeichnenden Entwicklung für die Finanzierungspolitik und die Investor Relations von KMU aufzeigen. Dabei geht es auch darum, das den Begriffen „Basel II“ und „Rating“ anhaftende Attribut des „Schreckgespenstes“ zu versachlichen und zu verdeutlichen, wie diese mit einer offenen und konstruktiven Einstellung von allen Beteiligten als Chance wahrgenommen und genutzt werden können. Letztendlich scheint es für die KMU Erfolg versprechender, sich mit der Materie offensiv auseinanderzusetzen und zu versuchen, davon zu profitieren, als ihre Ressourcen darauf zu ver(sch)wenden, gegen den Strom zu schwimmen.

2 Zum Wesen von Investor Relations und deren Bedeutung für kleine und mittlere Unternehmen

Die Suche nach einer Definition von Investor Relations (IR) mündet in der Erkenntnis, dass es dazu keine einheitliche, allgemein akzeptierte Version, sondern eher ein Spektrum an Begriffsabgrenzungen gibt, die sich z. T. überlappen, mitunter aber auch differieren. Wird die Definition von Brammer als ehemaligem Präsidenten des Deutschen Investor Relations Kreises (DIRK) e. V. herangezogen, so bestehen Investor Relations „in der zielgerichteten, systematischen und kontinuierlichen Kommunikation mit tatsächlichen und potentiellen Anteilseignern (Entscheidungsträgern) einer börsennotierten Aktiengesellschaft sowie Finanzanalysten ... (Meinungsbildern) über das laufende und vor allem zukünftig erwartete Geschäft des Unternehmens" (Brammer 2001; vgl. auch Krystek und Müller 1993, 1785).

Bei näherer Betrachtung zeigt sich indes, dass der voranstehenden Definition im Hinblick auf die hier erörterte Themenstellung nicht unverändert gefolgt werden kann. Konsensfähig und hier zu übernehmen ist die Charakterisierung von IR dem Wesen nach als „zielgerichtete, systematische, kontinuierliche Kommunikation". Unzureichend erscheint die Fokussierung auf Anteilseigner bzw. Entscheidungsträger des Unternehmens nebst Finanzanalysten bzw. andere Meinungsbildende als Adressaten sowie die Einschränkung auf börsennotierte Aktiengesellschaften als Betreiber von IR.

Würde eine Beschränkung der IR-Betrachtung auf börsennotierte Aktiengesellschaften aufrecht erhalten und eine Fokussierung der IR-Politik auf Anteilseigner – also auf externe Eigenkapitalgeber – erfolgen, so ergäbe sich als Konsequenz, dass das Thema „Investor Relations" für KMU nahezu bedeutungslos wäre. Schließlich ist zu bedenken, dass von den deutschen Unternehmen nur 0,8% (Stand: 1999) in der Rechtsform der AG betrieben werden (vgl. Abbildung 1):

Abbildung 1: Rechtsform-Struktur deutscher Unternehmen

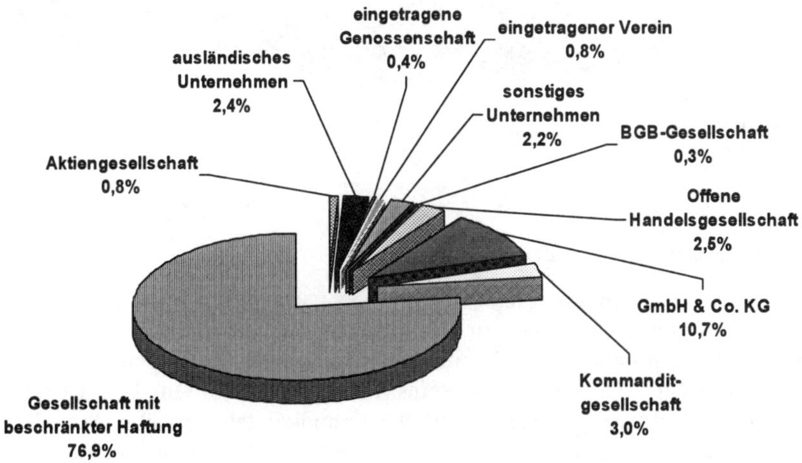

Quelle: Basierend auf Deutsches Aktieninstitut 2002, 01-2a.

Zugleich werden jedoch (je nach Abgrenzung[1]) in etwa 99% (Stand Ende 1999: 3.287.000 von 3.300.000) der umsatzsteuerpflichtigen Unternehmen in Deutschland als KMU eingestuft (vgl. Abbildung 2). Die oben angeführte Beschränkung auf börsennotierte AGs würde mithin allenfalls einen kleinen Teil der KMU erfassen und somit einen Großteil der deutschen Unternehmen als Betreiber von IR ausschließen. Infolgedessen wird hier im Weiteren von einer Einschränkung auf Aktiengesellschaften abgesehen.

Abbildung 2: Unternehmensanteil der KMU

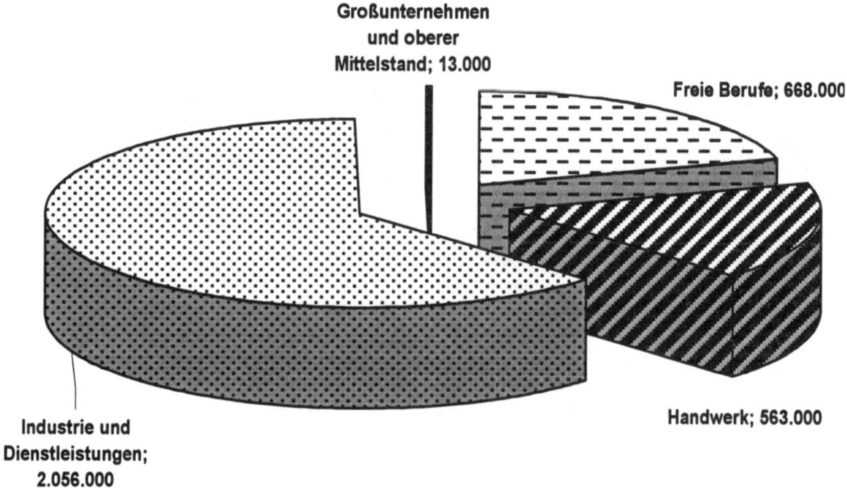

Quelle: Basierend auf Claussen 2001, 20.

Eine zweite Ausdehnung bietet sich angesichts der realen Finanzierungsstruktur der deutschen Unternehmen an: Angaben der Bundesbank zufolge liegen die durchschnittlichen Eigenkapitalquoten deutscher Unternehmen seit 1980 unter 20% (vgl. Deutsches Aktieninstitut 2002, 04-1a). Im Umkehrschluss folgt daraus, dass der durchschnittliche Fremdkapitalanteil über 80% liegen muss. Zudem zeigt sich, dass die Eigenkapitalquote positiv mit der Unter-

[1] Verbreitet wird in Deutschland die auch hier zugrunde gelegte Abgrenzung des Bonner Instituts für Mittelstandsforschung (IfM) verwendet, der zufolge Firmen mit weniger als 1 Million € Umsatz und bis zu 9 Beschäftigte als Kleinunternehmen gelten bzw. Firmen mit 1 bis 50 Millionen € Umsatz und 10 bis 499 Beschäftigte als mittlere Unternehmen. Ende der Jahre 1999/2000 umfasste der so abgegrenzte Mittelstand in Deutschland rund 3,3 Millionen Unternehmen, vgl. Günterberg und Wolter 2001, 21.

nehmensgröße korreliert ist (vgl. Deutsches Aktieninstitut 2002, 04-3); offenbar fällt es kleineren Betrieben schwerer, Eigenkapital zu generieren bzw. zu akquirieren, so dass sie in besonderer Weise auf Fremdfinanzierung angewiesen sind. Insofern wäre es wenig sachgerecht und geradezu fahrlässig, Gläubiger als dominante Kapitalgeber – ergo als Investoren – aus der IR-Betrachtung auszuschließen. Dasselbe gilt im Übrigen auf einer nachgelagerten Betrachtungsebene für Banken als Haupt-Kreditgeber von KMU. Wie Studien über die Hauptfinanzierungsquellen von KMU zeigen, stehen für diese im Rahmen der Außenfinanzierung (also jenseits der Selbstfinanzierung und der Finanzierung aus Abschreibungen als Formen der insgesamt dominierenden Innenfinanzierung) die Banken an erster Stelle (vgl. Dresdner Bank und Gruner + Jahr 2000, 32 und Schilling 2002, 395). Auch hier wäre es wenig sinnvoll, speziell diese der oben genannten Definition folgend aus der IR-Politik auszuklammern.

Vor diesem Hintergrund erscheint es geboten, für die weitere Abhandlung eine weiter gefasste Form der Begriffsabgrenzung von IR zu verwenden, nämlich im Sinne einer direkten Übersetzung des Begriffs „Investor-Relations“ als „allgemeine Beziehungspflege zu den Kapitalgebern“, ohne Einschränkung auf eine bestimmte Rechtsform oder eine bestimmte Kapital(geber)art (vgl. sinngemäß auch Lingenfelder und Walz 1988, 467 sowie Paul und Zieschang 1994, 1486). In diesem Sinne ist eine IR-Politik auch für die KMU relevant und – wie die weitere Betrachtung zeigen wird – auch und v. a. bedeutsam im Hinblick auf die zwischen den KMU und den Kreditinstituten bestehenden Beziehungen.

Ausgehend von der dargelegten Notwendigkeit, den Begriff „Investor Relations“ für KMU entsprechend weit auszulegen, können IR als Teil der Kommunikationspolitik von Unternehmen eingestuft werden. Letztere lässt sich dabei in Abhängigkeit von der jeweiligen Adressatengruppe im Wesentlichen unterteilen in z. B. die drei Teilbereiche Public Relations, Investor Relations (zur Abgrenzung von PR und IR vgl. auch Lindenfeld 2002) und Customer Relations (vgl. Abbildung 3). Die dort gesondert hervorgehobenen Opinion-Leader Relations (Beziehungen zu Finanzanalysten, Journalisten und anderen Meinungsbildnern) werden dabei – wie in der IR-Definition von Brammer – zumeist dem Bereich IR zugeordnet, obwohl die Adressaten selbst i. d. R. nicht – zumindest nicht aus ihrer eigentlichen Funktion heraus – als Kapitalgeber (Investoren) auftreten. Gleichwohl erscheinen sie aber für das Gewinnen von Investoren wichtig, übernehmen also eine indirekte Funktion für die IR, weshalb sie in der Abbildung 3 für die Bereiche IR und PR überlappend dargestellt werden.

Abbildung 3: IR als Teil der Kommunikationspolitik von Unternehmen

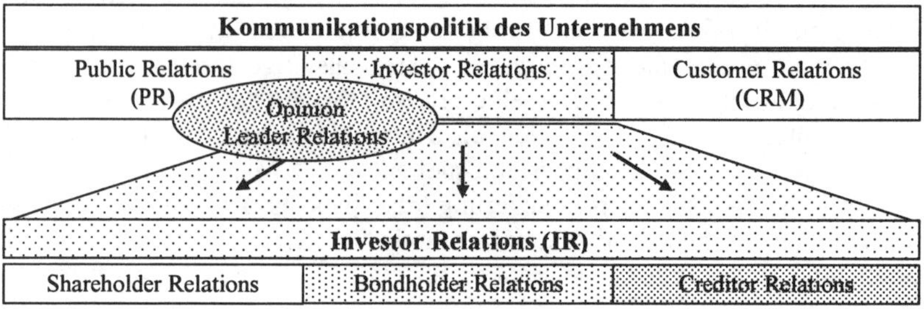

Quelle: Eigene Darstellung.

Konsequenz einer solchen weiten Begriffsabgrenzung von IR als Beziehungspflege zu allen Kapitalgebern (Investoren) ist, dass die IR dann in Abhängigkeit von der Art der bereitgestellten Finanzmittel bzw. der jeweiligen Kapitalgeber weiter unterteilt werden können (vgl. Abbildung 3) in:

- Shareholder Relations als Beziehungspflege zu den Anteilseignern bzw. Eigenkapitalgebern;
- Bondholder Relations als Beziehungspflege zu den Inhaber von Schuldverschreibungen bzw. Anleihen (was aber für die meisten KMU weniger bedeutsam erscheint);
- Creditor Relations, verstanden als Beziehungspflege zu anderen Kreditgebern, darunter insbesondere zu den Banken als Hauptfinanzierende der KMU.

3 Hintergründe und Grundzüge der neuen bankaufsichtsrechtlichen Eigenkapitalreglementierung (Basel II)

Für die weitere Argumentation erscheint es zweckmäßig, zunächst einige wesentliche Grundzüge bzw. das Grundanliegen der neuen bankaufsichtsrechtlichen Eigenkapitalreglementierung (Basel II) in gebotener Kürze zu verdeutlichen.

Basel II umfasst prinzipiell mehr als die Rating-Problematik, die in der aktuellen Diskussion zumeist im Vordergrund steht. Darüber hinausgehend handelt es sich bei Basel II aber um ein breiter angelegtes Gesamtkonzept mit dem Ziel, die Solidität des Bank- bzw. Finanzsystems zu stärken.

Mit dieser Intention sind bereits vor geraumer Zeit in verschiedenen Ländern jeweils nationale Bankaufsichtsbehörden und nationale Aufsichtsregeln geschaffen worden. Im Zuge der Internationalisierung von Geschäftsprozessen hat sich jedoch der Bedarf eingestellt, derartige Regeln grenzüberschreitend zu vereinheitlichen bzw. zumindest in Form von Mindeststandards einander anzunähern. Auf europäischer Ebene dokumentiert sich dieses in einer Vielzahl von EG- bzw. EU-Richtlinien. Für den Bereich der über Europa noch hinausgehenden, weltweiten Bankenaufsicht hat der sog. „Baseler Ausschuss" diese Aufgabe übernommen.[2]

Dieser Baseler Ausschuss ist nun zu der Erkenntnis gelangt, dass seine früheren Regelungen, darunter der 1988 beschlossene Akkord über Mindestanforderungen an die Eigenkapitalausstattung von Banken (mittlerweile als Basel I tituliert, vgl. Basle Committe on Banking Supervision 1988)' nicht mehr zeitgemäß sind, der o. a. Zielsetzung nicht mehr gerecht werden und demzufolge zu verfeinern sind. Ergebnis dieser Überlegungen ist das als Basel II bekannt gewordene Aufsichtskonzept, das faktisch aus drei Säulen besteht:

- In der Säule 1 geht es um die Einhaltung bestimmter Mindesteigenkapitalanforderungen durch die Banken in Abhängigkeit vom Ausmaß der von ihnen eingegangenen Risiken, darunter auch und vor allem die Kreditrisiken. Hier ist auch das zur Debatte stehende Rating-Prozedere angesiedelt.
- Säule 2 beabsichtigt die Förderung eines qualitativen aufsichtsrechtlichen Überprüfungsverfahrens mit dem Ziel, dass Banken ihre eigenen Risikomanagementsysteme kontinuierlich verbessern und die Aufsicht sich letztendlich darauf konzentrieren kann, die Tauglichkeit dieser Systeme zu überwachen.
- Säule 3 zielt darauf ab, die von den Kreditinstituten zu erfüllenden Offenlegungsanforderungen (z. B. über deren EK-Ausstattung und eingegangene Risiken) zu erhöhen, davon ausgehend, dass hinreichend informierte Marktteilnehmer eine risikobewusste Geschäftsführung der Bank honorieren, anderenfalls eine sehr risikoträchtige aber auch sanktionieren werden.

---

[2] Dabei handelt es sich um ein 1974 von den Ländern der so genannten Zehner-Gruppe (G10) geschaffenes, bei der Bank für Internationalen Zahlungsausgleich (BIZ) in Basel angesiedeltes Gremium diverser nationaler Bankenaufseher, in dem die Bundesrepublik Deutschland mit Vertretern der hier zuständigen Institutionen, der Bankenaufsichtsbehörde (ehemals das BAKred, seit 2002 die BAFin) sowie der Deutschen Bundesbank, beteiligt ist. Vgl. zur Einrichtung des Baseler Ausschusses auch http://www.bis.org/bcbs/aboutbcbs.htm.

Für die weitere Betrachtung von Investor- bzw. Creditor Relations können die in den Säulen 2 und 3 berücksichtigten Sachverhalte allerdings ausgeblendet werden. Im Brennpunkt stehen vielmehr die aus der Säule 1 zu erwartenden Neuerungen.

Dabei ist zunächst festzuhalten, dass Mindesteigenkapitalanforderungen für Kreditrisiken keineswegs neu sind, sondern bereits im Konzept Basel I und davor im Grundsatz I der deutschen Bankenaufsicht enthalten waren, allerdings jeweils nur grob in verschiedene Gruppen von Risikoaktiva differenziert. Status quo der bankaufsichtsrechtlichen Behandlung von Kreditrisiken in der derzeitigen Fassung des Grundsatz I ist eine Einteilung in sechs Risikoklassen (vgl. Abbildung 4).

Abbildung 4: Risikoklassen-Einteilung im geltenden Grundsatz I (nach Basel I)

Risikoklasse	Wesentliche Risikoaktiva	Bonitätsgewicht	Eigenkapitalverbrauch
I	Forderungen an Zentralbanken und öff. Haushalte des Inlands sowie der Präferenzzone A (EU-Staaten und weitere OECD-Vollmitglieder)	0,0%	0,0%
II	Pfandbriefe	10%	0,8%
III	Forderungen an Banken im Inland, der Zone A sowie der Zone B bei Laufzeit ≤ 1 Jahr	20%	1,6%
IV	Hypothekarkredite, Swaps, Termingeschäfte, Optionen	50%	4,0%
V	Bauspardarlehen	70%	5,6%
VI	Wertpapiere, Beteiligungen, Forderungen an Nichtbanken sowie Banken außerhalb der Zone A bei Laufzeit > 1 Jahr	100%	8,0%

Quelle: Eigene Darstellung.

Prinzipiell wird dafür eine Eigenkapitalunterlegung in Höhe von 8% des ausfallbedrohten Kreditvolumens gefordert, wobei bestimmte Aktiva (z. B. Forderungen an die Zentralbank und öffentliche Haushalte des Inlands in Risikoklasse I) jedoch als risikofrei eingestuft werden und somit ein Bonitäts- bzw. Risikogewicht von Null erhalten, mit der Konsequenz, dass für derartige Kredite 0% von 8%, also kein Eigenkapital vorzuhalten ist. Am anderen Ende (Risikoklasse VI) stehen risikoträchtigere Aktiva wie Forderungen an Nichtbanken mit einem Bonitäts- bzw. Risikogewicht von 100%, was bedeutet, dass für derartige Kredite die vollen 8% an Eigenkapitalunterlegung gefordert sind und zwar unabhängig von der individuellen Bonitätseinschätzung des jeweiligen Kreditnehmers. Banken müssen daher einen Unternehmenskredit in Höhe von z. B. 100.000 € stets mit 8.000 € Eigenkapital unterlegen, egal ob es sich bei dem Kreditnehmer um ein erstklassiges Traditionsunternehmen mit DAX-Notierung handelt oder um eine neu gegründete Firma mit zweifelhafteren Erfolgsaussichten. Für beide Fälle hat das Kreditinstitut dasselbe Eigenkapitalvolumen zugrunde zu legen, zu verzinsen und demzufolge auch bei der Kalkulation des Kreditpreises als Eigenkapitalkosten in die Kreditkondition einzurechnen.

Im Hinblick auf die grundsätzliche Vorgehensweise der vorzunehmenden Kreditzins-Kalkulation bringt Basel II nichts Neues, denn prinzipiell besteht Konsens darüber, dass sich im Kreditpreis die Refinanzierungskosten, die Betriebskosten, eine Risikoprämie für den erwarteten Verlust (im Sinne einer Selbstversicherung für zu erwartende Ausfälle) sowie die anzusetzenden Eigenkapitalkosten für unerwartete Verluste (in Abhängigkeit vom Ausmaß der Eigenkapitalunterlegung und der Eigenkapitalverzinsung) als Bestandteile widerzuspiegeln haben (vgl. Abbildung 5):

Abbildung 5: Kostenbestandteile des zu kalkulierenden Kreditzinssatzes

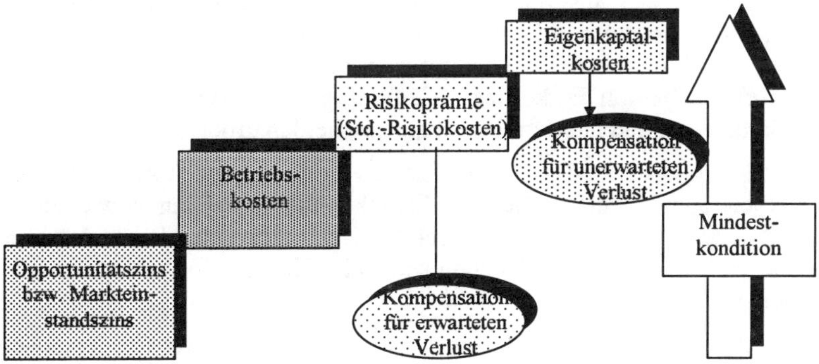

Quelle: In Anlehnung an Rolfes 2001, 8.

Als Problem hat sich dabei erwiesen, dass in der Vergangenheit offenbar keine hinreichende Differenzierung der Kreditkonditionen nach der Bonität des Kreditnehmers erfolgt ist. Zielsetzung des neuen, verbesserten Aufsichtsansatzes ist es daher, Banken zu motivieren, die (betrieblichen) Verhältnisse ihrer (Firmen-)Kunden genauer zu analysieren und das tatsächliche Kreditrisiko zutreffender in der Kalkulation ihrer Kreditpreise zu berücksichtigen. Zu erwarten ist mithin eine stärker ausgeprägte bonitätsabhängige Differenzierung im Kreditpreis, wobei lediglich die Refinanzierungskosten (Markteinstandszins) von der Bonität des Kreditnehmers unberührt bleiben (ihrerseits dafür aber von der Bonität der Bank abhängen). Bei den anderen

Komponenten ist davon auszugehen, dass nicht nur die Risikoprämien (für erwartete Verluste) und die Eigenkapitalkosten (für unerwartete Verluste) mit geringerer Bonität des Kreditnehmers ansteigen, sondern auch die Betriebskosten progressiv verlaufen werden, unterstellend, dass schlechtere Kreditnehmer tendenziell intensiver und folglich mit mehr Aufwand zu prüfen sind.

Insoweit besteht Konsens darüber, dass als Konsequenz des vorgesehenen Ratings in erster Linie eine Spreizung der Kreditkonditionen, keineswegs aber eine generelle Kreditverteuerung zu erwarten ist. Damit einhergehend winken fairere Kreditzinsen durch den Abbau von Subventionseffekten, denn bei der bislang unterlassenen Bonitätsdifferenzierung wird praktisch eine Durchschnitts-Bonität im Kreditzins des Kunden zugrunde gelegt, mit der Folge, dass bessere Kreditnehmer (die einen geringeren Zins verdient hätten) zu viel und schlechtere Kreditnehmer (die einen höheren Zins bezahlen müssten) zu wenig zahlen, was letztendlich bedeutet, dass die überdurchschnittlich guten Kreditnehmer die Schlechten subventionieren. Zugleich zeichnet sich damit das Problem der "adversen selection" ab: Um sich einer solchen Subventionierung zu ihren Lasten zu entziehen, werden sich die benachteiligten besseren Kreditnehmer von nicht differenzierenden Kreditinstituten abwenden, so dass sich in solchen Instituten tendenziell eine Häufung schlechterer Kreditnehmer einstellen wird. Das wiederum verschlechtert die Durchschnitts-Bonität, führt zu steigenden Kreditpreisen und leitet eine neue Runde dieses Prozesses ein bis am Ende dieser Kette eine solche Bank nicht mehr wettbewerbsfähig ist und aus dem Markt auszuscheiden droht.

Ein Grundanliegen des Basel II-Konzeptes ist also, Banken zu einer dem tatsächlichen Risiko entsprechenden Eigenkapitalunterlegung sowie zu einer dem tatsächlichen Risiko entsprechenden Kalkulation von Risikoprämien zu motivieren. Die Risikoeinschätzung soll sich dabei auf ein Rating der Kreditnehmer stützen.[3]

Auch Ratings sind ihrem Wesen nach für die Kreditwirtschaft nichts Neues. Praktisch hat jede Bank in ihrem Kreditgeschäft von jeher mindestens zwei Risikoklassen gebildet, indem zwischen kreditwürdigen und kreditunwürdigen Anträgen unterschieden wurde. Neu ist demnach allenfalls eine stärkere Differenzierung durch Bildung mehrerer Risikoklassen (wobei anzumerken ist, dass viele Banken bereits seit geraumer Zeit mit eigenen ausdifferenzierten Ratingsystemen arbeiten). Neu ist darüber hinaus für einige Institute ggf. die Methodik der Risikoklassenbildung, vor allem aber die konsequente Berücksichtigung im Kreditpreis, die jedoch betriebswirtschaftlich ohnehin geboten war, von einigen Banken nur nicht konsequent umgesetzt wurde.

[3] Ratings sollen die Wahrscheinlichkeit, dass ein Schuldner seinen Kredit nicht ordnungsgemäß zurückzahlt, zum Ausdruck bringen, indem sie Kredite in Risikoklassen (vergleichbar mit Schulnoten) einteilen.

Demzufolge erscheint Basel II für einige Institute auch eher als eine willkommene Argumentationshilfe, um im Kundengespräch mit dem Hinweis auf „aufsichtsrechtliche Anforderungen“ das durchzusetzen, was sie bereits seit Jahren hätten einfordern müssen.

Prinzipiell offen ist im Übrigen die Herkunft des Ratings. In einer ersten Fassung des Basel II-Konzeptes war nur die Anerkennung externer Ratings vorgesehen, also von darauf spezialisierten Rating-Agenturen, die dieses professionell gegen Entgelt betreiben (z. B. Moodys oder Standard & Poors). Diese externen Ratings liegen auch weiterhin dem sogenannten Standardansatz von Basel II zugrunde. Im Zuge der weiteren Diskussion wurden jedoch auch bankeigene, sogenannte „bankinterne Ratings“ als Alternative zugelassen. Sie bilden die Grundlage des IRB-Ansatzes (Internal Ratings-Based-Approach), der sich wiederum in zwei Varianten aufteilt: den Foundation Approach als Basisansatz und den Advanced Approach als fortgeschrittenen Ansatz. Für die weitere Abhandlung wird indes von einer tiefer gehenden Analyse dieser Verfahren und deren in erster Linie für die betroffenen Banken relevanten Implikationen abgesehen. Im Mittelpunkt stehen hier stattdessen die prinzipiellen Konsequenzen von Ratings für die Kreditvergabepolitik.

Die essenzielle Konsequenz der Neuerung liegt darin, dass die von der Bankenaufsicht geforderte Eigenkapitalunterlegung für Kredite an Nichtbanken nicht mehr einheitlich 100% (von 8%) beträgt, sondern je nach Bonität unterschiedlich ist. So variieren die Bonitätsgewichte z. B. im Standardansatz je nach Ratingklasse zwischen 20% (sehr gute Bonität) und 150% (mangelhafte Bonität). Bei den internen Ratingansätzen bemisst sich die Eigenkapitalunterlegung in Abhängigkeit von verschiedenen zu ermittelnden Risikoparametern (Ausfallwahrscheinlichkeit, Ausfallquote, Exposure zum Zeitpunkt des Ausfalls sowie effektive Restlaufzeit) nach einer von der Bankenaufsicht vorgegebenen Formel (vgl. Baseler Ausschuss für Bankenaufsicht 2003). Infolgedessen werden also neben anderen Kostenbestandteilen auch die Eigenkapitalkosten als Bestandteil des Kreditpreises in Abhängigkeit von der jeweiligen Bonität des Kreditnehmers unterschiedlich ausfallen.

Vor diesem Hintergrund verbietet es sich, allgemeingültige Aussagen über die Auswirkungen der neuen bankaufsichtsrechtlichen Eigenkapitalanforderungen auf die Kreditkonditionen von Unternehmen zu prognostizieren, da – wie das o. a. Beispiel zeigt – offenbar einige Kreditnehmer davon profitieren, andere aber zugleich davon negativ betroffen sein werden. Speziell für die KMU wird eine allgemeingültige Aussage noch schwieriger, da es sich hierbei aufgrund des in ihr enthaltenen Branchenspektrums und der beträchtlichen Größenunterschiede um eine sehr heterogene Gruppe handelt.[4] Dementspre-

---

[4] Vgl. dazu die für Unternehmensforderungen ausgewiesenen (deutschen) Ergebnisse der 3. Auswirkungsstudie zu Basel II v. 2.6.2003, im Internet: http://www.bundesbank.de/

chend kann es in den folgenden Ausführungen auch nur darum gehen, einige grundsätzliche und tendenzartige Überlegungen über zu erwartende Auswirkungen von Basel II auf die Finanzierungspolitik und (damit einhergehend) auf die Investor Relations- Politik der KMU anzustellen bzw. aufzuzeigen.

4 Grundsätzliche Auswirkungen von Basel II auf die Finanzierungs- und Investor-Relations-Politik von KMU

Die Reaktionen von Unternehmern auf das Basel II-Konzept schwanken zwischen Uninformiertheit bzw. Naivität auf der einen Seite und übertriebenem Pessimismus bis hin zu Existenzängsten auf der anderen Seite:

- Die Uninformierten haben bislang weder etwas von Basel II noch etwas über Rating gehört. Sie schlafen noch recht gut, stehen aber vor einem unangenehmen Erwachen, da sie unvorbereitet mit der dann neuen Finanzierungspraxis konfrontiert werden. Dabei ist allerdings einzuräumen, dass die Anzahl der Uninformierten ständig abnimmt.
- Die Naiven verfügen über ein ungesundes Halbwissen. Sie meinen entweder irrtümlich, dass Basel II nur eine Angelegenheit der Banken sei und ihr Unternehmen davon unberührt bleibe, oder sie haben gehört, dass die Baseler Regelungen nur für international operierende Kreditinstitute gelten. Letzteres ist zwar richtig, verkennt aber den aufsichtsrechtlichen Wirkungszusammenhang Basel-Brüssel-Berlin-Bonn, denn was im Baseler Ausschuss beschlossen wird, gelangt schon im Wege der Personalunion der Vertreter nach Brüssel, wo es in entsprechenden EU-Richtlinien mündet, die dann in nationales Recht zu transformieren sind, so dass die Regelungen schließlich über den Gesetzgeber in Berlin in das deutsche Aufsichtsrecht einziehen und damit zur Rechtsgrundlage der von vornherein involvierten Bonner Aufsichtsbehörde, der Bundesanstalt für Finanzdienstleistungsaufsicht (BAFin), werden. Letztendlich gelten die Regelungen dann über die international operierenden Banken hinaus mit allenfalls marginalen Änderungen für die gesamte Kreditwirtschaft, so auch für Sparkassen und Genossenschaftsbanken (und mithin für deren Kunden).[5]

---

bank/download/pdf/laenderberichtD.pdf (Abrufdatum: 10.11.2003) sowie hier den voranstehenden Beitrag von Schöning 2004.

5 Dieser Zusammenhang erklärt die Ambitionen bzw. Notwendigkeit, nationale Interessen des deutschen Mittelstands bereits in Basel zu artikulieren, denn die Möglichkeit, sich von der internationalen Entwicklung abzukoppeln, wird durch EU-Richtlinien begrenzt.

- Die Pessimisten fokussieren sich auf die negativen Auswirkungen von Basel II. So verbreiten einige Mittelstandsvertreter apokalyptische Visionen, angefangen mit der Prophezeihung einer generellen Kreditverteuerung für alle KMU bis hin zur grundsätzlichen Gefährdung der Kreditversorgung für KMU, gleichbedeutend mit dem Aussterben des deutschen Mittelstands. Dazu präsentieren sie eine Statistik, aus der eine bereits seit dem Jahr 2000 rückläufige Kreditvergabe der Banken an inländische Unternehmen und Privatpersonen hervorgeht (vgl. Deutsche Bundesbank 2002, 32f.) und die ihre Befürchtungen zu bestätigen scheint. Tatsächlich enthalten diese von den Pessimisten gepflegten Visionen jedoch ein gewisses Maß an interessenpolitisch verständlicher, faktisch aber ungerechtfertigter Schwarzmalerei.

Folgt man der Deutschen Bundesbank, so ist keineswegs mit einer generellen Kreditverteuerung zu rechnen und auch für eine signifikante Verknappung der Kreditversorgung – den zuweilen herauf beschworenen Credit Crunch – gibt es keine stichhaltige Evidenz. Selbst die konstatierte „Abschwächung der Kreditexpansion“ von Banken an Unternehmen ist dafür kein schlüssiges Indiz, solange nicht klar ist, ob bzw. in welchem Ausmaß diese wirklich auf ein verknapptes Kreditangebot der Banken zurückzuführen ist oder eher auf eine nachlassende Kreditnachfrage der Unternehmen selbst (vgl. in diesem Sinne Deutsche Bundesbank 2002, 31ff.). Zutreffend ist, dass – wie im Abschnitt 3 dargelegt – eine Spreizung der Kreditkonditionen zu erwarten ist, bedingt durch eine (nicht nur aufsichtrechtlich gewollte) Risiko-adjustierte Differenzierung. Infolgedessen wird es Gewinner und Verlierer geben, und dementsprechend stellen sich zwei Fragen, nämlich:

a) Welche Konsequenzen zeichnen sich für die Verlierer von Basel II ab?

b) Welche Maßnahmen sind zu ergreifen, um zu den Gewinnern von Basel II zu gehören, wobei in diesem Kontext das Themenfeld "Investor Relations“ eine größere Bedeutung erhält.

ad a): Konsequenzen für die Verlierer:

Für Betriebe mit unterdurchschnittlichem Rating wird die Kreditfinanzierung erschwert. Zur Beruhigung nicht zuletzt der KMU als vermeintliche Verlierer müssen jedoch drei Argumente bedacht werden, die in der emotionalen Diskussion zuweilen untergehen:

Dabei werden in Brüssel Mehrheitsentscheide gefällt mit der Konsequenz, dass nationale Interessen einzelner Länder dort überstimmt werden können. Demgegenüber ist im Baseler Ausschuss Einstimmigkeit gefordert, was den Ländern faktisch ein Veto-Recht und damit eine bessere Verhandlungsposition verleiht. Auch für diese Konsensnotwendigkeit steht der Begriff *„Basel: Bis alle sagen: Es langt!“*

1) Aufgrund der Regelung, Kredite bis zu einem Volumen von 1 Mio. € dem „Retailbereich" (Mengengeschäft) zuzuordnen,[6] ist zu erwarten, dass der Kreis der Verlierer eng begrenzt sein wird und nur wenige KMU enthalten wird.

2) Selbst wenn die Risikokosten zunehmen und die Eigenkapitalkosten bei Anwendung des Standardansatzes maximal um 50% (wenn das Bonitätsgewicht von 100% auf 150% steigen sollte), bei Anwendung des IRB-Ansatzes im schlimmsten Fall um 525% (bei einem festgesetzten Bonitätsgewicht von 625%) zunehmen, so bedeutet dies doch keinen proportionalen Anstieg des Kreditzinssatzes um 50% oder gar 525%, da im Kreditzins auch noch die Betriebs- und vor allem die von der Bonität des Kreditnehmers unabhängigen Refinanzierungskosten enthalten sind.

3) Ein Blick auf die Aufwandsstruktur deutscher KMU zeigt im Übrigen, dass auf die Zinsen nur ein marginaler Anteil von etwa 2% entfällt. Demzufolge bewegt sich die Diskussion hier ohnehin auf einem Nebenkriegsschauplatz im Vergleich zum Personal- und Materialaufwand, auf die zusammen genommen und in Abhängigkeit von der Unternehmensgröße ein Anteil von etwa 80% des Gesamtaufwands entfällt (vgl. Abbildung 6):[7]

Abbildung 6: Aufwandsstruktur mittelständischer Betriebe in Deutschland

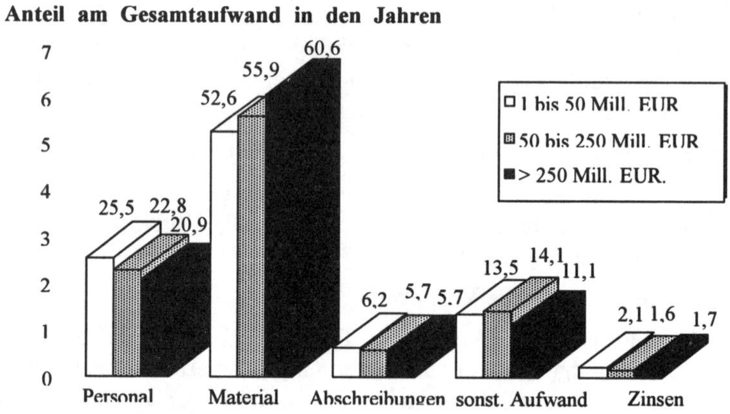

Quelle: Lichtblau und Utzig 2002, 330.

---

[6] Nach ersten Überlegungen, den Begriff „Retailkredite" an das Umsatzvolumen der Unternehmen zu koppeln, ist nun sinnvoller Weise vorgesehen, darunter Kredit bis zu einer Höhe von 1 Mio. € zu erfassen. Vgl. o. V. 2002a, 11.

[7] Diese Zahlen werden in aktualisierter Form bestätigt durch o. V. 2003, 36.

ad b): Maßnahmen, um zu den Gewinnern von Basel II zu zählen

Wichtigste Voraussetzung und somit „conditio sine qua non" ist die Schaffung eines guten betriebswirtschaftlichen Fundaments, denn eine gute Informationspolitik allein wird nicht genügen, nachhaltig die Unternehmensexistenz und damit einhergehend die Kreditwürdigkeit zu sichern, wenn die Vermögens-, Finanz- und Ertragslage unzureichend ist. Erforderlich sind also glaubhaft gute Werte bzw. zumindest Verbesserungen in den (bekannten) Rating-relevanten Bereichen, darunter z. B. gute Ertrags- und andere Finanzkennzahlen, das Vorhandensein einer klaren Organisationsstruktur sowie einer leistungsfähigen Kostenrechnung, eine geregelte Nachfolge etc.

Hinzu kommt aber auch eine gezielte Investor Relations-Politik, im o. a. Sinne verstanden als „Pflege der Beziehung zu allen Investoren", darunter auch und vor allem zu den Kreditinstituten als Hauptfinanziers deutscher KMU. Ausgehend von den heute oftmals zu beobachtenden Verhältnissen geht es dabei insbesondere um folgende Aspekte:

- Eine Verbesserung der Kommunikation im Sinne von mehr Informationen, besseren Informationen, häufigeren und damit zeitnäheren Informationen. Wenn Informationen ausbleiben – so die Annahme der Kapitalgeber – dann vermutlich, weil schlechte Informationen verschwiegen werden oder weil es gar keine Informationen gibt, was wiederum als Indiz einer unzureichenden Unternehmensführung gewertet werden kann. Folge der restriktiven Informationspolitik wäre in jedem Fall ein schlechteres Rating und mithin eine Kreditverteuerung oder gar Kreditverweigerung. Basel II gibt also handfeste finanzielle Anreize, konstruktiv und offensiv Investor- bzw. im engeren Sinne Creditor-Relations zu betreiben.
- Eine Zunahme an Transparenz und Vertrauen in der Beziehung zwischen Banken und Kreditnehmern, der mehr Offenheit zuträglich wäre – und zwar bilateral, nämlich vom Kreditnehmer der Bank gegenüber, aber ebenso auch von den Kreditinstituten, indem sie ihre Kunden über die Kriterien ihrer Kreditwürdigkeitsprüfung, deren Gewichtung, etc. detaillierter informieren und ihnen den Prozess der Entscheidungsfindung offen legen.
- Erforderlich ist auch die Bereitschaft und Fähigkeit beider Seiten, sich in die Welt des Gesprächspartners zu versetzen. Speziell im Hinblick auf die Etablierung fruchtbarer Creditor Relations erscheint es daher geboten, auf der Bankenseite dafür zu sorgen, dass Firmenkundenbetreuer zu kompetenteren Gesprächspartnern der Unternehmen ausgebildet werden und auf der Unternehmensseite sollten sich die Verantwortlichen mehr auf den Informationsbedarf der Banker einstellen.

Jenseits der hier nur angedeuteten Anforderungen an eine zu kultivierende Creditor Relations-Politik (vgl. dazu den hier folgenden Beitrag des Verfassers) lässt das Basel II – Konzept aber auch und vor allem noch diverse Auswirkungen auf die Finanzierungsstruktur von KMU erwarten, die wiederum nur bedingt verallgemeinert werden können und dementsprechend individuell teils mehr, teils weniger zutreffen werden. Im Großen und Ganzen zeichnen sich aber folgende Entwicklungstendenzen ab:

- eine Zunahme verbriefter Finanzierungsformen über den Geld- bzw. Kapitalmarkt, die jedoch wegen der erforderlichen Mindestvolumina in erster Linie für größere KMU in Betracht kommen dürften. Angesichts der anfallenden Fixkosten bei der Emission, der Fixkosten für ein externes Rating[8] sowie unter dem Aspekt eines aus Liquiditätsgründen erforderlichen Mindesthandelsvolumens wird zuweilen für Anleiheemissionen ein Mindestvolumen von ca. 20-30 Mio. Euro als sinnvoll erachtet.[9] Hinzu kommen weitreichende Offenlegungsvorschriften, die speziell für kleinere KMU eine hemmende Zusatzbelastung darstellen können. Soweit diese aber akzeptabel erscheinen und ein hinreichend großer Finanzierungsbedarf besteht, werden Kapitalmarktfinanzierungen an Bedeutung gewinnen und die Kreditfinanzierung durch Banken zumindest partiell verdrängen. In besonderem Maße dürfte das zutreffen, wenn Ratings nicht nur im Bank-Kunden-Verhältnis erstellt und evaluiert werden, sondern wenn sie auch einer breiteren Öffentlichkeit bekannt gegeben werden. Damit würden Informationsasymmetrien nivelliert, die bislang dazu beitragen, dass Anleger ihr Geld eher bei einer Bank deponieren, statt damit ein Unternehmen direkt zu finanzieren. Prinzipiell ist also davon auszugehen, dass Ratings eine Direktfinanzierung von Betrieben durch private Haushalte begünstigen. Inwieweit KMU davon profitieren, bleibt wegen der genannten Mindestvolumina fraglich. Denkbar (und in Ansätzen auch bereits zu beobachten) wäre allerdings, dass Banken auch für ihre KMU-Klientel forciert dazu übergehen, deren Kreditvolumina zu bündeln und diese z. B. im Rahmen von ABS-Konstruktionen (Asset-Backed-Securities) zu verbriefen, um somit das für eine Wertpapieremission erforderliche Mindestvolumen zu erzielen.
- eine Zunahme alternativer Kreditformen (z. B. Lieferantenkredite) zumindest bei den Betrieben, die durch Basel II eine Verteuerung

[8] Berichten zufolge liegen diese je nach Unternehmensgröße zwischen 10.000 und 50.000 €, vgl. z. B. Schäfer 2002. Bei Standard & Poors sollen für eine Erstbewertung 40.000 bis 80.000 €, für die laufende Überwachung dann noch 25.000 bis 40.000 € anfallen. Vgl. dazu o. V. 2002c, 27.

[9] Schäfer 2002 beziffert das Mindestvolumen für eine Anleihe auf 5 Mio. Euro.

bzw. Verknappung ihrer Bankkredite hinzunehmen haben. Durch diesen Impuls werden sie einen neuen Gleichgewichtspunkt suchen müssen, der die Vor- und Nachteile der verschiedenen Finanzierungsalternativen wieder ausbalanciert.

- Eine zunehmende Nutzung von Kreditalternativen, wozu als klassische Substitute das Leasing und Factoring zählen. Auch diese werden (analog zu den Lieferantenkrediten) interessanter für Betriebe, deren Kreditfinanzierung durch Basel II beeinträchtigt wird. Hinzu kommen andere Finanzierungsalternativen wie Beteiligungskapital/Private Equity, Mezzanines Kapital (stille Beteiligungen, nachrangige Darlehen, Wandelanleihen etc.) (vgl. u. a. Nolte, Nolting und Stummer 2002, 344ff. bzw. Nelles und Klusemann 2003, 1ff.). Für sie spricht nicht nur die relative Verbesserung gegenüber einer durch Basel II ggf. verschlechterten Kreditfinanzierung, sondern zudem, dass damit Eigenkapital bzw. dem Eigenkapital zumindest angenäherte Finanzmittel eingeworben werden, die sich ceteris paribus positiv auf das Rating auswirken, damit einen Beitrag leisten, weiteres Kapital kostengünstig(er) aufnehmen zu können und dass dabei auch die von vielen KMU befürchtete Mitsprache der Kapitalgeber vertraglich ausgeschlossen werden kann.

Dass dementsprechende Veränderungen in der Finanzierungsstruktur dann auch wieder Rückwirkungen auf die Gestaltung der IR-Politik auslösen (Verlagerung in der Bedeutung einzelner Investoren-Gruppen, ggf. Erschließung neue Kapitalgeber als Adressaten), ist naheliegend und hier nicht weiter zu vertiefen.

5 Fazit: Basel II als Chance für KMU

Diese grundlegenden Ausführungen sollten verdeutlicht haben, dass Basel II und Ratings keinesfalls zwingend als Bedrohung einzustufen, sondern durchaus – wenn nicht sogar für die meisten KMU – auch als Chance zu betrachten sind:

- Unter der Voraussetzung einer anzustrebenden gegenseitigen Transparenz bzw. Offenheit auch der Banken erhalten die KMU einen fundierteren Einblick in das Kreditvergabeverhalten ihres Instituts.
- Die mit dem Rating verbundene Stärken-Schwächen-Analyse stellt quasi einen betriebswirtschaftlichen Gesundheits-Check für das eigene Unternehmen dar.

- Hinzu kommt die über die Kreditbeziehung hinausgehende Gütesiegelfunktion, denn mit einem anerkannten (guten) Rating verfügen Unternehmen prinzipiell über bessere Möglichkeiten der Außenfinanzierung.
- Zudem gestatten Ratings die Bildung von Finanzierungs-Gemeinschaften, die darauf abzielen, eine Vielzahl kleinerer Finanzbedarfe zu bündeln, um kollektiv in den Genuss besserer Konditionen zu kommen.

Voraussetzungen dafür, dass Unternehmen und Banken vom Ratingprozess profitieren, ist allerdings ein konstruktiver Dialog, basierend auf:

- gegenseitigem Vertrauen;
- einer Verbesserung der Unternehmenstransparenz nach innen und außen, was bedeutet, dass viele KMU nach innen gerichtet v. a. ihr Rechnungswesen bzw. Controlling verbessern und klarere Organisationsstrukturen einrichten sollten (was sich positiv auf ihr Rating auswirken wird) und nach außen gerichtet eine offensivere Kommunikationspolitik pflegen sollten, z. B. indem sie im Rahmen ihrer Investor – bzw. Creditor Relations ihre (hoffentlich vorhandene) Unternehmensstrategie offen legen.
- beiderseitiger Qualifikation und Kompetenz, was neben der unabdingbaren Fachkompetenz auch die Sozialkompetenz impliziert, sich in die Gedankenwelt und Interessenlage seines Geschäftspartners zu versetzen, um mit ihm effektiv zu kommunizieren.

Unter diesen Voraussetzungen kann sich aus Basel II ein wichtiger Impuls ergeben, der dazu beitragen sollte, das (aus Sicht eines Externen) oftmals erstaunlich distanzierte, durch wenig gegenseitiges Verständnis und Befürchtungen beeinträchtigte Verhältnis zwischen Banken und ihren Kreditnehmern zu verbessern. Und es gibt Anlass, sich im Kontext der bislang vornehmlich auf die Eigenkapitalgeber fokussierten Investor Relations-Politik intensiver mit dem Phänomen der Creditor Relations zu befassen (vgl. dazu den folgenden Beitrag des Verfassers).

Literatur

Baseler Ausschuss für Bankenaufsicht (Hrsg.) (2003), *Konsultationspapier: Überblick über die Neue Baseler Eigenkapitalvereinbarung*, 2003, Übersetzung der Deutschen Bundesbank, im Internet: http://www. bundesbank.de/bank/download/pdf/ Overview_Deutsch.pdf.

Basle Committe on Banking Supervision (Hrsg.) (1988), *International Convergence of Capital Measurement and Capital Standards*, Basel, Juli, im Internet: http://www.bis.org/publ/bcbs04A.pdf.

Baxmann, U. G. (2004), Creditor Relations: Bilaterale Transparenz im Firmenkunden-Kreditgeschäft am Beispiel handwerklicher Betriebe, in: Merz, J. und J. Wagner (Hrsg.), *Perspektiven der MittelstandsForschung – Ökonomische Analysen zur Selbständigkeit, Freien Berufen und KMU*, Münster u. a., (in diesem Band).

Brammer, R. P. (2001), Was sind Investor Relations? – Abgrenzung zwischen IR und PR, in: Going Public, o. Jg., im Internet: www.dirk.org/graphics/Dirk/Dokumente-PDF/Was-sind-Investor-Relations.pdf.

Claussen, R. (2001), *Der Mittelstand im Spannungsfeld zwischen Kredit- und Kapitalmarkt*, Vortrag auf der 4. Jahreskonferenz des Deutschen Investor Relations Kreises (DIRK) am 7./8. Mai 2001 in Frankfurt/Main, im Internet: http://www.dirk.org/graphics/Dirk/Dokumente-PDF/DIRK-Konferenz-2001/Claussen-zwei-c.pdf.

Deutsche Bundesbank (Hrsg.) (2002), Zur Entwicklung der Bankkredite an den privaten Bankensektor, in: *Monatsbericht*, 54. Jg., Oktober, 31-47.

Deutsches Aktieninstitut (Hrsg.) (2002), DAI-Factbook 2002, Frankfurt a. M.

Dresdner Bank und Gruner + Jahr (Hrsg.) (2000), *MIND – Mittelstand in Deutschland*, Köln.

Günterberg, B. und H. J. Wolter (2001), *Mittelstand in der Gesamtwirtschaft – Anstelle einer Definition*, Kapitel 1 der Unternehmensgrößenstatistik 2001/ 2002 – Daten und Fakten, Institut für Mittelstandsforschung Bonn, im Internet: http://www.ifm-bonn.org/ → Statistik → Unternehmensgrößenstatistik 2001/2002.

Krystek, U. und M. Müller (1993), Investor Relations – Eine neue Disziplin nicht nur für das Finanzmanagement, in: *Der Betrieb*, 46. Jg., 1785-1789.

Lichtblau, K. und S. Utzig (2002), Finanzierungs- und Kostenstrukturen des deutschen Mittelstands, in: *Die Bank*, 42. Jg., 326-331.

Lindenfeld, S. (2002), *Spannungsverhältnis zwischen Public Relations und Investor Relations*, Vortrag auf der 5. Jahreskonferenz des Deutschen Investor Relations Kreises am 22./23. April 2002 in Frankfurt a. M., im Internet: http://www.dirk.org/graphics/ dirk/dokumente-pdf/dirk-konferenz-2002/praesentationen/ 1B_Lindenfeld.pdf.

Lingenfelder, M. und H. Walz (1988), Investor Relations als Element des Finanzmarketing, in: *WiSt*, 17. Jg., 476-469.

Lohneiß, H. (2002), Die stille Revolution in der Finanzierung, in: Deutsche Bundesbank (Hrsg.), *Auszüge aus Presseartikeln*, Nr. 25, 6.6.2002, 12-14.

o. V. (2002a), Meister: Basel II macht Kredite für drei Millionen Unternehmen günstiger, in: *Börsen-Zeitung*, 27.6.2002, 11.

o. V. (2002b), Rückgang der Firmenkredite kein Indiz eines drohenden „credit crunch", in: *Handelsblatt*, 19.8.2002, 20.

o. V. (2002c), Bonitätsbewertung wird zum Standardinstrument, in: *Handelsblatt*, 2.10.2002, 27.

o. V. (2003), Zur wirtschaftlichen Situation kleiner und mittlerer Unternehmen in Deutschland, in: Deutsche Bundesbank (Hrsg.), *Monatsberichte*, 55. Jg., Nr. 10, 29-55.

Nelles, M. und M. Klusemann (2003), Die Bedeutung der Finanzierungsalternative Mezzanine-Capital im Kontext von Basel II für den Mittelstand, in: Finanz *Betrieb*, 55. Jg., 1-10.

Nolte, B., Nolting, R. und F. Stummer (2002), Finanzierung des deutschen Mittelstands: Private Equity als Alternative, in: *Sparkasse*, 119. Jg., 344-350.

Paul, S. (Hrsg.) (2003), *Basel II, Mittelstand und Kreditpreise*, Frankfurt a. M.

Paul, S. und S. Stein (2002), *Rating, Basel II und die Unternehmensfinanzierung*, Köln.

Paul, S. und S. Stein (2003), Auf der Bremsspur: Für den Mittelstand und seine Banken zeigt die Qualitätsampel gelb-rot, in: *Finanz Betrieb*, 5. Jg., 417-431.

Paul, W. und M. Zieschang (1994), Wirkungsweise der Investor Relations, in: *Der Betrieb*, 47. Jg., 1485-1487.

Rolfes, B. (2001), Steuerung des Kreditrisikos im Dualen Steuerungsmodell, in: Rolfes, B. u. a., *Ausfallrisiken: Qualifizierung, Bepreisung und Steuerung*, Frankfurt a. M. 1-28.

Schäfer, W. (2002), Die Gretchenfrage ist die Unternehmensnachfolge, in: *Handelsblatt*, 2.10.2002, R3.

Schilling, V. M. (2002), Basel II und Wandel im Kreditgeschäft mit mittelständischen Unternehmen, in: *Sparkasse*, 119. Jg., 392-396.

Schöning, S. (2004), Analyse der Ursachen des veränderten Kreditvergabeverhaltens gegenüber KMU im Vorfeld von Basel II, in: Merz, J. und J. Wagner (Hrsg.), *Perspektiven der MittelstandsForschung – Ökonomische Analysen zur Selbständigkeit, Freien Berufen und KMU,* Münster u. a., (in diesem Band).

Ulf G. Baxmann

Universität Lüneburg, Bank- und Finanzwirtschaft

Creditor Relations – Bilaterale Transparenz im Firmenkunden-Kreditgeschäft am Beispiel handwerklicher Betriebe

Zusammenfassung

Werden „Investor Relations" wörtlich als Beziehungspflege zu Kapitalgebern verstanden und nicht nur auf die Eigner von Aktiengesellschaften bezogen, so sind sie auch für handwerkliche Betriebe relevant. Angesichts der dort vorherrschenden Kreditfinanzierung rückt damit zugleich der Teilbereich „Creditor Relations" (Beziehungen zu externen Fremdkapitalgebern, darunter v. a. Banken) in den Mittelpunkt. Diese Beziehungen werden durch „Basel II" auf eine neue Basis gestellt. Kredit suchende Betriebe werden für ihr Rating mehr und bessere Informationen geben müssen, um überhaupt Kredite bzw. günstigere Konditionen zu erhalten. Fraglich ist, wie weit der diesbezügliche Kenntnisstand der Kreditnehmer geht, wie ihre Bereitschaft zu mehr Transparenz ausgeprägt ist und ob die von den Kreditnehmern verlangte Transparenzzunahme eine Einbahnstraße bleibt oder ob bzw. inwieweit auch die Banken ihren Entscheidungsprozess transparenter gestalten werden. Ziel des hier skizzierten Forschungsprojektes ist es, basierend auf den sich abzeichnenden Änderungen durch Befragungen von handwerklichen Betrieben sowie von Kreditinstituten zu untersuchen, ob und ggf. wie sich deren Kommunikationsverhalten – die Creditor Relations – verändern wird.

1 Problemstellung

Die Neugestaltung der bankaufsichtsrechtlichen Anforderungen an die Eigenkapitalausstattung von Kreditinstituten (Basel II) verlangt von den Banken u. a. eine Eigenkapitalunterlegung der eingegangenen Kreditrisiken, die zukünftig nicht mehr pauschal nach Kreditnehmergruppen festgelegt, sondern differenziert auf die im Rating zum Ausdruck kommende Bonitätseinschätzung des jeweiligen Kreditnehmers abgestellt sein soll.

Für die Kreditinstitute mag dies je nach Kreditnehmerstruktur zu einer Erhöhung oder Verminderung ihrer erforderlichen Eigenkapitalausstattung führen.[1] Unabhängig von dem jeweiligen Ergebnis bedeutet dies aber auf jeden Fall, dass Banken Ratingsysteme zu nutzen bzw. im Falle bankinterner Ratings zu implementieren haben. Wenngleich diverse Banken bereits seit längerem Ratings in der Kreditwürdigkeitsprüfung verwenden, so zeichnet sich doch ab, dass diese nun vor dem Hintergrund der aufsichtsrechtlichen Anforderungen anspruchsvoller (im Sinne von detaillierter und statistisch fundierter) werden und im Hinblick auf die Ausfallintensität der einzelnen Risikoklassen eine höhere Validität bzw. Kompatibilität im Institutsvergleich aufweisen werden.

Des Weiteren zeichnet sich ab, dass die Ergebnisse der Ratings in der Kreditvergabepolitik zukünftig konsequenter umgesetzt werden, sei es in Bezug auf die Kreditvergabe (Mittelbereitstellung) an sich oder auf die daran anknüpfende Konditionengestaltung. Dabei ist davon auszugehen, dass alle der üblichen vier Komponenten eines Kreditpreises einen Ratingbezug aufweisen werden:

- Die Eigenkapitalkosten (für unerwartete Risiken) werden nach Maßgabe der Baseler Vorgaben, die dann erwartungsgemäß in weitgehend ähnlicher Form über eine europäische Richtlinie in das nationale Aufsichtsrecht Einzug halten, von der Bonität des Kreditnehmers anhängen.
- Die Risikokosten (für erwartete Risiken) werden ebenfalls stärker differenziert ausfallen und mit sinkender Bonität des Kreditnehmers deutlich zunehmen.
- Auch bei den Betriebskosten ist – ausgehend von der realistischen Hypothese, dass schlechtere Kreditnehmer intensiver zu prüfen sind – zu erwarten, dass die Banken diese Kosten verursachungsgerecht weitergeben werden, so dass schlechtere Kreditnehmer mit höheren Betriebskosten belastet werden.
- Selbst die Refinanzierungskosten werden eine Ratingabhängigkeit aufweisen, hier allerdings in erster Linie abhängig von der Bonität bzw. dem Rating des Kreditinstituts (bzw. des Bankenverbundes),

[1] Vgl. die entsprechenden Auswirkungsstudien bzw. Quantitative Impact Studies (QIS) der Banken, z. B. die der 3. QIS im Internet http://www.bundesbank.de/bank/download/pdf/qis3/QIS3_Ergebnisse.pdf (weltweite Ergebnisse, Stand: 5.5.2003) bzw. http://www.bundesbank.de/bank/download/pdf/laenderberichtD.pdf (deutsche Ergebnisse, 2.6.2003).

da dieses über dessen Refinanzierungsbedingungen am Geld- bzw. Kapitalmarkt entscheidet.[2]

Ungeachtet des zuletzt genannten Aspektes, der auf die Bonität des Kreditinstituts ausgerichtet ist, steht somit außer Frage, dass die Kreditverfügbarkeit ebenso wie die Höhe des Kreditpreises zukünftig maßgeblich vom Rating des Kreditnehmers abhängen wird. Im Vergleich zum Status quo können Kreditnehmer somit je nach erzieltem Rating von dieser Differenzierung profitieren oder aber beeinträchtigt werden. Zugleich stellt sich damit aber auch eine Reihe von (hier nicht im Vordergrund stehenden) inhaltlichen Detailfragen, so z. B. zu den Ratingkriterien sowie den betriebswirtschaftlichen und anderen Mitteln, mit denen das eigentliche Fundament für ein gutes Rating geschaffen werden kann.

In diesem Beitrag und dem darin skizzierten anschließenden Forschungsprojekt geht es indes nicht um derartige inhaltliche Ratingdetails – also nicht um die Frage, welche Kriterien beachtet und wie diese gewichtet werden –, sondern vielmehr um die Auswirkungen des Ratings auf die Kommunikation zwischen Kreditnehmern (konkretisiert am Beispiel von Handwerksbetrieben) und Kreditgebern (typischerweise Banken), mithin also um evtl. Veränderungen im Bereich der so genannten „Creditor Relations" als dem für KMU (inkl. Handwerksbetriebe) maßgeblichen Teil einer Investor-Relations-Politik (vgl. dazu auch den voranstehenden Beitrag des Verfassers sowie 2.3).

Davon ausgehend, dass die Betriebe wie oben skizziert im Hinblick auf die Kreditversorgung und Kreditzinssätze von ihrem Ratingergebnis profitieren oder beeinträchtigt werden können, ergibt sich zwangsläufig ein Interesse der Unternehmer, über die Ratingkriterien und das Ratingresultat ihrer Bank informiert zu sein. Zudem liefert das Ratingsystem Anreize, dem Kreditgeber möglichst viele (positive) Informationen anzubieten, um das Ratingresultat zu verbessern. Objektiv gesehen müssten also beide Seiten ein Interesse haben, die gegenseitige Transparenz zu erhöhen. Inwieweit dieses der Realität entspricht, ist Gegenstand des im Weiteren begründeten und skizzierten Forschungsprojektes, in dem es insbesondere um folgende Problemfelder geht:

- den Kenntnisstand der befragten Unternehmer zum Thema „Rating";
- die Bereitschaft der Banken, ihr Ratingsystem offen zu legen;
- die Bereitschaft und Fähigkeit der Unternehmer, den Banken ein breiteres Spektrum an Informationen zu geben, wobei a priori anzu-

[2] Damit zeichnet sich bereits ein legitimes Interesse des Kreditnehmers ab, der Bank nicht nur selbst ein gutes eigenes Rating zu signalisieren, sondern in umgekehrter Weise auch etwas über das Rating der Bank (und deren Refinanzierungskosten) zu erfahren.

nehmen ist, dass die grundsätzliche Akzeptanz von dem individuell erwarteten Kosten-Nutzen-Verhältnis abhängig sein wird;

- die Gestaltung der Kommunikation zwischen den beiden involvierten Parteien mit dem Ziel eines größeren gegenseitigen Verständnisses;
- mögliche Maßnahmen, um evtl. Unzulänglichkeiten entgegenzuwirken.

2 Begriffliche Abgrenzungen und Grundlagen

2.1 Zum Betrachtungsobjekt „Handwerksbetriebe“

Zum deutschen Handwerk zählen Gewerbebetriebe, die als Vollhandwerke bzw. als handwerksähnliches Gewerbe in der Handwerksordnung (HandwO) definiert sind. Gemäß § 1 der HandwO zählen zu den Vollhandwerken Gewerbebetriebe, die ein in der Anlage A zur HandwO aufgeführtes Gewerbe handwerksmäßig betreiben. Maßgeblich ist die "Handwerksrolle", in die sich alle Vollhandwerke bei der für sie zuständigen Handwerkskammer mit ihrem Beruf eintragen müssen. Betriebsgröße, Beschäftigtenzahl oder Umsatzhöhe sind in Deutschland – im Gegensatz zu anderen europäischen Ländern – nicht entscheidend für die Zugehörigkeit zum Handwerk (vgl. http://www2. handwerk.de/servlet/ContentServer?pagename=portal/RenderPage&pageid=10198 30909188&docid=1022246859402). Zum handwerksähnlichen Gewerbe zählen gemäß § 18 der HandwO Gewerbe, die in einer handwerksähnlichen Betriebsform betrieben werden und in der Anlage B zur HandwO aufgeführt sind. Insgesamt bestand das Handwerk in Deutschland Ende des Jahres 2002 somit aus rund 844.000 Unternehmen, davon 666.000 Vollhandwerke und 178.000 handwerksähnliche Gewerbe (vgl. Strukturdaten des ZDH, http://www.zdh.de/servlet/ContentServer?pagename=zdh/RenderPage&pagei d=1032358503857).

Handwerksbetriebe stellen also zahlenmäßig und von der praktischen Bedeutung her einen recht beachtlichen Teil des deutschen Mittelstandes dar: Von den etwa 3,3 Millionen umsatzsteuerpflichtigen Unternehmen sind dem Handwerk rund 25% und dem Vollhandwerk immer noch 20% der Betriebe zuzuordnen. In den über 800.000 Betrieben arbeiteten Ende des Jahres 2001 fast 5,7 Millionen Menschen (nahezu 15% aller Erwerbstätigen) und der Umsatz belief sich auf rund 509 Milliarden Euro (vgl. http://www.zdh.de/servlet/ ContentServer?pagename=zdh/RenderPage&pageid=1032358503849&docid =1032358518365). Charakteristisch für Handwerksbetriebe sind somit auch die relativ kleinen Betriebsgrößen. Folgt man der Statistik des ZDH so bestanden 1995 rund 88% der handwerksähnlichen Betriebe aus bis zu 4 Beschäftigten; bei den Vollhandwerksbetrieben waren es immerhin 47% mit weiteren 27% in der Größengruppe von 5 bis 90 Beschäftigten (vgl. http://www.zdh.de/servlet/ContentServer?pagename=zdh/RenderPage&pageid=103 2358503857, Daten & Fakten, Strukturdaten, Grafiken 13 und 16). Im Durchschnitt waren Ende des Jahres 2002 bei den Vollhandwerksbetrieben 7,5 Mitarbeiter beschäftigt.

Organisatorisch gliedert sich die Handwerksorganisation auf der Bezirksebene in 54 Handwerkskammern, denen staatliche Aufgaben in Selbstverwaltung übertragen sind. Ihnen obliegt u. a. die Rechtsaufsicht über die Handwerksinnungen, das Führen der Handwerksrolle sowie die Regelung der Berufsausbildung nebst fachlichem Prüfungswesen. Zudem agieren sie als Interessenvertretung des Handwerks gegenüber Politik und Verwaltung sowie als Berater der ihnen angeschlossenen Handwerksbetriebe. Eine der 54 Kammern ist die in das anstehende Forschungsprojekt eingebundene Handwerkskammer Lüneburg-Stade mit gegenwärtig (Stand: 31.12.2002) insgesamt 17.028 angeschlossenen Handwerksbetrieben (13.548 Vollhandwerks- und 3.480 handwerksähnliche Betriebe).

2.2 Wesen von Ratings und deren Bedeutung für Handwerksbetriebe

Ratings sind formalisierte Einschätzungen zur Bonität von (gewerblichen) Kreditnehmern, basierend auf einer Vielzahl von quantitativen Informationen – bei Unternehmen insbesondere mittels Kennzahlen zur Vermögens-, Finanz- und Ertragslage – ebenso wie qualitativen Informationen z. B. zur Ausbildung und Managementqualifikation, zum Zahlungsverhalten, zu den Branchenperspektiven, etc.. Die entsprechenden Merkmalsausprägungen eines Kreditnehmers werden dabei typischerweise mit Punkten oder Noten bewertet, gewichtet und zu einem Gesamturteil zusammengefasst, das dann in der Zuordnung zu einer Risikoklasse (z. B. von AAA / „sehr gut“ bis D / „mangelhaft“) zum Ausdruck kommt (vgl. zur Funktionsweise bzw. Konstruktion von Ratings u. a. Krämer-Eis 2000). Wichtig ist dabei, dass sich die Risikoklassen hinsichtlich der erwarteten – und ex post auch hinsichtlich der eingetretenen – Ausfallwahrscheinlichkeiten unterscheiden und aus Gründen der Vergleichbarkeit und Wettbewerbsgleichheit gewisse Standards eingehalten werden. So werden z. B. für die Risikokategorien von Standard & Poors die theoretisch kalkulierten und für den Zeitraum 1981 bis 2000 empirisch ermittelten 1-Jahres-Ausfallquoten genannt (vgl. Abbildung 1).

Die aktuell diskutierte Bedeutung von Ratings liegt nun – wie verbreitet dargestellt (vgl. u. a. den voranstehenden Beitrag des Verfassers) – darin, dass Banken die Ergebnisse dieser Bonitätseinstufung zukünftig konsequenter in ihrer Kreditvergabepolitik berücksichtigen werden, sei es im Hinblick auf die

die Mittelvergabe per se (Frage der Kreditverfügbarkeit) oder im Rahmen der Konditionengestaltung (Frage des Kreditpreises). Folglich werden alle Kredit nachfragenden Unternehmer ein Interesse daran haben müssen, ihr Rating so weit als möglich positiv zu beeinflussen.

Abbildung 1: Ausfallquoten in ausgewählten Risikokategorien der Ratingagentur Standard & Poors

Ratingklasse	AAA	AA+	AA	AA–	A	BBB+	BBB–	B–	CC
Theoret. Ausfallquote	0,01%	0,02%	0,03%	0,04%	0,07%	0,13%	0,39%	10,54%	18,27%
Empir. Ausfallquote	0,00%	0,00%	0,00%	0,03%	0,05%	0,12%	0,35%	10,32%	21,94%

Quelle: Vgl. Krämer-Eis 2001.

Die aktuell diskutierte Bedeutung von Ratings liegt nun – wie verbreitet dargestellt (vgl. u. a. den voranstehenden Beitrag des Verfassers) – darin, dass Banken die Ergebnisse dieser Bonitätseinstufung zukünftig konsequenter in ihrer Kreditvergabepolitik berücksichtigen werden, sei es im Hinblick auf die die Mittelvergabe per se (Frage der Kreditverfügbarkeit) oder im Rahmen der Konditionengestaltung (Frage des Kreditpreises). Folglich werden alle Kredit nachfragenden Unternehmer ein Interesse daran haben müssen, ihr Rating so weit als möglich positiv zu beeinflussen.

Die in diesem Zusammenhang anzutreffende Differenzierung von so genannten „externen" und „internen" Ratings dürfte dabei für die hier anstehende Untersuchung eher irrelevant sein:

- Als (Bank-)externe Ratings gelten die entsprechenden Verfahren bzw. Ergebnisse von darauf spezialisierten Ratingagenturen, darunter die weltweit führenden Agenturen Standard & Poors, Moodys sowie Fitch. Praktisch können diese jedoch für die Gruppe der KMU und insbesondere für die hier im Fokus stehende Gruppe der Handwerksbetriebe vernachlässigt werden, da diese Betriebe typischerweise nicht von solchen Agenturen geratet werden. Dagegen sprechen schon die mit einem externen Rating verbundenen Kosten, die je nach Größe des zu beurteilenden Unternehmens auf 10.000 bis 50.000 Euro veranschlagt werden (vgl. Schäfer 2002).
- Infolgedessen kommen gerade für Handwerksbetriebe eher die (Bank-) internen Ratingverfahren der sie jeweils betreuenden Kreditinstitute (v. a. Sparkassen und Kreditgenossenschaften) in Be-

tracht. Davon ausgehend, dass Handwerksbetriebe so gut wie ausschließlich bankinternen Ratings unterliegen werden, ergibt sich für sie somit auch eine besondere Relevanz, ihre im Folgenden näher betrachteten „Creditor Relations“ zu pflegen.

2.3 Wesen und Bedeutung von Creditor Relations für Handwerksbetriebe

Ausgangspunkt der folgenden Überlegungen ist der Tatbestand, dass Unternehmer zur Finanzierung ihrer Geschäftstätigkeit zumeist darauf angewiesen sind, finanzielle Mittel von Externen zu beschaffen, sei es als Eigenkapital (von Gesellschaftern) oder als Fremdkapital (von Gläubigern). Beides wird einem Unternehmer nur gelingen, wenn er die Kapitalgeber überzeugen kann, dass die Mittel Erfolg versprechend verwendet werden und somit ein adäquates Entgelt für die Kapitalüberlassung (Erfolgsbeteiligung für die Gesellschafter, Zinsen und Tilgung für die Gläubiger) zu erwarten ist. Um dieses glaubhaft zu vermitteln, müssen Kapitalnachfrager und Kapitalanbieter miteinander kommunizieren. Ohne Einschränkung auf bestimmte Rechtsformen und/oder bestimmte Arten von Kapitalgebern, sondern im weitesten Sinne und in direkter Übersetzung des Begriffes „Investor Relations“ geht es dabei also grundsätzlich um die aus Sicht des Unternehmers zu optimierende „Beziehungspflege zu allen Kapitalgebern (Investoren)“.

Wie der ZDH feststellt, sind jedoch „gerade die kleinen und mittleren Betriebe des Handwerks in besonderer Weise auf Fremdfinanzierung angewiesen, weil sie in der überwiegenden Zahl nur eine geringe Eigenkapitalquote aufweisen. Fast 37 Prozent der Handwerksbetriebe sind sogar unterkapitalisiert, ihr Eigenkapital erreicht noch nicht einmal zehn Prozent ihrer Bilanzsumme.“[3] Die Frage nach der Bedeutung einer gezielten Investor Relations-Politik mündet daher für Handwerksbetriebe (ebenso wie für viele andere KMU) in der Erkenntnis, dass sich diese am ehesten an Kreditinstitute als Hauptfinanziers richten sollten. Anders formuliert: Da es Handwerksbetrieben offenbar schwer fällt, Eigenkapital zu generieren bzw. zu beschaffen und seitens der Firmeninhaber wohl auch verbreitet Vorbehalte gegenüber einer Beteiligungsfinanzierung bestehen,[4] sind Shareholder Relations für diese Klientel ebenso

---

[3] ZDH, Basel II darf nicht zur Verschlechterung der Finanzierungsbedingungen führen, im Internet: http://www.zdh.de/servlet/ContentServer?pagename=zdh/PreviewPage&docid=1032358507297&pageid=1032377732838.

[4] Vgl. u. a. Bühren 2003, der auf das ideologische Problem vieler Handwerkschefs hinweist, Externen bei betrieblichen Entscheidungen keine Mitbestimmung einräumen zu wollen, verbunden mit der verbreiteten Unkenntnis, dass diese Mitsprache bei verschiedenen Formen so genannter „mezzaniner“ Finanzierungen (Mischformen von Eigen- und Fremdkapital) vertraglich ausgeschlossen werden können.

nachrangig wie Bondholder Relations, davon ausgehend, dass Handwerksbetriebe i. d. R. nicht das für eine Anleiheemission erforderliche Finanzierungsvolumen aufweisen (vgl. z. B. Schäfer 2002, demzufolge Anleihevolumina bei etwa 5 Mio. € beginnen.). Was also bleibt, sind die „Creditor Relations“ als für Handwerksbetriebe (ebenso wie für andere KMU) bedeutsamster Teil von Investor Relations.[5]

Bestätigt wird dies auch durch die Resultate einer im I. Quartal des Jahres 2001 durchgeführten Befragung des ZDH, an der 12.800 Handwerksbetriebe aus dem Bundesgebiet mit einer repräsentativen Beteiligung von 26 westdeutschen und 8 ostdeutschen Handwerkskammerbezirken teilnahmen (darunter auch 244 Handwerksunternehmen aus dem hier und in dem geplanten Forschungsprojekt näher betrachteten Kammerbezirk Lüneburg-Stade):

Abbildung 2: Finanzierungsquellen handwerklicher Betriebe

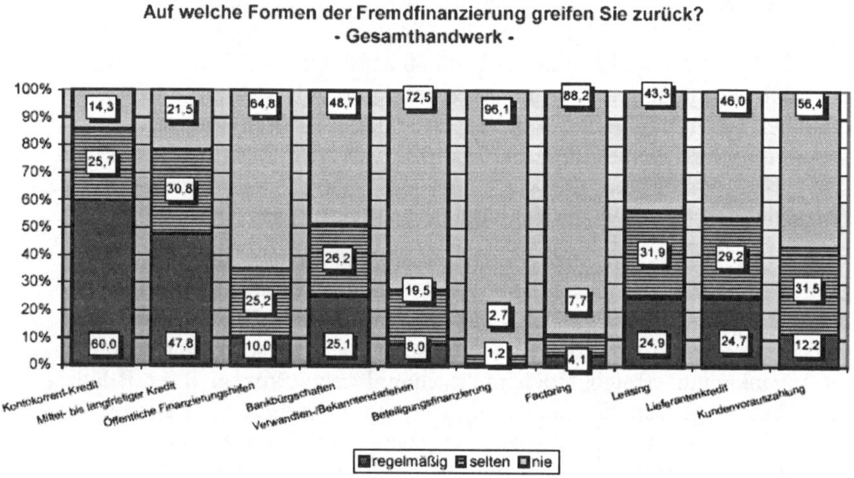

Quelle: Barthel 2001, 7. Auf 9ff. befinden sich auch weitergehende Aufschlüsselungen nach Gewerbegruppen, Beschäftigtengrößenklassen, etc.

Im Ergebnis zeigt sich dabei Folgendes (die entsprechenden Werte für den Referenzbereich Lüneburg-Stade stehen kursiv in Klammern):[6]

---

5 Zur Einordnung von Investor Relations (IR) in die Kommunikationspolitik sowie zur Unterteilung der IR in Shareholder -, Bondholder - und Creditor Relations vgl. den voranstehenden Beitrag des Verfassers.

6 Vgl. Barthel 2001, 5ff. sowie die entsprechende regionalspezifische Auswertung der Handwerkskammer Lüneburg-Stade. – Zur Finanzierung von Handwerksbetrieben vgl. auch Lix 2000.

- Bei den genutzten Finanzierungsinstrumenten stehen Bankkredite mit Abstand an oberster Stelle, darunter v.a. Kontokorrentkredite die von 60% *(56,2%)* der befragten Handwerksbetriebe regelmäßig genutzt wurden, gefolgt von mittel- und langfristigen Bankkrediten mit einer regelmäßig Nutzung durch 47,8% *(43,9%)* der Betriebe.
- Weitere wichtige Finanzierungskomponenten sind Bankbürgschaften mit einer regelmäßigen Nutzung durch 25,1% *(16,9%)* der Betriebe und Lieferantenkredite mit 24,7% *(19,7%)*.
- Klassische Finanzierungsalternativen spielen – mit Ausnahme des von 24,9% *(18,2%)* der Betriebe regelmäßig genutzten Leasings – nur eine nachrangige Rolle, so auch das Factoring, das nur von 4,1% *(1,2%)* der Betriebe regelmäßig genutzt wird. Abgesehen von evtl. Vorbehalten der Betriebsinhaber wird letzteres wohl oft durch zu geringe Umsatzvolumina verhindert.[7]
- Öffentliche Finanzierungshilfen, soweit verfügbar, werden angeblich[8] vergleichsweise wenig – regelmäßig nur von 10% *(8,8%)* der Betriebe – genutzt, sei es aus Unkenntnis oder aufgrund des (befürchteten) hohen administrativen Aufwands.

Nur 1,2% *(0,0%)* der befragten Betriebe nutzen regelmäßig Beteiligungsfinanzierungen, was mit einem gefürchteten Autonomieverlust ebenso wie mit den hohen Kosten begründet wird.

Ungeachtet der Frage, ob durch Basel II und damit einhergehende Ratingverfahren bestimmte Finanzierungsalternativen neu entwickelt bzw. stärker genutzt werden, ist davon auszugehen, dass Bankkredite für die Handwerksbetriebe auf absehbare Sicht die wichtigste Finanzierungsform bleiben werden. Dementsprechend gilt es, sich Gedanken über die Creditor Relations und in diesem Zusammenhang auch über die dafür erforderliche Transparenz zu machen, wobei es – wie die folgenden Ausführungen verdeutlichen werden – nicht allein um die von den Banken eingeforderte Offenheit der Kreditnachfrager geht, sondern auch um die von den Banken zu gewährende Einsicht in ihre Bonitätskriterien und ihren Kreditentscheidungsprozess. Davon ausgehend, dass letztlich beide Seiten von einer solchen gegenseitigen Offenheit profitieren können, steht daher die im Zuge der Creditor Relations praktizierte „bilaterale Transparenz" im Mittelpunkt der folgenden Untersuchung.

---

7 Als Schwellenwert zum Betreiben von Factoring wird ein Jahresumsatz von mindestens 250.000 Euro angegeben. Vgl. Buhren 2003.

8 Dieses Resultat ist kritisch zu hinterfragen, da ggf. bewusste oder unbewusste Fehlangaben einzuräumen sind und schon die Art der Fragestellung („regelmäßige" bzw. „seltene" Inanspruchnahme öffentlicher Finanzierungshilfen) wenig sachgerecht erscheint.

3 Bestandsaufnahme zur aktuellen Ausprägung und zur erwarteten Entwicklung von Creditor Relations im Kontext von Basel II

Ungeachtet der noch nicht endgültig geklärten Frage, wann „Basel II" letztendlich in Kraft tritt, besteht kein Zweifel, dass die Banken ihr Kreditvergabeverhalten (Volumina und Konditionen) zukünftig noch konsequenter an Ratingverfahren ausrichten werden.[9]

Wichtigste Voraussetzung für eine Kreditversorgung zu akzeptablen Konditionen ist weiterhin die Schaffung eines soliden betriebswirtschaftlichen Fundaments, denn eine gute Informationspolitik allein wird nicht genügen, nachhaltig die Unternehmensexistenz und darauf abstellend die Kreditwürdigkeit zu sichern, wenn die Vermögens-, Finanz- und Ertragslage unzureichend ist. Diverse Fälle der jüngeren Vergangenheit, in denen die Informationspolitik offenbar besser war als das betriebswirtschaftliche Fundament und wo die Unternehmenskrise schließlich nicht mehr verborgen werden konnte, haben Kapitalgeber sensibler werden lassen. Erforderlich sind somit glaubhaft gute Werte bzw. zumindest Verbesserungen in den (bekannten) Rating-relevanten Bereichen, darunter insbesondere gute Ertrags- und andere Finanzkennzahlen, das Vorhandensein einer klaren Organisationsstruktur sowie einer leistungsfähigen Kostenrechnung, eine geregelte Nachfolge etc., wobei dies nur eine Auswahl typischer Ratingmerkmale darstellt.

Andererseits nutzt es dem Unternehmer für seine Kreditversorgung aber auch wenig, beste Voraussetzungen, Verhältnisse und Ergebnisse aufzuweisen, wenn er diese dem potenziellen Kreditgeber nicht hinreichend zu verdeutlichen vermag. Damit stellt sich nun also die Frage nach der Kommunikation zwischen Kredit suchenden Unternehmern und Kredit vergebenden Banken, sei es im Hinblick auf die bilaterale Transparenz (also die gegenseitige Bereitschaft, dem jeweiligen Geschäftspartner Einblick in die eigene Betriebssphäre zu gewähren),[10] die grundsätzliche Bereitschaft, den „Partner" zu unterstützen, aber auch die Bereitschaft, dem Partner nicht nur Informationen zukommen zu lassen, sondern diese auch so zu konzentrieren bzw. so aufzubereiten, dass er diese nachvollziehen und für sich sinnvoll nutzen kann. Insofern geht es nicht nur um die zu kommunizierenden Inhalte, sondern auch um die Art der Kommunikation, also die Vermittlung dieser Inhalte.

---

[9] Dass Kreditnehmerratings im Basel II-Konzept zwar vorgeschrieben werden, faktisch aber auch ohne Basel II implementiert waren bzw. worden wären, ist für die weitere Betrachtung irrelevant.

[10] Vgl. auch Schmoll 2003a, 26f. bzw. Schmoll 2003b, 30ff, der eine ausgeprägte Offenheit gegenüber der Bank, aber auch dem Unternehmer gegenüber einfordert.

3.1 Kommunikationsrichtung „Kreditinstitute an Betriebe"

Ein erster Schritt ist hier sicherlich die Kommunikation der für die Kreditvergabe relevanten Entscheidungsparameter und Prozesse seitens der Bank, beginnend mit der Offenlegung der aus ihrer Sicht maßgeblichen Bonitätskriterien, deren Gewichtung, Verdichtung und schließlich des daraus resultierenden Urteils. Da Kredit suchende Unternehmer ihrer Bank nur Daten bzw. Informationen liefern können, wenn sie wissen, was die Bank an Informationen benötigt, ist davon auszugehen, dass zumindest die grundsätzlichen Bonitätskriterien weitgehend kommuniziert werden.[11] Anscheinend sind die Banken aber weitaus zurückhaltender, wenn es darum geht, den daran anknüpfenden Prozess ihrer Kreditentscheidung offen zu legen.[12] So hat die im I. Quartal 2001 durchgeführte Handwerksbefragung ergeben, dass durchschnittlich immerhin 26,7% *(im Kammerbezirk Lüneburg-Stade 24,5%)* der Betriebe über stark belastende Wirkungen durch ungenügende Informationen der Banken klagen, wobei diese Kritik vor allem. von kleinen Betrieben geäußert wird: Waren es in der Größenklasse „2 bis 4 Beschäftigte" 39,3% der Betriebe, so wurde dies in der Größenklassen „50 und mehr Beschäftigte" nur von 13% der Betriebe moniert (vgl. Barthel 2001, 6).

Fraglich und interessant ist dabei, ob und inwieweit die im Zuge des Basel II-Konzeptes zu implementierenden Kreditnehmerratings hier zu einer größeren Transparenz führen werden. Schließlich betonen Banken immer wieder, dass das (aufsichtsrechtlich verlangte) Rating eine größere Informationsbereitschaft (umfangreichere, bessere, zeitnähere und zukunftsgerichtete Informationen) seitens der Kreditkunden voraussetzt. Andererseits finden sich aber punktuell Studien, die feststellen, „dass zwischen den Anforderungen (der Bank; Anm. d. Verf.) an die Unternehmen nach Offenheit im Detail und den bankseitig genutzten Black-Box-Ratings noch eine starke Diskrepanz besteht" (Balz und Bordemann 2002, 29, basierend auf einer Studie der FH Münster. Vgl. ebenso

---

[11] Gemäß einer Analyse der KfW kennen 57,5% der befragten Unternehmen die Ratingkriterien ihrer Bank, wobei der Informationsgrad mit zunehmender Betriebsgröße kontinuierlich ansteigt (von 38,8% bei Unternehmen mit bis zu 1 Million Euro Umsatz auf 67,9% bei Unternehmen mit einem Umsatz über 50 Mio. Euro), vgl. http://kfw.de/DE/Service/OnlioneBibl48/Volkswirts64/Wirtschaftsbarometer_08_03.pdf. Das bedeutet aber zugleich, dass mehr als zwei Fünfteln der Betriebe die Kriterien nicht bekannt sind; vorerst offen bleibt, ob dies in der Auskunftsbereitschaft der Bank oder im mangelnden Interesse der Betriebe begründet ist. – Ähnliche Ergebnisse zeigt eine im II. Quartal 2002 durchgeführte Befragung 150 mittelständischer Unternehmen in Bayern, von denen sich nur 41% hinreichend informiert und fast 50% von bankinternen Ratings nicht zutreffend beurteilt fühlten. Vgl. dazu Offerhaus 2003, 90ff.

[12] Offenbar gilt dieses auch für externe Ratings. So fordert z. B. der Zentrale Kreditausschuss eine bessere Kommunikation und einen höheres Maß an Transparenz seitens der Ratingagenturen, da die „Ratingverfahren und -ergebnisse ... extern oftmals nicht ausreichend nachzuvollziehen" seien, vgl. o. V. 2003b und Koch 2003, 268.

Weber 2002). Abgesehen davon, dass eine unzureichende Transparenz die Akzeptanz des Ratingergebnisses gefährdet[13] und eine konstatierte Transparenz-Asymmetrie den Aufbau einer vertrauensvollen Partnerschaft atmosphärisch beeinträchtigt, wird es dem Kreditnehmer damit auch erschwert, sich in den Rating-relevanten Bereichen zu verbessern. Der denkbare Einwand, dass Bankkunden anderenorts (z. B. in diversen Publikationen oder im Internet[14]) entsprechende Information bzw. Ratingansätze finden, ist dabei wenig hilfreich. Schließlich zeigt sich, dass Ratings trotz prinzipieller Gemeinsamkeiten (Einbeziehung nicht nur quantitativer Kennziffern, sondern auch qualitativer "Soft-Skills"; Analyse vergangenheitsbezogener Daten ebenso wie zukunftsbezogener Informationen) im Detail (Kriterienanzahl, Inhalte der Kriterien, Gewichtungsfaktoren, etc.) doch erheblich differieren können. Folglich hilft es einem Kunden am ehesten weiter, Kenntnis über das konkrete Ratingsystem der für ihn zuständigen Bank zu erhalten.

Im Grunde stellt sich damit aber auch die Frage, warum einige Banken sich ggf. in Bezug auf ihr Rating bedeckt halten. Der in einem ersten Vorgespräch seitens eines Bankmitarbeiters geäußerte Kritikpunkt, dass Bankkunden sich bei Kenntnis des Ratingsystems zielgerichtet (nur) in den betreffenden Bereichen verbessern könnten, ist dabei wenig überzeugend, denn dieses wäre doch – wenn damit der Aussagekraft des Ratings entsprechend eine Bonitätsverbesserung einherginge – letztendlich nur im beiderseitigen Interesse.[15]

Zweckmäßig erscheint von daher eine offene bzw. offensivere Vorgehensweise, im Rahmen derer dem Kunden das Rating zumindest aufgezeigt bzw. erläutert wird, angefangen mit den grundsätzlichen Ratingbereichen über konkrete Ratingkriterien und deren Gewichtung bis zum endgültigen Ratingergebnis. Fraglich ist, wie weit Banken in diesem Offenlegungsprozess zu gehen bereit sind und ob bestimmte Bereiche (z. B. die konkrete Einschätzung der Managerqualifikation) als Konfliktpotenzial verdeckt gehalten werden.

Der auf dem Weg zu mehr Transparenz theoretisch denkbare Gegenpol zum o. a. Black-Box-Rating wäre es, dem Kunden das Ratingsystem der Bank für Simulationszwecke zur Verfügung zu stellen, damit er erkennen kann, in welchen Bereichen er sich wie verändern muss, um in eine bessere Ratingklasse

[13] Brüggestrat 2003, 37: „Dem Kunden müssen die ratingrelevanten Beurteilungsbereiche erläutert und offengelegt werden. Für die Akzeptanz beim Kunden ist diese Offenheit von entscheidender Bedeutung."

[14] Vgl. z. B. die Internetseiten http://www.creditreform.de/angebot/firmeninformationen/bonitaetsschaubild.php, bzw. http://www.steuerberatergmbh.de/Grafik%20Rating.htm – beide mit konkreten Hinweisen auf deren Ratingkriterien inkl. ihrer Gewichtung.

[15] Plausibler erscheint die gegenteilige Auffassung z. B. von Welling und Klaus 2003, 92, derzufolge Kunden eine Vorstellung erhalten müssen, wie sie mit Optimierungen im Unternehmen ihre Rating-Note verbessern können.

aufzusteigen.[16] Dass einer derartige Offenlegung praktisch an Grenzen stößt (so nicht zuletzt im Bereich der eigenen Persönlichkeitseinschätzung eines Unternehmers) und auch wettbewerbspolitisch (Reservierung der eigenen Ratingkompetenz) Bedenken aufwirft, ist nachvollziehbar und könnte ein Grund sein, derartige Simulationsmöglichkeiten abzulehnen. Der Forderung nach weitestgehender Transparenz würde damit indes zweifellos entsprochen.

Noch weitergehend könnte die Bank das Rating sogar zu einem eigenen Geschäftsfeld ausbauen und den Kunden begleitend eine Unternehmensberatung anbieten bzw. vermitteln. Entsprechende Ansätze werden bereits von einigen (Groß-)Banken praktiziert (vgl. z. B. Walter 2002), und auch aus dem Genossenschaftssektor ist bekannt, dass mancherorts geschulte Firmenkundenbetreuer unter Bezugnahme auf das Rating einen zu einer Unternehmensberatung entwickelten „RatingDialog" für ein Entgelt in Höhe von 500 Euro als eigenständige Bankdienstleistung anbieten (vgl. Behrens und Bührer 2003 21ff.).

3.2 Kommunikationsrichtung „Betriebe an Kreditinstitute"

Wenn es im Kontext von Kreditwürdigkeitsprüfungen, Basel II und Ratings um Transparenz geht, dann steht allerdings zumeist weniger die Transparenz des Kreditgebers, sondern vielmehr die *Offenheit des Kreditnehmers gegenüber der Bank* im Blickpunkt. So ist immer wieder zu vernehmen, dass Kredit suchende Unternehmer sich scheuen, ihre Karten offen darzulegen, und es entsteht zuweilen der Eindruck, manche würden die Karten so dicht vor der Brust halten, dass sie selbst nicht wissen, was sie in der Hand halten. Dezent wird in diesem Zusammenhang eine für den deutschen Mittelstand charakteristische „Neigung zur Verschlossenheit"[17] moniert.

Im Zuge der Rating-basierten Kreditvergabe würde sich das jedoch nachteilig auswirken. Kreditnehmer werden, um von einem besseren Rating profitieren zu können, ihr Unternehmenskonzept, ihre Strategie, ihren Businessplan besser und offensiver kommunizieren müssen. Im Kontext von Basel II gilt eben nicht das Sprichwort "No news is good news", sondern im Zweifel just das Gegenteil: „No news is bad news", denn – so die Annahme der Kapitalgeber – wenn Informationen ausbleiben, dann vermutlich entweder, weil schlechte

---

[16] Vgl. Schmoll 2003, 25, der für einen Kommunikationsmix plädiert und dabei neben Ratingbroschüren auch elektronische Datenträger, wie z. B. CD-ROMs, mit der Möglichkeit eines Selbsttests anspricht. – Lüders und Seel 2003, 14f., verweisen ebenso auf die Transparenzerhöhung durch Simulationsmodule (für den Jahresabschluss und das Privatvermögen als Teilbereiche des Ratings), warnen aber vor der Gefahr, dass die Simulation zum „Spiel mit Sollwerten" unter einer in der Realität nicht geltenden ceteris-paribus-Bedingung verleiten kann.

[17] Haubrok 2002; ebenso Weber 2002: „Der von vornherein nicht zur Transparenz neigende Mittelständler hat mit dem Rating Probleme."

Informationen verschwiegen werden, oder weil es gar keine Informationen gibt, was wiederum als Indiz einer unzureichenden Unternehmensführung gewertet werden könnte. Folge der restriktiven Informationspolitik wäre in jedem Fall ein schlechteres Rating und mithin eine Kreditverteuerung. Basel II gibt also (zumindest den Unternehmen mit einem soliden betriebswirtschaftlichen Fundament) handfeste finanzielle Anreize, konstruktiv und offensiv Investor- bzw. im engeren Sinne Creditor-Relations zu betreiben.

Insofern ist von einer zunehmenden Informationsbereitschaft der Unternehmer auszugehen. Dass dies aber keine Einbahnstraße sein soll, ist u. a. der Aussage des ehemaligen Bundeswirtschaftsministers zu entnehmen, der einen gewissen Mentalitätswechsel (im Sinne von höherer Informationsbereitschaft) bei vielen Mittelständlern einfordert, zugleich aber feststellt, dass diese dafür erwarten können „dass der Informationsaustausch in beide Richtungen erfolgt und durch den Ratingprozess Erkenntnisse darüber gewonnen werden, wo Möglichkeiten zur Leistungssteigerung in ihren Unternehmen bestehen" (Müller 2002, 18).

Dessen ungeachtet ist aber realistischer Weise weiterhin von einer gewissen Reserviertheit der Kreditnehmer auszugehen. Gründe dafür könnten z. B. in einem befürchteten Autonomieverlust, in der relativen Bedeutungslosigkeit des Zinsaufwands,[18] in der Annahme eines ohnehin fehlenden Verständnisses des Bankberaters etc. liegen. Inwieweit eine diesbezügliche Befragung zu aussagekräftigen Erkenntnissen kommt, bleibt indes abzuwarten.

3.3 Adressatenorientierte Kommunikationsgestaltung

Selbst im Falle größtmöglicher bilateraler Transparenz bleiben indes noch rein kommunikative Defizite im Bereich der Creditor Relations als Problemfeld. Gemeint sind damit ggf. unterschiedliche Sprach- und Denkweisen, die Aufbereitung der Informationen sowie die intellektuelle Sende- und Empfangsbereitschaft der betreffenden Partner. Voraussetzung für das anzustrebende gegenseitige Verständnis ist die grundsätzliche Bereitschaft und die Fähigkeit beider Seiten, sich in die Welt des Gesprächspartners zu versetzen. Dabei handelt es sich um eine generelle Voraussetzung effektiver Kommunikation, die somit auch für den Bereich Investor- bzw. Creditor Relations zutrifft.

Speziell im Hinblick auf die Etablierung fruchtbarer Creditor Relations scheint es daher geboten, auf der Bankenseite sicher zu stellen, dass Firmenkundenbetreuer zu kompetenten Gesprächspartnern der Unternehmen ausge-

[18] Neuesten Daten der Bundesbank zufolge betrug der Anteil der Zinsaufwendungen am Gesamtaufwand bei den KMU im Jahr 2001 knapp unter 2%; zumindest in Relation zum Material- und Personalaufwand, die kumuliert etwa 80% des Gesamtaufwands ausmachen, ist der Zinsaufwand somit eine nachrangige Größe, vgl. o. V. 2003c, 36.

bildet werden, indem sie nicht nur eine bankbetriebliche, sondern darüber hinaus eine fundierte allgemein-betriebswirtschaftliche Aus- und Fortbildung erhalten und versuchen, die Sprache ihrer Kunden zu sprechen. Insgesamt stellt sich also die Frage, ob die inhaltliche (Was ist zu sagen?) ebenso wie die rhetorische (Wie ist etwas zu sagen?) Sprachkompetenz hinreichend ausgebildet oder weiter zu entwickeln sind (vgl. ebenso Welling und Klaus 2003, 90).

Korrespondierend dazu sollten die Verantwortlichen auf der Unternehmensseite über ihre handwerkliche Fachkompetenz hinaus hinreichend betriebswirtschaftlich ausgebildet und in der Lage sein, sich auf den Informationsbedarf der Banker einzustellen: Letztere interessieren sich im Zweifelsfall „weniger für die Spezifika der thermischen Oberflächenbehandlung eines Maschinenbauteils“[19] als vielmehr für die daraus resultierenden Marktaussichten, die Konkurrenzfähigkeit sowie das Ertragspotenzial der erstellten Produkte.

Insgesamt wird offenbar eine stärker auf die Belange des jeweiligen Adressaten abgestellte Informationspolitik vermisst.

4 Charakterisierung der Studie

Vor dem Hintergrund der insoweit skizzierten Gegebenheiten und des sich abzeichnenden Wandels der Rahmenbedingungen sollen daher die Creditor Relations ausgewählter handwerklicher Betriebe untersucht werden. Da diese Untersuchung erst noch ansteht, können im Folgenden noch keine Ergebnisse präsentiert, sondern nur die Umrisse und Vorgehensweise der Befragung skizziert werden.

Adressaten der Befragung sind Kredit nachfragende Unternehmer auf der einen und Kredit anbietende Banken auf der anderen Seite, wobei die Studie sich im Sinne von Regionalforschung (zunächst) auf die nähere Umgebung der Universität Lüneburg beschränken soll. Dementsprechend sind zwei Fragebögen für beide Befragungsgruppen zu entwickeln. Auf der Kreditnehmerseite ist im ersten Schritt eine Befragung von Handwerksbetrieben aus dem Kammerbezirk Lüneburg-Stade vorgesehen. Korrespondierend dazu sollen Banken aus dem norddeutschen Raum befragt werden, wobei es im Hinblick auf eine gewisse Mindestanzahl von Befragten sinnvoll erscheint, die regionale Abgrenzung hier über das Zuständigkeitsgebiet der Handwerkskammer Lüneburg-Stade auszudehnen. In Betracht kommen somit in erster Linie Kreditinstitute, die als Sparkassen dem Niedersächsischen Sparkassen- und Giroverband (NSGV) bzw. als Kreditgenossenschaften dem Genossenschaftsverband Norddeutschland (GVN) angeschlossen sind.

---

19 Haubrok 2002, der Mittelständlern eine „oft fehlende Fähigkeit, nach außen verständlich und überzeugend aufzutreten“ zuschreibt.

Kooperationspartner sind somit zunächst die angesprochenen Institutionen mit den ihnen angeschlossen Betrieben bzw. Kreditinstituten, wobei bereits erste Vorgespräche mit Vertretern des GVN und der ortsansässigen Handwerkskammer geführt wurden. Darüber hinaus ist für das Vorhaben ein Antrag auf Forschungsunterstützung (Förderung eines Transferprojektes) über das Compentence Centrum Lüneburger Hochschulen (CCLH) an das Niedersächsische Ministerium für Wissenschaft und Kultur (MWK) gerichtet worden.

Zeitlich soll die Befragung im ersten Quartal bzw. Halbjahr des Jahres 2004 durchgeführt werden, so dass eine Auswertung möglichst noch im Rahmen des Jahres 2004 erfolgen kann. Da es zweckmäßig erscheint, speziell die Befragung der Handwerksbetriebe mit der zweimal jährlich (im Frühjahr und im Herbst) erfolgenden Konjunkturumfrage der Kammer zu verbinden, ist dieses bei dem Zeitplan zu berücksichtigen.

Inhaltlich werden bei der Befragung folgende Aspekte im Vordergrund stehen:

Bei der *Befragung der Handwerksbetriebe* geht es in erster Linie um:

- den Kenntnisstand der Unternehmer zum Thema „Rating“, wobei dieser gestaffelt z. B. in folgender Form erkundet werden soll:
- grundsätzlicher Kenntnisstand zum Wesen und zur Bedeutung von Ratings;
- Kenntnis der prinzipiellen Ratingbereiche des betreuenden Kreditinstituts;
- Kenntnis der konkreten Ratingkriterien des betreuenden Kreditinstituts;
- Kenntnis der Bedeutung bzw. Gewichtung der Ratingkriterien des Kreditinstituts;
- Kenntnis des Unternehmers über seine eigene Einstufung durch das Kreditinstitut;
- Kenntnis über evtl. Möglichkeiten zur Simulation des Ratings;
- Kenntnis über Möglichkeiten einer an das Rating anknüpfende Unternehmensberatung;
- Bereiche, in denen sich die Unternehmer eine stärkere Transparenz seitens ihres Kreditinstituts wünschen;
- die Bereitschaft und Fähigkeit der Unternehmer, den Banken ein breiteres Spektrum an Informationen zu geben und ggf. Gründe für ein eventuelles Zurückhalten von Informationen.

Bei der *Befragung der Kreditinstitute* geht es in erster Linie um:

(1) die Bereitschaft der Banken, ihr jeweiliges Ratingsystem offen zu legen, wobei die Abfrage des Ausmaßes an Offenlegung in Anlehnung an die Befragung der Handwerksbetriebe (wie oben dargestellt) gestaffelt erfolgen soll;

(2) Bereiche, in denen sich die Kreditinstitute eine stärkere Transparenz seitens ihrer Firmenkunden wünschen.

In *beiden Befragungen* geht es schließlich auch um die Gestaltung der Kommunikation zwischen den beiden involvierten Parteien mit dem Ziel eines größeren gegenseitigen Verständnisses. Ausgewählte Fragen zu diesem Komplex beziehen sich auf:

- das Gefühl, auf der Gegenseite einen kompetenten, hinreichend ausgebildeten Gesprächspartner vorzufinden;
- wahrgenommene Kommunikationsschwierigkeiten;
- Maßnahmen, um eventuellen Unzulänglichkeiten entgegen zu wirken.

Zusätzliche Inhalte und Differenzierungen können sich darüber hinaus aus der Feinabstimmung mit den beteiligten Institutionen ergeben.

5 (Zwischen-)Fazit

Aus Sicht eines Außenstehenden verwundert es zuweilen, zu beobachten, mit wie viel Distanz, Reserviertheit, Misstrauen, Kritik und gegenseitigem Unverständnis manche Kreditnehmerbeziehung belastet ist. Dabei besteht die begründete Vermutung und Hoffnung, dass eine Zunahme an bilateraler Transparenz, an Vertrauen und Verständnis der Beziehung zwischen Banken und Kreditnehmern (Creditor Relations) zuträglich wäre und dass die gegenwärtig intensivierten Ratingverfahren der Bankpraxis ein Mittel sein können, diese Beziehung zum beiderseitigen Vorteil zu verbessern.

Letztendlich sollte beiden Parteien bewusst sein, dass Ratings jenseits der auf beiden Seiten ggf. bestehenden Befürchtungen – bei den Banken möglicherweise der befürchtete Ratingaufwand, bei den Kreditnehmern verbreitet befürchtete Kreditverknappungen und Kreditverteuerungen gerade für kleinere (Handwerks-)Betriebe – auch und nicht zuletzt Chancen für die Beteiligten mit sich bringen.

Für die *Kreditinstitute* versprechen Ratings:

- eine bessere Informationslage über den Betrieb und mithin eine bessere Risikoabschätzung;
- die Durchsetzung risikoadjustierter Kreditkonditionen;

- eine Festigung der Kundenbeziehung;[20]
- ggf. die Etablierung einer neuen Ertragsquelle (s. u.).

Für die betreffenden *Betriebe bzw. Unternehmer* versprechen Ratings:

- eine fundierteren Einblick in das Kreditgeberverhalten;
- eine dezidierte Stärken-Schwächen-Analyse und somit eine Art betriebswirtschaftlichen „Gesundheits-Checks“ für das eigene Unternehmen, mit der allerdings denkbaren Konsequenz, dass schon das Rating selbst (spätestens aber eine daran anknüpfende Unternehmensberatung) als eine Art von Dienstleistung angesehen werden kann und dann ggf. sogar gesondert zu honorieren ist;[21]
- ggf. eine über die Kreditbeziehung hinausgehende „Gütesiegelfunktion“, die den Betrieben im Falle einer möglichen Zertifizierung ihres Ratings bessere Möglichkeiten der Außenfinanzierung – mehr als Bankkredite und das 3-F-Programm (family, friends & fools) – eröffnet.
- ggf. eine Bildung von Finanzierungs-Gemeinschaften (analog zu Einkaufsgemeinschaften) in denen Betriebe der gleichen Ratingklasse ihre jeweils kleineren Finanzbedarfe bündeln, um zusammen Finanzinstrumente zu nutzen, die ein gewisses von den Einzelbetrieben typischerweise nicht erreichtes Mindestvolumen erfordern.

Voraussetzung für ein in dieser Weise Chancen eröffnendes Rating ist aber ein ausgeprägtes gegenseitiges Vertrauen, darauf aufbauend eine hinreichende bilaterale Transparenz und schließlich ein konstruktiver Dialog zwischen den Banken und den Betrieben mit Gesprächspartnern, die auch die für das gegenseitige Verständnis jeweils erforderliche Fach- und Sozialkompetenz aufweisen. Wo in dieser Hinsicht noch Defizite bzw. Verbesserungspotenziale bestehen, soll die anstehende, in diesem Vorab-Beitrag kurz skizzierte Studie aufzeigen.

Literatur

Balz, U. und H.-G. Bordemann (2002), Die Botschaft ist angekommen, in: *Bankmagazin*, 51. Jg., 10, 28-29.

[20] v. Tippelskirch 2003 sieht im Rating u. a. auch einen Beitrag zur „Renaissance des Relationship Banking“.

[21] So betont z. B. die Stadtsparkasse Köln, dass sie Ratings nicht als Kreditverhinderer, sondern vielmehr „als Beratungsangebot und als Managementinstrument“ versteht (o. V. 2003a) und auch in anderen Bankengruppen bestehen vereinzelt Überlegungen, das Rating mit einer weitergehenden Beratung zu einem neuen Ertragsfeld auszubauen.

Barthel, A. (2001), Finanzierungsverhältnisse im Handwerk, ZDH, Berlin, im Internet: http://www.zdh.de/servlet/ContentServer?pagename=DownloadServer&id=10323 58522243 (Abrufdatum: 11.11.2003).

Baxmann, U. G. (2004), Implikationen aus Basel II für die Finanzierung und Investor Relations-Politik von kleinen und mittleren Unternehmen (KMU), in: Merz, J. und J. Wagner (Hrsg.), *Perspektiven der MittelstandsForschung – Ökonomische Analysen zur Selbständigkeit, Freien Berufen und KMU,* Münster u. a., (in diesem Band).

Becker, H. (2001), Bereitschaft zu mehr Transparenz erforderlich, in: *Sparkassenzeitung,* 30.11.2001, 16.

Behrens, M. und F. Bührer (2003), Chancen nutzen – Das Thema Rating im Firmenkundengespräch offensiv angehen, in: *Bankinformation*, 30. Jg., 7, 21-24.

Brüggestrat, R. (2003), Der bankinterne Ratingprozess, in: *Bankinformation*, 30. Jg., 7, 36-38.

Buhren, S. (2003), Handwerk setzt nach wie vor auf Bankkredite, in: *Handelsblatt,* 15.1.2003, R3.

Deter, H. und M. Diegelmann (Hrsg.) (2003), *Creditor Relations: Beziehungsmanagement mit Fremdkapitalgebern*, Frankfurt a. M.

Gehrke, D. (2003), Beizeiten kommunizieren, in: *Bankinformation*, 30. Jg., 7, 25-29.

Haubrok, A. (2002), Auch für den Bankkredit muss sich das Unternehmen neu qualifizieren, in: *Handelsblatt*, 9.10.2002, B4.

Koch, W. (2003), Rating und Mittelstand: Irrwege und Chancen, in: *Betriebswirtschaftliche Forschung und Praxis*, 55. Jg., 267-278.

Krämer-Eis, H. (2000), *Ratings, Basel II und die Finanzierungskosten von KMU*, im Internet: http://www.kfw.de/DE/Research/PDF/kmu.pdf, 21-30.

Krämer-Eis (2001), *Rating: Herausforderung für Kreditinstitute und Unternehmen*, im Internet: http://www.kfw.de/DE/Research/PDF/herausforderung.pdf.

Lüders, U. und W. Seel (2003), Chancen nutzen – Erfolgsfaktoren für den Praxiseinsatz des BVR-II-Ratings, in: *Bankinformation*, 30. Jg., Nr. 5, 14-16.

Lux, M.-O. (2000), *Das Beteiligungskapital im Spektrum der Gründungsfinanzierung im Handwerk*, Band 62 der Göttinger Handwerkswirtschaftlichen Studien, Duderstadt.

Müller, W. (2002), Basel II erzwingt Mentalitätswechsel im Mittelstand, in: Deutsche Bundesbank (Hrsg.), *Auszüge aus Presseartikeln*, Nr. 44, 25.9.2002, 17-18.

Offerhaus, J. (2003), Vorbereitung mittelständischer Unternehmen auf Ratings und Basel II, in: *FinanzBetrieb*, 5. Jg., 90-92.

o. V. (2003a), Rating ermöglicht fairere Konditionengestaltung, in: *Sparkassenzeitung*, 1.8.2003, 12.

o. V. (2003b), ZKA fordert mehr Rating-Transparenz, in: *Börsenzeitung*, 16.8.2003, 17.

o. V. (2003c), Zur wirtschaftlichen Situation kleiner und mittlerer Unternehmen in Deutschland, in: Deutsche Bundesbank (Hrsg.), *Monatsbericht*, 55. Jg., Nr. 10, 29-55.

Schäfer, W. (2002), Die Gretchenfrage ist die Unternehmensnachfolge, in: *Handelsblatt*, 2.10.2002, R3.

Schmoll, A. (2003a), Gefordert: Eine neue Ratingkultur der Banken, in: *Bankmagazin*, 52. Jg., 6, 26-27.

Schmoll, A. (2003b), Eine neue Rating-Kultur: Die Firmenkundenbetreuung in den Banken muss sich wandeln, in: *Bankinformation*, 30. Jg., 7, 30-35.

Schmoll, A. (2003c), Die Kunden gezielt über Basel II informieren, in: *Bankmagazin*, 52. Jg., 8, 24-25.

v. Tippelskirch, A. (2003), IKB als Coach für Mittelständler in allen Finanzierungsphasen, in: *Börsenzeitung*, 17.5.2003, B4.

Walter, N. (2002), Commerzbank startet mit der Bonitätsberatung, in: *Handelsblatt*, 29.8.2002, 21.

Weber, J. (2002), Vor den Kredit hat die Bank das Rating gesetzt, in: *Handelsblatt*, 18.9.2002, R3.

Welling, T. und A. Klaus (2003), Rating als Herausforderung für die Informationspolitik, in: *Betriebswirtschaftliche Blätter*, 52. Jg., 90-92.

Internetseiten:

http://kfw.de/DE/Service/OnlioneBibl48/Volkswirts64/Wirtschaftsbarometer_08_03.pdf.

http://www.bundesbank.de/bank/download/pdf/qis3/QIS3_Ergebnisse.pdf (weltweite Ergebnisse, Stand: 5.5.2003).

http://www.bundesbank.de/bank/download/pdf/laenderberichtD.pdf (deutsche Ergebnisse, Stand: 2.6.2003).

http://www.creditreform.de/angebot/firmeninformationen/bonitaetsschaubild.php.

http://www.steuerberatergmbh.de/Grafik%20Rating.htm.

http://www.zdh.de/servlet/ContentServer?pagename=zdh/PreviewPage&docid=1032358507297&pageid=1032377732838.

http://www.zdh.de/servlet/ContentServer?pagename=zdh/RenderPage&pageid=1032358503857.

http://www.zdh.de/servlet/ContentServer?pagename=zdh/RenderPage&pageid=1032358503849&docid=1032358518365.

http://www2.handwerk.de/servlet/ContentServer?pagename=portal/RenderPage&pageid=1019830909188&docid=1022246859402.

Wiebke Röber, Thomas Wein

Universität Lüneburg, Institut für Volkswirtschaftslehre

Eine informationsökonomische Analyse des Handwerks – Ergebnisse und Schlussfolgerungen aus der Pilotbefragung Lüneburger Bauherren

Zusammenfassung

Kernpunkt des Artikels ist die These der asymmetrischen Informationsverteilung zu Lasten der Nachfrager mit den Folgen der adversen Auslese und des moralischen Risikos auf dem Handwerksmarkt. Sowohl die Berücksichtigung der Gefahren der asymmetrischen Informationsverteilung als auch der marktlichen und staatlichen Lösungsansätze verdeutlichen, dass es eine Frage der Präferenzen und (informationsmäßigen) Beschränkungen der Nachfrager handwerklicher Dienstleistungen sein dürfte, wie schwierig das Informationsproblem bei Handwerkern ist, wie stark man sich auf marktendogene Ansätze verlassen will und wie groß der Bedarf an staatlichen Eingriffen ist. Vor diesem Hintergrund wurde Anfang 2003 eine Pilotstudie durchgeführt, die sich mit dem Informationsnachfrageverhalten und der Einschätzung von Qualität und Gefahren handwerklicher Leistungen durch Privathaushalte beschäftigt. Die vorliegenden Ergebnisse sollen zusammen mit den von der Bundesregierung geplanten Reformen auf dem Handwerksmarkt Eingang in die Hauptstudie finden.

1 Einleitung und Problemstellung

Das Handwerk stellt einen der wenigen Bereiche der Bundesrepublik Deutschland dar, in dem es über lange Zeit zu keiner Deregulierung kam. Der Marktzutritt ist über die Handwerksordnung (HwO) reguliert. Diese setzt für den Selbständigen Betrieb eines Handwerks den „Großen Befähigungsnachweis" („Meisterbrief") voraus. Gleichzeitig wird durch diesen Nachweis auch die Fähigkeit auszubilden attestiert.

Als Begründung für diese Regulierung wird neben der hohen Ausbildungsleistung des Handwerks, deren Rückgang bei einer Öffnung des Marktes befürchtet wird, vor allem der Verbraucherschutz angeführt. Die Verbraucher sind nach Meinung der Regulierungsbefürworter aufgrund der Individualität der Güter und der unmittelbaren Leistungserbringung auf dem Markt nicht in der Lage, das Angebot einzuschätzen. Die Meisterprüfung als zwingend vorhandenes Gütesiegel für hohe Qualität erspare den Kunden somit hohe Informationskosten (vgl. zusammenfassend Fredebeul-Krein und Schürfeld 1998, 523, Maschmann 1990, 436, Kucera und Stratenwerth 1990, 72ff.). „Die Schwierigkeit für Konsumenten, handwerkliche Leistungen zu beurteilen, dürfte [jedoch] in den einzelnen Sparten des Handwerks unterschiedlich sein" (Soltwedel 1986, 31).

Von Regulierungsgegnern werden gesellschaftliche Fehlentwicklungen angeführt. Sie vermuten, dass bedingt durch den Zeitaufwand und die hohen Kosten für den Meisterbrief viele Existenzgründungen verhindert werden. Weiterhin wird befürchtet, dass das Qualitätsniveau auf dem Handwerksmarkt künstlich erhöht wird; ein Markt für niedrige Qualität somit unterbunden wird, obwohl Nachfrage besteht (vgl. zusammenfassend Deregulierungskommission 1991, 126, Monopolkommission 1998, 53, Monopolkommission 2001, 26).

Zu einem Problem werden die vergleichsweise hohen Anforderungen an deutsche Handwerker auch im Hinblick auf europarechtliche Regelungen wie die Niederlassungsfreiheit der Artikel 43-48 EGV, deren Gebot der Inländergleichbehandlung in Deutschland durch die Verordnung Handwerk/EWG umgesetzt wurde, sowie die Dienstleistungsfreiheit der Artikel 49-55 EGV. Im Zuge der Niederlassungsfreiheit muss den Angehörigen der EU-Mitgliedsstaaten der gleiche Zugang zu Selbständiger Tätigkeit gewährt werden wie Inländern. In Deutschland wird eine Ausnahmebewilligung zur Eintragung in die Handwerksrolle gem. § 7 Abs. 3 HwO Staatsangehörigen anderer EU-Länder erteilt, wenn sie im betreffenden Handwerk im Ausland mehrere Jahre in leitender Position tätig waren. Die Dienstleistungsfreiheit zielt darauf ab, Handelsbeschränkungen zu beseitigen. Handwerksunternehmen aus dem europäischen Ausland können demnach vorübergehend Handwerksleistungen innerhalb Deutschlands erbringen, ohne über inländische Niederlassungen zu verfügen, d. h. ohne in die Handwerksrolle eingetragen zu sein. Grundsätzlich sollen Handwerker, die im europäischen Ausland Aufträge übernehmen, von den Rahmenbedingungen ihres Niederlassungslandes ausgehen. Dies stellt eine erhebliche Auflockerung für den Zugang zum deutschen Handwerksmarkt dar, gleichzeitig findet damit jedoch eine Inländerdiskriminierung statt (vgl. zusammenfassend Hollje-Lüerßen 1996, 62, Donges 1992, 74f., Micker 2002 sowie Schwappach und Schmitz 1996).

Gerade in grenznahen Gebieten entsteht für die deutschen Anbieter aufgrund der Mehrkosten durch Meisterprüfung und Zwangsmitgliedschaft in der

Handwerkskammer ein Wettbewerbsnachteil. Zu vermuten ist, „dass sich der Wettbewerbsdruck mit der anstehenden Ost-Erweiterung der Europäischen Union verschärfen wird“ (Fredebeul-Krein und Schürfeld 1998, 531), auch bedingt durch die erheblichen Lohnkostenunterschiede.

Die Problematiken werden auch von der Bundesregierung gesehen, wie die aktuellen Reformbestrebungen im Rahmen der Agenda 2010 zeigen (s. u.). Da wesentliche Teile dieses Reformpaketes im Bundesrat zustimmungspflichtig sind, ist das Ergebnis der Bemühungen derzeit jedoch noch nicht absehbar.

2 Theoretische Grundlagen

Der Verbraucherschutz, der eine wesentliche Begründung für die derzeitige Regulierung darstellt, lässt sich in der ökonomischen Theorie als Schutz vor einer Informationsasymmetrie zu Lasten der Konsumenten beschreiben. Zudem sollen negative externe Effekte, d. h. Gefahren, die Dritte betreffen, vermieden oder zumindest eingeschränkt werden.

Bei einer asymmetrischen Informationsverteilung ist eine Marktseite besser über Qualität, Nutzen oder Preise der angebotenen Güter und Leistungen informiert. Dies kann dazu führen, dass Transaktionen auf dem Markt unterbleiben oder nicht in dem gewünschten Ausmaß getätigt werden. Auf dem Handwerksmarkt wird dabei besonders die Qualitätsunkenntnis der Kunden angeführt. Man geht davon aus, dass der Handwerker aufgrund seiner internen Kenntnisse bei der Erstellung der Leistung besser über deren Qualität informiert ist als der Kunde. Die Gefahren einer solchen asymmetrischen Informationsverteilung lassen sich durch die adverse Auslese und das moralische Risiko beschreiben.

Die Gefahr der adversen Auslese betrifft das Verhalten der Handwerkskunden vor Vertragsschluss. Werden auf dem Markt Güter und Leistungen in unterschiedlicher Qualität angeboten, könnten die Nachfrager ohne das Vorliegen asymmetrischer Informationsverteilung ihre Zahlungsbereitschaft an der Qualität ausrichten. Die Abbildung 1 zeigt, dass sich dann unterschiedliche Märkte bilden würden, bei denen die Nachfrager für hohe Handwerksqualität einen hohen Preis (A) und für schlechtere Qualität einen entsprechend niedrigeren Preis (B) zahlten. S_H und S_L stellen die Angebotskurven bei Wettbewerb dar, D_H und D_L repräsentieren die jeweiligen Nachfragekurven. Es ergeben sich somit Gleichgewichtspreise in Höhe von 50 bzw. 25, bei – zufällig identischen – Gleichgewichtsmengen von 500 Einheiten.

Abbildung 1: „Das Zitronenproblem“

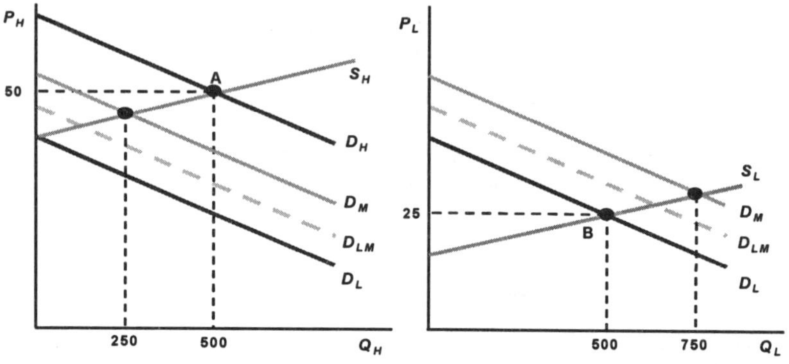

Quelle: Eigene Darstellung, in Anlehnung an Pindyck und Rubinfeld 1998, 750.

Das Vorliegen asymmetrischer Informationsverteilung führt jedoch dazu, dass die Kunden die angebotene Qualität auf dem Markt nicht einschätzen können. Statt der potenziellen Zahlungsbereitschaften für unterschiedliche Qualitäten wird dann nur noch eine Zahlungsbereitschaft D_M geäußert, die sich an der durchschnittlichen Qualität ausrichtet. Die Hälfte der Anbieter höherer Qualität verlässt den Markt, da ihre Produktionskosten (S_H = Grenzkostenkurve) durch den Marktpreis nicht gedeckt werden. In der Folge werden weniger hochwertige Leistungen und mehr geringwertige angeboten. Die Nachfrager erkennen, dass die durchschnittliche Qualität gesunken ist, und reduzieren daraufhin ihre Zahlungsbereitschaft (D_{LM}). Der Kreislauf mit abnehmenden Preisen und rückläufigem Angebot hoher Qualität beginnt von neuem, bis letztendlich nur noch ein Markt für niedrige Qualität zu niedrigem Preis existiert, obwohl die Nachfrager bereit wären, für höhere handwerkliche Qualität mehr zu zahlen (vgl. zusammenfassend Akerlof 1970, Pindyck und Rubinfeld 1998, 748ff., Donges 1992, 78, Pohl 1995, 220f.).

Die Problematik des moralischen Risikos ergibt sich nach Vertragsschluss, wenn eine Marktseite „transaktionsrelevante Fakten zu Lasten des Transaktionspartners verändern kann, ohne dass dies für die andere Marktseite erkennbar ist“ (Fritsch, Wein und Ewers 2003, 286). Verborgene Handlungen des Handwerkers können in der Form auftreten, dass nach Vertragsschluss nicht die Leistung E erbracht wird, die vertraglich vereinbart war, oder sich bei nicht bindender Preisabsprache der Preis erhöht. Dies mag bspw. für Bauleistungen in Altbauten gelten, wenn Instandsetzungen wegen mangelnder Sorgfalt oder nicht vorhersehbaren Schwierigkeiten scheitern bzw. erschwert werden. Schlechte Qualität kann dabei an dem mangelnden Bemühen des Handwerkers (s) oder am Zufall (θ) liegen; weder s noch θ ist für den Handwerkskunden eindeutig erkennbar (vgl. Abbildung 2).

Abbildung 2: Moralisches Risiko

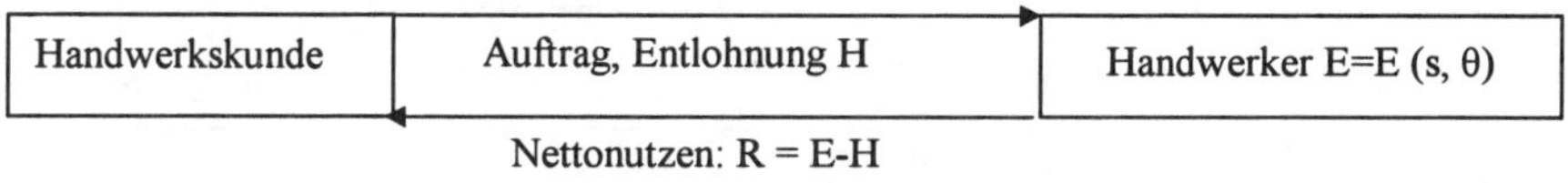

Quelle: Eigene Darstellung, in Anlehnung an Wein 1995, 46.

Während sich ein Zuviel an Leistung dabei im Wesentlichen an den zu zahlenden Kosten für den Kunden bemerkbar macht, können gerade im Gefahrenhandwerk (z. B. Elektro- und Gasinstallateure, Optiker, Zahntechniker oder Orthopädieschuhmacher) Schlechtleistungen zu gravierenden negativen Konsequenzen für den Kunden führen; zudem können sich negative externe Effekte ergeben, wenn Dritte von der Schlechtleistung betroffen werden, z. B. bei einer falsch montierten elektrischen Klingelanlage (vgl. Fredebeul-Krein und Schürfeld 1998, 524, Monopolkommission 1998, 52).

Die Gefahren, die von den Regulierungsbefürwortern bei einer Öffnung des Marktes gesehen werden, müssen jedoch nicht für alle Güter und Leistungen gleichermaßen gelten, wie eine Einteilung der Güter und Leistungen in verschiedene Arten bzw. Eigenschaften aufzeigen kann.

Üblicherweise können Güter und Leistungen eines Marktes nach folgenden Eigenschaften eingeteilt werden (vgl. Tabelle 1). Die Gefahr eines Marktversagens kann sich vor allem bei Erfahrungs- und Vertrauensgütern ergeben, da bei beiden Gütertypen schlechte Qualität teilweise oder ganz verborgen bleiben kann.

Um auf die Informationsprobleme im Handwerksmarkt einzugehen, werden nachfolgend (vgl. Tabelle 2) zunächst einige Standardleistungen im Handwerk definiert und abschließend in Gutstypen eingeteilt. Die Definition der Standardleistungen ist dabei beispielhaft gedacht, um die Heterogenität des Handwerks aufzuzeigen. Natürlich kann dabei auch jedes einzelne Gewerk Güter und Leistungen unterschiedlicher Schwierigkeitsgrade herstellen.

Tabelle 1: Gütertypen und Informationsasymmetrien

Gutstyp	Charakteristika	Grad der potenziellen Informationsasymmetrie
Neoklassisch-homogenes Gut	Qualität ist bereits vor Vertragsschluss vollständig bekannt.	Null
Such- bzw. Inspektionsgut	Qualität ist vor Vertragsschluss zu geringen Kosten erkennbar.	gering
Erfahrungsgut	Qualität wird erst nach dem Konsum des Gutes vollständig bekannt, vor Vertragsschluss ist sie nur unter relativ hohen Kosten zu beurteilen.	mittel
Vertrauens- oder Glaubensgut	Qualität kann weder vor Vertragsschluss eingeschätzt werden, noch ist sie nach dem Konsum des Gutes bekannt.	hoch

Quelle: Fritsch, Wein und Ewers 2003, 286.

Tabelle 2: Standardleistungen im Handwerk

Gruppe	Bezeichnung	Standardleistung
Bau- und Ausbaugewerbe	Maler und Lackierer Schornsteinfeger	Wohnung streichen Schornstein reinigen
Elektro- und Metallgewerbe	Klempner Uhrmacher	Wasserleitung legen Uhr reparieren
Holzgewerbe	Tischler Parkettleger	Schrank tischlern Parkett legen
Bekleidungs-, Textil- und Ledergewerbe	Damen- und Herrenschneider Schuhmacher	Anzug schneidern Schuhe reparieren
Nahrungsmittelgewerbe	Bäcker Fleischer	Brot backen Wurst fertigen
Gesundheits- u. Körperpflege sowie chemische u. Reinigungsgewerbe	Augenoptiker Friseur	Brille anfertigen Haare schneiden
Glas-. Papier-, keramische und sonstige Gewerbe	Fotograf Vulkaniseur	Foto machen Reifen herstellen

Quelle: Eigene Darstellung.

In Abbildung 3 wurden die Standardleistungen hinsichtlich bestehender Gefahren adverser Auslese und moralischen Risikos bewertet und in Güterkategorien eingeteilt. Vorangestellt werden muss, dass eine Deregulierung des

Handwerksmarktes lediglich die Abschaffung des Meisterzwangs zur Folge hat, die vorangehende Berufsausbildung zum Gesellen im jeweiligen Handwerk wird nicht in Frage gestellt. Somit weisen handwerkliche Leistungen auch ohne Regulierung schon eine gewisse Mindestqualität auf. Eine hohe Gefahr adverser Auslese kann daher grundsätzlich ausgeschlossen werden, in einigen Fällen stellt sich die Gefahr sogar als sehr gering dar, so dass hier im Wesentlichen auf die Gefahr des moralischen Risikos eingegangen wird (vgl. zusammenfassend Monopolkommission 2001, 28).

Abbildung 3: Einteilung der Handwerksleistungen

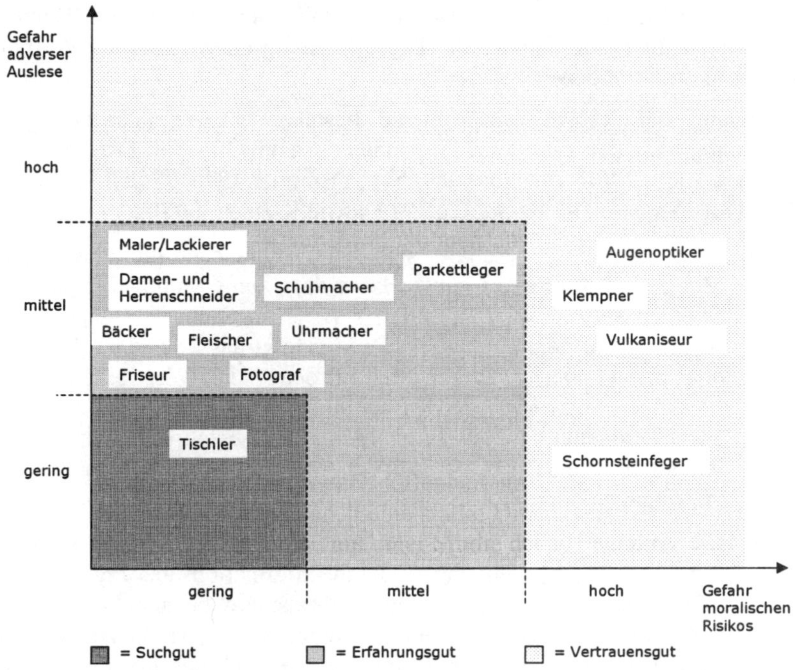

Quelle: Eigene Darstellung.

Die Bewertung und Einteilung der Standardleistungen sollen am Beispiel der Gewerke Tischler, Maler/Lackierer und Klempner dargestellt werden, da diese drei Gewerke auch in den Fragebogen der Pilotstudie aufgenommen wurden.

Bei der Fertigung eines Schranks durch einen Tischler ist die Gefahr moralischen Risikos als gering einzustufen, da der Kunde eine schlechte Qualität schnell erkennen kann. Weiterhin kann auch die Gefahr adverser Auslese als gering angesehen werden, wenn es sich um ein bereits angefertigtes Möbelstück handelt, das der Kunde bereits vor Vertragsabschluss durch Anfassen und Besichtigen prüfen kann. Die Leistung kann dann als Suchgut eingestuft werden.

Beim Maler- und Lackiererhandwerk kann die Gefahr des moralischen Risikos als gering eingestuft werden. Vor allem, da dies eine Leistung ist, die der Kunde als Heimwerker auch selbst ausführen kann, sollte davon ausgegangen werden, dass eine Schlechtleistung schnell erkannt wird. Auch für Dritte besteht kein Risiko, die Leistung stellt ein Erfahrungsgut dar.

Eine hohe Gefahr moralischen Risikos kann dagegen beim Klempnerhandwerk gesehen werden. Hier kann der Kunde die Leistung nicht sofort überprüfen und eine schlecht verlegte Wasserleistung oder falsches Material der Rohre können sich im Laufe der Zeit als Gefahr nicht nur für den Kunden, sondern auch für Dritte entwickeln. Diese Leistung muss damit als Vertrauensgut eingestuft werden.

Zur Lösung der Informationsprobleme bestehen diverse marktendogene Lösungsmöglichkeiten (vgl. zum Folgenden zusammenfassend Fritsch, Wein und Ewers 2003, 296ff., Tietzel 1989, 57f., Demmler 1996, 224ff., Spremann 1988, 618ff., Shapiro 1983a, Spence 1973 sowie Kleiner 2000):

- Beim Screening beschafft sich der Verbraucher die gewünschte Menge an Information selbst. Hat er dazu keine Möglichkeit, könnte er einen spezialisierten Dritten, z. B. einen Sachverständigen, einschalten. Auf dem Handwerksmarkt erfolgt das Screening der Kunden meist über Mund-zu-Mund-Propaganda. Wer einen guten Elektriker, Schneider oder Friseur sucht, fragt in der Regel zunächst im Bekanntenkreis nach bereits gemachten Erfahrungen und Empfehlungen. Weiterhin kann sich der Nachfrager über Werbeanzeigen in Zeitungen oder Branchenbüchern partiell informieren.
- Die Anbieter haben die Möglichkeit, den Nutzen und die Qualität ihrer Güter und Leistungen durch Informationsübertragung oder -bereitstellung (Signaling) den Verbrauchern bekannt zu machen und somit die Zahl der Transaktionen auf dem Markt zu steigern. Hierzu zählen freiwillige Garantie- und Haftungsversprechen, bei denen der Handwerker sein Bemühen um ein gleich bleibend hohes Niveau durch die Kompensation bzw. Nachbesserung schlechter Leistungen signalisiert. Als wesentliches Signalinginstrument auf dem Handwerksmarkt stellt sich jedoch der Aufbau von Reputation dar. Gerade Gewerke mit einer geringen Gefahr moralischen Risikos und einer hohen Anzahl von Wiederholungskäufen, wie z. B. im Nahrungsmittelgewerbe oder beim Friseur, benötigen einen „guten Ruf", um auf dem Markt bestehen zu bleiben. Neben der Werbung scheinen für den Aufbau von Reputation vor allem Zusatzleistungen wichtig zu sein, wie Freundlichkeit, rasche Bearbeitung und beson-

dere Serviceleistungen Der Nachweis absolvierter Weiterbildungen oder ausgestellte Zertifikate sind eine weitere Möglichkeit, dem Handwerkskunden Qualität zu signalisieren.

Die marktendogenen Lösungsansätze tragen jedoch nicht immer zur Beseitigung von Informationsasymmetrien bei, vor allem nicht bei Vertrauensgütern.

Neben den marktlichen Lösungsansätzen kann der Staat natürlich versuchen, durch wirtschaftspolitische Maßnahmen ein Marktversagen infolge von Informationsmängeln zu verhindern (vgl. zum Folgenden zusammenfassend Meyer 1990, 111ff., Sinn 1989, 88ff., Shapiro 1983b, 538ff., Tietzel 1989, 62 sowie Wein 1995, 179).

- Eine mögliche Internalisierungsmaßnahme auf dem Handwerksmarkt ist die Regulierung des Informationsaustausches. Neben der Informationspflicht über Inhaltsstoffe bzw. verarbeitete Materialien könnte der Staat durch die Vergabe von Gütesiegeln oder Zertifikaten Informationen über die Qualität eines Anbieters ermöglichen. Ein freiwillig erworbener Meisterbrief könnte ein solches staatliches Zertifikat darstellen.
- Weiterhin kann der Staat das Angebot durch vorgegebene Qualitäts- und Sicherheitsstandards regulieren und somit auch eine gewisse Mindestqualität erzeugen, dies gilt insbesondere für Leistungen mit „Vertrauensgut"-Charakter. Auf dem Handwerksmarkt existieren bereits zahlreiche Lebensmittel- und Hygienevorschriften sowie Qualitäts- und Sicherheitsstandards, welche die Gesundheit von Anbieter und Verbraucher schützen sollen.
- Angebot und Marktzutritt können durch qualitative Anforderungen des Staates an den Anbieter reguliert werden. Hierzu zählt der bislang geltende Befähigungsnachweis im Handwerk, aber auch Lizenzen, Konzessionen oder Approbationen. Es bleibt jedoch strittig, inwieweit durch diese Maßnahmen „die Konsumfreiheit in Bezug auf qualitativ mindere bzw. unsichere Produkte (...) eingeschränkt" (Meyer 1990, 112) und ein Markt für geringe Qualität unterbunden wird.
- Auftretenden Schwierigkeiten nach Vertragsschluss kann der Staat zu einen durch die Garantieverpflichtung begegnen, bei der der Anbieter fehlerhafte Produkte reparieren oder ersetzen muss bzw. dem Kunden ein Rücktritt vom Vertrag ermöglicht wird. Zum anderen kann der Staat mit dem Haftungsrecht Folgeschäden aus dem Gebrauch fehlerhafter Produkte dem Anbieter zuordnen. Das derzeit bestehende Recht ermöglicht dem Handwerkskunden bei Schlechtleistung neben dem Vertragsrücktritt und der Forderung nach einer Ersatzleistung auch Schadenersatz für entstandene Folgeschäden.

Zusammenfassend kann der Handwerksmarkt somit als ein Bündel heterogener Leistungen und Güter mit unterschiedlichen Eigenschaften dargestellt werden. Ein totales Marktversagen aufgrund von Informationsasymmetrien sollte dadurch ausgeschlossen sein, dass Anbieter auf dem Markt zumindest eine Ausbildung im jeweiligen Handwerk vorweisen müssen. Bei vielen Handwerksleistungen können die Instrumente des Wettbewerbs bereits eine ungleiche Informationsverteilung beseitigen, zudem hat der Staat neben der qualitativen Zugangsbeschränkung weitere weniger restriktive Möglichkeiten, eine Mindestqualität auf dem Markt zu halten.

Der empirische Nachweis der theoretischen Überlegungen zu den Gefahren der Informationsasymmetrie erweist sich als problematisch, da eine Befragung das Informationsnachfrageverhalten unter den gegebenen Rahmenbedingungen abbildet, d. h. auf einem bereits regulierten Markt. Insofern scheint gar nicht überprüfbar, welche Wirkungskraft marktendogene Lösungsansätze hätten bzw. welche alternativen staatlichen Eingriffe zum Zuge kommen könnten. Ferner könnten die beobachtbaren und möglicherweise durchaus funktionierenden Informationsaktivitäten der Probanden bzw. Signalingaktivitäten der Handwerker nur deswegen greifen, weil schlechte Qualität von vornherein vom Markt ferngehalten wird bzw. Qualitätswettbewerb aufgrund vernünftiger Marktzugangsbeschränkungen erleichtert würde. Dieser These kann man jedoch entgegenhalten, dass womöglich die deutschen Bauherren zwangsweise zu hohe Qualität nachfragen müssen („Mercedes-Wettbewerb"). Trotzdem kann die nachfolgend beschriebene Lüneburger Bauherrenbefragung gewisse Aufschlüsse geben. Lägen bei allen Handwerksmärkten die gleichen Informationsasymmetrien vor, könnte eine einheitliche Regulierung wie die Handwerksordnung alle Probleme beseitigen und jede empirische Untersuchung würde Informationsasymmetrien nicht ermitteln können. Gleiches würde gelten, wenn zwar unterschiedliche Informationsmängel existieren, aber eine differenzierende staatliche Regulierung diese perfekt kompensieren würde. In unserem Befragungsansatz gehen wir jedoch davon aus, dass entsprechend der theoretischen Überlegungen die Informationsasymmetrien nicht im gleichen Maße auftreten und dass die Handwerksordnung kein differenzierendes Instrumentarium darstellt; insofern macht es Sinn, heutzutage deutsche Handwerkskunden nach ihrer vergleichenden Qualitätswahrnehmung zu befragen.

3 Pilotstudie und Hauptbefragung

Die Pilotstudie der Lüneburger Bauherrenbefragung wurde im Januar und Februar 2003 in einigen Lüneburger Neubaugebieten durchgeführt. In den nächsten Wochen ist geplant, weitere Baugebiete im Lüneburger Raum nach dem gleichen Muster zu erfassen; der Fragebogen wird jedoch von dem Hintergrund der vorliegenden Ergebnisse fortentwickelt. Wird Ende dieses Jahres das niedersächsische Ministerium für Wissenschaft und Kultur einen von uns gestellten Projektantrag genehmigen, werden weitere Befragungsgebiete in Deutschland hinzugenommen. In diesem Abschnitt wird das empirische Design der Pilotstudie beschrieben, und es wird aufgezeigt, wie bei hinreichender Fallzahl in der Hauptbefragung eine ökonometrische Auswertung geplant ist.

Die in der Pilotstudie befragten Neubaugebiete beinhalten überwiegend Einfamilien-, Doppel- und Reihenhäuser und fast keine Mehrfamilienhäuser. Weiterhin lag der Abschluss der Bauvorhaben in diesen Gebieten maximal fünf Jahre zurück. Insofern bestand die „Hoffnung“, dass die jetzigen Bewohner der Häuser sowohl Eigentümer als auch Bauherren waren und sich infolgedessen mit der Auswahl von Handwerksbetrieben beschäftigt haben. Die Adressen der betroffenen Haushalte wurden durch Begehung der Neubaugebiete und Erfassung der Namen der Bewohner am Klingelschild ermittelt, um auch Haushalte ohne Eintragung in das öffentliche Telefonbuch zu erfassen.

Befragte Mieter, Hauskäufer und Eigentümer, die ihr Haus über Bauträger schlüsselfertig erstellen ließen oder ein Fertighaus erworben haben, wurden zur Kontrolle gebeten, den Fragebogen zurückzuschicken (vgl. Frage 1 des Fragebogens, s. Anlage). Schlüsselfertiges Bauen oder Fertighausbesitzer wurde(n) aus der eigentlichen Befragung ausgeschlossen, da derartige Erwerber eines Hauses zumindest juristisch weder ein Recht besitzen, die zu beauftragenden Handwerksbetriebe auszuwählen, noch mangelhafte Qualität gegenüber der ausführenden Firma rügen dürfen. Insofern unterliegt dieser Personenkreis keinen Informationsasymmetrien gegenüber Handwerksbetrieben. Die grundsätzliche Beschränkung auf Bauherren ist erforderlich, denn ein rationales Interesse an der Beseitigung von „handwerklichen“ Informationsasymmetrien ist nur zu erwarten, wenn man sich als Nachfrager einen Nutzen von der Inkaufnahme von Informationsbeschaffungskosten verspricht; Qualitätsunkenntnis von Personen, die keinen Handwerker benötigen, ist kein Anzeichen für ein Versagen des Marktes!

Bei der Erstellung des Fragebogens wurde darauf geachtet, Gewerke auszuwählen, die verschiedene potenzielle Gefahren aufweisen und demnach eine unterschiedliche Informationsgewinnung und Gefahrenbewertung mit sich bringen müssten. Wie aus der Matrix und den Ausführungen in Abschnitt 2 ersichtlich, sind Informationsasymmetrie oder besondere Gefahren vor allem bei den Berufen „Elektroinstallateur“ und „Klempner“ zu erwarten, am wenigsten bei „Maler/Lackierer“ und „Tischler“; die Gewerke „Maurer“ und „Dachdecker“ nehmen hier eine Mittelstellung ein. Klempner und Elektroinstallateur wurden als besonders problematisch eingestuft, weil die Gefahr von schlechter Ausführung (moralisches Risiko) und damit von versteckten Mängeln als besonders groß eingeschätzt wurde; ferner könnten von schlechter Qualität für Dritte oder den Bauherren nicht unerhebliche Gefahren ausgehen.

Die Haushalte wurden hinsichtlich ihres Informationsnachfrageverhaltens in Bezug auf Handwerksbetriebe, ihrer Einschätzung von Qualität und Gefahren vor Auftragsvergabe sowie ihrer Möglichkeiten der nachträglichen Beurteilung handwerklicher Leistungen befragt. Die nachfolgend beschriebenen Verfahrensschritte bei der Auswertung der Befragung gelten natürlich vor allem für die Ergebnisse bei der noch durchzuführenden Hauptbefragung, in der Pilotstudie konnten einige Auswertungen aufgrund einer zu geringen Fallzahl nicht durchgeführt werden.

Zunächst sollte deskriptiv geprüft werden, ob das Ausmaß der wahrgenommenen Informationsasymmetrien und Gefahren entsprechend der Abbildung 3 ausfällt. Die wahrgenommenen Informationsasymmetrien werden für den Zeitpunkt vor Vertragsschluss (Fragen 14, 22, 30, 38 und 46) und nach Vertragsschluss (Fragen 15, 23, 31, 39 und 47) erfasst, die Gefahren werden getrennt für den Bauherren (Fragen 16, 24, 32, 40 und 48) und für Dritte erfragt (Fragen 17, 25, 33, 41 und 49). Ferner wäre zu prüfen, ob man die Informationsasymmetrien und Gefahren nicht zu einem Qualitätsunkenntnisindikator zusammenfassen könnte.

Da keineswegs sichergestellt ist, dass in allen Gewerken die gleichen Faktoren für wahrgenommene Informationsasymmetrien und Gefahren gelten, erhält man aus der Deskription nur ein sehr vages Bild über die relative Bedeutung der genannten Probleme. Beispielsweise könnten sich unter den Befragten zufälligerweise viele Bauherren mit dem beruflichen Hintergrund eines bestimmten Handwerkers befinden, die Ergebnisse wären verzerrt. Ferner könnten die Kostenbelastungen durch die einzelnen Gewerke sehr unterschiedlich sein. Die Kostenbelastung ist nach der ökonomischen Theorie jedoch ein wichtiger Faktor für die Bereitschaft, Informationskosten zu tragen; insofern ist eine Verzerrung der deskriptiven Ergebnisse nicht auszuschließen.

Im zweiten Schritt der Auswertung sollte mit Hilfe der Ökonometrie untersucht werden, ob und mit welchen Faktoren die wahrgenommenen Informationsasymmetrien und Gefahren erklärt werden können. Die Antwortkategorien der Fragen 14, 22, 30, 38 und 46; 15, 23, 31, 39 und 47; 16, 24, 32, 40 und 48; 17, 25, 33, 41 und 49 können als dichotome, zu erklärende Variablen aufgefasst werden (sehr hoch/ziemlich hoch = relevant; kaum/gar nicht = irrelevant), so dass Logit-/Probit-Querschnittsschätzungen möglich werden. Man würde erwarten, dass die ausgeübten Informationsaktivitäten die wahrgenommenen Informationsasymmetrien auf ein niedrigeres Niveau senken. Die Fragen 11 und 12, 19 und 20, 27 und 28, 35 und 36, 43 und 44 versuchen zumindest andeutungsweise, für die jeweiligen Gewerke getrennt, die getätigten Informationsnachfrageaktivitäten zu erfassen. Um personenspezifische Präferenzen (Bedeutung von Qualität, Preis etc.), Restriktionen (eigene handwerkliche Fähigkeiten, Fachwissen durch berufliche Bauerfahrung und vorherige Bauherreneigenschaft) sowie soziodemografische Faktoren zu kontrollieren, wurden weitere Fragen aufgenommen. Für jeden der sechs Handwerksberufe und für jede Informationsasymmetrie/Gefahr bzw. den Qualitatsunkenntnisindikator müsste prinzipiell ein Logit-/Probitmodell geschätzt werden können.

Unter Verwendung der Ergebnisse aus den Logit-/Probitanalysen kann man im dritten Schritt anhand von Modellrechungen die Wahrscheinlichkeiten für das Auftreten verschiedener Informationsasymmetrien und Gefahren berechnen, gegebenenfalls auch für den zusammenfassenden Qualitätsunkenntnisindikator. Mit einer solchen Modellrechnung könnten personenspezifische Faktoren (Berufs-, Bauerfahrung, Kostenbedeutung des Gewerks) konstant gehalten werden und die relative Wirksamkeit verschiedener, sicherlich teilweise substitutiver Informationsbeschaffungsaktivitäten herausgestellt werden. Anders gesagt: Die Modellrechnungen bestimmen die Wahrscheinlichkeiten für verschiedene Formen der Qualitätsunkenntnis, wenn sich die Wirtschaftssubjekte entsprechend dem Modell „optimal" verhalten und „typische" Personen als gegeben unterstellt werden. Entsprechend der Basishypothese dieser Befragung müsste man dann erwarten können, dass bei Malern/Lackierern und Tischlern die Qualitätsunkenntnis am geringsten und bei Elektroinstallateuren und Klempnern am höchsten wäre; Dachdecker und Maurer lägen zwischen beiden Extrempaaren.

4 Ergebnisse der Pilotbefragung

Insgesamt wurden bei der Pilotstudie 425 Haushalte befragt. Nach der Versendung der ersten Welle Anfang Januar 2003 wurden Ende Januar alle Haushalte erneut angeschrieben, da aufgrund der Anonymität der Befragung die Befragten, die bereits geantwortet hatten, nicht identifiziert werden konnten. Allen Briefen war neben dem Fragebogen ein Anschreiben beigefügt sowie ein Freiumschlag zur Rücksendung des Fragebogens.

Die Rücklaufquote der ersten Runde betrug ca. 32%, davon waren 20% eigene Bauherren (d. h. kein Bauträger bzw. kein Fertighaus, nicht Mieter oder nicht Käufer). Beim zweiten Befragungsdurchgang lag die Rücklaufquote immerhin noch bei ca. 17%, davon hatten 30% ihre Handwerker selbst ausgesucht. Insgesamt haben 49 eigene Bauherren geantwortet. Die Gesamtrücklaufquote in Höhe von fast 50% kann als sehr befriedigend angesehen werden, was vermutlich auch auf den regionalen Bezug der Befragungsinstitution zurückzuführen ist.

Die Rücklaufquote der antwortenden eigenen Bauherren in Höhe von fast 12% ist nicht dem Untersuchungsdesign geschuldet, sondern erklärt sich durch die hohe Verbreitung des Bauens mit Bauträgern bzw. auch des Bewohnens der Häuser durch Mieter. Solange keine engere Abgrenzung des Adressatenkreises möglich ist, muss man diese „Streuverluste" als unvermeidlich hinnehmen, gerade in der Pilotstudie führt dies jedoch zu einer sehr geringen Zahl der auswertbaren Fälle und damit zu eingeschränkten Auswertungsmöglichkeiten.

Die Auswertungen der Pilotstudie zeigen, dass die befragten Bauherren die bestehenden Gefahren kaum wahrnehmen (vgl. Tabelle 3). Die Gefahr des moralischen Risikos (Ex-Post-Asymmetrie) stellt sich für die Probanden als gering dar, eine Gefahr für Dritte und somit negative externe Effekte wird teilweise gar nicht gesehen. Allenfalls die Gefahr der Ex-Ante-Asymmetrie, d. h. der adversen Auslese, wird etwas höher wahrgenommen, dennoch glaubt auch hier der Großteil der Befragten, die Qualität der Handwerker im Vorfeld gut oder sogar sehr gut einschätzen zu können.

Tabelle 3: Zusammenfassung: Irrelevanz von Informationsasymmetrien und Gefahr für Dritte

Handwerk	Beurteilung der Qualität ex ante kaum/gar nicht möglich	Beurteilung der Qualität ex post kaum/gar nicht möglich	Gefahr für Dritte besteht kaum/ gar nicht	n
Elektroinst.	31,4 %	12,2 %	90,0 %	41/40
Klempner	34,2 %	12,2 %	90,2 %	41
Dachdecker	39,4 %	12,1 %	90,9 %	33
Maurer	45,2 %	9,7 %	80,6 %	31
Tischler	37,9 %	-	92,8 %	29/28
Maler	46,2 %	7,7 %	100 %	13

Quelle: Lüneburger Bauherrenbefragung – Pilotstudie; eigene Berechnungen.

Die hier beobachtete Irrelevanz kann jedoch durch eine ungünstige Fragestellung bedingt sein: Möglicherweise konnten sich die Befragten allein aus der Frage heraus nicht vorstellen, was mit Informationsproblemen und Gefahren gemeint war. Für die Folgestudie ist daher geplant, die Bauherren besser zur Problematik hinzuführen, indem sie sich zunächst über mögliche Gefahren Gedanken machen sollten und erst danach das eigene Urteilsvermögen einschätzen (vgl. auch Abschnitt 6).

Zur besseren Übersicht wurden in den nachfolgenden Ergebnistabellen nur die Gewerke Elektroinstallateur (Vermutung einer hohen Informationsasymmetrie) und Maler/Lackierer (Vermutung geringer Informationsasymmetrie, zudem einziges Handwerk des Fragebogens, das in die Anlage B wechseln soll, vgl. Abschnitt 5) dargestellt.

Auffallend ist, dass sich – u. U. bedingt durch die zu geringen Fallzahlen – so gut wie keine signifikanten Zusammenhänge zwischen den einzelnen Variablen erkennen lassen. So lässt sich beispielsweise die Vermutung, die Anzahl der genutzten Informationsquellen wirke sich negativ auf die Informationsasymmetrie vor Vertragsschluss aus, mit dem vorhandenen Datenmaterial leider nicht belegen (vgl. Tabelle 4). Um diesbezüglich Ergebnisse zu erhalten, muss auf die noch durchzuführende Hauptstudie verwiesen werden.

Tabelle 4: Anzahl der Informationsquellen und Ex-Ante-Informationsasymmetrie

Anzahl Informationsquellen (Erw. Anzahl)	Beurteilung der Qualität ex ante kaum/gar nicht möglich	Berurteilung der Qualität ex ante gut/sehr gut möglich	n
Elektroinstallateur: Chi-Quadrat-Test nach Pearson: 1,799 (0,407); n=41			
1	10 (9,8)	21 (21,2)	31
2	3 (2,2)	4 (4,8)	7
3	- (1,0)	3 (2,0)	3
Maler/Lackierer: Chi-Quadrat-Test nach Pearson: 1,376 (0,503); n=13			
1	4 (4,2)	5 (4,8)	9
2	2 (1,4)	1 (1,6)	3
3	- (0,5)	1 (0,5)	1

Quelle: Lüneburger Bauherrenbefragung – Pilotstudie; eigene Berechnungen.

Ein signifikanter Zusammenhang lässt sich lediglich für den Elektroinstallateur bezüglich der Ex-Post-Informationsasymmetrie und der Kontrollvariablen „Eigene handwerkliche Fähigkeiten“ aufzeigen. Offenbar hilft eigenes handwerkliches Geschick dabei, den Elektroinstallateur nach der Leistungserbringung besser beurteilen zu können (vgl. Tabelle 5). Hier müssen jedoch auch Abstriche hinsichtlich der Zuverlässigkeit der Ergebnisse gemacht werden, da aufgrund der geringen Fallzahlen mehr als 20% der Felder eine erwartete Häufigkeit unter 5 haben (vgl. Brosius 2002, 401).

Tabelle 5: Eigene handwerkliche Fähigkeiten und Ex-Post-Informationsasymmetrie

Eigene handwerkliche Fähigkeiten (Erw. Anzahl)	Beurteilung der Qualität ex post kaum/gar nicht möglich	Beurteilung der Qualität ex post gut/sehr gut möglich	n
Elektroinstallateur: Chi-Quadrat-Test nach Pearson: 4,608 (0,032)/Stärke des Zusammenhangs: 0,339; n=40			
Sehr gut/gut	2 (3,9)	29 (27,1)	31
Kaum/gar nicht	3 (1,1)	6 (7,9)	9
Maler/Lackierer: Chi-Quadrat-Test nach Pearson: 0,929 (0,335); n=13			
Sehr gut/gut	- (0,5)	6 (5,5)	6
Kaum/gar nicht	1 (0,5)	6 (6,5)	7

Quelle: Lüneburger Bauherrenbefragung – Pilotstudie; eigene Berechnungen.

Alle weiteren bivariaten Analysen zu Screening-Aktivitäten und –Fähigkeiten sind unauffällig, ebenso die sozio-demographischen Faktoren. Logit- oder Probitschätzungen konnten mit dem vorhandenen Datensatz nicht umgesetzt werden, da multivariate Schätzmethoden bei dieser kleinen Fallzahl sehr schnell an Grenzen stoßen.

5 Änderungen der Gesetzeslage

Die Bundesregierung hat im Zuge der Agenda 2010 die Initiative zu einer Handwerksreform ergriffen, die ab 01.01.2004 in Kraft treten soll. Insbesondere folgende Änderungsvorschläge sind geplant (vgl. zum Folgenden Bundesregierung 2003a, Bundesregierung 2003b, Bode 2003, 4f.):

Von den 94 Handwerksbetrieben, die bisher in der Anlage A aufgenommen sind und für die der Große Befähigungsnachweis als Marktzugangserfordernis gilt, sollen 65 in die Anlage B überführt werden. Handwerksunternehmen, die der Anlage B zugeordnet werden, können ohne die Meisterprüfung betrieben werden. Für die in der Anlage A verbleibenden Handwerke soll nur das Kriterium der Gefahrgeneigtheit zählen, wobei der Grundsatz der Verhältnismäßigkeit gelten soll: Hohe Gefahrgeneigtheit soll nur greifen, wenn der Gefahreneintritt sehr wahrscheinlich ist oder die Gefahren nicht durch andere staatliche Maßnahmen (z. B. Medizinproduktgesetz, Lebensmittelhygienevorschriften, Haftungsvorschriften etc.) verhindert werden. In der Anlage A sollen daher bleiben: Bau- und Ausbaugewerbe, Elektro- und Metallgewerbe sowie Gesundheits- und Körperpflege.

Handwerksbetriebe der Anlage B könnten freiwillig die Meisterprüfung ablegen, um damit ihren Kunden glaubhaft hohe Qualität zu signalisieren.

In 23 der 29 gefahrgeneigten Handwerksbetriebe sollen sich Gesellen, die zehn Jahre Berufserfahrung aufweisen, davon fünf Jahre in herausgehobener, verantwortungsvoller oder leitender Stellung, auch ohne Meisterprüfung niederlassen können. Gesellen aus den Bereichen Schornsteinfeger, Augenoptiker, Hörgeräteakustiker, Orthopädietechniker, Orthopädieschuhmacher und Zahntechniker könnten diese Regelung nicht in Anspruch nehmen.

Alle Marktzutrittsbeschränkungen sollen auf die wesentlichen gefahrgeneigten Tätigkeiten beschränkt bleiben. Als nicht wesentlich werden nach den Plänen der Bundesregierung alle Fertigkeiten angesehen, die binnen zwei bis drei Monaten erlernt werden können; diese Regelung ist Teil des so genannten Hartz-Paketes, die im Bundesrat als nicht zustimmungspflichtig angesehen wird.

Der Marktzutritt ausländischer Anbieter, die im Rahmen des Dienstleistungsverkehrs in Deutschland tätig werden wollen, wird vereinfacht. Binnen vier Wochen soll eine Bescheinigung, die zur Selbständigen Ausführung handwerklicher Tätigkeit berechtigt, ausgestellt werden, wenn der Antragsteller auf eine sechsjährige einschlägige Tätigkeit verweisen kann.

Die von der Regierung geplante Handwerksreform ist jedoch umstritten. So hat der Zentralverband des Deutschen Handwerks (ZDH) auf seiner Homepage diverse Statements veröffentlicht, die u. a. auf eine „gefährliche Absenkung des Qualitätsniveaus von Produkten und Leistungen" (ZDH 2003) hinweisen, desweiteren wurde eine Initiative „Ja zum Meisterbrief" gegründet. Die Opposition lehnt den Vorschlag der Regierung und der Bundestagsmehrheit ab. Die Union strebt dabei an, neben der Gefahrgeneigtheit weitere Kriterien wie die der überdurchschnittlichen Ausbildungsleistung sowie des Schutzes wichtiger Gemeinschaftswerte (Gesundheit, Umwelt, Verbraucher, technischer Gefährdungsschutz) einfließen zu lassen und damit eine geringere Anzahl von Berufen aus der Anlage A zu „entlassen" (vgl. CDU/CSU 2003). Weitere Reformschritte, wie die Aufgabe des Inhaberprinzips (auch natürliche Personen können einen Meister einstellen) oder Wegfall der dreijährigen Wartezeit für Gesellen bis zur Meisterprüfung, sind weitgehend unstrittig.

Die vorliegenden Gesetzesvorschläge würden die Handwerksregulierung auf ihren „Kernbereich" reduzieren; gegenwärtig ist jedoch noch völlig unklar, was von den Plänen umgesetzt wird. Selbst wenn sich die Bundesregierung komplett durchsetzen würde, bliebe in den meisten Bauhandwerken die alte Regulierung bestehen, so dass auf jeden Fall bei den Bauhandwerken empirisch geprüft werden sollte, ob die marktendogenen Lösungsmöglichkeiten oder die staatliche Marktzugangsregulierung zur Beseitigung von Informationsasymmetrien zur Anwendung kommen sollten. Kommt es bei den Bauhandwerkern zu einer teilweisen Beseitigung der Handwerksordnung, wäre es reizvoll, ergänzend zu untersuchen, wie sich der Einsatz von marktendogenen Lösungen verändert bzw. welche Rolle das staatlich geschützte Qualitätssiegel „Meisterbrief" übernimmt.

6 Fazit für die Hauptbefragung

Die Hauptstudie der Lüneburger Bauherrenbefragung soll Anfang 2004 durchgeführt werden. Insgesamt ist eine Zielgröße von ca. 5.000 Haushalten geplant, um einen ökonometrisch auswertbaren Datensatz zu erhalten: Bei Hochrechnung der Rücklaufquote in Bezug auf die antwortenden Bauherren aus der Pilotstudie (ca. 10%) sind 500 verwertbare Antworten zu erwarten. Ökonometrische Testverfahren (vgl. Abschnitt 4) sind abschließend durchzuführen. Der bereits erprobte Fragebogen muss dazu noch einmal auf Schwachpunkte hin durchgesehen werden:

Nach den Plänen der Bundesregierung sollen mit Ausnahme der Maler/ Lackierer alle fünf im Fragebogen genannten Berufe in der Anlage A der

Handwerksordnung verbleiben. Sollten diese Pläne umgesetzt werden, werden in das empirische Design auch Berufe aufgenommen, die in die Anlage B überführt werden (z. B. Estrich- oder Parkettleger); mit einer solchen Erweiterung könnten die Auswirkungen der Handwerksordnungsnovelle evaluiert werden. Aus Gründen der Überschaubarkeit sollte die Anzahl der genannten Berufe auf vier reduziert werden.

Die Probleme der adversen Auslese und des moralischen Risikos sowie der Gefahren aus schlechter Handwerksqualität müssen den Probanden deutlicher gemacht werden, da die Ergebnisse der Pilotstudie auf eine Überforderung hinsichtlich der Frageninterpretierung hindeuten. Anhand der Nennung von Gefahrenbeispielen könnten die Befragten zum Thema hingeführt werden und mögliche Probleme im Vorfeld der eigentlichen Frage visualisieren.

Da offensichtlich eine Vielzahl der Befragten ihre Häuser schlüsselfertig gekauft oder über Bauträger haben bauen lassen, könnte man im zu überarbeitenden Fragebogen erheben, weshalb sie diesen Weg der Gebäudeerstellung gegangen sind. Denkbare Motive wären beispielsweise höhere Kostensicherheit, fehlendes frei erwerbbares Grundstück im gewünschten Baugebiet oder unzureichende Fachkenntnis des Bauherrn bei der Auswahl und Kontrolle der Handwerksbetriebe. Gilt das letzte Argument, wäre dies ein Indiz für die relative Wirkungslosigkeit der Handwerksordnung für private Bauherren; ob Bauträger aufgrund ihrer Fachkenntnis den Konsumentenschutz der Handwerksordnung bedürfen, scheint fraglich zu sein. In diesem Zusammenhang sollte auch der Architekt als spezialisierter Dritter näher erforscht werden.

Im Rahmen des Projekts ist geplant, die Methode der Bauherrenbefragung an mehreren Standorten zu wiederholen, zum einen um die Fallzahl der verwertbaren Fragebögen zu erhöhen und zum anderen um regionsspezifische Einflussfaktoren (z. B. im niedersächsischen Grenzbereich zu den Niederlanden) kontrollieren zu können. Um eine ähnlich hohe Resonanz an anderen Standorten zu erreichen, sollen bestehende bzw. noch aufzubauende Kontakte zu anderen Universitäten und Fachhochschulen genutzt werden, um unter dem „Label" der jeweiligen Einrichtung die Befragung durchzuführen.

Um die Relevanz unterschiedlicher rechtlicher Rahmenbedingungen vertiefend klären zu können, bedarf es vermutlich auch einer vergleichenden empirischen Untersuchung. Beim Blick in das europäische Umland erscheinen die Niederlande als besonders interessant, hier erfolgt die Zulassung zum Markt über vier abgestufte Kategorien: Mit zunehmender Erwartung über die Bedeutung von Informationsasymmetrien bzw. Gefahren aus schlechter Qualität nimmt die Regulierungsintensität zu, im Extremfall bis zur subjektiven Marktzugangsbeschränkung analog zum „Großen Befähigungsnachweis". Zudem ergeben sich durch die Grenzregion Niedersachsen/Niederlande auch Möglichkeiten, die Inländerdiskriminierung näher darzustellen. In den Niederlanden soll daher ebenfalls eine Befragung von Bauherren durchgeführt werden, die Zusammenarbeit mit einer Partneruniversität vor Ort ist geplant.

Von den 49 Antwortenden der Pilotstudie haben sich 24 bereit erklärt (ca. 49%), für ein persönliches Interview zur Verfügung zu stehen (vgl. Frage 56). Dieser an Fragen der Handwerksregulierung offensichtlich interessierte Personenkreis kann für eine weitere Studie genutzt werden, indem neben vertiefenden Fragen zum schriftlichen Fragebogen mit den Teilnehmern über die Alternativen zur Handwerksordnung diskutiert wird. Insbesondere muss es darum gehen, mit ihnen die Reichweite des Reputationsmechanismus und die Beschränkung des staatlichen Eingriffs auf den Titelschutz zu diskutieren. Hier wird die Schwierigkeit bestehen, diesen durchaus hypothetischen Ansatz und die vielfältigen denkbaren Konsequenzen der Abkehr vom „Großen Befähigungsnachweis" zu verdeutlichen. Vermutlich wird hier nur eine explorative Studie möglich sein.

Literatur

Akerlof, G. A. (1970), The Market for "Lemons": Quality Uncertainty and the Market Mechanism, in: *The Quarterly Journal of Economics*, Vol. 84, No. 3, 488-500.

Bode, E. (2003), *Die Reform der Handwerksordnung: ein notwendiger Schritt in die richtige Richtung*, Kieler Diskussionsbeiträge; Kiel, Institut für Weltwirtschaft.

Brosius, F. (2002), *SPSS 11*; Bonn, mitp Verlag.

Bundesregierung (2003a), *Entwurf eines Gesetzes zur Änderung der Handwerksordnung und zur Förderung von Kleinunternehmen*, Deutscher Bundestag Berlin, Drucksache 15/1089 vom 03.06.2003.

Bundesregierung (2003b), *Entwurf eines Dritten Gesetzes zur Änderung der Handwerksordnung und anderer handwerksrechtlicher Vorschriften*, Deutscher Bundestag Berlin, Drucksache 15/1206 vom 24.06.2003.

CDU/CSU (2003), *Handwerk mit Zukunft (Antrag)*, Deutscher Bundestag Berlin, Drucksache. 15/1107 vom 04.06.2003.

Demmler, H. (1996), *Grundlagen der Mikroökonomie*; 3. Auflage, München/Wien, Oldenbourg.

Deregulierungskommission (1991), *Marktöffnung und Wettbewerb*, Stuttgart, Poeschel.

Donges, J. B. (1992), Ist die Meisterprüfung im Handwerk überflüssig? – Zu den Vorstellungen der Deregulierungskommission, in: *Zeitschrift für Wirtschaftspolitik*, 41. Jg., Nr. 1, 71-85.

Fredebeul-Krein, M. und A. Schürfeld (1998), Die Deregulierung des deutschen Handwerks als ordnungspolitische Aufgabe, in: *ORDO*, Bd. 49, 515-540.

Fritsch, M., Wein, T. und H.-J. Ewers (2003), *Marktversagen und Wirtschaftspolitik – Mikroökonomische Grundlagen staatlichen Handelns*, 5. Auflage; München, Vahlen.

Hollje-Lüerßen, G. (1996), *Das deutsche Handwerk im Prozeß der europäischen Einigung*, Dissertation, Universität Oldenburg.

Kleiner, M. M. (2000), Occupational Licensing, in: *Journal of Economic Perspectives*, Vol. 14, No. 4, 189-202.

Kucera, G. und W. Stratenwerth (1990), *Deregulierung des Handwerks: gesamtwirtschaftliche Risiken und Gefahren*, Göttingen, Schwartz.

Maschmann, F. (1990), Deregulierung im Handwerk: Die Meisterprüfung – Ein alter Zopf?, in: *Zeitschrift für Rechtspolitik*, 23. Jg., Nr. 11, 434-438.

Meyer, D. (1990), Asymmetrische Information, Institutional Choice und die Funktion von Wertorientierungen, in: *Jahrbuch für Sozialwissenschaft*, 41. Jg., 104-121.

Micker, L. (2002), Europarecht setzt Meisterzwang unter Druck, in: *Frankfurter Allgemeine Zeitung*, 16.10.2002.

Monopolkommission (1998), *Marktöffnung umfassend verwirklichen: Hauptgutachten 1996/1997*, Baden-Baden, Nomos.

Monopolkommission (2001), *Reform der Handwerksordnung – Sondergutachten der Monopolkommission gemäß § 44 Abs. 1 Satz 4 GWB*, http://www.monopolkommission.de/sg_31/text_s31.pdf.

Pindyck, R. S. und D. L. Rubinfeld (1998), *Mikroökonomie*, München/Wien, Oldenbourg.

Pohl, W. (1995), *Regulierung des Handwerks: eine ökonomische Analyse*, Wiesbaden, Deutscher Universitäts-Verlag.

Schwappach, J. und K. Schmitz (1996), Das Handwerksrecht in den Mitgliedsstaaten der Europäischen Union, in: *Wirtschaft und Verwaltung*, Bd. 1, Nr. 1, 1-63.

Shapiro, C. (1983a), Premiums for High Quality Products as Returns to Reputations, in: *The Quarterly Journal of Economics*, Vol. 98, No. 4, 659-679.

Shapiro, C. (1983b), Consumer Protection Policy in the United States, in: *Zeitschrift für die gesamte Staatswissenschaft*, 139. Jg., 527-544.

Sinn, H.-W. (1989), Kommentar, in: Ott, C. und H.-B. Schäfer (Hrsg.): *Allokationseffizienz in der Rechtsordnung*, Berlin u. a., Springer.

Spence, M. (1973), Job Market Signaling, in: *The Quarterly Journal of Economics*, Vol. 87, No. 3, 355-374.

Spremann, K. (1988), Reputation, Garantie, Information, in: *Zeitschrift für Betriebswirtschaft*, 58. Jg., Nr. 5/6, 613-629.

Soltwedel, R. et al. (1986), *Deregulierungspotentiale in der Bundesrepublik Deutschland*, Tübingen: Mohr.

Tietzel, M. (1989), Probleme der asymmetrischen Informationsverteilung beim Güter- und Leistungstausch, in: Ott, C. und H.-B. Schäfer (Hrsg.): *Allokationseffizienz in der Rechtsordnung*; Berlin u. a., Springer.

Wein, T. (1995), *Recht durch Rechtsanwälte?: Eine ökonomische Analyse des Marktes für Rechtsanwaltsdienstleistungen*, Berlin, Duncker und Humblot.

ZDH - Zentralverband des Deutschen Handwerks (2003), Handwerksrat zur Regierungserklärung, http://www.zdh.de/servlet/ContentServer?pagename=zdh/RenderPage&pageid=1032358502111&docid=1032359159989.

Universität Lüneburg
Fachbereich Wirtschafts- und Sozialwissenschaften
Institut für Volkwirtschaftslehre
PD Dr. Thomas Wein/Dipl.-Kffr. Wiebke Röber
Scharnhorststr. 1
21335 Lüneburg

Fragebogen

1. Sind Sie der Bauherr Ihres Hauses?
o Ja
o Nein
Sollten Sie „Nein" angekreuzt haben (z. B. bei Fer-tighäusern oder schlüsselfertigen Häusern über Bauträger), ist es nicht erforderlich, den Fragebo-gen weiter auszufüllen. **Senden Sie uns trotzdem bitte den Fragebogen zurück.** Wir danken Ihnen für Ihre Mithilfe.

Im Folgenden nennen wir Ihnen sechs Hand-werks-berufe und bitten Sie, die Fragen für jedes Gewerk einzeln zu beantworten, sofern Sie die ent-sprechende Leistung in Anspruch genommen haben.

2. Haben Sie einen Dachdeckerbetrieb in Anspruch genommen?
o Ja, die Leistung beanspruchte ca.
o 1-5 % o 11-25 %
o 6-10 % o über 25 %
der Baukosten.
o Nein, weiter mit Frage 10

3. Welche Informationsquellen haben Sie bei der Auswahl des Dachdeckers genutzt? (Mehrfachnennungen möglich)
o Telefon-/Branchenbuch
o Informationen von Freunden/Bekannten
o Empfehlung von anderen Handwerks-betrieben
o Empfehlung der Handwerkskammer/ Innung
o Empfehlung des Architekten
o Zeitungsannoncen/Werbung auf Bau-trägerschildern oder an Fahrzeugen
o Weitere Quellen:
____

4. Welche zusätzlichen Informationen über die Qualität der möglichen Anbieter haben Sie eingeholt oder erhalten? (Mehrfachnennungen möglich)
o Empfehlung durch andere
o Vorhandene Weiterbildungszertifikate
o Muster/Proben
o Eindruck des Betriebes (sauber, kompe-tente Beratung im Vorfeld etc.)
o Bekanntheitsgrad (z. B. durch Werbung)
o Besondere Garantieleistungen/-fristen
o Weitere Kriterien:
____

5. Welche Rolle spielten folgende Merkmale bei der Auftragsvergabe?
- Handwerkliche Qualität
o Sehr wichtig o Kaum
o Ziemlich wichtig o Gar nicht
- Preis
o Sehr wichtig o Kaum
o Ziemlich wichtig o Gar nicht
- Schnelligkeit, Sauberkeit, Verlässlichkeit
o Sehr wichtig o Kaum
o Ziemlich wichtig o Gar nicht

6. Inwieweit glauben Sie, die Leistung des Dachdeckers bereits *vor* der Ausführung nur durch die Nutzung Ihrer Informationsquellen qualitativ einschätzen zu können?
o Sehr gut o Kaum
o Ziemlich gut o Gar nicht

7. Inwieweit glauben Sie, die Leistung des Dachdeckers *nach* der Ausführung hinsichtlich der Qualität einschätzen zu können?
o Sehr gut o Kaum
o Ziemlich gut o Gar nicht

8. Wie hoch schätzen Sie nach der Auftragserfüllung die Gefahren von Sach- und Personenschäden durch schlechte Leistung des Dachdeckers bei *Ihnen selbst* ein?
o Sehr hoch o Kaum
o Ziemlich hoch o Gar nicht

9. Wie hoch schätzen Sie nach der Auftragserfüllung die Gefahren von Sach- und Personenschäden durch schlechte Leistung des Dachdeckers bei *Dritten (unbeteiligten Personen)* ein?
o Sehr hoch o Kaum
o Ziemlich hoch o Gar nicht

10. Haben Sie einen Elektroinstallationsbetrieb in Anspruch genommen?
o Ja, die Leistung beanspruchte ca.
o 1-5 % o 11-25 %
o 6-10 % o über 25 %
der Baukosten.
o Nein, weiter mit Frage 18

11. Welche Informationsquellen haben Sie bei der Auswahl des Elektroinstallateurs genutzt? (Mehrfachnennungen möglich)
o Telefon-/Branchenbuch
o Informationen von Freunden/ Bekannten
o Empfehlung von anderen Handwerks-betrieben
o Empfehlung der Handwerkskammer/ Innung
o Empfehlung des Architekten
o Zeitungsannoncen/Werbung auf Bau-trägerschildern oder an Fahrzeugen
o Weitere Quellen:
____

12. Welche zusätzlichen Informationen über die Qualität der möglichen Anbieter haben Sie eingeholt oder erhalten? (Mehrfachnennungen möglich)
o Empfehlung durch andere
o Vorhandene Weiterbildungszertifikate
o Muster/Proben
o Eindruck des Betriebes (sauber, kompe-tente Beratung im Vorfeld etc.)
o Bekanntheitsgrad (z. B. durch Werbung)
o Besondere Garantieleistungen/-fristen
o Weitere Kriterien:
____

13. Welche Rolle spielten folgende Merkmale bei der Auftragsvergabe?
- Handwerkliche Qualität

o	Sehr wichtig	o	Kaum
o	Ziemlich wichtig	o	Gar nicht

- Preis

o	Sehr wichtig	o	Kaum
o	Ziemlich wichtig	o	Gar nicht

- Schnelligkeit, Sauberkeit, Verlässlichkeit

o	Sehr wichtig	o	Kaum
o	Ziemlich wichtig	o	Gar nicht

14. Inwieweit glauben Sie, die Leistung des Elektroinstallateurs bereits *vor* der Ausführung nur durch die Nutzung Ihrer Informa-tionsquellen qualitativ einschätzen zu können?

o	Sehr gut	o	Kaum
o	Ziemlich gut	o	Gar nicht

15. Inwieweit glauben Sie, die Leistung des Elektroinstallateurs *nach* der Ausführung hin-sichtlich der Qualität einschätzen zu können?

o	Sehr gut	o	Kaum
o	Ziemlich gut	o	Gar nicht

16. Wie hoch schätzen Sie nach der Auftrags-erfüllung die Gefahren von Sach- und Personenschäden durch schlechte Leistung des Elektroinstallateurs bei *Ihnen selbst* ein?

o	Sehr hoch	o	Kaum
o	Ziemlich hoch	o	Gar nicht

17. Wie hoch schätzen Sie nach der Auftragserfüllung die Gefahren von Sach- und Personenschäden durch schlechte Leistung des Elektroinstallateurs bei *Dritten (unbeteiligten Personen)* ein?

o	Sehr hoch	o	Kaum
o	Ziemlich hoch	o	Gar nicht

---

18. Haben Sie einen Klempnerbetrieb in Anspruch genommen?

o Ja, die Leistung beanspruchte ca.
o 1-5 % o 11-25 %
o 6-10 % o über 25 %
der Baukosten.
o Nein, weiter mit Frage 26

19. Welche Informationsquellen haben Sie bei der Auswahl des Klempners genutzt? (Mehrfachnennungen möglich)

o Telefon-/Branchenbuch
o Informationen von Freunden/ Bekannten
o Empfehlung von anderen Handwerksbetrieben
o Empfehlung der Handwerkskammer/ Innung
o Empfehlung des Architekten
o Zeitungsannoncen/Werbung auf Bauträgerschildern oder an Fahrzeugen
o Weitere Quellen:
____

20. Welche zusätzlichen Informationen über die Qualität der möglichen Anbieter haben Sie eingeholt oder erhalten? (Mehrfachnennungen möglich)

o Empfehlung durch andere
o Vorhandene Weiterbildungszertifikate
o Muster/Proben
o Eindruck des Betriebes (sauber, kompetente Beratung im Vorfeld etc.)
o Bekanntheitsgrad (z. B. durch Werbung)
o Besondere Garantieleistungen/-fristen
o Weitere Kriterien:
____

21. Welche Rolle spielten folgende Merkmale bei der Auftragsvergabe?
- Handwerkliche Qualität

o	Sehr wichtig	o	Kaum
o	Ziemlich wichtig	o	Gar nicht

- Preis

o	Sehr wichtig	o	Kaum
o	Ziemlich wichtig	o	Gar nicht

- Schnelligkeit, Sauberkeit, Verlässlichkeit

o	Sehr wichtig	o	Kaum
o	Ziemlich wichtig	o	Gar nicht

22. Inwieweit glauben Sie, die Leistung des Klempners bereits *vor* der Ausführung nur durch die Nutzung Ihrer Informationsquellen qualitativ einschätzen zu können?

o	Sehr gut	o	Kaum
o	Ziemlich gut	o	Gar nicht

23. Inwieweit glauben Sie, die Leistung des Klempners *nach* der Ausführung hinsichtlich der Qualität einschätzen zu können?

o	Sehr gut	o	Kaum
o	Ziemlich gut	o	Gar nicht

24. Wie hoch schätzen Sie nach der Auftragserfüllung die Gefahren von Sach- und Personenschäden durch schlechte Leistung des Klempners bei *Ihnen selbst* ein?

o	Sehr hoch	o	Kaum
o	Ziemlich hoch	o	Gar nicht

25. Wie hoch schätzen Sie nach der Auftragserfüllung die Gefahren von Sach- und Personenschäden durch schlechte Leistung des Klempners bei *Dritten (unb-teiligten Personen)* ein?

o	Sehr hoch	o	Kaum
o	Ziemlich hoch	o	Gar nicht

---

26. Haben Sie einen Maler- und Lackiererbetrieb in Anspruch genommen?

o Ja, die Leistung beanspruchte ca.
o 1-5 % o 11-25 %
o 6-10 % o über 25 %
der Baukosten.
o Nein, weiter mit Frage 34

27. Welche Informationsquellen haben Sie bei der Auswahl des Malers und Lackierers Ange-nutzt? (Mehrfachnennungen möglich)

o Telefon-/Branchenbuch
o Informationen von Freunden/ Bekannten
o Empfehlung von anderen Handwerksbetrieben
o Empfehlung der Handwerkskammer/ Innung
o Empfehlung des Architekten
o Zeitungsannoncen/Werbung auf Bauträgerschildern oder an Fahrzeugen
o Weitere Quellen:

____

28. Welche zusätzlichen Informationen über die Qualität der möglichen Anbieter haben Sie eingeholt oder erhalten? (Mehrfachnennungen möglich)

o Empfehlung durch andere
o Vorhandene Weiterbildungszertifikate
o Muster/Proben
o Eindruck des Betriebes (sauber, kompetente Beratung im Vorfeld etc.)
o Bekanntheitsgrad (z. B. durch Werbung)
o Besondere Garantieleistungen/-fristen
o Weitere Kriterien:

____

29. Welche Rolle spielten folgende Merkmale bei der Auftragsvergabe?

- Handwerkliche Qualität

o Sehr wichtig o Kaum
o Ziemlich wichtig o Gar nicht

- Preis

o Sehr wichtig o Kaum
o Ziemlich wichtig o Gar nicht

- Schnelligkeit, Sauberkeit, Verlässlichkeit

o Sehr wichtig o Kaum
o Ziemlich wichtig o Gar nicht

30. Inwieweit glauben Sie, die Leistung des Malers und Lackierers bereits *vor* der Aus-füh-rung nur durch die Nutzung Ihrer Informa-tionsquellen qualitativ einschätzen zu können?

o Sehr gut o Kaum
o Ziemlich gut o Gar nicht

31. Inwieweit glauben Sie, die Leistung des Malers und Lackierers *nach* der Ausführung hinsichtlich der Qualität einschätzen zu können?

o Sehr gut o Kaum
o Ziemlich gut o Gar nicht

32. Wie hoch schätzen Sie nach der Auftrags-erfüllung die Gefahren von Sach- und Personenschäden durch schlechte Leistung des Malers und Lackierers bei *Ihnen selbst* ein?

o Sehr hoch o Kaum
o Ziemlich hoch o Gar nicht

33. Wie hoch schätzen Sie nach der Auftrags-erfüllung die Gefahren von Sach- und Personenschäden durch schlechte Leistung des Malers und Lackierers bei *Dritten (unbeteiligten Personen)* ein?

o Sehr hoch o Kaum
o Ziemlich hoch o Gar nicht

34. Haben Sie einen Maurerbetrieb in Anspruch genommen?

o Ja, die Leistung beanspruchte ca.
 o 1-5 % o 11-25 %
 o 6-10 % o über 25 %
 der Baukosten.
o Nein, weiter mit Frage 42

35. Welche Informationsquellen haben Sie bei der Auswahl des Maurers genutzt? (Mehrfachnennungen möglich)

o Telefon-/Branchenbuch
o Informationen von Freunden/ Bekannten
o Empfehlung von anderen Handwerksbetrieben
o Empfehlung der Handwerkskammer/ Innung
o Empfehlung des Architekten
o Zeitungsannoncen/Werbung auf Bauträgerschildern oder an Fahrzeugen
o Weitere Quellen:

____

36. Welche zusätzlichen Informationen über die Qualität der möglichen Anbieter haben Sie eingeholt oder erhalten? (Mehrfachnennungen möglich)

o Empfehlung durch andere
o Vorhandene Weiterbildungszertifikate
o Muster/Proben
o Eindruck des Betriebes (sauber, kompetente Beratung im Vorfeld etc.)
o Bekanntheitsgrad (z. B. durch Werbung)
o Besondere Garantieleistungen/-fristen
o Weitere Kriterien:

____

37. Welche Rolle spielten folgende Merkmale bei der Auftragsvergabe?

- Handwerkliche Qualität

o Sehr wichtig o Kaum
o Ziemlich wichtig o Gar nicht

- Preis

o Sehr wichtig o Kaum
o Ziemlich wichtig o Gar nicht

- Schnelligkeit, Sauberkeit, Verlässlichkeit

o Sehr wichtig o Kaum
o Ziemlich wichtig o Gar nicht

38. Inwieweit glauben Sie, die Leistung des Maurers bereits *vor* der Ausführung nur durch die Nutzung Ihrer Informationsquellen qualitativ einschätzen zu können?

o Sehr gut o Kaum
o Ziemlich gut o Gar nicht

39. Inwieweit glauben Sie, die Leistung des Maurers *nach* der Ausführung hinsichtlich der Qualität einschätzen zu können?

o Sehr gut o Kaum
o Ziemlich gut o Gar nicht

40. Wie hoch schätzen Sie nach der Auftrags-erfüllung die Gefahren von Sach- und Personenschäden durch schlechte Leistung des Maurers bei *Ihnen selbst* ein?

o Sehr hoch o Kaum
o Ziemlich hoch o Gar nicht

41. Wie hoch schätzen Sie nach der Auftragserfüllung die Gefahren von Sach- und Personenschäden durch schlechte Leistung des Maurers bei *Dritten (unbeteiligten Personen)* ein?

o Sehr hoch o Kaum
o Ziemlich hoch o Gar nicht

---

42. Haben Sie einen Tischlerbetrieb in Anspruch genommen?

o Ja, die Leistung beanspruchte ca.
 o 1-5 % o 11-25 %
 o 6-10 % o über 25 %
 der Baukosten.
o Nein, weiter mit Frage 50

43. Welche Informationsquellen haben Sie bei der Auswahl des Tischlers genutzt? (Mehrfachnennungen möglich)

o Telefon-/Branchenbuch
o Informationen von Freunden/ Bekannten
o Empfehlung von anderen Handwerksbetrieben
o Empfehlung der Handwerkskammer/ Innung
o Empfehlung des Architekten
o Zeitungsannoncen/Werbung auf Bauträgerschildern oder an Fahrzeugen
o Weitere Quellen:
____

44. Welche zusätzlichen Informationen über die Qualität der möglichen Anbieter haben Sie eingeholt oder erhalten? (Mehrfachnennungen möglich)

o Empfehlung durch andere
o Vorhandene Weiterbildungszertifikate
o Muster/Proben
o Eindruck des Betriebes (sauber, kompetente Beratung im Vorfeld etc.)
o Bekanntheitsgrad (z. B. durch Werbung)
o Besondere Garantieleistungen/-fristen
o Weitere Kriterien:
____

45. Welche Rolle spielten folgende Merkmale bei der Auftragsvergabe?
- Handwerkliche Qualität

o Sehr wichtig o Kaum
o Ziemlich wichtig o Gar nicht

- Preis

o Sehr wichtig o Kaum
o Ziemlich wichtig o Gar nicht

- Schnelligkeit, Sauberkeit, Verlässlichkeit

o Sehr wichtig o Kaum
o Ziemlich wichtig o Gar nicht

46. Inwieweit glauben Sie, die Leistung des Tischlers bereits *vor* der Ausführung nur durch die Nutzung Ihrer Informationsquellen qualitativ einschätzen zu können?

o Sehr gut o Kaum
o Ziemlich gut o Gar nicht

47. Inwieweit glauben Sie, die Leistung des Tischlers *nach* der Ausführung hinsichtlich der Qualität einschätzen zu können?

o Sehr gut o Kaum
o Ziemlich gut o Gar nicht

48. Wie hoch schätzen Sie nach der Auftrags-erfüllung die Gefahren von Sach- und Personenschäden durch schlechte Leistung des Tischlers bei *Ihnen selbst* ein?

o Sehr hoch o Kaum
o Ziemlich hoch o Gar nicht

49. Wie hoch schätzen Sie nach der Auftrags-erfüllung die Gefahren von Sach- und Personenschäden durch schlechte Leistung des Tischlers bei *Dritten (unbeteiligten Personen)* ein?

o Sehr hoch o Kaum
o Ziemlich hoch o Gar nicht

---

50. Sie sind

o männlich
o weiblich

51. Wie alt sind Sie? ____________ Jahre

52. Wann haben Sie dieses Bauprojekt beendet? ________________________

53. Ist dies Ihr erstes Bauprojekt?

o Ja
o Nein, mein __________ Bauprojekt.

54. Sind Sie beruflich im Baugewerbe tätig?

o Ja
o Nein

55. Wie schätzen Sie Ihre eigenen handwerk-lichen Fähigkeiten ein?

o Sehr gut o Kaum
o Gut o Gar nicht

56. Im Rahmen des Forschungsprojektes möchten wir zu einem späteren Zeitpunkt gerne auch persönliche Interviews mit Ihnen führen. Wären Sie bereit, uns für solche Interviews zur Verfügung zu stehen?

o Ja, Kontaktadresse:
____
____
____
____

o Nein

Wir danken Ihnen für Ihre Mithilfe!

Lucinda Trigo Gamarra, Thomas Wein

Universität Lüneburg, Institut für Volkswirtschaftslehre

Die Reregulierung der Versicherungsvermittler

Zusammenfassung

Die Umsetzung der europäischen Richtlinie 2002/92/EG über Versicherungsmittler im Januar 2005 stellt eine Reregulierung des deutschen Versicherungsmarktes dar. Neben Mindestqualifikationen werden darin Informations-, Beratungs- und Dokumentationspflichten für die Vermittler festgelegt. Versicherungsvermittler stellen idealtypisch Spezialisten zur Reduzierung von Transaktionskosten dar, die aufgrund ihrer hohen Qualifikation die Informationsasymmetrien zu Lasten des Versicherungsnehmers auf dem primären Versicherungsmarkt beseitigen. Aufgrund der Schwierigkeiten, denen Versicherungsnehmer bei der Beurteilung der Vermittlungsleistung ausgesetzt sind, besteht jedoch die Gefahr eines Prozesses der adversen Auslese auf dem Vermittlungsmarkt. Hinzu kommen Anreizprobleme, die aufgrund der einseitigen Vergütung der Vermittler durch die Versicherungsunternehmen entstehen. Die Analyse der Richtlinie zeigt, dass diese die Gefahr der adversen Auslese zumindest abmildert, die Anreizproblematik jedoch weitgehend ungelöst bleibt. Eine geplante empirische Untersuchung soll basierend auf einer Fragebogen gestützten Erhebung Veränderungen im Vermittlerverhalten infolge der Richtlinienumsetzung feststellen. Nur eine Anpassung in deren Verhalten könnte dabei zu der gewünschten Senkung der Intransparenz auf dem primären Versicherungsmarkt führen.

1 Problemstellung

Nach der im Juli 1994 wirksam gewordenen Deregulierung des deutschen Versicherungsmarktes (vgl. Wein 2001) wird es im Zuge der Umsetzung der europäischen Vermittlerrichtlinie zu einer Reregulierung des Versicherungs(vermittler)marktes kommen (vgl. EU 2002): Die im Dezember 2002 verabschiedete Richtlinie schreibt dem nationalen Gesetzgeber bis Januar 2005 vor, für den Zugang zum Vermittlermarkt eine Marktzugangsbeschränkung einzuführen, wobei vor allem berufsfachliche Qualifikationen gefordert werden. Der europäische Gesetzgeber gibt ebenfalls den Abschluss einer Berufshaftpflicht vor. Ferner müssen sich Vermittler, die unter die Marktzugangsregeln fallen, in ein öffentlich zugängliches Register eintragen lassen und dabei wesentliche Kennzeichen ihres Unternehmens offen legen. Als „Nebenprodukt" werden den Vermittlern mit zunehmender Unabhängigkeit ansteigende Beratungspflichten auferlegt.

Die Regulierung des Vermittlermarktes entspricht der langjährigen Auffassung der Europäischen Kommission (vgl. EU 1992), wonach Versicherungsunternehmen (VU) größtmögliche Freiheiten genießen und deshalb hinsichtlich der Gestaltung der Produkte sowie Tarife nicht eingeengt werden sollen. Besonders für den hoch regulierten deutschen Versicherungsmarkt mit seinen homogenen Versicherungsprodukten und geringem Prämienwettbewerb wurde daher im Zuge der Deregulierung eine zunehmende Intransparenz erwartet, die nach Meinung der Kommission durch die Tätigkeit von gut qualifizierten Versicherungsvermittlern (VV) abgebaut werden sollte. Zur Sicherstellung hoher Qualifikation der VV wurde von europäischer Seite 1991 eine unverbindliche, materiell bereits die Richtlinie des Jahres 2002 vorwegnehmende Richtlinienempfehlung erlassen. Der deutsche Gesetzgeber machte jedoch von der Möglichkeit Gebrauch, die Richtlinienempfehlung nicht umzusetzen. Insofern handelt es sich bei der Richtlinie aus 2002 nicht um ein Paradigmenwechsel der Kommission, vielmehr wird der fehlende „Mosaikstein" des deregulierten Versicherungsmarktes eingepasst.

In der Lebens- und in der Krankenversicherung werden die Versicherungsverträge in aller Regel auf lange Frist geschlossen, da bei einem Anbieterwechsel (zumindest bisher) die Alterungsrückstellungen nicht mitgenommen werden können (vgl. Sachverständigenrat 2002). Insofern ist der Wettbewerb in diesen Sparten auf die Phase vor Vertragsschluss beschränkt. VV können dabei einen wichtigen Beitrag leisten, den richtigen Versicherer zu finden. Falls es in Deutschland in der Zukunft in den Sozialversicherungen zu einer Stärkung der privatwirtschaftlich angebotenen, Kapital gedeckten Versicherungen kommt bzw. zunehmend Leistungen in der gesetzlichen Krankenversicherung nicht mehr erstattet werden, steigt auch die Bedeutung des privaten Versicherungsmarktes an, die Funktionsfähigkeit des Versicherungsvermittlungsmarktes wird wichtiger.

Im zweiten Abschnitt wird herausgearbeitet, welche ökonomischen Funktionen ein (idealtypischer) VV erfüllen könnte und welche Argumente gegen die Existenz eines solchen VV sprechen. Unter Punkt 3 stellen wir die institutionellen Regelungen des VV-Marktes vor und blicken voraus, wie die Richtlinie diese Regelungen verändern wird. Im Abschnitt 4 werden die zu erwartenden Auswirkungen der Richtlinie auf die Angebotsseite des Vermittlermarktes und die Möglichkeiten der empirischen Überprüfung beschrieben.

2 Theoretische Grundlagen

Unter einem idealtypischen Versicherungsvermittler verstehen wir einen Akteur, der für seine Beratungs- und Vermittlungsaufgabe ausreichend qualifiziert ist. Seine hohe Qualifikation setzt er dafür ein, den Nutzen des VN zu maximieren; indem er ihm den bestmöglichen Versicherungsschutz zukommen lässt. Zunächst zeigen wir auf, welche Funktionen ein idealtypischer VV in einem Versicherungsmarkt erfüllen kann, der durch Informationsasymmetrie zu Lasten der VN geprägt ist. Anschließend wird diskutiert, weshalb VV – jenseits existierender institutioneller Beschränkungen – vermutlich keine idealtypischen Marktakteure darstellen können. Nach Betrachtung marktendogener Lösungsansätze für diese Probleme kommen die Möglichkeiten des Staates in den Blick.

Grundsätzlich fügen VV den Leistungen des VU noch eine weitere Wertschöpfungsstufe hinzu: Die Versicherungsvermittlungsdienstleistung (VVD). Bei der Ausführung der Transaktion „Versicherungsvermittlung" entstehen zusätzliche Transaktionskosten, da der VV sowohl mit dem VU als auch mit dem VN in Kontakt treten muss. Insofern kann man Vermittler als „specialists in performing transactions" (Rose 1999, 46) ansehen. Aus der Sicht des einzelnen VN lohnt sich die Einschaltung des VV nur dann, wenn

- der VN durch die Tätigkeit des VV eine bessere Risikoabsicherung, in der Regel ein besseres Versicherungsprodukt, erhält, ohne höhere Kosten in Form einer höheren Versicherungsprämie oder zusätzliche Transaktionskosten zu erleiden;
- und/oder bei gleicher Risikoabsicherung die bei Inanspruchnahme des Vermittlers anfallenden Prämienzahlungen und Transaktionskosten geringer sind als Prämien und Transaktionskosten bei direktem Vertragsabschluss.

Somit gilt: Die Einschaltung eines VV ist für den VN vorteilhaft, wenn er durch ihn eine bessere Risikoabsicherung, geringere Prämien und/oder niedrigere Transaktionskosten erreicht. Gesamtwirtschaftlich beschränken sich die Vorteile der weiteren Wertschöpfungsstufe auf die verbesserte Risikoabsicherung und die geringeren Transaktionskosten, da niedrigere Prämien zu Lasten der Versicherer gehen und damit nur eine Umverteilung zwischen VU und VN stattfindet. Gümbel (1985, 168) und Picot (1986, 4) sehen die Vorteile der Vermittler vor allem darin, Transaktionen kostengünstiger durchführen zu können. Grundmann/Kerber (2001, 269) charakterisieren deshalb VV als „specialists for the reduction of transaction costs". Transaktionskostenreduktion im Sinne einer statischen Effizienz und bessere Risikoabsicherung als Ausprägung der dynamischen Effizienz sind die gesamtwirtschaftlichen

„Motive“ für die Inanspruchnahme von VVD. Diesen Vorteilen ist der Ressourcenverzehr durch die Einschaltung der VV gegenüberzustellen.

Transaktionskostenersparnisse und verbesserte Risikoabsicherungen können grundsätzlich durch drei industrieökonomische Konzepte erklärt werden (vgl. allgemein Fritsch, Wein und Ewers 2003, 181f.):

- Für die Erbringung der VVD ist es vielfach notwendig, einmalige Investitionen in relevante rechtliche und versicherungsökonomische Zusammenhänge zu tätigen sowie Kenntnisse über VU und deren Produkte zu erwerben (vgl. Picot 1986, 8 und Traub 1995, 115). Diese Fixkosten können auf eine Reihe von Transaktionen umgelegt werden und führen damit zu sinkenden Durchschnittskosten der Wissensbereitstellung.
- Denkbar ist auch, dass die VV durch eine Erhöhung der Vermittlungsleistung steigende Skalenerträge realisieren. Proportionale Erhöhungen der Inputfaktoren, insbesondere von Arbeit und Kapital, führen dann zu überproportionalen Zunahmen beim Output, also den VVD. Ursächlich für steigende Skalenerträge bei VV könnte die Realisierung von Vorteilen der Arbeitsteilung innerhalb der Vermittlerbetriebe sein. Steigende Skalenerträge führen ebenfalls zu sinkenden Stückkosten.
- Zu einer Verschiebung der (fallenden) Durchschnittskostenkurve im Zeitablauf kommt es, wenn die Vermittler Erfahrungs- oder Lernkurveneffekte realisieren können. Damit könnten die Vermittlerbetriebe einen gegebenen Output zu geringeren Durchschnittskosten bereitstellen (vgl. Rose 1999, 115).

Sieht man also den Vermittler vereinfachend als Einproduktunternehmen an, so wird die Vorteilhaftigkeit der VVD durch statische und dynamische Größenvorteile erklärt, die sich dann im Vergleich zur direkten Transaktion zwischen VU und VN in geringeren Transaktionskosten und besseren Risikoabsicherungskonzepten niederschlagen.

Unterteilt man die Transaktionskosten in Anbahnungs-, Vereinbarungs-, Abwicklungs-, Kontroll- und Anpassungskosten (vgl. z. B. Picot, Reichwald und Wigand 2003, 49f.), kann man das Auftreten von Größenvorteilen wie folgt den einzelnen Kostenkategorien zuordnen:

- Ersparnisse bei den Anbahnungskosten entstehen, weil VV weitaus geringere Suchkosten für geeignete Versicherer und Produkte aufwiesen als VN, die eigenständig „Screening“ betreiben (vgl. Grundmann and Kerber 2001, 269). Insofern sind es vor allem die eingesparten Informations-/Kommunikationskosten, die auf die Überlegenheit des VV hindeuten (vgl. Rose 1999, 62). Neben diesem quantitativen gibt es auch noch einen qualitativen Aspekt: Im Vergleich zur „Eigennachfrage" erhöht die Einschaltung eines Vermittlers die Wahrscheinlichkeit, den geeigneten Transaktionspartner zu finden (vgl. Spulber 1996, 145). Insofern tragen die angesammelten versicherungsspezifischen Kenntnisse des Versicherungsvermittlers zu einem besseren „Matching" zwischen VU und VN bei.

- Ersparnisse bei Vereinbarungskosten treten auf, wenn VV die Qualität des Versicherungsprodukts zutreffend einschätzen können (vgl. Grundmann and Kerber 2001, 271). Es ist sehr wahrscheinlich, dass der VV besser informiert ist als der einzelne VN (vgl. Biglaiser and Friedman 1994, 528): Er besitzt Qualitätserfahrungen der Vergangenheit, die zumindest partiell auch für die Gegenwart hilfreich sind, und ist relativ gut über aktuelle Versicherungsprodukte informiert (vgl. Spulber 1999, 171).
- Ersparnisse bei Vereinbarungskosten können durch VV realisiert werden, indem sie durch ihre spezifischen Fachkenntnisse bessere Vertragskonditionen durchsetzen können als bei direkter Verhandlung zwischen VU und VN (vgl. Rose 1999, 64). VV könnten weiterhin aufgrund der Häufigkeit ihrer Versicherungsnachfrage über eine hohe Verhandlungsmacht verfügen, mit der sie (zu relativ geringen Kosten) für die Versicherungsnehmer vorteilhaftere Verträge durchsetzen könnten. Die Vorteilhaftigkeit kann sich auf geringe Prämien und/oder Leistungserweiterungen beziehen (vgl. Traub 1995, 122).
- Ersparnisse bei den Kontrollkosten stellen sich ein, wenn die VV zu geringen Kosten feststellen können, ob sich die VU an die Vertragsinhalte halten; eine spezifische Form des „delegated monitoring" liegt vor (vgl. Spulber 1999, 337f.). Die überlegene Kontrolle des VV gegenüber dem VN beruht auf seinen versicherungsspezifischen Kenntnissen und der häufigen Umsetzung von Versicherungsverträgen (vgl. Traub 1995, 122).
- Ersparnisse bei den Anpassungskosten ergeben sich, wenn Lücken in den Verträgen bestehen und die VV mit ihrer Verhandlungsmacht die Interessen der VN durchsetzen können.

Auf allen Kostenebenen gibt es also gute Gründe für die Überlegenheit des VV gegenüber einer direkten Transaktion zwischen VN und VU.

Die Existenz idealer VV hätte positive Rückwirkungen auf den Versicherungsmarkt: Durch sie würde Intransparenz im Versicherungsmarkt beseitigt. M. a. W.: Die Existenz des sekundären Versicherungsmarktes, des Versicherungsvermittlermarktes, würde Informationsmängel mindern. Im Einzelnen könnte sich dies im primären Versicherungsmarkt wie folgt niederschlagen:

- Die Tätigkeit des VV kann Qualitätsunkenntnis der VN auf dem primären Versicherungsmarkt abbauen. Aufgrund seines hohen Fachwissens ist der VV in der Lage, dem VN bei der Ermittlung seiner individuellen Risikosituation beizustehen. Sein Fachwissen könnte ebenfalls dazu führen, das geeignete Deckungskonzept zu ermitteln und das richtige Versicherungsprodukt vorzuschlagen. Im Idealfall wandelt sich das Gut Versicherung vom Erfahrungs-/ Vertrauensgut des primären Versicherungsmarktes zum Inspektionsgut: Unter Hinzuziehung des VV wird vor Vertragsschluss eine sichere Qualitätseinschätzung des Versicherungsprodukts möglich. Unstrittig dürfte es sein, dass in aller Regel die VV besser als die VN die Zahlungsfähigkeit eines VU einschätzen können. Freilich bedarf es eines spezifischen Fachwissens und einer Reihe von Insiderinformationen, um die langfristige Solvenz eines VU beurteilen zu können; die aller meisten VV dürften mit dieser Aufgabe überfordert sein. Hinsichtlich der Qualität der Schadensregulierung können die VV sehr gut Erfahrungen der Vergangenheit als Indikator für zukünftiges Verhalten in diesem Punkt verwerten und damit aus der Schadensregulierung, die den Charakter eines Erfahrungsgutes im primären Versicherungsmarkt aufweist, ein Inspektionsgut machen (vgl. zusammenfassend Bosselmann 1994, 116ff.). Der ideale VV trägt also zu einer weitgehenden Beseitigung von Qualitätsunkenntnis bei; allein das Problem der Solvenzbeurteilung bliebe ungelöst. Insofern würde das Tätigwerden von VV adverse Ausleseprozesse im Keim ersticken und damit sicherstellen, dass hohe Qualität im Markt nicht verdrängt wird (vgl. Traub 1995, 121).
- Mit der Inanspruchnahme eines VV mag das Auftreten von Preisunkenntnis im primären Versicherungsmarkt verhindert werden. Die Marktübersicht des VV induziert erstens, dass er dem VN die prämiengünstigste Police vorschlagen wird, gegeben der Deckungsumfang sei überall gleich. M. a. W.: VV eliminieren Preisunkenntnis im engeren Sinn. Zweitens verhindert die Marktübersicht, dass eine Versicherungspolice gezeichnet wird, die im Vergleich zu ihrem Deckungsumfang zu teuer ist (Preiswürdigkeitsrisiko). Neben der Sachkenntnis des Versicherungsmaklers schlägt hier die Möglichkeit zu Buche, bereits generierte Prämieninformationen auf gleichartige Deckungen zu übertragen. Diese „Prämienkontrollfunktion“ greift nicht nur für den Abschluss von Neuverträgen, sondern ist in gleicher Weise für den laufenden Vertragsbestand einsetzbar (vgl. zusammenfassend Bosselmann 1994, 119-121).

- Der Gefahr der Nutzenunkenntnis im primären Versicherungsmarkt wird durch den Einsatz eines VV verringert. Durch die sachkundige Beratung des VV wird dem VN der Inhalt des jeweiligen Versicherungsprodukts verdeutlicht, insbesondere der durch die AVB umrissene Deckungsumfang. Der Vermittler würde auch herausstellen, welche Nebenpflichten und Obliegenheiten aus dem jeweiligen Versicherungsvertrag folgen. Mit dem Vergleich zwischen konkretem Deckungsumfang und individueller Risikosituation könnten mögliche Über- oder Unterdeckungen offen gelegt werden.
- VV mindern die Gefahren opportunistischen Verhaltens seitens der VU. Ideale VV prüfen bereits vor Vertragsschluss, ob die VU in den AVB unklare Regelungen verwenden, die nach Vertragsschluss, insbesondere im Schadensfall, zu Lasten der VN ausgelegt werden können. Liegen derartige Anzeichen vor, wird der VV auf Klärung bzw. Präzisierung drängen. Ist der Schadensfall eingetreten, prüft der VV, ob der Schaden durch den Versicherungsvertrag gedeckt ist. Darüber hinaus könnte der VV seine Verhandlungsmacht nutzen, um zu verhindern, dass unklare Vertragsformulierungen zu Lasten seiner VN ausgelegt werden. Fraglich ist allerdings, ob VV in der Lage sind, den unsachgemäßen Umgang mit Kapital des VN durch das VU zu erkennen oder gar zu sanktionieren; insofern wird dieser Unterfall des opportunistischen Verhaltens selbst von einem idealen VV nicht begrenzt werden können (vgl. zusammenfassend Bosselmann 1994, 124-132). Insgesamt darf die Furcht der VU nicht unterschätzt werden, von einem VV als unseriöses VU angesehen zu werden und daher keine Versicherungsverträge zugeleitet zu bekommen; diese Furcht vor Verlust ihres „Reputationskapitals" bestimmt wesentlich die Möglichkeit des VV, opportunistisches Verhalten der Versicherer zu verhindern (vgl. Rehberg 2003, 252).

Mit Ausnahme des Problems der Solvenzbeurteilung und des Erkennens eines opportunistischen Umgangs mit Versichertengeldern wäre ein idealer VV in der Lage, Informationsmängel des primären Versicherungsmarktes zu beseitigen.

Möglicherweise sind jedoch VV nicht als ideal funktionierend anzusehen. Man kann den VN als Prinzipal ansehen, der seinen Agenten VV beauftragt, die VVD zu erbringen (vgl. z. B. Fritsch, Wein und Ewers 2003, 286-295). Da in dieser Prinzipal-Agent-Beziehung asymmetrische Informationsverteilungen zu Lasten des Prinzipals VN bestehen, können zwei Probleme auftreten (vgl. zusammenfassend Bosselmann 1994, 137):

- Der VN kann vor Vertragsschluss, die Qualität des VV und damit der VVD nicht zufrieden stellend beurteilen. Er weiß nicht, ob der Vermittlungsvorschlag richtig ist. Falscher Rat des Vermittlers kann auf dessen fehlende Qualifikation bzw. Zuverlässigkeit, seine unzureichenden Kenntnisse des Versicherungsmarktes und/oder Fehlanreizen wie umsatzabhängige Provisionen oder Courtagen beruhen. Möglicherweise war der Vermittlungsvorschlag aber auch richtig, die Ungeeignetheit hat sich erst im nach hinein ergeben oder sie war zu vertretbarem Aufwand nicht vorhersehbar. Es liegt das Problem der „hidden characteristics“ oder „hidden intentions“ vor. Verschärfend wirkt sich hier aus, dass für die Erstellung der VVD neben dem VV auch der VN mitwirken muss, z. B. in dem er für die Risikoeinschätzung relevante Informationen offen legt. Traub sieht daher die VVD als so genanntes Kontraktgut an (vgl. Traub 1995, 127f.). Diese Eigenschaft erschwert die Möglichkeit, schlechte Vermittlungsqualität nach Vertragsschluss zu erkennen; VVD werden zum Vertrauensgut.

- Nach Vertragsschluss kann unklar sein, ob der VV die Vertragsbeziehung mit dem VU richtig überwacht und weiterhin auftretenden Beratungsbedarf adäquat befriedigt hat. Der VN kann weder die spezifischen Sorgfaltsmaßnahmen erkennen noch zufällig schlechte VVD ausschließen; „hidden action“ liegt vor.

Können diese Informationsprobleme nicht gelöst werden, schlägt die Qualitätsunsicherheit des primären Versicherungsmarktes wieder durch.

Ein weiterer, das Auftreten eines idealen VV in der Wirklichkeit unwahrscheinlicher werden lassender Faktor ist, dass VV vielfach rechtlich und wirtschaftlich Agenten des Versicherers sind (vgl. hierzu Zweifel und Eisen 2003, 190ff.): Die VU beauftragen den VV mit der Vermittlung von Versicherungsverträgen. Der Prinzipal „VU“ unterliegt jedoch auch einem „hidden-action“-Problem: Er kann die Distributionsanstrengungen seines Vermittlers, zumindest nicht vollständig, beurteilen. Mangelnder Distributionserfolg mag auch auf Einflussfaktoren zurückzuführen sein, die nicht vom VV beeinflusst werden können, z. B. die Vermittlungsaktivitäten konkurrierender VV. Die nicht vom VV beeinflussbaren Faktoren sind auch vom Versicherer nicht (vollständig) erkennbar. Um daher dem VV die richtigen Verhaltensanreize zu geben, muss seine Entlohnung zumindest teilweise an den Erfolg seiner Distributionsbemühungen „angekoppelt“ werden: Das Entgelt muss in gewissem Maße umsatzabhängig sein.

Fasst man beide Prinzipal-Agent-Betrachtungen zusammen, entsteht eine so genannte „common-agency“-Situation (vgl. Bernheim and Whinston 1986, 923): Mehrere Prinzipale sind von den Handlungen des Agenten betroffen, und die Prinzipale haben auseinander gehende Interessen. Sowohl das VU als auch der VN setzen den VV als ihren Agenten ein; der VN strebt nach optimalen Versicherungsschutz, das VU prinzipiell nach maximalen Versicherungsabsatz.

Peters (2001, 1351) zeigte jedoch vor kurzem, das in einer „common-agency"-Situation beide Prinzipale die Möglichkeit haben müssen, das Verhalten des Agenten durch eine vertragliche Regelung zu steuern. Ohne eine solche Interessenharmonisierung ist zu erwarten, dass nur der aktive Prinzipal den Agenten auf seine Ziele ausrichtet. Für den Fall der VVD müssen also VU und VN „Steuerungsmöglichkeiten" gegenüber dem VV besitzen.

Falls eine gemeinsame Steuerung des VV nicht ohne weiteres möglich ist, stellt sich die Frage, warum es nicht einen VV geben könnte, der ausschließlich Agent des VN wäre:

- Ein solcher ungebundener VV unterliegt keiner Vertragsbeziehung mit einem VU, die üblicherweise stattfindende Qualitätskontrolle durch das VU entfällt. Der VN, der einen völlig ungebundenen VV einschaltet, weist somit ein höheres Qualitätsbeurteilungsproblem als bei Einschaltung eines gebundenen VV auf.
- Bei fehlenden Vertragsbeziehungen zwischen VU und VV müssen die ungebundenen VV eigenständig und auf eigene Kosten Informationen über Versicherungsprodukte und Versicherer sammeln, dies erhöht die Bereitstellungskosten des ungebundenen VV. Damit muss die Beratung durch den ungebundenen Vermittler für den VN einen um diesen Betrag höheren Nutzen erbringen, damit der ungebundene VV „marktfähig" ist.

Sowohl die fehlende Qualitätskontrolle als auch die höheren Bereitstellungskosten lassen Zweifel aufkeimen, ob auch ohne die Existenz restriktiver Marktzugangsbeschränkungen wie sie zum Beispiel für den Versicherungsberater in Deutschland gelten (siehe Kapitel 3) ein Marktsegment für ungebundene Versicherungsberater existieren würde. Kann sich ein solches Segment nicht herausbilden, bedarf es der Lösung der „common-agency"-Situation.

„Common-ageny"-Situationen in Verbindung mit „hidden characteristics" und „hidden information" stellen nicht unbedingt den Endpunkt dar, wie Märkte ohne staatliche Eingriffe VVD bereitstellen. Folgende marktlichen Lösungsansätze sind hier denkbar (vgl. allgemein Fritsch, Wein und Ewers 2003, 296ff.):

- VN können selbst versuchen, sich über die Qualitätseigenschaften des VV vor Vertragsschluss zu informieren bzw. nach Vertragsschluss das Verhalten zu kontrollieren. Diese Formen des Screenings werden in aller Regel nur sehr begrenzt wirksam sein, da VN mit Versicherungsfragen und damit auch mit VV wenig vertraut sind, VV vermutlich relativ leicht ungünstige Tatsachen wie z. B. ihre geringe Marktübersicht verbergen können und sich zumindest bisher hohe Informationskosten aufgrund der geringen Bedeutung von Versicherungsverträgen (z. B. bei Kfz- oder Haftpflichtversicherungen) nicht lohnen.

- VN könnten einen Experten einschalten, der die Qualität des Vermittlers beurteilt und sein Verhalten überwacht. Wieder stellt sich die Frage, wie sich der VN über die Qualität des Experten informieren könnte. Darüber hinaus drohen dem Experten positive Externalitäten: Wenn seine Bewertungen über die Vermittler leicht an andere VN weitergegeben werden können, kann er sein Wissen über VV nicht vermarkten; der Anreiz zur Wissensbereitstellung versiegt.
- Als Signalingansatz könnte vor allem der Anreiz zum Aufbau eines Reputationskapitals als qualitativ hochwertiger Vermittler zum Tragen kommen. Für die Einsatzfähigkeit des Reputationsmechanismus muss gelten, dass nach Vertragsschluss bzw. nach Konsum des Gutes oder der Dienstleistung schlechte/gute Qualität offenbar wird. M. a. W.: Nur bei Erfahrungs-, nicht bei Vertrauensgütern funktioniert der Reputationsmechanismus. Nur bei Bekannt werden schlechter Qualität können VN die entsprechenden VV durch Abwanderung „sanktionieren“. Ferner werden bei Transaktionen, die häufiger stattfinden, leichter Qualitätsinformationen offenbar und damit wird Reputation eher funktionsfähig sein. VVD werden relativ selten in Anspruch genommen und sind nach Vertragsschluss nur kaum zu beurteilen; insofern kann man nicht erwarten, dass im Vermittlermarkt Reputation eine große Rolle spielen wird (vgl. auch Lorenz 1995, 247).
- Um das „Common-agent“-Problem zu beseitigen, bedarf es einer Interessenharmonisierung zwischen den beteiligten Prinzipalen VU und VN. Der erste Schritt in Richtung Harmonisierung wäre die Pflicht zur Offenlegung der Provisionen bzw. Courtagen, die der VV vom jeweiligen VU erhält. Durch die Offenlegung soll der VN prüfen können, ob die Beratungsleistung durch finanzielle Anreize des VV verzerrt wird. Da jedoch die VVD als Vertrauensgut einzustufen ist, bleibt es fraglich, ob der VN mit dieser Offenlegungspflicht besser als vorher die Richtigkeit der Handlungen des Vermittlers beurteilen kann: Ist der vorgeschlagene Versicherungsschutz optimal, obwohl er dem Vermittler den höchsten finanziellen Ertrag verspricht? Mit zunehmender Kenntnis des VN kann eine solche Offenlegungspflicht helfen, Fehlanreize zu erkennen, zumindest gilt dies für eklatante Verzerrungen (vgl. zusammenfassend Bosselmann 1994, 167 und Lorenz 1995, 250 f.). Weitergehend wäre denkbar, dass der Vermittler teilweise vom VN entlohnt wird, entweder mit

einem Festbetrag oder einer Beteiligung am Erfolg der Vermittlungstransaktion. Solange VN und VV keine Möglichkeit finden, den Vermittlungserfolg an monetären Größen festzumachen, wird es vermutlich auf einen Festbetrag hinauslaufen. Die Etablierung eines festen Honorars für die Beratung birgt jedoch wiederum die Gefahr, dass der VV seine Handlungsspielräume gegenüber dem VN opportunistisch ausnutzt, bspw. seine Anstrengungen unbemerkt reduziert.

Die Darstellung der marktlichen Lösungen lässt Zweifel bestehen, ob der Markt eigenständig ideale VV herausbilden kann.

Als staatliche Lösungen zur Verhinderung von „hidden action" und „hidden characteristics" bzw. zur Erzielung von Interessenharmonisierung stehen folgende Möglichkeiten offen:

- Der Staat oder ein von ihm beauftragter Dritter stellt Informationen über die Qualität von Vermittlern bereit (vgl. allgemein Fritsch, Wein und Ewers 2003, 313f. und Wein 1995, 159f.). Selbst wenn der Staat wüsste, welche Qualitätsmaßstäbe von den VN angelegt werden, ist kaum denkbar, dass der Staat über jeden einzelnen VV Qualitätsinformationen publiziert. Möglich wäre jedoch, dass der Staat den VV vorschreibt, über „Grundtatbestände" seines Unternehmens zu informieren, vor allem eine Offenlegungspflicht über den Grad der Abhängigkeit des Vermittlers von einzelnen VUs.
- Der Staat könnte sich auch darauf beschränken, bestimmte Qualifikationsniveaus, Unabhängigkeitsmerkmale etc. zu definieren und vorzuschreiben, so dass nur Vermittler, die diese Anforderungen erfüllen, einen bestimmten Titel führen dürfen (vgl. Kleiner 2000 und Grundmann and Kerber 2001, 282). Vorteil eines solchen Eingriffs ist, dass die VN eine staatliche geschützte Orientierung erhalten und trotzdem Vermittler im Markt aktiv bleiben dürfen, die diese Anforderungen nicht erfüllen. Falls die VN den Unterschied zwischen Anbietern mit geschütztem Titel und anderen nicht wahrnehmen, könnten sie „unbemerkt" einen Vermittler minderer Qualität einschalten. Geringe Qualität des Vermittlers kann zu massiven, irreparablen Konsequenzen führen: Beispielsweise kann eine Falschberatung bei einer Kapital bildenden Lebensversicherung zu großen Versorgungslücken im Alter führen. Bei gravierenden Konsequenzen unzureichender Vermittlerqualität liegt es nahe, dass der Staat für den Marktzugang bestimmte Mindestqualifikationen vorschreibt: Eine bestimmte Berufsausbildung, versicherungsspezifische Kenntnisse, persönliche Zuverlässigkeit etc. Nachteilig wirkt eine solche Marktzugangsbeschränkung, wenn es VN gibt, die auch zu einer geringen Qualität VVD in Anspruch nehmen wollten, nun aber zu höherer Qualität

aber zu höherer Qualität und damit zu einem höheren Preis gedrängt werden. Ein zu hoher Qualitätsstandard wird wahrscheinlicher, wenn die betroffene Berufsorganisation mit der Festlegung betraut wird und deswegen in Versuchung gerät, über die Standardsetzung unliebsame Konkurrenz auszuschließen (vgl. Rehberg 2003, 322ff. und Wein 1995, 175).

- Der Rechtsrahmen kann vorsehen, dass Vermittler für Beratungsfehler haften müssen. Beratungsfehler können sich in einer Unter- oder Überdeckung, in einer unangemessen hohen Prämie oder falschen Solvenzeinschätzungen des Versicherers niederschlagen. Offen ist hier, welcher Verschuldensmaßstab zur Anwendung kommen sollte. Je eher man beim VV Fahrlässigkeit feststellt, umso mehr werden die VV dieses Risiko in ihr Vermittlerentgelt einbeziehen. Extrem hohe Sorgfaltsmaßstäbe machen VVD prohibitiv teuer, so dass sie vom Markt verschwinden würden. Ergänzend zur Haftungsregel kann der Staat den Abschluss einer Berufshaftpflichtversicherung festschreiben, damit im Falle einer Pflichtverletzung der Schadensersatzanspruch auf jeden Fall realisierbar ist (vgl. Bosselmann 1994, 194ff., Rehberg 2003, 338f. und Traub 1995, 197f.).

Prinzipiell steht also dem Staat eine Reihe von Möglichkeiten offen, die Informationsprobleme auf dem Versicherungsvermittlermarkt zu lösen. Problematisch wird es, wenn die Anforderungen an die Vermittler zu hoch angesetzt werden.

Die theoretischen Überlegungen zeigen, dass ein idealtypischer VV die Informationsprobleme des primären Versicherungsmarktes weitgehend lösen könnte; allein die Schwierigkeiten, ex ante die Solvenz des Versicherers zu beurteilen und ex post vertragswidrigen Umgang mit Versichertengelder verhindern zu können, übersteigen vermutlich seine Fähigkeiten. Insofern stellt der ideale VV die „eierlegende Wollmilchsau mit Hinkebein" des Versicherungsmarktes dar. Informationsasymmetrien zu Lasten der VN über die Qualität des Beratungshinweises vor Vertragsschluss und der nach-vertraglichen Betreuung machen aus dem VV jedoch ein „kränkliches Hausschwein". Ferner müssen beide Prinzipale, VU und VN, auf die Vertragsgestaltung mit dem VV einwirken können, damit sie die Durchsetzung ihrer Interessen sicherstellen können. Ob dies über eine Aufspaltung des Honorars erfolgen kann und welche Erfolgskriterien zugrunde gelegt werden können, bleibt eine bislang ungeklärte Frage. Der Staat hat sicherlich die Möglichkeit, einige „Krankheiten des Hausschweins" kurieren zu können; unklar ist, ob die „Medikamente" Offenlegung von Abhängigkeitsverhältnissen, Titelschutz und Haftung zur Genesung ausreichen und auf subjektive Marktzugangsbeschränkungen verzichtet werden kann.

3 Institutioneller Rahmen – heute und morgen

In Deutschland werden gegenwärtig die VV fast überhaupt nicht reguliert (vgl. Falken 1996, 147ff., Wein 2001, 100 und Zweifel und Eisen 2003):

- Die VV unterliegen nur dem Provisionsabgabeverbot.
- Nach dem Rechtsberatungsgesetz werden die Versicherungsberater ausschließlich als Agent des VN tätig; der VN unterliegt somit einer Honorierungspflicht gegenüber dem Berater. Die Zulassungsvoraussetzungen zum Versicherungsberater sind restriktiv, so dass die geringe Anzahl von 50 Versicherungsberatern nicht verwundert. Hinzu kommt eine enge Begrenzung der Aufgaben, die ein Versicherungsberater ausführen darf. Seine Tätigkeit beschränkt sich auf die Beratung des Kunden in Versicherungsfragen, die Vermittlung von Versicherungsschutz ist ihm ausdrücklich untersagt.
- Ein- und Mehrfirmenvertreter stellen Agenten des VU dar und werden durch umsatzabhängige Provisionen und/oder feste Gehaltsbestandteile entlohnt.
- Makler gelten rechtlich als Agenten des VN, sie sind deshalb zu „best advice" verpflichtet. Gewohnheitsrechtlich erhalten die Makler jedoch ihr Honorar, ihre Courtage, vom VU. Die Höhe der Courtagesätze führt gegenwärtig dazu, dass sich für Makler nur Versicherungsnehmer mit hohem Prämienaufkommen lohnen; insofern verwundert es nicht, dass Makler fast ausschließlich gewerbliche Versicherungsnehmer betreuen.

Mit der Richtlinie 2002/92/EG vom 09. Dezember 2002 (EU 2002) über Versicherungsvermittlung ist erstmalig eine verbindliche europarechtliche Regulierung für das Berufsfeld der Versicherungsvermittlung erfolgt. Die Richtlinie ist am 15. Januar 2003 in Kraft getreten und muss von den Mitgliedsstaaten bis zum 15. Januar 2005 in nationales Recht umgesetzt werden. Die Europäische Kommission (EU 2000, 2ff.) verfolgt mit dieser Richtlinie zwei Ziele: Die reibungslose und uneingeschränkte Ausübung der Niederlassungs- und Dienstleistungsfreiheit unter Einbeziehung der Versicherungsvermittlungstätigkeiten sowie den angemessenen Schutz der Interessen der Versicherten.

Unter *„Versicherungsvermittlung"* ist das „Anbieten, Vorschlagen oder Durchführen anderer Vorbereitungsarbeiten zum Abschließen von Versicherungsverträgen oder das Abschließen von Versicherungsverträgen oder das Mitwirken bei deren Verwaltung und Erfüllung, insbesondere im Schadensfall" zu verstehen (Art. 2 Nr. 3). *„Versicherungsvermittler"* ist hingegen jede natürliche oder juristische Person, die die Tätigkeit der Versicherungsvermittlung gegen Vergütung aufnimmt oder ausübt (Art. 2 Nr. 5). An dieser Stelle sind bewusst *„funktionale Definitionen"* (EU 2000, 10) gewählt worden. Ziel war es hierbei, die verschiedenen Kategorien von Vermittlern (Vertreter, Makler und nebenberuflich tätige Vermittler, sofern sie nicht unter die Ausnahmenbestimmung des Art. 1 Abs. 2 fallen) und gleichzeitig alternative Vertriebswege wie Allfinanzunternehmen zu erfassen.

Die Voraussetzungen, die gemäß der Richtlinie an die Aufnahme und Ausübung der Versicherungsvermittlungstätigkeit geknüpft sind, lassen sich in einen materiellen und einen formalen Teil gliedern. Beide Teile werden im Folgenden beschrieben.

Bei den *materiellen* Voraussetzungen geht es um berufliche Anforderungen, die an die Vermittler gestellt werden (Art. 4); sie lassen sich in fachliche und persönliche Voraussetzungen differenzieren. Als fachliche Voraussetzung verlangt die Richtlinie von den Vermittlern „angemessene Kenntnisse und Fertigkeiten"; Inhalt und Niveau dieser werden von den Herkunftsstaaten der Vermittler festgelegt. Sie müssen dabei „den vom Vermittler wahrgenommenen Funktionen und den Märkten, auf denen er tätig ist, entsprechen" (EU 2000, 12). In zwei Fällen können die Herkunftsmitgliedstaaten Ausnahmen von dieser Regelung machen:

- Insbesondere bei nebenberuflich tätigen Vermittlern können die Anforderungen gesenkt werden; jedoch muss dann ein VV, der die vorgeschriebenen Anforderungen erfüllt oder ein VU die „uneingeschränkte Haftung für sein Handeln" übernehmen.
- Angestellte Mitarbeiter eines VU müssen nicht über die erforderlichen Kenntnisse und Fähigkeiten verfügen, Versicherungen zu vermitteln, wenn sichergestellt ist, dass ein vertretbarer Anteil des Leitungsorgans des Unternehmens sowie sämtliche anderen Beschäftigten, die direkt an der Vermittlung mitwirken, die Anforderungen erfüllen (Art. 4 Abs.1 Unterabs. 4).

VV, die bereits vor Inkrafttreten des neuen Rechts am Markt tätig sind, müssen die angemessenen Kenntnisse und Fähigkeiten nicht nachweisen (vgl. Art. 5).

Als persönliche Voraussetzung ist zunächst der gute Leumund für alle Vermittler zu nennen (Art. 4 Abs. 2 Unterabs. 1). Als Mindestanforderung gilt in diesem Fall, dass sie nicht in Verbindung mit Eigentums- und Finanzkriminalität vorbestraft oder in Insolvenz gefallen sein dürfen, es sei denn, sie sind nach nationalem Recht rehabilitiert. In diesem Fall kann ebenfalls für angestellte Mitarbeiter des Unternehmens eine Ausnahme gemacht werden. Als zweite Voraussetzung persönlicher Art ist der Abschluss einer Berufshaftpflichtversicherung vorgeschrieben (Art. 4 Abs. 3). Diese muss mindestens € 1 Mio. pro Schadensfall betragen. Dies gilt wiederum nicht, wenn ein Versicherungs- oder Vermittlungsunternehmen eine solche cherungs- oder Vermittlungsunternehmen eine solche Versicherung oder eine gleichwertige Garantie übernimmt. Ziel dieser vorgeschriebenen Pflichtversicherung ist es, dass jeder von einem Vermittler schuldhaft verursachte Schaden zum Schutze der VN ersetzt werden kann (vgl. EU-Kommission 2000, 13). Abschließend wird darauf hingewiesen, dass es den Mitgliedsstaaten gem. Art. 4 Abs. 6 freigestellt ist, die Anforderungen der Richtlinie für die Vermittler, die in ihrem Hoheitsgebiet eingetragen sind, zu verschärfen und weitere Anforderungen zu ergänzen.

Die *formale Anforderung* der *Registrierungspflicht* wird in Art. 3 der Richtlinie beschrieben. VV, die in den Anwendungsbereich der Richtlinie fallen, müssen in ihrem Herkunftsstaat eingetragen sein. Dabei hängt die Eintragung von der Erfüllung der beruflichen Anforderungen ab, die in Art. 4 geregelt sind. Das Register wird dabei von den zuständigen Behörden des Mitgliedsstaates bestimmt; es kann sich dabei um staatliche Einrichtungen oder aber nach nationalem Recht ausdrücklich befugte Stellen handeln (Art. 7).

Besonders hervorzuheben ist schließlich die Bestimmung des Art. 3 Abs. 6, nach der VU ausschließlich mit eingetragenen Vermittlern zusammenarbeiten dürfen. Für den Fall, dass VV tätig werden, ohne eingetragen zu sein oder VU mit nicht eingetragenen Vermittlern zusammenarbeiten, verpflichtet Art. 8 die Mitgliedstaaten, „angemessene Sanktionen" vorzusehen.

Mittels der Informationspflichten der VV (Art. 12 und 13) soll den Verbrauchern, die VVD in Anspruch nehmen, ein angemessener Schutz garantiert werden (vgl. EU-Kommission 2000, 15). Gem. Art. 12 Abs. 4 gelten die Pflichten der Art. 12 und 13 nicht für die Vermittlung von Großrisiken und Rückversicherungen, da diese Gruppen über hinreichende Erfahrung im Abschluss von Versicherungen verfügen. Art. 12 Abs. 1 legt fest, welche Informationen der VV allen anderen Kunden liefern muss. Die Unterrichtung des Kunden muss dabei grundsätzlich vor Abschluss des ersten Versicherungsvertrages erfolgen, ggf. auch bei Änderung und Erneuerungen von Verträgen. Der Vermittler muss dem Kunden zunächst Angaben machen über Namen und Anschrift; Registereintragung und Überprüfungsmöglichkeit dieser für den Kunden; direkte oder indirekte Beteiligung des VV an den Stimmrechten oder am Kapital eines VU, wenn diese 10% übersteigt; direkte oder indirekte Beteiligung eines Versicherers an den Stimmrechten oder am Kapital des VV, wenn diese 10% übersteigt; und Möglichkeiten des Kunden oder anderer Betroffener, Beschwerdeverfahren gegen VV einzuleiten. Die Mitgliedsstaaten können strengere Vorschriften für die in ihrem Hoheitsgebiet tätigen Vermittler erlassen (Art. 12 Abs. 5).

Weiterhin ist der Vermittler verpflichtet, dem Kunden offen zu legen, in welchem Verhältnis er zu einem oder mehreren VU steht. Die Richtlinie unterscheidet dabei zwischen drei verschiedenen Fällen. Im ersten Fall fußt der

Vermittler die Auswahl des Vertrags auf eine „ausgewogene Untersuchung“ (Art. 12 Abs. 1 lit. e i)). Dazu muss der Vermittler eine „hinreichende Zahl von auf dem Markt angebotenen Versicherungsverträgen“ in Betracht gezogen haben, so dass er eine fachliche Empfehlung geben kann, welcher Vertrag geeignet wäre, die „Bedürfnisse des Kunden“ zu befriedigen (Art. 12 Abs. 2). Die Europäische Kommission führt dazu aus, dass die Empfehlung aus einer „unparteiischen und hinreichend breit gefächerten Analyse“ (EU 2000, 15) der auf dem Markt befindlichen Produkte beruhen muss. Diese Anforderungen können nur Versicherungsmakler erfüllen, die in keinem dauerhaften Verhältnis zu einem oder mehreren VU stehen. Ist der Vermittler vertraglich an ein (oder mehrere) VU gebunden, so muss er dem VN gem. Art. 12 Abs. 1 lit. e ii) auf Wunsch den (die) Namen des (der) VU mitteilen. Von diesem Fall sind die Einfirmen-/Konzernvertreter betroffen. Schließlich definiert die Richtlinie eine dritte Gruppe von Vermittlern, die zwar vertraglich nicht verpflichtet sind, ausschließlich mit einem oder mehreren Versicherern zusammenzuarbeiten, ihren Vorschlag jedoch nicht auf eine ausgewogene Untersuchung gem. Art. 12 Abs. 2 stützen (Art. 12 Abs. 1 lit. e iii)). Auch in diesem Fall teilt der Vermittler auf Verlangen des Kunden diesem die Namen der VU mit, mit denen er Geschäfte tätigt. Hier sind diejenigen Vermittler betroffen, die zwar als Makler auftreten, faktisch jedoch regelmäßig nur mit einem oder mehreren Versicherern zusammenarbeiten. („Pseudomakler“, vgl. *Reiff* 2001, 459). Die Vermittler sind weiterhin gem. Art. 12 Abs. 3 vor Abschluss des Vertrags verpflichtet, die Angaben des Kunden, in jedem Fall aber die Wünsche und Bedürfnisse des Kunden, sowie die Gründe für die Empfehlung eines bestimmten Versicherungsprodukts, festzuhalten. Der Umfang der Angaben soll dabei mit zunehmender Komplexität der vermittelten Versicherung ansteigen.

Art. 13 der Richtlinie hält schließlich die Dokumentationspflichten der Vermittler fest. Die in Art. 12 vorgeschriebenen Auskünfte müssen schriftlich und in für den Kunden verständlicher Form erteilt werden. Nur für den Fall, dass der Kunde dies ausdrücklich wünscht oder eine Sofortdeckung erfolgen soll, darf die Auskunftserteilung mündlich erfolgen.

4 Zu erwartende Änderungen

Unter der Annahme, dass alle anderen Einflussfaktoren konstant bleiben, kann man die Hypothesen aus den rechtlichen Änderungen durch die EU-Richtlinie ablesen: Tabelle 1 fasst die Änderungen vor dem Hintergrund der staatlichen Möglichkeiten zur Verbesserung des Versicherungsvermittlermarktes zusammen:

Tabelle 1: Änderungen des rechtlichen Rahmens

staatlicher Ansatzpunkt	Änderung durch EU-Richtlinie
Informationsbereitstellung	Bekanntgabe der Vermittlercharakteristika, insb. über Abhängigkeiten zu VU
	Beratungs- und Dokumentationspflichten
Titelschutz	-
Marktzugangsbeschränkung	Qualifikation, Zuverlässigkeit
Haftung	Pflicht zu Berufshaftpflichtversicherung

Quelle: Eigene Darstellung.

Basishypothese der weiteren Untersuchung ist, dass die Umsetzung der EU-Richtlinie dazu beitragen wird, Hindernisse zu einem idealen VV zu beseitigen. M. a. W.: Dank der EU-Richtlinie wird der Vermittlungsmarkt funktionsfähiger. Im Einzelnen könnten folgende Wirkungszusammenhänge bestehen:

- Das Problem der „hidden characteristics“ geht zurück, da zumindest in der langen Frist das durchschnittliche Qualifikationsniveau steigt, eine bessere Typisierung der VV die Orientierung für die VN erhöht und die VN eine qualifiziertere Beratung erhalten.
- Die Anreiz- und Interessenharmonisierungsprobleme werden sich nicht wesentlich ändern, da nur eine Offenlegungspflicht über Abhängigkeiten zu VU besteht.

Empirisch sollen diese Änderungen auf der Angebotsseite erfasst werden, wobei ein Vergleich vor und nach Umsetzung der Richtlinie angestrebt wird. Es dürfte kaum möglich sein, die Veränderungen auf der Nachfrageseite abzubilden, da die gleichen VN nur schwer in ihrem Nachfrageverhalten über die Zeit beobachtet werden können.

Hinsichtlich des Verhaltens der Vermittler wäre daher zu prüfen,

- ob die VV nach besser geeigneten Versicherern suchen;
- ob die VV die qualitative Bewertung der Versicherungsprodukte zugunsten der Nachfrageseite verändern;
- ob Verhandlungen der VV mit den VU in veränderter Weise ablaufen und dabei VN-Interessen vermehrt zur Geltung kommen;
- ob die Erfüllung der Verträge durch die VV besser bzw. intensiver überwacht wird;
- ob bei Notwendigkeit zur Anpassung der Verträge durch die VV die Interessen der VN in verstärkter Weise zum Tragen kommen.

Neben dieser „Mikro-Ebene" wären auf der „Makro-Ebene" z. B. folgende Änderungen zu erwarten:

- Die Vorteilhaftigkeit der Makler wird erkennbar, deswegen wird die Anzahl der Makler zu- und die der Ein-/Mehrfirmenvertreter abnehmen.
- Die Vergütungssysteme werden stärker als bisher darauf ausgerichtet, auch die Interessen der VN zu berücksichtigen.
- Die Bedeutung hauptberuflicher VV wird zunehmen, wenn bei den nebenberuflichen VV keine berufsfachlichen Anforderungen gestellt werden.

Um die Mikro- und Makro-Auswirkungen erfassen zu können, ist eine regionale Beschränkung sinnvoll. Dabei bietet sich die Beschränkung auf den IHK-Kammerbezirk Lüneburg-Wolfsburg an.

Abschließend sei noch einmal auf die Basishypothese der empirischen Untersuchung verwiesen: Nur wenn eine Anpassung beim Verhalten der VV eintritt, kann das Ziel der Richtlinie, die Intransparenz des primären Versicherungsmarktes zu senken, erreicht werden.

Literatur

Bernheim, B. D. and M. D. Whinston (1986), Common agency, in: *Econometrica*, 54, 4, 923-942.

Biglaiser, G. and J. W. Friedman (1994), Middlemen as guarantors of quality, in: *International Journal of Industrial Organization*, 12, 4, 509-531.

Bosselmann, E. (1994), *Versicherungsmakler und deregulierte Versicherungsmärkte*, Karlsruhe, Verlag Versicherungswirtschaft.

EU-Kommission (1992), Empfehlung der Kommission vom 18. Dezember 1991 über Versicherungsvermittler (92/48/EWG), in: *Amtsblatt der Europäischen Gemeinschaften*, Nr. L 019, 28.1.1992, 32-33.

EU-Kommission (2000), Vorschlag für eine Richtlinie des Europäischen Parlaments und des Rates über Versicherungsvermittlung, KOM (2000) 511 endg. 2000/0213 (COD).

EU-Kommission (2002), Richtlinie 2002/92/EG des Europäischen Parlaments und des Rates vom 9. Dezember 2002 über Versicherungsvermittlung, in: *Amtsblatt der Europäischen Gemeinschaften*, Nr. L 9/3, 15.1.2003.

Falken, R. (1996), Der Versicherungsberater als Interessenvertreter des Versicherungsnehmers, in: Basedow, J., Meyer, U. und H. P. Schwintowski (Hrsg.), *Lebensversicherung, Internationale Versicherverträge und Verbraucherschutz, Versicherungsvertrieb*, Baden-Baden, Nomos Verlagsgesellschaft, 147-153.

Fritsch, M., Wein, T. und H.-J. Ewers (2003), *Marktversagen und Wirtschaftspolitik*, 5., überarbeitete und ergänzte Auflage, München, Vahlen.

Grundmann, S. and W. Kerber (2001), Information Intermediaries and Party Autonomy - The Example of Securities and Insurance Markets, in: Grundmann, S., Kerber, W. and S. Weatherill (eds.), *Party Autonomy and the Role of Information in the Internal Market*, Berlin, de Gruyter, 264-310.

Gümbel, R. (1985), *Handel, Markt und Ökonomik*, Wiesbaden, Gabler.

Kleiner, M. M. (2000), Occupational Licensing, in: *Journal of Economic Perspectives*, 14, 4, 189-202.

Lorenz, B. (1995), Kundenschutz durch Regulierung der Versicherungsvermittlung, in: Schnyder, A. K., Heiss, H. und B. Rudisch (Hrsg.), *Internationales Verbraucherschutzrecht*, Tübingen, Mohr, 231-255.

Müller, H. (2003), Die neue EU-Vermittlerrichtlinie - Überlegungen zur Umsetzung in deutsches Recht, in: *Zeitschrift für Versicherungswesen*, 54, 4/15, Februar, 98-105.

Peters, M. (2001), Common agency and the relevation principle, in: *Econometrica*, 69, 5, 1349-1372.

Picot, A. (1986), Transaktionskosten im Handel, in: *Betriebsberater*, 41, Beilage 13 zu Heft 27, 1-15.

Picot, A., Reichwald, R. und R. Wigand (2003), *Die grenzenlose Unternehmung*, 5., aktualisierte Auflage, Wiesbadenm, Gabler.

Rehberg, M. (2003), *Der Versicherungsabschluss als Informationsproblem*, Baden-Baden, Nomos Verlagsgesellschaft.

Reiff, P. (2001), Europäische Richtlinie über Versicherungsvermittlung und VVG-Reform, in: *Zeitschrift für die gesamte Versicherungswissenschaft*, 90, 4, 451-470.

Rose, F. (1999), *The Economics, Concept, and Design of Information Intermediaries*, Heidelberg, Physica-Verlag.

Sachverständigenrat zur Begutachtung der Gesamtwirtschaftlichen Entwicklung (2002), *Zwanzig Punkte für Beschäftigung und Wachstum - Jahresgutachten 2002/03*, http://www.sachverstaendigenrat-wirtschaft.de/gutacht/02_ges.pdf, 12.09.2003.

Spulber, D. (1996), Market Microstructure and Intermediation, in: *Journal of Economic Perspectives*, 10, 3, 135-152.

Spulber, D. (1999), *Market Microstructure*, Cambridge, Cambridge University Press.

Traub, W. (1995), *Marktfunktion und Dienstleistung des Versicherungsmaklers*, Karlsruhe, Verlag Versicherungswirtschaft.

Wein, T. (1995), *Recht durch Rechtsanwälte?*, Berlin, Duncker & Humblot.

Wein, T. (2001), *Wirkungen der Deregulierung im deutschen Versicherungsmarkt*, Karlsruhe, Verlag Versicherungswirtschaft.

Zweifel, P. und R. Eisen (2003), *Versicherungsökonomie*, 2., verbesserte Auflage, Berlin u. a., Springer.

AUTOREN

Prof. Dr. Ulf G. Baxmann	Universität Lüneburg, Institut für Betriebswirtschaftslehre, Bank- und Finanzwirtschaft, Scharnhorststraße 1, 21335 Lüneburg, Tel. ++49 4131 78 2160, Fax ++49 4131 78 2169 email: baxmann@uni-lueneburg.de
Dr. Susanne Braun	Universität Lüneburg, Institut für Rechtswissenschaften, Bürgerliches Recht, Wirtschaftsrecht und Umweltrecht, Scharnhorststraße 1, 21335 Lüneburg, Tel. ++49 4131 78 2223, Fax ++49 4131 78 2222 email: susanne.braun@uni-lueneburg.de
Corinna Bunk	Universität Lüneburg, Institut für Volkswirtschaftslehre, Empirische Wirtschaftsforschung, Scharnhorststraße 1, 21335 Lüneburg, Tel. ++49 4131 78 2313, Fax ++49 4131 78 2026 email: cbunk@uni-lueneburg.de
Derik Burgert	Universität Lüneburg, Forschungsinstitut Freie Berufe, Scharnhorststraße 1, 21335 Lüneburg, Tel. ++49 4131 78 2058, Fax ++49 4131 78 2059 email: burgert@uni-lueneburg.de
Prof. Dr. Ulrich Döring	Universität Lüneburg, Institut für Betriebswirtschaftslehre, Rechnungswesen und Steuerlehre, Scharnhorststraße 1, 21335 Lüneburg, Tel. ++49 4131 78 2150, Fax ++49 4131 78 2154 email: doering@uni-lueneburg.de
Prof. Dr. Maik Heinemann	Universität Lüneburg, Institut für Volkswirtschaftslehre, Wirtschaftstheorie und Makroökonomik, Scharnhorststraße 1, 21335 Lüneburg, Tel. ++49 4131 78 2320, Fax ++49 4131 78 2026 email: heinemann@uni-lueneburg.de

Magdalena Hertkorn	Becherstraße 1, 80686 München, Tel. ++49 89 56821300 email: mhertkorn@gmx.de
Christian Herzig	Universität Lüneburg, Institut für Betriebswirtschaftslehre, Centre for Sustainability Management, Scharnhorststraße 1, 21335 Lüneburg, Tel. ++49 4131 78 2210, Fax ++49 4131 78 2186 email: herzig@uni-lueneburg.de
Dr. Dierk Hirschel	Deutscher Gewerkschaftsbund, Wirtschaftspolitik, Henriette-Herz-Platz 2, 10178 Berlin, Tel. ++49 30 24060302, Fax ++49 30 2406 0218 email: dierk.hirschel@bvv.dgb.de
Marion Howe	Gilcherweg 47a, 22393 Hamburg email: marion.howe@gmx.de
Jens Lüders	Universität Lüneburg, Institut für Betriebswirtschaftslehre, Gründungsmanagement, Scharnhorststraße 1, 21335 Lüneburg, Tel. ++49 511 5901 553, Fax ++49 511 5901 554 email: lueders@gmlg.de
Prof. Dr. Albert Martin	Universität Lüneburg, Institut für Betriebswirtschaftslehre, Personal und Führung, Scharnhorststraße 1, 21335 Lüneburg, Tel. ++49 4131 78 2130, Fax ++49 4131 78 2139 email: martin@uni-lueneburg.de
Prof. Dr. Joachim Merz	Universität Lüneburg, Forschungsinstitut Freie Berufe, Scharnhorststraße 1, 21335 Lüneburg, Tel. ++49 4131 78 2051, Fax ++49 4131 78 2059 email: merz@uni-lueneburg.de
Dr. Dirk Nissen	Leibniz-Akademie, Expo Plaza 11, 30539 Hannover, Tel. ++49 511 98784 14, Fax ++49 511 95784 13 email: nissen@leibniz-akademie.de

Dirk Oberschachtsiek	Universität Lüneburg, Institut für Volkswirtschaftslehre, Empirische Wirtschaftsforschung, Scharnhorststraße 1, 21335 Lüneburg, Tel. ++49 4131 78 2312, Fax ++49 4131 78 2026 email: oberschachtsiek@uni-lueneburg.de
JP Dr. Ingrid Ott	Universität Lüneburg, Institut für Volkswirtschaftslehre, Innovation und Wachstum, Scharnhorststraße 1, 21335 Lüneburg, Tel. ++49 4131 78 2321, Fax ++49 4131 78 2026 email: ott@uni-lueneburg.de
Peter Paic	Universität Lüneburg, Forschungsinstitut Freie Berufe, Scharnhorststraße 1, 21335 Lüneburg, Tel. ++49 4131 78 2055, Fax ++49 4131 78 2059 email: paic@uni-lueneburg.de
Prof. Dr. Joachim Reese	Universität Lüneburg, Institut für Betriebswirtschaftslehre, Produktion und Wirtschaftsinformatik, Scharnhorststraße 1, 21335 Lüneburg, Tel. ++49 4131 78 2140, Fax ++49 4131 78 2149 email: reese@uni-lueneburg.de
Wiebke Röber	Universität Lüneburg, Institut für Volkswirtschaftslehre, Wirtschaftspolitik, Scharnhorststraße 1, 21335 Lüneburg, Tel. ++49 4131 78 2313, Fax ++49 4131 78 2026 email: roeber@uni-lueneburg.de
Ralf-Michael Rokoß	Anemonenweg 2, 21360 Vögelsen, Tel. ++49 40 450 148 23, Fax ++49 40 450 148 20 email: michael.rokoss@niantic-holding.com
Prof. Dr. Stefan Schaltegger	Universität Lüneburg, Institut für Betriebswirtschaftslehre, Centre for Sustainability Management, Scharnhorststraße 1, 21335 Lüneburg, Tel. ++49 4131 78 2180, Fax ++49 4131 78 2186 email: schaltegger@uni-lueneburg.de

Dr. Stephan Schöning	Universität Lüneburg, Institut für Betriebswirtschaftslehre, Bank- und Finanzwirtschaft, Scharnhorststraße 1, 21335 Lüneburg, Tel. ++49 4131 78 2166, Fax ++49 4131 78 2169 email: schoening@uni-lueneburg.de
Prof. Dr. Reinhard Schulte	Universität Lüneburg, Institut für Betriebswirtschaftslehre, Gründungsmanagement, Scharnhorststraße 1, 21335 Lüneburg, Tel. ++49 4131 78 2164, Fax ++49 4131 78 2158 email: schulte@uni-lueneburg.de
Prof. Dr. Jürgen Simon	Universität Lüneburg, Institut für Rechtswissenschaften, Bürgerliches Recht, Wirtschaftsrecht und Umweltrecht, Scharnhorststraße 1, 21335 Lüneburg, Tel. ++49 4131 78 2220, Fax ++49 4131 78 2222 email: juergen.simon@uni-lueneburg.de
Henning Stolze	Universität Lüneburg, Forschungsinstitut Freie Berufe, Scharnhorststraße 1, 21335 Lüneburg, Tel. ++49 4131 78 2054, Fax ++49 4131 78 2059 email: stolze@uni-lueneburg.de
Lucinda Trigo Gamarra	Universität Lüneburg, Institut für Volkswirtschaftslehre, Wirtschaftspolitik, Scharnhorststraße 1, 21335 Lüneburg, Tel. ++49 4131 78 23024, Fax ++49 4131 78 2026 email: trigo@uni-lueneburg.de
Prof. Dr. Joachim Wagner	Universität Lüneburg, Institut für Volkswirtschaftslehre, Empirische Wirtschaftsforschung, Scharnhorststraße 1, 21335 Lüneburg, Tel. ++49 4131 78 2330, Fax ++49 4131 78 2026 email: wagner@uni-lueneburg.de
PD Dr. Thomas Wein	Universität Lüneburg, Institut für Volkswirtschaftslehre, Wirtschaftspolitik, Scharnhorststraße 1, 21335 Lüneburg, Tel. ++49 4131 78 2302, Fax ++49 4131 78 2026 email: wein@uni-lueneburg.de

Der Hauptteil dieses Buches besteht aus Walter Euckens letztem Werk: seinen Londoner Vorlesungen zur Wirtschaftspolitik (1950). Dazu kommen zwei bisher in Deutschland unveröffentlichte Beiträge zur Antimonopolpolitik (1947), in denen Eucken sein ordnungspolitisches Konzept auf den Punkt bringt.

Aloys Prinz; Albert Stenge; Alexander Vogel (Hg.)
Agglomeration, Population und Koordination in Europa
Agglomeration, Population and Coordination in Europe
Das volkswirtschaftliche Seminar in Rothenberge, jährlich veranstaltet von Wissenschaftlern des Departement of Economics der Universität Twente und des Instituts für Finanzwissenschaft an der Westfälischen Wilhelms-Universität Münster, stand im Jahr 2001 im Zeichen europäischer Fragestellungen. In diesem Sammelband werden die Beiträge des Seminars vorgestellt. Das Themenspektrum ist weit gefaßt: Zunächst werden, auf der Grundlage der französischen Ökonomen *Fourastié* und *Perroux* strukturelle und institutionelle Entwicklungen in Europa analysiert. Anschließend werden die Auswirkungen steigender Arbeitskräftemobilität mit Hilfe eines Allgemeinen Gleichgewichtsmodells untersucht. Im Mittelpunkt des dritten Beitrages steht die Frage, inwieweit die Einführung der gemeinsamen europäischen Währung eine Reduktion von Transaktionskosten oder gar deren vollständiges Verschwinden bewirkt hat. Darüber hinaus werden im darauf folgenden Beitrag Faustformeln des Europäischen Gerichtshofs (EuGH) zur Abwägung von Kosten und Nutzen nationaler Handelsbeschränkungen einer ökonomischen Analyse unterzogen. Das in nahezu allen Ländern der Europäischen Union auftretende Problem der Bevölkerungs(über)alterung bildet den Kern zweier weiterer Beiträge. Hierbei werden zunächst Effekte von Reformen von Alterssicherungssystemen innerhalb der Europäischen Union mit Hilfe von Simulationsstudien thematisiert. Im abschließenden Beitrag stehen die generellen Zusammenhänge zwischen Bevölkerungsentwicklung und Kapitalmarkt im Vordergrund.
Bd. 2, 2002, 216 S., 20,90 €, br.,
ISBN 3-8258-6045-0

Aloys Prinz; Albert E. Steenge; Alexander Vogel (Hg.)
Grenzüberschreitende Wirtschafts- und Finanzpolitik
Public Policy across Borders
Die Einheit Europas gilt seit mehreren Jahrzehnten als herausragendes politisches Ziel. Viele Maßnahmen, die diese Einheit herstellen sollen, wurden bereits ergriffen. Dennoch haben Grenzen in Europa nach wie vor große Bedeutung. Das Volkswirtschaftliche Seminar in Rothenberge, jährlich veranstaltet von Wissenschaftlern der School of Business, Public Administration and Technology der Universität Twente und des Instituts für Finanzwissenschaft der Westfälischen Wilhelms-Universität Münster, hat sich im Jahr 2002 mit diesem Aspekt auseinandergesetzt. Im vorliegenden Sammelband werden die Beiträge des Seminars vorgestellt. Nicht zuletzt aus aktuellem Anlaß werden ein Vorläufer des Europäischen Binnenmarktes, die Europäische Gemeinschaft für Kohle und Stahl, sowie die heutige europäische Stahlpolitik untersucht. Weitere Themen sind die Auswirkungen grenzüberschreitender Arbeitsverhältnisse für die soziale Sicherung, die Besonderheit von Arbeitskosten für das Gesundheitswesen, der Binnenmarkt für Pharmazeutika sowie die Finanzierung von Museen.
Bd. 3, 2003, 240 S., 19,90 €, br.,
ISBN 3-8258-6902-4

Eberhard Bohne (Hg.)
Neubestimmung ordnungspolitischer Aufgaben des Staates im Strommarkt
Die Liberalisierung des Strommarktes ist Ausdruck eines generellen Wandels im Verhältnis von Staat und Wirtschaft. Ausgelöst durch europarechtliche Vorgaben, führten Änderungen des Energiewirtschaftsgesetzes und des Gesetzes gegen Wettbewerbsbeschränkungen zu einem ordnungspolitischen Paradigmenwechsel für die Stromwirtschaft in Deutschland. Der Wettbewerb, der 100 Jahre lang im Strommarkt als schädlich galt,

wurde zum Leitprinzip des neuen Ordnungsrahmens. Die in einem Tagungsband zusammengefassten Referate und Diskussionsbeiträge betreffen Probleme und Folgen dieses Paradigmenwechsels aus Sicht der Marktteilnehmer und der für die Sicherstellung des Ordnungsrahmens verantwortlichen staatlichen Akteure. Der Band zeigt Schwierigkeiten und Lösungsansätze bei der Einführung eines wirksamen Wettbewerbs auf, insbesondere bei der Gewährleistung des diskriminierungsfreien Netzzugangs, dem Handel mit Strom und strombasierten Finanzkontrakten und der Neustrukturierung staatlicher Aufgaben.
Bd. 4, 2003, 216 S., 34,90 €, br.,
ISBN 3-8258-7072-3

Jürgen G. Backhaus;
Wim Heijmann; Andries Nentjes;
Johan van Ophem (Eds.)
Economic Policy in an Orderly Framework
Liber Amicorum for Gerrit Meijer
Bd. 5, 2003, 496 S., 39,90 €, br.,
ISBN 3-8258-7184-3

Hans Gerwin Burgbacher
Migrantenunternehmer
Existenzgründung und -förderung am Beispiel Hamburgs
Existenzgründungen von Migranten haben in den 90ger Jahren zugenommen. Während über die ausländische Wohn- und Arbeitsbevölkerung viel Material vorliegt, gibt es noch wenig Wissen über Migrantengründungen. *Welche Qualifikationsmerkmale bringen ausländische Existenzgründer mit? Wo besteht Beratungsbedarf und wie wird er befriedigt? Wie sieht die Finanzierungsstruktur aus? Nutzen die Unternehmen öffentliche Fördermittel?* Die vorliegende Untersuchung versucht dazu empirische Antworten zu geben.
Bd. 6, 2004, 64 S., 9,90 €, br., ISBN 3-8258-7315-3

Hans H. Bass (Hg.)
Facetten volkswirtschaftlicher Forschung
Festschrift für Karl Marten Barfuß
Die Entwicklung der Hochschule Bremen zu einer zeitgemäß international ausgerichteten, forschungsstarken Fachhochschule wurde von dem Wirtschaftshistoriker und Volkswirt Konrektor a. D. Prof. Dr. Karl Marten Barfuß wesentlich befördert. In dieser Festschrift anlässlich seiner Emeritierung präsentieren polnische, amerikanische, japanische, niederländische und deutsche Wissenschaftler aktuelle Beiträge volkswirtschaftlicher Forschung auf den Gebieten Wirtschafts- und Dogmengeschichte, Geld und Währung, Europäische Integration und Globalisierung sowie Kulturmanagement.
Die Entwicklung der Hochschule Bremen zu einer zeitgemäß international ausgerichteten, forschungsstarken Fachhochschule wurde von dem Wirtschaftshistoriker und Volkswirt Konrektor a. D. Prof. Dr. Karl Marten Barfuß wesentlich befördert. In dieser Festschrift anlässlich seiner Emeritierung präsentieren polnische, amerikanische, japanische, niederländische und deutsche Wissenschaftler aktuelle Beiträge volkswirtschaftlicher Forschung auf den Gebieten Wirtschafts- und Dogmengeschichte, Geld und Währung, Europäische Integration und Globalisierung sowie Kulturmanagement. Bd. 7, 2004, 352 S., 29,90 €, br., ISBN 3-8258-7441-9

Aloys Prinz; Albert E. Steenge;
Jörg Schmidt (Eds./Hg.)
Institutions in Legal and Economic Analysis/ Ökonomische und rechtliche Analyse von Institutionen
Institutionen werden bereits seit einiger Zeit aus ökonomischer und juristischer Perspektive wissenschaftlich analysiert. Das Volkswirtschaftliche Seminar in Rothenberge, das jährlich von Wissenschaftlern der School

of Business, Public Administration and Technology der Universität Twente und des Instituts für Finanzwissenschaft der Westfälischen Wilhelms-Universität Münster veranstaltet wird, hat sich daher im Jahr 2003 mit rechts- und wirtschaftswissenschaftlichen Aspekten von Institutionen beschäftigt. Im vorliegenden Sammelband werden die Beiträge des Seminars vorgestellt. Im Mittelpunkt stehen neuere Analysen zur Rolle von Institutionen in der Ökonomie, zur effizienten Ausgestaltung institutioneller Arrangements sowie eine theoretische Diskussion des Coase-Theorems. Weitere Themen sind der Produktionsprozess an Hochschulen, die Ökonomie des Drogenhandels, sowie die Erklärung zwischenbetrieblicher Lohndifferenziale.

Institutionen werden bereits seit einiger Zeit aus ökonomischer und juristischer Perspektive wissenschaftlich analysiert. Das Volkswirtschaftliche Seminar in Rothenberge, wird jährlich von Wissenschaftlern der School of Business, Public Administration and Technology der Universität Twente und des Instituts für Finanzwissenschaft der Westfälischen Wilhelms-Universität Münster veranstaltet. Bd. 9, 2004, 208 S., 19,90 €, br., ISBN 3-8258-7838-4

Hans H. Bass; Steffen Melchers (Hg.)
Neue Instrumente zur sozialen und ökologischen Gestaltung der Globalisierung
Codes of Conduct, Sozialklauseln, nachhaltige Investmentfonds
Um potenzielle Vorteile der Globalisierung für die Menschen in Entwicklungs- und Transformationsländern zu realisieren, bedarf es neuer wirtschaftspolitischer Ansätze. Einige Instrumente werden in diesem Buch diskutiert auf der Basis differenzierter theoretischer Analysen des Globalisierungsstandes, an Hand von Praxisberichten aus Unternehmen und Zivilgesellschaft, in Branchenstudien (Textilien, Autos, Landwirtschaft, Finanzwesen) und Länderanalysen (Mexiko, Indonesien). Das gemeinsame Credo: Die Globalisierung ist keine Naturgewalt, die die Menschheit in ihren Strudel zieht. Sie ist politisch gestaltbar – auch in sozialer und ökologischer Verantwortung.

Um potenzielle Vorteile der Globalisierung für die Menschen in Entwicklungs- und Transformationsländern zu realisieren, bedarf es neuer wirtschaftspolitischer Ansätze. Einige Instrumente werden in diesem Buch diskutiert auf der Basis differenzierter theoretischer Analysen des Globalisierungsstandes, an Hand von Praxisberichten aus Unternehmen und Zivilgesellschaft, in Branchenstudien (Textilien, Autos, Landwirtschaft, Finanzwesen) und Länderanalysen (Mexiko, Indonesien). Das gemeinsame Credo: Die Globalisierung ist keine Naturgewalt, die die Menschheit in ihren Strudel zieht. Sie ist politisch gestaltbar – auch in sozialer und ökologischer Verantwortung. Bd. 10, 2004, 336 S., 29,90 €, br., ISBN 3-8258-7926-7

Positionen

Andreas Kladroba
Geldvernichtung durch Aktientipps
„Freundliche Börsen“, so schallt es aus dem Medienwald, „sind gute Zeiten für Anleger“. Der Anleger sollte den Blick in die Zukunft mit einem in die Vergangenheit verbinden: Freundliche Börsen sind Zeit für Anlagetipps. Diese aber führten häufig zur Geldvernichtung. Profitieren Sie von der vorliegenden wissenschaftlichen Untersuchung. Sie hilft Ihnen, mit kühlem Kopf Verlockungen zu widerstehen.
Bd. 1, 2002, 80 S., 12,90 €, br., ISBN 3-8258-6127-9

LIT Verlag Münster – Berlin – Hamburg – London – Wien
Grevener Str./Fresnostr. 2 48159 Münster
Tel.: 0251 – 62 032 22 – Fax: 0251 – 23 19 72
e-Mail: vertrieb@lit-verlag.de – http://www.lit-verlag.de